Gruner/Großmann
Verfahrenspraxis EPÜ und PCT

Verfahrenspraxis EPÜ und PCT

Übersichten · Entscheidungspfade Musterformulierungen

von

Dr. rer. nat. Leopold Gruner
Patentanwaltskandidat in München

und

Dr. rer. nat. Arlett Großmann
Patentanwaltskandidatin in München

Carl Heymanns Verlag 2016

Bibliografische Information der Deutschen Nationalbibliothek
Die Deutsche Nationalbibliothek verzeichnet diese Publikation in der Deutschen
Nationalbibliografie; detaillierte bibliografische Daten sind im Internet über
http://dnb.d-nb.de abrufbar.

ISBN 978-3-452- 28683-3

www.wolterskluwer.de
www.carl-heymanns.de

Alle Rechte vorbehalten.
© 2016 Wolters Kluwer Deutschland GmbH, Luxemburger Straße 449, 50939 Köln.
Carl Heymanns – eine Marke von Wolters Kluwer Deutschland GmbH.

Das Werk einschließlich aller seiner Teile ist urheberrechtlich geschützt. Jede Verwertung
außerhalb der engen Grenzen des Urheberrechtsgesetzes ist ohne Zustimmung des Verlages
unzulässig und strafbar. Das gilt insbesondere für Vervielfältigungen, Übersetzungen,
Mikroverfilmungen und die Einspeicherung und Verarbeitung in elektronischen Systemen.

Verlag und Autor übernehmen keine Haftung für inhaltliche oder drucktechnische Fehler.
Umschlagkonzeption: Martina Busch, Grafikdesign, Fürstenfeldbruck
Druck und Weiterverarbeitung: Williams Lea & Tag GmbH, München

Gedruckt auf säurefreiem, alterungsbeständigem und chlorfreiem Papier.

Vorwort

Die Europäische Eignungsprüfung (EQE) aber auch schon die Vorprüfung zur Europäischen Eignungsprüfung (Pre-EQE), mit denen die Bewerber zeigen sollen, ob ihre Fähigkeiten und Kenntnisse genügen, um Anmelder vor dem Europäischen Patentamt vertreten zu können, stellt jährlich viele Prüflinge vor die gleichen Fragen:

Wie und wo fange ich an zu lernen?

Welchen zeitlichen Rahmen muss ich für die Vorbereitung auf die einzelnen Prüfungsaufgaben einplanen und mit welchen Materialien lerne ich am effektivsten?

Bei der Entwicklung einer ersten Lernstrategie wird den Prüflingen schnell bewusst, dass es gilt einer wahrlichen Informationsflut Herr zu werden. Von den Bewerbern wird in der Prüfung verlangt, das Europäische Patentübereinkommen, die Richtlinien für die Prüfung im Europäischen Patentamt, die zahlreichen Amtsblätter des EPA, die Rechtsprechung der Beschwerdekammern des EPA, den Vertrag über die internationale Zusammenarbeit (PCT), den Applicant´s Guide der WIPO und einiges mehr zu kennen.

Wir haben zu Beginn unserer Vorbereitungen einmal alle Seiten addiert, die man mindestens lesen sollte, um gut vorbereitet an der EQE teilzunehmen. Wir zählten über 10.000 Seiten!

Sicherlich kann man sämtliche Literatur mit in die Prüfung nehmen, löst man zur Vorbereitung allerdings erste Probeklausuren, wird schnell klar, dass man diese im vorgegebenem zeitlichen Rahmen nur bewältigen kann, wenn man sich perfekt in seinen Unterlagen auskennt. Wer in der Prüfungssituation beginnt sich mit dem Aufbau der Richtlinien für die Prüfung im Europäischen Patentamt zu beschäftigen, wird die EQE nicht erfolgreich absolvieren können.

Auch uns stellte sich irgendwann die Frage, wie man diese Menge an Informationen nicht nur durcharbeiten, sondern auch für sich sinnvoll und übersichtlich aufarbeiten kann. Vor allem ist bei Prüfungsvorbereitung zu bedenken, dass sowohl die Pre-EQE als auch die EQE nicht nur aus Rechtsfragen bestehen. Für die Hauptprüfung sind zusätzlich die Teile A bis C und für die Vorprüfung der Anspruchsanalyseteil vorzubereiten. Hat man es also geschafft, die oben genannte Literatur zu bewältigen, muss man sich mit den anderen Prüfungsteilen beschäftigen und zusätzlich sein erworbenes Wissen durch Lösen zahlreicher Rechtsfragen anwenden und vertiefen.

Bei der Vorbereitung auf die (Pre-)EQE wurde uns bewusst, dass es unheimlich hilfreich wäre, ein Handwerkszeug zur Verfügung zu haben, was den Einstieg in das Lernen erleichtert.

Daraufhin haben wir begonnen, zunächst für uns, tabellarische Übersichten über alle wichtigen Verfahrensabläufe im Europäischen- und PCT-Verfahren zusammenzustellen. Es sind Tabellen entstanden, aus denen für jeden Verfahrensgang die notwendigen Voraussetzungen, die einschlägige Norm und die zu erbringende Handlung mit der dazugehörigen Frist, Nachfrist und der Rechtsfolge sowie dem anzuwendendem Rechtsbehelf entnehmbar sind. Dabei haben wir den Regelfall in den Übersichten von den zahlreichen Spezialfällen und Ausnahmen in den Endnoten bewusst getrennt, um die Übersichtlichkeit beizubehalten. Die vorliegenden Tabellen sind dabei nicht nur durch Lesen der genannten Literatur entstanden, sondern wurden ganz explizit durch Sachverhalte ergänzt, die uns bei der Beantwortung verschiedener Rechtsfragen bei der Prüfungsvorbereitung immer wieder als mögliche Schwerpunkte aufgefallen sind.

Ergänzt werden diese Tabellen durch Formulierungshilfen für die Prüfungsteile A (Anspruchssatz/Beschreibung ausarbeiten), B (Bescheidserwiderung) und C (Einspruch). Des Weiteren haben wir auch für diese Teile in kurzer präziser Art die aus unserer Sicht hilfreichen Punkte für die Prüfung zusammengefasst.

Das so entstandene Werk soll also als Basis für die Vorbereitung auf die Vorprüfung und die Europäische Eignungsprüfung verstanden werden. Mit Hilfe der Formulierungsvorschläge für die Prüfungsteile A bis C soll den Bewerbern eine Vorlage bereitgestellt werden, mit denen sie sich direkt auf das Üben alter Klausuren konzentrieren können ohne vorher Übersichten beispielsweise über Anspruchskategorien oder bevorzugte Formulierungen zusammenstellen zu müssen. Mit Hilfe der tabellarisch zusammengestellten Verfahrensabläufe der Verfahren vor dem Europäischen Patentamt und im PCT kann die Lösung der Rechtsfragen direkt angegangen werden. Die Tabellen bieten einen schnellen Rückgriff auf die einschlägigen Normen, wodurch die Bewerber schließlich fallbezogen und zielorientiert ihr Wissen vertiefen können. Somit kann man sich schnell mit der Art und Weise der Fragenstellung vertraut machen und wird innerhalb kurzer Zeit erste Erfolge verzeichnen können. Der Prüfling lernt also bereits beim Üben der Rechtsfragen alle wichtigen Verfahrensschritte und die dazu einschlägigen Normen kennen.

Darüber hinaus sind wir der Auffassung, dass das Werk auch nach der bestandene EQE im alltäglichen Kanzleibetrieb ein gutes Nachschlagewerk sowohl für Patentanwaltsfachangestellte als auch Patentanwälte darstellt. Es hilft, auf dem neuesten Stand hinsichtlich neuer Regelungen im geltenden Recht zu bleiben, ohne oben genannte Literatur andauernd von neuem durcharbeiten zu müssen.

Für uns war das vorliegende Werk sowohl bei der Vorprüfung zur EQE als auch bei der Europäischen Eignungsprüfung selbst enorm hilfreich. Wir hoffen, damit auch anderen Bewerbern ein gutes Hilfsmittel an die Hand zu geben, mit der die Vorbereitung auf die Prüfungen und die Prüfungen selbst wesentlich erleichtert wird.

Bei der Erstellung dieses Werkes waren wir beide offensichtlich noch keine ausgebildeten Patentanwälte mit langjähriger Berufserfahrung. Nichtsdestotrotz oder gerade deshalb, hoffen wir ein Buch anzubieten, was nah an den Anforderungen der (Pre-)EQE und dem, was Bewerber für die Vorbereitung benötigen, liegt.

Uns ist es ein großes Anliegen, das Werk ständig zu verbessern und weiter zu entwickeln. Wir würden uns sehr über Meinungen, Kritiken und Anregungen freuen. Mögliche Fehler, Verbesserungsvorschläge, Wünsche für weitere Übersichten und Anderes können an uns über das Kontaktformular auf **www.gg-ip.de** oder **Verfahrenspraxis@gmx.de** gerichtet werden.

München, Mai 2016

Dr. Leopold Gruner

Dr. Arlett Großmann

Benutzerhinweise

Rechtsquellen

EPÜ

Artikel und Regeln, die sich auf das Europäische Patentübereinkommen (EPÜ) beziehen werden mit „**Art.**" für Artikel und „**R.**" für Regel abgekürzt und idR ohne den Zusatz „EPÜ" zitiert. Absätze eines Art. oder einer R. werden mit einer arabischen Ziffer in runder Klammer benannt, mit dem Zusatz „a)", „b)", „c)", etc. oder „S." wird auf einen bestimmten Ab(-satz) innerhalb des Abschnittes verwiesen, z.B. „**Art. 6(1)** oder **R.14(1) S.2**".

Richtlinien für die Prüfung im Europäischen Patentamt

Die Richtlinien (RiLi) für die Prüfung im Europäischen Patentamt werden idR ohne einen Verweis auf diese zitiert, indem mit einem Groß-buchstaben auf den jeweiligen Teil und mit einer römischen Zahl auf das entsprechende Kapitel verwiesen wird. Gegebenenfalls wir mit einer nachfolgenden arabischen Zahl der genaue Absatz innerhalb eines Kapitels angegeben, z.B. „A-III oder F-IV,2.3".

Amtsblätter des EPA

Amtsblätter des EPA werden mit der Abkürzung „ABl.", an die sich das Jahr der Erscheinung und die Seitenzahl oder der entsprechende Artikel („A"), oder der Verweis auf eine Sonderausgabe („S") anschließen, gekennzeichnet durch eine arabische Zahl, zitiert. Handelt es sich um einen Beschluss des Präsidenten kann die Abkürzung „BdP" vorangestellt sein, z.B. „**ABl.2011,396** oder **ABl.2015,A29** oder BdP **ABl.2007S3,128**".

Rechtsprechung der Beschwerdekammern des EPA

Auf die Rechtsprechung der Beschwerdekammern des EPA wird idR mit dem Verweis „RBK" und einer römischen Zahl für den jeweiligen Teil auf den Bezug genommen wird, gefolgt von einem Großbuchstaben mit dem auf das entsprechende Kapitel verwiesen wird, zitiert. Gegebenenfalls wird mit einer nachfolgenden arabischen Zahl der genaue Absatz innerhalb eines Kapitels angegeben, z.B. „RBK I.A,1.1".

Einzelne Entscheidungen werden mit dem gängigen Aktenzeichen bezeichnet. Je nachdem von welcher Beschwerdekammer sie stammen bezeichnet „T" Entscheidungen der technischen Beschwerdekammer, „J" Entscheidungen der juristischen Beschwerdekammer und „G" Entscheidungen und Stellungnahmen der Großen Beschwerdekammer über Vorlagefragen, gefolgt von der jeweiligen fortlaufenden Nummer und dem Jahr der Einreichung, getrennt durch einen / zitiert, z.B. „**T146/82, J15/06** oder **G3/03**".

Leitfaden für Anmelder des EPA

Auf den „Leitfaden für Anmelder - Teil 1" wird mit der Abkürzung „LF" hingewiesen. Der „EURO-PCT Leitfaden" trägt den Zusatz „LF-PCT". Beide Angaben enthalten außerdem die entsprechende Randnummer als arabische Zahl, auf die Bezug genommen wird, bspw. „LF,30 oder LF-PCT,233".

Gebührenordnung des EPA

Auf Artikel (Art.) der Gebührenordnung des EPA wird mit dem Vermerk „GebO" folgendermaßen verwiesen: z.B. Art.2(1) Nr.14a GebO.

Nationales Recht zum EPÜ

Das Nationale Recht zum EPÜ wird mit den Vermerk „NatR" zitiert, an den sich das jeweilige Kapitel bzw. die Tabelle optional mit dem Vermerk „Tabelle" und der dazugehörigen römischen Ziffer anschließt. Optional ist zusätzlich die Seitenzahl angegeben, z.B. „NatR Tabelle IV oder NatR VII, 233".

PCT

Artikel und Regeln, die sich auf den Vertrag über die internationale Zusammenarbeit auf dem Gebiet des Patentwesens (PCT) und die dazugehörige Ausführungsordnung beziehen werden mit „**Art.**" für Artikel und „**R.**" für Regel abgekürzt und dem Zusatz „PCT" zitiert. Absätze eines Art. werden mit einer arabischen Ziffer in runder Klammer benannt, mit dem Zusatz „a)", „b)", „c)", etc. oder „i)", „ii)", „iii)" etc. wird auf einen bestimmten Absatz innerhalb des Abschnittes verwiesen, z.B. „**Art.3(4)ii) PCT**". Absätze einer R. werden mit einer arabischen Ziffer, getrennt durch einen Punkt benannt, der Zusatz mit dem auf einen bestimmten Absatz innerhalb des Abschnittes verwiesen wird, ist analog zu den Artikeln, z.B. „**R.12.1(b)i) PCT**".

Benutzerhinweise

PCT Applicant's Guide

Auf den PCT Applicant's Guide wird mit der arabischen Zahl für das jeweilige Kapitel und das Unterkapitel, getrennt durch einen Punkt, verwiesen. Trägt diese Quelle keinen Zusatz, so bezieht diese sich immer auf den Teil die internationale Phase des Applicant's Guides betreffend, ist der Zusatz nP vorhanden, bezieht sich die Quelle auf den Teil die nationale Phase des Guides betreffend, z.B. 5.055 oder 3.001nP. Arabische und/oder römische Ziffern verweisen ggf. auf Abschnitte innerhalb des jeweiligen Unterkapitels. Der Zusatz „Annex" verweist auf einen Anhang des Applicant's Guides, gefolgt von der jeweiligen Bezeichnung des Anhangs, z.B. Annex L.

Beispiele

Als erste Beispielaufgabe soll die Prüfungsfrage 1 aus der Vorprüfung zur Europäischen Eignungsprüfung (Pre-EQE) 2016 dienen, die folgendermaßen lautet:

> *Ein Einspruchsverfahren ist anhängig gegen alle Ansprüche des europäischen Patents EP-B. Der einzige Einspruchsgrund ist Artikel 100 (c) EPÜ. Heute, am 29. Februar 2016, erhält das EPA Einwendungen eines Dritten gegen EP-B. Die Eingaben des Dritten sind wie folgt:*
> - *Es wird erläutert, dass das Dokument D1 des Standes der Technik Anspruch 1 von EP-B vorwegnimmt; und*
> - *es wird begründet, dass die Erfindung in EP-B nicht ausreichend offenbart ist.*
>
> *Geben Sie für jede der Aussagen 1.1 – 1.4 auf dem Antwortblatt an, ob die Aussage wahr oder falsch ist.*
> 1.1 *Da Einwendungen Dritter nur in Bezug auf Einwände, die auf Artikel 52 bis 57 EPÜ gestützt sind, eingereicht werden können, wird die Einspruchsabteilung die Begründung bezüglich der mangelnden Offenbarung nicht berücksichtigen.*
> 1.2 *Die Eingaben des Dritten werden vom EPA an den Patentinhaber weitergeleitet.*
> 1.3 *Die Eingaben des Dritten werden per Akteneinsicht der Öffentlichkeit zugänglich gemacht.*
> 1.4 *Die Einspruchsabteilung darf mangelnde Neuheit gegenüber Anspruch 1 als neuen Einspruchsgrund in das Verfahren einführen.*

Die Lösung der Frage kann auf verschiedenen Wegen erfolgen. Ratsam ist es, sich zunächst klar zu machen, welches Verfahrensstadium in der jeweiligen Aufgabe abgefragt wird und welche weiteren Kernaussagen von Bedeutung sein könnten. Hier ist unstrittig, dass es sich um das **Einspruchsverfahren** handelt. Als Kernaussage ist die **Einwendung Dritter** zu benennen.

Die Antworten sind demnach in den Tabellen Einspruch und/oder Einwendungen Dritter zu finden. Gegebenenfalls kann die Tabellen Akteneinsicht herangezogen werden:

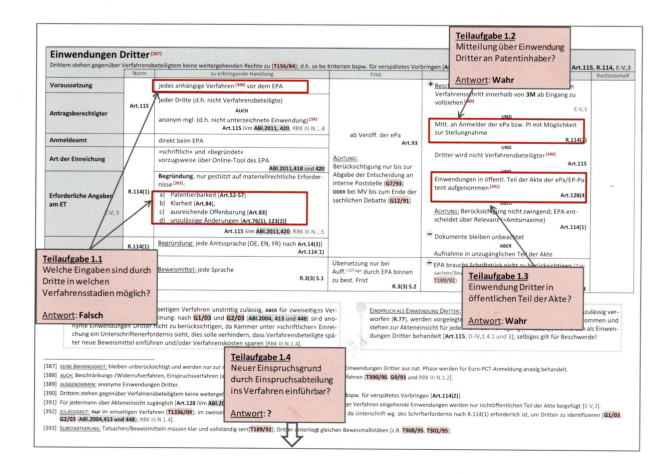

Benutzerhinweise

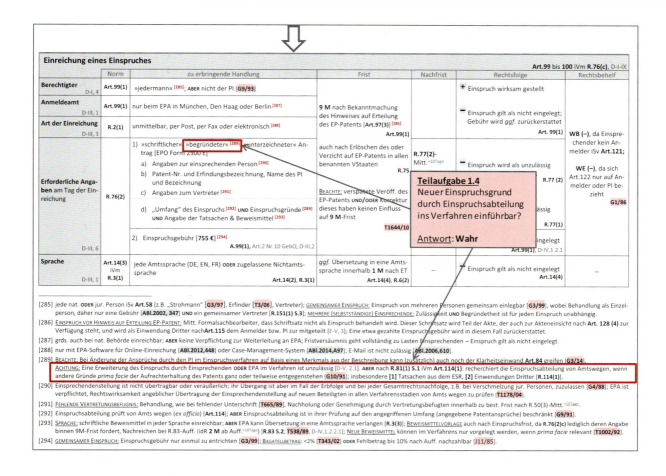

In diesem Beispiel ist es mit nur 2 Tabellen möglich die Aufgabe richtig zu lösen: 1.1 **F**; 1.2 **W**, 1.3 **W**, 1.4 **W**.

Gleichermaßen gelingt die Beantwortung der Fragen des D-Teils der Europäischen Eignungsprüfung (EQE) mit Hilfe der Tabellen. Als Beispiel dient hier Frage 5 des D-Teils der EQE 2015:

Anmelder E reichte eine europäische Patentanmeldung ein, die neue Aminosäure-Sequenzen offenbart, aber kein Sequenzprotokoll enthält. Anmelder E erhielt eine Mitteilung des EPA mit Datum vom 18. Februar 2015, in der er aufgefordert wird, diesen Mangel zu beheben.

    a)   Was hat Anmelder E zu tun, um den Mangel zu beheben und bis wann?
    b)   Was ist die Rechtsfolge, wenn der Mangel nicht behoben wird? Kann dieser Rechtsfolge abgeholfen werden?

Zur Beantwortung kann die Tabelle „Sequenzprotokoll", aber auch die Tabelle zur Formalprüfung herangezogen werden:

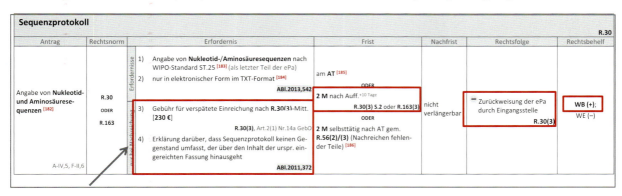

Antworten:
    a)   Mangelbehebung innerhalb von 2 M ab Mitt. (R.30(3)), 10-Tagelesregel beachten (Art.119 iVm R.126(2) EPÜ): 18.02.2015 + 10 Tage + 2 M = 28.04.2015 (Dienstag > keine Verlängerung nach R.134(1) EPÜ) Rechtsquellen für die Fristen sind den Tabellen zur Fristenberechnung zu entnehmen **UND** Zahlung der Gebühr für verspätete Einreichung [230€] zahlen (Art.2(1) Nr.14a GebO) **UND** mit Einreichung des Sequenzprotokolls (Formvorschriften beachten! Abl.2013,542) Erklärung abgeben, dass Sequenzprotokoll nicht über ursprünglichen Umfang hinausgeht (Abl.2011,372).
    b)   Rechtsfolge: Anmeldung wird zurückgewiesen (R.30(3)); Weiterbehandlung (Art.121 EPÜ iVm R.135 EPÜ) möglich; Details zur WB in entsprechender Tabelle auffindbar.

Hinweise zur Online-Nutzung

Einzelne Aktualisierungen zu dieser Auflage stehen in regelmäßigen Abständen unter http://www.heymanns-download.de/startseite/ als Download bereit:

Passwort: gg286833

Quellen

Ausführungsordnung zum Vertrag über die internationale Zusammenarbeit auf dem Gebiet des Patentwesens	ab 1. Juli 2015 geltende Fassung
Der Weg zum europäischen Patent – Leitfaden für Anmelder	15. Auflage, Mai 2015
Euro-PCT-Leitfaden: PCT-Verfahren im EPA	8. Auflage, Januar 2015
EPÜ - Europäisches Patentübereinkommen	vom 5. Oktober 1973 in der Fassung der Akte zur Revision von Artikel 63 EPÜ vom 17. Dezember 1991 und der Akte zur Revision des EPÜ vom 29. November 2000 (inkl. ABl. EPA 2001, Sonderausgabe Nr. 4, S. 55)
Nationales Recht zum EPÜ	17. Auflage, September 2015
PCT Applicant's Guide	ab 7. April 2016 geltende Fassung
Rechtsprechung der Beschwerdekammern des EPA	7. Auflage, September 2013
Richtlinien für die Prüfung im Europäischen Patentamt	Ausgabe November 2015
Vertrag über die internationale Zusammenarbeit auf dem Gebiet des Patentwesens (PCT)	unterzeichnet in Washington am 19. Juni 1970, geändert am 28. September 1979, am 3. Februar 1984 und am 3. Oktober 2001

Inhalt

Vorwort..V

Benutzerhinweise VII

Quellen X

Abkürzungsverzeichnis XIII

Teil A - Anspruchssatz 1

Patentierbarkeit – Erfordernisse des EPÜ........................ 3
Erläuterung der Erfordernisse des EPÜ 3
    Ausnahmen von der Patentierbarkeit........................... 3
    Neuheit 5
    Erfinderische Tätigkeit 7
    Gewerbliche Anwendbarkeit 9
    Offenbarung, Ausführbarkeit.................................... 10
    Klarheit der Ansprüche 10
    Einheitlichkeit 11
Anspruchskategorien 12
    allgemeine Anspruchskategorien.............................. 12
    zulässige Kombination unabhängiger Ansprüche 13
    Spezielle Anspruchskategorien 14
    medizinische und biotechnologische
    Anspruchskategorien 16
    DOs & DON´Ts in Anspruchsformulierungen 18
Aufbau einer Patentschrift... 23
    Prüfungsumfang in einzelnen Verfahrensschritten 25
Analyse des Mandantenbriefes 26
Formulierungsvorschlag 27

Teil B - Bescheidserwiderung 31

Recherchenbericht 32
Neuheit... 32
Erfinderische Tätigkeit.. 34
    Aufgabe-Lösungs-Ansatz.. 34
mangelnde Offenbarung 36
Klarheitseinwand 36
Einwand fehlender Einheitlichkeit.................................. 37
Änderung 37
    Basis für Änderungen... 38
    Änderung der Beschreibung 39
    Änderung der Ansprüche 39
Formulierungsvorschlag 42

Teil C - Einspruch 49

Einspruchsschrift 51
Zeitrang der Ansprüche 52
Prioritätsrecht, Wirksamkeit 52
    Voraussetzung für die Wirksamkeit........................... 52
    Änderungen, die zum Erlöschen des Prioritätsrechts
    führen 54
Analyse/Auslegung der Ansprüche 55
Unzulässige Änderungen.. 55
Mangelnde Ausführbarkeit.. 56
Mangelnde Klarheit.. 56
Ausnahmen von der Patentierbarkeit............................. 56
Mangelnde Neuheit 57
Mangelnde erfinderische Tätigkeit................................. 58
Mangelnde gewerbliche Anwendbarkeit......................... 59
Änderungen durch Patentinhaber 59
    Kategoriewechsel nach Patenterteilung 61
    Merkmalsverschiebung nach Patenterteilung 61
Formulierungsvorschlag 62
Beispielantrag – Einlegen eines Einspruchs 71

Teil D I - Übersicht zum EPÜ................................. 73

Übersicht Europäische Anmeldung · PCT-Anmeldung......... 74
    Staaten des EPÜ 75
Einreichung einer ePa... 77
Einreichung einer Anmeldung mit Bezugnahme 78
Einreichung einer Teilanmeldung (TA) 79
Weiterleitung der ePa 81
Eingangsprüfung 81
Formalprüfung... 83
    Biologisches Material 87
    Sequenzprotokoll 88
    Ausstellungsprivileg... 89
    Recherchenergebnisse einreichen 89
    Erfindernennung 91
Prioritätsrecht... 93
    Wirksame Inanspruchnahme einer Priorität 93
    Rechtsübergang und Prioritätsrecht 93
    Inanspruchnahme einer Priorität 94
    Ändern · Berichtigen · Zurücknehmen......................... 95
Änderungen und Berichtigungen 97
    Nachreichen fehlender Teile 99
    Berichtigungen von Fehlern 101
Erteilungsverfahren 105
    Recherchenbericht 107
    Sachprüfung 108
    R.71(3)-Mitteilung 111
Veröffentlichung der ePa... 113
    Veröffentlichung der europäischen Patentschrift 114
    Veröffentlichungscodes... 114
Benennung von Vertrags-/ Erstreckungs-/
    Validierungsstaaten 115
Einspruch 117
    Einspruchsgründe.. 117
    Verfahrensbeteiligte... 117
    Einreichung eines Einspruches 119
    Formalprüfung des Einspruchs 121
    Anträge – Einspruch 123
    Verfahrensablauf - Einspruch 125
    Beendigung des Einspruchs 127
Beschränkung-/Widerspruchsverfahren 131
    materialrechtliche Prüfung...................................... 132
    Entscheidung 133
    Unterschiedliche Anspruchssätze für verschiedene
    VStaaten 133
Beschwerde... 135
    Beschwerde - Antrag (formelle Erfordernisse) 137
    Materielrechtliche Prüfung der Beschwerde............... 139
    zulässiger Antrag auf Beschwerde 139
    Beendingung der Beschwerde.................................. 140
    sonstige Anträge in Beschwerde 141
Große Beschwerdekammer... 143
Mündliche Verhandlung (MV) 145
    Anträge 146
    Beweisaufnahme 147
    Vortragsberechtigter in der MV 147
Beweismittel und Beweiswürdigung 149
    Zulässige Beweismittel 150
    Ausgewählte Beispiele von Beweismitteln 151
Einwendungen Dritter 153
Rechtsbehelf 155
    Von der Weiterbehandlung ausgeschlossene Fristen . 155
    Von der Wiedereinsetzung ausgeschlossene Fristen .. 155
    Fristen für die Wiedereinsetzung beantragbar ist....... 155

Weiterbehandlung 156
Wiedereinsetzung 156
Antrag auf Entscheidung 157
Umwandlung 157
Rechtsverzicht (Zurücknahmen · Zurücknahme-
erklärungen · Verzicht) 159
Akteneinsicht 161
Eintragung ins Patentregister 163
Rechte aus Anmeldung / Patent 165
Anmeldung durch Nichtberechtigte 167
Einreichung neuer Anmeldung durch Berechtigten 169
Arten der Einreichung 170
Online-Einreichung 171
Spracherfordernisse 172
Vertretung 175
Unterschriftenerfordernisse 177
Gebühren 179
Fälligkeit 179
10-Tage-Sicherheitsregel 179
Gebühren – Gebührenordnung – ePa 180
Jahresgebühren 185
Möglichkeiten der Einzahlung 187
Antrag auf Gebührenermäßigung 189
Antrag auf Gebührenanrechnung 190
Rückerstattung von EPA-Gebühren 193
Fristen 197
Fristverlängerung 197
Fristberechnung 197
Fristauslösende Ereignisse 198
Unterbrechung · Aussetzung 201
Beschleunigung des Verfahrens 202
Fristenberechnung - allgemein 204
Fristenberechnung - Jahresgebühren 205
Fristenberechnung - Veröffentlichung 208
Kalender 209
Verfahrensabschnitte und Organe des EPA 211
Befangenheit 215
Nationale Erfordernisse bei Einreichung und Eintritt in nat.
Phase vor den Vertragsstaaten 216

Teil D II - Übersicht zum PCT 219

Einreichung einer iPa 220
weitere Erfordernisse 221
Anmeldeamt (RO) 221
Mängelbeseitigung 222
Priorität 225
Nachreichen wesentlicher Bestandteile/fehlender Teile
oder Einbeziehung durch Verweis 226
Nachreichen fehlender Teile/ Einbeziehung durch
Verweis 227
Anmeldeamt (RO) 227
Internationale Recherche und ISR 228
Internationale Recherche - Anträge 229
Internationale Recherche – weit. Recherchengebühr . 229
Veröffentlichung 230
Änderung in der Person des Anmelders/Erfinders 231
Ergänzende internationale Recherche und SISR 232
Ergänzende internationale Recherche - Anträge 233
Internationale vorläufige Prüfung und IPER 234
Internationale Vorläufige Prüfung - Mängel und
Anträge 235
Internationaler vorläufiger Bericht zur Patentfähigkeit 236
Änderungen und Berichtigung 237
Allgemeine Vorschriften des PCT 238
Rechtsbehelfe 239
Wiedereinsetzung 239
Wiedereinsetzung 240

Rechtsverzicht (Zurücknahmen · Zurücknahme-
erklärungen · Verzicht) 241
Vertretung im PCT-Verfahren 242
Vertretungszwang 243
Gebührenzahlung und Rückerstattung 244
Rückerstattung von PCT-Gebühren 247
Fristen 248
Fristverlängerung 248
Fristversäumnis 248
Fristenberechnung - Veröffentlichung 249

Teil D III - Übersicht zum Euro-PCT 251

Eintritt in die EP-Phase - Mindesterfordernisse 253
weitere Erfordernisse (Fortsetzung) 255
Eintritt in die EP-Phase - Anträge 257
Ergänzende Europäische Recherche 259
Gebühren – EURO-PCT 260

Konfliktmatrix 262

Glossar 265

Konkordanzliste 271

Artikel- und Regelverzeichnis 274

Stichwortverzeichnis 279

Abkürzungsverzeichnis

Folgende Abkürzungen werden verwendet:

⬀	...	siehe dort
⊕	...	Rechtsfolge bei Erfüllung aller Erfordernisse
⊖	...	Rechtsfolge bei Mangel
!	...	Beachte Hinweis
💡	...	Praxistipp
✓	...	zulässig
✗	...	unzulässig
+10 Tage	...	Die „10-Tages-Regel" für die Zustellungsfiktion gemäß **R.126(2)** EPÜ ist anzuwenden
30M-Frist	...	Frist für den Eintritt in nat./reg. Phase einer iPa [**Art.22, 39 PCT**]
ABl.	...	Amtsblatt des EPA
AN	...	Arbeitnehmer
APro	...	Anerkennungsprotokoll (Protokoll über die gerichtliche Zuständigkeit und die Anerkennung von Entscheidungen über den Anspruch auf Erteilung eines EP-Patents)
Art.	...	Artikel
AD	...	internationales Anmeldedatum
APO	...	Australisches Patentamt
AT	...	Anmeldetag
Auff.	...	Aufforderung
BdP	...	Beschluss des Präsidenten des EPA
BF	...	beschwerdefähige Entscheidung nach ergangener R.112(2)-Mitteilung [**Art.106(1)**]
BK	...	Beschwerdekammer
bspw.	...	beispielsweise
BudaV	...	Budapester Vertrag über die Hinterlegung von Mikroorganismen für die Zwecke von Patentverfahren
DE	...	deutsch/Deutschland
dh	...	das heißt
DO	...	Bestimmungsamt (*Designated Office*) = Bestimmungsamt für das kein IPER beantragt worden ist
ED	...	Datum/Tag des Eingangs
eESR	...	ergänzender europäischer Recherchenbericht [**Art.153(7)**] (*Supplementary European Search Report, SESR*)
EESR	...	Erweiterter Europäischer Recherchenbericht [**R.62**] (*Extended European Search Report*)
EGMR	...	Europäischer Gerichtshofs für Menschenrechte
eig.	...	eigentlich
EMRK	...	Konvention zum Schutze der Menschenrechte und Grundfreiheiten / Europäische Menschenrechtskonvention
EN	...	englisch
EO	...	ausgewähltes Amt (*Elected Office*) = Bestimmungsamt für das ein IPER beantragt worden ist
EP	...	europäisch
ePa	...	europäische Patentanmeldung
EPÜ	...	Europäisches Patentübereinkommen
EPÜAO	...	Ausführungsordnung zum Übereinkommen über die Erteilung europäischer Patente
ESR	...	Europäischer Recherchenbericht
ED	...	Eingangsdatum
ET	...	Tag der Einreichung
ev	...	eventuell
FIPS	...	Russisches Patentamt (*Federal Institute of Industrial Property*)
FR	...	französisch/Frankreich
G	...	Aktenzeichen einer Entscheidung der Großen Beschwerdekammer
GBK	...	Große Beschwerdekammer
GbrM	...	Gebrauchsmuster
GebO	...	Gebührenordnung des EPA
Gen.	...	Generation einer Teilanmeldung
ggf.	...	gegebenenfalls
ggü	...	gegenüber
IB	...	Internationales Büro
iHv	...	in Höhe von
idR	...	in der Regel
inkl.	...	inklusive
innerh.	...	innerhalb

Abkürzungsverzeichnis

internat.	...	international
IPEA	...	mit der internationalen vorläufigen Prüfung beauftragte Behörde (AT, AU, BR, CA, CL, CN, EG, EP, ES, FI, IL, IN, JP, KR, RU, SE, SG, US, XN) [1]
iPa	...	internationale Patentanmeldung
IPC	...	Internationale Patentklassifikation
IPE	...	Internationale vorläufige Prüfung
IPER	...	Internationaler vorläufiger Prüfbericht
IPRP	...	Internationaler vorläufiger Bericht über die Patentierbarkeit
IS	...	Internationale Recherche
ISA	...	Internationale Recherchenbehörde (AT, AU, BR, CA, CL, CN, EG, EP, ES, FI, IL, IN, JP, KR, RU, SE, SG, US, XN) [1]
iVm	...	in Verbindung mit
J	...	Aktenzeichen einer Entscheidung der Juristischen Beschwerdekammer
JG	...	Jahresgebühr
JPO	...	Japanisches Patentamt
jur.	...	juristisch
KIPO	...	Koreanisches Patentamt
LF	...	Der Weg zum europäischen Patent – Leitfaden für Anmelder
LF-PCT	...	Euro-PCT-Leitfaden: PCT-Verfahren im EPA
M	...	Monat[e]
mögl.	...	möglich
Mitt.	...	Mitteilung
mndl.	...	mündlich
MV	...	mündliche Verhandlung
NatR	...	Broschüre »Nationales Recht zum EPÜ«
nat.	...	national
n.v.	...	nicht vorgesehen
PA	...	Patentanspruch
PatentS	...	Patentschrift
PCT	...	Vertrag über die internationale Zusammenarbeit auf dem Gebiet des Patentwesens
PI	...	Patentinhaber
PIZ	...	andere zuständige Behörde eines Vertragsstaates, wenn das Recht dieses Staates es gestattet
PLT	...	Patent Law Treaty
PT	...	Prioritätstag
R	...	Aktenzeichen für Anträge auf Überprüfung durch Große Beschwerdekammer
R.	...	Regel
RiLi	...	Richtlinien zur Prüfung im Europäischen Patentamt
Rn.	...	Randnummer
RO	...	Anmeldeamt (*Receiving Office*)
SIPO	...	Chinesisches Patentamt
SISA	...	Ergänzende Internationale Recherchenbehörde (AT, EP, FI, RU, SE, SG, XN) [1]
SP	...	Streitpatent
StdT	...	Stand der Technick
T	...	Aktenzeichen einer Entscheidung der Technischen Beschwerdekammer
TA	...	Teilanmeldung[en]
techn.	...	technisch
UA	...	ukrainisches Patentamt
urspr.	...	ursprünglich
USPTO	...	Patent- und Markenamt der Vereinigten Staaten von Amerika
VAA	...	Vorschriften über das automatische Abbuchungsverfahren beim EPA
Veröff.	...	Veröffentlichung
VGBK	...	Verfahrensordnung der Großen Beschwerdekammer des Europäischen Patentamts
vgl.	...	vergleiche
VLK	...	Vorschriften über das laufende Konto beim EPA
VOBK	...	Verfahrensordnung der Beschwerdekammern des Europäischen Patentamts
VStaaten	...	Vertragsstaaten
VT	...	Veröffentlichungstag
W	...	Woche[n]
WB	...	Weiterbehandlung
WE	...	Wiedereinsetzung
WIPO	...	Weltorganisation für geistiges Eigentum
WO-ISA	...	schriftlicher Bescheid der Internationalen Recherchenbehörde
WTO	...	Welthandelsorganisation
XN	...	Nordisches Patentinstitut (umfassend DK, IS, NO)
Zentr. Prot.	...	Protokoll über die Zentralisierung des eurcpäischen Patentsystems und seine Einführung (Zentralisierungsprotokoll

---

[1]   Stand 1. Juni 2016

Teil A
Anspruchssatz
Struktur · Kategorien · Formulierungsvorschläge

2 Teil A – Anspruchssatz

EPÜ 2000

Artikel 52[38],[39]
Patentierbare Erfindungen

(1) Europäische Patente werden für Erfindungen auf allen Gebieten der Technik erteilt, sofern sie neu sind, auf einer erfinderischen Tätigkeit beruhen und gewerblich anwendbar sind.

(2) Als Erfindungen im Sinne des Absatzes 1 werden insbesondere nicht angesehen:

a) Entdeckungen, wissenschaftliche Theorien und mathematische Methoden;
b) ästhetische Formschöpfungen;
c) Pläne, Regeln und Verfahren für gedankliche Tätigkeiten, für Spiele oder für geschäftliche Tätigkeiten sowie Programme für Datenverarbeitungsanlagen;
d) die Wiedergabe von Informationen.

(3) Absatz 2 steht der Patentierbarkeit der dort genannten Gegenstände oder Tätigkeiten nur insoweit entgegen, als sich die europäische Patentanmeldung oder das europäische Patent auf diese Gegenstände oder Tätigkeiten als solche bezieht.

---

[38] Geändert durch die Akte zur Revision des EPÜ vom 29.11.2000.
[39] Siehe hierzu Entscheidungen der GBK G 1/98, G 1/03, G 2/03, G 3/08 (Anhang I).

Artikel 53[40],[41]
Ausnahmen von der Patentierbarkeit

Europäische Patente werden nicht erteilt für:

a) Erfindungen, deren gewerbliche Verwertung gegen die öffentliche Ordnung oder die guten Sitten verstoßen würde; ein solcher Verstoß kann nicht allein daraus hergeleitet werden, dass die Verwertung in allen oder einigen Vertragsstaaten durch Gesetz oder Verwaltungsvorschrift verboten ist;
b) Pflanzensorten oder Tierrassen sowie im Wesentlichen biologische Verfahren zur Züchtung von Pflanzen oder Tieren. Dies gilt nicht für mikrobiologische Verfahren und die mithilfe dieser Verfahren gewonnenen Erzeugnisse;
c) Verfahren zur chirurgischen oder therapeutischen Behandlung des menschlichen oder tierischen Körpers und Diagnostizierverfahren, die am menschlichen oder tierischen Körper vorgenommen werden. Dies gilt nicht für Erzeugnisse, insbesondere Stoffe oder Stoffgemische, zur Anwendung in einem dieser Verfahren.

---

[40] Geändert durch die Akte zur Revision des EPÜ vom 29.11.2000.
[41] Siehe hierzu Entscheidungen der GBK G 3/95, G 1/98, G 1/03, G 2/03, G 1/04, G 2/06, G 1/07, G 2/07, G 1/08, G 2/08 vom 19.02.2010 (Anhang I).

EPÜAO

Regel 26[26],[27]
Allgemeines und Begriffsbestimmungen

(1) Für europäische Patentanmeldungen und Patente, die biotechnologische Erfindungen zum Gegenstand haben, sind die maßgebenden Bestimmungen des Übereinkommens in Übereinstimmung mit den Vorschriften dieses Kapitels anzuwenden und auszulegen. Die Richtlinie 98/44/EG vom 6. Juli 1998[27] über den rechtlichen Schutz biotechnologischer Erfindungen ist hierfür ergänzend heranzuziehen.

(2) "Biotechnologische Erfindungen" sind Erfindungen, die ein Erzeugnis, das aus biologischem Material besteht oder dieses enthält, oder ein Verfahren, mit dem biologisches Material hergestellt, bearbeitet oder verwendet wird, zum Gegenstand haben.

(3) "Biologisches Material" ist jedes Material, das genetische Informationen enthält und sich selbst reproduzieren oder in einem biologischen System reproduziert werden kann.

(4) "Pflanzensorte" ist jede pflanzliche Gesamtheit innerhalb eines einzigen botanischen Taxons der untersten bekannten Rangstufe, die unabhängig davon, ob die Bedingungen für die Erteilung des Sortenschutzes vollständig erfüllt sind,

a) durch die sich aus einem bestimmten Genotyp oder einer bestimmten Kombination von Genotypen ergebende Ausprägung der Merkmale definiert,
b) zumindest durch die Ausprägung eines der erwähnten Merkmale von jeder anderen pflanzlichen Gesamtheit unterschieden und
c) in Anbetracht ihrer Eignung, unverändert vermehrt zu werden, als Einheit angesehen werden kann.

(5) Ein Verfahren zur Züchtung von Pflanzen oder Tieren ist im Wesentlichen biologisch, wenn es vollständig auf natürlichen Phänomenen wie Kreuzung oder Selektion beruht.

(6) "Mikrobiologisches Verfahren" ist jedes Verfahren, bei dem mikrobiologisches Material verwendet, ein Eingriff in mikrobiologisches Material durchgeführt oder mikrobiologisches Material hervorgebracht wird.

---

[26] Siehe hierzu Entscheidungen GBK G1/98, G2/06, G2/07, G1/08 (Anhang I).
[27] Siehe ABl. EPA 1999, 101.

Regel 27
Patentierbare biotechnologische Erfindungen

Biotechnologische Erfindungen sind auch dann patentierbar, wenn sie zum Gegenstand haben:

a) biologisches Material, das mithilfe eines technischen Verfahrens aus seiner natürlichen Umgebung isoliert oder hergestellt wird, auch wenn es in der Natur schon vorhanden war;
b) Pflanzen oder Tiere, wenn die Ausführung der Erfindung technisch nicht auf eine bestimmte Pflanzensorte oder Tierrasse beschränkt ist;
c)[28] ein mikrobiologisches oder sonstiges technisches Verfahren oder ein durch diese Verfahren gewonnenes Erzeugnis, sofern es sich dabei nicht um eine Pflanzensorte oder Tierrasse handelt.

---

[28] Siehe hierzu Entscheidungen GBK G2/07, G1/08 (Anhang I).

Regel 28
Ausnahmen von der Patentierbarkeit

Nach Art.53 a) werden europäische Patente insbesondere nicht erteilt für biotechnologische Erfindungen, die zum Gegenstand haben:

a) Verfahren zum Klonen von menschlichen Lebewesen;
b) Verfahren zur Veränderung der genetischen Identität der Keimbahn des menschlichen Lebewesens;
c)[29] die Verwendung von menschlichen Embryonen zu industriellen oder kommerziellen Zwecken;
d) Verfahren zur Veränderung der genetischen Identität von Tieren, die geeignet sind, Leiden dieser Tiere ohne wesentlichen medizinischen Nutzen für den Menschen oder das Tier zu verursachen, sowie die mithilfe solcher Verfahren erzeugten Tiere.

---

[29] Siehe hierzu Entscheidung GBK G2/06 (Anhang I).

Regel 29
Der menschliche Körper und seine Bestandteile

(1) Der menschliche Körper in den einzelnen Phasen seiner Entstehung und Entwicklung sowie die bloße Entdeckung eines seiner Bestandteile, einschließlich der Sequenz oder Teilsequenz eines Gens, können keine patentierbaren Erfindungen darstellen.

(2) Ein isolierter Bestandteil des menschlichen Körpers oder ein auf andere Weise durch ein technisches Verfahren gewonnener Bestandteil, einschließlich der Sequenz oder Teilsequenz eines Gens, kann eine patentierbare Erfindung sein, selbst wenn der Aufbau dieses Bestandteils mit dem Aufbau eines natürlichen Bestandteils identisch ist.

(3) Die gewerbliche Anwendbarkeit einer Sequenz oder Teilsequenz eines Gens muss in der Patentanmeldung konkret beschrieben werden.

Rechtsprechung

G2/06 R.28(c) verbietet die Patentierung von Ansprüchen auf Erzeugnisse, die zum Anmeldezeitpunkt ausschließlich durch ein Verfahren hergestellt werden konnten, das zwangsläufig mit der Zerstörung der menschlichen Embryonen einhergeht, aus denen die Erzeugnisse gewonnen werden, selbst wenn dieses Verfahren nicht Teil der Ansprüche ist.

G3/08 Der beanspruchte Gegenstand ist für die Zwecke des Art.52(2) unabhängig vom Stand der Technik zu betrachten. Unter diesem Gesichtspunkt ist ein Anspruch auf eine Tasse eindeutig nicht durch Art.52(2) von der Patentierbarkeit ausgeschlossen. Ob der Anspruch auch noch das Merkmal aufweist, dass die Tasse mit einem bestimmten Bild versehen ist, ist unerheblich.

G2/12 **1.** Der Ausschluss von im Wesentlichen biologischen Verfahren zur Züchtung von Pflanzen in Art.53 b) wirkt sich nicht negativ auf die Gewährbarkeit eines Erzeugnisanspruchs aus, der auf Pflanzen oder Pflanzenmaterial wie Pflanzenteile gerichtet ist
2.a) Die Tatsache, dass die Verfahrensmerkmale eines Product-by-process-Anspruchs, der auf Pflanzen oder Pflanzenmaterial gerichtet ist, bei denen es sich nicht um eine Pflanzensorte handelt, ein im Wesentlichen biologisches Verfahren zur Züchtung von Pflanzen definieren, steht der Gewährbarkeit des Anspruchs nicht entgegen.
2.b) Die Tatsache, dass das einzige am Anmeldetag verfügbare Verfahren zur Erzeugung des beanspruchten Gegenstands ein in der Patentanmeldung offenbartes im Wesentlichen biologisches Verfahren zur Züchtung von Pflanzen ist, steht der Gewährbarkeit eines Anspruchs nicht entgegen, der auf Pflanzen oder Pflanzenmaterial gerichtet ist, bei denen es sich nicht um eine Pflanzensorte handelt.

Patentierbarkeit – Erfordernisse des EPÜ

B-XI, 3.6, G-I, 1

Bei der Ausarbeitung einer Patentschrift und eines gewährbaren Anspruchssatzes müssen zwei Arten von Schutzhindernissen beachtet werden, die absoluten und die relativen Schutzhindernisse, damit der erfindungsgemäße Gegenstand schutzfähig. [G-I, 1]

1

Absolute Schutzhindernisse (Vorliegen einer Erfindung)

Zunächst muss geprüft werden, ob eine Erfindung iSv Art.52(1) vorliegt. Damit eine Erfindung iSd EPÜ patentfähig ist, muss diese

1) **technischen Charakter** aufweisen [**Art.52(1)**; **T154/04**],
2) nicht von der Patentierbarkeit ausgeschlossen [**Art.52(2)**] und
3) nicht unter eine Ausnahme der Patentierbarkeit [**Art.53**, **R.28**, **R.29**] fallen.

Relative Schutzhindernisse (Qualität einer Erfindung)

Genügt eine Erfindung dem Erfindungsbegriff des EPÜ, so ist folgend die Qualität der Erfindung zu prüfen, wobei

2

1) die **Neuheit** [**Art.54**, G-VI],
2) die **Erfinderische Tätigkeit** [**Art.56**, G-VII],
3) die **Gewerbliche Anwendbarkeit** [**Art.57**, G-III]

zu beurteilen sind.

Sind absolute und relative Schutzhindernisse überwunden, sind weitere im EPÜ vorgeschriebene Patentierbarkeitsvoraussetzungen zu prüfen, dazu gehören:

3

1) **Einheitlichkeit** der Erfindung (eine erfinderische Idee) [**Art.82**, F-V]
2) ausführbare **Offenbarung** des Erfindungsgegenstands [**Art.83**, F-III]
3) **Klarheit** des Erfindungsgegenstands und Stützung durch Beschreibung [**Art.84**, F-IV,4 und 6]
4) zulässige Kombination unabhängiger Ansprüche [**R.43(2)**]

Erläuterung der Erfordernisse des EPÜ

Ausnahmen von der Patentierbarkeit

Art.52(2) und Art.53

Ausschluss von der Patentierbarkeit (Nichterfindungen)	Erfindung, die sich **ausschließlich** auf einen nicht patentfähigen Gegenstand bezieht [**Art.52(3)**] **4**
	a) Entdeckungen, wissenschaftliche Theorien und mathematische Methoden
	b) ästhetische Formschöpfungen
	c) Pläne, Regeln, Verfahren für gedankliche Tätigkeiten, Spiele oder geschäftliche Tätigkeiten
	d) Computerprogramme (ausgenommen computerimplementierte Erfindungen, ⌀Rn.A-68)
	e) Wiedergabe von Informationen (auf Benutzeroberflächen)
	Offensichtlichkeitsprüfung: Prüfung sollte unabhängig vom StdT erfolgen [**G3/08**]
	Einzelne Merkmale, die für sich genommen von der Patentierbarkeit ausgeschlossen wären, können dennoch einen techn. Beitrag liefern und sind deshalb für die erfinderische Tätigkeit zu berücksichtigen [**T208/84**]
Art.52(2) G-II, 3	Recherchenbericht: bezieht sich Anmeldegegenstand nur teilweise auf einen nicht patentfähigen Gegenstand [**Art.52(2)**], so wird ggf. nur ein teilweiser ESR oder eESR erstellt [**R.63(2)**; ⌀Rn.DI-83]

Ausnahmen von der Patentierbarkeit	Erfindungen die **ausschließlich** basieren auf **5**
	a) Sittenwidrige Gegenstände [**Art.53(a)**]
	b) Pflanzensorten/Tierrassen und zugehörige Züchtungs**verfahren** [2] [**Art.53(b)**]
	c) Medizinische Behandlungs**verfahren**, dh chirurgische, therapeutische oder diagnostische Behandlung des menschlichen oder tierischen Körpers [3] [**Art.53(c)**; ⌀Rn.A-79-80]
	Anspruch mit nur einem medizinischen Verfahrensmerkmal ist nicht gewährbar [**T820/92**; **T82/93**]
	d) Screeningverfahren für potentielle Arzneimittel [⌀Rn.A-87]
	e) Biotechnologische Erfindungen, die durch **R.28** ausgenommen sind
	• Verfahren zum Klonen von Menschen [**R.28a)**],
	• Verfahren zur Veränderung der menschlichen Keimbahn [**R.28b)**],
	• Verwendung menschlicher Embryonen [**R.28c)** **T2221/10**, **T1441/13**] und **Erzeugnisse**, die am AT ausschließlich durch Zerstörung menschlicher Embryonen herstellbar sind (sogar dann, wenn Verfahren nicht Teil des Anspruchs ist) [**G2/06**],
	• Qualzüchtungen von Tieren ohne wesentlichen medizinischen Nutzen [**R.28d)**].
Art.53 G-II, 4	Ausklammern nicht patentierbarer Ausführungsformen durch urspr. **nicht-offenbarte Disclaimer** zur Herstellung der Patentfähigkeit zulässig [**G1/03**].

---

[2] zulässig sind [1] mikrobiologische Verfahren und mit diesen gewonnene Erzeugnisse [**Art.53(b) S.2**] und [2] Erzeugnisse, hergestellt nach einem derartigen Verfahren [**G2/12**, **G2/13**].

[3] Art.53c) ist eng auszulegen [**T385/86**]; Erzeugnisse für medizinsche Verfahren sind patentierbar.

EPÜ 2000

Artikel 54[42],[43]
Neuheit

(1) Eine Erfindung gilt als neu, wenn sie nicht zum Stand der Technik gehört.

(2) Den Stand der Technik bildet alles, was vor dem Anmeldetag der europäischen Patentanmeldung der Öffentlichkeit durch schriftliche oder mündliche Beschreibung, durch Benutzung oder in sonstiger Weise zugänglich gemacht worden ist.

(3) Als Stand der Technik gilt auch der Inhalt der europäischen Patentanmeldungen in der ursprünglich eingereichten Fassung, deren Anmeldetag vor dem in Absatz 2 genannten Tag liegt und die erst an oder nach diesem Tag veröffentlicht worden sind.

(4) Gehören Stoffe oder Stoffgemische zum Stand der Technik, so wird ihre Patentierbarkeit durch die Absätze 2 und 3 nicht ausgeschlossen, sofern sie zur Anwendung in einem in Art.53c) genannten Verfahren bestimmt sind und ihre Anwendung in einem dieser Verfahren nicht zum Stand der Technik gehört.

(5)[44] Ebenso wenig wird die Patentierbarkeit der in Absatz 4 genannten Stoffe oder Stoffgemische zur spezifischen Anwendung in einem in Art.53c) genannten Verfahren durch die Absätze 2 und 3 ausgeschlossen, wenn diese Anwendung nicht zum Stand der Technik gehört.

[42] Geändert durch die Akte zur Revision des EPÜ vom 29.11.2000.
[43] Siehe hierzu Entscheidungen/Stellungnahmen der GBK G 2/88, G 6/88, G 1/92, G 3/93, G 1/98, G 2/98, G 3/98, G 2/99, G 1/03, G 2/03, G 2/08 vom 19.02.2010 (Anhang I).
[44] Siehe hierzu die Mitteilung des EPA über die Unzulässigkeit der schweizerischen Anspruchsform infolge der Entscheidung G 2/08 der GBK (ABl.2010, 514).

Artikel 55
Unschädliche Offenbarungen

(1) Für die Anwendung des Art.54 bleibt eine Offenbarung der Erfindung außer Betracht, wenn sie nicht früher als sechs Monate vor Einreichung der ePa erfolgt ist und unmittelbar oder mittelbar zurückgeht:

a)[45] auf einen offensichtlichen Missbrauch zum Nachteil des Anmelders oder seines Rechtsvorgängers oder

b) auf die Tatsache, dass der Anmelder oder sein Rechtsvorgänger die Erfindung auf amtlichen oder amtlich anerkannten Ausstellungen im Sinn des am 22. November 1928 in Paris unterzeichneten und zuletzt am 30. November 1972 revidierten Übereinkommens über internationale Ausstellungen zur Schau gestellt hat.

(2) Im Fall des Absatzes 1 b) ist Absatz 1 nur anzuwenden, wenn der Anmelder bei Einreichung der europäischen Patentanmeldung angibt, dass die Erfindung tatsächlich zur Schau gestellt worden ist, und innerhalb der Frist und unter den Bedingungen, die in der Ausführungsordnung vorgeschrieben sind, eine entsprechende Bescheinigung einreicht.

[45] Siehe hierzu Entscheidungen der GBK G 3/98, G 2/99 (Anhang I).

Artikel 56[46]
Erfinderische Tätigkeit

Eine Erfindung gilt als auf einer erfinderischen Tätigkeit beruhend, wenn sie sich für den Fachmann nicht in naheliegender Weise aus dem Stand der Technik ergibt. Gehören zum Stand der Technik auch Unterlagen im Sinn des Art.54(3), so werden diese bei der Beurteilung der erfinderischen Tätigkeit nicht in Betracht gezogen.

[46] Siehe hierzu Entscheidungen/Stellungnahmen der GBK G 2/98, G 3/98, G 2/99, G 1/03, G 2/03 (Anhang I).

EPÜAO

Regel 25[25]
Ausstellungsbescheinigung

Der Anmelder muss innerhalb von vier Monaten nach Einreichung der europäischen Patentanmeldung die in Art.55(2) genannte Bescheinigung einreichen, die

a) während der Ausstellung von der Stelle erteilt wird, die für den Schutz des gewerblichen Eigentums auf dieser Ausstellung zuständig ist;

b) bestätigt, dass die Erfindung dort tatsächlich ausgestellt worden ist;

c) den Tag der Eröffnung der Ausstellung angibt sowie, wenn die Erfindung erst nach diesem Tag offenbart wurde, den Tag der erstmaligen Offenbarung; und

d) als Anlage eine Darstellung der Erfindung umfasst, die mit einem Beglaubigungsvermerk der vorstehend genannten Stelle versehen ist.

[25] Siehe hierzu Entscheidungen GBK G3/98, G2/99 (Anhang I).

Rechtsprechung

G1/92
1. Die chemische Zusammensetzung eines Erzeugnisses gehört zum Stand der Technik, wenn das Erzeugnis selbst der Öffentlichkeit zugänglich ist und vom Fachmann analysiert und reproduziert werden kann, und zwar unabhängig davon, ob es besondere Gründe gibt, die Zusammensetzung zu analysieren.
2. Derselbe Grundsatz gilt entsprechend auch für alle anderen Erzeugnisse.

G1/03
G2/03
Ein Disclaimer, der keinen technischen Beitrag leistet und während des europäischen Erteilungsverfahrens zugelassen wird, ändert die Identität der Erfindung im Hinblick auf Artikel 87 (1) EPÜ nicht. Daher ist seine Aufnahme auch bei der Abfassung und Einreichung einer ePa zulässig, ohne dass dadurch das Prioritätsrecht aus der früheren Anmeldung berührt wird, die den Disclaimer nicht enthält.

T206/83
Ein Dokument enthält keine ausreichende Offenbarung eines chemischen Stoffes, wenn es zwar seine Formel und die Verfahrensschritte zu seiner Herstellung nennt, aber der Fachmann weder dem Dokument noch seinem allgemeinen Fachwissen entnehmen kann, wie er sich die notwendigen Ausgangs- oder Zwischenprodukte verschaffen kann. Angaben, die erst durch eine umfassende Recherche gefunden werden können, sind nicht dem allgemeinen Fachwissen zuzurechnen.

T167/84
Merkmale, die denen einer Vorveröffentlichung im Sinne des Art.54(3) äquivalent sind, gehören nicht zu deren "Gesamtinhalt (whole contens).

T26/85
1. Art.54 ist so auszulegen, daß das, was den StdT bildet, nur dann als der Öffentlichkeit zugänglich gemacht gelten kann, wenn die dem Fachmann vermittelte Information so vollständig ist, daß er die technische Lehre, die Gegenstand der Offenbarung ist, unter Zuhilfenahme des von ihm zu erwartenden allgemeinen Fachwissens ausführen kann. Bei der Beurteilung der Neuheit der zu prüfenden Erfindung gegenüber dem Stand der Technik muß deshalb in Fällen, in denen sich die Bereiche eines bestimmten Parameters überschneiden, geprüft werden, ob es der Fachmann aufgrund der technischen Gegebenheiten ernsthaft in Betracht ziehen würde, die technische Lehre des bekannten Dokuments im Überschneidungsbereich anzuwenden. Kann dies mit einiger Wahrscheinlichkeit bejaht werden, so ist auf mangelnde Neuheit zu schließen. [...]

T160/92
1. Die Lehre einer vorveröffentlichten Zusammenfassung eines japanis Patentdokuments gehört für sich genommen auch ohne das entsprech Originaldokument prima facie zum Stand der Technik und kann als s der Anmeldung zu Recht entgegengehalten werden, wenn nach Akte nichts ihre Gültigkeit als Stand der Technik in Frage stellt. Wenn ein Ve rensbeteiligter die Gültigkeit dieser Lehre als Stand der Technik unter fung auf die Lehre des Originaldokuments bestreiten will, trägt er di weislast. [...]

T952/92
1. Unabhängig vom Mittel der Offenbarung (schriftliche oder mündl che Beschreibung, Benutzung in Form von Verkauf usw.) sind bei der Zugänglichkeit im Sinne des Art.54(2) zwei getrennte Stufen zu unterscheiden: die Zugänglichkeit des Offenbarungsmittels selbst und die Zugänglichkeit von Informationen, die sich daraus erschließen und herleiten lassen. [...]

Erfordernisse des EPÜ

Neuheit
Art.52(1) iVm Art.54

Zur Beurteilung der Neuheit einer Erfindung ist zunächst der relevante **StdT vor dem AT** zu ermitteln und dieser auf **Merkmalsidentität** ggü der Erfindung zu prüfen. Der für eine ePa relevante StdT ist in **drei Kategorien** [⌁Rn.A-8-10] zu unterteilen und zu beurteilen. **6**

Beweislast für fehlende Neuheit trägt derjenige, der den Einwand geltend macht [**T82/90**], **Ausnahme**: Auswahlerfindungen [**T990/96**], Product by Process [**T205/83**] und Verwendung atypischer Parameter zur Definition des Erfindungsgegenstandes [**T1920/09**].

Stand der Technik

allgemeine Voraussetzungen **7**

1) Zeitpunkt der Veröffentlichung: AT des StdT liegt vor AT/PT der ePa [**T205/91**]
2) Öffentliche Zugänglich (zwei Stufen) [**T952/92**]
   a) öffentliche Zugänglichkeit der Offenbarung
      kein offensichtlicher Missbrauch iSv **Art.55(1) a)** (dh keine Geheimhaltungsvereinbarung [3])
      keine Ausstellung auf amtlich anerkannter Messe iSv **Art.55(1) b)** [⌁Rn.DI-45]
   b) Information muss sich daraus (unmittelbar und eindeutig) erschließen und herleiten lassen [4]
3) Ausführbarkeit der Offenbarung
   Nur wenn die Offenbarung eines Dokuments (ggf. mithilfe allgemeinen Fachwissens) ausführbar ist, so ist dieses neuheitsschädlich [**T206/83**, **T26/85**, **T491/99**; G-IV, 2, G-VI, 4]
   Negativbeispiel: Verbindung ohne nacharbeitbares Herstellungsverfahren im StdT [G-VII, 3.1]

vorveröffentlichter StdT nach Art.54(2)	1) durch schriftliche/mündliche Beschreibung, Benutzung oder in sonstiger Weise zugänglich gemacht 2) Veröff. vor dem AT der ePa	**8**
nachveröffentlichter StdT nach Art.54(3)	1) StdT ist **anhängige** ePa, EP-Patent oder Euro-PCT-Anmeldung [**J5/81**] (außer Zusammenfassung, **Art.85**) 2) AT liegt vor AT/PT der ePa 3) Veröff. an oder nach dem AT der ePa Art.54(3)-Dokumente sind nur für die Neuheitsprüfung relevant.	**9**

unschädliche Offenbarung
 	
Art.55(1)
G-V
	a) **offensichtlicher Missbrauch** [Art.55(1)(a), **T173/83**]
	  • ohne Genehmigung in Schädigungs**absicht** [5] **UND/ODER** entgegen Geheimhaltungsvereinbarung,
	  • in Kenntnis seiner Nichtberechtigung unter Inkaufnahme eines Nachteils, oder
	  • unter Verletzung eines Vertrauensverhältnisses.
	  Beweislast liegt beim Anmelder [**T173/83**]
	
	b) **Ausstellung im Rahmen amtlich oder amtlich anerkannter Messe** (Ausstellungsprivileg) [Art.55(1)(b)]
	Vorlage Ausstellungsbescheinigung [**R.25**] zu amtlich anerkannter Ausstellung iSv Art.11 PVÜ iVm Art.55(1)b) binnen 6 M nach Schaustellung [6]; diese werden jährlich in April-Ausgabe des ABl. des EPA veröffentlicht; für das Jahr 2016: **ABl.2016,A38**.
	
	Achtung: Das Ausstellungsprivileg begründet **keine Ausstellungspriorität**, so dass Offenbarungen im Zeitraum zwischen Ausstellung und Anmeldung schädlich sind [**T382/07**]
		10

Als StdT kommen verschiedenste Quellen in Betracht, herangezogen werden können z.B.:

Akteneinsicht	Akte ist für jedermann öffentlich zugänglich (dh mit Veröff. der Anmeldung gelten Bestandteile als StdT)
	  • Vergleichsversuche
	  • Prioritätsdokument
	  • Niederschriften einer MV
		11

Fachwissen, allgemeines
 	
G-VII, 3.1
	Information, die schon gewisse Zeit vor dem AT der ePa zumindest den Fachkreisen bekannt war [**T766/91**].
	
	Beleg nur erforderlich, wenn Behauptung, dass etwas allgemeines Fachwissen ist, bestritten wird [**T534/98**]
	
	Quellen:
	  • Übersichtsartikel [**T309/88**];
	  • Handbücher [**T171/84**] und auf darin bezuggenommene weiterführende Artikel [**T206/83**];
	  • ausnahmsweise Angaben in Patentschriften oder naturwissenschaftlichen Veröffentlichungen, wenn Erfindung auf gänzlich neuem Forschungsgebiet liegt, das Lehrbüchern noch nicht entnehmbar ist [**T51/87**].
	
	unzureichend: einzelne Veröffentlichung (z.B. eine Patentschrift, ein Fachartikel) [**T475/88**]
		12

Fachwissen, notorisch B-VIII, 2.2.1	Techn. Merkmal eines Anspruchs, dass offenkundig bzw. unstreitig bekannt ist. kein schriftlicher Beleg erforderlich: für Einwand fehlender erfind. Tätigkeit muss kein druckschriftlicher StdT beigefügt werden [**T1242/04**, **T1411/08**, B-VIII, 2.2.1]	**13**

---

[3] Vertrag in Schriftform ist nicht zwingend erforderlich [**T830/90**].

[4] wörtliche Stützung ist allerdings nicht erforderlich [**T667/08**].

[5] kein Missbrauch ist vorzeitige Veröff. einer Patentanmeldung durch Regierungsbehörde infolge Versehens, da keine Schädigungsabsicht [**T585/92**].

[6] keine „echte Frist" iSd EPÜ, Schließtag des EPA: Fällt der letzte Tag auf einen Schließtag des EPA, so verlängert sich die Frist nicht nach R.134.

14	**Bezugsdokument** G-IV, 8	Dokument, dessen Lehre durch ausdrücklichen Verweis auf genauere Informationen zu bestimmten Merkmalen, ganz oder teilweise Bestandteil des verweisenden „Hauptdokuments" und somit StdT nach **Art.54(2)** oder **Art.54(3)** ist [G-IV,5.1]. Querverweis zwischen Dokumenten: ⟋Rn.A-47
15	**Biologisches Material**	**Komplexe biochemische Stoffe** gelten nur als öffentlich zugänglich, wenn deren Zusammensetzung eindeutig feststeht und eine Probenanforderung durch Fachleute möglich ist [**T128/92**]
16	**Disclaimer** ⟋S.18, Rn.93	Negatives technisches Merkmal zum Ausklammern einer spezifischen Ausführungsform von einem allgemeinen Merkmal (z.B. zur Abgrenzung ggü StdT). ändert Prioritätsrecht nicht, wenn er keinen technischen Beitrag leistet [**G1/03**; **G2/03**; **T175/03**]

17	**Fehler in Dokumenten**
	
	G-IV, 9
		bleiben bei Neuheitsprüfung **unberücksichtigt**, wenn
		   i) sofort ersichtlich, dass Offenbarung in relevantem Dokument des StdT fehlerhaft ist, und
		   ii) erkennbar ist, was die einzig mögliche Berichtigung wäre [**T206/83**]
		
		bei Widerspruch zwischen Dokument und dessen Zusammenfassung, hat Dokument Vorrang [**T243/96**]

18	**Gebrauchsmuster**	nationales GebrM oder Gebrauchszertifikat ist ab Tag der Eintragung StdT nach Art.54(2) [**T355/07**]

19	**Internet-Offenbarung**
	
	G-IV,7.5
		VORAUSSETZUNG: "unmittelbarer und eindeutiger Zugang" [**T1553/06**]
		   ▪ über öffentliche Suchmaschine zugänglich
		   ▪ ausreichend lang zugänglich unter dieser Internetadresse
		
		kein strengerer Beweismaßstab [**T286/10**]; kein völlig zweifelsfreier und lückenloser Nachweis im Prüfungs-/Einspruchsverfahren erforderlich [G-IV,7.5.2]
		
		zulässig: Inhalt/Datum von Online-Publikationen namhafter und vertrauenswürdiger Verlage iVm Belegen aus Internetarchiv mit hoher Reputation zulässig [**T286/10**].
		
		unzulässig: E-Mail, auch wenn unverschlüsselt [**T2/09**]; kurzlebige Internetadressen
		Problemfälle: bloßes Internetarchiv

20	**implizite Offenbarung** G-VI,6	Implizites Merkmal muss unmittelbar und eindeutig aus der Offenbarung ergeben [**T823/96**], ggf. unter Zuhilfenahme eines Wörterbuchs [**T652/01**]; Merkmal ist nur dann implizit offenbart, wenn für den Fachmann sofort erkennbar, dass nichts Anderes als das angeblich implizit offenbarte Merkmal gemeint ist [**T95/97**] Beispiele: Verfahren, das **zwangsläufig zu Erzeugnis führt**, das als solches nicht beschrieben ist [**T666/89**]

21	**mündliche Offenbarung**
	
	G-IV, 7.3
		direktes Gespräch, Vortrag und auf mündlicher Offenbarung beruhende Dokumente
		
		dass ein **wesentliches Merkmal** verschwiegen wird, ist unwahrscheinlich [**T86/95**]
		
		Unschädliche mündliche Offenbarung:
		   ▪ Vortrag mit Geheimhaltungsvereinbarung
		   ▪ abgeschlossener Vortrag vor unkundigem Publikum gilt nicht als Veröff. [**T877/90**; **T809/95**]
		
		Nachweis: auf mündlicher Offenbarung beruhende Dokumente (z.B. Handout, Skript, Tagungsband) oder unabhängig voneinander erfolgte Notizen zweier Teilnehmer [**T1212/97**]
		
		Beweislast liegt beim Einsprechenden [**T348/94**]

22	**offenkundige Vorbenutzung**
	
	G-IV, 7.2
		Voraussetzung: [**T1081/01**]
		   ▪ jemand hätte Kenntnis nehmen können,
		   ▪ das Wesen der Erfindung unmittelbar verstehen müssen,
		   ▪ keine Geheimhaltungsvereinbarung.
		
		strengerer Beweismaßstab des „lückenlosen Nachweis", wenn Beweismittel für PI kaum oder gar nicht zugänglich [**T472/92**; **T2010/08**; RBK III-G.4.3.2]; Prospekte, öffentliche Poster, etc.
		
		5W-Fragen: ausreichende Substantiierung unter Angabe konkreter Umstände zwingend: Was? Wo? Wann? Wie? Durch wen? der Öffentlichkeit zugänglich gemacht worden ist [**T93/89**]
		
		ausreichend:
		   ▪ Einzelverkauf genügt [**T482/89**; **T1022/99**]
		   ▪ öffentliche Testversuche [**T84/83**]
		   ▪ Erzeugnis selbst öffentlich zugänglich [**G1/92**]
		
		unzureichend:
		   ▪ Erzeugnis befindet sich nur auf nicht frei zugänglichem Gelände [**254/88**, G-IV, 7.2.3]

23	**Patentdokument**	„gesamter Inhalt" gilt als StdT (ausgenommen Zusammenfassung, **Art.85**, **T246/86**, ⟋Rn.B-31) [**T167/84**]: i) Beschreibung, Zeichnungen, Patentansprüche, ii) Merkmale, auf die ausdrücklich verzichtet wurde (ausgenommen Disclaimer, die nicht ausführbare Ausführungsformen ausschließen), iii) **Bezugsdokument** (Merkmal eines anderen Dokuments, auf das ausdrücklich verwiesen wird, **T153/85**) iv) ausdrücklich **zitierter StdT** [**T628/07**]

Erfordernisse des EPÜ

	als Art.54(3): nur ePa oder iPa mit Bestimmung für EP, die am VT noch anhängig ist; sonst Wirkung nur als Art.54(2)-Dokument [J5/81]	
	als Art.54(2): nat. Patentanmeldung erst mit Veröff. im Patentblatt; Zustellung des Erteilungsbeschlusses zu einer noch nicht veröff. nat. Anmeldung genügt nicht [T877/98]	
G-IV,5.1	Beachte: Anmeldung mit identischem AT oder PT ist kein StdT nach **Art.54(2)** oder **(3)** [T123/82]	
Prioritätsdokument	Abschrift der früheren Anmeldung, von der eine Prio beansprucht wird (**nicht Inhalt einer Anmeldung**); Priounterlagen werden in Akte zur ePa aufgenommen und sind somit erst nach Veröff. der ePa durch Akteneinsicht jedermann zugänglich [**Art.128(3)**] und StdT nach **Art.54(2)**; insbesondere relevant, wenn frühere Anmeldung nicht veröff. wurde.	24
Querverweis zwischen Dokumente	Offenbarung einer Vorveröffentlichung („Hauptdokument") umfasst eine andere Veröffentlichung („Bezugsdokument") ganz oder teilweise, wenn [T153/85]	25
	1) „Hauptdokument" durch ausdrücklichen Hinweis zu genaueren Information bestimmter Merkmale auf ein zweites Dokument verweist und	
	2) Bezugsdokument am VT des Hauptdokuments öffentlich zugänglich ist	
G-IV, 8	Beispiele: Fachartikel und Ergänzungsmaterial/Anhang; Patentschrift mit Bezugnahme	
Standard, Normen	**Endgültige** Standards und Normen als Definition von Eigenschaften und Qualitätsvorgaben für Erzeugnisse, Verfahren und Dienstleistungen gehören grundsätzlich zum StdT nach Art.54(2). ausgenommen: private Normungsgremien, die endgültige Standards nur gegen Geheimhaltungsvereinbarung aushändigen.	26
	Vorlage von Dokumenten an ein Normungsgremium (besteht zumeist aus Fachleuten) zur Festlegung/Weiterentwicklung eines Standards **ohne Geheimhaltungsvereinbarung** gilt als schriftliche oder mündliche Offenbarung iSv **Art.54(2)** [T738/04]	
G-IV, 7.6	Ob ausdrückliche Geheimhaltungsvereinbarung besteht, muss im Einzelfall auf der Grundlage der Dokumente geprüft werden, die eine solche Verpflichtung belegen sollen [T273/02; T738/04].	
Urkunde(n)	alle schriftlichen Unterlagen, die gedanklichen Inhalt durch Schriftzeichen/Zeichnungen verkörpern, also auch öffentliche Druckschriften [T314/90] UND dienen als Beweis für [1] den Umfang der Zugänglichkeit einer Information und [2] deren Zeitpunkt [T795/93].	27
Zeichnungen	Merkmal nur offenbart, wenn dessen Struktur und Funktion deutlich aus Zeichnung ableitbar [T169/83]	28
	Merkmal ist nicht offenbart, wenn im Widerspruch zur Beschreibung [T56/87]	
Zusammenfassung	Zusammenfassung eines Dokuments stellt einen vollwertigen StdT dar [T243/96]; aber	29
	bei **Widerspruch** zwischen Dokument und dessen Zusammenfassung, hat Dokument Vorrang [T243/96]	
	der Inhalt der Zusammenfassung eines Art.54(3)-Dokuments wird nicht berücksichtigt [G-IV,5.1]	

Erfinderische Tätigkeit

Art.52(2) iVm Art.56

Voraussetzung	ist Erfindungsgegenstand neu, so darf er sich für Fachmann nicht in naheliegender Weise aus StdT ergeben	30
G-VII, 1	ist techn. Effekt Teil der zu lösenden Aufgabe, so muss dieser über den gesamten beanspruchten Bereich erfüllt sein [G1/03]	
Naheliegen	Eine Erfindung ist naheliegend, wenn sie sich für einen Durchschnittsfachmann in dem betreffenden techn. Gebiet ohne Weiteres aus den öffentlich zugänglichen Informationen (StdT) ableiten lässt.	31
	Kombinationserfindung: Gruppe techn. Merkmale die durch funktionelle Wechselwirkung untereinander einen kombinatorischen techn. Effekt ergeben, der anders ausfällt als die Summe der technischen Wirkungen der Einzelmerkmale (Synergieeffekt) – z.B. Kombinationspräparat („Kit-of-Parts") [T9/81]	
	Teilaufgaben: Bloße Aneinanderreihung von Merkmalen, keine funktionelle Wechselwirkung verschiedener Merkmale untereinander	
	Alternativlösung: zu lösende objektiv techn. Aufgabe ist identisch mit nächstliegendem StdT [T92/92]; Alternativlösung muss keine - wesentliche oder graduelle - Verbesserung ggü dem StdT darstellen [T588/93].	
G-VII, 4	**Verbot der rückschauenden Betrachtung** (ex-post-facto-Analyse) [G-VII,8]	
Maßstab zur Beurteilung	Fachmann iVm mit StdT nach Art.54(2)	32
Durchprobieren („try and see")	Situation, in der Fachmann bereits gedankliche Vorauswahl aus bekannten Gruppe von Verbindungen getroffen hat und die gewünschte Wirkung nur noch mithilfe von Routineversuchen ermittelt hat [T1364/08]	33
RBK I.D,7.2	Beispiel: Gen- und Biotechnologie	

Teil A – Anspruchssatz

EPÜ 2000

Artikel 57[47]
Gewerbliche Anwendbarkeit
Eine Erfindung gilt als gewerblich anwendbar, wenn ihr Gegenstand auf irgendeinem gewerblichen Gebiet einschließlich der Landwirtschaft hergestellt oder benutzt werden kann.

[47] Siehe hierzu Entscheidungen der GBK G 1/03, G 2/03, G 1/04 (Anhang I).

Artikel 82[76]
Einheitlichkeit
Die europäische Patentanmeldung darf nur eine einzige Erfindung enthalten oder eine Gruppe von Erfindungen, die untereinander in der Weise verbunden sind, dass sie eine einzige allgemeine erfinderische Idee verwirklichen.

[76] Siehe hierzu Entscheidung/Stellungnahme GBK G1/91, G2/92 (Anhang I).

Artikel 83[77]
Offenbarung der Erfindung
Die Erfindung ist in der europäischen Patentanmeldung so deutlich und vollständig zu offenbaren, dass ein Fachmann sie ausführen kann.

[77] Siehe hierzu Entscheidung/Stellungnahme GBK G2/93, G2/98 (Anhang I).

Artikel 84[78]
Patentansprüche
Die Patentansprüche müssen den Gegenstand angeben, für den Schutz begehrt wird. Sie müssen deutlich und knapp gefasst sein und von der Beschreibung gestützt werden.

[78] Siehe hierzu Entscheidungen/Stellungnahme GBK G2/98, G1/03, G2/03, G1/04, G2/10 (Anhang I).

EPÜAO

Regel 43[51]
Form und Inhalt der Patentansprüche
(1) Der Gegenstand des Schutzbegehrens ist in den Patentansprüchen durch Angabe der technischen Merkmale der Erfindung anzugeben. Wo es zweckdienlich ist, haben die Patentansprüche zu enthalten:
a) die Bezeichnung des Gegenstands der Erfindung und die technischen Merkmale, die zur Festlegung des beanspruchten Gegenstands der Erfindung notwendig sind, jedoch in Verbindung miteinander zum Stand der Technik gehören;
b) einen kennzeichnenden Teil, der mit den Worten "dadurch gekennzeichnet" oder "gekennzeichnet durch" beginnt und die technischen Merkmale bezeichnet, für die in Verbindung mit den unter Buchstabe a angegebenen Merkmalen Schutz begehrt wird.
(2) Unbeschadet des Artikels 82 darf eine europäische Patentanmeldung nur dann mehr als einen unabhängigen Patentanspruch in der gleichen Kategorie (Erzeugnis, Verfahren, Vorrichtung oder Verwendung) enthalten, wenn sich der Gegenstand der Anmeldung auf einen der folgenden Sachverhalte bezieht:
a) mehrere miteinander in Beziehung stehende Erzeugnisse,
b) verschiedene Verwendungen eines Erzeugnisses oder einer Vorrichtung,
c) Alternativlösungen für eine bestimmte Aufgabe, sofern es unzweckmäßig ist, diese Alternativen in einem einzigen Anspruch wiederzugeben.
(3) Zu jedem Patentanspruch, der die wesentlichen Merkmale der Erfindung wiedergibt, können ein oder mehrere Patentansprüche aufgestellt werden, die sich auf besondere Ausführungsarten dieser Erfindung beziehen.
(4) Jeder Patentanspruch, der alle Merkmale eines anderen Patentanspruchs enthält (abhängiger Patentanspruch), hat, wenn möglich in seiner Einleitung, eine Bezugnahme auf den anderen Patentanspruch zu enthalten und nachfolgend die zusätzlichen Merkmale anzugeben. Ein abhängiger Patentanspruch, der sich unmittelbar auf einen anderen abhängigen Patentanspruch bezieht, ist ebenfalls zulässig. Alle abhängigen Patentansprüche, die sich auf einen oder mehrere vorangehende Patentansprüche beziehen, sind soweit wie möglich und auf die zweckmäßigste Weise zusammenzufassen.
(5) Die Anzahl der Patentansprüche hat sich mit Rücksicht auf die Art der beanspruchten Erfindung in vertretbaren Grenzen zu halten. Die Patentansprüche sind fortlaufend mit arabischen Zahlen zu nummerieren.
(6) Die Patentansprüche dürfen bei der Angabe der technischen Merkmale der Erfindung nicht auf die Beschreibung oder die Zeichnungen Bezug nehmen, es sei denn, dies ist unbedingt erforderlich. Insbesondere dürfen sie keine Formulierungen enthalten wie "wie beschrieben in Teil ... der Beschreibung" oder "wie in Abbildung ... der Zeichnungen dargestellt".

(7) Sind der europäischen Patentanmeldung Zeichnungen mit Bezugszeichen beigefügt, so sollen die in den Patentansprüchen angegebenen technischen Merkmale mit denselben, in Klammern gesetzten Bezugszeichen versehen werden, wenn dies das Verständnis des Patentanspruchs erleichtert. Die Bezugszeichen dürfen nicht zu einer einschränkenden Auslegung des Patentanspruchs herangezogen werden.

[51] Siehe hierzu Entscheidungen GBK G2/03, G1/04 (Anhang I).

Regel 44
Einheitlichkeit der Erfindung
(1) Wird in einer europäischen Patentanmeldung eine Gruppe von Erfindungen beansprucht, so ist das Erfordernis der Einheitlichkeit der Erfindung nach Art.82 nur erfüllt, wenn zwischen diesen Erfindungen ein technischer Zusammenhang besteht, der in einem oder mehreren gleichen oder entsprechenden besonderen technischen Merkmalen zum Ausdruck kommt. Unter dem Begriff "besondere technische Merkmale" sind diejenigen technischen Merkmale zu verstehen, die einen Beitrag jeder beanspruchten Erfindung als Ganzes zum Stand der Technik bestimmen.
(2) Die Entscheidung, ob die Erfindungen einer Gruppe untereinander in der Weise verbunden sind, dass sie eine einzige allgemeine erfinderische Idee verwirklichen, hat ohne Rücksicht darauf zu erfolgen, ob die Erfindungen in gesonderten Patentansprüchen oder als Alternativen innerhalb eines einzigen Patentanspruchs beansprucht werden.

Rechtsprechung

G1/91 Die Einheitlichkeit der Erfindung (Art.82) gehört nicht zu den Erfordernissen, denen ein europäisches Patent und die Erfindung, die es zum Gegenstand hat, bei Aufrechterhaltung in geändertem Umfang nach Art. 102(3) zu genügen hat. Dementsprechend ist es im Einspruchsverfahren unbeachtlich, wenn das europäische Patent in der erteilten Fassung oder nach Änderung dem Erfordernis der Einheitlichkeit nicht entspricht.

G2/92 Ein Anmelder, der es bei einer uneinheitlichen Anmeldung unterläßt, auf eine Aufforderung der Recherchenabteilung nach R.46(1) weitere Recherchengebühren zu entrichten, kann diese Anmeldung nicht für einen Gegenstand weiterverfolgen, für den keine Recherchengebühren entrichtet wurden. Der Anmelder muß vielmehr eine Teilanmeldung für diesen Gegenstand einreichen, wenn er dafür weiterhin Schutz begehrt.

T470/91 1. Eine auf neue Zwischenprodukte und neue Endprodukte gerichtete Erfindung ist einheitlich, wenn die mit der Zielrichtung auf die Endprodukte bereitgestellten Zwischenprodukte durch Beisteuerung eines wesentlichen Strukturelements zu den Endprodukten mit diesen in hinreichend engem technischem Zusammenhang stehen und die Ordnungsfunktion von Art.82 gewahrt ist.

2. Dies gilt auch dann, wenn die Zwischenprodukte zwei Gruppen von Verbindungen mit unterschiedlichen Grundstrukturen angehören [...], denn **durch die Zielrichtung der Zwischenprodukte auf die Endprodukte** können die den Zwischenprodukten zugrundeliegenden Teilaufgaben zu einer einheitlichen Gesamtaufgabe zusammengefaßt werden.

Erfordernisse des EPÜ

Fachmann ("skilled person")	**Fachmann** umfasst einen erfahrenen Mann der Praxis (Durchschnittsfachmann) [G-VII, 3] <ul><li>der über durchschnittliche Kenntnisse und Fähigkeiten verfügt,</li><li>der über allgemein üblichen Wissensstand auf dem betreffenden techn. Gebiet unterrichtet ist,</li><li>der zu allem, was zum StdT gehört Zugang hatte,</li><li>der über die normalen Mittel und Fähigkeiten für routinemäßige Arbeiten und Versuche verfügte.</li></ul> **Team von Fachleuten** mit Sachkenntnissen auf verschiedenen Fachgebiete zulässig [T141/87, T99/89]	34
G-VII, 3	Der Fachmann hat bei der Beurteilung erfind. Tätigkeit und Ausführbarkeit denselben Wissensstand [T60/89].	
Nicht-Fachmann	Designer [T877/90]	35
sekundäre Beweisanzeichen	<ul><li>Vorurteile, vergebliche Versuche, willkürliche Auswahl,</li><li>überraschender techn. Effekt; Bonuseffekt (präzise Beschreibung erforderlich) [T181/82, RBK I.D,10.8],</li><li>langanhaltendes Bedürfnis / Zeitfaktor, wirtschaftlicher Erfolg [T109/82, RBK I.D,10.4],</li><li>Mehrere Schritte erforderlich</li></ul>	36
G-VII, 10		
negative Anhaltspunkte	<ul><li>billigende Inkaufnahme vorhersehbarer Nachteile, die mit Verschlechterung des StdT verbunden ist [T119/82; T155/85] oder</li><li>willkürliche Auswahl aus einer Fülle möglicher Lösungen im StdT [T72/95; T939/92]</li><li>aus Mangel an Alternativen lag zum AT eine "Einbahnstraßen- Situation" vor</li><li>einfaches Extrapolieren oder Interpolieren</li></ul>	37
Vergleichsversuche ("comparitive test")	vorgelegte Versuchsdaten zu überraschenden Effekten, die als Anzeichen für erfind. Tätigkeit dienen Versuche müssen ggü nächstliegendem StdT erfolgen [T197/86; T234/03], z.B. müssen Vergleichsverbindungen größtmögliche Strukturnähe ggü Erfindungsgegenstand besitzen.	38
G-VII, 11	werden veröffentlicht und durch Akteneinsicht zugänglich	
Äquivalente	Merkmale, die der Fachmann automatisch mitliest; maßgebend für die Bewertung der erf. Tätigkeit [T517/90]	39
Auswahlerfindung	"gezielte" Auswahl nicht ausdrücklich erwähnter **Einzel**elemente, **einer** Teilmenge bzw **eines** Teilbereichs aus einer größeren vorbekannten Menge im nächstliegenden StdT (**Konzept der Individualisierung**) Voraussetzung: 1) Auswahl aus [1] mehreren Listen; [2] einem Parameterbereich; [3] Gruppe von Gegenständen 2) kein Hinweis im StdT	40
G-VII, 12	3) unerwarteter techn. Effekt [7], der über den gesamten beanspruchten Bereich gilt [T939/92]	
Zwischenprodukt	Zu ermitteln ist der Abstand zum „zwischenproduktnahen" und "produktnahen" StdT [T65/82]; weißt ein neues Endprodukt ggü bekannten Endprodukten eine verbesserte Wirkung auf, so ist auch das Zwischenprodukt des neuen Endprodukts erfinderisch [T18/88].	41

Gewerbliche Anwendbarkeit
Art.52(1) iVm Art.57, R.42(1)(f), G-III

Grundprinzip: ausschließliche Rechte werden nur als Gegenleistung für eine **vollständige Offenbarung der Erfindung** gewährt, wobei auch Erfindungsverwertung anzugeben ist [T1452/06].

Voraussetzung	1) Erfindungsgegenstand muss auf irgendeinem gewerblichen Gebiet herstellbar ODER benutzbar sein Ausnahme: Perpetuum mobile (Artikel/Verfahren, die angeblich physikalischen Gesetzen trotzen) 2) Art und Weise gewerblicher Anwendbarkeit muss ausdrücklich in der ePa angegeben sein, ausgenommen gewerbliche Anwendbarkeit ist sofort ersichtlich [F-II,4.9] Gensequenzen: gewerbl. Anwendbarkeit muss in ePa stets konkret offenbart sein [R.29(3), T898/05] Erfordernis gewerblicher Anwendbarkeit ist erfüllt, wenn eine **potentielle Funktion** des Anspruchsgegenstandes [T1450/07]: 1) für Fachmann plausibel offenbart ist, 2) durch Nachveröffentlichungen bestätigt wird, und 3) eine klare Grundlage für eine industrielle Anwendung bietet.	42
G-III, 1	Beachte: mögliche gewerblich Anwendbarkeit von Gegenständen, die nach Art.52(2) von Patentierung ausgeschlossen sind, begründet dennoch keine Patentierbarkeit [G-III, 3].	

---

[7]   der für die Auswahl auftretende techn. Effekt kann auch derselbe sein, wie im vorbekannten Bereich, nur in unerwartetem Ausmaß [G-VII,12].

Offenbarung, Ausführbarkeit

Art.83, F-III

43 | **Voraussetzung**

Anmeldung muss wenigstens ein Ausführungsbeispiel enthalten [**R.42(1)e)**], ausgenommen: breite Patentansprüche sollten durch mehrere Ausführungsbeispiele gestützt sein

1) **Ausführbarkeit**, dh nicht im Widerspruch zu physikalischen Gesetzen (z.B. Perpetuum mobile)
2) **Wiederholbarkeit** des Ergebnisses (gewisse Fehlertoleranz ist zulässig, sofern ein Prüfungsverfahren zur Aussonderung fehlerfreier Teile verfügbar)

Herumexperimentieren nur in gewissen Grenzen zulässig, z.B. bei unerforschten Gebieten oder Vorliegen großer techn. Schwierigkeiten [**T226/85**; **T409/91**].

F-III, 3.1 — Einspruchsgrund nach **Art.100 b)**

44 | **Maßstab zur Beurteilung**

Fachmann iVm mit dem Inhalt der urspr. Offenbarung der ePa

45 | **Beweislast**

<u>Erteilungsverfahren:</u> Beweislast liegt beim Anmelder [F-III, 1]

F-III,4 — <u>Einspruch:</u> Beweislast liegt zunächst beim Einsprechenden (z.B. Vorbringen von Versuchen)

46 | **Biologisches Material**

öffentliche Zugänglichkeit des eingesetzten biologischen Materials muss gewährleistet sein, durch vollumfängliche Beschreibung der Erfindung, so dass ein Fachmann diese ausführen kann UND/ODER Hinterlegung des biologischen Materials unter uneingeschränkter Zugänglichkeit der Öffentlichkeit [**R.31**, F-III,6.2]

<u>Hinterlegung biologischen Materials – Erfordernisse [**R.31(1)**]:</u>
1) formelle Erfordernisse [⟳S.87]
2) Bezugnahme auf Hinterlegung
   - Angaben zur Klassifikation des biologischen Materials und morphologische/biochemische Kennzeichen
   - Angabe der Hinterlegungsstelle und Eingangsnummer hinterlegter Kultur
   - F-III, 6 — Vorlage der von der Hinterlegungsstelle ausgestellten Empfangsbestätigung beim EPA

47 | **Bezugsdokumente** [8]

Dokument, dessen Lehre durch ausdrücklichen Verweis auf genauere Informationen zu bestimmten Merkmalen, ganz oder teilweise Bestandteil der ePa sind

Voraussetzungen: [**T737/90**]
i) Bezugsdokument muss dem EPA am AT vorliegen [9]
ii) Bezugsdokument muss spätestens am Tag der Veröff. der ePa der Öffentlichkeit zugänglich sein

F-III, 8 — erfindungswesentliche Gegenstände dürfen und sollten im Erteilungsverfahren explizit in die Beschreibung aufgenommen werden

48 | **Durchgriffsanspruch**

aufgabenhafte Definition einer chemischen Verbindung (bzw deren Verwendung), die nur funktionell durch die Wirkung auf ein anderes Molekül bestimmbar ist (z.B. unter Anwendung eines Screening-Verfahrens) ist **unzulässig**, da es sich dabei um eine Aufforderung an den Fachmann zur Durchführung eines unzumutbaren Forschungsprogramms handelt [**T1063/06**].

F-III, 9 — Beschränkung auf tatsächlichen Beitrag zum StdT erforderlich.

Klarheit der Ansprüche

Art.84, F-IV

49 | **Voraussetzung**

Die Anmeldung muss einen oder mehrere Patentansprüche enthalten [**Art.78(1) c)**], die:
1) den Gegenstand angeben, für den Schutz begehrt wird,
2) deutlich und knapp gefasst sein,
3) F-IV,1 — von der Beschreibung gestützt sein

50 | **Form und Inhalt der Ansprüche**

1) zweiteilige Anspruchsfassung [**R.43(1)**]
   i) Oberbegriff (Angabe aller Merkmale, die zum nächstliegenden StdT gehören)
   ii) kennzeichnender Teil (Merkmale, die dem nächstliegenden StdT durch Erfindung hinzugefügt werden)
2) einteilige Anspruchsfassung (Gliederung nach Merkmalen)

<u>unabhängige Ansprüche:</u> umfassen die wesentlichen Merkmale der Erfindung

<u>abhängige Ansprüche:</u> umfassen besondere Ausführungsformen der Erfindung
- muss Bezugnahme auf den Anspruch enthalten, dessen sämtliche Merkmale er einschließt [**R.43(4)**],
- F-IV,2.2 — können auf Ausbildungen des Oberbegriffs oder des kennzeichnenden Teils beziehen [F-IV,3.6]

---

[8] Beachte: Bezugsdokument ist bei Eintritt in nat. Phase nicht Teil des zu übersetzenden Texts der ePa [**Art.65**; **T276/99**].

[9] z.B. als beglaubigte Abschrift des Priobelegs [⟳Rn.58].

Erfordernisse des EPÜ

Anspruchskategorien ⌀S.12ff; F-IV,3.1	1) körperliche Gegenstände (Erzeugnis, Legierung, Mittel, Stoff/Stoffgemisch, Vorrichtung) 2) Tätigkeiten (Verfahren, Verwendung), in die die Verwendung von etwas Gegenständlichem zur Verwendung in einem Verfahren einbezogen ist	51
Stützung durch Beschreibung F-III, 6	Umfang eines Anspruchs darf nicht über den Umfang des Anmeldegegenstands hinausgehen, dh Beschreibung, Zeichnungen und Beitrag zum StdT [**T409/91**] **alles** was in den Anmeldeunterlagen offenbart ist (offensichtliche Abwandlungen, Äquivalente, Verwendungsmöglichkeiten), kann und darf Gegenstand der Ansprüche sein	52

Einheitlichkeit

Art.82, R.44, F-V

Voraussetzung	Anmeldung darf nur eine einzige Erfindung ODER eine untereinander verbundene Gruppe von Erfindungen bestehen, die eine einzige allgemeine erfinderische Idee verwirklichen (dh eine technische Wechselbeziehung zwischen den Erfindungen durch **besondere techn. Merkmale** ist zwingend [**R.44**]). Einzelmerkmale: eine bloße Aneinanderreihung von Merkmalen muss nicht uneinheitlich sein [F-V,6] Gleiche Maßstäbe in Recherchen- und Sachprüfung für PCT- und europäisches Verfahren [F-V,1, **Art.150(2)** iVm **R.13.1 PCT**] Kein Einspruchsgrund nach Art.100 [**G1/91**] und kein Nichtigkeitsgrund iSv Art.138	53
Ansprüche	unabhängige Ansprüche: mehrere unabhängige Patentansprüche gleicher Kategorie zulässig [**R.43(2)**] UND/ ODER mehrere unabhängige Patentansprüche verschiedener Kategorie <ul><li>Zuordnung zu unterschiedlichen IPC-Klassen zulässig [F-V,1]</li><li>ggf. Uneinheitlichkeit bei mehreren Alternativen innerhalb eines unabhängigen Anspruchs [**R.44(2)**, F-V,3]</li></ul> abhängige Ansprüche: Einwand mangelnder Einheitlichkeit ggü unabhängigen Anspruch a priori unzulässig, da deren gemeinsame allgemeine Idee der Gegenstand des unabhängigen Patentanspruchs ist, ausgenommen: Gegenstand des unabhängigen Anspruchs ist nicht patentierbar. Beachte: ein Anspruch, der sich auf einen unabhängigen Anspruch (Merkmalskombination A+B) bezieht, aber nicht all dessen Merkmale aufweist (z.B. nur A, B oder A+C), ist ein unabhängiger Anspruch [**R.43(4)**]; Beispiel: „Vorrichtung nach Anspruch 1, wobei Merkmal A durch Merkmal B ersetzt ist" **Anspruchskategorien** ⌀S.12	54
Nichteinheitlichkeit a priori oder a posteriori F-V,7	a priori: mangelnde Einheitlichkeit von vornherein, dh vor Ermittlung des StdT a posteriori: mangelnde Einheitlichkeit im Nachhinein, dh nach Ermittlung des StdT wegen mangelnder Neuheit oder erfind. Tätigkeit	55
während Recherche F-V,10	Mangelnde Einheitlichkeit: Erstellung eines teilweisen Recherchenberichts und Auff. zur Zahlung weiterer Recherchengebühr [**1.300 €** pro weiterer Erfindung] binnen **2 M**[+10Tage] [**Art.92, R.64(1)** bzw **R.164(1)/(2)** iVm Art.2 Nr.2 GebO] [10]; Abhilfe: Einreichung einer TA [**Art.76, R.36**, ⌀S.79]	56
während Sachprüfung F-V,11	Nichtzahlung weiterer Recherchengebühren gilt als Verzicht auf weitere Ansprüche UND es ergeht eine Auff. zur Beschränkung auf eine Erfindung [**R.62a(2), R.63(3)** bzw **R.164(2) c**); **G2/92**]; bei Nichtreagieren des Anmelders auf diesen Einwand (durch Änderung der Ansprüche oder überzeugende Argumente), wird ePa zurückgewiesen [**Art.97(2)**]. Beachte: Im weiteren Verfahren vorgenommene Änderungen der Ansprüche dürfen sich nicht auf nicht recherchierte Gegenstände beziehen [**R.137(5)**, H-II,6.2]	57
Zwischen- und Endprodukt F-V,3	»Zwischenprodukt« ist Zwischen- oder Ausgangsprodukt; **einzige erfinderische Idee** gegeben, wenn [1] Zwischenprodukt ein wesentliches Strukturelement des Endprodukts darstellt [**T110/82; W35/91**] UND [2] Endprodukt unmittelbar oder mittelbar daraus hergestellt wird [**T35/87; T470/91**]. verschiedene Zwischenprodukte zur Herstellung desselben Endprodukts sind nebeneinander beanspruchbar, sofern sie das gleiche wesentliche Strukturelement besitzen [F-V,3].	58
Alternativen F-V,4	Beanspruchung in mehreren unabhängigen Ansprüchen oder einem unabhängigen Anspruch (als „ODER"-Verknüpfung)	59

---

[10] RÜCKERSTATTUNG: wird ggf. auf Antrag des Anmelders zurückgezahlt, wenn nachträglich Einheitlichkeit bejaht [**R.64(2), R.164(1)/(2)**, C-III,3.3].

Anspruchskategorien

allgemeine Anspruchskategorien
grundsätzlich nur zwei Anspruchskategorien: **[1]** körperliche Gegenstände (Erzeugnisse [11]) und **[2]** Tätigkeiten (Verfahren [12])

Art.82, R.43(2)

Anspruchskategorie	Anspruchsformulierungen	Beispiele	Fomulierungsbeispiel
körperliche Gegenstände (Erzeugnisse)			
Legierungen	Gemische von mindestens zwei Komponenten, von denen zumindest eine ein Metall ist, die durch Mengenbereiche definiert ist	Bronze, aber auch Gemenge und Glaszusammensetzung	„Legierung aufweisend die folgenden Komponenten mit einem Gehalt von ...Gew.%"
Mittel	Erzeugnis mit einer Zweckangabe		„Stoff zum Zwecke der Schädlingsbekämpfung, enthaltend ..."
Stoff/Stoffgemisch	Gegenstand, der durch seine Strukturformel und/oder zusätzliche Stoffparameter wie Schmelzpunkt, Hydrophilie, NMR-Kopplungskonstanten oder Herstellungsverfahren (Product-by-Process-Ansprüche) zur Präzisierung definiert ist. [T12/81]	▪ chemische Verbindungen (Salze, Enantiomere) ▪ Kristalle ▪ Proteine/DNA	„Verbindung X der allgemeinen Formel A_nB_m, wobei A ausgewählt ist aus A', A'' und A''', wobei n eine ganze Zahl im Bereich von 1-x"
Vorrichtung	Gegenstand, der aus mehreren Einzelteilen besteht, die zu einer funktionellen Einheit verbunden sind.	Maschine zur Durchführung von Herstellungsverfahren	„Vorrichtung zum ..., aufweisend die folgenden Komponenten"
Zwischenprodukte	Erzeugnis, das als Vorstufe zur Weiterverarbeitung bestimmter Stoffe dient	Endprodukt eines vorgelagerten Verfahrens	siehe Stoff
Tätigkeiten (Verfahren)			
Arbeitsverfahren (working method)	techn. Tätigkeit, wobei definierte Arbeitsschritte unter Einwirkung auf ein Substrat vollzogen werden, ohne dass dabei das behandelte Objekt verändert wird	Trocknungs-, Ordnungs-, Mess-, Trennverfahren	„Verfahren zum Trocknen/Aufreinigen von Stoff X, umfassend folgende Schritte: ..."
Analogieverfahren [13] (analogy process)	Verfahren, bei dem strukturell ähnliche Ausgangsstoffe mit einem bekannten Verfahren zu strukturell ähnlichen Produkten umgesetzt werden.	Schmieden, Stanzen, Fräsen, Sintern	„Verfahren zur Herstellung von Stoff X, das folgende Verfahrensschritte umfasst" a) Lösen eines Ausgangsstoffs b) Zugabe von ...
Herstellungsverfahren (process of manufacture)	techn. Tätigkeit, die auf die Herstellung eines Erzeugnisses/Stoff gerichtet ist		
Verwendung (use claim) F-IV,4.16	Tätigkeit, die auf Verwendung eines (bekannten) Erzeugnisses/Stoffes zur Erzielung einer (neuen) bestimmten technischen Wirkung gerichtet ist. [14]	Zweite nichtmedizinische Verwendung ⊳Rn.A-78	„Verwendung des Erzeugnisses X zum ..."

Schutzbereich gestaffelt nach Anspruchskategorien [Art.69]:

Erzeugnis/Vorrichtung > Product-by-Process > Kit-of-Parts/System > 1. Medizinische Indikation > 2. Medizinische Indikation > **Verfahren** > (zweckgebundenes Verfahren) > **Verwendung**

---

[11] körperlicher Gegenstand, bei dem technische Merkmale physikalische Parameter sind.
[12] eine Tätigkeit, bei dem die technischen Merkmale die physischen Schritte sind, die diese Tätigkeit definieren [G2/88].
[13] patentfähig, wenn ein Produkt mit überraschendem technischen Effekt entsteht [T119/82].
[14] Verwendung eines Verfahrens zu einem bestimmten Zweck ist nichts Anderes als dass Verfahren selbst [T684/02].

63 | zulässige Kombination unabhängiger Ansprüche | | | | **R.43(2), F-IV,3.2**

(unbeschadet Art.82 dar eine ePa mehr als einen unabhängigen Patentanspruch in der gleichen Kategorie aufweisen)

unabhängiger Anspruch 1		unabhängiger Anspruch 2		unabhängiger Anspruch 3		unabhängiger Anspruch 4		unabhängiger Anspruch 5
Stoff/Stoffgemisch X	+	Verfahren zu seiner Herstellung	+	Verfahren unter Einsatz von Stoff/Stoffgemisch X	+	Verwendung von Stoff X		
Erzeugnis	+	Verfahren zu seiner Herstellung	+	eigens zu dessen Durchführung entwickelte(s) Mittel/Vorrichtung [W32/88] [15]				
Verfahren zur Herstellung eines (bekannten) Erzeugnisses	+	neue Zusammensetzung, enthaltend dieses Erzeugnis [16]						

64 | Ausnahmen für die eine ePa mehr als einen unabhängigen Patentanspruch der gleichen Kategorie aufweisen darf, R.43(2)

a) mehrere miteinander in Beziehung stehende Erzeugnisse [R.43(2) a)]

unabhängiger Anspruch 1		unabhängiger Anspruch 2		unabhängiger Anspruch 3		unabhängiger Anspruch 4		unabhängiger Anspruch 5
Erzeugnis/Stoff X	+	Zusammensetzung, enthaltend Stoff X	+	Verfahren seiner Herstellung	+	seine Verwendung [17]	+	Verfahren seiner Weiterverarbeitung [17]
Erzeugnis	+	System, enthaltend das Erzeugnis [18]						
Stoff X	+	Verfahren zu seiner Herstellung	+	Medikament enthaltend Stoff X	+	weitere (nicht-)medizinische Verwendung von Stoff X [19]		
Endprodukt(e)	+	Verfahren zu seiner Herstellung	+	Zwischenprodukt(e) [20]	+	Verfahren zur Herstellung dieser Zwischenprodukte [20]		
Gen	+	Wirtsorganismus	+	Protein	+	Medikament	+	weitere (nicht-)medizinische Verwendung des Proteins [21]
computergestütztes Verfahren	+	computerlesbares Medium, umfassend Software für dieses Verfahren	+	Vorrichtung/System mit computerlesbaren Medium für das Verfahren	+	Software auf einem Medium zur Ausführung des Verfahrens		

65 | b) Verschiedene Verwendungen eines Erzeugnisses [R.43(2) b)]

unabhängiger Anspruch 1		unabhängiger Anspruch 2
zweite (nicht-)medizinische Verwendung von Stoff X	+	weitere (nicht-)medizinische Verwendung von Stoff X [22]

66 | c) Alternativlösungen [R.43(2) c)] (= „unterschiedliche oder sogar sich gegenseitig ausschließende Möglichkeiten zur Lösung einer best. Aufgabe" [T56/01])

unabhängiger Anspruch 1		unabhängiger Anspruch 2
Verfahren zur Herstellung von A über den Weg X	+	Verfahren zur Herstellung von A über Weg Y

---

[15] auch einheitlich, wenn Mittel selbst auch ein Verfahren [W40/92]; UNEINHEITLICH: wenn Mittel offensichtlich auch zur Lösung anderer technischer Aufgaben dient [T202/83].

[16] es genügt, wenn eine Komponente dieser Zusammensetzung das nach dem Herstellungsverfahren erhalte Erzeugnis ist [T492/91].

[17] auch einheitlich, wenn die jeweiligen Strukturbereiche einer generischen Formel für beanspruchten Stoff X und dessen Weiterverarbeitung/Verwendung nicht identisch sind [W29/88].

[18] Erzeugnis und System müssen zur Lösung funktionell zusammenwirken, wobei Erzeugnis kein austauschbarer Bestandteil des Systems sein darf [T671/06]; z.B. Stecker und Steckdose.

[19] Einheitlichkeit iVm einem Anspruch auf ein Arzneimittel, das diesen Stoff X enthält (erste medizinische Indikation) anerkannt in [W13/89].

[20] »Zwischenprodukt« ist Zwischen- oder Ausgangsprodukt. Herstellungsverfahren muss zumindest offenbart sein [T57/82]; EINZIGE ERFINDERISCHE IDEE gegeben, wenn (i) Zwischenprodukt ein wesentliches Strukturelement des Endprodukts darstellt [T110/82; W35/91] UND (ii) Endprodukt unmittelbar oder mittelbar daraus hergestellt wird [T35/87; T470/91; F-V,3].

[21] VORAUSSETZUNG: sowohl Gen als auch Protein sind neu [W32/91].

[22] Erzeugnis zur pharmazeutischen Verwendung und nicht therapeutische (kosmetische und diätetische) Verwendungen [T200/86].

Spezielle Anspruchskategorien (alphabetisch sortiert)

	Gegenstand	Anspruchsformulierungen für	Norm	Anspruchskategorie	Fomulierungsbeispiel	Zulässigkeit
67	**Ästhetische Formschöpfung** G-II,3.4	Erzeugnis mit ausschließlich nicht techn. Merkmalen, die im Wesentlichen subjektiv zu beurteilen sind	Art.52(2)(b)	Erzeugnis	„Gemälde", „Skulptur"	X[23]
68	**Computerimplementierte Erfindung** G-II,3.6	Erfindung, zu deren Ausführung programmierbare Vorrichtung eingesetzt wird, wobei mind. ein Merkmal ganz/teilweise durch Software realisiert wird. [ABl.2007,594] Voraussetzung: [1] physikalische Hardwareveränderung, [2] tatsächliche Ausführung von Schritten UND [3] Beitrag zur Lösung konkreter technische Aufgabe	Art.52(2)(c) G3/08	verschiedene Kategorien	PA1: Computergestütztes Verfahren, umfassend die Schritte... PA2: Computerlesbares Medium mit Software zur Durchführung des Verfahrens... PA3: System umfassend computerlesbares Medium zur... PA4: Software auf einem Datenträger zur Durchführung des Verfahrens...	✓ [G3/08]
69	**Durchgriffsanspruch**[24] („Reach-Through Claim") F-IV, 4.16	Erzeugnis/Verfahren/Verwendung, welche erst noch aufgefunden werden müssen und dabei auf zukünftige Erfindungen gerichtet; aufgabenhaft definierter (noch nicht entwickelter) Stoff als „neuartiges Forschungswerkzeug" für Vorfeldforschung, der lediglich funktionell durch seine Wirkung auf Moleküle definiert ist	G2/88	verschiedene Kategorien	"Agonist/Antagonist von Polypeptid X [optional: wie durch das Screening-Verfahren nach Anspruch A identifiziert] **zur Verwendung** bei der Behandlung der Krankheit Y" ODER "Verfahren umfassend: a) Ein Screeningverfahren zur Ermittlung von Substanzen/Verbindungen b) **Weiterverarbeitung** der ermittelten Substanz zu einem Erzeugnis."	X[25]
70	**Entdeckung** G-II,3.3	Auffinden einer vorher unbekannten Eigenschaft/ eines neuen Stoffes/Mikroorganismus oder eines (Reaktions-)Mechanismus	Art.52(2)(a)	Erzeugnis	„DNA/Protein gemäß SEQ.-Nr. ..."	X[26]
71	**Geschäftliche Tätigkeit** („Business methods") G-II,3.5	Verfahren, das nur Schritte zur Verarbeitung/ Erzeugung von Informationen mit rein administrativem, versicherungsmathematischem und/oder finanziellem Charakter aufweist	Art.52(2)(c) T931/95 (ABl.2001,441)	Verfahren	„Verfahren zur Steuerung eines Pensionsprogramms durch Verwalten mindestens eines angeschlossenen Kontos" [T931/95] „Automatisches Auktionsverfahren"	(X)[27]

[23] PATENTIERBAR: [1] Formschöpfung, die techn. Merkmal aufweist (z.B. „Kunstwerk hergestellt nach einem best. Verfahren"); [2] techn. Verfahren zur Erzielung einer Formschöpfung (z.B. Drucktechnik) [G-II, 3.4].

[24] gekennzeichnet durch [1] Screening-Schritt und [2] davon abhängige weitere Herstellungsschritte.

[25] da Anmelder ein unerschlossenes Forschungsgebiet reservieren können [T1063/06 (ABl.2009, 516)].

[26] bei Nachweis technischer Wirkung kann Stoff/Mikroorganismus patentierbar sein; ebenso „Verwendung eines Gens bei der Herstellung eines Polypeptids/in der Gentherapie" [G-II, 3.1].

[27] PATENTIERBAR: Verfahren in Kombination mit technischen Mitteln „Automatisches Auktionsverfahren, dass in einem Servercomputer durchgeführt wird, umfassend ... " [T258/03 (ABl.2004, 575)]; in USA patentierbar.

Anspruchskategorien

Gegenstand	Anspruchsformulierungen für	Norm	Anspruchskategorie	Formulierungsbeispiel	Zulässigkeit
72 **Kit-of-Parts** (G-VII, 7)	Kombinationserzeugnis, wobei (bekannte) Bestandteile räumlich nebeneinander beansprucht werden, wobei die einzelnen Bestandteile durch eine zielgerichtete Verwendung in funktionellem Zusammenhang zueinanderstehen. [T9/81] Voraussetzung: [1] neuer synergistischer Effekt und [2] als Gemisch unbekannt	**Art.54(4)** RBK I.C.6.1.3	Erzeugnisanspruch	„Erzeugnis, enthaltend Stoff X und Stoff Y als Kombinationspräparat Anwendung in ..." ODER „Kit, umfassend: a. ein erstes Gefäß enthaltend Komponente X und Komponente Y b. ein zweites Gefäß enthaltend Komponente Z..."	✓
73 **Mathematische Methoden** (B-III, 3.2.1)	abstrakte oder intellektuelle Methoden	Art.52(2)(a)	Verfahren	„Modellierung/numerische Simulation eines Vorgangs"	(✗) [28]
74 **Omnibus-Anspruch**	Ansprüche, bei denen sich einzelne/alle technische[n] Merkmale auf Bezugnahmen des Offenbarungsgehalts der Anmeldung stützen [T150/82]	R.43(4)/(6)	verschiedene Kategorien	„Erzeugnis/Verfahren/Verwendung wie der Beschreibung und den Figuren zu entnehmen." ODER „... Merkmal A nach Figur 1"	✗
75 **Process-limited-by-Product** (Erzeugnis-beschränkter Verfahrensanspruch) (F-IV, 4.12)	Herstellungsverfahren, der nur diejenigen Verfahrensschritte abdeckt, aus denen ausschließlich Erzeugnis mit Erzeugnismerkmal x hervorgeht	T5/90	Herstellungsverfahren	„Verfahren zur Herstellung eines Erzeugnisses mit dem Erzeugnismerkmal X durch die Schritte Y und Z"	✓
76 **Product-by-Process** [29]	Stoff, der nicht durch strukturelle Parameter vom StdT abgegrenzt werden kann, aber durch mindestens ein Verfahrensmerkmal eines [neuen] Herstellungsverfahrens definierbar ist – gewährt absoluten Stoffschutz [T20/94]	T20/94 RBK II.A.7ff.	Erzeugnisanspruch	„Stoff X erhältlich durch/direkt erhalten durch/hergestellt durch Verfahren Y..." [30] ODER „Erzeugnis Y, enthaltend Stoff X, wobei Stoff X aus dem Konzentrat Z erhalten/gewonnen wird"	✓
77 **System**	Kombinationserzeugnis, wobei einzelne (unabhängige) Einheiten derart in einem funktionellen Zusammenhang zueinanderstehen, dass sie eine Aufgabe lösen.		Erzeugnisanspruch	„System X zumindest umfassend ..."	✓
78 **Zweite nicht medizinische Verwendung** [31] (G-VI, 7.2)	weitere **nicht therapeutische** Verwendung eines bekannten Stoffs/Verfahrens (bisher nicht bekannten) Zweck, der auf einer dem Stoff/Verfahren immanenten Eigenschaft basiert	**G2/88, G6/88**	Verwendung	„Anwendung der Verbindung X als **kosmetisches** Erzeugnis/zur Bekämpfung von Schädlingen" [T36/83] ODER „Verwendung des Stoffes X als ... in einem Stoffgemisch/ Verfahren **zur kosmetischen Faltenbehandlung**" [T210/93]	✓ Art.53c), 54(1)
		T1179/07 RBK I.C.6.3.1 e)	zweckgebundener Verfahrensanspruch	„Verwendung des Erzeugnisses X zur Herstellung von ..." „Verwendung eines Verfahrens zum Zweck der Herstellung des Verfahrensprodukts ..." [T210/93]	(✗) [32]

[28] ZULÄSSIG [Art.52(3)]: [1] Gegenstände, die nach dieser Methode entworfen wurden oder [2] computerimplementierte Erfindungen, die sich im Wesentlichen auf mathematische Algorithmen stützt [T1326/06]; ERFINDERISCHE TÄTIGKEIT: Merkmal ist zu berücksichtigen, wenn es in Verfahren auf eine physikalische Erscheinung angewandt wird UND bei dieser eine Veränderung hervorruft [T1814/07, ABl.2003, 352].

[29] Anspruch gewährt absoluten Stoffschutz [T20/94] NEUHEIT [Art.54]: Stoff, der nach einem bekannten Verfahren hergestellt wird, kann nicht neu sein, selbst wenn neue spezifische Eigenschaft oder Wirkung gefunden; ABER Erzeugnis ist nicht automatisch neu, weil es durch neues Verfahren hergestellt [T150/82].

[30] Vorzugsweise „erhältlich durch...", denn dies unterstreicht, dass das Verfahren Y nur eine Art ist, den Stoff X herzustellen.

[31] ACHTUNG: keine Neuheit bei Verwendung bekannter Verbindung zur bekannten Herstellung eines bekannten Produkts; außer Herstellungsverfahren [T1855/06].

[32] vorliegend wäre Schutzumfang für Verfahrensanspruch derselbe wie für Verwendungsanspruch [T210/93], so dass Kriterien aus G2/88, G6/88 auf zweckgebundenen Verfahrensanspruch keine Anwendung finden [RBK I.C, 6.3.1 e); T1179/07].

medizinische und biotechnologische Anspruchskategorien

Gegenstand	Anspruchsformulierungen für	Norm	Anspruchskategorie	Formulierungsbeispiel	Zulässigkeit
79 Behandlungsverfahren („Method-of-Treatment") G-II, 4.2	therapeutisches, chirurgisches oder diagnostisches Behandlungsverfahren des menschlichen oder tierischen Körpers, die i) dem Erhalt des Lebens/der Gesundheit dienen ii) einen invasiven Schritt umfassen	**Art.53(c)**	Verwendung Verfahren	*„Verwendung der Substanz X zur therapeutischen/chirurgischen Behandlung/Diagnose der Erkrankung Y ..."* *„Methode zur Verringerung/Inhibierung der Funktionalität von Protein Y in einer Zelle oder einem Organismus, umfassend die Applikation der Verbindung X in einer physiologisch wirksamen Konzentration ..."*	(X) [33] X [34] **Art.53c)**
80 Diagnostizierverfahren G-II, 4.2.1.3	Datenerfassungsverfahren am (menschlichen oder tierischen) Körper, dass **alle** nachstehend genannten Schritte umfasst: i) **Untersuchungsphase** mit Datenermittlung, ii) **Datenvergleich** der Daten mit Normwerten, iii) Abweichung zum Normwert **feststellen,** iv) Zuordnung zu bestimmten Krankheitsbild	**Art.53c)** [G1/04, G1/07]	Verfahren	*„Verfahren zur Erfassung einer Eigenschaft am menschlichen Körper, umfassend die Schritte:* ▪ *Einwirkung einer Substanz auf den Körper,* ▪ *Bestimmung körperlicher Parameter, beeinflusst durch die Substanz,* ▪ *Parametervergleich ggü Nichtsubstanzeinwirkung,* ▪ *Auswertung und Indikation "*	(X) [35]
81 Erste medizinische Indikation G-VI, 7.1	Stoff/Stoffgemisch, der im StdT bekannt ist, aber nicht zur Anwendung in einem medizinischen Verfahren.	**Art.54(4)** RBK I.C.6.1	zweckgebundener Erzeugnisanspruch	*„Verbindung/Zusammensetzung X zur Verwendung als Arzneimittel..."* ODER *„Verbindung/Zusammensetzung X zur Verwendung in der Human- und/oder Veterinärmedizin..."*	✓ Art.54(5)
82 Zweite medizinische oder weitere Indikation [36] G-VI, 7.1	Stoff/Stoffgemisch, der im StdT bekannt ist, aber nicht zur Anwendung in einem therapeutischen/in-vivo-diagnostischen/chirurgischen Verfahren nach **Art.53(c)** für **andere medizinische Indikation.**	**Art.54(5)** RBK I.C.6.2	zweckgebundener Erzeugnisanspruch	*„Verbindung/Zusammensetzung X zur Verwendung für die* **Behandlung/Prophylaxe/Diagnose der Erkrankung Y ...** *"* ODER *„Verbindung/Zusammensetzung X zur Verwendung als* **funktional definiertes Medikament** *[bspw. Schmerzmittel/ Hustenmittel, u.a.]"*	✓ Art.54(5)

[33] ZULÄSSIG FÜR: [1] invasive Techniken, die in nicht medizinischer, kommerzieller Umgebung routinemäßig an unkritischen Körperstellen angewendet werden (z.B. Tätowieren, Piercen, Haarentfernung mittels Bestrahlung) [G-II, 4.2.1.1]; [2] therapeutischen Zweck, bei dem Gerät am, lebenden Körper eingesetzt wird, wenn zwischen den am Gerät vorgenommenen Maßnahmen und der vom Gerät auf den Körper ausgeübten therapeutischen Wirkung kein funktioneller Zusammenhang besteht [G-II, 4.2.1.2; T245/87].

[34] für geplante US-Nachanmeldungen bereits in nat. ODER EP-Phase in Beschreibung zur Stütze der Ansprüche im US-Prüfungsverfahren aufnehmen.

[35] zulässig sind Verfahren, die [1] nicht dem Erhalt des Lebens/der Gesundheit dienen und [2] keinen invasiven Schritt umfassen, d.h. zur bloßen Messung/Aufzeichnung von Eigenschaften am Körper [Art.53c); G2/08].

[36] Schweizerische Formulierung *„Verwendung der Verbindung X zur Behandlung der Erkrankung Y ..."* ist für ePa oder iPa seit 29.01.2011 nicht mehr zulässig [Art.53c); G2/08].

Anspruchskategorien

	Gegenstand	Anspruchsformulierungen für	Norm	Anspruchskategorie	Formulierungsbeispiel	Zulässigkeit
83	unterschiedliche Patientengruppen	bekanntes Arzneimittel zur Behandlung derselben Krankheit an einer Gruppe von Individuen derselben Art, die sich physiologisch/pathologisch von der ersten Gruppe unterscheide und daher immunologisch anders reagiert.	**Art.54(5)** **G1/83** RBK I.C.6.2.3 a)		„Stoff/Zusammensetzung X zur Förderung von ... bei einem jungen Patienten, der aufgrund von ... an der Krankheit Y leidet" **[T509/04]**	✓ **G1/83**
84	**Dosierungsanleitung** („Dosage Regime") G-VI, 7.1	bekannter Stoff/Stoffgemisch zur Anwendung bei derselben Krankheit unter Verwendung spezifischer Dosierungsempfehlung	**Art.54(5)** **G2/08** **ABl.2010,456** RBK I.C.6.2.3 b)	zweckgebundener Erzeugnisanspruch	„Stoff/Zusammensetzung X zur Verwendung für die Behandlung/Prophylaxe der Erkrankung Y durch dermale/intravenöse/perorale/subkutane Verabreichung **x-mal täglich vor** dem Essen/Schlafen..." **[T1319/04]**	✓ **G2/08**
85	**andere Darreichungsform**	bekannter Stoff/Stoffgemisch zur Anwendung bei derselben Krankheit unter Verwendung spezifischer Darreichung.	**Art.54(5)** **G1/83** RBK I.C.6.2.3 c)		„Stoff X zur Verwendung für die Behandlung/Prophylaxe der Erkrankung Y durch **dermale/intravenöse/perorale/subkutane Verabreichung**" ODER **„peroral zu verabreichendes** Mittel enthaltend Stoff X zum Anregen/Verstärken der Aktivität von ..." **[T143/94]**	✓
86	**neuer Therapieplan**	bekannter Stoff/Stoffgemisch zur Anwendung bei derselben Krankheit unter Verwendung **spezifischen Therapieplans**			„Mittel zur Behandlung der Erkrankung Y, wobei das Mittel 70 mg des Stoffes X enthält und gemäß einem **Therapieplan** x-mal wöchentlich oral verabreicht wird"	✓ [37]
87	**Screeningverfahren** (Nachweisverfahren) F-III, 9	Nachweisverfahren, wobei das Endprodukt anfangs nicht bekannt ist.		Verfahren	„Screeningverfahren zur Ermittlung von Substanzen/Verbindungen, umfassend: a) Inkontaktbringen/Inkubieren einer Probe mit der zu untersuchenden Substanz b) Ermitteln/Nachweis der Aktivität c) Auswahl der Substanz, bei der die Aktivität über x% beträgt"	✓
88	**Swiss-Type-Claim** (schweizerische Anspruchsform) G-VI, 7.1	Verwendung eines Stoffes/Stoffgemisches zur Herstellung eines Arzneimittels für eine bestimmte neue und erfinderische therapeutische Anwendung	**G1/83**	zweckgebundener Verfahrensanspruch	„Verwendung eines Stoffs X zur Herstellung eines Arzneimittels zur Behandlung der Krankheit Y" ODER „Verwendung des Stoffs X zur Herstellung einer Formulierung für die therapeutische Anwendung Z"	✗ [38]

neue therapeutische Anwendung (Gegenstand 83–86)

---

[37] In DE/CH nicht patentfähig, da Bestimmung des geeigneten individuellen Therapieplans für Patienten einschließlich Dosierung von Medikamenten prägender Teil der Arzttätigkeit [BGH X ZR 236/01 „Carvedilol II"].

[38] Wegfall mit EPÜ 2000 [**G2/08** (**ABl.2010,514**)]; ABER: zweckgebundener Stoffschutz für zweite medizinische Indikation erlaubt [**Art.54(5)**].

DOs & DON'Ts in Anspruchsformulierungen (alphabetisch sortiert)

	Gegenstand	Anspruchsformulierungen für/unter	Norm	Formulierungsbeispiel	Zulässigkeit
89	**Alternativen** F-IV, 3.7	alternative Komponenten einer Erfindung werden in einem oder Anspruch nebeneinander getrennt für sich allein beansprucht	Art.82; Art.84	„optional", „oder"	(✗)[39]
90	**aufgabenhaftes Merkmal** („result to be achieved")	✎Rn.A-118 („zu erzielender techn Effekt"), F-IV, 4.10			
91	**Bezugnahme** F-IV, 4.17	Verweis auf die Beschreibung oder Zeichnungen zur besseren Übersichtlichkeit/Klarheit des Anspruchs	R.43(6)	„DNA/Protein gemäß SEQ.-Nr. ..."	✓
				„wie beschrieben in Teil ... der Beschreibung" ODER „wie in Abbildung ... der Zeichnungen dargestellt"	✗[40]
92	**Bezugszeichen** [41] F-IV, 4.19	technische Merkmale sind zum besseren Verständnis des Anspruchs mit denselben Bezugszeichen gekennzeichnet wie in Zeichnungen angegeben.	R.43(7)	„Komponente A (1) und Komponente B (2) sind formschlüssig miteinander verbunden..."	✓
93	**Disclaimer** [42] F-IV, 4.20	negatives technisches Merkmal zum Ausklammern einer spezifischen Ausführungsform von einem allgemeinen Merkmal (z.B. zur Abgrenzung ggü StdT). Unterscheidung zwischen Disclaimern: 1) die in ursprünglicher Fassung der ePa offenbart sind 2) die in ursprünglicher Fassung der ePa nicht offenbart sind („nicht offenbarter Disclaimer") [43]	Art.123(2) Art.84 G1/03; G2/03 ABl.2004,4 13, 448	„... umfassend (Stoff-)Gruppe X, **ausgenommen** X_1" ODER „... wobei X **nicht/kein** X_1 umfasst" ODER „frei von", „nur", „einzig", „ohne"	✓
94	**Erzeugnismerkmal in Verfahrensanspruch**	Oberbegriff ist auf ein Verfahren gerichtet, wobei der kennzeichnende Teil Merkmale eines Erzeugnisses aufweist	Art.83 T453/90	„Verfahren zur Herstellung von ... mit einer Vorrichtung, die folgende Merkmale aufweist"	(✓)[44]
95	**fakultative Merkmale** F-IV, 4.9	Vorzugsvarianten, deren Aufnahme regelmäßig gegen Erfordernis der Knappheit verstoßen	Art.84	„insbesondere", „vorzugsweise", „beispielsweise"	✗
96	**Fantasiebegriff** F-II, 4.11	Weniger bekannte oder speziell neu gebildete technische Ausdrücke, dürfen nicht für Ausdrücke verwendet werden, die bereits eine feste Bedeutung haben, wenn dies zu Verwechslungen führen kann	Art.84		(✗)[45]

---

[39] AUSGENOMMEN: Fachmann erkennt, dass Alternativlösungen sinnvolle/erfindungsgedankliche Austauschmittel sind UND Anzahl Alternativlösungen keine Unklarheit (z.B. Auslegungsschwierigkeiten) oder Uneinheitlichkeit darstellt.

[40] Außer, wenn Bezugnahme für klare Charakterisierung des Merkmals im Anspruch unverzichtbar [R.43(6), T150/82; ABl.1984,309], bspw. Angabe von Messverfahren [T1156/01].

[41] Die Bezugszeichen dürfen nicht zu einer einschränkenden Auslegung des Patentanspruchs herangezogen werden [R.43(7)].

[42] ändert Prioritätsrecht nicht, wenn er keinen technischen Beitrag leistet [G1/03; G2/03; ABl.2004,413, 448; T175/03].

[43] ZULÄSSIG: [1] Wiederherstellung der Neuheit ggü Art.54(3)-Dokument; [2] Wiederherstellung der Neuheit ggü zufälliger Vorwegnahme in Art.54(2)-Dokument; [3] Entfernung eines Gegenstands aus nicht technischen Gründen zur Wiederherstellung Patentfähigkeit ggü Art.52-57 [G1/03; G2/03]. UNZULÄSSIG: [1] erforderliche Beschränkung einfacher durch positives urspr. offenbartes Merkmal formulierbar [R.43(1)]; [2] Ausklammern durch nicht funktionierender Ausführungsformen; [3] Disclaimer leistet techn. Beitrag [H-V,4.1].

[44] zumindest dann zulässig, wenn Vorrichtungsmerkmale zur vollst. Und klaren des Verfahrens erforderlich sind [T453/90, T1046/05].

[45] ZULÄSSIG: sofern sie angemessen definiert sind und es keine entsprechenden, allgemein anerkannten Ausdrücke gibt.

Anspruchskategorien

Nr.	Gegenstand	Anspruchsformulierungen für	Norm	Fomulierungsbeispiel	Zulässigkeit
97	**funktionelle Merkmale** (Angabe des zu erzielenden Resultats) F-IV, 6.5	Merkmal das den Gegenstand ohne unmittelbare technische Wirkung näher erläutert, und das ggf. Unterscheidungskraft besitzt, falls es sich auf stoffliche/technische Merkmale auswirkt **BZW.** Verfahrensschritte, die Fachmann kennt und ohne Weiteres ausführen kann, um zum gewünschten Ergebnis zu gelangen	RBK II-A,3.4	„wobei das Merkmal X dazu eingerichtet ist, dass ..." **ODER** „dadurch gekennzeichnet, dass das Merkmal X so ausgeführt ist, dass ..."	(✓)[46]
98	**geschlossene Formulierung** [T759/91; T711/90] F-IV, 4.21	Vorhandensein zusätzlicher Komponenten ist ausgeschlossen; genannte Komponenten **müssen** sich exakt zu 100% ergänzen.		„... bestehend aus den Komponenten A, B und C" **ABER AUCH** „... umfassend Komponente A in einem Bereich von ... bis ..."[47] [T2017/07]	✓ / ✗ [T2017/07]
99	**implizite Merkmale** F-IV, 4.5.4	einem Merkmal innewohnende Eigenschaft, die nicht aus sich selbst heraus zu verstehen, aber logisch zu erschließen ist	Art.83	„... im Wesentlichen bestehend aus ..." „Gummi" (= elastisches Material) „zwingend enthalten" (= Bereich von > 0%) **ABER AUCH** „Antischuppenshampoo" (= Mittel zur Bekämpfung von Schuppen); „Schmelztiegel" (= Gefäß aus hitzebeständigem Material)	✓
100	**Marken, Handelsnamen, Typenbezeichnungen** F-IV, 4.8	Erzeugnis/Merkmal, das auf eine Ware verweist, die lediglich über ihr Kennzeichen definiert ist, deren Aufbau/Zusammensetzung während der Patentlaufzeit allerdings variieren kann	Art.84	„Persil", „UHU", „Cellophan", „Nylon"	(✗)[48]
101	**Markush-Gruppe** F-V, 5	Auswahl aus verschiedener, genau definierter und abschließend aufgezählter Alternativen die gemeinsame Eigenschaft/Wirkung aufweisen und ein wesentliches Strukturelement gemeinsam haben		„Merkmal A **ausgewählt aus** der (Stoff-)Gruppe umfassend/bestehend aus A_1, A_2 und A_3"	✓
102	**Markush-ähnlich**	Auswahl aus verschiedener, noch nicht genau definierter aber abschließend aufgezählter Alternativen		„Stoff X, dadurch gekennzeichnet, dass er Deletionen, Insertionen oder Substitutionen enthält" **ODER** „Stoff X gebildet aus **zumindest einem** Element aus der Gruppe umfassend A, B, C und Mischungen daraus"	✗[49]
103	**means-plus-function** („Arbeitsmittel") F-IV, 4.13	Mittel (z.B. Hardware), das lediglich durch seine Funktion/Eigenschaft (z.B. Softwaremerkmale) definiert ist und ausschließlich für die Durchführung eines relevanten Schritts konzipiert wurde	Art.84	„Mittel zur Verwendung als ..., wobei das Mittel zumindest folgende gegenständliche Merkmale aufweist ..."	(✓)[50]

[46] nur zulässig, wenn **[1]** Merkmal ohne Einschränkung der techn. Lehre anders nicht präziser umschreibbar **UND [2]** wenn die funktionellen Merkmale dem Fachmann eine ausreichend klare techn. Lehre offenbaren, die er mit zumutbarem Denkaufwand - wozu auch die Durchführung üblicher Versuche gehört - ausführen kann [T68/85].

[47] Bestandteil ist nicht in einer Menge enthalten, die außerhalb des definierten Bereichs liegen [T2017/07].

[48] nur zulässig, wenn Begriff international als beschreibender Standardausdruck akzeptiert **UND** feste Bedeutung hat (bspw. Styropor, Teflon, Bowdenzug, Caterpillarkette) [F-III,7].

[49] unzulässig, da Generierung unüberschaubarer Anzahl an Gegenständen, so dass Fachmann selbst erfinderisch tätig werden muss.

[50] PROBLEM: ungewollte Erweiterung über den Inhalt der urspr. Offenbarung hinaus möglich, da alle Mittel, die zur Erzielung der gleichen Wirkung in den Schutzbereich des Anspruchs einbezogen sind.

Teil A – Anspruchssatz

Nr	Gegenstand	Anspruchsformulierungen für	Norm	Formulierungsbeispiel	Zulässigkeit
104	**Messmethoden/Messmittel** (F-IV, 4.18)	Verfahren zur Ermittlung unbestimmter Parameter, die in Ansprüchen (zur Abgrenzung ggü StdT) verwendet werden	**Art.83, Art.84**	„Parameter X im Bereich von ... bis ..., *ermittelt nach DIN EN...*" ODER „Röntgenpulverdiffraktogramm, *gemessen mit* Cu-Kα1-Strahlung mit einer Wellenlänge von 0,15419 nm, umfassend Reflexe bei doppelten Beugungswinkeln 2Θ von ..."	(✓)
105	**negative Merkmale** [51] (F-IV, 4.20)	bewusster Ausschluss bestimmter Eigenschaften von Stoffen, Komponenten in Zusammensetzungen oder Verfahrensschritte	**Art.84**	„ausgenommen Merkmal X." ODER „Stoff X umfassend X¹, X² und X⁴"	(✓)
106	**notorisch bekannte Merkmale**	aus dem StdT allgemein bekannte Merkmale (allgemeines Fachwissen)	**Art.54, Art.56**	„üblicherweise", „allgemein bekannt"; „normalerweis"	✗ [52]
107	**offene Formulierung** (F-IV, 4.21)	nicht notwendigerweise erschöpfende Aufzählung von Komponenten, so dass weitere Komponenten enthalten sein können		„... umfassend/aufweisend/enthaltend/beinhaltend/einschließend die Komponenten A, B und C"	✓
108	**Parameter** (Bereichsangabe)	strukturelle/relative Kennzeichen (z.B. Zahlenwerte, Raumkoordinaten) zur Charakterisierung des Erfindungsgegenstandes; meist durch Bereichsangaben definiert	**Art.84**	*geschlossener Bereich:* „... im Bereich von [einschließlich] 1 bis [einschließlich] 10", ODER „... im Bereich zwischen [größer] 1 und [kleiner] 10"	✓
				offener Bereich: „... enthaltend Komponente A mit einem Anteil von maximal 5 Gew.-%, wobei die Komponente A zwingend enthalten ist" / „... mehr als 1", ,... mindestens 1", ... weniger als 10" / „... enthaltend Komponente A mit einem Anteil von höchstens 5 Gew.-%"	(✗)
109	**positive Merkmale** (F-IV, 4.20)	charakterisieren einen Gegenstand durch das **Vorhandensein** bestimmter technischer Elemente	**Art.84**		✓
110	**Räumliche Anordnung von Elementen** (F-IV, 4.20)	die räumliche Anordnung von Elementen liegt im Belieben des Fachmanns, so dass sich hieraus kein techn. Effekt ergibt	**Art.84**	„unten", „oben",	✗
	(F-IV, 4.11)	relative Orientierung einzelner Elemente in Bezug zueinander, so dass sich ein spezifischer techn. Effekt ergibt		„Merkmal X ist senkrecht/orthogonal in Längsrichtung zu Merkmal Y angeordnet"	✓
111	**relative Begriffe** (F-IV, 4.6)		**Art.84**	"dünn", "weit", „glatt", „transparent", „schneller"; „unten"; „oben" "stark"	(✗) [53]
112	**unpräzise Formulierung** (F-IV, 4.7)	unpräzise und/oder unklare Merkmalsdefinition		"etwa", "ungefähr" oder "im Wesentlichen ..."	(✗) [54]

---

[51] nur zulässig, wenn Formulierung positiver Merkmale unmöglich ODER unverhältnismäßig starke Einschränkung des Schutzumfangs, z.B. als Abgrenzung ggü StdT (z.B. Neuheits-Disclaimer; G1/03, T4/80, T1050/93).

[52] Einwand fehlender erfinderischer Tätigkeit ohne druckschriftlichen StdT zulässig (T939/92; ABl.1996,309; T1242/04, ABl.2007,421).

[53] insbesondere inakzeptabel, wenn dieser Ausdruck wesentlich für die Erfindung ist; AUSNAHME: Begriff hat auf betreffendem Fachgebiet allgemein anerkannte Bedeutung, bspw. „Hochfrequenz" und diese Bedeutung ist beabsichtigt ODER, wenn Streichung des Gegenstands über ursprünglich offenbarten Inhalt der eingereichten Fassung hinausgeht (Art.123(2)).

[54] nur zulässig, wenn bestimmte Wirkung oder bestimmtes Ergebnis innerhalb gewisser Toleranzen erzielt werden können UND Fachmann weiß, wie er Toleranz erreicht.

Anspruchskategorien

	Gegenstand	Anspruchsformulierungen für	Norm	Formulierungsbeispiel	Zulässigkeit
113	**unwesentliches Merkmal** F-IV,4.3	Merkmale, die (iVm mit anderen Merkmalen) nicht zur Lösung der Aufgabe beitragen und deshalb bei Beurteilung erfinderischer Tätigkeit einer Kombination von Merkmalen nicht zu berücksichtigen sind [55] T37/82, T641/00; ABl.1984, 71	**Art.84** iVm **R.43(1)/(3)** RBK II-D, 2.2	"kontinuierliches oder quasi-kontinuierliches Heranführen"	✗
114	**unlogische/unsinnige Merkmalsformulierung**	Merkmal eines Anspruchs, das für sich dem Fachmann mit seinem allgemeinen Fachwissen eine klare, glaubhafte techn. Lehre vermittelt, dem aber aufgrund seiner Verwendung in der Beschreibung eine andere Bedeutung zugeordnet wird	**Art.123(2)** **T1018/02**	Eine „elektronische Kurznachricht" ist eine Information zum Speichern, nicht zum Lesen **T1018/02**	✗
115	**Verfahrensmerkmal in Vorrichtungsanspruch** („step-plus-function")	Oberbegriff ist auf ein Erzeugnis gerichtet, wobei der kennzeichnende Teil Merkmale eines Verfahrens aufweist	**Art.84** **T129/88**	„Erzeugnis X (Protein) das zum Schneiden von Gegenstand A (DNA) geeignet ist, wobei [im Anschluss] ein Erzeugnis Y (Gensequenz) in den geschnittenen Gegenstand A insertiert wird"	(✗) [56]
116	**wesentliche Merkmale** („essential feature") F-IV,4.5.2	alle Merkmale, die zur Erzielung einer technischen Wirkung unerlässlich sind, sodass die (objektiv) technische Aufgabe gelöst wird, **müssen** auch Teil der Ansprüche sein; zu fragen ist nach erzielter technischer Wirkung des Merkmals [G-VII,5.2]	**R.43(1a)**, **Art.84**	„wesentlich ist, dass Vorhandensein von Merkmal X"	✓ [57]
117	**Wort „in"** F-IV, 4.15	setzt verschiedene Gegenstände (Erzeugnisse, Vorrichtungen) o**DER** Gegenstände und Tätigkeiten (Verfahren, Verwendung) **ODER** verschiedenen Tätigkeiten in Relation zueinander	**Art.84**	„Verwendung eines Stoffs als Bestandteil **in** einer Zusammensetzung ..." „Zylinderkopf in einem Viertaktmotor" (= Untereinheit **in** Überbau)	✓ ✗ [58]
118	**zu erzielender Effekt** [59] ("result to be achieved") F-IV, 4.10	Merkmal das den Gegenstand durch das zu erzielende Ergebnis definiert (z.B., wenn nur zugrundeliegende techn. Aufgabe angegeben ist)	**Art.84**	„Vorrichtung/Verfahren geeignet für.../um ein [Problem] zu lösen"	(✗) [60]
119		Gegenstand ist lediglich für einen angegebenen Zweck geeignet		„Vorrichtung für..."; „Verfahren geeignet zum..."	
	Zweckangaben (Wort „zu"/"für") F-IV, 4.13	Verfahren/Mittel, das nicht nur zur Durchführung relevanter Schritte/Funktionen geeignet ist, sondern vielmehr eigens für diesen speziellen Zweck konzipiert wurde. BEACHTE: an sich nicht beschränkende Zweckangaben können beanspruchten Gegenstand/Merkmal implizit technische Merkmale verleihen, die der Abgrenzung ggü StdT dienen.	**Art.84**	„Verfahren zum Herstellen von..."; ODER „Mittel zur Verwendung als ..." ODER „Behältnis für Heißgetränke" (=Material muss im Temperaturbereich von 50-100°C formstabil sein); „Hautpflaster"	(✓) [61]

[55] Es sind nur Anspruchsmerkmale zu berücksichtigen, die kausal zur Lösung der Aufgabe beitragen [T285/91]. BEISPIEL: Merkmal auf einem von Patentierbarkeit ausgenommenen Gebiet [Art.52(2)/(3), G-II, 3]; Streichung eines unwesentlichen Merkmals unter Erhalt der Prio möglich [T809/95]

[56] nur zulässig, wenn dies im Hinblick auf Erfordernisse des nationalen Rechts eines oder mehrerer VStaaten zweckdienlich ist [T129/88]; UNZULÄSSIG, wenn aufgabenhafte Formulierung [↗Rn.A-118].

[57] Merkmal, das in Beschreibung als wesentlich für die Erfindung herausgestellt wird, muss auch Teil des Anspruchs sein [Art.84; T409/91] – vgl. „Tests" zur Beurteilung der Zulässigkeit von Änderungen [RBK II.E.1.7.2].

[58] unzulässig, da unklar, ob Untereinheit alleine ODER in Kombination mit Überbau beansprucht; ALTERNATIV: Wort „mit" ist zwingende Kombination.

[59] 2-Punkt Prüfung: [1] ist Effekt, der explizit im Anspruch auftaucht, ausführbar dargelegt [Art.83] UND [2] wird dieser Effekt über die gesamte Breite des Anspruchs erreicht [Art.56]. [T0862/11].

[60] nur zulässig, wenn Erfindung nur auf diese Weise beschreibbar ODER anderweitig nicht genauer definierbar, ohne Schutzbereich der Ansprüche über Gebühr einzuschränken UND Ergebnis dergestalt ist, dass es durch Versuche oder Maßnahmen tatsächlich unmittelbar nachgewiesen werden kann, d.h. keine unzumutbaren Experimente erfordern [T68/85].

[61] AUSNAHME: bei einem Verfahrensanspruch sollte eine Zweckangabe nicht dahingehend interpretiert werden, dass sich das Verfahren nur dazu eignet, sondern Verfahrensschritt gelesen werden [T848/93].

EPÜ 2000

Artikel 78
Erfordernisse der europäischen Patentanmeldung

(1) Die europäische Patentanmeldung muss [...]
b) eine Beschreibung der Erfindung;
c) einen oder mehrere Patentansprüche;
d) Zeichnungen, auf die sich die Beschreibung oder die Patentansprüche beziehen;
e) eine Zusammenfassung
enthalten und den Erfordernissen genügen, die in der Ausführungsordnung vorgeschrieben sind. [...]

Artikel 84[78]
Patentansprüche

Patentansprüche müssen den Gegenstand angeben, für den Schutz begehrt wird. Sie müssen deutlich und knapp gefasst sein und von der Beschreibung gestützt werden.

[78] Siehe hierzu Entscheidungen/Stellungnahme der GBK G 2/98, G 1/03, G 2/03, G 1/04, G 2/10 (Anhang I).

Artikel 85
Zusammenfassung

Die Zusammenfassung dient ausschließlich der technischen Information; sie kann nicht für andere Zwecke, insbesondere nicht für die Bestimmung des Umfangs des begehrten Schutzes und für die Anwendung des Art.54(3), herangezogen werden.

EPÜAO

Regel 30
Erfordernisse europäischer Patentanmeldungen betreffend Nucleotid- und Aminosäuresequenzen

(1) Sind in der europäischen Patentanmeldung Nucleotid- oder Aminosäuresequenzen offenbart, so hat die Beschreibung ein Sequenzprotokoll zu enthalten, das den vom Präsidenten des EPA erlassenen Vorschriften für die standardisierte Darstellung von Nucleotid- und Aminosäuresequenzen entspricht. [...]

Regel 41
Erteilungsantrag

(2) Der Antrag muss enthalten: [...]
b) die Bezeichnung der Erfindung, die eine kurz und genau gefasste techn. Bezeichnung der Erfindung wiedergibt und keine Fantasiebezeichnung enthalten darf; [...]

Regel 42[50]
Inhalt der Beschreibung

(1) In der Beschreibung
a) ist das technische Gebiet, auf das sich die Erfindung bezieht, anzugeben;
b) ist der bisherige Stand der Technik anzugeben, soweit er nach der Kenntnis des Anmelders für das Verständnis der Erfindung, die Erstellung des europäischen Recherchenberichts und die Prüfung der europäischen Patentanmeldung als nützlich angesehen werden kann; es sollen auch die Fundstellen angegeben werden, aus denen sich dieser Stand der Technik ergibt;
c) ist die Erfindung, wie sie in den Patentansprüchen gekennzeichnet ist, so darzustellen, dass danach die technische Aufgabe, auch wenn sie nicht ausdrücklich als solche genannt ist, und deren Lösung verstanden werden können; außerdem sind gegebenenfalls vorteilhafte Wirkungen der Erfindung unter Bezugnahme auf den bisherigen Stand der Technik anzugeben;
d) sind die Abbildungen der Zeichnungen, falls solche vorhanden sind, kurz zu beschreiben;
e) ist wenigstens ein Weg zur Ausführung der beanspruchten Erfindung im Einzelnen anzugeben; dies soll, wo es angebracht ist, durch Beispiele und gegebenenfalls unter Bezugnahme auf Zeichnungen geschehen;
f) ist, wenn es sich aus der Beschreibung oder der Art der Erfindung nicht offensichtlich ergibt, ausdrücklich anzugeben, in welcher Weise der Gegenstand der Erfindung gewerblich anwendbar ist. [...]

[50] Siehe hierzu Entscheidungen der GBK G 1/03, G 2/03 (Anhang I).

Regel 43[51]
Form und Inhalt der Patentansprüche

(1) Der Gegenstand des Schutzbegehrens ist in den Patentansprüchen durch Angabe der technischen Merkmale der Erfindung anzugeben. Wo es zweckdienlich ist, haben die Patentansprüche zu enthalten:
a) die Bezeichnung des Gegenstands der Erfindung und die technischen Merkmale, die zur Festlegung des beanspruchten Gegenstands der Erfindung notwendig sind, jedoch in Verbindung miteinander zum Stand der Technik gehören;
b) einen kennzeichnenden Teil, der mit den Worten "dadurch gekennzeichnet" oder "gekennzeichnet durch" beginnt und die technischen Merkmale bezeichnet, für die [...] Schutz begehrt wird.
(2) Unbeschadet des Art.82 darf eine ePa nur dann mehr als einen unabhängigen Patentanspruch in der gleichen Kategorie [...] enthalten, wenn sich der Gegenstand der Anmeldung auf einen der folgenden Sachverhalte bezieht:

a) mehrere miteinander in Beziehung stehende Erzeugnisse,
b) verschiedene Verwendungen eines Erzeugnisses oder einer Vorrichtung,
c) Alternativlösungen für eine bestimmte Aufgabe, sofern es unzweckmäßig ist, diese Alternativen in einem einzigen Anspruch wiederzugeben.
(3) Zu jedem Patentanspruch, der die wesentlichen Merkmale der Erfindung wiedergibt, können ein oder mehrere Patentansprüche aufgestellt werden, die sich auf besondere Ausführungsarten dieser Erfindung beziehen.
(4) Jeder Patentanspruch, der alle Merkmale eines anderen Patentanspruchs enthält (abhängiger Patentanspruch), hat, wenn möglich in seiner Einleitung, eine Bezugnahme auf den anderen Patentanspruch zu enthalten und nachfolgend die zusätzlichen Merkmale anzugeben. Ein abhängiger Patentanspruch, der sich unmittelbar auf einen anderen abhängigen Patentanspruch bezieht, ist ebenfalls zulässig. Alle abhängigen Patentansprüche, die sich auf einen oder mehrere vorangehende Patentansprüche beziehen, sind soweit wie möglich und auf die zweckmäßigste Weise zusammenzufassen.
(5) Die Anzahl der Patentansprüche hat sich mit Rücksicht auf die Art der beanspruchten Erfindung in vertretbaren Grenzen zu halten. Die Patentansprüche sind fortlaufend mit arabischen Zahlen zu nummerieren.
(6) Die Patentansprüche dürfen bei der Angabe der technischen Merkmale der Erfindung nicht auf die Beschreibung oder die Zeichnungen Bezug nehmen, es sei denn, dies ist unbedingt erforderlich. Insbesondere dürfen sie keine Formulierungen enthalten wie "wie beschrieben in Teil ... der Beschreibung" oder "wie in Abbildung ... der Zeichnungen dargestellt". [...]

[51] Siehe hierzu Entscheidungen der GBK G 2/03, G 1/04 (Anhang I).

Regel 46
Form der Zeichnungen

[...] (2) Die Zeichnungen sind wie folgt auszuführen:
a) Die Zeichnungen sind ohne Farben oder Tönungen in widerstandsfähigen, schwarzen, ausreichend festen und dunklen, in sich gleichmäßig starken und klaren Linien oder Strichen auszuführen.
b) Querschnitte sind durch Schraffierungen kenntlich zu machen, die die Erkennbarkeit der Bezugszeichen und Führungslinien nicht beeinträchtigen dürfen.
c) Der Maßstab der Zeichnungen und die zeichnerische Ausführung müssen gewährleisten, dass eine elektronische oder fotografische Wiedergabe auch bei Verkleinerungen auf zwei Drittel alle Einzelheiten noch ohne Schwierigkeiten erkennen lässt. Wird der Maßstab in Ausnahmefällen auf der Zeichnung angegeben, so ist er zeichnerisch darzustellen.
d) Alle Zahlen, Buchstaben und Bezugszeichen in den Zeichnungen müssen einfach und eindeutig sein. Klammern, Kreise oder Anführungszeichen dürfen bei Zahlen und Buchstaben nicht verwendet werden. [...]
f) Jeder Teil der Abbildung muss im richtigen Verhältnis zu jedem anderen Teil der Abbildung stehen, sofern nicht die Verwendung eines anderen Verhältnisses für die Klarheit der Abbildung unerlässlich ist.
g) [...] Für die Beschriftung der Zeichnungen sind lateinische und, soweit üblich, griechische Buchstaben zu verwenden.
h) Ein Zeichnungsblatt kann mehrere Abbildungen enthalten. Sollen Abbildungen auf zwei oder mehr Blättern eine einzige Abbildung darstellen, so sind die Abbildungen auf den einzelnen Blättern so auszuordnen, dass die vollständige Abbildung zusammengesetzt werden kann, ohne dass ein Teil der Abbildungen auf den einzelnen Blättern verdeckt wird. Die einzelnen Abbildungen sind auf einem Blatt oder auf mehreren Blättern ohne Platzverschwendung anzuordnen, eindeutig voneinander getrennt und vorzugsweise im Hochformat; sind die Abbildungen nicht im Hochformat dargestellt, so sind sie im Querformat mit dem Kopf der Abbildungen auf der linken Seite des Blattes anzuordnen. Sie sind durch arabische Zahlen fortlaufend und unabhängig von den Zeichnungsblättern zu nummerieren.
i) Bezugszeichen dürfen in den Zeichnungen nur verwendet werden, wenn sie in der Beschreibung und in den Patentansprüchen aufgeführt sind; [...]. Bezugszeichen für Merkmale müssen in der ganzen Anmeldung einheitlich sein.
j) Die Zeichnungen dürfen keine Erläuterungen enthalten. Wo es für das Verständnis unentbehrlich ist, können kurze Angaben wie "Wasser", "Dampf", "offen", "zu", "Schnitt nach A-B" eingefügt werden. Solche Angaben sind so anzubringen, dass sie im Fall der Übersetzung überklebt werden können, ohne dass die Linien der Zeichnungen verdeckt werden.
(3) Flussdiagramme und Diagramme gelten als Zeichnungen.

Regel 47
Form und Inhalt der Zusammenfassung

(1) Die Zusammenfassung muss die Bezeichnung der Erfindung enthalten.
(2) Die Zusammenfassung muss eine Kurzfassung der in der Beschreibung, den Patentansprüchen und Zeichnungen enthaltenen Offenbarung enthalten. Die Kurzfassung soll das technische Gebiet der Erfindung angeben und so gefasst sein, dass sie ein klares Verständnis des technischen Problems, des entscheidenden Punkts der Lösung der Erfindung und der hauptsächlichen Verwendungsmöglichkeiten ermöglicht. In der Zusammenfassung ist gegebenenfalls die chemische Formel anzugeben, die unter den in der europäischen Patentanmeldung enthaltenen Formeln die Erfindung am besten kennzeichnet. Sie darf keine Behauptungen über angebliche Vorzüge oder den angeblichen Wert der Erfindung oder über deren theoretische Anwendungsmöglichkeiten enthalten.
(3) Die Zusammenfassung soll aus nicht mehr als 150 Worten bestehen. [...]

Aufbau einer Patentschrift

Bestandteil nach R.42(2)	Erklärung	Formelles	
Bezeichung der Erfindung (Titel) **R.41(2)b)**, A-III,7, F-II,3	▪ kurze und genau gefasste technische Bezeichnung der Erfindung ▪ unzulässig: Eigennamen, Fantasienamen, das Wort „Patent", Handelsnamen, Marken, ungenaue Abkürzungen, Bezeichnungen wie "Verfahren", "Vorrichtungen", "Chemische Verbindungen" ohne weiteren Zusatz ▪ letztendliche Bezeichnung bestimmt Prüfungsabteilung, Änderung von Amts wegen mögl. [**ABl.1991, 224**]	Eintragung ins PatReg erfolgt in Großbuchstaben **[R.143(1)c)]**	120
Technisches Gebiet **R.42(1)a)**, F-II,4.2	Angabe des betreffenden technischen Gebietes dient der Einordnung in einen allgemeinen Rahmen		121
Stand der Technik **R.42(1)b)** , F-II,4.3	▪ Angabe des dem Anmelder bekannten nächstliegenden Stand der Technik, um Erfindung in Zusammenhang zu Bekannten zu bringen, unter Angabe der Fundstellen ▪ Zulässig, allgemeines Fachwissen zu zitieren, z.B. Messung eines Parameters ▪ in der Sachprüfung ermittelte Dokumente sollen in der letzten Fassung der Beschreibung gewürdigt werden, allerdings nur Dokumente die unabhängigen Ansprüche betreffen	WIPO-Standards ST.14, ST.3 und ST.16 [F-II, 4.3.1]	122
Technische Aufgabe **R.42(1)c)**, F-II,4.5	▪ Aufgabe muss zur Erläuterung der Erfindung hilfreich sein ▪ Prüfer entscheidet über Notwendigkeit und kann auf Änderung/Streichung bestimmter Aufgaben unter Berücksichtigung von **Art.123(2)** bestehen [H-V,2.4]		123
Lösung der Aufgabe **R.42(1)c)**, F-II,4.5	Angabe der Lösung gemäß den unabhängigen Patentansprüchen durch Wiedergabe des kennzeichnenden Teils oder Bezugnahme darauf oder durch Wiedergabe der inhaltlichen Lösungsmerkmale der jeweiligen Patentansprüche		124
Vorteile der Erfindung F-II,4.5	▪ Vorteile sind so anzugeben, dass bereits zum Stand der Technik zählende Erzeugnisse oder Verfahren nicht herabgesetzt werden		125
Ausführliche Beschreibung der Erfindung	▪ Erklärung der Erfindung, so deutlich und vollständig, dass ein Fachmann sie ausführen kann ▪ klar, deutlich, vermeiden von unnötigen Fachjargon ▪ Fachausdrücke sind zulässig, ggf. genaue Definition erforderlich ▪ Feste Bedeutung von Worten darf nicht umdefiniert werden [F-II,4.11] ▪ Physikalische Größen als SI-Einheiten angeben, ▪ Kennzeichnung von eingetragenen Marken beachten, ▪ Bezugszeichen der Zeichnungen sind zu erklären und müssen zwingend mit Zeichnung übereinstimmen		126
Ausführungsbeispiel(e) **R.42(1)e)**	Angabe konkreter Beispiele, anhand derer ein Fachmann die Erfindung nachvollziehen kann (theoretisch und praktisch)		127

Zeichnungen
 	
Art.78(1)d) iVm **R.42(1)d)**, **R.46**, A-IX, F-II,5
	Arten von Zeichnungen:
	  i) technische Zeichnungen aller Art, z.B. Perspektivansichten, auseinander gezogene Darstellungen, Querschnitte, Schnittzeichnungen, Einzelzeichnungen mit verändertem Maßstab
	  ii) Flussdiagramme, Diagramme
	  iii) chemische und mathematische Formeln [A-IX, 11.1]
	  iv) Tabellen [A-IX, 11.2]
	  v) Photographien [A-IX, 1.2]
	▪ Abbildungen sind mit Abkürzung „Fig." zu kennzeichnen und zu nummerieren
	▪ Unnötiger Text in Abbildungen ist zu vermeiden, in Ausnahmefällen erlaubt, wenn er zur schnellen und einwandfreien Deutung der Abbildungen führt
		elektronische Vervielfältigung muss mögl. sein [A-IX, 2.2]	128

Sequenzprotokoll **R.30**, A-IV,5, F-II,6	▪ als Anhang bildet Sequenzprotokoll letzten Teil der Anmeldung ▪ bei Einreichung nach AT, muss Erklärung abgegeben werden, dass dieses nicht über ursprüngliche Offenbarung hinausgeht ▪ sind Sequenzen bereits aus StdT bekannt, muss kein Sequenzprotokoll eingereicht werden, Bezugnahme auf Datenbank ausreichend [F-II,6.1, **J8/11**]	Einreichung in elektronischer Form, WIPO-Standard ST.25	129

Teil A – Anspruchssatz

130	**Patentansprüche**	**Bedeutung:** sie bestimmen den Schutzbereich des Patents [**Art.69**]

- ein oder mehr Patentansprüche zwingend, welche Gegenstand, für den Schutz begehrt wird, klar und eindeutig wiedergeben
- müssen von der Beschreibung gestützt werden
- Patentansprüche allein definieren den Schutzbereich

Arten von Patentansprüchen:

 i) Unabhängiger Anspruch

 ii) Abhängiger Anspruch

Aufbau eines unabhängigen Anspruches:

 i) Einteilige Form

 ii) Zweiteilige Form [F-IV,2.2]

 Oberbegriff (nächstliegender StdT) und kennzeichnender Teil (erfindungswesentliche Merkmale)

Art.78(1)c), Art.84 iVm **R.43**, F-IV

- Chemische und mathematische Formeln sind erlaubt, Tabellen jedoch unzulässig

---

131	**Zusammenfassung**

Bedeutung: Kurzer Abriss der Erfindung, der ausschließlich der techn. Information dient [**Art.85**] und nicht zur Offenbarung der Erfindung gehört [**T246/86**]

Inhalt der Zusammenfassung:

 i) Bezeichnung der Erfindung,

 ii) technisches Gebiet,

 iii) Kurzfassung der in der Beschreibung, der Patentansprüche und Zeichnungen, ggf. wichtigste chemische Formel,

 iv) keine Behauptungen, Vorzüge, Anwendungsmöglichkeiten,

 v) Abbildung der Zeichnung [F-II, 2.4].

- Endgültige Fassung der Zusammenfassung wird vom Prüfer nach Recherche bestimmt und Anmelder zusammen mit Recherchenbericht-mitgeteilt [**R. 66**, F-II, 2.2 und 2.6]
- Zusammenfassung kann nicht zur Bestimmung des Schutzumfangs herangezogen werden [**Art.85**]

Art.78(1)e), Art.85 iVm **R.47** F-II,2

Kontrollliste für Prüfer [F-II,2.5 Anlage 1]

Erfindung ist	Zwingender Inhalt
Gegenstand	Identität, Verwendung; Aufbau, Struktur, Herstellungsverfahren
chemische Verbindung	Identität (ggf. Struktur), Herstellungsverfahren, Eigenschaften, Verwendung
Gemisch	Art, Eigenschaften, Verwendung; Hauptbestandteile (Identität, Funktion); falls von Bedeutung: Menge der Bestandteile; Zubereitung
Maschine, Vorrichtung, System	Art, Verwendung; Aufbau, Struktur; Betrieb
Verfahren oder Wirkungsweise	Art und kennzeichnende Merkmale; eingesetzte Materialien und Bedingungen; falls von Bedeutung: Erzeugnis; bei mehreren Schritten: Art und Zusammenhang
Falls die Offenbarung Alternativen einschließt	Die Zusammenfassung muss die bevorzugte Alternative behandeln und die übrigen angeben, falls dies mit wenigen Worten möglich ist; andernfalls ist zu erwähnen, dass sie vorhanden sind und ob sie sich von der bevorzugten Alternative wesentlich unterscheiden

max. 150 Wörter WIPO-Standard ST.12

Aufbau einer Patentschrift

Prüfungsumfang in einzelnen Verfahrensschritten

Kriterium \ Verfahrensschritt	Recherche	Sachprüfung	Einspruch	Beschränkung	PCT
Patentfähige Erfindung Art.52 und 53, G-II	✓ R.63-Einwand	✓ G-II	✓ Art.100 a), D-V,3	(✓)[62]	✓
Neuheit (keine Unterschiede zum StdT) Art.54; G-VI	✓	✓ G-VI	✓ Art.100 a), D-V,3	✗ H-IV,4.4.3	(✓)[63] IS: R.43bis a) i)PCT IPE: Art.33(2) PCT
Erfinderische Tätigkeit (keine technischen Unterschiede) Art.56; G-VII	✓	✓ G-VII	✓ Art.100 a), D-V,3	✗ H-IV,4.4.3	✓ IS: R.43bis a) i)PCT IPE: Art.33(3) PCT
Gewerbliche Anwendbarkeit Art.57; G-III	✓	✓ G-III	✓ Art.100 a), D-V,3	✗ H-IV,4.4.3	✓ IS: R.43bis a) i)PCT IPE: Art.33(4) PCT
Einheitlichkeit Art.82	✓ R.64-Einwand	✓ F-V	✗ G1/91	✗	✓ IS: Art.17(3) PCT IPE: Art.34(3) PCT
Anzahl unabhängiger Ansprüche R.43(2)	R.62a-Einwand	✓ F-IV,3.2	✗ [64] T263/05	✗	
ausführbare Offenbarung Art.83, F-III	✓	✓ F-III	✓ Art.100 b), D-V,4	✗	
Klarheit der Ansprüche Art.84	✓ R.63-Einwand	✓ F-IV,4 und 6	(✗)[65] G3/14, D-V,5	✓ [66] H-IV,4.4.1	✓ Art.6 PCT; IPE: R.66.2 a) v) PCT ABl.4/2011,327
Unzulässige Änderung Art.123(2)/Art.76(1)	(✗)[67]	✓	✓ Art.100 c), D-V,6	✓ H-IV,4.4	✓ Art.19(2) PCT IPE: Art.34(2)b) PCT
Unzulässige Erweiterung Art.123(3)	✗	✗	✓	✓ H-IV,4.4	✗

[62] nur, wenn prima facie erkennbarer Verstoß.

[63] mündliche Offenbarungen werden lediglich erwähnt [R.33.1a)/b) PCT].

[64] **R.80** lässt es zu, einen erteilten unabhängigen Anspruch in mehrere unabhängige Ansprüche aufzuteilen, weil PI Anmeldung nicht mehr teilen kann und gezwungen wäre, einen potentiell zulässigen Gegenstand aufzugeben.

[65] Prüfung geänderter Ansprüche auf Klarheit nur bei Aufnahme von Merkmalen aus Beschreibung.

[66] bloße Klarstellung von Ansprüchen ist unzulässig, ausgenommen durch Beschränkung erforderlich [H-IV,4.4.1].

[67] ausgenommen, nach dem AT nachgereichte Ansprüche nach **R.50(1)** oder nachgereichte fehlende Teile nach **R.56** [↗S.97].

Teil A – Anspruchssatz

133 **Analyse des Mandantenbriefes**

Fragestellung beim Lesen	Schlüsselwörter	zu ziehende Erkenntnis
Welches **Fachgebiet** betrifft die Erfindung?	Betrifft, beschäftigt sich mit	einordnen des Erfindungsgegenstandes, erste Überlegung hinsichtlich Anspruchskategorie (Erzeugnis, Verfahren, Product-by-Process)
Welche **Gegenstände** sind **bereits bekannt?**	kommerziell erhältlich, handelsüblich, (allgemein, dem Fachmann) bekannt, standardisiert, genormt, generell	Definieren des Standes der Technik, ggf. für Oberbegriff eines unabhängigen Anspruchs von Bedeutung
Was ist die **subjektiv technische Aufgabe (Ziel)** der Erfindung?	Ziel war es, verbessert werden sollte	
Was ist der **Kern (Erfindungsgegenstand)** der Erfindung?	Verfahren zum, Produkt	Anspruchskategorie wählen
Welche **Vorteile** ergeben sich **gegenüber** dem **Stand der Technik?**	verbessert wurde, effektiver, ökonomischer, schneller	von Bedeutung zur Beurteilung der erfinderischen Tätigkeit
Welche **Merkmale** sind **essentiell** für die Erfindung?	Muss, in allen Fällen, essentiell, nur, erforderlich, notwendig, immer, sollte, zwingend	Neuheitsbeurteilung, Merkmale, die in unabhängigen Anspruch müssen
Welche **Merkmale** sind **fakultativ** für die Erfindung?	insbesondere, beispielsweise, wie, vorzugsweise, außerdem, geeignet, fakultativ, alternativ, geeignet, auch möglich, besseres Ergebnis erzielt, ausreichend gut, kann, optimal, vorteilhaft	Ausführungsformen, optionale Merkmale, die für abhängige Ansprüche geeignet sind
Welche Merkmale sind ungeeignet?	üblich, bekannt, normal, typisch, gewöhnlich, möglicherweise	
Welche **Merkmale/Merkmalskombinationen** zeigen/bewirken **überraschende Effekte?**	überraschend, unerwartet, unvorhergesehen, entgegen dem (allgemeinen) Fachwissen, Bereich von... bis...	Merkmal, die ebenfalls für unabhängigen Anspruch geeignet sind und mit hoher Wahrscheinlichkeit erfinderische Tätigkeit begründen
Welche **Merkmale** zeigen **keine technische Wirkung?**	ungeeignet, unverbessert, gleichbleibend, wirkungslos	wichtig hinsichtlich Beurteilung der Ausführbarkeit, ggf. darauf im Anspruchssatz verzichten, ev. generell unwirtschaftlich
Enthält das Schreiben **Hinweise auf weiter Erfindung(en)?**	alternativ, außerdem, weiteres Anwendungs-/Einsatzgebiet	von Bedeutung hinsichtlich der Einheitlichkeit der Erfindung **Art.82**
Welches **Schutzbegehren** hat der Mandant?	Kosten sparen	ökonomische Beurteilung, ggf. 15 Patentansprüche nicht überschreiten

Formulierungsvorschlag

Abkürzungen	verwendete Abkürzungen	134
	Anspr. ... Anspruch	
	St.d.T. ... Stand der Technik	

Beschreibung		Art.78(1)(b)
Bezeichnung der Erfindung	Erzeugnis/Verfahren für ...	
technisches Gebiet R.42(1) a)	Die vorliegende Erfindung bezieht sich auf das [*Gebiet der ...*] und betrifft ein [*Oberbegriff von Anspruch 1*] und ein [*Verfahren zum ...*]. Des Weiteren betrifft die Erfindung [*Oberbegriff des weiteren unabhängigen Anspruchs*]	
Stand der Technik Erfordernis nach R.42(1) b)	[*Erzeugnisse/Verfahren für ...*] werden üblicherweise zum [...] verwendet. **ODER** [*Erzeugnisse*] werden üblicherweise eingesetzt, um [...] Ein Problem herkömmlicher/handelsüblicher [*Erzeugnisse/Verfahren für ...*] ist [...] Dokument D1 offenbart ein [*Erzeugnisse/Verfahren/Verwendungen von ... für ...*] umfassend die In Bezug auf die Verwendung von [*Erzeugnissen*] ist aus D1/allgemein bekannt, dass das [*Merkmal*] den [*Nachteil*] aufweist. Im St.d.T. sind weitere [*Erzeugnisse/Verfahren/Verwendungen von ... für ...*] bekannt Es besteht daher Bedarf an einem [*Erzeugniss/Verfahren zum ...*]	
Technische Aufgabe Erfordernis nach R.42(1) c)	Der vorliegenden Erfindung liegt daher die technische Aufgabe zugrunde, ein (alternatives) [*Erzeugnisse/Verfahren/Verwendungen von ... für ...*] bereitzustellen.	
Lösung der Aufgabe Erfordernis nach R.42(1) c)	Erfindungsgemäß wird diese Aufgabe durch [*ein Erzeugnis/eine Vorrichtung/ein Verfahren für ...*] gemäß Anspr. 1 gelöst, das [*kennzeichnende Merkmale des Anspr. 1*] Weitere vorteilhafte Ausgestaltungen sind in den Unteransprüchen angegeben. Das erfindungsgemäße [*Erzeugnis/Verfahren*] für [...] umfasst: [*Merkmale von Anspr. 1*]	
Vorteil der Erfindung Erfordernis nach R.42(1) c)	Ein Vorteil von [*Merkmal*] ist, dass [...] **ODER** Aufgrund des Vorhandenseins von [*Merkmal*] ergibt sich der Vorteil, dass [...].	
Ausführungsformen	In einer bevorzugten Ausführungsform weißt das erfindungsgemäße [*Erzeugnis/Verfahren*] das [*Merkmal X*] auf. Das [*Merkmal X*] weißt den [*technische Wirkung*] auf und trägt so dazu bei [*Vorteil*]. Des Weiteren kann [*Merkmal X*] verwendet werden, um eine verbesserte/erhöhte [*technische Wirkung*] zu ermöglichen. Das erfindungsgemäße [*Erzeugnis/Verfahren*] kann das [*Merkmal X*] aufweisen, um etwaige [*Nachteil*] zu unterbinden. Die Erfindung bezieht sich daher auch auf [...].	

Erfindungsgemäß umfasst das [*Merkmal X*] die Elemente [*X′, X″ ...*]

Überraschend haben die Erfinder gefunden, dass [*techn. Effekt*].

weitere Aufgabe
(optional)

Ferner liegt der eingangs genannten [*Vorrichtung, Stoff, Verfahren etc.*] nach dem Oberbegriff des(der) weiteren unabhängigen Anspr. (Ansprüche) die Aufgabe zugrunde, [*Nennung der Aufgabe*]

Diese Aufgabe wird durch [*ein Erzeugnis/eine Vorrichtung/ein Verfahren für ...*] gemäß Anspr. X gelöst, indem [*kennzeichnende Merkmale des Anspr. 1*]

ODER

Diese Aufgabe wird bei der [*Vorrichtung, Stoff, Verfahren etc.*] gemäß dem Oberbegriff des unabhängigen Anspr. X dadurch gelöst, dass [*kennzeichnende Merkmale des unabhängigen Anspruchs*]

Verwendung
Erfordernis nach R.42(1) f)

In bevorzugten Ausführungsformen kann das [*Erzeugnis/Verfahren*] für [*Zweck*] verwendet werden.

Ausführungsbeispiel(e)
Erfordernis nach R.42(1) e)

Weitere Merkmale und Vorteile der vorliegenden Erfindung ergeben sich aus den nachfolgenden Zeichnungen und Ausführungsbeispielen anhand derer die Erfindung beispielhaft näher erläutert werden soll, ohne die Erfindung auf diese zu beschränken.

Beispiel 1:
Zur Herstellung von [...].

Patentansprüche   **R.43 iVm Art.78(1)(c)**

Erzeugnis – Herstellungsverfahren - Verwendung

1. Erzeugnis zum [...], enthaltend/umfassend:
   a) Merkmal 1
   b) Merkmal 2
   c) Merkmal 3
   dadurch gekennzeichnet, dass [...].

2. Erzeugnis nach Anspruch 1, wobei das Merkmal 1 ausgewählt ist aus der Stoffgruppe X umfassend X′, X″ und X‴.

3. Verfahren zur Herstellung eines Erzeugnisses nach einem der vorstehenden Ansprüche, umfassend folgende Schritte:
   a) Mischen/Lösen/Eintauchen/Auftragen
   b) Erhitzen/Rühren
   c) Extraktion/Elution
   d) Ermitteln/Trocknen
   e) Berechnen von

   wobei die Schritte in der genannten Reihenfolge ausgeführt werden.

4. Verfahren nach Anspruch X, wobei [...].

Zusammensetzungen/ Legierung

1. Erzeugnis/Zusammensetzung/Legierung, das die folgenden Komponenten enthält:
   a) [*Komponente A*] mit einem Massen-/Volumenanteil im Bereich von [...] bis [...],
   b) [*Komponente B*] mit einem Massen-/Volumenanteil im Bereich von [...] bis [...],

2. Verfahren zur Herstellung der Zusammensetzung/Legierung definiert in Anspruch X, umfassend die folgenden Schritte
   a) Mischen der [*Komponente A*] und [*Komponente B*],
   b) Schmelzen der Mischung aus Schritt a)
   c) Kontaktieren/Beschichten von [...] mit der Schmelze aus Schritt b)

3. Verwendung der Zusammensetzung/Legierung definiert in Anspruch X zur Herstellung von [...].

4. Erzeugnis enthaltend/aufweisend eine Zusammensetzung/Legierung definiert in Anspruch X.

5. Beschichtetes Erzeugnis, erhältlich durch ein Verfahren nach Anspruch 2.

Formulierungsvorschlag

Verbindungen/Substanzen

1. Verbindung der allgemeinen Formel (I)

   wobei X für [...] steht,

   wobei Y und Z unabhängig voneinander [...] ist.

2. Zusammensetzung, umfassend zumindest eine Verbindung der Formel (I) nach Anspruch 1 und [...]

3. Verfahren zur Herstellung der Verbindung der Formel (I) nach Anspruch 1 umfassend die Schritte [...]

Analyse-/Trennverfahren

1. Screeningverfahren/Nachweisverfahren zur Ermittlung [der Konzentration] der [*Komponente A*] in einem Stoffgemisch, umfassend die Schritte [...]

   a) Nachweisen der [*Komponente A*]

   b) Bestimmung der Konzentration der [*Komponente A*]

2. Verfahren zum (Auf)Trennen eines Stoffgemisches, enthaltend Komponente A

3. Zusammensetzung enthaltend die [*Komponente A*], [*Komponente B*] und [...]

4. Verwendung von [*Komponente A*] und [*Komponente B*] zur Herstellung/Stabilisierung/Anwendung von

5. Kit-of-Parts umfassend die folgenden Komponenten:

   a) [*Komponente A*]

   b) eine [*Komponente B*] ausgewählt aus

Teil B
Bescheidserwiderung

Aufbau · Formulierungsvorschläge

Recherchenbericht – Inhalt und Aufbau

1 Der ESR oder eESR enthält die recherchierten, für die Beurteilung der Patentierbarkeit, relevanten Dokumente (StdT) und eine schriftliche Stellungnahme des Prüfers, in der er die neuheitsschädlichen, für die erfinderische Tätigkeit und gewerblichen Anwendbarkeit relevanten und bekannten Merkmale analysiert und diskutiert (Patentierbarkeitsvoraussetzungen siehe Rn.A-2). Den genannten Dokumenten kommen dabei unterschiedliche Bedeutung zu, je nachdem auf welche Patentierbarkeitsvoraussetzung diese sich beziehen. Anhand der folgenden Klassifizierung werden die Dokumente eingestuft:

Kategorien von Dokumenten im Recherchenbericht

2

X	Dokument, das vor dem AT der ePa veröffentlicht wurde und/oder eine ePa bzw. Euro-PCT mit früherem Zeitrang als die ePa und daher neuheitsschädlich ist [B-X,9.2.1].
Y	Dokument, das vor dem AT der ePa veröffentlicht wurde und daher für erfind. Tätigkeit relevant ist [B-X,9.2.1].
P	Zwischenliteratur („P, X"; „P, Y" oder „P, A") [B-X,9.2.4].
O	Dokument, das keine schriftliche Offenbarung ist („O, X"; „O, Y" oder „O, A") [B-X,9.2.3].
T	Dokument, das zum besseren Verständnis der Erfindung dient [B-X,9.2.5].
A	Dokument, das allgemeinen StdT wiedergibt und der Neuheit oder erfind. Tätigkeit nicht entgegensteht [B-X,9.2.2].
E	nat. oder reg. Patentdokumente mit einem früheren AT oder PT als dem AT der recherchierten ePa, das aber nach dem AT veröffentlicht wurde und dessen Offenbarung neuheitsschädlich ggü der ePa wäre [**Art.54(1)**, B-X,9.2.6].
D	Dokument, das in der ePa selbst genannt ist [B-X,9.2.7].
L	Dokument, das aus anderen Gründen aufgeführt wird [B-X,9.2.8].

Recherchenbericht – Einwände

3 Mit der Beantwortung des Recherchenberichtes soll auf folgende Einwände eingegangen und ggf. ein geänderter Anspruchssatz ausgearbeitet werden:

1) Herstellung der **Neuheit** *ggü* den zitierten Dokumenten durch Ändern des Anspruchssatzes,
2) Belegen der **Erfinderischen Tätigkeit** für den geänderten Anspruchssatz,
3) *ggf.* Aufzeigen der **Gewerblichen Anwendbarkeit** des Gegenstandes, der dem geänderten Anspruchssatz entspricht.

Dabei müssen die geänderten Ansprüche außerdem die Anforderungen hinsichtlich
1) Klarheit [**Art.84**]
2) Einheitlichkeit [**Art.82**] und
3) Ursprüngliche Offenbarung [**Art.123(2)**] erfüllen.

Neuheit

Art.52(1) iVm Art.54

4 Ein erfindungsgemäßer Gegenstand gilt als **nicht neu** ggü dem StdT nach **Art.54(2)** bzw **(3)**, wenn
1) alle Merkmale des erfindungsgemäßen Gegenstandes in ihrer Kombination (Merkmalsidentität) [**T411/98**],
2) eindeutig und unmittelbar in (ein und demselben) Dokument [**T511/92**],
3) für den Fachmann ausführbar offenbart sind [**T206/83**].

Nach dem **„Whole content-Grundsatz"** ist bei der Prüfung auf Neuheit folgendes zu berücksichtigen:
- der **gesamte** Offenbarungsgehalt der älteren Anmeldung/Schrift,
- auch **funktionelle** und **nicht-technische** Merkmale,
- Offenbarung in **Zeichnungen** reicht grundsätzlich aus, wenn Struktur und Funktion des Merkmals aus Zeichnung erkennbar,
- nicht nur der explizite Wortlaut von Ansprüchen,
- Merkmalskombinationen, auf die ausdrücklich verzichtet worden ist (z.B. durch einen Disclaimer)
- Überschneidungen mit dem StdT, die der Fachmann unter Berücksichtigung des allgemeinen Fachwissens ernsthaft in Betracht gezogen hätte [**T666/89**, G-VI,8 iii)]

Grenzen dieses Grundsatzes
- Äquivalente werden nicht berücksichtigt [**T517/09**; RBK I-C,3.5, G-VI,2],
- willkürliche Kombinationen verschiedener Merkmale aus unterschiedlichen Ausführungsformen in ein und demselben Dokument, wenn diese Merkmalskombination in diesem Dokument selbst nicht aufgezeigt ist [**T305/87**]

Beweislast fehlender Neuheit trägt derjenige, der den Einwand geltend macht [**T82/90**], Ausnahme: Auswahlerfindungen [**T990/96**]

Für **abhängige Ansprüche** gilt: Ist der Gegenstand eines unabhängigen Patentanspruchs neu, so ist auch der Gegenstand der von ihm abhängigen Ansprüche neu gegenüber dem zitierten Stand der Technik [B-III, 3.7].

Sachprüfung – Einwände

Auswahlerfindung ("selection invention")	"gezielte" Auswahl nicht ausdrücklich erwähnter **Einzel**elemente, **einer** Teilmenge bzw **eines** Teilbereichs aus einer größeren vorbekannten Menge im nächstliegenden StdT, die zudem einen neuen oder verstärkten technischen Effekt aufweist (**Konzept der Individualisierung**) 5

Überlappung mit StdT (z.B. Eckwert, Zwischenbereich, chem Formel) ist neuheitsschädlich [**T666/89**] [70]

1) **Auswahl aus einer Liste**

   ausgewählter Einzelgegenstand (A^1) aus einer (individualisierten) Liste (A^1, A^2, A^3) ist nicht neu [**T12/81**]

2) **Zwei-Listen-Prinzip** [RBK I.C,5.1]

   Eine individualisierte (konkretisierte) Merkmalskombination (z.B. A^1+B^3) ist neu, wenn [**T12/81**]:

   i)   Kombination eine gezielte Auswahl von Merkmalen aus mind **zwei variablen Listen**/Gruppen ist,

   ii)   jede Liste/Gruppe einen **gewissen Umfang** aufweist (z.B. A^1 bis A^4 und B^1 bis B^4).

   Beispiel:

   - chem Einzelverbindung aus einer allgemeinen Strukturformel, die mind zwei variablen Substituenten aufweist [**T181/82**],
   - Ausgangsstoffe zur Herstellung eines Endprodukts,
   - ein aus einer Liste ausgewählter Wirkstoff zur Behandlung einer aus einer Liste ausgewählten Krankheit [**T47/07**]

3) **Auswahl aus Parameterbereichen**

   Auswahl eines Teilbereichs aus größeren Zahlenbereich des StdT ist neu, wenn der Teilbereich [**T198/84**]:

   i)   eng gegenüber dem vorbekannten Bereich ist,

   ii)   genügend Abstand von vorbekannten Bereichsgrenzen hat und nicht insulär durch Beispiele vorweggenommen ist;

   iii)   kein willkürlich gewählter Ausschnitt aus dem vorbekannten Bereich ist, sondern einen neuen oder verstärkten technischen Effekt zur Folge hat.

   Fehlergrenzen sind zu berücksichtigen; sind keine Fehlergrenzen angegeben, ist der Maximalfehler für die letzte angegebene Stelle aus der Rundungskonvention abzuschätzen ($1,5 \leq 2 \leq 2,49$) [**T175/97**; G-VI,8.1].

   Beispiele – chemischer Auswahlerfindungen

   - Einzelverbindung gegenüber generischer Strukturformel [**T85/87**; **T133/92**]
   - Konkretisierung einzelner Substituenten eines polysubstituierten Stoffs [**T7/86**]
   - konkretes Paar an Ausgangsstoffen [**T12/81**; **T181/82**]
   - Enantiomer gegenüber Racemat [**T296/87**; **T1048/92**[71]]
   - höherer Reinheitsgrad niedermolekularer chemischer Verbindung [**T392/06**, **T803/01**[72], **T112/00**[73]]
   - höherer Reinheitsgrad eines Proteins [**T1336/04**; **T767/95**; **T90/03**]

G-VI,8

Disclaimer	negatives technisches Merkmal zum Ausklammern einer spezifischen Ausführungsform eines allgemein gefassten Merkmals. <u>Unterscheidung zwischen:</u> 6

1) ursprünglich **offenbarter Disclaimer**

   auszuklammernder Gegenstand ist in der ursprünglichen Fassung der ePa offenbart

2) ursprünglich **nicht offenbarter Disclaimer** [H-V,4.1]

   auszuklammernder Gegenstand ist in der urspr. Fassung der ePa nicht offenbart [**G1/03**; **G2/03**];

   ändert Prioritätsrecht nicht, wenn er keinen technischen Beitrag leistet [**T175/03**]

   <u>gewährbar – **Fall 1** nach **G1/03**; **G2/03**</u>

   i)   Wiederherstellung der Neuheit ggü 54(3)-Dokument,

   ii)   Wiederherstellung der Neuheit ggü zufälliger Vorwegnahme in Art.54(2)-Dokument,

   iii)   Entfernung eines Gegenstands aus nicht technischen Gründen zur Wiederherstellung Patentfähigkeit ggü **Art.52-57**.

   <u>nicht gewährbar</u>

   i)   erforderliche Beschränkung einfacher durch positives urspr. offenbartes Merkmal formulierbar,

   ii)   Ausklammern nicht funktionsfähiger Ausführungsformen [**Art.83**],

   iii)   Disclaimer leistet einen techn Beitrag oder heilt eine unzureichende Offenbarung [**Art.123(2)**].

Reinheitsgrad G-VI, 7	Ein anderer Reinheitsgrad einer bekannten Verbindung, der mit herkömmlichen Mitteln erzielt werden kann, begründet keine Neuheit [**T360/07**] 7

---

[70]   ausgenommen Verfahren, das im Überschneidungsbereich eindeutig nicht ausgeführt werden offenbart ist [**T751/94**].

[71]   Frage ob Methoden zur Stoffauftrennung bekannt sind, gehört zur Prüfung auf erfinderischer Tätigkeit.

[72]   Ausnahmefall, wenn nachweislich alle früheren Versuche, mittels herkömmlicher Reinigungsverfahren einen bestimmten Reinheitsgrad zu erzielen, fehlgeschlagen sind [**T990/96**].

[73]   höherer Reinheitsgrad von Gemischen als Endprodukt und Lösungsmittel (=Ausgangsstoff).

Erfinderische Tätigkeit

Art.52(1) iVm **Art.56**, G-VII,5, RBK I.D,2

8 Wurde ein neuer Anspruchssatz erstellt, ist zu prüfen, inwieweit dieser in seiner Gesamtheit erfinderisch ist. Dazu ist der **Aufgabe-Lösungs-Ansatz** (**Problem-Solution-Approach**, **PSA**) zu verwenden.

Aufgabe-Lösungs-Ansatz

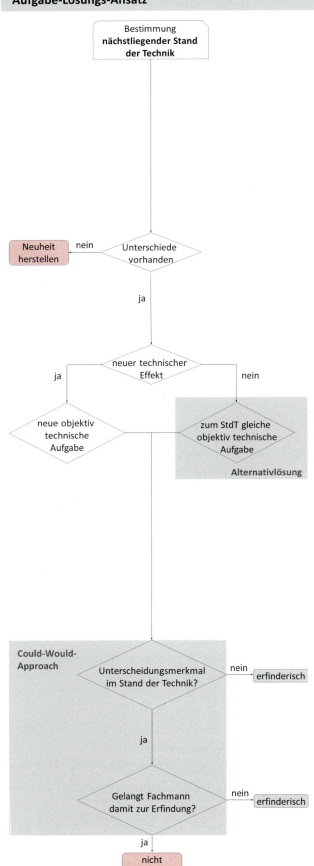

Fig.1: Schematischer Aufgabe-Lösungs-Ansatz.

1) **Bestimmung des nächstliegenden StdT**
   nächstliegender StdT (closest prior art) ist eine Quelle, die den erfolgversprechendsten Ausgangspunkt für die Entwicklung des Erfindungsgegenstands darstellt und sollte
   a) dasselbe/verwandte technische Gebiet betreffen,
   b) dieselbe/ähnliche objektiv technische Aufgabe betreffen,
   c) auf ähnlichen Zweck/Wirkung gerichtet sein,
   d) meisten strukturellen/funktionellen Gemeinsamkeiten zur Erfindung aufweisen. **T606/89**

   ▪ nächstliegender StdT ist die Quelle in ihrer Gesamtheit oder eine einzelne Ausführungsform daraus
   ▪ kommen mehrere Dokumente in Betracht ist erfinderische Tätigkeit ggf. mehrfach anhand des PSA zu prüfen
   G-VII,5.1

2) Merkmalsanalyse des Erfindungsgegenstands, um **Unterschiede** zum nächstliegenden StdT in einem Merkmalsvergleich festzulegen (distinguishing features):
   a) Bestimmung techn. und nicht-techn. Unterschiede unter
   b) Berücksichtigung struktureller und funktioneller Merkmale, nicht-techn. Merkmale bleiben unberücksichtigt [**T641/00**].
   G-VII,5.2

3) Bestimmung der **technischen Wirkung** der ermittelten Unterscheidungsmerkmale ggü nächtliegenden StdT (technical effect)
   G-VII,5.2

4) Formulierung der **objektiv technischen Aufgabe** der Erfindung anhand technischer Wirkung (objective technical problem)

   ▪ ist techn. Effekt gleich dem des nächstliegenden StdT und lässt sich daher keine neue objektiv technische Aufgabe ausgehend vom nächstliegenden StdT formulieren, liegt die Aufgabe in der Bereitstellung einer **Alternativlösung** [**T92/92**, RBK I.D,4.5]

   Formulierungshinweise
   ▪ Aufgabe darf keine technischen Lösungsmittel beinhalten, da dies zwangsläufig eine retrospektive Betrachtungsweise (ex-post-facto) impliziert
   ▪ technische Wirkung kann nicht Teil der Aufgabe sein, da sie Teil der im Anspruch vorgesehenen Lösung ist [**G1/03**]
   ▪ techn. Aufgabe muss nicht der in der Beschreibung ursprünglich formulierten Aufgabe der Erfindung entsprechen
   G-VII,5.2

5) **Could would approach** (obvious solution)
   a) konnte der Fachmann das Unterscheidungsmerkmal irgendwo im StdT auffinden (gleiches oder anderes Dokument)
      wenn nein, so liegt erfind. Tätigkeit vor,
      wenn ja, so stellt sich die folgende Frage,
   b) würde der Fachmann mit dem StdT, aufweisend das Unterscheidungsmerkmal, zur Erfindung gelangen, weil der StdT ihn dazu veranlasst hat (durch expliziten Hinweis) die technische Aufgabe zu lösen/eine Verbesserung zu erzielen **T414/98**, G-VII,6
      ▪ zu bejahen, wenn identische Wirkung(en) offenbart, gleicher Zweck; selbes/verwandtes techn. Gebiet
      ▪ zu verneinen, wenn Hindernisse im StdT, dh abweichende abweichend den vorgenannten Punkten
      wenn nein, liegt erfind. Tätigkeit vor,
      wenn ja, so liegt eine Kombination der Dokumente nahe und erfind. Tätigkeit ist zu verneinen
      G-VII,5.3

Sachprüfung – Einwände

Alternativlösung	Alternativlösung muss keine (wesentliche/graduelle) Verbesserung ggü dem StdT darstellen [T588/93].	9
Abhängiger Anspruch	Nächstliegender StdT kann ein anderer sein als für den unabhängigen Anspruch	10
Analogieverfahren	Verfahren, bei dem strukturell ähnliche Ausgangsstoffe mit einem bekannten Verfahren zu strukturell ähnlichen Produkten umgesetzt werden. Ist **Produkt bereits bekannt** oder nur neue Modifikation eines bekannten Strukturteils, sollte dessen Zwischenprodukt oder das Verfahren nicht nur aus bekannten oder naheliegenden Merkmalen des StdT bestehen [T119/82].	11
Aufgabe	Beruht erfind. Tätigkeit einer beanspruchten Erfindung auf einer **bestimmten techn. Wirkung**, so muss sich diese grundsätzlich im gesamten beanspruchten Bereich erzielen lassen [T939/92]. keine Berücksichtigung von **angeblichen Vorteilen**, die nicht hinreichend belegt sind [T20/81, T1027/08]; Grundsätzlich kann jede **Wirkung als Grundlage** für Neuformulierung der Aufgabe dienen, sofern diese aus Anmeldung in urspr. eingereichter Fassung ableitbar ist [T386/89].	12
Aufgabenerfindung	Entdeckung einer unerkannten (nicht offensichtlichen) Aufgabe kann zu patentierbaren Gegenstand führen, auch wenn beanspruchte Lösung rückblickend einfach und an sich naheliegend ist [T2/83]. **keine** Aufgabenerfindung, wenn Aufgabe vom Durchschnittsfachmann hätte gestellt werden können [T109/82], da Fachmann üblicherweise und routinemäßig Nachteile beseitigt und Verbesserungen erzielen will [T15/81; T532/88].	13
Auswahlerfindung G-VII, 12	„gezielte" Auswahl nicht ausdrücklich erwähnter Einzelelemente, einer Teilmenge bzw eines Teilbereichs aus einer größeren vorbekannten Menge im nächstliegenden StdT, die mit einem **neuen oder verstärkten techn. Effekt** verbunden ist, dh: 1) Auswahl aus [1] mehreren Listen; [2] einem Parameterbereich; [3] Gruppe von Gegenständen 2) kein Hinweis im StdT 3) unerwarteter techn. Effekt [71], der über den gesamten beanspruchten Bereich gilt [T939/92]	14
Chemische Erfindungen	Beruht techn. Aufgabe im Bereitstellen einer chemischen Verbindung mit einer bestimmten techn. Wirkung, so müssen im Wesentlichen alle beanspruchten Verbindungen diese angegebene techn. Wirkung aufweisen, damit erfind. Tätigkeit bejaht werden kann; **Beweislast** liegt beim Anmelder/PI [T939/92]. **Strukturell ähnlichen Verbindungen** die erfind. Tätigkeit abzuerkennen, ist nur zulässig, wenn Fachmann aufgrund allgemeinen Fachwissens oder Hinweisen im StdT wusste, dass bestehende strukturelle Unterschiede keinen wesentlichen Einfluss auf Eigenschaften haben [T852/91]. Beim **Drug Design** wird davon ausgegangen, dass jede strukturelle Veränderung eines Wirkstoffs das pharmakologische Wirkprofil der Ausgangsstruktur verändert, sofern keine Korrelation zwischen Strukturmerkmalen und Wirkung nachgewiesen [T548/91; T2402/10]. **Zwischenprodukt** ist erfinderisch, wenn es im Zuge eines erfinderischen (Mehrstufen)Verfahrens bereitgestellt oder weiterverarbeitet wird [T22/82; T648/88]. bloße Bereitstellung **kristalliner Form** einer bekannten Verbindung ist nicht erfinderisch, da Verbesserung ggü amorphen Formen naheliegend und da Fachmann mit Polymorphie und entsprechenden Routineverfahren hierfür vertraut ist [T777/08].	15
Fachmann („skilled person") G-VII, 3	**Fachmann** umfasst einen erfahrenen Mann der Praxis (Durchschnittsfachmann) [G-VII, 3] ▪ der über durchschnittliche Kenntnisse und Fähigkeiten verfügt, ▪ der über allgemein üblichen Wissensstand auf dem betreffenden techn. Gebiet unterrichtet ist, ▪ der zu allem, was zum StdT gehört Zugang hatte, ▪ der über die normalen Mittel und Fähigkeiten für routinemäßige Arbeiten und Versuche verfügte. **Team von Fachleuten** mit Sachkenntnissen auf verschiedenen Fachgebieten zulässig [T141/87, T99/89] Der Fachmann hat bei der Beurteilung erfind. Tätigkeit und Ausführbarkeit denselben Wissensstand [T60/89].	16
Kombinationserfindung G-VII, 7	Gruppe techn. Merkmale die durch funktionelle Wechselwirkung untereinander einen kombinatorischen techn. Effekt ergeben, der anders ausfällt als die Summe der technischen Wirkungen der Einzelmerkmale (**Synergieeffekt**) [T1054/05] (Unterschied zu bloßer Aggregation von Merkmalen); Bekanntsein einzelner/mehrere Merkmale lässt es offen, ob Kombination naheliegend ist [T37/85]; StdT muss Hinweise für **Naheliegen der Gesamtkombination** aufzeigen [T388/89]; z.B. Kombinationspräparat (Kit-of-Parts) [T9/81]	17

[71] der für die Auswahl auftretende techn. Effekt kann auch derselbe sein, wie im vorbekannten Bereich, nur in unerwartetem Ausmaß [G-VII,12].

18	**Teilaufgaben**	bei Merkmalsgruppen die in **keiner funktionellen Wechselwirkung** zueinanderstehen (Aggregation von Merkmalen) und mithin unterschiedliche Aufgaben lösen, ist **getrennt zu prüfen**, ob jede einzelne Merkmalsgruppe für sich erfind. ist [T389/86]; zur Beurteilung erfind. Tätigkeit können **verschiedene Dokumente** als nächstliegender StdT genutzt werden [T130/89] und für jede Teilaufgabe wird auf den zuständigen Fachmann abgestellt [T32/81].
19	**Vergleichsversuche** („comparitive test")	vorgelegte Versuchsdaten zu überraschenden Effekten, die als Anzeichen für erfind. Tätigkeit dienen
		Versuche müssen **ggü nächstliegendem StdT** erfolgen [T197/86; T234/04], z.B. müssen Vergleichsverbindungen größtmögliche Strukturnähe ggü Erfindungsgegenstand besitzen.
		Grundsätzlich kann **jede Wirkung der Erfindung** (auch nachträglich) als Beleg für erfind. Tätigkeit dienen, solange diese in ursprünglich gestellter Aufgabe implizit enthalten ist oder im Zusammenhang mit ihr steht [T184/82, T386/89].
	G-VII, 11	werden veröffentlicht und durch Akteneinsicht zugänglich.

mangelnde Offenbarung
Art.83, F-III

20	**unzulässige Einwände**	1) einzelne Ausführungsformen nicht ausführbar, sofern funktionsfähige Ausführungsformen anhand Offenbarung identifizierbar [G1/03],
		2) Fehlen von Einzelheiten, wenn diese aus allgemeinem Fachwissen bekannt [F-III,1],
		3) Spezielles technisches Know-How des Fachmanns erforderlich [F-III, 5.3]
21	**Bezugsdokument**	Angaben die lediglich durch Verweis auf ein anderes Dokument in Beschreibung enthalten sind, aber für die Erfüllung der Erfordernisse **Art.83** unerlässlich sind, können explizit in Beschreibung aufgenommen werden, da die Patentschrift hinsichtlich der wesentlichen Merkmale der Erfindung aus sich heraus, d. h. ohne Verweisung auf andere Dokumente, verständlich sein muss.

Klarheitseinwand
Art.84, F-IV

22	**unzulässige Einwände**	**unbestimmte Merkmale** zulässig, wenn
		1) sonst unnötige Einschränkung des Anspruchsumfangs
		2) Nachprüfung möglich (ggf durch einfaches Herumexperimentieren) [T88/87, T860/93]
		▪ Nachweis durch allgemeines Fachwissen [⌂Rn.A-12] oder
		▪ Nachweisverfahren explizit in Beschreibung angegeben
		3) Merkmalsbedeutung aus Anspruch selbst verständlich
		Beispiele: Materialeigenschaft als (offener) Zahlenbereich angegeben [T129/88]
		relative Begriffe zulässig, wenn
		▪ Bedeutung durch Offenbarung klar definiert [T378/02] [⌂Rn.A-43],
		▪ Nachweisverfahren muss nicht explizit in Beschreibung angegeben sein, wenn sich Begriffsbedeutung dem Fachmann erschließt [T860/93].
		Beispiele: Materialeigenschaften (Wasserlöslichkeit)
		funktionelle Merkmale zulässig, wenn
		1) Merkmal ohne Einschränkung der techn. Lehre anders nicht präziser umschreibbar
		2) funktionelles Merkmal offenbart dem Fachmann ausreichend klare techn. Lehre, die er mit zumutbarem Denkaufwand - wozu auch die Durchführung üblicher Versuche gehört - ausführen kann [T68/85]
		allgemeiner Begriff, der breiten Anspruchsgegenstand definiert, ist kein Klarheitsmangel [T238/88]
23	**begründeter Einwand**	I) Fehlen wesentlicher Merkmal in unabhängigen Ansprüchen [72]
		II) Zahl unabhängiger Ansprüche [R.62a, F-IV,3.3; H-II,5]
		enthält ePa oder Euro-PCT-Anmeldung ungerechtfertigte Vielzahl unabhängiger Ansprüche so ergeht **Aufforderung zur Beschränkung der Ansprüche [R.62a(1)]**.
		Reaktion Anmelder: Anpassung Anspruchssatzes oder begründete Gegenargumente [T56/01; F-IV, 3.3]
		Konsequenz bei Nichterfüllung:
		1) teilw ESR [R.63] und
		2) Aufforderung nicht recherchierte Gegenstände zu streichen [R.62a(2)] UND entsprechende Beschreibungsanpassung [H-II,5].

---

[72] alle Merkmale, die Erfindung vom nächstliegenden StdT unterscheidet (techn. und nichttechnische Merkmale).

Sachprüfung – Einwände

	Reaktion Anmelder: Fall 1: Anmelder erfüllt alle Erfordernisse → Sachprüfung wird fortgesetzt Fall 2: Anmelder erfüllt Erfordernisse nur teilw → Auff zur Streichung nicht recherchierter Gegenstände [R.137(5)] Fall 3: Anmelder erfüllt Erfordernisse nicht → Zurückweisung der ePa möglich [Art.97(2)] **Beweislast** trägt der Anmelder [T56/01]

Einwand fehlender Einheitlichkeit

Art.82

während Recherche	Mangelnde Einheitlichkeit: Erstellung eines teilweisen Recherchenberichts und Auff. zur Zahlung weiterer Recherchengebühr [**1.300 €** pro weiterer Erfindung] binnen **2 M**[+10Tage] [**Art.92, R.64(1)** bzw **R.164(1)/(2)** iVm Art.2 Nr.2 GebO] [73];	24
F-V,10	Abhilfe: Einreichung einer TA [**Art.76, R.36**, ⤢S.79]	
während Sachprüfung	**Nichtzahlung** weiterer Recherchengebühren gilt als Verzicht auf weitere Ansprüche UND es ergeht eine Auff. zur Beschränkung auf eine Erfindung [**R.62a(2), R.63(3)** bzw **R.164(2) c); G2/92**]; bei **Nichtreagieren** des Anmelders auf diesen Einwand (durch Änderung der Ansprüche oder überzeugende Argumente), wird ePa zurückgewiesen [**Art.97(2)**]. Beachte: Im weiteren Verfahren vorgenommene Änderungen der Ansprüche dürfen sich nicht auf nicht recherchierte Gegenstände beziehen [**R.137(5)**, H-II,6.2]	25
F-V,11		

Änderung

	Bei Änderungen der Anmeldeunterlagen ist zu beachten, dass nicht beliebig geändert werden kann. Zunächst ist zu prüfen, ob für die **Änderung eine Basis** in dem gesamten Inhalt der Anmeldung oder Stammanmeldung in der ursprünglich eingereichten Fassung vorhanden ist. Des Weiteren muss die **Änderung gewährbar und zulässig** sein.	26
Recht auf Änderungen	Anmelder hat einmal das Recht auf Antrag die Beschreibung, Zeichnungen und Ansprüche von sich aus zu ändern [**Art.123(1)**], anschließend sind Änderungen nur noch mit Zustimmung der Prüfungsabteilung zulässig [**R.137(3)**] Euro-direkt: Änderungen der Anmeldung (Beschreibung, Zeichnung, Ansprüche) erst nach Erhalt des ESR [**R.137(1)**], In Erwiderung auf den eESR oder von sich aus [**R.137(2)**, ⤢Rn.DI-87] Euro-PCT: von sich aus bei Eintritt in EP-Phase in Erwiderung auf WO-ISA, IPER oder SISR [**Art.123(1)**]; anschließend sind Änderungen nur noch mit Zustimmung der Prüfungsabteilung zulässig [**R.137(3)**]	27
H-I		
Erfordernisse, formelle	1) Antrag auf Änderung, 2) Änderungen maschinell verfasst (handschriftliche Änderungen zulässig) [**R.50(1), R.49(8), ABl.2013,603**], 3) Änderungen müssen gekennzeichnet und Basis in ePa angegeben werden [**R.137(4)**] ggf. Argumente, warum Änderungen unmittelbar und eindeutig aus urspr. Anmeldefassung ableitbar	28
Gewährbarkeit (sachliche Zulässigkeit)	Änderungen müssen folgenden inhaltlichen Erfordernissen entsprechen: ▪ Gegenstand darf nicht über Inhalt der urspr. eingereichten Anmeldefassung hinausgehen [**Art.123(2)**]; ▪ keine Widersprüche zwischen Ansprüchen und Beschreibung/Zeichnungen [**Art.84**]; ▪ beanspruchte Gegenstände müssen einheitlich sein [**Art.82**, ⤢Rn.A-53] [74], ▪ geänderte Ansprüchen dürfen sich nicht auf nicht recherchierte Gegenstände beziehen [**R.137(5)**]; ▪ bei Berichtigung nach **R.139** muss der Fehler offensichtlich sein. Beachte: Bei Streichung eines Gegenstands aus Anmeldung sollte Anmelder alle Erklärungen vermeiden, die als **Verzicht** ausgelegt werden können. Andernfalls kann dieser Gegenstand nicht wieder ins Verfahren aufgenommen werden [J15/85, H-III,2.5].	29
H-IV, H-V		
Zulässigkeit	Der Inhalt der Anmeldung oder Stammanmeldung in der ursprünglich eingereichten Fassung darf nicht als „Reservoir" beliebiger Merkmalskombinationen verstanden werden [RBK II-E,1.1.4, T296/96]. Ob eine Änderung zulässig ist, ist mit dem **Wesentlichkeitstest** (auch Dreipunktetest) zur Beurteilung von Zwischenverallgemeinerungen und dem **Neuheitstest** überprüfbar.	30

---

[73] RÜCKERSTATTUNG: wird ggf. auf Antrag des Anmelders zurückgezahlt, wenn nachträglich Einheitlichkeit bejaht [**R.64(2), R.164(1)/(2)**, C-III,3.3].

[74] wird nur im Erteilungsverfahren geprüft, nicht Gegenstand des Einspruchs-/Beschränkungsverfahrens.

Neuheitstest [H-IV,2.1]

Zunächst sollte geprüft werden, ob sich die vorgeschlagene Änderung **unmittelbar und eindeutig** aus der ursprünglich eingereichten Fassung als Ganzes ableiten lassen [**G2/10**]. Dies schließt auch die implizite Offenbarung ein [**T860/00**].

Wesentlichkeitstest [H-V,3.2.1, **T331/87**]

Weiterhin kann mit Hilfe des Wesentlichkeitstests beurteilt werden, ob eine **Zwischenverallgemeinerung** zulässig ist. Das Ersetzen/Streichen eines Merkmals ist iSv **Art.123(2)** nur zulässig, wenn

1) das Merkmal ist in Offenbarung nicht als wesentlich hingestellt worden ist (kein essentielles Merkmal)
 Art.84
2) das fehlende Merkmal als solches für die Funktion der Erfindung unter Berücksichtigung der technischen Aufgabe, die sie lösen soll, nicht unerlässlich ist
 Art.83
3) Ersetzen/Streichen dieses Merkmals keine wesentliche Angleichung anderer Merkmale erfordert.
 Art.123(2)

Basis für Änderungen (alphabetisch sortiert)

31

Maßgebend für Änderungen ist immer die ursprüngliche eingereichte Fassung, nicht eine ggf. erforderliche Übersetzung in Amtssprache gem. **Art.14(2)** iVm **R.6(1)**, wenn ursprünglich eingereichte Fassung in einer Nichtamtssprache vorlag [**Art.70(2)**, **T287/98**].

Basis	Zulässigkeit
Ansprüche	können als Basis für Änderungen dienen, z.B. können abhängige Ansprüche in den zugehörigen unabhängigen Anspruch aufgenommen werden oder abhängige in unabhängige Ansprüche umgewandelt werden [H-IV,3.2 und 7]
Ausführungsbeispiele	zulässig, ausgenommen nicht ausführbare [G-VI, **T81/87**]
Beschreibung	zulässig
Bezeichnung	unzulässig, da nur zur technischen Information dienend, keine Aussage über Schutzumfang
Bezugsdokument, Querverweis [75]	Aufnahme von Merkmalen aus Dokument auf das in Patentbeschreibung ausdrücklich Bezug genommen wird, ist zulässig, wenn es sich **[1]** um eine Anmeldung mit Bezugnahme gem. **Art.40** oder **[2]** wenn die Anmeldung zur genaueren Information über bestimmte Merkmale ausdrücklich auf ein anderes Dokument verweist [**T153/85**] [H-V,2.5 und H-IV-2.3.1]: Voraussetzung a) Bezugsdokument liegt dem EPA am AT vor [76] b) Bezugsdokument ist spätestens am Tag der Veröff. der ePa der Öffentlichkeit zugänglich **T737/90** c) Sprache dieses Dokuments ist dabei irrelevant [**T920/92**]
Merkmal auf das ausdrücklich verzichtet ist	unzulässig [**T61/85**] (z.B. durch einen Disclaimer)
Nachgereichte Teile	zulässig, wenn Prio wirksam, da als ursprünglich offenbart geltend [**R.56(3)**, H-IV,2.2.2]
Prioritätsdokument	unzulässig, wenn Merkmal ausschließlich darin enthalten [H-IV,2.2.5, **T260/85**]
Sequenzprotokoll	zulässig, außer Sequenzprotokoll wurde nachgereicht (gilt nicht als Bestandteil der Beschreibung [**R.30(2)**]) [H-IV,2.2.4]
Stand der Technik	Recherchierter Stand der Technik kann in Ausnahmen Basis für Änderungen sein, nämlich dann wenn es um die Aufnahme eines nicht offenbarten Disclaimers in den Anspruchssatz geht [H-V,4.1].
Zeichnungen	zulässig, aber Darstellungen in Zeichnungen können zufällig sein, Fachmann muss im Kontext der Beschreibung eindeutig und unmissverständlich erkennen, dass hinzugefügtes Merkmal das bewusste Ergebnis technischer Überlegungen ist, die zur Lösung der techn. Aufgabe angestellt wurden [H-V,6] Basis sind Zeichnungen, wie am AT eingereicht (z.B. auch urspr. eingereichte **Farbzeichnungen** [**T1544/08**])
Zusammenfassung	unzulässig, da Zusammenfassung nicht zur Beurteilung des Erfindungsgegenstandes dient und keine rechtliche Wirkung für Anmelder hat [**Art.85**, F-II,2.7]

---

[75] FORMULIERUNG: "In dieser Hinsicht wird Bezug genommen auf die Anmeldung [...], deren Inhalt hiermit in diese Anmeldung aufgenommen wird".

[76] z.B. als beglaubigte Abschrift des Priobelegs.

Basis für Änderungen

Änderung der Beschreibung (alphabetisch sortiert)

Änderungen	Änderung, Weglassen und Hinzufügen von Text darf keine Unzulässige Änderung nach Art.123(2) sein	32
Beispiele hinzufügen H-V,2.2	nachträgliches Einfügen in Beschreibung unzulässig, nur als Beweismittel (z.B. Vergleichsversuch) zulässig gelangen in öffentlichen Teil der Akte und werden somit StdT nach Art.54(2)	33
Berichtigungen offen-sichtlicher Fehler [77]	Fehler und die vorzunehmende Berichtigung müssen sofort offensichtlich sein (zumindest nachdem darauf hingewiesen wurde) **Fehler ist offensichtlich**, wenn dieser für Fachmann mit allgemeinen Fachwissen aus urspr. Anmeldeunter-lagen (Beschreibung, Ansprüche, Zeichnungen) unmittelbar erkennbar. Berichtigung muss sich mithilfe allgemeinen Fachwissens (auf AT bezogen) unmittelbar und eindeutig er-geben.	34
Bezeichnung H-V,8	nicht Teil der Unterlagen, denen Anmelder zustimmen muss; Verantwortung liegt bei Prüfungsabteilung, [**ABl.1191,224**]; Änderung **nur mit Zustimmung** der Prüfungsabteilung zulässig	35
Bezugsdokument F-III,8	<u>Merkmalsaufnahme:</u> Angaben die lediglich durch Verweis auf ein anderes Dokument in Beschreibung ent-halten sind, aber für die Erfüllung der Erfordernisse Art.83 unerlässlich sind, können explizit in Beschrei-bung aufgenommen werden, da die Patentschrift hinsichtlich der wesentlichen Merkmale der Erfindung aus sich heraus, d. h. ohne Verweisung auf andere Dokumente, verständlich sein muss. Bezugsdokument ist **bei Eintritt in nat. Phase** nicht Teil des zu übersetzenden Texts der ePa [**Art.65, T276/99**]	36
Klarstellung techn. Wirkung H-V,2.1	Für ein techn. Merkmal, das in urspr. Anmeldung eindeutig offenbart ist, kann dessen techn. Wirkung nachträglich klargestellt werden, wenn diese für Fachmann ohne Weiteres herleitbar [**Art.123(2)**]	37
Nachtrag von StdT F-II, 4.3	nachträgliche Aufnahme **neu ermittelten StdT** in die Beschreibung ist keine unzulässige Änderung iSv **Art.123(2)** [**T11/82**] Hinzufügen von **Vorteilen ggü StdT** ist zulässig, wenn diese aus urspr. Anmeldefassung ableitbar [**T11/82**] nachträgliche Aufnahme allgemein **bekannter Nachweisverfahren** bestimmter Parameter oder **feststehende Begriffsdefinitionen** zulässig [F-II, 4.3].	38
neue Seite einfügen	Führen Änderungen/Berichtigungen dazu, dass eine ganze neue Seite eingefügt wird, so kann diese z.B. als „1a"-Seite eingeführt werden [C-V, Anlage]	39
technische Aufgabe H-V,2.4	<u>zulässig:</u> Neufassung der Aufgabe muss ohne Weiteres von einem Fachmann aus ePa in urspr. eingereichter Fassung ableitbar sein [Art.123(2)] <u>alternativ:</u> Aufgabe allgemeiner definieren oder Verzicht auf explizite Angabe der Aufgabe insgesamt	40

Änderung der Zeichnungen

Zeichnungen nachreichen H-V,5	<u>Zweck:</u> **Qualitätsverbesserung** für Veröff. [**R.68(1)**]; Berichtigung offensichtlicher Fehler [**R.139**]; Berichti-gung Übersetzungsfehler [**Art.14(2)**], <u>zulässige Änderungen:</u> nur in Übereinstimmung mit Art.123(2) <u>Zuständigkeit:</u> Formalsachbearbeiter der Eingangsstelle prüft formell; Prüfungsabteilung prüft materiell	41

Änderung der Ansprüche

Anzahl von Ansprüchen F-IV, 5	⤢Rn.A-63	42
Kategoriewechsel	Kategoriewechsel im Erteilungsverfahren stets zulässig, sofern resultierende Merkmalskombination ur-sprünglich offenbart ist [**Art.123(2)**] **Kategoriewechsel nach Erteilung** ⤢Rn.C-58	43
Merkmalsverschiebung	innerhalb eines Anspruchs zulässig, solange keine Änderung des Anspruchsgegenstands erfolgt [**T16/86**], Merkmalsverschiebung vom Oberbegriff in kennzeichnenden Teil zulässig [**T96/89**]	44
nicht recherchierter Ge-genstände	Änderungen dürfen sich nicht auf nicht recherchierte Gegenstände beziehen [**R.137(5)**] <u>FALL 1:</u> [1] Merkmal ist nicht („explizit") recherchiert UND [2] resultierende Merkmalskombination ist mit urspr. beanspruchter Erfindung uneinheitlich (dh Merkmal steht nicht in strukturellem/funktionellen Zu-sammenhang [**T789/07**]) <u>FALL 2:</u> auf R.62a-Mitt. (mehrere unabhängige Ansprüche) oder R.63-Mitt. (Unvollständige Recherche) hin nicht recherchierte Merkmalskombination [H-II,6].	45

---

[77] <u>unentrinnbare Falle</u> bei Angriff nach Patenterteilung möglich (Konflikt zwischen **Art.123(2)/(3)**).

Änderung von Ansprüchen

#	Art	Erklärung	Erfordernisse	Schutzbereich Art.69	Sachprüfung	Einspruch /Beschränkung
46	**Aufnahme von Merkmalen** H-V,3.2	A+B → A+B+C Gegenstandsänderung durch Aufnahme eines Merkmals	resultierende Merkmalskombination ist: 1) ursprünglich offenbart [**Art.123(2)**] **UND** 2) recherchierter Gegenstand [**R.137(5)**] [78]	beschränkend	✓	✓
47	**Streichen von Teilen innerhalb einer Liste** H-V,3.3	A, ausgewählt aus A^1, A^2 und A^3 → A, ausgewählt aus A^1 und A^3	Entsprechende Ausführungsformen (A^1, A^2, A^3) waren ursprünglich als Alternativen im Anspruch oder explizit als Ausführungsformen in Beschreibung offenbart	beschränkend	(✓)[79]	(✓)[79]
48	**Streichen von Merkmalen** H-V,3.1	A+B+C → A+B Gegenstandsänderung durch Entfernen eines Merkmals	Änderung erfüllt „Wesentlichkeits-/Dreipunktetest" [H-V,3.1]: 1) Merkmal nicht als wesentlich dargestellt **Art.84** 2) für Erfindungsfunktion nicht unerlässlich **Art.83** 3) keine wesentliche Angleichung anderer Merkmale erforderlich **Art.123(2)** T331/87 (ABl.1991,22); G2/98 (ABl.2001,413)	erweiternd	(✓)	(✗) [80]
49	**Ersetzen von Merkmalen** H-V,3.1	A+B+C → A+B+D Gegenstandsänderung durch Streichen eines Merkmals **UND** Aufnahme eines neuen Merkmals		einzelfallabhängig [81]	(✓)	(✗) [80]
50	**Zwischenverallgemeinerung (Konkretisierung)** H-V,3.2.1	A und A+B und A+B+C' und A+C → A+B+C verallgemeinertes Herausgreifen generischen Merkmals C aus Offenbarungsgehalt der ePa auf Basis spezieller Merkmalskombination ABC' zur Aufnahme in einen Anspruch	Wesentlichkeitstest [Rn. A-30] erfüllt sein **UND** muss innerhalb konkreter Merkmalskombination ABC' besteht kein struktureller **UND/ODER** funktioneller Zusammenhang	erweiternd	✓	✗
51	**Offene in geschlossene Formulierung**	Gemisch **aufweisend** A, B, und C → Gemisch **bestehend** aus A,B und C stellt Neuheit her, wenn StdT mindestens ein weiteres Merkmal aufweist	klar und knapp zu fassende negative Formulierung [**Art.84**], die nicht mehr ausschließen darf, als notwendig [**Art.123(2)**] G1/03	beschränkend	(✓)[82]	(✓)
52	**Kategoriewechsel**	in einer anderen Anspruchskategorie aufgestellt	resultierende Merkmalskombination ist ursprünglich offenbart [**Art.123(2)**]		✓	⟋S.61
53	**Neuformulierung** des Anspruchs	Gegenstandsänderung durch Neuformulierung des Anspruchs	resultierende Merkmalskombination ist: 1) ursprünglich offenbart [**Art.123(2)**] **UND** 2) recherchierter Gegenstand [**R.137(5)**] [78]	fallabhängig	(✓)	(✗)

---

[78] FALL 1: [1] Merkmal ist nicht („explizit") recherchiert **UND** [2] resultierende Merkmalskombination ist mit urspr. beanspruchter Erfindung uneinheitlich (d.h. Merkmal steht nicht in strukturellem/funktionellen Zusammenhang [T789/07]) **ODER** FALL 2: auf R.62a-Mitt. (mehrere unabhängige Ansprüche) oder R.63-Mitt. (Unvollständige Recherche) hin nicht recherchierte Merkmalskombination [H-II,6].

[79] ausgenommen, Streichungen aus mehr als einer Liste [T12/81, ABl.1982,296].

[80] zulässig, wenn Merkmal unwesentlich für Erfindung und deren Funktion **UND** keine wesentliche Angleichung verbleibender Merkmale erforderlich [H-V,3.1].

[81] engeres Merkmal → Neuheit [H-V,3.1].

[82] UNZULÄSSIG: [1] erforderliche Beschränkung einfacher durch positives urspr. offenbartes Merkmal formulierbar [R.43(1)]; [2] Ausklammern nicht funktionierender Ausführungsformen; [3] Disclaimer leistet techn. Beitrag [H-V,4.1]; UNENTRINNBARE FÄLLE bei Streichung nach Patenterteilung (Konflikt zwischen **Art.123(2)/(3)**).

Änderung von Ansprüchen

Auswahlerfindungen [83] [G-VI,8, RBK I-C,5]

Nr	Art	Beispiel	Neuheit / Kriterium			
54	Auswahl aus Parameterbereich	gezielte Auswahl eines Teilbereichs aus einem größeren Zahlenbereich des StdT [T198/84]	Neuheit ist gegeben, wenn Teilbereich: 1) eng gegenüber dem vorbekannten Bereich ist; 2) genügend Abstand von bekannten Bereichsgrenzen hat und nicht insular durch Beispiele vorweggenommen ist; 3) kein willkürlich gewählter Ausschnitt aus dem vorbekannten Bereich ist, sondern einen neuen oder verstärkten technischen Effekt zur Folge hat.	fallabhängig	(✓)[84]	(✓)[84]
55	Neuformulierung eines Parameterbereichs	A im Bereich $\quad$ 10 – 90, bevorzugt $\quad$ 20 – 80, $\;\longrightarrow\;$ A im Bereich 40 – 90 bes. bevorzugt 40 – 60 Auswahl explizit offenbarter Grenzwerte für unterschiedliche Bereiche **eines** Parameters, die mehrere Unter-/Oberbereiche definiert zur Festlegung eines neuen (engeren) Unter-/Oberbereichs [T2/81, T1511/07]	resultierende Merkmalskombination weist einen technischen Effekt auf			
56	**Zwei-Listen-Prinzip** [85] ("singling out")	Liste 1 $\quad$ Liste 2 $A^1 \quad B^1$ $A^2 \quad B^2 \;\longrightarrow\; A^2 + B^3$ $A^3 \quad B^3$ spezifische Merkmalsauswahl aus mind. **zwei** Listen, die im Lichte des Offenbarungsgehalts und StdT willkürlich erscheint	„willkürliches" Herausgreifen bestimmter Merkmalskombination aus zwei Listen gewisser länge, die jeweils mehrere individualisierte Merkmale aufweisen	beschränkend	(✗) Art.123(2)	(✗) Art.123(2)
57	**nicht offenbarter Disclaimer** H-V,3.5	$A + B + C \;\longrightarrow\; A + (B–B^1) + C$ auszuklammernder Gegenstand ist in der urspr. Fassung der ePa nicht offenbart [G1/03; G2/03];	Ausklammern spezifischer Merkmale zur 1) Wiederherstellung der Neuheit ggü Art.54(3)-Dokument 2) Wiederherstellung der Neuheit ggü zufälliger Vorwegnahme in einem Art.54(2)-Dokument [86] 3) Entfernung eines Gegenstands aus nicht techn. Gründen zur Wiederherstellung Patentfähigkeit ggü Art.52-57 [87] **G1/03; G2/03**	beschränkend	(✓)[88]	(✓)[88]

[83] Auswahlerfindungen erfüllen das Erfordernis der Neuheit, wenn die „gezielte" Auswahl nicht ausdrücklich erwähnter Einzelelemente, einer Teilmengen oder eines Teilbereichs aus einer größeren vorbekannten Menge oder einem größeren vorbekannten Bereich einen neuen oder verstärkten technischen Effekt induzieren.

[84] ZULÄSSIG, wenn Bereiche aus derselben Liste für ein Merkmal stammen; **unzulässig**, wenn zwei Bereiche aus zwei Listen unterschiedlicher Merkmale kombiniert werden, die in Wechselbeziehung zueinander stehen.

[85] Eine individualisierte (konkretisierte) Merkmalskombination, die die Auswahl von Merkmalen aus zwei bekannten Gruppen/Listen voraussetzt und nicht willkürlich ist, gilt nicht als StdT nach **Art.54(1)**, so dass diese Merkmalskombination dem Erfordernis der Neuheit genügt [T12/81, **ABl.1982,296**].

[86] offenkundig unerheblich und so weit ab von der Erfindung, dass Fachmann diese nicht berücksichtigt hätte [**G1/03; G2/03 (ABl.2004,413/448); T134/01; T1911/08**].

[87] bspw. um Ausschluss ggü Art.53(c) zu vermeiden [**G1/07**].

[88] UNZULÄSSIG, wenn [1] erforderliche Beschränkung einfacher durch positives urspr. offenbartes Merkmal formulierbar [**R.43(1)**]; [2] Ausklammern nicht funktionierender Ausführungsformen; [3] Disclaimer leistet techn. Beitrag [H-V,4.1]; UNENTRINNBARE FALLE bei Streichung nach Patenterteilung (Konflikt zwischen **Art.123(2)/(3)**).

Formulierungsvorschlag

Abkürzungen

verwendete Abkürzungen

ABl.	...	Amtsblatt des EPA
Abs.	...	Absatz
Anspr.	...	Anspruch
Art.	...	Artikel
PT	...	Prioritätstag
RiLi	...	Richtlinien für die Prüfung im EPA
veröff.	...	veröffentlicht
Verf.	...	Verfahren
(n)StdT	...	(nächstliegender) Stand der Technik

Annahmestelle

Europäisches Patentamt
D-80298 München

Betreff

Bescheidserwiderung

Nachgereichte Unterlagen

Auf den Bescheid gemäß Art.94(3) EPÜ werden hiermit neue Ansprüche 1-X eingereicht (Anlage 1), die die ursprünglich eingereichten Anspr. 1-Y ersetzen.

Anträge

1. Anträge

Es wird beantragt, ein europäisches Patent auf der Grundlage der neuen Ansprüche zu erteilen.

Hilfsweise wird eine mündliche Verhandlung gemäß Art.116 EPÜ beantragt.

Die Prüfungsabteilung wird gebeten, die Anpassung der Beschreibung solange zurückstellen zu dürfen, bis Einigkeit über einen gewährbaren Anspruchssatz besteht.

Des Weiteren wird ein Antrag auf beschleunigte Prüfung gemäß PACE-Programm gestellt (ABl. 2010, 352; RiLi E-VII, 3.2).

Änderungen
Erfordernis nach Art.123(2)

2. Änderungen der Ansprüche (Art.123(2) EPÜ und R.137(4) EPÜ)

Grundlage der geänderten/neuen Ansprüche bildet die ursprünglich eingereichte Anspruchsfassung.

Kategoriewechsel/Spezifizierung des Oberbegriffes

Der Gegenstand des neuen Anspr. 1 bezieht sich nun auf [*ein Erzeugnis für/ein Verfahren zum/die Verwendung von*].

Basis für den neuen Anspr. 1 bilden die ursprünglichen Anspr. 1 und 2 iVm Abs. [*000X*] vorletzter und letzter Satz der ursprünglichen Beschreibung.

ODER

Spezifizieren eines Merkmals

In Anspr. 1 wurde [*Merkmal A*] durch die nähere Definition [*Merkmal A¹*] spezifiziert. Grundlage für den geänderten Anspr. 1 bildet Abs. [*000X*] Satz [*X*] der ursprünglichen Beschreibung.

ODER

Hinzufügen eines Merkmals

Der geänderte Anspr. 1 basiert auf dem ursprünglich eingereichten Anspr. 1. In Anspr. 1 wurde das [*Merkmal A*] hinzugefügt. Dieses Merkmal ist in Abs. [*000X*] Satz [*X*] der ursprünglichen Beschreibung in Zusammenhang mit allen Ausführungsformen offenbart. Entsprechend erkennt der Fachmann unmittelbar und eindeutig, dass sie mit den Merkmalen des geänderten Anspr 1 kombiniert werden können.

ODER

Der neue Anspr. 1 basiert auf der Kombination der urspr. Anspr. 1 und 3, wobei das [*Merkmal A*] hinzugefügt ist.

Formulierungsvorschlag

43

Hinzufügen weiterer Merkmale	Zudem ist im geänderten Anspr. X das [*Merkmal A*] hinzugefügt. Basis hierfür bildet Abs. [*000X*], Satz X der ursprünglichen Beschreibung.

ODER

Ersetzen/Streichen eines Merkmals	In Anspr. X wurde das [*Merkmal A*] gestrichen. Die Streichung dieses Merkmals ist zulässig, da

- dieses Merkmal im Kontext der Beschreibung nicht als wesentlich dargestellt ist,
- es als solches für die Funktion des Erfindungsgegenstands nicht unerlässlich ist,
- diese Streichung keine wesentliche Anpassung anderer Merkmale erfordert, da zwischen.

ODER

Hinzufügen eines Anspruchs	Anspr. 2 wurde neu hinzugefügt. Der Gegenstand des neuen Anspr. 2 ist dem Abs. [*000Y*] der ursprünglichen Beschreibung zu entnehmen.

ODER

Streichen eines Anspruchs	Der ursprünglich eingereichte Anspr. 3 ist im vorliegenden Anspruchssatz nicht mehr enthalten; die Anspruchsnummerierung und die Rückbezüge wurden entsprechend angepasst.

ODER

unveränderte Ansprüche	Die neuen Anspr. X-Y sind unverändert und basieren auf den ursprünglichen Anspr. A-B. Sie sind durch die Abs. [...] und/bis [...] der ursprünglichen Beschreibung offenbart.

UND

Schlusssatz (optional)	Mithin erfüllt die neue Anspruchsfassung die Erfordernisse des Art.123(2) EPÜ.

Berichtigung der Übersetzung	3. <u>Berichtigungen in der Beschreibung (Art.14(2) EPÜ)</u>

Gemäß Art.14(2) wird hiermit beantragt, die Übersetzung der Beschreibung der europäischen Patentanmeldung mit der Anmeldung in der ursprünglich eingereichten Fassung in Übereinstimmung zu bringen.

Basierend auf Abs. [*000X*] der Beschreibung der internationalen Patentanmeldung wurde in Abs. [*000X*] der Beschreibung die Formulierung „…" durch die Formulierung „…" ersetzt.

ODER

Abs. [*000X*] der Beschreibung der europäischen Patentanmeldung wird wie folgt geändert: „…" (*vgl.* Abs. [*000X*] der Beschreibung der internationalen Patentanmeldung, wie eingereicht)

Klarheit Erfordernis nach Art.84	4. <u>Klarheit der Ansprüche (Art.84 EPÜ)</u>
Streichen eines Anspruchs	Der Klarheitseinwand der Prüfungsabteilung bezog sich auf den ursprünglichen Anspr. X; dieser ist in der neuen Anspruchsfassung nicht mehr enthalten.

ODER

Streichen einer Formulierung	In Anspr. 1 wurde die beanstandete Formulierung „…" entfernt.

ODER

Spezifizierung	Der Begriff „…" wurde durch die Formulierung „…" ersetzt. Die neue Formulierung definiert klar [*die Anzahl/Dicke von …*].

ODER

Rein vorsorglich wurde in Anspr. X aufgenommen, dass das [*Merkmal*] mittels … ermittelt werden kann.

ODER

wesentliches Merkmal	Der in Punkt 1 des Bescheids erhobene Einwand wegen Fehlen des wesentlichen [*Merkmal A*] wurde durch Hinzufügen dieses Merkmals in Anspr. 1 ausgeräumt. Somit enthält Anspr. 1 alle für den Gegenstand wesentlichen Merkmale.

ODER

Rückbezüge berichtigen	Der in Punkt 1 des Bescheids beanstandete Rückbezug wurde korrigiert. Anspr. X ist nun auf Anspr. 1 rückbezogen. Hierdurch ist klargestellt, dass beide Anspr. in Bezug zueinanderstehen, da Anspr. X gemäß der Beschreibung ausschließlich

a) auf ein Erzeugnis/ein Stoffgemisch/eine Zusammensetzung enthaltend [*Gegenstand von Anspr. X*] gerichtet ist.

b) ein Verfahren umfassend [*Gegenstand von Anspr. X*] als [...] gerichtet ist.

c) die Verwendung von [*Gegenstand von Anspr. X*] definiert.

Schlusssatz [optional]	Somit sind die Erfordernisse von Art.84 EPÜ erfüllt.

Einheitlichkeit
Erfordernis nach Art.82

5. Einheitlichkeit (Art.82, R.44 EPÜ)

argumentativ	Die Gegenstände der unabhängigen Anspr. verwirklichen die eine gemeinsame erfinderische Idee, nämlich

a) Erzeugnisse bereitzustellen, die zur [*Verwendung als ... /Behandlung von ...*] geeignet sind.

b) Verfahren und Erzeugnisse bereitzustellen, die zur Herstellung von [...] geeignet sind.

c) die Verwendung von [*Gegenstand A*] und [*Gegenstand B*] als [...].

Folglich sind die unabhängigen Ansprüche einheitlich iSv Art.84.

ODER

Streichen eines Merkmals	Der in Punkt 1 des Bescheids erhobene Einwand wegen mangelnder Einheitlichkeit wurde durch Entfernung von Anspr. X ausgeräumt. Die einzige beanspruchte Erfindung ist nun ein [*Gegenstand/Verfahren zum ...*], wodurch das Erfordernis des Art.82 erfüllt ist.

ODER

mehrere unabhängige Ansprüche	Anspr. 1 und Anspr. X sind unabhängige Ansprüche der gleichen Kategorie. Die Kombination mehrerer unabhängiger Ansprüche der gleichen Kategorie ist gewährbar, wenn es sich um

(1) mehrere miteinander in Beziehung stehende Erzeugnisse handelt [**R.43(2)a)**]. Der Fachmann erkennt aus der Beschreibung eindeutig, dass es sich bei [*Gegenstand von Anspr. 1*] und [*Gegenstand von Anspr. X*] um zwei Gegenstände handelt, die sich [gegenseitig ergänzen **ODER** zusammenwirken], da [...].

(2) verschiedene Verwendungen eines Erzeugnisses/einer Vorrichtung handelt [**R.43(2)b)**]. Dies ist vorliegend der Fall, da Anspr. 1 die Verwendung von [*Gegenstand angeben*] als [...] definiert, wohingegen sich Anspr. X auf dessen Verwendung als [...] bezieht.

(3) Alternativlösungen für eine bestimmte Aufgabe handelt [**R.43(2)c)**]. Vorliegend handelt es sich bei [*Gegenstand von Anspr. 1*] und [*Gegenstand von Anspr. X*] um zwei Alternativlösungen, die zur Lösung derselben technischen Aufgabe alle erforderlichen Merkmale enthalten. Da sich die Ansprüche jedoch auf unterschiedliche Gegenstände beziehen, wäre ein einziger Anspr. mit einem passenden Oberbegriff, der beide Ausführungsformen einschließt, unzweckmäßig. [Zudem würde ein solcher Versuch zu einem Offenbarungsproblem führen.]

Somit ist die Koexistenz der unabhängigen Anspr. 1 und X gewährbar iSv R.43(2).

Zwischen den Anspruchsgegenständen besteht auch ein technischer Zusammenhang, da sie dieselben besonderen technischen Merkmale iSv R.44(1) aufweisen, die sie ggü. dem nStdT abgrenzen. Dies sind die Merkmale [...]. Somit sind die Gegenstände der beiden unabhängigen Ansprüche auch einheitlich (Art.84).

ODER

Zwischenprodukt *R.43(2) a)*	Die beanspruchte Verbindung des geänderten Anspr. X ist ein Zwischenprodukt im Verfahren zur Herstellung der in Anspr. 1 beanspruchten Verbindung. Die Verbindung von Anspr. 1 und das Zwischenprodukt von Anspr. X stehen daher miteinander in Beziehung. Somit ist die Verwendung von mehr als einem unabhängigen Anspruch in der gleichen Kategorie zulässig (R.43(2) a)).

Nach ständiger Rechtsprechung der Beschwerdekammern des EPA sind Zwischenprodukte mit ihren Endprodukten einheitlich, sofern sie das gleiche wesentliche Strukturelement aufweisen (*vgl.* T110/82; W35/91) und das Endprodukt unmittelbar oder mittelbar daraus hergestellt wird (*vgl.* T35/87; T470/91; RiLi F-V, 3).

Vorliegend ist die gesamte Struktur der Verbindung gemäß Anspr. X in der Verbindung nach Anspr. 1 enthalten. Schlussendlich sind die Gegenstände von Anspr. 1 und X auch einheitlich.

Neuheit,
Erfordernis nach **Art.52(1)** iVm **Art.54**

Einleitungssatz [optional]

allgemein

6. Neuheit (Art.54 EPÜ)

In Punkt X des Bescheids wird die mangelnde Neuheit der Anspr. 1-X gegenüber D1 beanstandet. Keiner der in den Dokumenten D1-D2 explizit genannten Gegenstände und Ausführungsbeispiele fällt unter den Erfindungsgegenstand nach Anspruch 1.

Der geänderte Anspr. 1 gemäß Hauptantrag betrifft [*ein Erzeugnis/ein Verfahren/die Verwendung von* ...] für ...

Ein solches [*Erzeugnis/ein Verfahren/die Verwendung von* ...] lässt sich gemäß den Ausführungen auf Seite ..., Zeilen ... bis ... der ursprünglichen Beschreibung regelmäßig an dem Merkmal A identifizieren, welches insbesondere in ... vorliegt.

Entgegenhaltung Dokument D1

D1 offenbart zwar [*ein Erzeugnis für /ein Verfahren zum /die Verwendung von*] mit den Merkmalen ...

Allerdings offenbart D1 nicht, dass

Der Gegenstand des geänderten Anspr. 1 ist daher <u>neu</u> gegenüber dem Offenbarungsgehalt von D1.

D2 offenbart zwar [*eine Vielzahl von Verbindungen* ...]

Allerdings offenbart D2 nicht, dass [...]

Der Gegenstand des geänderten Anspr. 1 ist daher <u>neu</u> gegenüber dem Offenbarungsgehalt von D1.

ODER

Product-by Process

Anspr. X ist auf ein, durch sein Herstellungsverfahren definiertes, Erzeugnis gerichtet (product-by-process Anspr.). Gemäß T 205/83 erlangt ein solches Erzeugnis nicht automatisch dadurch Neuheit, dass es durch ein neues Verfahren hergestellt ist. Es muss an sich neu sein (T 248/85).

Vorliegend führen die in Anspr. X definierten Verfahrensschritte jedoch zu neuen Eigenschaften des Erzeugnisses, nämlich [*verbesserte technische Eigenschaft angeben*]. Diese Eigenschaft ist auf eine durch das Herstellungsverfahren bedingte neuartige Struktur des Erzeugnisses zurückzuführen. Als Beleg für die deutlichen Unterschiede in den Eigenschaften des Erzeugnisses ggü dem StdT fügen wir dem Schreiben Vergleichsversuche bei.

Sollte die Prüfungsabteilung weitere Angaben benötigen, wird um kurze Mitteilung gebeten.

D1 offenbart zwar ein Herstellungsverfahren mit den Schritten [...], allerdings offenbart D1 nicht [Schritt] des erfindungsgemäßen Herstellungsverfahrens. Eben dieser zusätzlicher/alternativer Verfahrensschritt führt zu einer Änderung in den Eigenschaften des Erzeugnisses

D2 offenbart zwar [*ein Erzeugnis*] mit den Merkmalen [...] allerdings ist D2 kein Erzeugnis zu entnehmen, dass eine [verbesserte technische Eigenschaft] aufweist.

Mithin ist das nach Anspr. X definierte Erzeugnis an sich neu gegenüber dem Offenbarungsgehalt von D1 und D2.

Schlusssatz [optional]

Da der Gegenstand des unabhängigen Anspr. 1 neu ist, ist auch der Gegenstand der von ihm abhängigen Anspr. 2 bis 4 neu gegenüber D1 und D2 [*vgl.* B-III, 3.7].

Teil B – Bescheidserwiderung

Erfinderische Tätigkeit
Erfordernis nach **Art.52(1)** iVm **Art.56**
Anmerkungen zum Erfindungsgegenstand [optional]

7. Erfinderische Tätigkeit (Art.56 EPÜ)

Durch den angepassten Anspr. 1 wird der erfindungswesentliche Kern der Anmeldung deutlich und klar herausgestellt. Der Kern der Erfindung beruht demnach in der Bereitstellung [*eines Erzeugnisses/einem Verfahren/der Verwendung von …*] für …

Fachmann [optional]
G-VII,3

Der hier zuständige Fachmann ist ein „…" mit mehrjähriger Erfahrung auf dem technischen Gebiet der „…".

Aufgabe-Lösungs-Ansatz nächstliegende StdT
G-VII,5.1

D1 wird als **nächstliegender Stand der Technik** (nStdT) angesehen, da D1 [*als einziges Dokument*]:

    a) wie der Gegenstand von Anspr. 1 dasselbe technische Gebiet betrifft, nämlich [*Gebiet*] und/oder

    b) wie der Gegenstand von Anspr. 1 [*ein Erzeugnis/ein Verfahren/die Verwendung von*] für denselben Zweck offenbart, nämlich zum/für… und/oder

    c) eine ähnliche technische Aufgabe zugrunde liegt, nämlich [...]

    d) gegenüber Anspr. 1 die meisten gemeinsamen Merkmale aufweist, nämlich [...]

Dagegen betrifft D2 [*ein Erzeugnis für/ein Verfahren zum/die Verwendung von*] und ist daher auf [*Zweck/Gebiet*] beschränkt.

D1 offenbart [*ein Erzeugnis/ein Verfahren/die Verwendung von*] wie oben in Abschnitt 6 dargelegt.

technische Unterschiede

Allerdings **unterscheidet** sich der Gegenstand von Anspr. 1 gegenüber D1 durch das wesentliche Merkmal [...].

technischer Effekt

Der **technische Effekt**, der sich aus diesem Unterscheidungsmerkmal ergibt, besteht darin, dass einerseits … (*vgl.* Abs. [*00X*] Beschreibung) und andererseits … (*vgl.* Abs. [*00Y*] Beschreibung)

ODER

Das Unterscheidungsmerkmal hat den **technischen Effekt**, dass … (*vgl.* Abs. [*00X*] Beschreibung)

ODER

Besonders **vorteilhaft** erlaubt dieses Unterscheidungsmerkmal, dass …. Dies ist aus den Beispielen/der Tabelle X ersichtlich (*vgl.* Beispiele 1 bzw. Tabelle 1).

objektiv technische Aufgabe
G-VII,5.2

Ausgehend von D1 besteht die **objektiv technische Aufgabe** der Erfindung darin, [*ein Erzeugnis zum/Verfahren zur Herstellung von/Verwendung von …*] bereitzustellen, welches den [*Vorteil*] aufweist.

D1 für sich genommen (keine Hinweise im StdT)

D1 in Kombination mit dem allgemeinen Fachwissen

Die Lösung der Aufgabe gemäß Anspr. 1 ergibt sich nicht naheliegend aus D1.

D1 erkennt nicht, dass die Verwendung von [*Merkmal A*] zu dem [*techn. Effekt*] führt.

D1 enthält auch keinen Hinweis, der den Fachmann veranlasst hätte, die darin offenbarte Lehre in Richtung auf die vorliegende erfindungsgemäße Lehre weiterzuentwickeln oder abzuwandeln.

ODER

Zwar offenbart D1, dass [*Merkmal A*] den [*techn. Effekt 1*] aufweist (*vgl.* D1 Abs. [*00X*]), D1 lehrt jedoch nicht und gibt auch kein Hinweis, dass [*Merkmal A*] auch [*techn. Effekt 2*] aufweist.

Entsprechend hatte der Fachmann keinen Anlass, den Gegenstand von D1 in Richtung des [*Erzeugnis zum/Verfahren zur Herstellung von/Verwendung von …*] gemäß Anspr. 1 abzuändern.

Could-Would-Approach
G-VII,5.3

D1 in Kombination mit D2

Fraglich könnte indes sein, ob der Fachmann, der D1 kannte, D2 zur Lösung der Aufgabe heranziehen <u>würde</u>.

D2 offenbart [*ein Erzeugnis/ein Verfahren/die Verwendung von*], dass das [*Merkmal A*] aufweist.

Formulierungsvorschlag

Variante 1
[verwandtes techn. Gebiet]

Der um die Lösung der objektiv technischen Aufgabe bemühte Fachmann <u>könnte</u> D2 auch in Betracht ziehen, da diese:

a) wie Anspr. 1 dasselbe technische Gebiet/ein Nachbargebiet betrifft, nämlich [*Gebiet*]

b) wie Anspr. 1 [*ein Erzeugnis/ein Verfahren/die Verwendung von*] für denselben Zweck offenbart, nämlich zum/für….

Aber selbst wenn der Fachmann ausgehend von D1 zur Lösung der Aufgabe D2 berücksichtigen könnte, würde er dies nicht tun, da D2 keine Hinweise enthält, dass [*Merkmal A*] zu dem vorteilhaften [*techn. Effekt 2*] führt.

Vielmehr entnimmt der Fachmann D2, dass [*Merkmal A*] ungeeignet ist für die Verwendung als […]. Dies würde den Fachmann davon abhalten, D1 und D2 zu kombinieren, um zur vorliegenden Erfindung zu gelangen.

ODER

Jedoch stellt D2 keinen Zusammenhang zwischen [*Merkmal A*] und dem [*techn. Effekt 2*] her (bzw. stellte einen abweichenden Zusammenhang zwischen dem [*techn. Effekt 2*] und einem anderen [*Merkmal B*] her) und liefert daher keine Hinweise dafür, dass […]

ODER

Variante 2
[entferntes techn. Gebiet]

D2 betrifft [*ein Erzeugnis/ein Verfahren/die Verwendung von*], dass das [*Merkmal A*] aufweist.

Zwar löst D2 das Problem [*techn. Effekt 1*], allerdings hatte der Fachmann keine Veranlassung, D1 mit D2 zu kombinieren, da D2 ein anderes technisches Gebiet betrifft, nämlich [*Gebiet*].

Unterstellt, der Fachmann würde die Dokumente doch kombinieren, würde diese Kombination nicht zum beanspruchten Gegenstand führen. D2 erwähnt zwar die Verwendung von [*Merkmal A*] in Verbindung mit [*Merkmal B*]. Allerdings enthält D2 keinen Hinweis auf [*techn. Effekt 2*]. Dieser wird in D2 nicht einmal untersucht.

Mithin sind der D2 keine Hinweise zu dem erfindungsgemäßen [*Erzeugnis/Verfahren*] entnehmbar, bei dem die Merkmale [*A*] und [*B*] derart vorteilhaft zusammenwirken, dass […]

Somit hätte der Fachmann D2 nicht zur Lösung der objektiv technischen Aufgabe herangezogen.

Eine Kombination von D1 und D2 würde somit nicht zur vorliegenden Erfindung führen.

Schlusssatz

Der Gegenstand des neuen Anspr. 1 ist somit durch den StdT, insbesondere die Kombination von D1 und D2, für den Fachmann <u>nicht nahegelegt</u>.

[optional]

Folglich beruht der Gegenstand von Anspr. 1 gegenüber D1 alleine und der Kombination von D1 und D2 auf einer erfinderischen Tätigkeit.

Da der Gegenstand des unabhängigen Anspr. 1 neu und nicht naheliegend ist, sind auch die Gegenstände der von ihm abhängigen Ansprüche 2 bis 4 neu und nicht naheliegend [*vgl.* RiLi G-VII,13].

Fazit [optional]

Im Ergebnis erfüllen die Ansprüche [*1-X*] alle Erfordernisse des EPÜ.

Unterschrift
Erfordernis nach **R.50(3)**

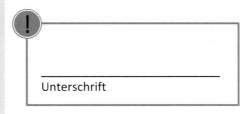

Anlage

Anlage:
neuer Satz von Patentansprüchen 1 bis ….

Teil C
Einspruch
Gründe · Aufbau · Formulierungsvorschläge

EPÜ 2000

Artikel 100[104]
Einspruchsgründe

Der Einspruch kann nur darauf gestützt werden, dass
a) der Gegenstand des europäischen Patents nach den Art.52 bis 57 nicht patentierbar ist;
b) das europäische Patent die Erfindung nicht so deutlich und vollständig offenbart, dass ein Fachmann sie ausführen kann;
c) der Gegenstand des europäischen Patents über den Inhalt der Anmeldung in der ursprünglich eingereichten Fassung oder, wenn das Patent auf einer Teilanmeldung oder einer nach Art.61 eingereichten neuen Anmeldung beruht, über den Inhalt der früheren Anmeldung in der ursprünglich eingereichten Fassung hinausgeht.

[104] Siehe hierzu Entscheidungen/Stellungnahmen GBK G 3/89, G 10/91, G 11/91, G 1/95, G 2/95, G 7/95, G 1/99, G 3/04.

Artikel 117[133],[134]
Beweismittel und Beweisaufnahme

(1) In Verfahren vor dem Europäischen Patentamt sind insbesondere folgende Beweismittel zulässig:
a) Vernehmung der Beteiligten;
b) Einholung von Auskünften;
c) Vorlegung von Urkunden;
d) Vernehmung von Zeugen;
e) Begutachtung durch Sachverständige;
f) Einnahme des Augenscheins;
g) Abgabe einer schriftlichen Erklärung unter Eid.
(2) Das Verfahren zur Durchführung der Beweisaufnahme regelt die Ausführungsordnung.

[133] Geändert durch die Akte zur Revision des EPÜ vom 29.11.2000.
[134] Siehe hierzu Entscheidungen/Stellungnahmen der GBK G 3/89, G 11/91, G 4/95 (Anhang I).

EPÜAO

Regel 76[81]
Form und Inhalt des Einspruchs

(1) Der Einspruch ist schriftlich einzulegen und zu begründen.
(2) Die Einspruchsschrift muss enthalten:
a) Angaben zur Person des Einsprechenden nach Maßgabe der R.41(2) c);
b) die Nummer des europäischen Patents, gegen das der Einspruch eingelegt wird, sowie den Namen des Patentinhabers und die Bezeichnung der Erfindung;
c) eine Erklärung darüber, in welchem Umfang gegen das europäische Patent Einspruch eingelegt und auf welche Einspruchsgründe der Einspruch gestützt wird, sowie die Angabe der zur Begründung vorgebrachten Tatsachen und Beweismittel;
d) falls ein Vertreter des Einsprechenden bestellt ist, Angaben zur Person nach Maßgabe der R.41(2) d).
(3) Die Vorschriften des Dritten Teils der Ausführungsordnung sind auf die Einspruchsschrift entsprechend anzuwenden.

[81] Siehe hierzu G9/91, G10/91, G1/95, G7/95, G4/97, G3/99, G1/04.

Rechtsprechung

G4/88 Ist beim europäischen Patentamt ein Einspruch anhängig, so kann er als zum Geschäftsbetrieb des Einsprechenden gehörend zusammen mit jenem Bereich dieses Geschäftsbetriebes an einen Dritten übertragen oder abgetreten werden, auf den sich der Einspruch bezieht.

G10/91 Die Einheitlichkeit der Erfindung (Art.82) gehört nicht zu den Erfordernissen, denen ein europäisches Patent und die Erfindung, die es zum Gegenstand hat, bei Aufrechterhaltung in geändertem Umfang nach Art.102(3) zu genügen hat. Dementsprechend ist es im Einspruchsverfahren unbeachtlich, wenn das europäische Patent in der erteilten Fassung oder nach Änderung dem Erfordernis der Einheitlichkeit nicht entspricht.

G2/98 Das in Art.87(1) für die Inanspruchnahme einer Priorität genannte Erfordernis „derselben Erfindung" bedeutet, dass die Priorität einer früheren Anmeldung für einen Anspruch in einer europäischen Patentanmeldung gemäß Art.88 nur dann anzuerkennen ist, wenn der Fachmann den Gegenstand des Anspruchs unter Heranziehung des allgemeinen Fachwissens unmittelbar und eindeutig der früheren Anmeldung entnehmen kann.

T222/85 1. Eine Mitteilung nach R.57(1), dass der Einspruch zulässig ist, ist keine Entscheidung der Einspruchsabteilung; die Absendung einer solchen Mitteilung steht einer späteren Verwerfung des Einspruchs als unzulässig nach R.56(1) nicht entgegen, etwa wenn die Zulässigkeit vom Patentinhaber im Einspruchsverfahren angefochten wird.
2. Das Erfordernis nach R.55(c), dass die Einspruchsschrift unter anderem "die Angabe der zur Begründung vorgebrachten Tatsachen und Beweismittel" enthalten muss, ist nur erfüllt, wenn sie vom Inhalt her geeignet ist, das Vorbringen des Einsprechenden objektiv verständlich zu machen.

T22/86 Ob ein Patentanspruch im Sinne von Art.84 "deutlich gefasst" ist, muss im Einspruchsverfahren nur dann geprüft werden, wenn der Patentinhaber Änderungen gemäß Art.102(3) vorgenommen hat. Andernfalls ist der Anspruch so hinzunehmen, wie er, ggfs. unter Heranziehung der Beschreibung und Zeichnungen, zu verstehen ist.

T536/88 1. Im angefochtenen europäischen Patent zitierte Dokumente sind im Prinzip nicht automatisch Gegenstand des Einspruchs-(beschwerde) verfahrens.
2. Ein im europäischen Patent als nächstkommender oder wesentlicher StdT angegebenes Dokument, von dem ausgehend die in der Beschreibung dargelegte technische Aufgabe verständlich wird, befindet sich aber im Einspruchs(beschwerde)verfahren, auch wenn es innerhalb der Einspruchsfrist nicht ausdrücklich aufgegriffen worden ist (im Anschluß an die Entscheidung T198/88 vom 3. August 1989, ABl.1991, 254).

T550/88 1. Ein älteres nationales Recht ist keine "europäische Patentanmeldung" im Sinne des Art.54(3) und gehört damit nicht zum StdT.
2. Um zulässig zu sein, muß die Einspruchsschrift darlegen, aus welchen rechtlichen und faktischen Gründen dem Einspruch stattgegeben werden soll. Wenn die einzigen in der Einspruchsschrift genannten Tatsachen und Beweismittel die vorgebrachten Einspruchsgründe aus rechtlichen Gründen nicht stützen können, ist der Einspruch unzulässig. Dies ist der Fall, wenn die zur Begründung der mangelnden Neuheit vorgelegten Tatsachen und Beweismittel nur auf ältere nationale Rechte zurückgehen.
3. Änderungen im Einspruchsverfahren, die lediglich aufgrund bestehender älterer nationaler Rechte vorgeschlagen werden, sind weder notwendig noch sachdienlich im Sinne der R.58(2) und daher nicht zulässig (in Abweichung von den Richtlinien C-III, 8.4 und der Rechtsauskunft 9/81 - 3.3.1, ABl. 981, 68).
4. Auf einen Einspruch hin vorgeschlagene Änderungen sind nicht statthaft, wenn der Einspruch unzulässig ist.

J22/86 1. Die schriftliche Beschwerdebegründung entspricht Art.108 nur, wenn sie ausführlich angibt, aus welchen Gründen der Beschwerde stattgegeben und die angefochtene Entscheidung aufgehoben werden soll. Enthält die Begründung diese ausführlichen Angaben nicht, so können die Anforderungen an die Zulässigkeit ausnahmsweise als erfüllt gelten, wenn bei Durchsicht der angefochtenen Entscheidung und der Begründung sofort zu erkennen ist, dass die Entscheidung aufgehoben werden soll.
2. Teilt der Anmelder auf die Mitteilung nach R.51(4) S.1 nicht innerhalb der vorgeschriebenen Frist von drei Monaten ausdrücklich mit, dass er mit der vorgeschlagenen Fassung nicht einverstanden ist, so findet R.51(4) S.2, wonach die Mitteilung der Prüfungsabteilung als nicht erfolgt gilt und die Prüfung fortgesetzt wird, keine Anwendung. (Im Anschluss an die Entscheidung J12/83 "unzulässige Beschwerde/Chugai Seiyaku", Nr.5, ABl. 1985,6.
3. Teilt der Anmelder auf die Mitteilung nach R.51(4) S.1 nicht innerhalb der vorgeschriebenen Frist von drei Monaten mit, dass er mit der vorgeschlagenen Fassung nicht einverstanden ist, und kommt er der Aufforderung zur Entrichtung der Erteilungs- und Druckkostengebühr und zur Einreichung einer Übersetzung der Ansprüche nicht nach, so gilt die Anmeldung bei Ablauf der Frist von drei Monaten sofort als zurückgenommen. Die Prüfungsabteilung ist daher nach Ablauf der Frist nicht befugt, eine Entscheidung zur Zurückweisung der Anmeldung nach Art.97(1) zu treffen.

Einspruchsschrift

Erforderliche Angaben
R.76(2)
 	
D-III, 6
	»schriftlicher«, »begründeter«, »unterzeichneter« Antrag [EPO Form 2300 E] 1
	  1) Angaben zur einsprechenden Person [89]
	  2) Patent-Nr. und Erfindungsbezeichnung, Name des PI und Bezeichnung
	  3) Umfang des Einspruchs sowie Einspruchsgründe mit Angabe der Tatsachen und Beweismittel
	  4) Angaben zum Vertreter [90]

Umfang des Einspruchs **R.76(2) c)**	Erklärung darüber, ob das Patent ganz (alle Ansprüche) oder teilweise (einzelne Ansprüche) des EP-Patents 2 angegriffen werden, muss in Einspruchsschrift enthalten sein. Verbot der Vernichtung eines nicht angegriffenen unabhängigen Anspruchs: nachträgliche Erweiterung des Einspruchs durch Einsprechenden ODER EPA im Verfahren ist unzulässig [D-V, 2.1],

Einspruchsgründe
(abschließende Aufzäh-
lung)

      Art.100

1) Mangelnde Patentfähigkeit [**Art.100a**] iVm **Art.52-57**]   3
   ■ keine Erfindung [**Art.52(2)**]
   ■ nicht patentierbar [**Art.53**]
   ■ mangelnde Neuheit [**Art.52(1)**, **Art.54, 55**]
   ■ mangelnde erfinderische Tätigkeit [**Art.52(1)**, **Art.56**]
   ■ keine gewerbliche Anwendbarkeit [**Art.52(1)**, **Art.57**]
2) Unzureichende Offenbarung [**Art.100b**] iVm **Art.83**]
3) Unzulässige Änderung [**Art.100c**] iVm **Art.123(2)**, **Art.76(1)** oder **Art.61(2)**]

> jeder Grund bildet eine individuelle Rechtsgrund-
> lage und ist daher gesondert geltend zu machen
> **G1/95**; **G7/95**; D-III,5

neue Einspruchsgründe müssen im Einspruch nicht berücksichtigt werden (in Beschwerde nur mit Zustimmung des PI) – Ermessensentscheidung [**G10/91**]

keine Einspruchsgründe
■ Uneinheitlichkeit [**Art.82**, **R.44**; **G1/91**],
■ mangelnde Klarheit [91] oder fehlende Stützung durch Beschreibung [**Art.84**; **T23/86**],
■ Formelle Mängel des Erteilungsverfahrens [**Art.90**, **R.57**, **R.42**, **R.46**; **J22/86**],
■ Nichtberechtigter [**Art.60, 61**],
■ Fehlerhafte Erfinderbenennung [**Art.81**, **R.19**, **R.21**],
■ Fehlerhafter Prioritätsanspruch [**Art.87, 88**],
■ Fehlende Neuheit wegen eines älteren nationalen Rechts [**T550/88**].

Tatsachen und Beweis-
mittel

zulässige Beweismittel   4
■ Beteiligtenvernahme [**Art.117(1)a**]
■ Einholen von Auskünften [**Art.117(1)b**]
■ Urkunden (Dokumente) [**Art.117(1)c**]
■ Zeugenvernahme [**Art.117(1)d**]
■ Sachverständigengutachten [**Art.117(1)e**]
■ Augenschein [**Art.117(1)f**]
■ Erklärungen unter Eid oder an eidesstatt (=Affidavit) [**Art.117(1)g**]

Beweismittel bildet auch das im Streitpatent als **nächstkommender/wesentlicher StdT** angegebene Dokument, das während Einspruchsfrist nicht ausdrücklich zitiert wurde [**T198/88**; **T536/88**; **ABl.1991,254**].

erforderliche Angaben für Beweisangebot
■ Nennung der Tatsachen/Beweismittel in Einspruchsschrift zwingend [92]
■ Angabe des Beweisthemas
■ hinreichende Angabe der Fundstelle ist zwingend erforderlich (Bibliographie, ganzes Kapitel –
   T222/85; **T545/91**]
■ Substantiierung bei **allgemeinem Fachwissen** nicht erforderlich, solange dieses nicht bestritten wird
   [**T534/98**].

Nichtberücksichtigung von Tatsachen/Beweismitteln stellt idR wesentlichen Verfahrensmangel iSv **Art.117(1)**
und **Art.113(1)** dar [**T1098/07**]

---

[89] Einsprechendenstellung ist nicht übertragbar oder veräußerlich; ihr Übergang ist aber im Fall der Erbfolge und bei jeder Gesamtrechtsnachfolge, z.B.
     bei Verschmelzung jur. Personen, zuzulassen [**G4/88**]; EPA ist verpflichtet, Rechtswirksamkeit angeblicher Übertragung der Einsprechendenstellung
     auf neuen Beteiligten in allen Verfahrensstadien von Amts wegen zu prüfen [**T1178/04**].

[90] <u>Fehlende Vertretungsbefugnis:</u> Behandlung, wie bei fehlender Unterschrift [**T665/89**], Nachholung oder Genehmigung durch Vertretungsbefugten
     innerhalb zu best. Frist nach R.50(3)-Mitt.[+10Tage].

[91] bei Aufnahme eines Merkmals aus der Beschreibung in die Ansprüche durch den PI kann aber Klarheitseinwand **Art.84** greifen [**G3/14**].

[92] Beweismittelvorlage auch nach Einspruchsfrist, da **R.76(2)c)** lediglich deren Angabe fordert [**R.83 S.2**; **T538/89**, D-IV,1.2.2.1].

5	**Substantiierung** (ausreichend)	hat Einsprechender das EP-Patent in vollem Umfang angegriffen, so genügt es, **für mindestens einen Anspruch** die Einspruchsgründe substantiiert geltend zu machen [**T114/95**]
		Einspruchsbegründung muss nicht auf alle Merkmale des angegriffenen Merkmals eingehen, es genügt eine **Auseinandersetzung mit dem wesentlichen Gehalt** der Erfindung [**T134/88**]
		erschöpfende Erörterung von allgem bekanntem Sachverhalt ist nicht erforderlich [**T144/07**]
		Nachweis für allgem Fachwissen nur erforderlich, wenn Behauptung, dass etwas allgemeines Fachwissen ist, bestritten wird [**T534/98**]
		Berücksichtigung von **verspätetem Vorbringen (neue Tatsachen/Beweismittel)** liegt im Ermessen der Einspruchsabteilung; nur, wenn diese *prima facie* der Patentfähigkeit ganz oder teilweise entgegensteht.
6	**Substantiierung** (unzureichend)	**bloße Erklärung**, ein Beispiel des Patents sei nicht wiederholbar, ist unzureichend für Substantiierung mangelnder Offenbarung [**T182/89**]

Zeitrang der Ansprüche

7 Zur **Ermittlung des relevanten StdT** ggü dem SP muss für jede Merkmalskombination in den unabhängigen oder abhängigen Anspruch ein Zeitrang bestimmt werden. Eine Merkmalskombination kann aus

[1] einem einzelnen unabhängigen Anspruch oder

[2] aus einer Kombination von abhängigen (Unter-)Ansprüchen resultieren.

Einer Merkmalskombination kommt der Zeitpunkt als Zeitrang zu, zu dem diese erstmalig offenbart wurde. Enthält ein Anspruch lediglich eine Merkmalskombination, so steht diesem Anspruch nur ein Zeitrang zu. Enthält ein Anspruch Alternativen (dh mehrere Merkmalskombinationen), so können diesem Anspruch mehrere Zeiträge zufallen, wenn die Alternativen zu unterschiedlichen Zeitpunkten offenbart wurden.

Kriterien für die Bestimmung des Zeitrangs jeder Merkmalskombination:

1) Zeitpunkt der ersten Offenbarung dieser Merkmalskombination
2) Priorität wirksam: Anspruch steht für die Anwendung von Art.54(2)/(3) der PT als AT zu [**Art.89**]
3) Priorität unwirksam: Anspruch steht für die Anwendung von Art.54(2)/(3) der AT zu [**Art.80**]
4) unzulässige Erweiterung: Anspruch steht kein Zeitrang zu

8	**unzulässige Erweiterung**	Weist ein Anspruch eine unzulässige Änderung auf, so kommt diesem Anspruch **kein Zeitrang** zu (weder PT noch AT als wirksames Datum), er kann **nur** wegen eines Verstoßes gegen Art.123(2) angegriffen werden.
9	**Alternativlösung**	Bei einem Anspruch mit mehreren Alternativen kann jeder Alternative ein **eigener Zeitrang** zugeordnet werden.
10	**Mehrfachprioritäten**	Jedem Gegenstand der Nachanmeldung kommt der Zeitrang der Anmeldung zu, in der dieser das erste Mal offenbart ist.
11	**Teilanmeldung**	TA erhält PT der Voranmeldung [**Art.76(1)** iVm **Art.4G PVÜ**]
		aber Inhalt der TA darf nicht über Inhalt der vorangehenden Anmeldung in der ursprünglich eingereichten Fassung hinausgehen [**Art.76(1) S.2**; **G1/05**, **G1/06**]

Prioritätsrecht, Wirksamkeit

12	<u>Wirkung des Prioritätsrecht:</u> ePa oder Anspruch steht für die Anwendung von Art.54(2)/(3) der PT als AT zu	**Art.89**

Voraussetzung für die Wirksamkeit

13	**prioritätsbegründende Anmeldung**	**Staat und Art der Voranmeldung** Voranmeldung ist Patent, GebrM ODER Gebrauchszertifikat mit Wirkung für PVÜ oder WTO [93]
14	**Prioritätsfrist**	Nachanmeldung muss binnen **12 M ab AT** der Voranmeldung erfolgt sein [94] [**Art.87(1)**]
15	**Identität des Anmelders** (≠Erfinderidentität)	Berechtigt ist nur „**derselbe Anmelder**" oder sein Rechtsnachfolger [95] [**Art.88(1)**, A-III,6.1, **T5/05**]
		Rechtsübergang der früheren Anmeldung oder des Prioritätsrechts muss **vor** Einreichung der Nachanmeldung erfolgen und nach nationalem Recht wirksam sein [**J19/87**, A-III, 6.1];
		Rechtsübergang/Übertragung des Prioritätsrechts muss **schriftlich** erfolgen [**T62/05**]
		<u>Nicht derselbe Anmelder:</u> Tochter-/Mutterfirma [**T5/05**]

---

[93] PRIOBEGRÜNDEND: nat. Anmeldung, ePa, iPa und US-provisional [**ABl.1996,81**]; NICHT ANERKANNT: Prioritäten aus Geschmacksmustern/Designs/Modellen [**J15/80**; **ABl.1981,213/546**], Teilanmeldungen ODER Ausstellungsprioritäten [**T382/07**].

[94] Schicksal prioritätsbegründer Anmeldung nach ihrem AT bedeutungslos (bspw. zurückgenommen/zurückgewiesen/fallen gelassen) [**Art. 87(3)**].

[95] USA – Erfinder = Anmelder, daher Rechtsnachfolge bei Arbeitnehmererfindung zwingend erforderlich.

Zeitrang der Ansprüche

Identität der Erfindung

I) „erste Anmeldung der Erfindung" [96] **Art.87(3)** und **Art.87(4)**, F-VI,1.4   16

    1) keine noch frühere Anmeldung

    2) desselben Anmelders

    3) aus der Rechte bestehen geblieben sind

Kettenprioritäten unzulässig [**T917/01**]

II) Nachanmeldung muss „**dieselbe Erfindung**" [97] sein [**Art.87(1)** iVm **Art.88(4)**, **G3/93**, **G2/98**]

Der Inhalt der Anmeldung oder Stammanmeldung in der Voranmeldung darf nicht als „Reservoir" beliebiger Merkmalskombinationen verstanden werden [RBK II-E,1.1.4, **T296/96**]. Ob eine Änderung zulässig ist, ist mit dem **Wesentlichkeitstest** (auch Dreipunktetest) zur Beurteilung von Zwischenverallgemeinerungen und dem **Offenbarungstest** überprüfbar.

Offenbarungstest (modifizierter Neuheitstest)

Der Gegenstand des Anspruchs gilt als in der Voranmeldung ursprünglich offenbart, wenn

    1) alle Merkmale in ihrer **spezifischen Kombination**,

    2) in der Voranmeldung **als Ganzes** (Beschreibung, Zeichnungen, Ansprüche [98])

    3) **unmittelbar und eindeutig**, dh

        ▪ unter Heranziehen des allgemeinen Fachwissens [99] [**T136/95**]

        ▪ zumindest implizit (Wortlaut braucht nicht identisch zu sein [**T81/87**])

    4) für den Fachmann **ausführbar offenbart** sind [**T81/87**].

Kriterien sind eng auszulegen [**G2/98**], dh

    ▪ generische Offenbarung (A), die mindestens zwei alternative Ausführungsformen (A^1, A^2) implizit einschließt, berechtigt nicht zu Prioanspruch für eine spezifische Ausführungsform, die weder explizit noch implizit offenbart ist [**T30/01**]

    ▪ zu lösende Aufgabe muss in beiden Anmeldungen dieselbe sein [**T647/97**]

zulässig ist jedoch das

    ▪ **Weglassen unwesentlicher Merkmale**, die in keinem erkennbar engen Zusammenhang mit der Aufgabe der Voranmeldung stehen [**T809/95**]

Nach dem „**Whole content-Grundsatz**" ist beim Offenbarungstest folgendes zu berücksichtigen:

▪ der **gesamte** Offenbarungsgehalt der Voranmeldung,

▪ ursprüngliches Schutzbegehren [**T409/90**]

▪ auch **funktionelle** und **nicht-technische** Merkmale,

▪ Offenbarung in **Zeichnungen**, wenn Struktur und Funktion des Merkmals erkennbar [**T169/83**],

▪ nicht nur der explizite Wortlaut von Ansprüchen,

▪ Merkmalskombinationen, auf die ausdrücklich verzichtet worden ist (z.B. durch einen Disclaimer)

Wesentlichkeitstest [H-V,3.2.1, **T331/87**]

Weiterhin kann mit Hilfe des Wesentlichkeitstests beurteilt werden, ob eine **Zwischenverallgemeinerung** zulässig ist. Das Ersetzen/Streichen eines Merkmals ist iSv **Art.123(2)** nur zulässig, wenn

    1) das Merkmal ist in Voranmeldung nicht als wesentlich hingestellt worden (kein essentielles Merkmal)   **Art.84**

    2) das fehlende Merkmal als solches für die Funktion der Erfindung unter Berücksichtigung der technischen Aufgabe, die sie lösen soll, nicht unerlässlich ist   **Art.83**

    3) Ersetzen/Streichen dieses Merkmals keine wesentliche Angleichung anderer Merkmale erfordert.   **Art.123(2)**

---

[96] KEINE „ERSTE ANMELDUNG": noch frühere Anmeldung, die **[1]** für denselben Staat eingereicht wurde wie jüngere Anmeldung UND **[2]** vor ihrer Veröff. zurückgenommen/zurückgewiesen/fallengelassen OHNE Überbleib von Rechten UND **[3]** noch nicht für Inanspruchnahme einer Priorität diente [**Art.87(4)**, F-VI, 1.4.1, **T255/91**]; US-continuation UND US-cip nicht priobegründend ABER US-provisional ist priobegründend [**ABl.1996, 81**].

[97] derselbe Erfindungsgegenstand muss für Fachmann unter Heranziehung des allgem. Fachwissens unmittelbar und eindeutig aus der früheren Anmeldung als Ganzes (nicht nur Ansprüchen) entnehmbar sein [**G2/98**]; Priodokument muss nacharbeitbare Offenbarung enthalten [**T193/95**]; urspr. nicht offenbarter Disclaimer ändert Prioritätsrecht nicht, wenn er keinen techn. Beitrag leistet [**G1/03**; **G2/03**; **ABl.2004,413, 448**; **T175/03**; RBK II.D,2.1.2].

[98] keine Ansprüche in Prioanmeldung berührt Prioritätserfordernisse nach Art.88(4) nicht [**T469/92**]; **weitgefasste Gegenstände** (A) der Voranmeldung offenbaren nicht auch einen konkreten Gegenstand (z.B. umfasst A nicht automatisch A^1) der Nachanmeldung [**T409/90**].

[99] AUSGENOMMEN zur Vervollständigung einer ansonsten unvollständigen Lehre der Voranmeldung [**T744/99**].

Teil C – Einspruch

Änderungen, die zum Erlöschen des Prioritätsrechts führen können

17	**Disclaimer**	zulässiger Disclaimer (dh urspr. offenbart oder leistet keinen techn. Beitrag) berührt das Priorecht aus früherer Anmeldung (die den Disclaimer nicht enthält) nicht [**G1/03**; **G2/03** und **G2/10**]

Unterscheidung zwischen

1) ursprünglich **offenbarter Disclaimer**

auszuklammernder Gegenstand ist in urspr. Fassung der Voranmeldung offenbart

2) ursprünglich **nicht offenbarter Disclaimer** [H-V,4.1]

auszuklammernder Gegenstand ist in urspr. Fassung der Voranmeldung nicht offenbart [**G1/03**; **G2/03**]; ändert Prioritätsrecht nicht, wenn er keinen technischen Beitrag [103] leistet [**T175/03**]

gewährbar – **Fall 1** nach **G1/03**; **G2/03**
i) Wiederherstellung der Neuheit ggü 54(3)-Dokument,
ii) Wiederherstellung der Neuheit ggü zufälliger Vorwegnahme in Art.54(2)-Dokument,
iii) Entfernung eines Gegenstands aus nicht technischen Gründen zur Wiederherstellung Patentfähigkeit ggü Art.52-57.

gewährbar – **Fall 2** nach **G2/10**
i) Anspruch umfasst eine Vielzahl spezifischer Ausführungsformen (zB Markush-Gruppe),
ii) Gegenstand des Disclaimers ist in urspr. Fassung der Voranmeldung (singulär) als Ausführungsform der Erfindung offenbart (zB als (Vergleichs-)Beispiel oder Untergruppe „A = A^1, A^2, A^3"),
iii) **verbleibender beanspruchter Gegenstand** ist
- in urspr. Fassung der ePa explizit oder implizit, aber unmittelbar und eindeutig offenbart,
- keine bloße Untergruppe des urspr. generisch Beanspruchten (A = A^1, A^2, A^3 → A^1) [**T615/95**],
- keine Zwischenverallgemeinerung.

nicht gewährbar
i) erforderliche Beschränkung einfacher durch positives urspr. offenbartes Merkmal formulierbar,
ii) Ausklammern nicht funktionsfähiger Ausführungsformen [**Art.83**],
iii) Disclaimer leistet einen techn Beitrag [103] oder heilt eine unzureichende Offenbarung [**Art.123(2)**].

18	**Genus → Spezies**	generische Offenbarung (Gattungsbegriff, A), die mindestens zwei alternative Ausführungsformen (A^1 und A^2) implizit einschließt, berechtigt nicht zu Prioanspruch für spezifische Ausführungsform (Spezies, A^1), die urspr. weder explizit noch implizit offenbart war [**T30/01**]
19	**Spezies → Genus**	spezifische Ausführungsform (Spezies, A^1) berechtigt nicht zu Prioanspruch für eine generische Offenbarung (Gattungsbegriff, A), die mindestens zwei alternative Ausführungsformen (A^1 und A^2) implizit einschließt [**T194/84**].
20	**Merkmalskombinationen**	Enthält die Nachanmeldung eine spezifische Merkmalskombination (A^1+B^3), die ursprünglich nicht offenbart war, so ist dies unzulässig [**T1206/07**, ↗Rn.B-56]
21	**Teilanmeldung**	TA erhält PT der Voranmeldung [**Art.76(1)** iVm **Art.4G PVÜ**]
		aber Inhalt der TA darf nicht über Inhalt der vorangehenden Anmeldung in der ursprünglich eingereichten Fassung hinausgehen [**Art.76(1) S.2**; **G1/05**, **G1/06**]
22	**Teil-/Mehrfachprioritäten**	Anmelder können für eine ePa mehrere Prioritäten gleicher ODER verschiedener PVÜ/WTO-Staaten beanspruchen [**Art.88(2)**, **T15/01**, A-III,6.3], ausgenommen: Kettenprioritäten [**T5/05**].

Mehrfachprioritäten [**Art.88(2)**]: werden mehrere Prioritäten beansprucht, so kommt jeder Merkmalskombination der Nachanmeldung der Zeitrang der Voranmeldung zu, in der dieser das erste Mal offenbart ist.

Teilprioritäten [**Art.88(3)**]: ein Teilgegenstand, der in Voranmeldung offenbart ist, erhält als Zeitrang den PT; wohingegen dem überschießenden Teil nur der AT der Nachanmeldung zusteht.

Beispiel: Nachanmeldung umfasst mehrere Alternativen; zusätzlich das Herstellungsverfahren

Jede Merkmalskombination und jeder Teilgegenstand ist für sich hinsichtlich der Patentfähigkeit ggü dem StdT zu beurteilen, der für seine Priorität oder AT relevant ist.

23	**unwesentliche Merkmale**	**Weglassen** unwesentlicher Merkmale in Nachanmeldung, die in keinem erkennbar engen Zusammenhang mit der Aufgabe der Voranmeldung stehen ist zulässig [**T809/95**]

---

[103] und somit beachtlich für die Beurteilung der erfind. Tätigkeit würde.

Materiellrechtliche Einwände 55

Analyse/Auslegung der Ansprüche

Allgemeines	Vorgehensweise: [**G2/88**]	24

1) Bestimmung der Kategorie oder Art des Anspruchs [⌀Rn.A-60],

2) Bestimmung technischer Merkmale, die seinen technischen Gegenstand ausmachen [⌀Rn.A-89].

Merkmalsbestimmung:
Ein Patentdokument kann sein **eigenes Wörterbuch** darstellen [**T500/01**], so ist ein Patent mit der Bereitschaft auszulegen, es zu verstehen, und nicht es misszuverstehen [**T190/90**]

Im Prüfungs-/Einspruchsverfahren ist Anspruch als **strikte Definition** zu lesen [**T1279/04**]

allgemeine Grundsätze – Art.84 und hilfsweise Art.69 iVm seinem Auslegungsprotokoll [**T1808/06**]
- Merkmale sollten grds. auf die Bedeutung gelesen werden, die sie normalerweise im StdT haben, ausgenommen: ihnen wird durch die Beschreibung ausdrücklich bestimmte Bedeutung zugeordnet [**T1321/04**; F-IV,4.2],
- **keine unlogische und techn. unsinnige Auslegung** der Merkmale [**T190/90**],
- Merkmal, das für sich dem Fachmann mit seinem allgemeinen Fachwissen eine klare, glaubhafte techn. Lehre vermittelt, darf durch Beschreibung **keine andere Bedeutung zugeordnet** werden [**T1018/02**],
- Bei der Beurteilung der Neuheit darf nicht alles in einen Anspruch hineingelesen werden, was in der Beschreibung auftaucht [**T1208/97**, **Art.69**].

fehlerhafte Angabe in Beschreibungseinleitung ist zur Auslegung des Anspruchsgegenstandes ungeeignet [**T409/97**]

relative Begriffe	mehrdeutige Begriffe (*"dünn"*, *"weit"*, *„stark"*) bleiben bei der Prüfung ggü StdT unberücksichtigt, wenn sie:	25

1) keine definierende Basis in der Beschreibung/Zeichnungen oder

2) keine allgemein anerkannte Bedeutung auf betreffenden Fachgebiet haben

F-IV, 4.6 andernfalls ist von der Definition in der Beschreibung auszugehen [**T458/96**]

unechter abhängiger Anspruch	abhängige Ansprüche, die gegenüber einem unabhängigen Anspruch ein Alternativmerkmal enthalten, sind selbst unabhängige Ansprüche und ist ggü dem Anspruch, auf den er rückbezogen ist, **nebengeordnet**	26
fakultative Merkmale	Ansprüche, die fakultative Merkmale aufweisen (z.B. *„bevorzugt ..."*) sind zusätzlich als unabhängige Ansprüche anzugreifen.	

Unzulässige Änderungen

Der Gegenstand eines EP-Patents darf nicht über den Inhalt der ursprünglich eingereichten Anmeldung hinausgehen [**Art.123(2)**]	27

Demnach muss die spezifische Merkmalskombination des Anspruchs einer Nachanmeldung der früheren ePa als Ganzes **unmittelbar** und **eindeutig** unter Heranziehung des allgemeinen Fachwissens entnehmbar sein [**T948/97**]. Dabei muss der Wortlaut der Ansprüche nicht identisch sein [**T81/87**, **T184/84**].

Verstoß gegen Art.123(2)	Weist ein Anspruch eine unzulässige Änderung auf, so kommt diesem Anspruch **kein Zeitrang** zu (weder PT noch AT als wirksames Datum), er kann **nur** wegen eines Verstoßes gegen Art.123(2) angegriffen werden.	
	Prüfung erfolgt anhand des **Wesentlichkeitstests** [⌀Rn.C-16] zur Beurteilung von Zwischenverallgemeinerungen und dem **Offenbarungstest** [⌀Rn.C-16]	
	Lösungsvorschlag:	28

- Merkmal A ersetzen durch engeres Merkmal A´, das von ursprünglichem Offenbarungsgehalt gedeckt
- Entsprechendes Merkmal A streichen, wenn damit kein technischer Effekt verbunden ist

Verstoß gegen Art.76(1) (Teilanmeldung)	TA ist eine neue, eigenständige und von der Stammanmeldung unabhängige Anmeldung [**G1/05**]	29
	Der Gegenstand eines EP-Patents auf Basis einer TA darf nicht	

1) über den Inhalt der ursprünglich eingereichten Anmeldung hinausgehen [**Art.76(1) S.2**] und

2) über den Inhalt der TA hinausgehen [**Art.123(2)**, **G1/05**].

Mangelnde Ausführbarkeit

D-V, 4

30 ePa muss Erfindung so deutlich und vollständig offenbaren, dass ein Fachmann sie ausführen kann [Art.83]

Anmeldung muss wenigstens ein Ausführungsbeispiel enthalten [R.42(1)e], ausgenommen: breite Patentansprüche sollten durch mehrere Ausführungsbeispiele gestützt sein

1) **Ausführbarkeit**, dh nicht im Widerspruch zu physikalischen Gesetzen (z.B. Perpetuum mobile)
2) **Wiederholbarkeit** des Ergebnisses (gewisse Fehlertoleranz ist zulässig, sofern ein Prüfungsverfahren zur Aussonderung fehlerfreier Teile verfügbar)

Ist das einzige offenbarte Ausführungsbeispiel für den Erfindungskern nicht ausführbar, so liegt ein Offenbarungsmangel vor, ungeachtet dessen, ob eine andere Variante am AT ausführbar war [T1173/00].

Gelegentliches Misslingen unschädlich, wenn nur wenige Versuche notwendig, um den Fehlschlag in einen Erfolg zu verwandeln und dies keine erfind. Tätigkeit erfordert [T931/91].

Herumexperimentieren nur in gewissen Grenzen zulässig, z.B. bei unerforschten Gebieten oder Vorliegen großer techn. Schwierigkeiten [T226/85; T409/91].

Beweislast trägt der Einsprechende [T393/91, T406/91].

bloße Erklärung, ein Beispiel des Patents sei nicht wiederholbar, ist unzureichend für Substantiierung mangelnder Offenbarung [T182/89].

kein Mangel gem. **Art.100 b)** liegt vor, wenn wesentliches Merkmal zwar im Anspruch fehlt, aber in Beschreibung und/oder Zeichnungen offenbart ist, aber Einwand **mangelnder erfinderischer Tätigkeit** gegen zu breite Ansprüche möglich [T939/92].

Mangelnde Klarheit

D-V, 5

31 Kein Einspruchsgrund [Art.84; T23/86]

Ein erteilter Anspruch bleibt so, wie er ist, auch wenn neue Tatsachen Unklarheit belegen [G3/14]

geänderte Ansprüche:

geänderte Ansprüche werden **nicht auf Klarheit geprüft**, wenn:

- erteilter abhängiger Anspruch in unabhängigen Anspruch aufgenommen wird,
- eine Ausführungsform eines erteilten abhängigen Anspruchs mit unabhängigem Anspruch in erteilten Fassung kombiniert wird,
- Textpassagen aus erteiltem Anspruch (unabhängig und abhängig) zur Einschränkung des Schutzumfangs gestrichen werden und dadurch bereits bestehender Verstoß gegen **Art.84** bestehen bleibt [T301/84],
- fakultative Merkmale aus erteilten Ansprüchen (unabhängig und abhängig) gestrichen werden

ausgenommen: bei Änderungen der Ansprüche auf Basis eines Merkmals aus der Beschreibung durch den PI im Einspruchsverfahren kann der Klarheitseinwand **Art.84** greifen [G3/14].

geänderte Ansprüche werden **auf Klarheit geprüft**, wenn:

- Merkmal aus Beschreibung aufgenommen wird,
- Merkmal aus abhängigem Anspruch aufgenommen wird, wenn dieses Merkmal mit anderen Merkmalen dieses abhängigen Anspruchs verbunden ist

Ausnahmen von der Patentierbarkeit

Art.52(2) und Art.53

32 **Ausschluss** von der Patentierbarkeit	Erfindung die sich **ausschließlich** auf einen nicht patentfähigen Gegenstand bezieht [Art.52(3)]
	a) Entdeckungen, wissenschaftliche Theorien und mathematische Methoden
	b) ästhetische Formschöpfungen
	c) Pläne, Regeln, Verfahren für gedankliche Tätigkeiten, Spiele oder geschäftliche Tätigkeiten
	d) Computerprogramme (ausgenommen computerimplementierte Erfindungen, ⤢RnA-68)
	e) Wiedergabe von Informationen (auf Benutzeroberflächen
Art.52(2) G-II, 3	Offensichtlichkeitsprüfung: Prüfung sollte unabhängig vom StdT erfolgen [G3/08]

Materiellrechtliche Einwände

Ausnahmen von der Patentierbarkeit	Erfindung die sich **ausschließlich** basieren auf	33

Erfindung die sich **ausschließlich** basieren auf

a) Sittenwidrige Gegenstände [**Art.53(a)**]

b) Pflanzensorten oder Tierrassen [**Art.53(b)**]

c) Chirurgische, therapeutische oder diagnostische Behandlungsverfahren des menschlichen oder tierischen Körpers [**Art.53(b)**]; ⊘Rn.A-79/80]

d) Screeningverfahren für potentielle Arzneimittel [⊘Rn.87]

e) Biotechnologische Erfindungen, die durch **Art.53(a)** iVm **R.28** ausgenommen sind

- Verfahren zum Klonen von Menschen
- Verfahren zur Veränderung der genetischen Identität der Keimbahn des Menschen
- Verwendung menschlicher Embryonen zu industriellen/kommerziellen Zwecken [**T2221/10**, **T1441/13**]
- Verfahren zur Veränderung genetischer Identität von Tieren, wodurch dem Tier Leiden ohne wesentlichen medizinischen Nutzen verursacht werden

Art.53
G-II, 4

Mangelnde Neuheit

Art.52(1) und **Art.54**

Ein erfindungsgemäßer Gegenstand gilt als **nicht neu** ggü dem StdT nach **Art.54(2)** bzw **(3)**, wenn

34

1) alle Merkmale des erfindungsgemäßen Gegenstandes in ihrer Kombination [**T411/98**],

2) eindeutig und unmittelbar in (ein und demselben) Dokument [**T511/92**],

3) für den Fachmann ausführbar offenbart sind [**T206/83**].

Bei der Beurteilung der Neuheit darf nicht alles in einen Anspruch hineingelesen werden, was in der Beschreibung auftaucht [**T1208/97**].

Beweislast für fehlende Neuheit trägt der Einsprechende [**T219/83**], **Ausnahme**: Auswahlerfindungen [**T990/96**], Product by Process [**T205/83**] und Verwendung atypischer Parameter zur Definition des Erfindungsgegenstandes [**T1920/09**].

Auswahlerfindung

1) **Auswahl aus einer Liste**

35

keine Neuheit, wenn der beanspruchte Gegenstand (A^1) lediglich eine Auswahl aus einer (individualisierten) Liste (A^1, A^2, A^3, A^4) ist [**T12/81**]

2) **Auswahl aus zwei Listen**

Eine individualisierte (konkretisierte) Merkmalskombination (z.B. A^1+B^3) ist neu, wenn [**T12/81**]:

i) Kombination eine gezielte Auswahl von Merkmalen aus mind **zwei variablen Listen**/Gruppen ist,

ii) jede Liste/Gruppe einen **gewissen Umfang** aufweist (z.B. A^1 bis A^4 und B^1 bis B^4).

Beispiel:

- chem Einzelverbindung aus einer allgemeinen Strukturformel, die mind zwei variablen Substituenten aufweist [**T181/82**],
- Ausgangsstoffe zur Herstellung eines Endprodukts,
- ein aus einer Liste ausgewählter Wirkstoff zur Behandlung einer aus einer Liste ausgewählten Krankheit [**T47/07**]

3) **Auswahl aus Parameterbereichen**

Auswahl eines Teilbereichs aus größeren Zahlenbereich des StdT ist neu, wenn der Teilbereich [**T198/84**]:

i) eng gegenüber dem vorbekannten Bereich ist,

ii) genügend Abstand von vorbekannten Bereichsgrenzen hat und nicht insulär durch Beispiele vorweggenommen ist;

iii) kein willkürlich gewählter Ausschnitt aus dem vorbekannten Bereich ist, sondern einen neuen oder verstärkten technischen Effekt zur Folge hat.

Fehlergrenzen: Sind keine Fehlergrenzen angegeben, ist der Maximalfehler für die letzte angegebene Stelle aus der Rundungskonvention abzuschätzen [**T175/97**; G-VI,8.1].

Beispiele – chemischer Auswahlerfindungen

- Einzelverbindung gegenüber generischer Strukturformel [**T85/87**; **T133/92**]
- Konkretisierung einzelner Substituenten eines polysubstituierten Stoffs [**T7/86**]
- konkretes Paar an Ausgangsstoffen [**T12/81**; **T181/82**]
- Enantiomer gegenüber Racemat [**T296/87**; **T1048/92** [100]]
- höherer Reinheitsgrad niedermolekularer chemischer Verbindung [**T392/06**, **T803/01** [101], **T112/00** [102]]
- höherer Reinheitsgrad eines Proteins [**T1336/04**; **T767/95**; **T90/03**]

---

[100] Frage, ob Methoden zur Stoffauftrennung bekannt sind, gehört zur Prüfung auf erfind. Tätigkeit.

[101] Ausnahmefall, wenn nachweislich alle früheren Versuche, mittels herkömmlicher Reinigungsverfahren einen bestimmten Reinheitsgrad zu erzielen, fehlgeschlagen sind [**T990/96**].

[102] höherer Reinheitsgrad von Gemischen als Endprodukt und Lösungsmittel (=Ausgangsstoff).

36	**Andere Formulierung**	eine andere (Begriffs-)Formulierung alleine begründet keine Neuheit [T12/81]
		Offenbarung ist unabhängig von der gewählten physikalischen Einheit [T74/98]
37	**allgemeines Fachwissen**	allgemeines Fachwissen darf zur **Interpretation eines Einzeldokuments** herangezogen werden, auch, wenn es idR unzulässig ist, zwei Dokumente heranzuziehen [T288/90]
38	**Bezugsdokument**	Dokument, dessen Lehre durch ausdrücklichen Verweis auf genauere Informationen zu bestimmten Merkmalen, ganz oder teilweise Bestandteil des verweisenden „Hauptdokuments" angesehen werden muss, ist bei der Beurteilung der Neuheit zu berücksichtigen [G-IV,5.1].
39	**funktionelle Merkmale**	kann Neuheit verleihen, falls es sich auf stoffliche/technische Merkmale auswirkt (z.B. andere Bemessungsregel [T500/89])
40	**Genus → Spezies**	generische Offenbarung (Gattungsbegriff, A) ist nicht neuheitsschädlich für spezifisches Merkmal (Spezies, A^1) [T651/91], ausgenommen, Oberbegriff wird unter Berücksichtigung des allgemeinen Fachwissens nur in Bedeutung des speziellen Begriffs verstanden [T870/95]
41	**nichttechnische Merkmale**	nichttechnische Merkmale als solche leisten keinen technischen Beitrag und bleiben daher bei der Beurteilung der Neuheit und erfinderischer Tätigkeit nicht berücksichtigt [T154/04]
42	**Parameter**	Wird die Erfindung durch atypische Parameter definiert, so liegt die Beweislast beim Anmelder [T1920/09]
43	**Product-by-Process** F-IV, 4.12	Produktanspruch, bei dem das Herstellungsverfahren eines Erzeugnisses genutzt wird, um dessen Eigenschaften zu definieren
		das Erzeugnis muss neu sein [T150/82] und dessen Herstellungsverfahren muss neu sein [T205/83]
		Unterscheidet sich das Herstellungsverfahren ggü dem StdT lediglich in einem Schritt, der keine Änderung im Erzeugnis bewirkt, ist das Erzeugnis ebenfalls nicht neu [T250/83].
44	**Spezies → Genus**	spezifische Offenbarung (Spezies, A^1), z.B. in einem Ausführungsbeispiel des StdT ist neuheitsschädlich für generisches Merkmal (Gattungsbegriff, A), das mindestens zwei alternative Ausführungsformen (A^1 und A^2) implizit einschließt [T651/91].
45	**Teilanmeldung, giftige** („poisonous divisionals")	Voraussetzung: 1) prioritätsbegründende Voranmeldung offenbart spezifische Merkmalskombination ($A+B+C^1$), 2) Nachanmeldung offenbart generische Merkmalskombination (A+B+C) und wird mit dieser erteilt, nimmt allerdings für diese Kombination die Prio nicht wirksam in Anspruch, 3) TA dieser Nachanmeldung offenbart spezifische Merkmalskombination ($A+B+C^1$) und nimmt Prio der Voranmeldung wirksam in Anspruch, Rechtsfolge: so ist Gegenstand der TA als 54(3)-Dokument neuheitsschädlich für erteilte Nachanmeldung. Lösungsvorschlag: Einfügen eines urspr. nicht offenbarten Disclaimers zur Wiederherstellung der Neuheit ggü 54(3)-Dokument
46	**überflüssiges Merkmal**	keine Neuheit durch überflüssige Merkmale, die Anspruchsgegenstand nicht verändern [T917/94]
47	**Wertunterschiede**	Ganze Zahlen decken auch die dazugehörigen Dezimalstellen ab, die sich aus den Rundungsregeln für Dezimalstellen ergeben [T234/09]

Mangelnde erfinderische Tätigkeit

48		nicht-techn. Merkmale bleiben unberücksichtigt [T641/00]
49	**Nächstliegender StdT**	StdT, in dem Nachteile eines Gegenstands so offenkundig und bekannt sind, dass ein Fachmann nicht versucht hätte, diesen Gegenstand zu verbessern und weiterzuentwickeln, kann nicht nStdT sein [T1000/92].
		offensichtlich **mangelhafte Offenbarung** wird Fachmann idR gar nicht als nStdT berücksichtigen [T211/11]
50	**Technische Wirkung**	breite Ansprüche: Beruht erfind. Tätigkeit auf einer bestimmten technischen Wirkung, so muss sich diese im gesamten beanspruchten Bereich erzielen lassen [T939/92].
		Beweislast für eine nachträglich geltend gemachte techn. Wirkung liegt beim PI [T1180/00]
		Beweislast für eine behauptete Verbesserung der technischen Wirkung liegt beim PI [T1213/03]
51	**Technischer Aufgabe**	**angebliche Vorteile** ggü dem nStdT, die nicht hinreichend belegt sind, können bei Ermittlung der technischen Aufgabe nicht berücksichtigt werden [T20/81].
		Neuformulierung der technischen Aufgabe darf **nicht im Widerspruch** zu früheren Aussagen über den allgemeinen Zweck und Charakter der Erfindung stehen, die in der Anmeldung enthalten sind [T115/89]; insbesondere ist unzulässig, sich auf eine zuvor als unerwünscht und nutzlos bezeichnete Wirkung zu berufen und diese plötzlich als möglicherweise vorteilhaft darstellen [T155/85].

Änderungen durch Patentinhaber

Could-would-approach	**technische Möglichkeit** und Fehlen von Hindernissen sind nur notwendige Voraussetzungen für die Ausführbarkeit, sind aber nicht hinreichend, um das für Fachmann **tatsächlich Realisierbare** nahezulegen [**T61/90**]. 52
	mosaikartige Kombination von Dokumenten ist unzulässig [**T2/81**]
	Betrachtung **mehrerer Dokumente** als Beleg für ein Vorurteil oder eine von der Erfindung wegweisende allgemeine Tendenz zulässig [**T2/81**]
	StdT auf **Nachbargebiet** ist relevant, wenn (i) Nachbargebiet vor vergleichbare Probleme gestellt und (ii) vom Fachmann erwartet werden muss, dass er Kenntnisse vom Vorhandensein des anderen Fachgebiets hat [**T176/84**]

Mangelnde gewerbliche Anwendbarkeit

Grundprinzip: ausschließliche Rechte werden nur als Gegenleistung für eine **vollständige Offenbarung der Erfindung** gewährt, wobei   53
auch Erfindungsverwertung anzugeben ist [**T1452/06**].

Erfordernis gewerblicher Anwendbarkeit ist erfüllt, wenn eine **potentielle Funktion** des Anspruchsgegenstandes [**T1450/07**]:
1) für Fachmann plausibel offenbart ist,
2) durch Nachveröffentlichungen bestätigt wird, und
3) eine klare Grundlage für eine industrielle Anwendung bietet.

Änderungen durch Patentinhaber
R.80

PI kann den Einwänden des Einsprechenden mit Argumenten und/oder Änderungen der Ansprüche, Beschreibung, Zeichnungen begegnen, aber nur, sofern Änderungen **durch Einspruchsgründe veranlasst** sind (auch wenn dieser Grund durch Einsprechenden nicht explizit geltend gemacht wurde) [**R.80**; **T323/05**].

Änderungen müssen Erfordernissen des EPÜ genügen [**Art.101(3)(b)**].

R.80 lässt es zu, einen erteilten unabhängigen Anspruch **in mehrere unabhängige Ansprüche aufzuteilen**, weil PI Anmeldung nicht mehr teilen kann und gezwungen wäre, einen potentiell zulässigen Gegenstand aufzugeben [**T263/05**].

Zulässigkeit	Änderungen müssen folgenden inhaltlichen Erfordernissen entsprechen: 54
	▪ Gegenstand darf den Schutzbereich des EP-Patents nicht erweitern [**Art.123(3)**];
	1) Verallgemeinerung eines Merkmals
	2) Merkmalsverschiebung innerhalb eines Anspruchs [⟋Rn.C-63]
	3) Kategoriewechsel [⟋Rn.C-58]
	▪ Gegenstand darf nicht über Inhalt der urspr. eingereichten Anmeldefassung hinausgehen [**Art.123(2)** bzw **Art.76(2) S.2**];
	▪ keine Widersprüche zwischen Ansprüchen und Beschreibung/Zeichnungen [**Art.84**, **G3/14**];
	▪ geänderte Ansprüchen dürfen sich nicht auf nicht recherchierte Gegenstände beziehen [**R.137(5)**];
	▪ bei Berichtigung nach **R.139** muss der Fehler offensichtlich sein.
Unentrinnbare Falle („unescapable trap")	Konflikt zwischen **Art.123(2)** und **Art.123(3)** 55
	wurde im Erteilungsverfahren ein beschränkendes Merkmal in unabhängigen Anspruch aufgenommen, das in ursprünglicher Anmeldefassung nicht offenbart ist UND im Einspruch aufgrund Einwand aus Art.100c) iVm Art.123(2) zu streichen wäre, so ist dies nach Art.123(3) nicht zulässig, wenn Streichung mit Erweiterung des Schutzbereichs verbunden wäre [**G1/93**].
	Konfliktlösung [**G1/93**]:
	1) Beschränkung auf die Beispiele mit deren übrigen Bedingungen oder
	2) Ausweich auf eine andere Ober-/Untergrenze eines zweiten engeren Teilbereichs, der innerhalb des Ganzen liegt [**T2/81**]
H-IV,3.6	Beispiel: urspr. nicht offenbarte Bereichsgrenzen oder Disclaimer, der mehr ausnimmt als erforderlich
Verspätetes Vorbringen	Verspätet eingereichte Änderungen des PI sind nur zulässig, wenn diese eindeutig gewährbar, dh folgende 56 drei Kriterien erfüllt sein [**T1273/04**]:
	1) **Gewährbarkeit der Änderungen**, dh erfüllt Antrag Erfordernisse nach **Art.123(2)**, **Art.84**, **R.137(5)** und ggf. **R.139** und kann daher eindeutig in das Verfahren eingeführt werden,
	2) neu definierter Gegenstand ist **konvergente Weiterentwicklung** des Gegenstands, der die Grundlage des bisherigen Verfahrens gebildet hat, und
	3) der Gegenstand der geänderten Ansprüche ist eindeutig **neu**.

EPÜ 2000

Artikel 123[141],[142]
Änderungen

(1) Die europäische Patentanmeldung oder das europäische Patent kann im Verfahren vor dem EPA nach Maßgabe der Ausführungsordnung geändert werden. In jedem Fall ist dem Anmelder zumindest einmal Gelegenheit zu geben, von sich aus die Anmeldung zu ändern.

(2) Die europäische Patentanmeldung und das europäische Patent dürfen nicht in der Weise geändert werden, dass ihr Gegenstand über den Inhalt der Anmeldung in der ursprünglich eingereichten Fassung hinausgeht.

(3) Das europäische Patent darf nicht in der Weise geändert werden, dass sein Schutzbereich erweitert wird.

[141] Geändert durch die Akte zur Revision EPÜ vom 29.11.2000.
[142] Siehe hierzu Entscheidungen der GBK G2/88, G3/89, G11/91, G1/93, G2/95, G2/98, G1/99, G1/03, G2/03, G1/05, G2/10 (Anhang I).

EPÜAO

Regel 80[87]
Änderung des europäischen Patents

Unbeschadet der R.138 können die Beschreibung, die Patentansprüche und die Zeichnungen geändert werden, soweit die Änderungen durch einen Einspruchsgrund nach Art.100 veranlasst sind, auch wenn dieser vom Einsprechenden nicht geltend gemacht worden ist.

[87] Siehe hierzu Entscheidung der GBK G 1/99 (Anhang I).

EPÜAO

G2/88
I. Eine Änderung der Anspruchskategorie im Einspruchsverfahren ist nicht nach Art.12(3) zu beanstanden, wenn sie bei einer Auslegung der Ansprüche nach Art.69 und dem dazu ergangenen Protokoll insgesamt nicht zu einer Erweiterung des Schutzbereichs der Ansprüche führt. In diesem Zusammenhang kann das nationale Verletzungsrecht der Vertragsstaaten außer Betracht bleiben.
II. Werden erteilte Ansprüche, die auf "einen Stoff" und "ein diesen Stoff enthaltendes Stoffgemisch" gerichtet sind, so geändert, dass die geänderten Ansprüche auf die "Verwendung dieses Stoffes in einem Stoffgemisch" für einen bestimmten Zweck gerichtet sind, so ist dies nach Art.123(3) nicht zu beanstanden.
III. Ein Anspruch, der auf die Verwendung eines bekannten Stoffes für einen bestimmten Zweck gerichtet ist, der auf einer in dem Patent beschriebenen technischen Wirkung beruht, ist dahingehend auszulegen, dass er diese technische Wirkung als funktionelles technisches Merkmal enthält; ein solcher Anspruch ist nach Art.54(1) dann nicht zu beanstanden, wenn dieses technische Merkmal nicht bereits früher der Öffentlichkeit zugänglich gemacht worden ist.

G11/91
1. Eine Berichtigung der die Offenbarung betreffenden Teile einer europäischen Patentanmeldung oder eines europäischen Patents (der Beschreibung, der Patentansprüche und der Zeichnungen) nach Regel 88, Satz 2 EPÜ darf nur im Rahmen dessen erfolgen, was der Fachmann der Gesamtheit dieser Unterlagen in ihrer ursprünglich eingereichten Fassung unter Heranziehung des allgemeinen Fachwissens - objektiv und bezogen auf den Anmeldetag - unmittelbar und eindeutig entnehmen kann. Eine solche Berichtigung hat rein feststellenden Charakter und verstößt daher nicht gegen das Erweiterungsverbot nach Art.123(2).
2. Der Nachweis dessen, was am Anmeldetag allgemeines Fachwissen des Fachmanns war, kann im Rahmen eines zulässigen Berichtigungsantrags mit jedem geeigneten Beweismittel erbracht werden.

T119/82
1. Die Wirkung eines Verfahrens zeigt sich im Ergebnis, d.h. im chemischen Bereich im Erzeugnis, mit allen ihm innewohnenden Eigenschaften und den Folgen seiner besonderen Herstellung, z.B. Qualität, Ausbeute und wirtschaftlichem Wert. Bekanntlich sind Analogieverfahren dann patentfähig, wenn sie zu neuen, erfinderischen Erzeugnissen führen, und zwar deshalb weil sich alle Merkmale des Analogieverfahrens nur von einer bisher unbekannten und unvorhersehbaren Wirkung ableiten lassen (Aufgabenerfindung). Ist jedoch die Wirkung ganz oder teilweise bekannt, also das Erzeugnis bekannt oder nur eine neue Modifikation eines bekannten Strukturteils, dann sollte die Erfindung, d.h. das Verfahren oder das Zwischenprodukt hierfür, nicht ausschließlich aus Merkmalen bestehen, die sich bereits zwangsläufig und aufgrund des Stands der Technik in naheliegender Weise von dem bekannten Teil der Wirkung ableiten lassen (vgl. auch "Zykolopropan/ Bayer, T65/82, ABl.8/1983,327).
2. Eine Lösung ist nicht nur dann naheliegend, wenn der Fachmann alle Vorteile eines bestimmten Schrittes erkennen konnte, sondern auch dann, wenn ihm klar sein mußte, daß er angesichts der vorhersehbaren Nachteile oder mangels einer Verbesserung nicht in der vorgeschlagenen Weise handeln sollte, vorausgesetzt, er hat diese Folgen insgesamt tatsächlich richtig eingeschätzt.
3. Der Beschwerdeführer, der ein Vorurteil geltend macht, das den Fachmann von der angeblichen Erfindung abgehalten hätte, hat die Beweislast für ein solches Vorurteil.

T280/85
1. Für die Zwecke des Art.123(2) gehören Prioritätsunterlagen nicht zum "Inhalt der Anmeldung in der ursprünglich eingereichten Fassung", selbst wenn sie am selben Tag wie die europäische Patentanmeldung eingereicht worden sind.
2. Es ist nicht zulässig, aus einem unabhängigen Anspruch ein Merkmal zu streichen, das in der ursprünglich eingereichten Anmeldung durchweg als wesentliches Erfindungsmerkmal hingestellt worden ist, da dies gegen Art.123(2) verstoßen würde.

T378/86
1. Nach der Patenterteilung ist ein Kategoriewechsel im Hinblick auf Artikel 123(3) EPÜ nur in Ausnahmefällen zulässig.
2. Betrifft das erteilte Patent ein Arbeitsverfahren, so stellt dessen nachträgliche Umwandlung in ein Vorrichtungspatent einen solchen Ausnahmefall dar, wenn der Schutzbereich (Art.69) des Verfahrenspatents die Vorrichtung zur Ausführung des Arbeitsverfahrens mit umfasst. Dazu ist es allerdings erforderlich, dass die Mittel zur Ausführung des Verfahrens im Verfahrenspatent so ausführlich und umfassend umschrieben sind, dass der Durchschnittsfachmann ohne besondere Überlegung in der Lage ist, der in diesem Verfahrenspatent definierten technischen Lehre auch die zur Ausführung des geschützten Verfahrens geeignete Vorrichtung vollständig und eindeutig zu entnehmen.

T426/89
1. Ein auf ein "Verfahren zum Betreiben" eines Geräts gerichteter Anspruch ist nicht "deutlich gefaßt" (Art.84 EPÜ), wenn die Anspruchsmerkmale in der Tat nur die Wirkungsweise des Geräts beschreiben.
2. Wird ein solcher Anspruch im Einspruchs(Beschwerde)-Verfahren als Sachanspruch klargestellt, so liegt kein (unzulässiger) Kategoriewechsel vor (vgl. T 378/86 - 3.2.2 vom 21. Oktober 1987 "Kategoriewechsel/MOOG", ABl. EPA 1988, 386).

T82/83
1. Nach Art.52(4) ist ein Anspruch nicht gewährbar, wenn er auch nur ein Merkmal enthält, das eine Tätigkeit oder eine Maßnahme (z. B. einen Verfahrensschritt) definiert, die in einem "Verfahren zur ... therapeutischen Behandlung des menschlichen ... Körpers" darstellt (im Anschluss an Entscheidung T 820/92, ABl. EPA 1995, 113). Ob der Anspruch Merkmale umfasst, die auf einen an einem technischen Gegenstand ausgeführten technischen Vorgang gerichtet sind, ist für die Anwendung des Art.52(4) nicht rechtserheblich.
2. Eine im Einspruchsverfahren vorgeschlagene Änderung der Patentansprüche in Form eines Kategoriewechsels von einem "Verfahren zum Betreiben eines Geräts" zu einem "Gerät" ist nach Art.123(3) grundsätzlich nicht zulässig.
3. Enthält ein Patent in der erteilten Fassung nur Ansprüche, die bei richtiger Auslegung ein Verfahren zum Betreiben eines Geräts definieren, das eigentlich ein "Verfahren zur chirurgischen oder therapeutischen Behandlung des menschlichen oder tierischen Körpers" ist, und wird gegen dieses Patent Einspruch nach Art.52(4) eingelegt, so können die Art.52(4) und 123(3) in Verbindung miteinander insofern eine unentrinnbare Falle bilden, die unweigerlich zum Widerruf des Patents führt, als
a) das Patent nicht in der erteilten Fassung aufrechterhalten werden kann, weil die Ansprüche einen nach Art.52(4) von der Patentierbarkeit ausgeschlossenen Gegenstand definieren;
b) das Patent nicht in geändertem Umfang aufrechterhalten werden kann, weil die Ansprüche dann nur noch das Gerät definieren, aber keine Merkmale mehr enthalten, die das Betreiben des Geräts in einem durch Art.52(4) ausgeschlossenen therapeutischen Verfahren definieren, und eine Änderung der erteilten Ansprüche durch streichen dieser "Verfahrensmerkmale" gegen Art.123(3) verstoßen würde (in Abgrenzung gegen die Entscheidungen T378/86, ABl. EPA 1988, 386 und T426/89, ABl. EPA 1992, 1/2).

Kategoriewechsel nach Patenterteilung

R.80 iVm **Art.123(3)**; H-V, 7, RBK II.E.2.4

	Anspruch	Erzeugnis	Product-by-Process	Verfahren	Verwendung	Vorrichtung
57	**Erzeugnis/Stoff**	--	(✓)[103] [T119/82]	✓[104] process-limited-by-product [T5/90, T54/90]	✓ [G2/88 – ABl.1990, 93]	✗ [T352/04]
58	**Product-by-Process**	--		✓ [T423/89]	--	
59	**Verfahren**	(✓)[105] [T378/86; T426/89]	✗ da Schutzbereich eines Erzeugnisanspruchs größer als Verfahrensanspruch [T20/94]		✓[106] [G5/83; T332/94]	(✗)[107] [T82/93; T86/90]
60	**Verwendung**	✗ [T1635/09]		✓[108] [T279/93]	--	
61	**Vorrichtung**				✓ [T134/95]	--

Merkmalsverschiebung nach Patenterteilung

R.80 iVm **Art.123(3)**; H-V, 3

	innerhalb des Anspruchs	aus dem Oberbegriff	aus Unteranspruch	aus Beschreibung	aus Zeichnungen	aus Zusammenfassung	aus Priounterlagen
62	✓ Solange dies ohne Auswirkung auf Anspruchsbedeutung ist [T16/86]	✓[109] [T96/89]	✓ [T49/89]	✓[110] Solange dieses in funktionellem Zusammenhang offenbart [G11/91; G2/95]	✓ [G11/91]	✗ [T246/86]	✗ [T260/85]

= Inhalt der Patentanmeldung in der ursprünglich eingereichten Fassung [G11/91; G2/95]

[103] keine Ansprüche in Prioanmeldung berührt Prioritätserfordernisse nach Art.88(4) nicht [T469/92]; **weitgefasste Gegenstände** (A) der Voranmeldung offenbaren nicht auch einen konkreten Gegenstand (z.B. umfasst A nicht automatisch A1) der Nachanmeldung [T409/90].

[104] Ausnahmefall, wenn nachweislich alle früheren Versuche, mittels herkömmlicher Reinigungsverfahren einen bestimmten Reinheitsgrad zu erzielen, fehlgeschlagen sind [T990/96].

[105] **nur**, wenn urspr. Patentanspruch alle Erzeugnismerkmale in funktioneller **UND** struktureller Weise beinhaltet.

[106] ABER: das beanspruchte Verfahren darf nur zu dem vorher beanspruchten Erzeugnis führen.

[107] **nur**, wenn urspr. Patentanspruch alle konstruktiven Erzeugnismerkmale in funktioneller Weise definiert [T426/89].

[108] zulässig für "Verwendung der Verbindung A in Herstellungsverfahren der Verbindung B" ggü "Herstellungsverfahren von B aus A".

[109] zulässig: wenn Begriffe im Oberbegriff zunächst verallgemeinert und dann im kennzeichnenden Teil wieder auf den urspr. offenbarten Gehalt eingeschränkt würden [Art.123(3); T16/86].

[110] zulässig: auch wenn einzelnes Merkmal, das unter den Anspruch fällt, urspr. nicht recherchiert, da sich R.137(4) auf nicht recherchierte Gegenstände bezieht [T264/09].

Teil C – Einspruch

Formulierungsvorschlag
(die grauen und kursiven Textpassagen in eckigen Klammern sind durch entsprechende Fakten zu ersetzen)

Abkürzungen

verwendete Abkürzungen

ABl.	...	Amtsblatt des EPA
An. X	...	Anlage X
Anspr. X	...	Anspruch X
AT	...	Anmeldetag
iSv	...	im Sinne von
iVm	...	in Verbindung mit
PT	...	Prioritätstag
RBK	...	Rechtsprechung der Beschwerdekammer des EPA
RiLi	...	Richtlinien für die Prüfung im EPA
SP	...	Streitpatent
veröff.	...	veröffentlicht
VT	...	Veröffentlichungstag
(n)StdT	...	(nächstliegender) Stand der Technik

Artikel und Regeln ohne nähere Gesetzesangabe sind solche des EPÜ 2000.

Annahmestelle
Erfordernis nach Art.99(1)

Europäisches Patentamt
D-80298 München

Betreff

Einspruch gegen EP... (An. 1)

Erfordernis nach R.76(2) a) iVm
R.41(2) c)

Hiermit legen wir namens und im Auftrag unserer Mandantin [*Name; Anschrift; Telefon- & Faxnummer; Staatsangehörigkeit und Sitz/Wohnsitz*]

EINSPRUCH

Erfordernis nach R.76(2) b)

gegen das Europäische Patent [*Nummer*] (im Folgenden: „Streitpatent", SP) der Inhaberin [*vollständiger Name*] mit der Bezeichnung [*Titel*] ein.

Anträge
Erfordernis nach R.76(2) c)
Hauptantrag

Es wird beantragt:

1. das SP mit Wirkung für alle benannten Vertragsstaaten des EPÜ im vollem Umfang zu widerrufen,

Hilfsantrag [optional]

2. hilfsweise eine mündliche Verhandlung gemäß Art.116 EPÜ anzuberaumen.

Einspruchsgründe
Erfordernis nach R.76(2) c)

Der Einspruch ist nach Art.100 a) bis c) EPÜ darauf gestützt, dass:

(a) der Gegenstand des SP nach Art.52-57 EPÜ nicht patentfähig ist, denn der Gegenstand sämtlicher Ansprüche 1-X ist nicht neu und/oder beruht nicht auf einer erfinderischen Tätigkeit,

[optional]

(b) das SP die Erfindung nicht so deutlich und vollständig offenbart, dass ein Fachmann diese ausführen kann,

(c) der Gegenstand des SP gegenüber der ursprünglich eingereichten Fassung der Anmeldung unzulässig erweitert ist.

Prioritäten
keine Priorität

Es wurde keine Priorität nach Art.87(1) beansprucht. Das wirksame Datum ist daher der AT des SP, d.h. der TT.MM.JJJJ.

ODER

Prioritätsansprüche, Art.87(1)

Das SP wurde am TT.MM.JJJJ angemeldet und beansprucht die Prioritäten von:
- einem ersten Prioritätsdokument [*Nummer*], eingereicht am TT.MM.JJJJ,
- einem zweiten Prioritätsdokument [*Nummer*], eingereicht am TT.MM.JJJJ.

[optional]

Die früheren Anmeldungen, deren Prioritäten in Anspruch genommen worden sind, wurden in [*Mitgliedstaaten der PVÜ/WHO*] eingereicht. Die Anmeldung des SP erfolgte innerhalb von 12 Monaten nach dem AT des frühesten Prioritätsdokuments. Somit scheinen die Voraussetzungen von Art.87(1) EPÜ erfüllt.

Formulierungsvorschlag

Zeiträge der Ansprüche	**Zeiträge**
	Hieraus ergeben sich die wirksamen Daten wie folgt:
PT als wirksames Datum, Art.89, F-VI, 1.2	Ansprüche 1-[*X*]: AT des ersten/zweiten Prioritätsdokuments [*Nummer*] (TT.MM.JJJJ), da darin alle Merkmale dieser Gegenstände „unmittelbar und eindeutig" offenbart sind (*vgl.* G2/98).
AT als wirksames Datum, Art.80, F-VI, 1.2	Ansprüche [*Y-Z*]: AT des SP (TT.MM.JJJJ), da die Gegenstände der Ansprüche [*X-Y*] des SP keinem der Prioritätsdokumente als Ganzes „unmittelbar und eindeutig" zu entnehmen sind (*vgl.* F-VI, 2.2 und G2/98). Somit kommt den Gegenständen der Ansprüche [*X-Y*] lediglich der AT des SP zu.
Priorität teilweise unwirksam	Der Gegenstand von Anspr. X ist erstmals bei Einreichung der (Stamm-)Anmeldung offenbart. Das wirksame Datum von Anspr. X ist somit der AT des SP (TT.MM.JJJJ).

ODER

	Die Kombination der Merkmale [*A*] und [*B*] von Anspr. X ist in den Prioritätsunterlagen nicht offenbart. Das wirksame Datum von Anspr. X ist somit der AT des SP (TT.MM.JJJJ).
fakultative Merkmale	Anspruch [*X*]: AT von Prioritätsdokument [*Nummer*] (TT.MM.JJJJ). Zwar weißt Anspruch X eine unzulässige Erweiterung auf, allerdings handelt es sich bei dem Merkmal [*„geeignet für/um/zum... / vorzugsweise ..."*] um ein fakultatives Merkmal, welches lediglich eine mögliche Verwendung des Anspruchsgegenstandes angibt. Ausdrücke dieser Art bewirken keine Beschränkung des Schutzumfangs des Anspruchs (*vgl.* F-IV, 4.9). Der Gegenstand von Anspruch U hat somit als Zeitrang das Datum des ersten wirksamen PT.
2 Alternativen	Anspruch [*X*] definiert zwei Alternativen, nachfolgend Alternative Xa und Xb genannt.
	Alternative Xb ist in der prioritätsbegründenden Anmeldung/vorangehenden Anmeldung nicht offenbart. Diese Alternative wurde erst am Tag der Einreichung von An. 1 (SP) eingefügt. Das wirksame Datum von Alternative Xb ist somit der AT des SP (TT.MM.JJJJ).
Tatsachen & Beweismittel Erfordernis nach R.76(2) c)	Der Einspruch ist gestützt auf die nachfolgenden Dokumente:

    An. 1 auf [*DE/EN/FR*], Streitpatent (SP)

    An. 2 auf [*DE/EN/FR*], veröffentlicht am TT.MM.JJJJ

    An. 3 auf [*DE/EN/FR*], veröffentlicht am TT.MM.JJJJ

    An. 4 auf [*DE/EN/FR*], veröffentlicht am TT.MM.JJJJ

Anwendung von EPÜ 2000	Sämtliche Anlagen, betreffend Patentliteratur, wurden an bzw. nach dem 13.12.2007 eingereicht, so dass das EPÜ 2000 ausschließlich anzuwenden ist.

ODER

Anwendung von EPÜ 1973, H-III, 4.2.1	An. X wurde am TT.MM.JJJJ und somit vor dem AT des SP eingereicht. Allerdings liegt der AT von An. X vor dem 13.12.2007, so dass hierauf das EPÜ 1973 anzuwenden ist (ABl.2003, SA Nr. 1, 202). Infolgedessen ist An. X gegenüber den Ansprüchen Y-Z des SP nur dann StdT gemäß Art.54(3) EPÜ, wenn die Anmelde- und Benennungsgebühr für die Vertragsstaaten entrichtet wurden, die auch für das SP benannt worden sind (Art.54(4) EPÜ 1973). Davon wird ausgegangen.
vorveröffentlichter StdT nach Art.54(2),	An. X wurde vor dem Zeitrang der Ansprüche 1-Z des SP veröffentlicht und ist somit gegenüber allen Ansprüchen StdT gemäß Art.54(2) EPÜ.
zwischenveröffentlichter StdT F-VI, 2.4.1	An. X ist eine [*nationale*] Anmeldung. Sie wurde nach dem PT des zweiten Prioritätsdokuments, aber vor dem AT des SP veröffentlicht. Der Gegenstand der Anspr. Y-Z ist im Prioritätsdokument nicht enthalten und wurde erst am AT neu in das SP aufgenommen. Somit nehmen die Anspr. Y-Z die Priorität nicht wirksam in Anspruch, so dass An. X gegenüber den Anspr. Y-Z des SP St.d.T. gemäß Art.54(2) EPÜ ist.
nachveröffentlichter StdT Art.54(3), G-IV,5.1	An. X ist eine [*ePa/Euro-PCT-Anmeldung*] die am TT.MM.JJJJ veröffentlicht wurde und somit nach dem AT des SP. Allerdings wurde An. X vor dem AT des SP eingereicht/beansprucht An. X wirksam die Priorität vom TT.MM.JJJJ (vor dem AT des SP). Damit ist An. X gegenüber den Ansprüchen Y-Z des SP St.d.T. gemäß Art.54(3) EPÜ.

Teil C – Einspruch

offenkundige Vorbenutzung
G-IV, 7.1

An. X ist ein Beleg für die offenkundige Vorbenutzung von [*was?*] durch [*wen?*] am TT.MM.JJJJ [*wann?*]. Die offenkundige Vorbenutzung erfolgte [*wie?*] und [*wo?*] (*vgl.* G-IV, 7.2).

Für den lückenlosen Nachweis der offenkundigen Vorbenutzung (*vgl.* RGB III-G, 4.3.2, T472/92, ABl.1998, 161) wird

- die Vernehmung des Beteiligten [*Name*] angeboten (*vgl.* Art.117(1) a) EPÜ);
- die Vorlage eines Prospekts angeboten (*vgl.* Art.117(1) c) EPÜ);
- die Vernehmung des Zeugen [*Name*] angeboten (*vgl.* Art.117(1) d) EPÜ);
- eine eidesstattliche Versicherung von [*Name*] nachgereicht (*vgl.* Art.117(1) g) EPÜ).

allgemeines Fachwissen
G-VII, 3.1

An. X ist ein Artikel aus dem Lexikon/Handbuch/Enzyklopädie **oder** Übersichtsartikel der Fachzeitschrift [*Name*], der am TT.MM.JJJJ veröffentlicht wurde. An. X wurde zwar nach dem frühesten beanspruchten PT veröffentlicht, allerdings spiegelt An. X das einschlägige allgemeine Fachwissen im Zeitrang von Anspr.1 wieder. An. X dient daher zur Stützung bei der Argumentation in Bezug auf Neuheit oder erfinderische Tätigkeit (*vgl.* T 1110/03, RiLi G-VII, 3.1).

mündliche Offenbarung

An. X ist die Übersicht/ein Auszug aus dem Tagungsband zur [*Konferenz/Messe*] zum Thema [...]. Dabei wurde dem Publikum der Gegenstand von Anspr. 1 des SP ohne Geheimhaltungsvereinbarung vorgestellt. An. X enthält die Zusammenfassung dieses Vortrags vom TT.MM.JJJJ. Gemäß RiLi G-IV, 7.4 wird die schriftliche Beschreibung als wahrheitsgetreue Wiedergabe der (früher erfolgten) mündlichen Offenbarung angesehen. Damit ist die schriftliche Offenbarung von An. X gegenüber Anspr. X St.d.T. gemäß Art.54(2) EPÜ.

Zur Glaubhaftmachung, dass [*der Vortrag/die Zurschaustellung*] vor dem AT von An. X am TT.MM.JJJJ erfolgte, bieten wir die Zeugenaussage und/oder eine eidesstattliche Versicherung von [*Name*] an (*vgl.* Art.117(1) d) bzw. g) EPÜ).

Internet-Offenbarung
G-IV, 7.5

An. X ist ein Ausdruck der Internetseite ..., heruntergeladen am TT.MM.JJJJ.

Zur Glaubhaftmachung, dass An. X seit dem TT.MM.JJJJ in dieser Form unverändert online verfügbar war, werden wir eine eidesstattliche Versicherung von ..., dem Eigentümer/Geschäftsführer des Unternehmens ... nachreichen (*vgl.* Art.117(1) g) EPÜ).

Mögliche Angriffe

unzulässige Änderung,
Erfordernis nach Art.100 c),
Art.123(2)

Unzulässige Erweiterung (Art.100 c), 123(2))

Der Gegenstand des SP geht über den Inhalt der ursprünglich eingereichten Fassung hinaus.

Für die Beurteilung einer unzulässigen Erweiterung sind die Teile der Anmeldeunterlagen heranzuziehen, die für die Offenbarung der Erfindung maßgebend sind, nämlich die Ansprüche, Beschreibung und Zeichnungen (*vgl.* G11/91; ABl.1993, 125).

<u>Merkmal X/Anspruch X/Absatz [*00X*]</u>

Anspr X/Absatz [*00X*] in der erteilten Fassung des SP umfasst die Merkmalskombination [...].

Hinzufügen von Merkmalen,
II-E,1.3

Die Akteneinsicht hat ergeben, dass [*das Merkmal/der Anspruch/der Absatz*] erst nach dem Prioritätstag/im Erteilungsverfahren den Anmeldeunterlagen des SP hinzugefügt worden ist.

Das Hinzufügen dieser Änderung stellt dem Fachmann zusätzliche, relevante Informationen zur Verfügung, die den ursprünglich eingereichten Unterlagen nicht unmittelbar und eindeutig zu entnehmen sind (*vgl.* G1/93). Das hinzugefügte Merkmal leistet zum Gegenstand des Anspruchs auch einen technischen Beitrag (*vgl.* G1/93).

Damit verstößt das Hinzufügen dieses Merkmals in Anspr. 1 gegen Art.123(2) und ist somit nach Art.100 c) zu beanstanden.

ODER

Auswahl aus generischer
Offenbarung (A →A¹)

In der ursprünglichen Anmeldung war ganz allgemein nur [*Merkmal A*] offenbart. Die spezifische Ausführungsform mit dem [*Merkmal A¹*] war weder explizit noch implizit offenbart. Weil die generische Offenbarung nicht als Basis für die Spezies dienen kann, verstößt die Änderung in Anspr. 1 gegen Art.123(2) (*vgl.* T30/01).

Formulierungsvorschlag

Verallgemeinerung spezifischer Offenbarung (A¹ → A)

In der ursprünglichen Anmeldung war nur das spezifische [*Merkmal A¹*] offenbart. Die generische Ausführungsform mit dem [*Merkmal A*] war weder explizit noch implizit offenbart. Weil die spezifische Offenbarung eines Merkmals nicht als Basis für das Genus dienen kann, verstößt die Änderung in Anspr. 1 gegen Art.123(2) (*vgl.* T571/10).

ODER

Kette von Teilanmeldungen

Zwar war [*dieses Merkmal A¹/dieser Anspruch/Absatz*] in der frühesten Anmeldung [*EP ...*] enthalten, allerdings ist dieses/dieser in der daraus abgeleiteten Teilanmeldung [*EP ...*] nicht enthalten.

Nach G1/06 ist Art. 76(1) EPÜ auch auf eine Teilanmeldung zu einer Teilanmeldung anzuwenden, so dass sich die gesamte Offenbarung einer Teilanmeldung unmittelbar und eindeutig aus dem Offenbarungsgehalt jeder vorangehenden Anmeldung [*EP ...*] in der ursprünglich eingereichten Fassung ableiten lassen muss.

Zwar erläutert die vorangehende Anmeldung [*EP ...*] das [*Merkmal A*], zu [*Merkmal A¹*] schweigt sie allerdings.

Bei dem Merkmal treten überdies besondere technische Effekte auf, nämlich [*technischer Effekt*]. Somit leistest das hinzugefügte Merkmal zum Gegenstand [*des Anspruchs/der Anmeldung*] auch einen technischen Beitrag (*vgl.* G1/93).

Folglich ist das Merkmal [*des Anspruchs/Absatzes*] durch die ursprünglich eingereichte Fassung der vorangehenden Anmeldung nicht offenbart und somit neu.

Damit verstößt die Aufnahme dieses Merkmals in Anspr. X/Absatz [*00X*] gegen Art.76(1) EPÜ und ist somit nach Art.100 c) zu beanstanden.

ODER

Streichen/Ersetzen eines Merkmals, H-V, 3.1

Die Akteneinsicht hat ergeben, dass das [*funktionelle/strukturelle Merkmal A*] aus Anspr. 1 gestrichen/ersetzt worden ist. Allerdings weisen alle Beispiele dieses Merkmal auf. Somit ist für den Fachmann aus dem Offenbarungsgehalt des SP nicht unmittelbar und eindeutig erkennbar, dass das [*Merkmal A*] (1) unwesentlich und (2) unerlässlich für die Funktion der Erfindung ist und dass das (3) Entfernen/der Austausch dieses Merkmals keine Anpassung der übrigen Merkmale erfordert. Somit verstößt dessen Streichung/Ersetzen in Anspr. 1 gegen Art.123(2) EPÜ und ist somit nach Art.100 c) zu beanstanden (*vgl.* T331/87; RiLi H-V, 3.1).

Damit verstößt das Streichen/Ersetzen in Anspr. 1 gegen [Art.123(2) bzw. Art.76(1) bei Teilanmeldungen] und ist somit nach Art.100 c) zu beanstanden.

ODER

Herausgreifen aus einer Liste

Die Akteneinsicht hat ergeben, dass das [*Merkmal A¹*] ursprünglich in der individualisierten Liste [*Merkmale A¹ – A⁴*] offenbart war und im erteilten Anspr. X isoliert herausgegriffen worden ist.

Das isolierte Herausgreifen dieses Merkmals führt zu einer neuen Merkmalskombination. Der neue Anspr. X umfasst somit eine technische Information, die allerdings nicht unmittelbar und eindeutig aus der Anmeldung in der eingereichten Fassung (d.h. auch nicht aus den Ausführungsbeispielen) abgeleitet werden kann und greift eine Merkmalskombination heraus, die in der ursprünglichen Anmeldung nicht in individualisierter Weise offenbart wurde (*vgl.* T 209/10).

Damit verstößt diese Änderung in Anspr. 1 gegen [Art.123(2) bzw. Art.76(1) bei Teilanmeldungen] und ist somit nach Art.100 c) zu beanstanden.

ODER

Zwischenverallgemeinerung, H-V, 3.2.1

Der erteilte Anspr. X umfasst die Merkmalskombination [*A+B+C*]. Die ursprünglich eingereichte Anmeldung offenbart allerdings nur die Merkmalskombinationen [*A+B*] und [*A¹+B+C*]. Für den Fachmann ist daraus nicht deutlich erkennbar, dass das [*Merkmal A¹*] mit den anderen Merkmalen B + C kein funktioneller oder struktureller Zusammenhang besteht. Die Gesamtoffenbarung rechtfertigt daher nicht die verallgemeinernde Isolierung des Merkmals A und dessen Aufnahme in den Anspr. X.

Folglich stellt die erteilte Merkmalskombination [*A+B+C*] eine unzulässige Zwischenverallgemeinerung dar (vgl. RiLi H-V, 3.2.1). Damit verstößt die Zwischenverallgemeinerung in Anspr. 1 gegen [Art.123(2) bzw. Art.76(1) bei Teilanmeldungen] und ist somit nach Art.100 c) zu beanstanden.

ODER

neue Merkmalskombination

Die Merkmale [*A*] und [*B*] des Anspr. 1 sind zwar in der ursprünglichen Offenbarung des SP enthalten, aber ohne den geringsten Hinweis, dass diese in einem konkreten Zusammenhang zueinanderstehen. Die neu beanspruchte Merkmalskombination [*A+B*] generiert demnach einen Gegenstand,

Teil C – Einspruch

der ursprünglich nicht offenbart ist (T1206/07). Damit verstößt die Merkmalskombination in Anspr. 1 gegen [Art.123(2) bzw. Art.76(1) bei Teilanmeldungen] und ist somit nach Art.100 c) zu beanstanden.

ODER

nicht offenbarter Bereich

Der Bereich [… *bis* …] in Anspr. 1 des SP ist ursprünglich nicht offenbart. Dieser Bereich darf auch nicht willkürlich aus dem breiten Bereich [… *bis* …]/den punktuellen Einzelwerten […,…] der Beispiele abgeleitet werden. Damit verstößt der Bereich in Anspr. 1 gegen [Art.123(2) bzw. Art.76(1) bei Teilanmeldungen] und ist somit nach Art.100 c) zu beanstanden.

ODER

Auswahl aus zwei Listen
(„singling out"), RBK II-E,1.1.5

Anspr. 1 des SP definiert die individualisierte (konkretisierte) Merkmalskombination $[A^1+B^3]$. Die ursprünglich eingereichte Anmeldung offenbart allerdings nur zwei Listen, die mit den Merkmalen $[A^1 \ bis \ A^4]$ und $[B^1 \ bis \ B^6]$ einen gewissen Umfang aufweisen. Die individualisierte Merkmalskombination $[A^1+B^3]$ offenbart das SP jedoch nicht.

Im Ergebnis stellt die Änderung in Anspr. 1 des SP eine unzulässige Erweiterung iSv [Art.123(2) bzw. Art.76(1) bei Teilanmeldungen] dar (*vgl.* T727/00, T1004/01).

ODER

nicht offenbarter Disclaimer
H-V, 4.1

Anspruch X des SP weist einen Disclaimer auf, der in der ursprünglich eingereichten Fassung nicht enthalten war. Der Akteneinsicht ist zu entnehmen, dass dieser eingefügt wurde, um

    i)   die Neuheit ggü einem Art.54(3)-Dokument wiederherzustellen; **ODER**

    ii) die Neuheit ggü einer „zufälligen Vorwegnahme" durch ein Art.54(2)-Dokument wiederherzustellen; **ODER**

    iii) einen Gegenstand zu entfernen, der wegen Art.52 bis 57 EPÜ aus nicht technischen Gründen vom Patentschutz ausgeschlossen ist.

Allerdings schließt der Disclaimer mehr aus, als nötig ist, um die Neuheit wiederherzustellen, da [….]. Der Disclaimer leistet somit einen nicht zu vernachlässigenden technischen Beitrag.

Infolgedessen verstößt der ursprünglich nicht offenbarte Disclaimer gegen [Art.123(2) bzw. Art.76(1) bei Teilanmeldungen].

<u>Beschreibung/Zeichnungen</u>

Hinzufügen von Merkmalen

Die Akteneinsicht hat ergeben, dass der letzte Satz von Absatz [*00X*] / die Figur [*X*] in ihrer gegenwärtigen Form in den ursprünglich eingereichten Unterlagen zum SP nicht offenbart ist.

Das Hinzufügen dieser Änderung stellt dem Fachmann zusätzliche, technisch relevante Informationen zur Verfügung und leistet daher einen technischen Beitrag (*vgl.* G1/93).

ODER

Streichen von Merkmalen,

Die Akteneinsicht hat ergeben, dass der letzte Satz von Absatz [00X] in der erteilten Fassung nicht mehr enthalten ist.

Auch bei unverändertem und klarem Wortlaut der erteilten Patentansprüche kann die bloße Streichung einer wichtigen gewünschten Eigenschaft des erfindungsgemäßen Gegenstands in der Beschreibung zu einer unzulässigen Erweiterung des Schutzbereichs führen (*vgl.* T142/05). Der gestrichene Satz von Absatz [*00X*] beinhaltete genauso eine wichtige Eigenschaft.

Somit ist die [*Beschreibung/Zeichnung*] des SP iSv Art.123(2) EPÜ unzulässig erweitert.

Teilanmeldung,
Erfordernis nach Art.100 c),
Art.76(1) S.2

Damit die Erfordernisse des Art.100 c) EPÜ erfüllt sind, ist es erforderlich, dass sich die gesamte Offenbarung des SP unmittelbar und eindeutig nicht nur aus der Anmeldung ableiten lässt, für welche das Patent erteilt worden ist, sondern auch aus dem Offenbarungsgehalt jeder vorangehenden Anmeldung in der ursprünglich eingereichten Fassung (*vgl.* G1/06). G1/05 (ABl.2008, 271) und G1/06 (ABl.2008, 307) sind zwar in Bezug auf Patentanmeldungen getroffen worden, gelten aber auch für erteilte (*vgl.* II-F,1.3.1).

mangelnde Neuheit,
Erfordernis nach Art.100 a),
52(1), 54

allgemeiner Aufbau

Unabhängiger Anspruch 1 – mangelnde Neuheit gegenüber An. X

An. X offenbart [*ein Erzeugnis zum …/ein Verfahren zur Herstellung von …/die Verwendung von …*], das die folgenden Merkmale/Schritte aufweist (*vgl.* An. X [01] und [02]):

Aus An. X ist auch bekannt, dass sich [*das Erzeugnis/das Verfahren/die Verwendung von*] für alle X eignet. Folglich eignet sich das Verfahren auch für X′.

ODER

Querverweis zwischen Dokumenten, G-IV,8

Zur genaueren Information über das Merkmal verweist An. X ausdrücklich auf An. Y, in der [*Merkmal A*] explizit offenbart ist. An. Y war am Veröffentlichungstag von An. X der Öffentlichkeit auch zugänglich. Somit ist [*Merkmal A*] durch ausdrückliche Bezugnahme auf An. Y als Bestandteil von An. X anzusehen (*vgl.* T153/85, G-IV, 8).

Somit offenbart An. X alle Merkmale von Anspr. 1 des SP. Anspruch 1 des SP ist daher nicht neu gegenüber An. X (Art.52(1) iVm Art.54(2)).

ODER

implizites Merkmal, C-III, 4.5.4

Aus An. X, Abs. [*00X*] ergibt sich, dass das Merkmal X geeignet ist, den [*technischen Effekt herbeizuführen*], was die Eignung als/für/zum … impliziert (*vgl.* RiLi C-III, 4.5.4).

An. X offenbart folglich alle Merkmale von Anspruch 1 des SP. Infolgedessen ist Anspruch 1 des SP nicht neu gegenüber An. X (Art.52(1) iVm Art.54(2)).

ODER

Product-by-Process, F-IV, 4.12

Anspr. X des SP betrifft ein durch sein Herstellungsverfahren definiertes Erzeugnis (F-IV, 4.12). Ein solcher Anspruch erlangt keine Neuheit, wenn das Erzeugnis an sich nicht neu ist (*vgl.* T248/85).

An. X offenbart ein Erzeugnis, das dieselben Merkmale wie das Erzeugnis von Anspr. X aufweist.

ODER

An. X offenbart ein Verfahren mit den Schritten nach Anspr. 1 ausgenommen des Schrittes […]. Dieser Unterschied im Verfahren bewirkt allerdings keinen Unterschied bei dem dadurch erhaltenen Erzeugnis (T 205/83). Belegt ist dies durch An. Y: […]

Infolgedessen ist das Erzeugnis, das mit Hilfe von Anspr. 1 des SP erhalten werden kann, nicht unterscheidbar von dem Erzeugnis nach An. X. Anspr. 1 ist nicht neu gegenüber An. X (Art.52(1) iVm Art.54(2) bzw. Art.54(3) EPÜ).

ODER

nicht offenbarter Disclaimer, H-V, 4.1

Wie oben bereits festgestellt, offenbart An. X [*ein Erzeugnis zum …/ein Verfahren zur Herstellung von …/die Verwendung von …*], das die folgenden Merkmale/Schritte aufweist: […]

Zwar klammert der Disclaimer in Anspr. X des SP explizit [*Merkmal A¹*] aus, allerdings hat die Akteneinsicht ergeben, dass der Disclaimer ursprünglich nicht offenbart war. Der Disclaimer wurde im Erteilungsverfahren eingefügt:

a)   um die Neuheit von Anspr. X gegenüber ggü der Patentanmeldung An. X, die am TT.MM.JJJJ eingereicht und am TT.MM.JJJJ veröffentlicht worden ist, als vermeintliches 54(3)-Dokument wiederherzustellen. Allerdings hat die Akteneinsicht ergeben, dass die Merkmalskombination [*A+B+C*] erst nach dem Prioritätstag/im Erteilungsverfahren den Anmeldeunterlagen des SP hinzugefügt worden ist. Somit kommt dieser Merkmalskombination nicht der Prioritätstag als wirksames Datum zu, sondern der AT des SP. Schlussendlich ist An. X zumindest für diese Merkmalskombination StdT nach Art.54(2). Der ursprünglich nicht offenbarte Disclaimer ist folglich unzulässig.

b)   um die Neuheit von Anspr. X gegenüber einer vermeintlich zufälligen Vorwegnahme durch An. X (Art.54(2)-Dokument) aus einem anderen technischen Gebiet wiederherzustellen. An. X betrifft allerdings dasselbe technische Gebiet, da […]. Somit hätte der Fachmann An. X am AT des SP in Betracht gezogen, so dass es sich nicht um eine zufällige Vorwegnahme handelt. Der ursprünglich nicht offenbarte Disclaimer ist folglich unzulässig.

c)   um einen Gegenstand aus nicht technischen Gründen zur Wiederherstellung der Patentfähigkeit ggü **Art.52-57** zu entfernen. Allerdings leistet der eingefügte Disclaimer einen techn Beitrag, da […]. Der ursprünglich nicht offenbarte Disclaimer ist folglich unzulässig.

Teil C – Einspruch

Infolgedessen ist Anspr. 1 des SP durch An. X iSv Art.54(2) EPÜ neuheitsschädlich vorweggenommen.

Bereichsüberlappung/punktuelle Vorwegnahme

An. X offenbart einen Wert von […] / Bereich von [… *bis* …], welcher in den beanspruchten Bereich von Anspr. 1 fällt. Der beanspruchte Gegenstand unterscheidet sich gegenüber An. X allerdings nicht durch ein neues technisches Element. Der Fachmann würde auch in diesem Bereich arbeiten, da dies gemäß An. X der bevorzugte Bereich ist (RiLi G-VI, 8; T 26/85). Somit ist der Gegenstand von Anspr. 1 durch An. X neuheitsschädlich vorweggenommen.

ODER

keine Auswahlerfindung

Der Bereich von Anspr. X ist nicht neu gegenüber An. X, da er nicht den Erfordernissen gemäß RiLi G-VI, 8 (T 198/84; T 279/89) entspricht. Der Bereich ist nicht eng, hat nicht genügend Abstand von den Eckwerten des bekannten Bereichs und er ist nicht zweckmäßig, da dieselbe Wirkung, nämlich […] bereits aus An. X bekannt ist (Abs. [*00X*]).

abhängiger Anspruch – mangelnde Neuheit gegenüber An. X

Wie oben bereits dargelegt, offenbart An. X sämtliche Merkmale von Anspr. 1.

Aus An. X ist auch das [*Merkmal B*] bekannt. An. X beschreibt also auch alle Merkmale von Anspr. 2 in Rückbezug auf Anspr. 1 des SP.

Folglich ist Anspruch 2 nicht neu gegenüber An. X (Art.52(1) iVm Art.54(2) bzw. Art.54(3) EPÜ).

mangelnde erfind. Tätigkeit,
Erfordernis nach Art.100 a),
52(1), 54, 56

grau hinterlegte Textpassagen beziehen sich auf Auswahlerfindungen

unabhängiger Anspruch 1 – mangelnde erfinderische Tätigkeit gegenüber An. X iVm An. Y

nächstliegender StdT,
G-VII,5.1

An. X ist gegenüber Anspr. 1 der **nächstliegender StdT**, da es (das einzige Dokument ist, dass):

a) wie das SP dasselbe technische Gebiet betrifft, nämlich [*Gebiet*]

b) wie das SP dieselbe technische Aufgabe betrifft, nämlich [*Aufgabe*]

c) wie Anspruch 1 des SP [*ein Erzeugnis/ein Verfahren/die Verwendung von*] für denselben Zweck offenbart, nämlich zum/für [….];

d) gegenüber Anspruch 1 des SP die meisten gemeinsamen Merkmale aufweist, nämlich ….

Offenbarungsgehalt von An. X

An. X offenbart [*ein Erzeugnis zum …/ein Verfahren zur Herstellung von …/die Verwendung von …*], das die folgenden Merkmale/Schritte aufweist (*vgl.* An. X, Seite x, Zeilen x-y):

a) [*Merkmal A*]

b) [*Merkmal B*]

technischer Unterschied

Folglich **unterscheidet sich** der Gegenstand von Anspr. 1 des SP (strukturell/funktionell) von der Lehre in An. X lediglich durch das [Merkmal C].

ODER

Im **Unterschied** zu An. X schlägt das SP vor, das [*Merkmal C*] anstelle von [*Merkmal B*] zu verwenden.

technischer Effekt

Dieses Unterscheidungsmerkmal hat den **technischen Effekt**, dass […]

ODER

Das SP offenbart keine andere **technische Wirkung**, weshalb [*Merkmal C*] anstelle von [*Merkmal B*] eingesetzt wird.

objektiv technische Aufgabe,
G-VII,5.2

Ausgehend von An. X besteht die **objektiv technische Aufgabe** des SP darin, [*ein Erzeugnis zum …/ ein Verfahren zur Herstellung von …/ eine Verwendung von …*] bereitzustellen, welches diesen technischen Effekt aufweist.

ODER

Ausgehend von An. X ist die **objektiv technische Aufgabe** des SP, [*ein alternatives Erzeugnis zum …/ ein alternatives Verfahren zur Herstellung von …/ eine alternative Verwendung von …*] bereitzustellen.

Formulierungsvorschlag

Hinweis in An. X	**An. X in Kombination mit dem allgemeinen Fachwissen**
	An. X entnimmt der Fachmann keinen Hinweis zur Lösung der technischen Aufgabe.
Anreiz in An. X [optional]	Allerdings enthält bereits An. X für den Fachmann einen Anreiz, sich mit dieser Aufgabe zu beschäftigen, weil An. X in Abs. [*000X*] erörtert, dass

    a) Bedarf an einem [*Erzeugnis/Verfahren zum ...*] besteht, das einen [*Vorteil*] bietet.

    b) [*es von Vorteil/Nachteil*] wäre, wenn [...]

    c) ein Problem darin besteht, dass bei [...].

„Could/would approach", *G-VII,5.3*	Der Fachmann **könnte** hierzu An. Y konsultiert, da diese wie das SP ...

    a) dasselbe technische Gebiet betrifft, nämlich [*Gebiet*]

    b) dieselbe technische Aufgabe zugrunde liegt

ODER

An. Y beschäftigt sich mit einem [*Erzeugnis/Verfahren zum ...*]. Folglich ist die Lehre für einen Fachmann, der an einem [*Erzeugnis/Verfahren gemäß SP*] arbeitet, für die Lösung der Aufgabe relevant (, auch wenn sie in einer Fachzeitschrift veröffentlicht wurde, *vgl.* T676/94 und RiLi G-VII, 3.1).

Das in An. Y offenbarte [*Erzeugnis/Verfahren zum ...*] weist dabei das [*Merkmal C*] auf.

Hinweise im StdT	Der Fachmann würde auch erwarten, dass An. Y in Kombination mit An. X die objektiv technische Aufgabe löst, da An. Y dem Fachmann auch lehrt, dass

    a) das [*Merkmal C*] [*dazu geeignet ist/ dazu verwendet werden kann/ verhindert, dass ...*];

    b) das [*Erzeugnis nach SP*] häufig/üblicherweise auch als [*Erzeugnis nach An. X*] bezeichnet wird.

    c) bekannt ist, dass durch das [*Merkmal C*] der [*von An. X gewünschte technische Effekt*] eintritt/erzielt wird (*vgl.* An. Y, Seite y, Zeilen x-y).

technisches Hindernis	Somit besteht kein technisches Hindernis,

    a) Merkmal 3 an Stelle von [*Merkmal X*] einzusetzen;

    b) Merkmal 3 mit dem Gegenstand aus An. X zu kombinieren.

Fazit	Der Fachmann **würde** (nicht könnte) daher,

    a) Merkmal 2 durch Merkmal 3 ersetzen,

    b) Merkmal 3 aus An. Y mit dem [*Erzeugnis/Verfahren*] aus An. X kombinieren,

um zum Gegenstand von Anspruch 1 des SP zu gelangen.

Schlusssatz [optional]	Im Ergebnis beruht der Gegenstand von Anspr. 1 des SP gegenüber An. X iVm An. Y nicht auf einer erfinderischen Tätigkeit (Art.52(1), 56 EPÜ).

Teilaufgaben, *G-VII, 6 und 7*	**abhängiger Anspruch Y**
	Anspr. Y ist abhängig von Anspr. X, dessen Gegenstand nicht erfinderisch gegenüber der Kombination von An. X und An. Y ist, siehe oben.
	An. X ist gegenüber Anspr. Y aus demselben Grund wie gegenüber Anspr. X der **nächstliegender StdT**.
technischer Unterschied	Anspr. Y **unterscheidet** sich gegenüber An. X in folgenden zwei Merkmalen:

    a) [*Merkmal A*]

    b) [*Merkmal B*]

technischer Effekt	Der technische Effekt von [*Merkmal A*] besteht darin, dass [*Effekt angeben*], siehe oben.
	Das [Merkmal B] bewirkt, dass [*Effekt angeben*].
	Allerdings wirken die Unterscheidungsmerkmale [*A*] und [*B*] nicht derart zusammen, dass sich ein kombinatorischer technischer Effekt (**Synergieeffekt**) ergibt. Es handelt sich somit um eine bloße

Aneinanderreihung von Merkmalen (*vgl.* T389/86; T204/06) durch die eine Reihe von Teilaufgaben unabhängig voneinander gelöst werden soll.

Weil dem so ist, ist für jede Teilaufgabe separat zu beurteilen, ob die die Teilaufgabe lösende Merkmalkombination in naheliegender Weise aus dem StdT herleitbar ist [vgl. RiLi G-VII, 6 und 7].

objektiv technische Aufgabe

Ausgehend von An. X besteht die **erste objektiv technische Teilaufgabe** darin, …

Die Lösung der ersten technischen Teilaufgabe ergibt sich, wie oben ausgeführt, in naheliegender Weise aus An. Y.

In Bezug auf [*Merkmal B*] besteht die **zweite objektiv technische Teilaufgabe** ausgehend von An. X darin, …

Der Fachmann wäre motiviert gewesen, die zweite Teilaufgabe auf Basis von An. X zu lösen, weil es hier bereits heißt, dass […]
   a) Bedarf an einem [*Erzeugnis/Verfahren zum …*] besteht, das einen [*Vorteil*] bietet.
   b) [*es von Vorteil/Nachteil*] ist, wenn […]
   c) ein Problem darin besteht, dass bei […].

„Could/would approach",
G-VII,5.3

Der Fachmann hätte An. Z zur Lösung der Aufgabe berücksichtigt, weil diese genau wie das SP
   a) dasselbe technische Gebiet betrifft, nämlich [*Gebiet*]
   b) dieselbe technische Aufgabe zugrunde liegt

Hinweise im StdT

Die Lösung der zweiten Teilaufgabe ergibt sich in naheliegender Weise aus An. Z, wo das [*Merkmal B*] in Zusammenhang mit [*Effekt*] offenbart ist.

Der Fachmann würde deshalb ohne Weiteres zur Lösung der zweiten technischen Teilaufgabe [*Merkmal B*] aus An. Z heranziehen.

Schlusssatz [optional]

Im Ergebnis beruht der Gegenstand von Anspruch 2 gegenüber An. X in Verbindung mit An. Y bzw. An. Z nicht auf einer erfinderischen Tätigkeit.

Schlussformel

Aufgrund des oben Gesagten ist das SP in vollem Umfang zu widerrufen, da die Gründe des Art.100 a) iVm 52(1), 54, 56 EPÜ und Art. 100 c) iVm Art.123(2) EPÜ vorliegen.

Unterschrift
Erfordernis nach D-III, 3.4

Formulierungsvorschlag

Beispielantrag – Einlegen eines Einspruchs

Europäisches Patentamt / European Patent Office / Office européen des brevets

Einspruch gegen ein europäisches Patent

I. Angegriffenes Patent

Patentnummer	EP 1 234 567
Anmeldenummer	12 345 678
Tag des Hinweises auf Erteilung im Europäischen Patentblatt (Art. 97 (3), Art. 99 (1) EPÜ)	TT MM JJJJ
Bezeichnung der Erfindung (Titel):	Titel

II. In der Patentschrift als Erster genannter Patentinhaber

Firma X

Zeichen des Einsprechenden oder Vertreters (max. 15 Positionen)

III. Einsprechender

Name	Firma Y
Anschrift	PLZ Stadt Staat der Firma Y
Zustellanschrift	
Staat des Wohnsitzes oder Sitzes	Staat
Staatsangehörigkeit	
Telefon/Fax	
Gemeinsamer Einspruch (Miteinsprechende siehe Zusatzblatt)	

IV. Bevollmächtigung

1. Vertreter (Nur einen Vertreter oder den Namen des Zusammenschlusses angeben, an die zugestellt werden soll)

Name des Vertreters

Zeichen des Einsprechenden

1

Geschäftsanschrift

PLZ Stadt
Vertragsstaat des Vertreters

Telefon/Fax

Weitere zugelassene Vertreter (siehe Zusatzblatt/Vollmacht)

2. Angestellte(r) des Einsprechenden, die/der für dieses Einspruchsverfahren gemäß Art. 133 (3) EPÜ bevollmächtigt werden/wird

Vollmacht(en) zu 1./2.   nicht erforderlich ⊗ *nicht zugelassener Vertreter*

registriert unter Nr.

beigefügt

V. Der Einspruch richtet sich gegen das erteilte Patent

- im gesamten Umfang ⊗ *weil Ansprüche angegriffen werden*
- im Umfang der Ansprüche Nr.

VI. Einspruchsgründe:

Der Einspruch wird darauf gestützt, dass

a) der Gegenstand des europäischen Patents nicht patentfähig ist (Art. 100 (a) EPÜ), weil er

- nicht neu ist (Art. 52 (1); Art. 54 EPÜ) ⊗
- nicht auf einer erfinderischen Tätigkeit beruht (Art. 52 (1); Art. 56 EPÜ) ⊗
- aus sonstigen Gründen von der Patentierbarkeit ausgeschlossen ist, nämlich wegen   Art.

b) das europäische Patent die Erfindung nicht so deutlich offenbart, dass ein Fachmann sie ausführen kann (Art. 100 b) EPÜ; vgl. Art. 83 EPÜ).

c) der Gegenstand des europäischen Patents über den Inhalt der Anmeldung/der früheren Anmeldung in der ursprünglich eingereichten Fassung hinausgeht (Art. 100 c) EPÜ, vgl. Art. 123 (2) EPÜ). ⊠ *nur bei unzulässiger Änderung von Ansprüchen/Beschreibung (Art. 123(2) oder Art. 76(1) EPÜ)*

VII. Tatsachenvorbringen (Regel 76 (2) c) EPÜ) erfolgt auf gesondertem Schriftstück (Anlage 1) ⊠

VIII. Sonstige Anträge:

Hilfsweise wird eine mündliche Verhandlung nach Art. 116 EPÜ beantragt, wenn nicht dem Hauptantrag entsprochen wird.

Zeichen des Einsprechenden

2

IX. Beweismittel

Beweismittel	sind beigefügt	
	werden nachgereicht	

A. Veröffentlichungen:

1
Besonders relevant (Seite/Spalte/Zeile/Fig.):

2
Besonders relevant (Seite/Spalte/Zeile/Fig.):

3
Besonders relevant (Seite/Spalte/Zeile/Fig.):

4
Besonders relevant (Seite/Spalte/Zeile/Fig.):

5
Besonders relevant (Seite/Spalte/Zeile/Fig.):

6
Besonders relevant (Seite/Spalte/Zeile/Fig.):

Fortsetzung auf Zusatzblatt

B. Sonstige Beweismittel

Weitere Angaben auf Zusatzblatt

Zeichen des Einsprechenden

3

X. Zahlung der Einspruchsgebühr erfolgt

- wie auf beigefügtem Gebührenzahlungsvordruck (EPA Form 1010) angegeben
- über die Online-Dienste des EPA

XI. Liste der Unterlagen

Anlage Nr.:

0	Einspruchsformblatt	⊠	
1	Tatsachenvorbringen (s. VII.)	⊠	
2	Kopien von als Beweismittel angegebenen (s. IX.)		
a	Veröffentlichungen		
b	sonstigen Unterlagen		
3	Unterzeichnete Vollmacht(en) (s. IV.)		
4	Gebührenzahlungsvordruck (s. X.)		
5	Zusatzblatt (Zusatzblätter)		Blattzahl
6	Sonstige Unterlagen		

Bitte einzeln anführen:

XII. Unterschrift des Einsprechenden oder Vertreters

Ort	Stadt
Datum	
Unterschrift(en)	

Name des (der) Unterzeichneten (in Druckschrift)

Name des Vertreters

Bei juristischen Personen die Stellung des (der) Unterzeichneten innerhalb der Gesellschaft angeben.

Zeichen des Einsprechenden

4

Teil D I
Übersicht zum EPÜ
Ablauf · Gebühren · Fristen

Übersicht Europäische Anmeldung · PCT-Anmeldung

		Europäische Anmeldung (ePA)	Internationale Anmeldung (PCT-Anmeldung, iPA)
1	**Gesetzliche Grundlage**	Europäisches Patentübereinkommen (EPÜ) (engl. European Patent Convention (EPC))	Vertrag über die internationale Zusammenarbeit auf dem Gebiet des Patentwesens (engl. Patent Cooperation Treaty (PCT))
2	**generelle Zuständigkeit**	Europäisches Patentamt (EPA) (engl. European Patent Office (EPO)) Sitz: Berlin, München (BRD), Den Haag (Niederlande)	World Intellectual Property Organisation (WIPO) Sitz: Genf (Schweiz)
3	**Staaten**	38 Vertragsstaaten 2 Validierungsstaaten 2 Erstreckungsstaaten	148 Vertragsstaaten
4	**Verfahrensschritte**	▪ Einreichung UND Eingangsprüfung ⏎S.77 ▪ Formalprüfung ⏎S.83 ▪ Erteilungsverfahren (Recherche, Sachprüfung) ⏎S.105 ▪ Einspruch ⏎S.117 ▪ Beschwerde ⏎S.135 ▪ Beschränkungs-/Widerrufsverfahren ⏎S.131	**Kapitel I** Einreichung und Eingangsprüfung ⏎S.220 Internationale Recherche (engl. International Search, IS) ⏎S.228 Ergänzende Internationale Recherche (engl. Supplementary International Search, SIS) ⏎S.232 **Kapitel II** Internationale Vorläufige Prüfung (engl. International Preliminary Examination, IPE) ⏎S.236
5	**Zeitraum**	abhängig von Dauer Prüfungsverfahren und Dauer eines eventuellen Einspruchs(beschwerde-)verfahrens Laufzeit EP-Patent: max. 20 Jahre [Art.63]	30 bis 31 Monate
6	**Resultat**	Europäisches Patent (EP-Patent), validierbar in den gewünschten Vertragsstaaten, woraus einzelne nationale Patente resultieren	Internationaler Vorläufiger Bericht zur Patentfähigkeit (engl. International Preliminary Report on Patentability, IPRP) ergeht, Eintritt in nationale/regionale Phase UND Beginn des dortigen Prüfungsverfahrens
7	**Recht auf das Patent** A-IV,2	Erfinder [Art.60(1)S.1] oder sein Rechtsnachfolger [Art.60(1)S.1] „first-to-file"-Prinzip: bei mehreren Erfindern steht das Recht demjenigen zu, dessen Anmeldung den frühesten AT hat [Art.60(2)]. grds. ist Anmelder der ePa [Art.60(3)] bzw. der im Register neu eingetragene Anmelder [Art.60(3)] iVm R.22(3) [111] berechtigt, das Recht auf das ePa geltend zu machen	
8	**Verfahrensablauf**	Fig.2: Verfahrensablauf im EPÜ.	Fig.3: Verfahrensablauf im PCT.

[111] bestreitet urspr. eingetragener Anmelder nachträglich den Rechtsübergang, so wird bis zum Nachweis der tatsächlichen Rechtslage der urspr. Registerstatus wiederhergestellt [E-XII,3].

Staaten des EPÜ

Vertragsstaaten (38) [112] (Staaten, in denen EPÜ anwendbar und ePa Wirkung entfalten können)

ID	VStaat	Amtssprache	Beitritt	ID	VStaat	Amtssprache	Beitritt
AL	Albanien	AL	1.05.10	IT	Italien	IT	1.12.78
AT	Österreich	DE	1.05.79	LI	Liechtenstein [113]	DE	1.04.80
BE	Belgien	FR, NL, DE	7.10.77	**LT**	Litauen	LT	1.12.04
BG	Bulgarien	BG	1.07.02	LU	Luxemburg	DE, FR, LU	7.10.77
CH	Schweiz [113]	DE, FR, IT	7.10.77	**LV**	Lettland	LV	1.07.05
CY	Zypern	GR	1.04.88	MC	Monaco	FR	1.12.91
CZ	Tschechische Republik	CZ	1.07.02	MK	Republik Mazedonien	MK	1.01.09
DE	Deutschland	DE	7.10.77	**MT**	Malta	MT, EN	1.03.07
DK	Dänemark [114]	DK	1.01.90	**NL**	Niederlande [115]	NL	7.10.77
EE	Estland	EE	1.07.02	NO	Norwegen	NO	1.01.08
ES	Spanien	ES	1.10.86	PL	Polen	PL	1.03.04
FI	Finnland	FI, SE	1.03.96	PT	Portugal	PT	1.01.92
FR	Frankreich [116]	FR	7.10.77	RO	Rumänien	RO	1.03.03
GB	Großbritannien [117]	EN	7.10.77	RS	Serbien	RS	1.10.10
GR	Griechenland	GR	1.10.86	SE	Schweden	SE	1.05.78
HR	Kroatien	HR	1.01.08	**SI**	Slowenien	SI	1.12.02
HU	Ungarn	HU	1.01.03	SK	Slowakei	SK	1.07.02
IE	Irland	IE, EN	1.08.92	SM	San Marino	IT	1.07.09
IS	Island	IS	1.11.04	TR	Türkei	TK	1.11.00

Erstreckungsstaaten (2) [118] (Staaten, in denen europäische Patente auf Antrag Wirkung entfalten können)

ID	Staat	Amtssprache	Beitritt
BA	Bosnien und Herzegowina	BA, RS, HR	1.12.04

ID	Staat	Amtssprache	Beitritt
ME	Montenegro	ME	1.3.10

Validierungsstaaten (2) [118]

ID	Staat	Amtssprache	Beitritt
MA	Marokko	Arabisch	1.3.15

ID	Staat	Amtssprache	Beitritt
MD	Republik Moldau	RO	1.11.15

Fig.4: Vertrags-/Erstreckungs-/Validierungsstaaten (Quelle: epo.org).

fettgedruckt: Staaten die aus PCT-Verfahren nur über EURO-PCT erreichbar sind [WIPO Annex B]

[112] mit Anmeldeantrag für ePa/EURO-PCT gelten alle Vertragsstaaten als benannt, die EPÜ im Zeitpunkt der Antragsstellung angehören [**Art.79(1)**].
[113] Benennung dieses Staates gilt als gemeinsame Benennung Schweiz/Liechtensteins [**ABl.1980,407**].
[114] ausgenommen Grönland und die Färöer.
[115] EPÜ anwendbar auf Sint Maarten, Curaçao, Bonaire, St. Eustatius und Saba, jedoch nicht auf Aruba.
[116] EPÜ anwendbar auf Gebiet der Französischen Republik einschließlich der Überseeterritorien.
[117] Nach Erteilung des EP-Patents kann Registrierung in Überseegebieten beantragt werden [**ABl.2004,179** und **ABl.2009,546**].
[118] EPÜ, EPÜAO und GebO gelten nicht für Erstreckungs-/Validierungssysteme bzw. nur insoweit, als diese in nat. Rechtsvorschriften vorgesehen sind. ACHTUNG: EPÜ-Rechtsbehelfe (WE/WB/Umwandlung) und Beschwerde nicht zulässig [**J14/00**, **J4/05**, **J22/10**]; z.B.: [1] bei nicht fristegerechter Entrichtung Erstreckungs-/Validierungsgebühr [A-III,12.2]; [2] Einreichung separater Patentansprüche/Beschreibung/Zeichnungen nach **R.138** [H-III,4,5].

EPÜ 2000

Artikel 14[11], [12]
Sprachen des Europäischen Patentamts, europäischer Patentanmeldungen und anderer Schriftstücke

(1) Die Amtssprachen des EPA sind Deutsch, Englisch und Französisch.

(2) Eine europäische Patentanmeldung ist in einer Amtssprache einzureichen oder, wenn sie in einer anderen Sprache eingereicht wird, nach Maßgabe der Ausführungsordnung in eine Amtssprache zu übersetzen. Diese Übersetzung kann während des gesamten Verfahrens vor dem EPA mit der Anmeldung in der ursprünglich eingereichten Fassung in Übereinstimmung gebracht werden. Wird eine vorgeschriebene Übersetzung nicht rechtzeitig eingereicht, so gilt die Anmeldung als zurückgenommen.

(3) Die Amtssprache des EPA, in der die europäische Patentanmeldung eingereicht oder in die sie übersetzt worden ist, ist in allen Verfahren vor dem EPA als Verfahrenssprache zu verwenden, soweit die Ausführungsordnung nichts anderes bestimmt. [...]

[11] Geändert durch die Akte zur Revision des EPÜ vom 29.11.2000.
[12] Siehe hierzu Entscheidungen GBK G6/91, G2/95, G4/08 (Anhang I).

Artikel 58[48]
Recht zur Anmeldung europäischer Patente

Jede natürliche oder juristische Person und jede Gesellschaft, die nach dem für sie maßgebenden Recht einer juristischen Person gleichgestellt ist, kann die Erteilung eines europäischen Patents beantragen.

[48] Siehe hierzu Entscheidungen GBK G3/99, **G2/04** (Anhang I).

Artikel 70[63], [64]
Verbindliche Fassung einer europäischen Patentanmeldung oder eines europäischen Patents

(1) Der Wortlaut einer europäischen Patentanmeldung oder eines europäischen Patents in der Verfahrenssprache stellt in Verfahren vor dem EPA sowie in jedem Vertragsstaat die verbindliche Fassung dar.

(2) Ist die europäische Patentanmeldung jedoch in einer Sprache eingereicht worden, die nicht Amtssprache des EPAs ist, so ist dieser Text die ursprünglich eingereichte Fassung der Anmeldung im Sinne dieses Übereinkommens. [...]

[63] Geändert durch die Akte zur Revision des EPÜ vom 29.11.2000.
[64] Siehe hierzu Entscheidung GBK G1/10 (Anhang I).

Artikel 75[65]
Einreichung der europäischen Patentanmeldung

(1) Die europäische Patentanmeldung kann eingereicht werden:
a)[66] beim EPA oder
b) vorbehaltlich des Art.76(1) bei der Zentralbehörde für den gewerblichen Rechtsschutz oder bei anderen zuständigen Behörden eines Vertragsstaats, wenn das Recht dieses Staats es gestattet. Eine in dieser Weise eingereichte Anmeldung hat dieselbe Wirkung, wie wenn sie an demselben Tag beim EPA eingereicht worden wäre.

(2) Absatz 1 steht der Anwendung der Rechts- und Verwaltungsvorschriften nicht entgegen, die wegen ihres Gegenstands nicht ohne vorherige Zustimmung der zuständigen Behörden dieses Staats ins Ausland übermittelt werden dürfen, oder

b) bestimmen, dass Patentanmeldungen zuerst bei einer nationalen Behörde eingereicht werden müssen, oder die unmittelbare Einreichung bei einer anderen Behörde von einer vorherigen Zustimmung abhängig machen.

[65] Geändert durch die Akte zur Revision des EPÜ vom 29.11.2000.
[66] Siehe hierzu BdP, Sonderausgabe Nr. 3, ABl. EPA 2007, A.1.

Artikel 76[67], [68]
Europäische Teilanmeldung

(1) Eine europäische Teilanmeldung ist nach Maßgabe der Ausführungsordnung unmittelbar beim Europäischen Patentamt einzureichen. Sie kann nur für einen Gegenstand eingereicht werden, der nicht über den Inhalt der früheren Anmeldung in der ursprünglich eingereichten Fassung hinausgeht; soweit diesem Erfordernis entsprochen wird, gilt die Teilanmeldung als an dem Anmeldetag der früheren Anmeldung eingereicht und genießt deren Prioritätsrecht.

(2) In der europäischen Teilanmeldung gelten alle Vertragsstaaten als benannt, die bei Einreichung der Teilanmeldung auch in der früheren Anmeldung benannt sind.

[67] Geändert durch die Akte zur Revision des EPÜ vom 29.11.2000.
[68] Siehe hierzu die Stellungnahme/Entscheidung GBK G4/98, G1/05, G1/06.

Artikel 80[74], [75]
Anmeldetag

Der Anmeldetag einer europäischen Patentanmeldung ist der Tag, an dem die in der Ausführungsordnung festgelegten Erfordernisse erfüllt sind.

[74] Geändert durch die Akte zur Revision des EPÜ vom 29.11.2000.
[75] Siehe hierzu Entscheidung/Stellungnahme GBK G2/95, G4/98 (Anhang I).

EPÜAO

Regel 2[1]
Einreichung von Unterlagen; Formvorschriften

(1)[2] Im Verfahren vor dem EPA können Unterlagen durch unmittelbare Übergabe, durch Postdienste oder durch Einrichtungen zur elektronischen Nachrichtenübermittlung eingereicht werden. Der Präsident des EPAs legt die näheren Einzelheiten und Bedingungen sowie gegebenenfalls besondere formale und technische Erfordernisse für die Einreichung von Unterlagen fest. Er kann insbesondere bestimmen, dass eine Bestätigung nachzureichen ist. Wird diese Bestätigung nicht rechtzeitig eingereicht, so wird die europäische Patentanmeldung zurückgewiesen; nachgereichte Unterlagen gelten als nicht eingegangen. [...]

Regel 3[3]
Sprache im schriftlichen Verfahren

(1) Im schriftlichen Verfahren vor dem EPA kann jeder Beteiligte sich jeder Amtssprache des EPA bedienen. Die in Art.14(4) vorgesehene Übersetzung kann in jeder Amtssprache des EPA eingereicht werden. [...]

[3] Siehe hierzu Entscheidungen GBK G3/99 (Anhang I).

Regel 35[36]
Allgemeine Vorschriften

(1) Europäische Patentanmeldungen können schriftlich beim EPA in München, Den Haag oder Berlin oder bei den in Art.75(1) b) genannten Behörden eingereicht werden.

(2) Die Behörde, bei der die europäische Patentanmeldung eingereicht wird, vermerkt auf den Unterlagen der Anmeldung den Tag des Eingangs dieser Unterlagen und erteilt dem Anmelder unverzüglich eine Empfangsbescheinigung, die zumindest die Nummer der Anmeldung, die Art und Zahl der Unterlagen und den Tag ihres Eingangs enthält.

(3) Wird die europäische Patentanmeldung bei einer in Art.75(1) b) genannten Behörde eingereicht, so unterrichtet diese Behörde das EPA unverzüglich vom Eingang der Anmeldung und teilt ihm insbesondere die Art der Unterlagen und den Tag ihres Eingangs, die Nummer der Anmeldung und gegebenenfalls jeden beanspruchten Prioritätstag mit.

(4) Hat das EPA eine europäische Patentanmeldung durch Vermittlung der Zentralbehörde für den gewerblichen Rechtsschutz eines Vertragsstaats erhalten, so teilt es dies dem Anmelder unter Angabe des Tages mit, an dem sie bei ihm eingegangen ist.

Regel 36[37]
Europäische Teilanmeldungen

(1)[38],[39] Der Anmelder kann eine Teilanmeldung zu jeder anhängigen früheren europäischen Patentanmeldung einreichen.

(2)[40] Eine Teilanmeldung ist in der Verfahrenssprache der früheren Anmeldung einzureichen. Sie kann, wenn Letztere nicht in einer Amtssprache des EPA abgefasst war, in der Sprache der früheren Anmeldung eingereicht werden; eine Übersetzung in der Verfahrenssprache der Teilanmeldung ist innerhalb von zwei Monaten nach Einreichung der Teilanmeldung nachzureichen. Die Teilanmeldung ist beim EPA in München, Den Haag oder Berlin einzureichen.

(3) Die Anmeldegebühr und die Recherchengebühr sind für die Teilanmeldung innerhalb eines Monats nach ihrer Einreichung zu entrichten. Wird die Anmeldegebühr oder die Recherchengebühr nicht rechtzeitig entrichtet, so gilt die Anmeldung als zurückgenommen.

(4)[41] Die Benennungsgebühr ist innerhalb von sechs Monaten nach dem Tag zu entrichten, an dem im Europäischen Patentblatt auf die Veröffentlichung des europäischen Recherchenberichts zu der Teilanmeldung hingewiesen worden ist. R.39(2) und (3) ist anzuwenden.

[37] Siehe hierzu Entscheidungen GBK G1/05, G1/06, G1/09 (Anhang I).
[38] Geändert durch BdV CA/D 15/13 vom 16.10.2013 (ABl.2013, 501), in Kraft getreten am 01.04.2014.
[39] Siehe auch Mitteilung des EPA, ABl.2014, A22 (Korr. ABl.2014, A109).
[40] Geändert durch BdV CA/D 2/09 vom 25.03.2009 (ABl.2009, 296), in Kraft getreten am 01.04.2010.
[41] Geändert durch Beschluss des Verwaltungsrats CA/D 4/08 vom 21.10.2008 (ABl.2008, 513), in Kraft getreten am 01.04.2009.

Regel 40[47]
Anmeldetag

(1) Der Anmeldetag einer europäischen Patentanmeldung ist der Tag, an dem die vom Anmelder eingereichten Unterlagen enthalten:
a) einen Hinweis, dass ein europäisches Patent beantragt wird;
b) Angaben, die es erlauben, die Identität des Anmelders festzustellen oder mit ihm Kontakt aufzunehmen;
c) eine Beschreibung oder eine Bezugnahme auf eine früher eingereichte Anmeldung. [...]

[47] Siehe hierzu Entscheidung/Stellungnahme GBK G2/95, G4/98 (Anhang I).

Einreichung einer ePa

Eingangsstelle; Formalsachbearbeiter Art.90(1) iVm R.55, A-II

		Norm	zu erbringende Handlung	Frist	Nachfrist	Rechtsfolge	Rechtsbehelf
10	**Anmelder** [119] A-II,2	**Art.58**	jede nat. oder jur. Person und jede Personengesellschaft [120] **Art.58**				WB (–), **Art.121(4), R.135(2)**
11	**Anmeldeamt** A-II,1	**Art.75(1)** iVm **R.35(1)**	beim EPA (München, Den Haag, Berlin, nicht Wien) [122] **Art.75(1)a**; bei nat. Zentralbehörde oder beim PIZ [123] **Art.75(1)b**				WE (–), da ePa noch nicht anhängig [J3/80]
12	**Art der Einreichung** ⊘S.170 A-II,1	**R.2(1)**	schriftlich in Papierform oder auf elektr. Datenträger **R.35(1)**; **unmittelbar** (ET: Tag des Einwurfs/Tag der Übergabe) **R.2(1) iVm ABl.1992,306**; **per Post** (ET: Tag des Eingangs) **R.2(1) iVm ABl.1992,306**; **per elektr. Nachrichtenübermittlung** [124] (Fax [125] oder Online) (ET: Tag vollständiger Übermittlung) **R.2(1) iVm ABl.2007S3,A.3 ODER ABl.2009,182; ABl.2014,A97, A98**	am selben Tag	keine	(+) Festlegung »Tag des Eingangs« (ET) auf den Unterlagen **UND** unverzügliche Empfangsbescheinigung des EPA an Anmelder mit: [1] Anmeldenummer, [2] Art und Zahl der Unterlagen, [3] Tag des Eingangs **R.35(2); A-II, 3.1**	Umwandlung (–) [121] **Art.135(1)a** ABER Beschwerde (+) nach R.112(2)-Entscheidung **Art.106(1), R.112(2)** ODER Neueinreichung
13	**Erforderliche Angaben für AT** [126] A-II,4.1	**Art.80** iVm **R.40(1)**	a) Hinweis auf Beantragung einer ePa **R.41(2)a** (formlos möglich; Erteilungsantrag EPA Form 1001 empfehlenswert); b) Angaben zur Anmelderidentität [127] **R.41(2)c**; c) Beschreibung ODER Bezugnahme auf frühere Anmeldung (ABER: keine Ansprüche) **R.40(1) und Art.5 PLT**	am selben Tag bzw. Anmelderidentität von selbst binnen 2 M nach ET **A-II,4.1.4**	**2 M nach R.55-Mitt.** +10Tage ABER Neufestsetzung des AT **R.55**	(+) Zuerkennung des AT **R.40(1)**; (–) kein AT zuerkannt und Anmeldung wird nicht als ePa behandelt **Art.90(2)** R.112(1)-Mitt. BF UND Rückzahlung bereits entrichteter Gebühr R.112(1); A-II, 4.1.4	
14	**Sprache** A-VII,1.1	**Art.14 R.3(1)**	jede Amtssprache (DE, EN, FR) ODER jeder beliebigen Sprache [128] **Art.14(2), R.3(1)**	ggf. Übersetzung in eine Amtssprache binnen 2 M nach ET [129] **Art.14(2), R.6(1)**	2 M nach Auff. +10Tage **Art.90(4), R.58** iVm R.57a	(+) gewählte Amtssprache wird Verfahrenssprache ABER Wortlaut der ePa in eingereichter Sprache ist die »urspr. eingereichte Fassung« **Art.14(3)** iVm **Art.70(1) & (2)**; (–) Anmeldung gilt als zurückgenommen BF UND R.112(1)-Rechtsverlustmitt. **Art.90(5) iVm Art.14(2)**	WB (–) **Art.121(4), R.135(2)**; WE (+) **Art.122(1), R.136(1)**

[119] EINREICHUNG: durch Einzelperson ODER mehrere verschiedene Personen für gleiche ODER verschiedene Vertragsstaaten [**Art.59**]; dabei gelten verschiedene Anmelder/Inhaber einer ePa vor EPA als »gemeinsame Anmelder« [**Art.118**, A-II, 1.2]; VERTRETUNG: Vertretungszwang für Anmelder ohne Sitz/Wohnsitz in EPÜ-Vertragsstaat, d.h. Vertretung zur Vornahme weiterer Handlungen erforderlich [**Art.133(2)**].

[120] Recht auf EP-Patent steht nur Erfinder oder seinem Rechtsnachfolger zu [**Art.60(1)**]; vorbehaltlich **Art.61** gilt Anmelder als berechtigt, das Recht auf das EP-Patent geltend zu machen [**Art.60(1)**].

[121] UNTERBLEIBT WEITERLEITUNG VON NAT. ZENTRALBEHÖRDE: kann Umwandlungsantrag gestellt werden, da ePa als zurückgenommen gilt [**Art.135(1)a**] iVm **Art.77(3)** A-II,1.7].

[122] AUSGENOMMEN: EPÜ-Vertragsstaaten, die nach nat. Recht verlangen, dass ePa/iPa als Erstanmeldung beim nat. Amt einzureichen ist: CY, BG, ES, FR, GR, IT, MT, PL, PT, SE, HU [**Art.75(2), NatR II, Ziffern 2 und 5**].

[123] AUSGENOMMEN: NL, AL müssen direkt beim EPA einreichen; TA UND **Art.61(1)b)**-Neuanmeldung nicht bei nat. Behörde einreichbar; WEITERLEITUNG ePa durch nat. Behörde an EPA nach **Art.77: 6 W** nach ET, wenn Gegenstand offensichtlich nicht geheimhaltungsbedürftig [**R.37(1)a)**] ODER **4 M** nach ET, wenn geprüft werden muss, ob ePa geheimhaltungsbedürftig [**R.37(1)b)**].

[124] UNZULÄSSIG: Email, Diskette, Teletex, Telegramm, Fernschreiben o.ä. [**ABl.2012, 348**].

[125] MANGELHAFTE QUALITÄT: binnen **2 M** +10Tage ab Mitt. ist Bestätigungsschreiben nachzureichen, sonst gilt Fax als nicht eingegangen [**R.2(1), ABl.2007S3, A.3**, A-VIII, 2.5]; keine Vollmachten und Priobelege [**ABl.2007S3,A.1**].

[126] Prüfung durch Eingangsstelle [**R.10(1) iVm Art.90(1)**].

[127] erfüllt, wenn zweifelsfrei aus sämtlichen Angaben in eingereichten Unterlagen entnehmbar; bei mehreren Anmeldern genügt zweifelsfrei erkennbare Angabe zu einem Anmelder [**J22/03**]; UNTERSCHIEDLICHE SPRACHE (EINZELNER) BESTANDTEILE der ePa zulässig und sind durch Übersetzung in eine Sprache korrigierbar [**J7/80**].

[128] Beschreibung und Ansprüche müssen in derselben Sprache eingereicht werden [**R.6(1)**].

[129] AUSGENOMMEN: [1] 1 M nach Mitt. über Antrag auf Akteneinsicht Dritter [**Art.128(2)**] ODER [2] bis Antrag auf vorzeitige Veröff. [**Art.93(1)(b)**].

Einreichung einer Anmeldung mit Bezugnahme auf frühere Anmeldung

Art.75, R.40(1) c) bis (3), A-II, 4.1.3.1

		Norm	zu erbringende Handlung	Frist	Nachfrist	Rechtsfolge	Rechtsbehelf
15	Voraussetzung		früher eingereichte Patent-/GebrM-Anmeldung [muss nicht anhängig sein]	»jederzeit«	--		--
16	Anmelder	R.40(1)b	jede nat. oder jur. Person und jede Personengesellschaft [130]		2 M ab ET ABER »von sich aus« UND Festsetzung eines neuen AT	(+) AT zuerkannt R.40(1)	--
17	Anmeldeamt (A-II,1)	Art.75(1) iVm R.35(1)	beim EPA (München, Den Haag, Berlin, nicht Wien) [131] Art.75(1)a / bei nat. Zentralbehörde oder beim PIZ [132] Art.75(1)	am Tag der Einreichung	--	UND Bezugnahme ersetzt Beschreibung UND Zeichnungen (ggf. Ansprüche) R.57c)	
18	Art der Einreichung (S.170)	R.40(1)a	schriftlicher Antrag in Papierform oder auf elektr. Datenträger (EPA Form 1001 unter Nummer 26.1 empfehlenswert) R.35(1)		2 M nach R.55-Mitt. +10Tage	(–) kein AT zuerkannt und Anmeldung nicht als ePa behandelt R.90(2) UND R.112(1)-Rechtsverlustmitt. BF UND Gebührenrückerstattung, A-II, 4.1.4	WB (–) Art.121(4), R.135(2)
19	Erforderliche Angaben für AT	R.40(1) c) iVm R.40(2)	a) AT und Aktenzeichen früherer Anmeldung b) Anmeldeamt früherer Anmeldung c) Hinweis, dass Bezugnahme Beschreibung und ggf. Zeichnungen ersetzt		ABER Festsetzung eines neuen AT R.55		WE (+) in die Frist zur Mängelbeseitigung;
		R.40(3)S.1	d) beglaubigte Abschrift [133]	2 M ab Einreichung R.40(3)	2 M nach R.55-Mitt. +10Tage, ohne Verschiebung AT A-II, 4.1.5	(–) Anmeldung wird zurückgewiesen BF UND R.112(1)-Mitt. Art.90(5)	Beschwerde (+) Art.106(1), R.112(2) ODER
	(A-II,4.1.3.1)	Art.90	e) ggf. Bezugnahme auf Ansprüche (Angabe auf Antrag) [134] R.57c), H-IV, 2.3.1		2 M nach R.58-Mitt. +10Tage		Neueinreichung
20	Sprache (Antrag und Abschrift) A-VII,1.2	R.40(3)S.2	ggf. Übersetzung in eine Amtssprache binnen 2 M nach ET [136] R.40(3) S.2 / jede Amtssprache (DE, EN, FR) ODER jede beliebige Sprache [135] Art.14(2) iVm R.40(3) S.2		2 M nach R.58-Mitt. +10Tage R.58 iVm R.57a)	(–) Anmeldung gilt als zurückgenommen BF UND R.112(1)-Mitt. Art.90(5) iVm Art.14(2), R.112(1)	

[130] ANMELDER: berechtigt Dritte zur Anmeldung ePa unter Bezugnahme auf eine frühere Anmeldung unter Erhalt eines gültigen AT [A-II, 4.2.1].

[131] AUSGENOMMEN: EPÜ-Vertragsstaaten, die nach nat. Recht verlangen, dass ePa beim nat. Amt einzureichen ist: BG, FR, GR, IT, PL, PT, SE, ES, HU, CY [Art.75(2)], NatR II, Ziffern 2 und 5].

[132] WEITERLEITUNG ePA: an EPA nach Art.77: 6 W nach dem Tag der Einreichung, wenn Gegenstand offensichtlich nicht geheimhaltungsbedürftig [R.37(1)a)] ODER 4 M, wenn geprüft werden muss, ob ePa geheimhaltungsbedürftig ODER 14 M nach PT, wenn Prio. in Anspruch genommen wurde [R.37(1)b)]; AUSGENOMMEN: NL, AL.

[133] ENTFÄLLT, wenn frühere Anmeldung ePa ODER PCT-Anmeldung beim EPA eingereicht [R.53(2) iVm ABl.2009, 486]. TA: EPA nimmt automatisch Abschrift zur Akte der TA [A-II, 4.1.3.1].

[134] ALTERNATIVEN: (i) Bezugnahme auch auf Ansprüche; (ii) Einreichen neuer Ansprüche am ET oder (iii) Einreichen neuer nach ET bis 2M nach R.58-Mitt. +10Tage [H-IV,2.3.1].

[135] ZURÜCKNAHME: liegt Übersetzung der früheren Anmeldung ePa beim EPA vor, wird diese gebührenfrei in Akte genommen; nicht fristgerechte Einreichung hat keine Auswirkung auf den Anmeldetag; GEBÜHRENERMÄßIGUNG: 30%-Ermäßigung der Anmeldegebühr bei Einreichung in Nichtamtssprache für KMUs, natürliche Personen und non-profit Organisationen mit Wohnsitz/Sitz in EPÜ-Vertragsstaat [R.6(3)]; BESTANDTEILE der ePa können andere Sprache aufweisen und sind durch Übersetzung in eine Sprache korrigierbar [J7/80].

[136] AUSGENOMMEN: [1] 1 M nach Mitt. über Antrag auf Akteneinsicht Dritter [Art.128(2)] ODER [2] bis Antrag auf vorzeitige Veröff. [Art.93(1)b)].

Einreichung einer ePa

Einreichung einer Teilanmeldung (TA) [137]   Art.76 iVm R.36; A-IV, 1

	Norm	Erfordernis	Frist	Nachfrist	Rechtsfolge	Rechtsbehelf
21	**Voraussetzungen** Art.76 iVm R.36(1) A-IV, 1.1.1	i) anhängige frühere ePa [138]; [139] (materiellrechtl. Bedingung zur Einreichung einer TA) **Art.76(1), R.36(1); G1/09; J18/09** ii) Inhalt der TA darf nicht über Inhalt der vorangehenden Anmeldung in urspr. eingereichte Fassung (Stammanmeldung) hinausgehen [140] **Art.76(1) S.2, G1/05, G1/06**	»jederzeit«	keine	(+) TA erhält AT bzw. PT [143] früherer ePa **Art.76(1) iVm Art.4G PVÜ** UND alle Vertragsstaaten der Stammanmeldung gelten als benannt (Nachbenennung nicht möglich [G4/98]) **Art.76(2),** A-IV,1.3.5	**WB (+)**; **WE (−)**
22	**Anmelder** A-IV, 1.1.3	nur im EP-Patentregister eingetragene Anmelder (Rechtsübergang muss am ET wirksam sein [R.22]) Anmeldergemeinschaft: nur von **allen** Anmeldern gemeinschaftlich [J2/01]	1) bis **1 Tag vor** [141] Hinweis auf Erteilung ePa **Art.97(3)** 2) **bis zum Ablauf** der unbenutzten Beschwerdefrist (2 M ab Zustellung d. Entscheidung, **Art.108**) bei Zurückweisung [142] **G1/09** 3) **noch am Tag** der Zurücknahme der ePa		⊖ keine Zulassung als TA, d.h. **keine** Anerkennung AT und ggf. PT früherer ePa **ABER** Zurückzahlung bereits entrichteter Gebühren gem. **R.36(3) & R.36(4)** **T11/91**	WB (−), da keine Frist iSv **Art.122** versäumt; WE (−), **J10/01**
23	**Anmeldeamt** Art.76(1) iVm R.36(2) ⌀S.170	nur beim EPA in München, Den Haag, Berlin [144] **R.36(2) S.3**				WB (−), da von **R.135(2)** ausgeschlossen **WE (+)**
24	**Art der Einreichung** A-IV, 1.3.1	in Papierform per unmittelbarer Übergabe, Post, Fax oDER Online-Einreichung möglich [ABl.2009, 182]		2 M nach R.58-Mitt. +10Tage	⊖ Anmeldung gilt als zurückgenommen UND R.112(1)-Mitt. **Art.90(5)** iVm **Art.14(2)**	**Beschwerde (+) Art.106(1), R.112(2)** ODER **Neueinreichung TA**
25	**Erforderliche Angaben für AT** R.41(2)(e) A-IV, 1.3.2	Erteilungsantrag mit: a) Erklärung, dass ePa eine TA ist b) Nummer der Stammanmeldung c) Generation der TA		R.58 iVm R.57		
26	**Sprache** Art.76(1) R.36(2) A-IV, 1.3.3, A-VII, 1.3	gleiche Verfahrenssprache wie frühere ePa **Art.14(3)** ODER ursprüngliche Nichtamtssprache	Übersetzung ODER beglaubigte Abschrift binnen **2 M** nach Einreichung der TA [145] **Art.14(2)** iVm **R.36(2) S.2**			

Fig.5: Generationen von Teilanmeldungen.

[137] BEACHTE: Doppelpatentierungsverbot für ePa desselben Anmelders – Verhältnis Stammanmeldung zu TA [**G1/05, G1/06**].
[138] FRÜHERE EPA (=Ursprungs-/Stammanmeldung): [1] ePa; [2] ePa mit Bezugnahme (analog R.40 verfahren, A-IV,1.3.1); [3] TA;
 EURO-PCT-ANMELDUNG: TA erst, wenn Stammanmeldung wirksam in EP-Phase eingetreten ist [**Art.153(2); J18/09**; E-VIII, 2.4.1].
[139] ePa, deren Verfahren nach R.14(1) ausgesetzt ist, gilt als **nicht anhängig**, da R.14(1) „lex specialis" in Bezug auf R.36(1) [**J20/05, G1/09**].
 KETTE VON TA: bei TA, die sich auf frühere TA beziehen, genügt es, wenn letztgenannte TA anhängig.
[140] Feststellung erfolgt im Prüfverfahren [C-IX,1.4].
[141] **nicht mehr** am Tag des Hinweises auf Erteilung im Europäischen Patentblatt, da dann nicht mehr anhängig [**ABl.2002,112**].
[142] ENGELEGTE BESCHWERDE: [1] TA noch bis Ablauf 2M-Frist für Beschwerdebegründung einreichbar, auch wenn keine Begründung folgt [**J23/13**];
 [2] TA während Beschwerdeverfahren mögl., R.100(1) findet Anwendung;
[143] PRIOANSPRUCH: für Stammanmeldung in Anspruch genommene Prio (nicht erloschen/zurückgenommen) gilt ohne nochmalige formelle Inanspruchnahme auch für TA und jedes weitere »Kettenglied« einer TA [**G1/05, G1/06**; A-IV, 1.1.2]; ZURÜCKNAHME DER PRIOANMELDUNG [**R.53(3)**] unnötig, wenn diese zur Stammanmeldung bereits vorliegend [**ABl.2004,591**]); ABSCHRIFT/ÜBERSETZUNG DER PRIOANMELDUNG [**Art.128(2)**] ODER [2] bis Antrag auf vorzeitige Veröff. [**Art.93(1)(b)**].
[144] EINREICHUNG BEI NAT. BEHÖRDE: Weiterleitung nach **Art.77** hat **keine** rechtliche Wirkung, **ABER**: entscheidet sich nat. Behörde zur Weiterleitung, so gilt TA erst am Tag des Eingangs der Unterlagen beim EPA als eingereicht.
[145] AUSGENOMMEN: [1] **1 M** nach Mitt. über Antrag auf Akteneinsicht Dritter [**Art.128(2)**] ODER [2] bis Antrag auf vorzeitige Veröff. [**Art.93(1)(b)**].

EPÜ 2000

Artikel 75[65]
Einreichung der europäischen Patentanmeldung

(1) Die europäische Patentanmeldung kann eingereicht werden:
a)[66] beim Europäischen Patentamt oder
b) vorbehaltlich des Art.76(1) bei der Zentralbehörde für den gewerblichen Rechtsschutz oder bei anderen zuständigen Behörden eines Vertragsstaats, wenn das Recht dieses Staats es gestattet. Eine in dieser Weise eingereichte Anmeldung hat dieselbe Wirkung, wie wenn sie an demselben Tag beim EPA eingereicht worden wäre.

(2) Absatz 1 steht der Anwendung der Rechts- und Verwaltungsvorschriften nicht entgegen, die wegen ihres Gegenstands nicht ohne vorherige Zustimmung der zuständigen Behörden dieses Staats ins Ausland übermittelt werden dürfen, oder
a) für Erfindungen gelten, die wegen ihres Gegenstands nicht ohne vorherige Zustimmung der zuständigen Behörden eines Staats ins Ausland übermittelt werden dürfen, oder
b) bestimmen, dass Patentanmeldungen zuerst bei einer nationalen Behörde eingereicht werden müssen, oder die unmittelbare Einreichung bei einer anderen Behörde von einer vorherigen Zustimmung abhängig machen.

[65] Geändert durch die Akte zur Revision des EPÜ vom 29.11.2000.
[66] Siehe hierzu BdP, Sonderausgabe Nr. 3, ABl. EPA 2007, A.1.

Artikel 77[69]
Weiterleitung europäischer Patentanmeldungen

(1) Die Zentralbehörde für den gewerblichen Rechtsschutz eines Vertragsstaats leitet die bei ihr oder einer anderen zuständigen Behörde dieses Staats eingereichten Patentanmeldungen nach Maßgabe der Ausführungsordnung an das EPA weiter.

(2) Eine europäische Patentanmeldung, deren Gegenstand unter Geheimschutz gestellt worden ist, wird nicht an das EPA weitergeleitet.

(3) Eine europäische Patentanmeldung, die nicht rechtzeitig an das EPA weitergeleitet wird, gilt als zurückgenommen.

[69] Geändert durch die Akte zur Revision des EPÜ vom 29.11.2000.

Artikel 80[74],[75]
Anmeldetag

Der Anmeldetag einer europäischen Patentanmeldung ist der Tag, an dem die in der Ausführungsordnung festgelegten Erfordernisse erfüllt sind.

[74] Geändert durch die Akte zur Revision des EPÜ vom 29.11.2000.
[75] Siehe hierzu Entscheidung/Stellungnahme GBK G2/95, G4/98 (Anhang I).

Artikel 90[86],[87]
Eingangs- und Formalprüfung

(1) Das EPA prüft nach Maßgabe der Ausführungsordnung, ob die Anmeldung den Erfordernissen für die Zuerkennung eines Anmeldetags genügt.

(2) Kann ein Anmeldetag nach der Prüfung nach **Absatz 1** nicht zuerkannt werden, so wird die Anmeldung nicht als europäische Patentanmeldung behandelt. [...]

[86] Geändert durch die Akte zur Revision des EPÜ vom 29.11.2000.
[87] Siehe hierzu Entscheidung/Stellungnahme GBK G4/98, G1/02 (Anhang I).

Artikel 135[162]
Umwandlungsantrag

(1) Die Zentralbehörde für den gewerblichen Rechtsschutz eines benannten Vertragsstaats leitet auf Antrag des Anmelders oder Inhabers eines europäischen Patents das Verfahren zur Erteilung eines nationalen Patents in den folgenden Fällen ein:
a) wenn die europäische Patentanmeldung nach Art.77(3) als zurückgenommen gilt;
b) in den sonstigen vom nationalen Recht vorgesehenen Fällen, in denen nach diesem Übereinkommen die europäische Patentanmeldung zurückgewiesen oder zurückgenommen worden ist oder als zurückgenommen gilt oder das europäische Patent widerrufen worden ist. [...]

EPÜ 2000

Regel 35
Allgemeine Vorschriften

Europäische Patentanmeldungen können schriftlich beim Europäischen Patentamt in München, Den Haag oder Berlin oder bei den in Art.75(1) b) genannten Behörden eingereicht werden. [...]

(4) Hat das Europäische Patentamt eine europäische Patentanmeldung durch Vermittlung der Zentralbehörde für den gewerblichen Rechtsschutz eines Vertragsstaats erhalten, so teilt es dies dem Anmelder unter Angabe des Tages mit, an dem sie bei ihm eingegangen ist.

Regel 37
Übermittlung europäischer Patentanmeldungen

(1) Die Zentralbehörde für den gewerblichen Rechtsschutz eines Vertragsstaats leitet europäische Patentanmeldungen innerhalb der kürzesten Frist, die mit der Anwendung des nationalen Rechts betreffend die Geheimhaltung von Erfindungen im Interesse des Staats vereinbar ist, an das EPA weiter und ergreift alle geeigneten Maßnahmen, damit die Weiterleitung
a) innerhalb von sechs Wochen nach Einreichung der Anmeldung erfolgt, wenn ihr Gegenstand nach nationalem Recht offensichtlich nicht geheimhaltungsbedürftig ist, oder
b) innerhalb von vier Monaten nach Einreichung oder, wenn eine Priorität in Anspruch genommen worden ist, innerhalb von vierzehn Monaten nach dem Prioritätstag erfolgt, wenn näher geprüft werden muss, ob die Anmeldung geheimhaltungsbedürftig ist.

(2) Eine europäische Patentanmeldung, die dem EPA nicht innerhalb von vierzehn Monaten nach ihrer Einreichung oder, wenn eine Priorität in Anspruch genommen worden ist, nach dem Prioritätstag zugeht, gilt als zurückgenommen. Für diese Anmeldung bereits entrichtete Gebühren werden zurückerstattet.

Regel 40[47]
Anmeldetag

(1) Der Anmeldetag einer europäischen Patentanmeldung ist der Tag, an dem die vom Anmelder eingereichten Unterlagen enthalten:
a) einen Hinweis, dass ein europäisches Patent beantragt wird;
b) Angaben, die es erlauben, die Identität des Anmelders festzustellen oder mit ihm Kontakt aufzunehmen;

c) eine Beschreibung oder eine Bezugnahme auf eine früher eingereichte Anmeldung. [...]

[47] Siehe hierzu Entscheidung/Stellungnahme GBK G2/95, G4/98 (Anhang I).

Regel 55
Eingangsprüfung

Ergibt die Prüfung nach Art.90(1), dass die Anmeldung nicht den Erfordernissen der R.40(1) a) oder c), (2) oder (3) **S.1** genügt, so teilt das EPA dem Anmelder die Mängel mit und weist ihn darauf hin, dass die Anmeldung nicht als europäische Patentanmeldung behandelt wird, wenn diese Mängel nicht innerhalb von zwei Monaten beseitigt werden. Leistet der Anmelder dem Folge, so wird ihm der vom Amt zuerkannte Anmeldetag mitgeteilt.

Regel 56
Fehlende Teile der Beschreibung oder fehlende Zeichnungen

(1) Ergibt die Prüfung nach Art.90(1), dass Teile der Beschreibung oder in den Patentansprüchen Bezug genommen wird, offensichtlich fehlen, so fordert das EPA den Anmelder auf, die fehlenden Teile innerhalb von zwei Monaten nachzureichen. Aus der Unterlassung einer solchen Aufforderung kann der Anmelder keine Ansprüche herleiten.

(2) Werden fehlende Teile der Beschreibung oder fehlende Zeichnungen nach dem Anmeldetag, jedoch innerhalb von zwei Monaten nach dem AT oder, wenn eine Aufforderung nach Absatz 1 ergeht, innerhalb von zwei Monaten nach dieser Aufforderung nachgereicht, so wird der Anmeldetag auf den Tag der Einreichung der fehlenden Teile der Beschreibung oder der fehlenden Zeichnungen neu festgesetzt. Das EPA unterrichtet den Anmelder entsprechend. [...]

(5) Erfüllt der Anmelder die in Absatz 3 a) bis c) genannten Erfordernisse nicht innerhalb der Frist nach Absatz 2, so wird der Anmeldetag auf den Tag der Einreichung der fehlenden Teile der Beschreibung oder der fehlenden Zeichnungen neu festgesetzt. Das EPA unterrichtet den Anmelder entsprechend.

(6) Innerhalb eines Monats nach der in Absatz 2 oder 5 letzter Satz genannten Mitteilung kann der Anmelder die eingereichten fehlenden Teile der Beschreibung oder fehlenden Zeichnungen zurücknehmen; in diesem Fall gilt die Neufestsetzung des Anmeldetags als nicht erfolgt. Das EPA unterrichtet den Anmelder entsprechend.

Rechtsprechung

J12/82 2. Art.122(5) schließt die Wiedereinsetzung in den vorigen Stand nicht nur bei Versäumung der Frist aus, die in dem dort ausdrücklich genannten Art.94(2) festgesetzt ist, sondern auch bei Versäumung der Nachfrist nach R.85a, mit der die übliche Frist für die Stellung des Prüfungsantrags verlängert wird.

J18/82 1. Art.122(5) schließt die Wiedereinsetzung in den vorigen Stand nicht nur bei Versäumung der Fristen aus, die in den dort ausdrücklich genannten Art.78(2) und 79(2) festgesetzt sind, sondern auch bei Versäumung der Nachfrist nach R.85a, mit der die übliche Frist für die Zahlung der Anmelde-, Recherchen- und Benennungsgebühren verlängert wird.
2. Die Begründung des WE-antrages mit dem Vorliegen höherer Gewalt kann nur im Rahmen des Art.122 in Betracht gezogen werden.

Eingangsprüfung

Weiterleitung der ePa

	Voraussetzung	Norm	Handlung	Frist [146]	Nachfrist	Rechtsfolge	zuständige nat. Behörde Art.77(1) iVm R.37, A-II,1.7 / Rechtsbehelf
27	ePa bei nat. Zentralbehörde ODER beim PIZ eingereicht [147] ABER Art.75(1)b), R.35(1) Alt.2 kein gesonderter Antrag des Anmelders erforderlich	Art.77(1) iVm R.37(1)	Weiterleitung ePa durch diese nat. Zentralbehörde an EPA innerhalb kürzester Frist [148]	a) innerhalb von **6 W** nach Einreichung **R.37(1) a)** ODER b) innerhalb von **4 M** bzw. **14 M** nach dem Priotag, wenn Prüfung vor Ablauf von 14 M über Geheimhaltung **R.37(1) b)**	ePa die nach 6 W ODER 4 M eingehen müssen bearbeitet werden, wenn Eingang vor Ablauf von 14 M erfolgt **R.37(2)**	(+) Mitt. EPA an Anmelder **R.35(4)** (–) Anmeldung gilt als zurückgenommen [149] **UND** bereits entrichtete Gebühren werden zurückgezahlt [A-X,10.2.6] **Art.77(3) iVm R.37(2)** **UND** 112(1)-Mitt. über Rechtsverlust **R.112(1)**	WB (–); WE (–), weil Rechtsverlust nicht durch Fristversäumung des Anmelders verursacht **J3/80** ABER **Umwandlungsantrag (+)** Art.135(1) a), 137 iVm R.155, A-IV,6 ODER **Neueinreichung**

Eingangsprüfung

	Handlung	Norm	Erfordernisse	Frist	Nachfrist	Rechtsfolge	Eingangsstelle; Formalsachbearbeiter Art.90(1) iVm R.55 / Rechtsbehelf
28	Behebung von Mängeln bei der Eingangsprüfung A-II, 4.1.4	Art.90(1) iVm R.55	Mindesterfordernisse für Zuerkennung des **AT** **R.40(1) iVm Art.80** a) Hinweis auf Beantragung einer ePa (Erteilungsantrag) b) Angaben zur Anmelderidentität [150] c) eine Beschreibung **ODER** Bezugnahme auf frühere Anmeldung; **ABER:** nicht Ansprüche **R.55 S.1**	**2 M** nach R.55-Mitt. +10Tage ODER innerhalb **2 M** von sich aus **R.55 S.1**	nicht verlängerbar, da in der EPÜAO geregelte Frist	(+) AT zuerkannt [151] **R.55 S.2** (–) kein AT zuerkannt **UND** keine Behandlung als ePa **Art.90(2)**	WE (–) **J12/82; J18/82** WB (–), da Anmeldung noch nicht anhängig
29	**Nachreichen fehlender Teile** der Beschreibung ⊘S.99 A-II, 5	Art.90(1) iVm R.56(1)	Nachreichen fehlender Teile der Beschreibung oder fehlender Zeichnungen **R.56(1)**	**2 M** nach Auff. +10Tage **R.56(2) S.1**	**1 M** für Zurücknahme neuer Teile nach Mitt. **R.56(6)**	(–) Streichung der in R.56(1) genannten Bezugnahme **R.56(4)** ODER Verschiebung des Anmeldetages auf Tag der Nachreichung, wenn keine Prio beansprucht **R.56(5)**	**WE (+)**; WB (–)

[146] FRISTBERECHNUNG ANALOG EPÜ: [1] Verlängerung wg. EPA-Schließtage [R.134(1)], [2] Verlängerung wg. Störung der Postzustellung [R.134(2)] und [3] R.131(4) anwendbar.

[147] ZWINGEND: EPÜ-Vertragsstaaten, die nach nat. Recht verlangen, dass ePa/iPa als Erstanmeldung beim nat. Amt einzureichen ist: CY, BG, ES, FR, GR, IT, MT, PL, PT, SE, HU [Art.75(2), NatR II, Ziffern 2 und 5].

[148] 6 W nach dem Tag der Einreichung, wenn Gegenstand offensichtlich nicht geheimhaltungsbedürftig ist [R.37(1)a] ODER 4 M, wenn weiter geprüft werden muss, ob PA geheimhaltungsbedürftig und, wenn eine Prio in Anspruch genommen worden ist, 14 M nach dem Priotag. [R.37(1)b]; KEINE WEITERLEITUNG: wenn Gegenstand der ePa unter Geheimschutz [Art.77(2)].

[149] keine europäische TA [Art.76(1)] oder Neuanmeldung des Berechtigten einreichbar [Art.61(1)b)].

[150] keine Prüfung der [1] Anmeldeberechtigung, da nach Art.58 jede nat. ODER jur. Person zur Anmeldung berechtigt (materieller Anspruch) UND [2] Erfindernennung nach R.19 (formeller Anspruch); VERTRETUNG: ungeachtet dessen müssen sich Anmelder, die weder Wohnsitz noch Sitz in einem EPÜ-Vertragsstaat haben, im laufenden Verfahren vor dem EPA vertreten lassen [Art.133(2)].

[151] AT legt Offenbarungsgehalt fest.

EPÜ 2000

Artikel 78[70]
Erfordernisse der europäischen Patentanmeldung

(1) Die europäische Patentanmeldung muss
a) einen Antrag auf Erteilung eines europäischen Patents;
b) eine Beschreibung der Erfindung;
c) einen oder mehrere Patentansprüche;
d) die Zeichnungen, auf die sich die Beschreibung oder die Patentansprüche beziehen;
e) eine Zusammenfassung
enthalten und den Erfordernissen genügen, die in der Ausführungsordnung vorgeschrieben sind.

(2)[71] Für die europäische Patentanmeldung sind die Anmeldegebühr und die Recherchengebühr zu entrichten. Wird Anmeldegebühr oder Recherchengebühr nicht rechtzeitig entrichtet, so gilt die Anmeldung als zurückgenommen.

[70] Geändert durch die Akte zur Revision des EPÜ vom 29.11.2000.
[71] Siehe hierzu Mitteilung des EPA, ABl.2014, A31.

Artikel 90[86],[87]
Eingangs- und Formalprüfung

[...]
(3) Ist der europäischen Patentanmeldung ein Anmeldetag zuerkannt worden, so prüft das Europäische Patentamt nach Maßgabe der Ausführungsordnung, ob den Erfordernissen der Art.14, 78, 81 und gegebenenfalls des Art.88(1) und des Art.133(2) sowie den weiteren in der Ausführungsordnung festgelegten Erfordernissen entsprochen worden ist.

(4) Stellt das EPA bei der Prüfung nach Absatz 1 oder 3 behebbare Mängel fest, so gibt es dem Anmelder Gelegenheit, diese Mängel zu beseitigen.

(5) Wird ein bei der Prüfung nach Absatz 3 festgestellter Mangel nicht beseitigt, so wird die europäische Patentanmeldung zurückgewiesen, sofern dieses Übereinkommen keine andere Rechtsfolge vorsieht. Betrifft der Mangel den Prioritätsanspruch, so erlischt der Prioritätsanspruch für die Anmeldung.

[86] Geändert durch die Akte zur Revision des EPÜ vom 29.11.2000.
[87] Siehe hierzu Entscheidung/Stellungnahme GBK G4/98, G1/02 (Anhang I).

EPÜAO

Regel 30
Erfordernisse europäischer Patentanmeldungen betreffend Nucleotid- und Aminosäuresequenzen

(1) Sind in der europäischen Patentanmeldung Nucleotid- oder Aminosäuresequenzen offenbart, so hat die Beschreibung ein Sequenzprotokoll zu enthalten, das den vom Präsidenten des EPA erlassenen Vorschriften für die standardisierte Darstellung von Nucleotid- und Aminosäuresequenzen entspricht.

(2) Ein nach dem Anmeldetag eingereichtes Sequenzprotokoll ist nicht Bestandteil der Beschreibung.

(3) Hat der Anmelder nicht bis zum Anmeldetag ein den Erfordernissen des Absatzes 1 entsprechendes Sequenzprotokoll eingereicht, so fordert ihn das Europäische Patentamt auf, ein solches Sequenzprotokoll nachzureichen und die Gebühr für verspätete Einreichung zu entrichten. Reicht der Anmelder das erforderliche Sequenzprotokoll nicht innerhalb von zwei Monaten nach dieser Aufforderung unter Entrichtung der Gebühr für verspätete Einreichung nach, so wird die Anmeldung zurückgewiesen.

Regel 38[42]
Anmeldegebühr und Recherchengebühr

(1)[43] Die Anmeldegebühr und die Recherchengebühr sind innerhalb eines Monats nach Einreichung der europäischen Patentanmeldung zu entrichten.

(2) Die Gebührenordnung kann als Teil der Anmeldegebühr eine Zusatzgebühr vorsehen, wenn die Anmeldung mehr als 35 Seiten umfasst.

(3) Die in Absatz 2 genannte Zusatzgebühr ist innerhalb eines Monats nach Einreichung der europäischen Patentanmeldung oder innerhalb eines Monats nach Einreichung der ersten Anspruchssatzes oder innerhalb eines Monats nach Einreichung der beglaubigten Abschrift nach Regel 40 Absatz 3 zu entrichten, je nachdem, welche Frist zuletzt abläuft.

(4)[44] Die Gebührenordnung kann im Fall einer Teilanmeldung, die zu einer früheren Anmeldung eingereicht wird, die ihrerseits eine Teilanmeldung ist, als Teil der Anmeldegebühr eine Zusatzgebühr vorsehen.

[42] Geändert durch BdV CA/D 4/08 vom 21.10.2008 (ABl. EPA 2008, 513), in Kraft getreten am 01.04.2009.
[43] Siehe hierzu Mitteilung des EPA, ABl. EPA 2014, A31.
[44] Eingefügt durch BdV CA/D 15/13 vom 16.10.2013 (ABl. EPA 2013, 501), in Kraft getreten am 01.04.2014.
Siehe auch Mitteilung des EPA, ABl.2014, A22 (Korr. ABl.2014, A109).

Regel 41[48]
Erteilungsantrag

(1) Der Antrag auf Erteilung eines europäischen Patents ist auf einem vom EPA vorgeschriebenen Formblatt einzureichen.

(2) Der Antrag muss enthalten:
a) ein Ersuchen auf Erteilung eines europäischen Patents;
b) die Bezeichnung der Erfindung, die eine kurz und genau gefasste technische Bezeichnung der Erfindung wiedergibt und keine Fantasiebezeichnung enthalten darf;
c)[49] den Namen, die Anschrift, die Staatsangehörigkeit und den Staat des Wohnsitzes oder Sitzes des Anmelders. Bei natürlichen Personen ist der Familienname vor den Vornamen anzugeben. Bei juristischen Personen und Gesellschaften, die juristischen Personen gemäß dem für sie maßgebenden Recht gleichgestellt sind, ist die amtliche Bezeichnung anzugeben. Anschriften sind gemäß den üblichen Anforderungen für eine schnelle Postzustellung an die angegebene Anschrift anzugeben und müssen in jedem Fall alle maßgeblichen Verwaltungseinheiten, gegebenenfalls bis zur Hausnummer einschließlich, enthalten. Gegebenenfalls sollen Fax- und Telefonnummern angegeben werden;
d) falls ein Vertreter bestellt ist, seinen Namen und seine Geschäftsanschrift nach Maßgabe von Buchstabe c;
e) gegebenenfalls die Erklärung, dass es sich um eine Teilanmeldung handelt, und die Nummer der früheren europäischen Patentanmeldung;
f) im Fall des Art.61(1) b) die Nummer der ursprünglichen europäischen Patentanmeldung;
g) falls die Priorität einer früheren Anmeldung in Anspruch genommen wird, eine entsprechende Erklärung, in der der Tag dieser Anmeldung und der Staat angegeben sind, in dem oder für den sie eingereicht worden ist;
h) die Unterschrift des Anmelders oder Vertreters;
i) eine Liste über die dem Antrag beigefügten Anlagen. In dieser Liste ist die Blattzahl der Beschreibung, der Patentansprüche, der Zeichnungen und der Zusammenfassung anzugeben, die mit dem Antrag eingereicht werden;
j) die Erfindernennung, wenn der Anmelder der Erfinder ist.

(3) Im Fall mehrerer Anmelder soll der Antrag die Bezeichnung eines Anmelders oder Vertreters als gemeinsamer Vertreter enthalten.

[48] Die aktualisierte Version des Formblatts wird regelmäßig auf der Internetseite des EPA und im ABl. EPA veröffentlicht.
[49] Siehe hierzu auch Entscheidung GBK G3/99 (Anhang I).

Regel 45
Gebührenpflichtige Patentansprüche

(1)[52] Enthält eine europäische Patentanmeldung mehr als fünfzehn Patentansprüche, so sind für den sechzehnten und jeden weiteren Patentanspruch Anspruchsgebühren nach Maßgabe der Gebührenordnung zu entrichten.

(2) Die Anspruchsgebühren sind innerhalb eines Monats nach Einreichung des ersten Anspruchssatzes zu entrichten. Werden die Anspruchsgebühren nicht rechtzeitig entrichtet, so können sie noch innerhalb eines Monats nach einer Mitteilung über die Fristversäumung entrichtet werden.

(3) Wird eine Anspruchsgebühr nicht rechtzeitig entrichtet, so gilt dies als Verzicht auf den entsprechenden Patentanspruch.

[52] Geändert durch BdV CA/D 2/08 vom 06.03.2008 (ABl.2008, 124), in Kraft getreten am 01.04.2008.

Regel 57
Formalprüfung

Steht der Anmeldetag einer europäischen Patentanmeldung fest, so prüft das EPA nach Art.90(3), ob
a)[60] eine nach Art.14(2), R.36(2) S.2 oder R.40(3) S.? erforderliche Übersetzung der Anmeldung rechtzeitig eingereicht worden ist;
b) der Antrag auf Erteilung eines europäischen Patents den Erfordernissen der R.41entspricht;
c) die Anmeldung einen oder mehrere Patentansprüche nach Art.78(1) c) oder eine Bezugnahme auf eine früher eingereichte Anmeldung nach R.40(1) c), (2) und (3) enthält, die zum Ausdruck bringt, dass sie auch die Ansprüche ersetzt;
d) die Anmeldung eine Zusammenfassung nach Art.78(1) e) enthält;
e) die Anmeldegebühr und die Recherchengebühr nach R.17(2), R.36(3) oder R.38 entrichtet worden sind;
f) die Erfindernennung nach R.19(1) erfolgt ist;
g) gegebenenfalls den Erfordernissen der R.52 und 53 für die Inanspruchnahme der Priorität entsprochen worden ist;
h) gegebenenfalls den Erfordernissen des Art.133(2) entsprochen worden ist;
i) die Anmeldung den in R.46 und R.49(1) bis (9) und (12) vorgeschriebenen Erfordernissen entspricht;
j)[61] die Anmeldung den in R.30 vorgeschriebenen Erfordernissen entspricht.

[60] Geändert durch BdV CA/D 2/09 vom 25.03.2009 (ABl.2009, 296), in Kraft getreten am 01.04.2010.
[61] Geändert durch BdV CA/D 4/08 vom 21.10.2008 (ABl.2008, 513), in Kraft getreten am 01.04.2009.

Regel 58
Beseitigung von Mängeln in den Anmeldungsunterlagen

Entspricht die europäische Patentanmeldung nicht den Erfordernissen der R.57 a) bis d), h) und i), so teilt das EPA dies dem Anmelder mit und fordert ihn auf, die festgestellten Mängel innerhalb von zwei Monaten zu beseitigen. Die Beschreibung, die Patentansprüche und die Zeichnungen können nur insoweit geändert werden, als es erforderlich ist, um diese Mängel zu beseitigen.

Formalprüfung [152]

Behebung von Mängeln bei der Formalprüfung von Anmeldeunterlagen einer ePa, ePa mit Bezugnahme nach R.40(1)c) ODER TA

Eingangsstelle; Formalsachbearbeiter **Art.90(3),(4)** iVm **R.57-R.60**, A-III

	Mangel	Norm	Erfordernis	Frist	Nachfrist	Rechtsfolge	Rechtsbehelf
30	**Sprache** ☑S.172 A-III,14 [ePa] A-IV,1.3.3 [TA]	**Art.90(3)** iVm **R.57 a**	Übersetzung in eine Amtssprache (DE, EN, FR) **Art.14(2), R.6(1)** [ePa oder Euro-PCT] **Art.14(2), R.40(3) S.2** [ePa mit Bezugnahme] **Art.14(2), R.36(2)** [TA]	**2 M** nach Einreichung ePa **ODER** **1 M** nach Mitt. über Antrag+10Tage auf Akteneinsicht Dritter **ODER** bis Antrag auf vorzeitige Veröff., **Art.93(1)(b)** - zuerst ablaufende Frist -		(i) Anmeldung gilt als zurückgenommen **UND R.112(1)**-Mitt. **Art.14(2) S.3** **UND** Rückerstattung Recherchengebühr **Art.9(1) GebO**	
31	**Erteilungsantrag** [153] **Art.78(1)a)** iVm **R.41** A-III, 4	**Art.90(3)** iVm **R.57 b**	1) »schriftlich« per Form 1001 [154] **R.41(1)** **UND** 2) zwingende Angaben **R.41(2)** a) Ersuchen auf ePa [**Art.78(1)a)**] b) Bezeichnung der Erfindung [155] [A-III,7] c) Anmelderidentität (Name, Anschrift, etc.) d) Vertreter [A-III,2] e) ggf. Hinweis auf TA **UND** Nummer früherer ePa f) ggf. Nummer urspr. ePa, falls nach **Art.61(1) b)** g) ggf. Prioerklärung h) Unterschrift Anmelder oder Vertreter i) Liste über Anlagen (Seitenzahl Beschreibung; Ansprüche; Zeichnungen; Zusammenfassung; Erfindernennung, wenn Anmelder = Erfinder)	am ET der ePa	**2 M** nach **R.58**-Mitt.+10Tage **Art.90(4), R.58 S.1** nicht verlängerbar	(i) Zurückweisung der Anmeldung **UND R.112(1)**-Rechtsverlustmitt. **Art.90(5)** **UND** Rückerstattung Recherchengebühr **Art.9(1) GebO**	**WE (+)** **Art.122(1), R.136(1)** **WB (−)** **Art.121(4), R.135(2)** **Beschwerde (+)** **Art.106**
32	**Ansprüche** **Art.78(1)c)** [ePa] **R.40(1)** [mit Bezugnahme] A-III,15	**Art.90(3)** iVm **R.57c**	Anspruchssatz nachreichen: auf Basis urspr. eingereichter Anmeldefassung **Art.123(2)** in Verfahrenssprache, wenn diese bereits festgelegt und keine R.58-Mitt. ergangen **R.3(2)** **ODER** in jeder Sprache, wenn R.58-Mitt. ergangen (Behandlung als fristgebundenes Schriftstück) **Art.14(4), R.6(2)**	am AT **ODER** von sich aus			
33	**Zusammenfassung** [156] **Art.78(1)e), Art.85** A-III,10	**Art.90(3)** iVm **R.57d**	1) Bezeichnung der Erfindung 2) Kurzfassung der Anmeldeunterlagen (techn. Gebiet; Aufgabe; Lösung; Verwendung) 3) max. 150 Wörter 4) ggf. eine zu veröff. Zeichnung **R.47**	am AT			

[152] WEITERHIN GEPRÜFT: [1] Inanspruchnahme Ausstellungsprivileg und Ausstellungsbescheinigung vollständig [**Art.55(1) b)** iVm **R.25**, ☑**S.25**]; [2] Angaben zu biologischem Material vollständig [**R.31(1) c)** und **d)**; A-III,1.2, ☑**S.25**].

[153] Prüfung ob Antrag Angaben nach **R.40(2)** enthält; Zustellanschrift kann zu Wohnsitz/Sitz des Anmelders [**R.40 (c)** unterschiedlich sein [A-III, 4.2.1] **UND** Unterschrift aller Anmelder bzw. deren Vertreter [**R.40(2)h**].

[154] kann am AT (zunächst) formlos gestellt werden [A-III, 4.1].

[155] im Erteilungsantrag enthalten, unzulässig: [1] Fantasienamen, Eigennamen, Wort „Patent", [2] ungenauen Abkürzungen, wie "usw." , [3] Bezeichnungen wie „Verfahren, Vorrichtung, chem. Verbindung" ohne Zusatz, [4] Handels-, Markennamen; Prüfungsabteilung verantwortlich.

[156] ZWECK: ausschließlich techn. Information; keine Grundlage für Änderungen von Ansprüchen/Beschreibung; kein StdT nach Art.54(3) [**Art.85; T246/86**]; ENDGÜLTIGER INHALT und ggf. Zeichnung [**R.47(4)**] von Recherchenabteilung des EPA bestimmt, wird Anmelder mit ESR übermittelt [**R.66**].

Teil D I – Übersicht zum EPÜ

	Mangel	Norm	Erfordernis	Frist	Nachfrist	Rechtsfolge	Rechtsbehelf
34	**Anmelde- und Recherchengebühr** entrichten **R.17(2), R.38(1)** A-III,13 [ePa] A-IV,1.4.1 [TA]	**Art.90(3)** iVm **R.57e)** [ePa] **Art.78(2)** iVm **R.36(3)** [TA]	1) Anmeldegebühr **[120 €/210 €]** [157] Art.2(1) Nr.1 GebO 2) Recherchengebühr [158] **[1.300 €]** Art.2(1) Nr.2 GebO 3) *ggf.* Zusatzgeb. TA ab 2. Gen. [steigend bis 5.Gen.: **210 €** (2. Gen.), **425 €** (3. Gen.), **635 €** (4. Gen.), **850 €** (5. Gen.)] **R.38(4)** iVm **ABl.2014, A22**, Art.2(1) Nr.1b GebO [ePa] 4) *ggf.* Seitengebühr bei > 35 Seiten **[15 €/Seite]** [157] **R.38(2)**, Art.2 Nr.1a GebO 5) *ggf.* Anspruchsgebühr [235 €/Anspruch > 15; 580 €/Anspruch > 50] **R.45(1)**, Art.2(1) 15 GebO	**1 M** nach ET der ePa **R.17(2), R.38(1)** [ePa] **R.36(3) S.1** [TA] **1 M** nach ET der ePa **ODER** **1 M** nach Einreichung Ansprüche **R.38(3)** und **R.45(2)**	--	⊖ Anmeldung gilt als zurückgenommen und **R.112(1)**-Rechtsverlustmitt. **Art.78(2) S.2,** **R.36(3) S.2** [TA] ⊖ Verzicht auf Ansprüche **R.45(3)**	**WB (+)** **Art. 121, R.135** WE (−) **R.45(3)**
35	**Erfindernennung** [159] ↗S.91 **Art.62** iVm **Art.81, R.19(1)** A-III,5	**Art.90(3)** iVm **R.57f)**	Anmelder = Erfinder → Nennung auf EPA Form 1001, Feld 25 **ODER** Anmelder ≠ Erfinder → gesondertes Schriftstück [Form 1002 empfohlen] unter Angabe von [1] Vornamen, [2] Zuname, [3] vollständige Anschrift, [4] Rechterlangung [**Art.81**], [5] Unterschrift des Anmelders/Vertreters [160] **Art.81** iVm **R.19(1)**, A-III,5	am ET der ePa **R.19(1)**	**16 M** nach ET/PT, aber spätestens bis Abschluss techn. Vorbereitung für Veröff. der ePa **R.60(1)**-Mitt. **Art.90(4)**	⊖ Zurückweisung der ePa und **R.112(1)**-Rechtsverlustmitt. **Art.90(5), R.60(1)** oder **R.163(6)**	**WB (+)** **Art.121(1), R.135(1)** WE (−) **Art.122(4), R.136(3)**
36	**Inanspruchnahme Prio** ↗S.94 **Art.88** iVm **R.52, R.53** A-III,6	**Art.90(3)** iVm **R.57g)**	1) **Prioritätserklärung** mit i) früherer Anmeldetag; ii) Anmeldestaat (PVÜ-/WTO-Mitglied); iii) Aktenzeichen [161] **Art.88** iVm **R.52(1)** 2) Einreichung einer **beglaubigten Abschrift** (=Prioritätsdokument, -unterlage oder -beleg) der früheren Anmeldung [162] **R.53(1)** 3) *ggf.* **Übersetzung** der früheren Anmeldung einreichen **ODER** **Erklärung** darüber, dass ePa vollständige Übersetzung der früheren Anmeldung ist (vorzugsweise auf Form 1001) [164] **R.53(3)**, A-III, 6.8.6	am ET der ePa **ODER** **16 M** nach frühesten beanspruchten PT, aber vor Abschluss techn. Veröff. [163] **R.52(2)** **R.53(1)** **ODER** »jederzeit« **ODER** innerh. *zu best. Frist* nach **Art. 53(3)-Mitt.** +10Tage	»zu best *Frist*« nach **R.59**-Mitt. +10Tage	⊕ AT der ePa ist PT der Erstanmeldung **UND** Recherchenergebnisse dieser vorlegen [**R.141(1)**, A-III,6.12] ⊖ Prioritätsanspruch erlischt **UND R.112(1)**-Rechtsverlustmitt. **Art.90(5) S.2**	**WE (+)** **Art.122(1), R.136(1)** WB (−) **Art.121(4), R.135(2)**

---

[157] 30%-ERMÄßIGUNG bei Einreichung in Nichtamtssprache für KMUs, nat. Personen und non-profit Organisationen mit Wohnsitz/Sitz in EPÜ-VStaat **[R.6(3), Art.14(1) GebO; ABl.2014,A23]** ABER: bei mehreren Anmeldern muss **jeder** Erfordernisse erfüllen **[R.6(7)]**, bei falscher/fehlender Erklärung gilt ePa als zurückgenommen **[Art.78(2)]**.

[158] RÜCKERSTATTUNG: 100% bei vollst. Verwertung und 25% bei teilweiser Verwertung früherer Recherchenergebnisse **[Art.9(2) GebO**; ↗S.135].

[159] ERFINDERNENNUNG: materielle Anspruch **[Art.62]** und formelles zur Einreichung der Erfindernennung **[R.19]**; Richtigkeit nicht geprüft **[R.19(2)]**; VERZICHT des Erfinders durch schriftl. Antrag beim EPA **[R.20(1) R.143(1)g** und **R.144 c)]**, wodurch Veröffentlichung dieser Erfindernennung unterbleibt; KORREKTUREN: auf Antrag nur mit Zustimmung des zu Unrecht benannten **R.21(1)**.

[160] alle Erfinder ≠ Anmelder erhalten Mitteilung über Benennung als Erfinder **[R.19(3)]**, enthaltend **[R.19(4)]**: **[1]** Nummer der ePA, **[2]** AT der ePA oder bei Inanspruchnahme Prio; Tag, Staat, Aktenzeichen der früheren Anmeldung, **[3]** Name Anmelder, **[4]** Erfindungsbezeichnung, **[5]** benannte Vertragsstaaten, **[6]** ggf. Name Miterfinder.

[161] bei Einreichung mit der ePa: Prioerklärung auf Formblatt des Erteilungsantrages, dann genügen Angabe von Tag und Staat der früheren Anmeldung.

[162] ENTFÄLLT, wenn frühere Anmeldung eine **[1]** ePa, **[2]** beim EPA eingereichte iPa, **[3]** CN-, JP-, KR-Patentanmeldung oder GebrM ODER **[4]** US-Provisional/Anmeldung (Vereinbarung über Austausch von Unterlagen, **ABl.2007,473** → selbstständige, gebührenfreie zur Aktennahme **[R.53(2)** iVm **BdP ABl.2012,492**, A-III,6.7]; Papierform oder anderem Datenträger, erstellt von Behörde, bei der frühere Anmeldung eingereicht, mit Bescheinigung über **[1]** übereinstimmenden Inhalt und **[2]** AT der früheren Anmeldung.

[163] Berichtigung der Prioritätserklärung mögl., **16 M** nach frühesten beanspruchten Priotag bis max. **4 M** nach dem der ePa zuerkannten AT **R.52(3)**.

[164] ERKLÄRUNG UNWIRKSAM: **[1]** vom Umfang sich unterscheidende Anspruchssätze ODER Beschreibungen; **[2]** erfolgte Streichungen/Hinzufügungen in der ePa [A-III, 6.8]; **[3]** Wortlaut der Prioritätserklärung abweichend von „vollständiger Übersetzung" ODER „wörtlicher Übersetzung" [F-VI, 3.4].

Formalprüfung

#	Topic		Beschreibung	Frist	Folge	Rechtsbehelf
37	**Vertretung** [165] $\swarrow$ S.175	optional — Art.90(3) iVm R.57h); Art.133, A-III,2	Anmelder mit Sitz/Wohnsitz in Vertragsstaat kann 1) zugelassenen Vertreter [**Art.134(1)**], 2) Rechtsanwalt [**Art.134(8)**], 3) bevollmächtigten Angestellten [**Art.133(3)**] bestimmen — **Art.133(1)**			
		zwingend	Anmelder ohne Wohnsitz/Sitz in Vertragsstaat muss zugel. Vertreter [**Art.134(1)**] oder Rechtsanwalt [**Art.134(8)**] bestimmen — **Art.133(2)**	am AT	(i) Zurückweisung der Anmeldung mit **R.112(1)**-Rechtsverlustmitt. **Art.90(5)** — vom Beteiligten vorgenommene Handlungen gelten als nicht erfolgt [166], **R.152(6)** — Tipp: gibt es weitere Mängel neben Bestellung eines Vertreters, wird Anmelder ausnahmsweise in erster Mitt. nur darüber aufgefordert Vertreter zu bestellen, erst dann folgen weitere Mitt.	**WE (+)** Art.122(1), R.136(1); WB (–) Art.121(4), R.135(2); **Beschwerde (+)** Art.106
			erteilte Vollmachtsvorlage unterzeichnet & rechtzeitig eingereicht [**R.152**] [167]	»zu best. Frist« nach Auff. +10Tage **R.152(2)**	(i) vorgenommene Handlungen gelten als nicht erfüllt (ausgenommen Einreichung der ePa) **R.152(6)**	**WB (+)** Art.121(1), R.135(1); WE (–) Art.122(4), R.136(3)
38	**Anmeldeunterlagen** [168] (Beschreibung) **Art.78(1b)**	Art.90(3) iVm R.57i); Art.78(1)d), A-IX	Formerfordernisse, sofern für Veröff. [**R.68(1)**] notwendig [169] **R.49(2)-(9), (12)**	am ET der ePa; 2 M ab R.58-Mitt. +10Tage **Art.90(4), R.58 S.1** - nicht verlängerbar -	(i) Zurückweisung der Anmeldung UND **R.112(1)**-Rechtsverlustmitt. an Anmelder	**WE (+)** Art.122(1), R.136(1); WB (–) Art.121(4), R.135(2); **Beschwerde (+)** Art.106
39	**Zeichnungen** Art.78(1)d), A-IX	Art.90(3) iVm R.57i)	Formerfordernisse	R.46		
40	**Sequenzprotokoll** $\swarrow$ S.88; **R.30** A-III,3.2	Art.90(3) iVm R.57j)	Angabe von Nukleotid- und Aminosäuresequenzen nach WIPO-Standard ST.25 [170] als letzter Teil der ePa nur in elektronischer Form im TXT-Format [171] — **R.30(1)** iVm **ABl.2013,542**	am AT [172] ODER 2 M nach AT gem. **R.56(2)/(3)** (Nachreichen fehlender Teile) [173]; 2 M nach Auff. +10Tage **Art.90(4), R.30(3) S.2** UND 230€ Zuschlag Art.2 Nr.14a GebO	(+) Bestandteil der ePa; (+) nach AT eingereichtes Sequenzprotokoll ist nicht Bestandteil der Beschreibung; (–) Zurückweisung der ePa und **R.112(1)**-Rechtsverlustmitt. **Art.90(5), R.30(3) S.2**	**WB (+)** Art.121(1), R.135(1); WE (–) Art.122(4), R.136(3)

[165] Wurde kein Vertreter für Verfahren bestellt, sendet EPA alle Mitt./Auff. an Anmelder gegebenenfalls an dessen Zustellanschrift [ABl.2014,A99].

[166] AUSGENOMMEN: [1] Einreichung der ePa [T451/89]; [2] Einleitung der EP-Phase einer iPa, [3] Zahlung von Gebühren und [4] Bestellung eines Vertreters [A-VIII,1.7].

[167] Vollmachtsvorlage entfällt bei Bestimmung eines zugelassenen Vertreters. AUSNAHME: [1] Vertreterwechsel durch den neuen Vertreter angezeigt ODER [2] Anforderung durch EPA wg. besonderer Umstände (Zweifel über Vertretungsbefugnis) [R.152(1) iVm BdP ABl.2007S3,128] ODER [3] Akteneinsicht vor Veröffentlichung der ePa [Art.128(2); A-XI,2.5].

[168] Formerfordernisse finden auch Anwendung auf Unterlagen, die Anmeldung ersetzen, wie beglaubigte Abschriften bei Bezugnahme, Übersetzungen (R.50(1), A-III,3.2.1) Änderungen, nach AT eingereichte Unterlagen (A-III,3.2.2, ACHTUNG: Möglichkeit der Rücknahme bei Festsetzung eines neuen AT, Vgl. 8. Eingangsprüfung) und Unterlagen im Einspruchsverfahren (R.86).

[169] Eingangsstelle prüft keine inhaltlichen Mängel, die technisches Wissen erfordern, d.h. [1] Formalfragen nach R.49(9)-(11); [2] Form der Zeichnungen (R.46(2) i), j), f), h]; Zuständigkeit Prüfungsstelle [R.10(1), A-III,3].

[170] gilt nicht für Sequenzen, die bereits aus StdT bekannt [J8/11].

[171] Papierform oder PDF-Format unerwünscht; bei zusätzlicher freiwilliger Einreichung in Papierform bzw. PDF-Format Erklärung erforderlich, dass dieser Inhalt identisch zur elektron. Form [ABl.2011,372; ABl.2013,542].

[172] nicht am AT eingereichtes Sequenzprotokoll ist nicht Bestandteil der ursprünglichen Offenbarung [R.30(2)].

[173] R.30(2) gilt dann nicht; führt das zur Änderung AT, ergeht ggf. notwendige R.30(3)-Mitt. erst nach Ablauf 1M-Frist für Zurücknahme verspätet eingereichter Teile.

EPÜ 2000

Artikel 55
Unschädliche Offenbarungen

(1) Für die Anwendung des Art.54 bleibt eine Offenbarung der Erfindung außer Betracht, wenn sie nicht früher als sechs Monate vor Einreichung der europäischen Patentanmeldung erfolgt ist und unmittelbar oder mittelbar zurückgeht:
[...]
b) auf die Tatsache, dass der Anmelder oder sein Rechtsvorgänger die Erfindung auf amtlichen oder amtlich anerkannten Ausstellungen im Sinne des am 22. November 1928 in Paris unterzeichneten und zuletzt am 30. November 1972 revidierten Übereinkommens über internationale Ausstellungen zur Schau gestellt hat.

(2) Im Fall des Absatzes 1 ist Absatz 1 nur anzuwenden, wenn der Anmelder bei Einreichung der europäischen Patentanmeldung angibt, dass die Erfindung tatsächlich zur Schau gestellt worden ist, und innerhalb der Frist und unter den Bedingungen, die in der Ausführungsordnung vorgeschrieben sind, eine entsprechende Bescheinigung einreicht.

EPÜAO

Regel 25 [25]
Ausstellungsbescheinigung

Der Anmelder muss innerhalb von vier Monaten nach Einreichung der europäischen Patentanmeldung die in **Art.55(2)** genannte Bescheinigung einreichen, die
a) während der Ausstellung von der Stelle erteilt wird, die für den Schutz des gewerblichen Eigentums auf dieser Ausstellung zuständig ist;
b) bestätigt, dass die Erfindung dort tatsächlich ausgestellt worden ist;
c) den Tag der Eröffnung der Ausstellung angibt sowie, wenn die Erfindung erst nach diesem Tag offenbart wurde, den Tag der erstmaligen Offenbarung; und
d) als Anlage eine Darstellung der Erfindung umfasst, die mit einem Beglaubigungsvermerk der vorstehend genannten Stelle versehen ist.

[25] Siehe hierzu Entscheidungen der GBK G 3/98, G 2/99 (Anhang I).

Regel 31 [31],[32]
Hinterlegung von biologischem Material

(1) Wird bei einer Erfindung biologisches Material verwendet oder bezieht sie sich auf biologisches Material, das der Öffentlichkeit nicht zugänglich ist und in der europäischen Patentanmeldung nicht so beschrieben werden kann, dass ein Fachmann die Erfindung danach ausführen kann, so gilt die Erfindung nur dann als gemäß Art.83 offenbart, wenn
a) eine Probe des biologischen Materials spätestens am Anmeldetag bei einer anerkannten Hinterlegungsstelle unter denselben Bedingungen wie denen des Budapester Vertrags über die internationale Anerkennung der Hinterlegung von Mikroorganismen für die Zwecke von Patentverfahren vom 28. April 1977 hinterlegt worden ist,
b) die Anmeldung in der ursprünglich eingereichten Fassung die dem Anmelder zur Verfügung stehenden maßgeblichen Angaben über die Merkmale des biologischen Materials enthält,
c) die Hinterlegungsstelle und die Eingangsnummer des hinterlegten biologischen Materials in der Anmeldung angegeben sind und
d) falls das biologische Material nicht vom Anmelder hinterlegt wurde, Name und Anschrift des Hinterlegers in der Anmeldung angegeben sind und dem

EPA durch Vorlage von Urkunden nachgewiesen wird, dass der Hinterleger den Anmelder ermächtigt hat, in der Anmeldung auf das hinterlegte biologische Material Bezug zu nehmen, und vorbehaltlos und unwiderruflich seine Zustimmung erteilt hat, dass das von ihm hinterlegte Material nach Maßgabe der **R.33** der Öffentlichkeit zugänglich gemacht wird.

(2) Die in Absatz 1 c) und d) genannten Angaben können nachgereicht werden
a) innerhalb von sechzehn Monaten nach dem Anmeldetag oder, wenn eine Priorität in Anspruch genommen worden ist, nach dem Prioritätstag; die Frist gilt als eingehalten, wenn die Angaben bis zum Abschluss der technischen Vorbereitungen für die Veröffentlichung der europäischen Patentanmeldung mitgeteilt werden;
b) bis zum Tag der Einreichung eines Antrags nach Art.93(1) b);
c) innerhalb eines Monats, nachdem das EPA dem Anmelder mitgeteilt hat, dass das Recht auf Akteneinsicht nach Art.128(2) besteht.

Maßgebend ist die Frist, die zuerst abläuft. Die Mitteilung dieser Angaben gilt vorbehaltlos und unwiderruflich als Zustimmung des Anmelders, dass das von ihm hinterlegte biologische Material nach Maßgabe der R.33 der Öffentlichkeit zugänglich gemacht wird.

[31] Siehe hierzu die Mitteilung des EPA über Erfindungen, bei denen biologisches Material verwendet wird oder die sich auf biologisches Material beziehen (ABl. EPA 2010, 498).
[32] Siehe hierzu Entscheidung der GBK G 2/93 (Anhang I).

Regel 32 [33]
Sachverständigenlösung

(1) Bis zum Abschluss der technischen Vorbereitungen für die Veröffentlichung der europäischen Patentanmeldung kann der Anmelder dem EPA mitteilen, dass
a) bis zu dem Tag, an dem der Hinweis auf die Erteilung des europäischen Patents bekannt gemacht wird, oder gegebenenfalls
b) für die Dauer von zwanzig Jahren ab dem Anmeldetag der Anmeldung, falls die Anmeldung zurückgewiesen oder zurückgenommen wird oder als zurückgenommen gilt, der in R.33 bezeichnete Zugang nur durch Herausgabe einer Probe an einen vom Antragsteller benannten Sachverständigen hergestellt wird.

(2) Als Sachverständiger kann benannt werden:
a) jede natürliche Person, sofern der Antragsteller bei der Einreichung des Antrags nachweist, dass die Benennung mit Zustimmung des Anmelders erfolgt;
b) jede natürliche Person, die vom Präsidenten des EPA als Sachverständiger anerkannt ist.

Zusammen mit der Benennung ist eine Erklärung des Sachverständigen einzureichen, in der er die in R.33 vorgesehenen Verpflichtungen gegenüber dem Anmelder bis zum Erlöschen des europäischen Patents in allen benannten Staaten oder – falls die Anmeldung zurückgewiesen oder zurückgenommen wird oder als zurückgenommen gilt – bis zu dem in Absatz 1 b) vorgesehenen Zeitpunkt eingeht, wobei der Antragsteller als Dritter anzusehen ist.

[33] Siehe hierzu die Mitteilung des EPA über Erfindungen, bei denen biologisches Material verwendet wird oder die sich auf biologisches Material beziehen (ABl.2010, 498)

Regel 33 [34]
Zugang zu biologischem Material

(1) Vom Tag der Veröffentlichung der europäischen Patentanmeldung an ist

das nach Maßgabe der R.31 hinterlegte biologische Material jedermann und vor diesem Tag demjenigen, der das Recht auf Akteneinsicht nach Art.128(2) hat, auf Antrag zugänglich. Vorbehaltlich der R.32 wird der Zugang durch Herausgabe einer Probe des hinterlegten Materials an den Antragsteller hergestellt.

(2) Die Herausgabe erfolgt nur, wenn der Antragsteller sich gegenüber dem Anmelder oder Patentinhaber verpflichtet hat, das biologische Material Dritten nicht zugänglich zu machen und es lediglich zu Versuchszwecken zu verwenden, bis die Patentanmeldung zurückgewiesen oder zurückgenommen wird oder als zurückgenommen gilt oder das europäische Patent in allen benannten Staaten erloschen ist, sofern der Anmelder oder Patentinhaber nicht ausdrücklich darauf verzichtet.

Die Verpflichtung, das biologische Material nur zu Versuchszwecken zu verwenden, ist hinfällig, soweit der Antragsteller dieses Material aufgrund einer Zwangslizenz verwendet. Unter Zwangslizenzen sind auch Amtslizenzen und Rechte zur Benutzung einer patentierten Erfindung im öffentlichen Interesse zu verstehen.

(3) Abgeleitetes biologisches Material im Sinne des Absatzes 2 ist jedes Material, das noch die für die Ausführung der Erfindung wesentlichen Merkmale des hinterlegten Materials aufweist. Die in Absatz 2 vorgesehenen Verpflichtungen stehen einer für die Zwecke von Patentverfahren erforderlichen Hinterlegung eines abgeleiteten biologischen Materials nicht entgegen.

(4) Der in Absatz 1 vorgesehene Antrag ist beim EPA auf einem von diesem anerkannten Formblatt einzureichen. Das EPA bestätigt auf dem Formblatt, dass eine europäische Patentanmeldung eingereicht worden ist, die auf die Hinterlegung des biologischen Materials Bezug nimmt, und dass der Antragsteller oder der von ihm nach R. 32 benannte Sachverständige Anspruch auf Herausgabe einer Probe dieses Materials hat. Der Antrag ist auch nach Erteilung des europäischen Patents beim EPA einzureichen.

(5) Das EPA übermittelt der Hinterlegungsstelle und dem Anmelder oder Patentinhaber eine Kopie des Antrags mit der in Absatz 4 vorgesehenen Bestätigung.

(6) Das EPA veröffentlicht in seinem Amtsblatt das Verzeichnis der Hinterlegungsstellen und Sachverständigen, die für die Anwendung der R.31 bis 34 anerkannt sind.

[34] Siehe hierzu die Mitteilung des EPA über Erfindungen, bei denen biologisches Material verwendet wird oder die sich auf biologisches Material beziehen (ABl.2010, 498)

Regel 34 [35]
Erneute Hinterlegung von biologischem Material

Ist nach R.31 hinterlegtes biologisches Material bei der anerkannten Hinterlegungsstelle nicht mehr zugänglich, so gilt die Unterbrechung der Zugänglichkeit als nicht eingetreten, wenn dieses Material bei einer anerkannten Hinterlegungsstelle unter denselben Bedingungen wie denen des Budapester Vertrags über die internationale Anerkennung der Hinterlegung von Mikroorganismen für die Zwecke von Patentverfahren vom 28. April 1977 erneut hinterlegt wird und dem EPA innerhalb von vier Monaten nach dem Tag der erneuten Hinterlegung eine Kopie der von der Hinterlegungsstelle ausgestellten Empfangsbescheinigung unter Angabe der Nummer der europäischen Patentanmeldung oder des europäischen Patents übermittelt wird.

[35] Siehe hierzu die Mitteilung des EPA über Erfindungen, bei denen biologisches Material verwendet wird oder die sich auf biologisches Material beziehen (ABl.2010, 498)

Biologisches Material

(jedes Material, das genetische Informationen enthält und sich selbst reproduzieren oder in einem biologischen System reproduziert werden kann, **R.26(2)**)

R.31 bis **R.34**, A-IV,4, F-III,6

	Erklärung	Voraussetzung	Norm	Handlung	Frist	Nachfrist	Rechtsfolge	Behelf
41	Hinterlegung **biologischen Materials** A-IV,4.1, F-III,6.3	i) Erfindung verwendet oder bezieht sich auf biolog. Material ii) dieses ist für Öffentlichkeit unzugänglich **R.31(1)**	**R.31(1)**	1) Hinterlegung biolog. Materials bei anerkannter Hinterlegungsstelle [174] [**R.31(1)a)**] 2) ePa enthält Angaben zum biolog. Material [**R.31(1)b)**] 3) Erforderliche Angaben beim EPA [175]: ■ Name der Hinterlegungsstelle [176], ■ Eingangsnummer [176], ■ Name + Anschrift des Hinterlegers [177] **R.31(1)(c)&(d)**	a) **16 M** nach AT/frühestem PT der ePa **ABER** spätestens vor Abschluss techn. Vorbereitungen zur Veröff. der ePa b) am ET bei Antrag zur vorzeitigen Veröffentlichung der ePa gem. **R.93(1)** c) **1 M** nach **R.128(2)**-Mitt. (Recht auf Akteneinsicht) - zuerst ablaufende - **R.31(2)**	--	⊕ ab Veröff. der ePa ist biolog. Material für jeden zugänglich und vor Veröff. demjenigen der Akteneinsicht beantragt [**Art.128(2)**] **R.33(1)** ⊖ biologisches Material gilt gem. Art.83 als nicht offenbart F-III,6.3	WB (–) **R.135(2)** WE (–)[178] **ABl.2010,498**
42	Herausgabe nur an **Sachverständige** A-IV, 4.3	ePa noch nicht veröffentlicht	**R.32(1)**	schriftliche Erklärung durch Anmelder, dass Herausgabe biolog. Material an Sachverständigen (auch auf Form 1001): a) bis Veröff. des Erteilungshinweises b) für 20 Jahre ab AT der ePa, außer ePa hat sich erledigt beim EPA	bis zum Abschluss techn. Vorbereitungen für Veröff. der ePa [179]	--	⊕ Herausgabe nur an EPA anerkannten oder vom Anmelder best. Sachverständigen [180], **R.32(2)** **UND** Hinweis auf Titelseite veröff. ePa	--
43	**erneute Hinterlegung** A-IV,4.1.1	keine Zugänglichkeit urspr. hinterlegten biol. Materials (d.h. Material degeneriert **ODER** Hinterlegungsstelle nicht mehr qualifiziert)	**R.34**	1) erneute Hinterlegung bei anerkannter Hinterlegungsstelle [174] ——— **UND** ——— 2) Kopie der Empfangsbescheinigung an EPA mit Nummer der ePa oder EP-Patents	**3 M** nach Auff. durch Hinterlegungsstelle **Art.4(1)d) BudaV** **ODER** wenn Auff. durch Hinterlegungsstelle unterbleibt, **3 M** nach Veröff. durch IB, dass Hinterlegungsstelle nicht mehr qualifiziert ist [181] **Art.4(1)e) BudaV** **4 M** nach erneuter Hinterlegung **R.34**	--	⊕ Unterbrechung der Zugänglichkeit als nicht eingetreten **R.34** iVm **Art.4(1)d) BudaV**	--

---

[174] HINTERLEGUNGSSTELLE muss im Amtsblatt im Verzeichnis für die Zwecke der **R.31** bis **34** veröffentlicht sein [**R.33(6)**]; für das Jahr 2015: **ABl.2015,A43**];

[175] entfällt bei ePa mit Bezugnahme, wenn bei ursprünglicher ePa Erfordernisse nach **R.31(1)b) und c)** erfüllt; EMPFEHLUNG: Empfangsbescheinigung der Hinterlegungsstelle mit einreichen [**ABl.2010,498**].

[176] später eingereichte Eingangsnummer zweifelsfrei zuordenbar durch Angabe des Bezugszeichens, dass Hinterleger gem. **R.6.1(a) iv) BudaV** zugeteilt hat [**G2/93**].

[177] nur, wenn Hinterleger ≠ Anmelder und mit Urkundenvorlage [**R.31(1)d)**]; KEINE URKUNDENVORLAGE, wenn Hinterleger einer von mehreren Anmeldern [**ABl.2010,498**]; EURO-PCT: Urkundenvorlage auch wenn Anmelder = Hinterleger einer EURO-PCT-Anmeldung vor nicht EPA-Bestimmungsstaat (bspw. Erfinder in USA) ist, FRIST: vor Abschluss techn. Vorbereitungen für internat. Veröffentlichung beim IB [**ABl.2010,498**].

[178] **Art.122** nicht anwendbar, da ein Offenbarungsmangel nicht durch WE behebbar [**ABl.2010,498**].

[179] EURO-PCT: iPa ist **in** Amtssprache des ePa: Erklärung (Formblatt PCT/RO/134) beim IB vor Abschluss techn. Vorbereitungen für internat. Veröffentlichung [**ABl.2010,498**] **ODER** iPa **nicht in** Amtssprache des ePa: Erklärung bis Abschluss techn. Vorbereitungen für Veröffentlichung der Übersetzung der iPa [**R.159(1) a)**].

[180] Verzeichnis vom EPA anerkannter Sachverständiger wird im ABl. Veröff. [**R.33(6); ABl.1992,470** iVm **ABl.2015,A43**].

[181] AUSNAHME: 6 M-Frist richtet ab Veröffentlichung durch EPA, wenn ursprüngliche Hinterlegungsstelle nicht nach BudaV, sondern vom EPA kraft eines zweiseitigen Vertrags anerkannt [A-IV, 4.1.1].

Sequenzprotokoll — R.30

Antrag	Rechtsnorm		Erfordernis	Frist	Nachfrist	Rechtsfolge	Rechtsbehelf
Angabe von Nukleotid- und Aminosäure- quenzen [182] A-IV,5, F-II,6	**R.30** ODER **R.163**	Erfordernisse	1) Angabe von **Nukleotid-/Aminosäuresequenzen** nach WIPO-Standard ST.25 [183] (als letzter Teil der ePa) [184] 2) nur in elektronischer Form im TXT-Format [184] **ABl.2013,542**	am **AT** [185] ODER **2 M** nach Auff. +10 Tage **ABl.2013,542** **R.30(3) S.2** oder **R.163(3)**	nicht verlängerbar	(!) Zurückweisung der ePa durch Eingangsstelle **R.30(3)**	**WB (+)**; WE (–)
		nur bei Nachreichung	3) Gebühr für verspätete Einreichung nach **R.30(3)**-Mitt. **[230 €]** **R.30(3)**, Art.2(1) Nr.14a GebO 4) Erklärung darüber, dass Sequenzprotokoll keinen Gegenstand umfasst, der über den Inhalt der urspr. eingereichten Fassung hinausgeht **ABl.2011,372**	ODER **2 M** selbsttätig nach AT gem. **R.56(2)/(3)** (Nachreichen fehlender Teile) [186]			

44

[182] EPA MIT BEZUGNAHME: entsprach frühere ePa der **R.30** bzw. iPa mit Anmeldeamt EPA der **R.5(2)PCT**, ist für ePa **R.30(1)** automat. erfüllt [A-IV,5.2]; TEILANMELDUNG: muss **R.30**-Erfordernissen entsprechen [**Abl.2011,372; G1/05**], soll Sequenzprotokoll als Teil der Beschreibung dienen, muss es mit eingereicht werden, sofern keine Bezugnahme; wurde für frühere ePa Sequenzprotokoll im TXT-Format eingereicht, übernimmt EPA dies in Akte aber nur zur Recherche, nicht als Teil der Beschreibung [**ABl.2013,542**] [A-IV,5.3].

[183] gilt nicht für Sequenzen, die bereits aus StdT bekannt [**J8/11**].

[184] Papierform oder PDF-Format unerwünscht; bei zusätzlicher freiwilliger Einreichung in Papierform bzw. PDF-Format Erklärung erforderlich, dass dieser Inhalt identisch zur elektron. Form [**ABl.2011,372; ABl.2013,542**].

[185] nicht am AT eingereichtes Sequenzprotokoll ist nicht Bestandteil der ursprünglichen Offenbarung [**R.30(2)**].

[186] **R.30(2)** gilt dann nicht; führt das zur Änderung AT, ergeht ggf. notwendige **R.30(3)-Mitt.** erst nach Ablauf **1M**-Frist für Zurücknahme verspätet eingereichter Teile.

Ausstellungsprivileg

Art.55 iVm R.25, G-V

Antrag	Norm	zu erbringende Handlung	Frist	Nachfrist	Rechtsfolge	Rechtsbehelf
		1) Zurschaustellung auf Ausstellung iSd Art.11 PVÜ über internationale Ausstellungen [187] 2) Einreichung ePa innerhalb **6 M** nach Zurschaustellung **Art.55(1)b**	**6 M** bis zur tatsächlichen Einreichung der ePa ab Offenbarung der Erfindung (nicht AT) [188] **G3/98, G2/99**	nicht verlängerbar	(+) diese Offenbarung ist unschädlich [189] (−) diese Offenbarung ist schädlich	--
Inanspruchnahme **Ausstellungsprivileg** A-IV,3, G-V,4	**Art.55(1)b** iVm **R.25** **ABl.2011,324**	3) **Ausstellungsbescheinigung, muss:** a) während Ausstellung von zuständiger Stelle ausgestellt worden sein, b) bestätigen, dass Erfindung tatsächlich ausgestellt, c) Eröffnungstag **ODER** tatsächlichen Offenbarungstag ausweisen, d) amtlich beglaubigte Erfindungsdarstellung enthalten **Art.55(2), R.25**	**4 M** nach ET der ePa **R.25**	**4 M** ab Auff.^{+10 Tage} zur Mängelbeseitigung	(+) diese Offenbarung ist unschädlich [189] (−) diese Offenbarung ist schädlich, **R.112(1)**-Rechtsverlust-Mitt. A-IV,3.2	**WB (+)** für Mängelbeseitigung; **WE (−)**

Rechercheergebnisse einreichen

Antrag	Norm	zu erbringende Handlung	Frist	Nachfrist	Rechtsfolge	Rechtsbehelf
Kopie der **Rechercheergebnisse** prioritätsbegründender Anmeldung A-III,6.12	**Art.87** iVm **Art.124(2), R.141(1)**	Für alle ePa und Euro-PCT muss eine Kopie des **offiziellen Dokuments** der Recherche der Behörde eingereicht werden, bei der die prioritätsbegründende Erstanmeldung eingereicht wurde [ABl.2009,585] [190] WICHTIG: ▪ gilt auch für Prioansprüche, die später zurückgenommen, nach dem AT eingefügt oder berichtigt werden oder die erlöschen [A-III,6.12] ▪ **keine** Übersetzung ▪ **keine** Kopien der Dokumente [ABl.2010,410]	am AT **ODER** Eintritt in die EP-Phase **ODER** unverzüglich, sobald Ergebnisse vorliegen	**2 M** nach **R.70b(1)**-Auff.^{+10Tage} **R.141(3)**	(+) Berücksichtigung der Rechercheergebnisse im Erteilungsverfahren (−) ePa gilt als zurückgenommen und R.112(1)-Rechtsverlustmitt. **Art.124(2), R.70b(2)**	**WB (+)**; **WE (−)**

[187] VERÖFFENTLICHUNG: amtlich anerkannten Ausstellungen iSv PVÜ & **Art.55(1)b)** jährlich in April-Ausgabe des EP-Amtsblatts veröffentlicht; für das Jahr 2016: **ABl.2016,A38.**

[188] keine „echte Frist" iSv EPÜ, Schließtag des EPA: Fällt der letzte Tag auf einen Schließtag des EPA, so verlängert sich die Frist nicht nach R.134.

[189] ABER: Das Ausstellungsprivileg begründet keine Ausstellungspriorität, so dass Offenbarungen im Zeitraum zwischen Ausstellung und Anmeldung schädlich sind [T382/07].

[190] ENTFÄLLT: wenn Rechercheergebnisse dem EPA zugänglich sind [R.141(2) iVm ABl.2010,600: [1] ESR [Art.92], [2] ISR [Art.15(1) PCT], [3] WO-ISA [Art.15(5) PCT] oder iv) Recherchenbericht einer nat. Behörde (BE, FR, GR, IT, LT, LU, MT, NL, SM, TR, CY); Zudem erfolgt eine selbstständige zur Aktennahme, wenn die prioritätsbegründende Erstanmeldung in DK, ES, JP, GB, USA, AT, KR eingereicht [R.141(2) iVm ABl.2016,A19]; Auch bei TA, bei denen Rechercheergebnisse zur beanspruchten Priorität bereits in Bezug auf die Stammanmeldung eingereicht wurden, muss Anmelder die Ergebnisse nicht erneut vorlegen [ABl.2010,410].

EPÜ 2000

Artikel 62
Recht auf Erfindernennung

Der Erfinder hat gegenüber dem Anmelder oder Inhaber des europäischen Patents das Recht, vor dem Europäischen Patentamt als Erfinder genannt zu werden.

Artikel 81
Erfindernennung

In der europäischen Patentanmeldung ist der Erfinder zu nennen. Ist der Anmelder nicht oder nicht allein der Erfinder, so hat die Erfindernennung eine Erklärung darüber zu enthalten, wie der Anmelder das Recht auf das europäische Patent erlangt hat.

Artikel 90[86], [87]
Eingangs- und Formalprüfung

(1) Das EPA prüft nach Maßgabe der Ausführungsordnung, ob die Anmeldung den Erfordernissen für die Zuerkennung eines Anmeldetags genügt.

(2) Kann ein Anmeldetag nach der Prüfung nach Absatz 1 nicht zuerkannt werden, so wird die Anmeldung nicht als europäische Patentanmeldung behandelt.

(3) Ist der europäischen Patentanmeldung ein Anmeldetag zuerkannt worden, so prüft das EPA nach Maßgabe der Ausführungsordnung, ob den Erfordernissen der Art.14, 78, 81 und gegebenenfalls des Art.88(1) und des Art.133(2) sowie den weiteren in der Ausführungsordnung festgelegten Erfordernissen entsprochen worden ist.

(4) Stellt das EPA bei der Prüfung nach Absatz 1 oder 3 behebbare Mängel fest, so gibt es dem Anmelder Gelegenheit, diese Mängel zu beseitigen.

(5) Wird bei der Prüfung nach Absatz 3 festgestellter Mangel nicht beseitigt, so wird die europäische Patentanmeldung zurückgewiesen, sofern dieses Übereinkommen keine andere Rechtsfolge vorsieht. Betrifft der Mangel den Prioritätsanspruch, so erlischt der Prioritätsanspruch für die Anmeldung.

[86] Geändert durch die Akte zur Revision des EPÜ vom 29.11.2000.
[87] Siehe hierzu Stellungnahmen der GBK G 4/98, G 1/02 (Anhang I).

Artikel 129[150]
Regelmäßige Veröffentlichungen

Das EPA gibt folgende Veröffentlichungen heraus:

a) ein Europäisches Patentblatt, das die Angaben enthält, deren Veröffentlichung die Ausführungsordnung oder der Präsident des EPA vorschreibt; [-]

[150] Geändert durch die Akte zur Revision des EPÜ vom 29.11.2000.

EPÜAO

Regel 19
Einreichung der Erfindernennung

(1) Die Erfindernennung hat im Antrag auf Erteilung eines europäischen Patents zu erfolgen. Ist jedoch der Anmelder nicht oder nicht allein der Erfinder, so ist die Erfindernennung in einem gesonderten Schriftstück einzureichen. Sie muss den Namen, die Vornamen und die vollständige Anschrift des Erfinders, die in Art.81 genannte Erklärung und die Unterschrift des Anmelders oder Vertreters enthalten.

(2) Die Richtigkeit der Erfindernennung wird vom EPA nicht geprüft.

(3) Ist der Anmelder nicht oder nicht allein der Erfinder, so teilt das EPA dem genannten Erfinder die in der Erfindernennung enthaltenen und die folgenden weiteren Angaben mit:

a) Nummer der europäischen Patentanmeldung;

b) Anmeldetag der europäischen Patentanmeldung und, wenn eine Priorität in Anspruch genommen worden ist, Tag, Staat und Aktenzeichen der früheren Anmeldung;

c) Name des Anmelders;

d) Bezeichnung der Erfindung;

e) die benannten Vertragsstaaten.

(4) Der Anmelder und der Erfinder können aus der Unterlassung der Mitteilung nach Absatz 3 und aus darin enthaltenen Fehlern keine Ansprüche herleiten.

Regel 20
Bekanntmachung der Erfindernennung

(1) Der genannte Erfinder wird auf der veröffentlichten europäischen Patentanmeldung und auf der europäischen Patentschrift vermerkt, sofern er dem EPA gegenüber nicht schriftlich auf das Recht verzichtet hat, als Erfinder bekannt gemacht zu werden.

(2) Absatz 1 ist anzuwenden, wenn ein Dritter beim EPA eine rechtskräftige Entscheidung einreicht, aus der hervorgeht, dass der Anmelder oder Inhaber eines europäischen Patents verpflichtet ist, ihn als Erfinder zu nennen.

Regel 21[21]
Berichtigung der Erfindernennung

(1) Eine unrichtige Erfindernennung wird nur auf Antrag und nur mit Zustimmung des zu Unrecht als Erfinder Genannten und, wenn der Antrag von einem Dritten eingereicht wird, mit Zustimmung des Anmelders oder Patentinhabers berichtigt. R.19 ist entsprechend anzuwenden.

(2) Ist eine unrichtige Erfindernennung in das Europäische Patentregister eingetragen oder im Europäischen Patentblatt bekannt gemacht worden, so wird auch deren Berichtigung oder Löschung darin eingetragen oder bekannt gemacht.

[21] Siehe BdP des EPA, ABl. EPA 2013, 600; 2013, 601.

Regel 60
Nachholung der Erfindernennung

(1) Ist die Erfindernennung nach R.19 nicht erfolgt, so teilt das EPA dem Anmelder mit, dass die europäische Patentanmeldung zurückgewiesen wird, wenn die Erfindernennung nicht innerhalb von sechzehn Monaten nach dem Anmeldetag oder, wenn eine Priorität in Anspruch genommen worden ist, nach dem Prioritätstag nachgeholt wird; diese Frist gilt als eingehalten, wenn die Information vor Abschluss der technischen Vorbereitungen für die Veröffentlichung der europäischen Patentanmeldung mitgeteilt wird.

(2) Ist in einer Teilanmeldung oder einer neuen Anmeldung nach Art.61(1) b) die Erfindernennung nach R.19 nicht erfolgt, so fordert das Europäische Patentamt den Anmelder auf, die Erfindernennung innerhalb einer zu bestimmenden Frist nachzuholen.

Regel 143[132]
Eintragungen in das Europäische Patentregister

(1) Im Europäischen Patentregister werden folgende Angaben eingetragen:
[...]

g) Name, Vornamen und Anschrift des vom Anmelder oder Patentinhaber genannten Erfinders, sofern er nicht nach R.20(1) auf das Recht verzichtet hat, als Erfinder bekannt gemacht zu werden;

[132] Siehe hierzu BdP des EPA, ABl. EPA 2013, 600; 2013, 601.

Regel 144[134]
Von der Einsicht ausgeschlossene Aktenteile

Von der Akteneinsicht sind nach **Art.128(4)** folgende Aktenteile ausgeschlossen; [...]

c) die Erfindernennung, wenn der Erfinder nach **R.20(1)** auf das Recht verzichtet hat, als Erfinder bekannt gemacht zu werden; [...]

[134] Siehe hierzu den BdP des EPA, Sonderausgabe Nr. 3, ABl. EPA 2007, J.3.

Rechtsprechung

J8/82

1. Nach R.19(1) EPÜ ist die Zustimmung des "zu Unrecht als Erfinder Genannten" zur Berichtigung einer Erfindernennung erforderlich. Ein bereits als Erfinder Genannter, dessen Name nicht aus der Erfindernennung gestrichen werden soll, ist kein "zu Unrecht Genannter" im Sinne dieser Regel; seine Zustimmung zur Aufnahme eines weiteren Erfinders in die Erfindernennung ist somit nicht erforderlich.

2. Wird der Antrag auf Änderung der Erfindernennung zu einem Zeitpunkt gestellt, zu dem die Eingangsstelle noch für die Formalprüfung und die Veröffentlichung der europäischen Patentanmeldung zuständig ist, so hat die Eingangsstelle die Entscheidung über den Antrag zu treffen, und zwar auch dann noch, wenn die Zuständigkeit für die weitere Prüfung der Anmeldung bereits auf die Prüfungsabteilung übergegangen ist.

Erfindernennung

Eingangsstelle — Art.62, Art.81 iVm R.19-21, A-III,5

Antrag	Voraussetzung	Norm	Handlung	Frist	Nachfrist	Rechtsfolge	Rechtsbehelf
47 **Erfindernennung** [191] durch Anmelder A-III, 5.1	Anmelder = alleiniger Erfinder	**Art.62 iVm Art.81, R.19(1)**	Nennung auf EPA Form 1001, Feld 25	am ET der ePa **R.19(1)**	spätestens bis Abschluss techn. Vorbereitung für Veröff.	(+) Veröffentlichung der Erfinder auf ePa **ODER** EP-Patent [192] **R.20(1)**	**WB (+)** Art.121(1), R.135(1)
	Anmelder nicht Erfinder oder nicht alleiniger Erfinder		gesondertes Schriftstück [Form 1002 empfohlen] unter Angabe von [1] Name, [2] vollständiger Anschrift, [3] Rechterlangung [Art.81], [4] Unterschrift des Anmelders/Vertreters **Art.81 iVm R.19(1)**, A-III,5.1	**ODER** 16 M nach AT oder PT, gesonderte R.60-Mitt. **R.60(1)**		(−) ePa zurückgewiesen und **R.112(1)**-Rechtsverlustmitt. **Art.90(5), R.60(1)** oder **R.163(6)**	WE (−) Art.122(4), R.136(3)
48 **Verzicht** A-III, 5.2	Recht auf Erfindernennung	**Art.62 iVm R.20(1)**	schriftlicher Antrag des genannten Erfinders **R.20(1)**	vor Abschluss techn. Vorbereitung zur Veröff. der ePa	--	(+) keine Eintragung in PatReg und Patenblatt **R.143(1)g** UND Erfindernennung und Verzichtserklärung von Akteneinsicht ausgeschlossen **R.144(c)**	--
49 **Erfindernennung durch Dritten** A-III, 5.6	rechtskräftige Entscheidung als Nachweis für Recht auf Erfindernennung	**Art.62 iVm R.20(2)**	1) schriftlicher Antrag des berechtigten Dritten (Erfinder) und 2) Vorlage rechtskräftiger Entscheidung	»jederzeit« auch nach Verfahrensabschluss	--	Veröff. dieser Erfindernennung auf ePa oder EP-Patent **R.20(2), R.143(1)(g), Art.129a)**	--
50 **Berichtigung**	unrichtige Erfindernennung	**Art.62 iVm R.21**	1) Berichtigungsantrag des Anmelders/PI oder eines Dritten [193] auf Änderung/Eintragung/Löschung Erfindernennung mit: ■ Namen und Anschrift des Erfinders ■ Erklärung über Rechtserlangung, **Art.81** ■ Unterschrift Anmelders/PI oder Vertreters **R.19(1)** 2) Zustimmungserklärung des zu Unrecht genannten Erfinders [194] **R.21(1)**	»jederzeit« auch nach Verfahrensabschluss	--	(+) Änderung/Eintragung/Löschung Erfindernennung UND Veröffentlichung dieser Erfindernennung auf ePa oder EP-Patent **R.21(2) iVm R.143(1)(g), Art.129a)**	
51 **Nachholen** A-III, 5.3	1) keine Erfindernennung gemäß R.19 2) R.60(1)-Mitt. des ePa	**Art.81, R.19 iVm R.60**	Antrag mit: ■ Namen und Anschrift des Erfinders ■ Erklärung über Rechtserlangung, **Art.81** ■ Unterschrift Anmelders/PI oder Vertreters **R.19(1)**	16 M nach AT bzw. PT **R.60(1)** ODER für TA binnen zu best. Frist nach Mitt. +10Tage **R.60(2)**	nicht verlängerbar, da in **R.60** geregelte Frist	(−) Zurückweisung der ePa **Art.90(5) S.1**	**WE (+)**; WB (−)

[191] ERFINDERNENNUNG materielle Anspruch [Art.62] und formelles zur Einreichung der Erfindernennung [R.19]; Richtigkeit nicht geprüft [R.19]; VERZICHT des Erfinders durch schriftl. Antrag beim EPA [R.20(1) (R.143[1]g und R.144c)], wodurch Veröffentlichung dieser Erfindernennung unterbleibt; KORREKTUREN: auf Antrag und nur mit Zustimmung des zu Unrecht benannten R.21(1).

[192] MIND. EIN ERFINDER ≠ ANMELDER: Erfinder erhalten Mitteilung über Benennung als Erfinder [R.19(3)], enthaltend [R.19(4)]: [1] Nummer der ePa, [2] AT der ePa oder bei Inanspruchnahme Prio; Tag, Staat, Aktenzeichen der früheren Anmeldung, [3] Name Anmelder, [4] Erfindungsbezeichnung, [5] benannte Vertragsstaaten, [6] ggf. Name Miterfinder.

[193] Dritter braucht zusätzlich Zustimmung des Anmelders/PI [R.19(1)].

[194] entfällt, wenn ein weiterer Miterfinder nur hinzugefügt wird [J8/82].

EPÜ 2000

Artikel 87[80],[81]
Prioritätsrecht

(1) Jedermann, der in einem oder mit Wirkung für
a) einen Vertragsstaat der Pariser Verbandsübereinkunft zum Schutz des gewerblichen Eigentums oder
b) ein Mitglied der Welthandelsorganisation eine Anmeldung für ein Patent, ein Gebrauchsmuster oder ein Gebrauchszertifikat vorschriftsmäßig eingereicht hat, oder sein Rechtsnachfolger genießt für die Anmeldung derselben Erfindung zum europäischen Patent während einer Frist von zwölf Monaten nach dem Anmeldetag der ersten Anmeldung ein Prioritätsrecht.

(2) Als prioritätsbegründend wird jede Anmeldung anerkannt, der nach dem nationalen Recht des Staats, in dem die Anmeldung eingereicht worden ist, oder nach zwei- oder mehrseitigen Verträgen unter Einschluss dieses Übereinkommens die Bedeutung einer vorschriftsmäßigen nationalen Anmeldung zukommt.

(3) Unter vorschriftsmäßiger nationaler Anmeldung ist jede Anmeldung zu verstehen, die zur Festlegung des Tags ausreicht, an dem die Anmeldung eingereicht worden ist, wobei das spätere Schicksal der Anmeldung ohne Bedeutung ist.

(4) Als die erste Anmeldung, von deren Einreichung an die Prioritätsfrist läuft, wird auch eine jüngere Anmeldung angesehen, die denselben Gegenstand betrifft wie eine erste ältere in demselben oder für denselben Staat eingereichte Anmeldung, sofern diese ältere Anmeldung bis zur Einreichung der jüngeren Anmeldung zurückgenommen, fallen gelassen oder zurückgewiesen worden ist, und zwar bevor sie öffentlich ausgelegt worden ist und ohne dass Rechte bestehen geblieben sind; ebenso wenig darf diese ältere Anmeldung schon Grundlage für die Inanspruchnahme des Prioritätsrechts gewesen sein. Die ältere Anmeldung kann in diesem Fall nicht mehr als Grundlage für die Inanspruchnahme des Prioritätsrechts dienen.

(5) Ist die erste Anmeldung bei einer nicht der Pariser Verbandsübereinkunft zum Schutz des gewerblichen Eigentums oder dem Übereinkommen zur Errichtung der Welthandelsorganisation unterliegenden Behörde für den gewerblichen Rechtsschutz eingereicht worden, so sind die Absätze 1 bis 4 anzuwenden, wenn diese Behörde nach einer Bekanntmachung des Präsidenten des EPA anerkennt, dass eine erste Anmeldung beim Europäischen Patentamt ein Prioritätsrecht unter Voraussetzungen und mit Wirkungen begründet, die denen der Pariser Verbandsübereinkunft vergleichbar sind.

[80] Geändert durch die Akte zur Revision des EPÜ vom 29.11.2000.
[81] Siehe hierzu Entscheidungen/Stellungnahmen GBK G3/93, G2/95, G2/98, G1/03, G2/03 (Anhang I).

Artikel 88[82],[83]
Inanspruchnahme der Priorität

(1)[84] Der Anmelder, der die Priorität einer früheren Anmeldung in Anspruch nehmen will, hat eine Prioritätserklärung und weitere erforderliche Unterlagen nach Maßgabe der Ausführungsordnung einzureichen.

(2) Für eine europäische Patentanmeldung können mehrere Prioritäten in Anspruch genommen werden, selbst wenn sie aus verschiedenen Staaten stammen. Für einen Patentanspruch können mehrere Prioritäten in Anspruch genommen werden. Werden mehrere Prioritäten in Anspruch genommen, so beginnen Fristen, die vom Prioritätstag an laufen, vom frühesten Prioritätstag an zu laufen.

(3) Werden eine oder mehrere Prioritäten für die ePa in Anspruch genommen, umfasst das Prioritätsrecht nur die Merkmale der Anmeldung, die in der Anmeldung oder den Anmeldungen enthalten sind, deren Priorität in Anspruch genommen worden ist.

(4) Sind bestimmte Merkmale der Erfindung, für die die Priorität in Anspruch genommen wird, nicht in den in der früheren Anmeldung aufgestellten Patentansprüchen enthalten, so reicht es für die Gewährung der Priorität aus, dass die Gesamtheit der Anmeldungsunterlagen der früheren Anmeldung diese Merkmale deutlich offenbart.

[82] Geändert durch die Akte zur Revision des EPÜ vom 29.11.2000.
[83] Siehe hierzu Entscheidung/Stellungnahme GBK G3/93, G2/98 (Anhang I).
[83] Siehe hierzu Entscheidung/Stellungnahme GBK G3/93, G2/98 (Anhang I).
[84] Siehe BdP des EPA, SA Nr. 3, ABl.2007, B.2 und BdP des EPA, ABl.2012, 492.

Artikel 89[85]
Wirkung des Prioritätsrechts

Das Prioritätsrecht hat die Wirkung, dass für die Anwendung des Art.54(2) und (3) und des Art.60(2) der Prioritätstag als Anmeldetag der europäischen Patentanmeldung gilt.

[85] Siehe hierzu Entscheidungen/Stellungnahmen GBK G 3/93, G 2/98, G 3/98, G 2/99 (Anhang I).

EPÜAO

Regel 41
Erteilungsantrag

(2) Der Antrag muss enthalten [...]
g) falls die Priorität einer früheren Anmeldung in Anspruch genommen wird, eine entsprechende Erklärung, in der der Tag dieser Anmeldung und der Staat angegeben sind, in der oder für den sie eingereicht worden ist; [...]

Regel 52
Prioritätserklärung

(1) Die in Art.88(1) genannte Prioritätserklärung besteht aus einer Erklärung über den Tag der früheren Anmeldung und den Vertragsstaat der Pariser Verbandsübereinkunft oder das Mitglied der Welthandelsorganisation, in dem oder für den sie eingereicht worden ist, sowie aus der Angabe des Aktenzeichens. Im Fall des Art.87(5) ist Satz 1 entsprechend anzuwenden.

(2) Die Prioritätserklärung soll bei Einreichung der europäischen Patentanmeldung abgegeben werden. Sie kann noch innerhalb von 16 Monaten nach dem frühesten beanspruchten Prioritätstag abgegeben werden.

(3) Der Anmelder kann die Prioritätserklärung innerhalb von 16 Monaten nach dem frühesten beanspruchten Prioritätstag berichtigen oder, wenn die Berichtigung zu einer Verschiebung des frühesten beanspruchten Prioritätstags führt, innerhalb von sechzehn Monaten ab dem berichtigten frühesten Prioritätstag, je nachdem, welche 16-Monatsfrist früher abläuft, mit der Maßgabe, dass die Berichtigung bis zum Ablauf von vier Monaten nach dem der europäischen Patentanmeldung zuerkannten Anmeldetag eingereicht werden kann.

(4) Nach Einreichung eines Antrags nach Art.93(1) b) ist die Abgabe oder Berichtigung einer Prioritätserklärung jedoch nicht mehr möglich.

Regel 53
Prioritätsunterlagen

(1) Ein Anmelder, der eine Priorität in Anspruch nimmt, hat innerhalb von sechzehn Monaten nach dem frühesten Prioritätstag eine Abschrift der früheren Anmeldung einzureichen. Diese Abschrift und der Tag der Einreichung der früheren Anmeldung sind von der Behörde, bei der die Anmeldung eingereicht worden ist, zu beglaubigen.

(2)[58] Die Abschrift der früheren Anmeldung gilt als ordnungsgemäß eingereicht, wenn eine dem Europäischen Patentamt zugängliche Abschrift dieser Anmeldung unter den vom Präsidenten des EPA festgelegten Bedingungen in die Akte der ePa aufzunehmen ist.

(3)[59] Ist die frühere Anmeldung nicht in einer Amtssprache des EPA abgefasst und ist die Wirksamkeit des Prioritätsanspruchs für die Beurteilung der Patentierbarkeit der Erfindung relevant, so fordert das Europäische Patentamt den Anmelder oder Inhaber des europäischen Patents auf, innerhalb einer zu bestimmenden Frist eine Übersetzung der Anmeldung in einer der Amtssprachen einzureichen. Statt der Übersetzung kann eine Erklärung vorgelegt werden, dass die ePa eine vollständige Übersetzung der früheren Anmeldung ist. Absatz 2 ist entsprechend anzuwenden. Wird eine angeforderte Übersetzung einer früheren Anmeldung nicht rechtzeitig eingereicht, so erlischt der Anspruch auf die Priorität dieser Anmeldung für die erteilte ePa oder das EP-Patent. Der Anmelder oder Inhaber des europäischen Patents wird hiervon unterrichtet.

[58] Siehe hierzu den BdP des EPA, SA Nr. 3 ABl. EPA 2007, B.2 und den BdP des EPA, ABl.2012, 492.
[59] Geändert durch BdV CA/D 7/12 vom 27.06.2012, (ABl.2012, 442), in Kraft getreten am 01.04.2013. Siehe auch Mitteilung EPA, ABl.2013, 150.

Regel 54
Ausstellung von Prioritätsunterlagen

Auf Antrag stellt das EPA für den Anmelder eine beglaubigte Kopie der ePa (Prioritätsbeleg) aus. Der Präsident des EPA bestimmt die erforderlichen Bedingungen einschließlich der Form des Prioritätsbelegs und der Fälle, in denen eine Verwaltungsgebühr zu entrichten ist.

Regel 59
Mängel bei der Inanspruchnahme der Priorität

Ist das Aktenzeichen der früheren Anmeldung nach R.52(1) oder die Abschrift dieser Anmeldung nach R.53(1) nicht rechtzeitig eingereicht worden, so teilt das EPA dem Anmelder dies mit und fordert ihn auf, das Aktenzeichen oder die Abschrift innerhalb einer zu bestimmenden Frist einzureichen.

Rechtsprechung

G3/93 Veröffentlichung der ePa während Priofrist ist neuheitsschädlich, wenn Prioanspruch nicht rechtswirksam.

G2/98 Der beanspruchte Gegenstand muss aus prioritätsbegründender Anmeldung unmittelbar und eindeutig entnehmbar sein.

T5/05 1. Nur Anmeldungen, die vom Anmelder der europ. Anmeldung selbst oder seinem Rechtsvorgänger getätigt wurden, sind relevant für die Erfüllung des sich aus Art.87(4) herleitenden Erfordernisses, dass es sich bei der prioritätsbegründenden Anmeldung um die erstmalige Anmeldung der betreffenden Erfindung durch den Anmelder der europ. Anmeldung oder seinen Rechtsvorgänger handeln muss. Anmeldungen verschiedener Anmelder stehen einander als StdT iSv Art.54(2) oder 54(3) gegenüber.
2. Weder dem EPÜ noch dem PVÜ ist zu entnehmen, dass es sich beim Prioritätsrecht um eine Ausnahmeregelung handle, die deshalb eng auszulegen sei und damit nur eine einmalige Ausübung des Prioritätsrechtes für einen VStaat zulasse.

Prioritätsrecht

(Wirkung: ePa steht für die Neuheitsprüfung [Art.54(2)/(3)] und Recht auf Patent [Art.60(2)] PT als AT zu)   Art.87 bis 89 iVm R.52-54, A-III,6 und F-VI

52 Wirksame Inanspruchnahme einer Priorität

Voraus-
setzungen

1) Prioanmeldung ist Patent, GebrM ODER Gebrauchszertifikat mit Wirkung für PVÜ oder WTO [195]
   Art.87(1), A-III,6.2

2) Prioanmeldung ist **AT zuerkannt**   Art.87(1)

3) Nachanmeldung binnen **12 M ab AT** Prioanmeldung [196]   Art.87(1)

4) Prioanmeldung ist „**erste Anmeldung der Erfindung**" [197]   Art.87(3) und Art.87(4), F-VI,1.4

5) Nachanmeldung ist „**dieselbe Erfindung**" [198]   Art.87(1) iVm Art.88(4), **G3/93, G2/98**

6) selber Anmelder [199] ODER Rechtsnachfolger (≠ Erfinderidentität)   Art.88(1), A-III,6.1, **T5/05**

A-III,6

Rechtsfolge

(+) WIRKUNG: ePa steht für die Anwendung von Art.54(2)/(3) und Art.69(2) PT als AT zu   Art.89

(–) Prioritätsanspruch erlischt für ePa, wenn keine Prioerklärung eingereicht oder
F-VI, 1.2   Mängel nicht beseitigt   Art.90(5) S.2

Rechtsbehelf   WB (–)   R.135(2), Art.121(4)
A-III,6.6   **WE (+)**, da unmittelbarer Rechtsverlust bei Versäumnis (2 M ab Ablauf Priofrist)   R.136(1)S.2

53 mehrere Prioritäten (Teil- und Mehrfachprioritäten)

Anmelder können für eine ePa mehrere Prioritäten gleicher ODER verschiedener PVÜ/WTO-Staaten beanspruchen [Art.88(2), **T15/01**, A-III,6.3], ausgenommen: Kettenprioritäten [**T5/05**].

ZEITRÄNGE: Fristen bestimmen sich nach dem frühesten beanspruchten PT [Art.88(2) S.3];

WIRKUNG: Werden für unterschiedliche Gegenstände unterschiedliche Prioansprüche geltend gemacht, so erhält jeder Gegenstand den PT der früheren Anmeldung, die diesen beinhaltet (also ggf. auch nur Zeitrang der ePa) [Art.88(3), **T828/93**]. So stehen einem Anspruch unterschiedliche Zeiträngen zu, wenn dieser mehrere Alternativen enthält [**G2/98; T620/94**].

TEILPRIORITÄTEN: ein Teilgegenstand, der in Voranmeldung offenbart ist, erhält als Zeitrang den PT; wohingegen dem überschießenden Teil nur der AT der Nachanmeldung zusteht.

MEHRFACHPRIORITÄTEN: werden mehrere Prioritäten beansprucht, so kommt jedem Gegenstand der Nachanmeldung der Zeitrang der Voranmeldung zu, in der dieser das erste Mal offenbart ist.

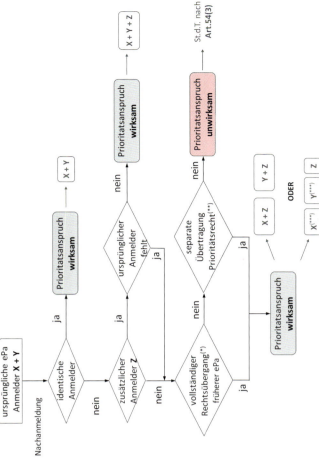

Rechtsübergang und Prioritätsrecht

Fig. 6: Wirksamkeit des Prioritätsanspruchs setzt Anmelderidentität oder wirksame Rechtsnachfolge UND Übertragung des Prioritätsrechts nach einschlägigen nat. Rechtsvorschriften voraus [A-III,6.1]:

- Rechtsübergang muss nach den einschlägigen nat. Rechtsvorschriften wirksam sein und bedarf formalen Nachweises [**T1008/96, J19/87**]; Nachweis über Rechtsübergang nachreichbar;
- Rechtsübertragung des Prioritätsrechts muss vor ODER (spätestens) am Tag der Einreichung der Nachanmeldung erfolgen und bedarf formalen Nachweis [**T1056/01**]: bspw.: Kopie Übertragungsvereinbarung [**T493/06**], eidesstattliche Versicherung [**T970/93, T804/94, T558/95, T43/00**] ABER formale Voraus. im EPÜ nicht geregelt [**T62/05**]

(*) vollständiger Rechtsübergang

(**) separate Übertragung Prioritätsrecht

(***) nicht derselbe Anmelder [**T788/05**]

---

[195] PRIOBEGRÜNDEND: nat. Anmeldung, ePa, iPa und US-provisional [**ABl.1996,81**]; NICHT ANERKANNT: Prioritäten aus Geschmacksmustern/Designs/Modellen [**115/80**; **ABl.1981,213/546**] ODER Ausstellungsprioritäten [**T382/07**].

[196] Schicksal prioritätsbegründeter Anmeldung nach ihrem AT bedeutungslos (z.B. zurückgenommen/zurückgewiesen/fallen gelassen) [Art. 87(3)].

[197] KEINE „ERSTE ANMELDUNG": noch frühere Anmeldung, die [1] für denselben Staat eingereicht wurde wie jüngere Anmeldung UND [2] vor ihrer Veröff. zurückgenommen/zurückgewiesen/fallengelassen OHNE Überbleib von Rechten UND [3] noch nicht für Inanspruchnahme einer Priorität diente [Art.87(4), F-VI, 1.4.1, **T255/91**]; US-continuation in part noch priobegründend ABER US-provisional ist priobegründend [**ABl.1996, 81**].

[198] derselbe Erfindungsgegenstand muss für Fachmann unter Heranziehung des allgem. Fachwissens unmittelbar und eindeutig aus der früheren Anmeldung als Ganzes (nicht nur Ansprüchen) entnehmbar sein [**G2/98**]; Priodokument muss nacharbeitbare Offenbarung enthalten [**T193/95**]; urspr. nicht offenbarer Disclaimer ändert Prioritätsrecht nicht, wenn er keinen techn. Beitrag leistet [**G1/03; G2/03; ABl.2004,413, 448; T175/03**; RBK II.D.2.1.2].

[199] MEHRERE ANMELDER: genügt, wenn ein Anmelder Anmelder/Rechtsnachfolger der früheren Anmeldung ist.

Inanspruchnahme einer Priorität

Eingangsstelle, R.57g — Art.88 iVm R.52, 53

#	Kategorie	Norm	zu erbringende Handlung	Frist	Nachfrist	Rechtsfolge	Rechtsbehelf
54	**Voraussetzung**		1. ePa noch nicht veröff. [Art.93(1)] und kein Antrag auf vorzeitige Veröff. gestellt [Art.93(1) b)] 2. bei ein oder mehreren Prioanmeldungen liegt frühestes PT **max. 12 M** vor AT [200] [Art.87(1)] iVm **Art.88(2)]**	mit Einreichung ePa (vorzugsweise auf Erteilungsantrag [R.41(2)g)]) **R.52(2) S.1** ODER		(+) AT ePa ist PT der Erstanmeldung **UND** Anmelder ist zur Einreichung der Recherchenergebnisse der Prio-Anmeldung verpflichtet **R.141(1)**	**WE (+)** Art.122(1), R.136(1), ⏀S.156 **WB (–)** Art.121(4), R.135(2) **ODER**
55	**Berechtigter**	**R.2(1)**	selber Anmelder [202] oder Rechtsnachfolger [203] früherer Anmeldung				
56	**Art der Einreichung** A-III, 6.5, F-VI,3.2		nur auf Papier oder auf elektr. Datenträger (nicht per Fax, CMS oder WEB)	**16 M** nach frühesten PT, diese Frist kann frühestens **4 M** nach AT enden **R.52(2) S.2** ⏀S.170, **ABl.2008,3 und 7**			**Berichtigung (+)** der Prioerklärung gem. **R.52(3)**, ⏀S.101 **ODER**
57	**Prioritätserklärung** *(Mindesterfordernisse)* A-III,6.7, F-VI,3.3	**Art.88(1) iVm R.52(1)**	Prioritätserklärung [204] mit Angabe zu: i) **AT** früherer Anmeldung ii) **Anmeldestaat** (PVÜ/WTO); iii) **Aktenzeichen** [205] früherer Anmeldung **Art.88(1), R.52(1)**			(–) Prioritätsanspruch für eine ePa erlischt und **R.112(1)**-Rechtsverlustmitt. **Art.90(5) S.2**	**Berichtigung (+)** der Prioerklärung gem. **R.139**, ⏀S.101
58	**Abschrift** A-III,6.7, F-VI,3.3	**Art.88(1) iVm R.53(1)**	beglaubigte Abschrift (Prioritätsdokument, -unterlage bzw. -beleg) früherer Anmeldung einreichen [206] **R.53(1)**	Antrag auf vorzeitige Veröff. bereits gestellt [Art.93(1)b]] [201] **Art.93(1 b), R.52(4), J6/91, J9/91, J2/92, J11/92** **AUßER**	zu best. Frist nach **Auff**[+10Tage] **[idR 2 M]** verlängerbar **R.59**, A-III,6.7	**UND** Zwischenliteratur wird StdT nach **Art.54(2)/(3)**	
59	**Sprache** *(Wirksamkeitsprüfung)* A-III,6.8, F-VI,3.4	**Art.88(1) iVm R.53(3)**	*ggf.* **Übersetzung** der früheren Anmeldung(en) in zugelassene Amtssprache (DE/EN/FR) **ODER** **Erklärung** darüber, dass ePa eine genaue Übersetzung der früheren Anmeldung ist (vorzugsweise auf Form 1001) [207] **R.53(3)**, A-III, 6.8.6	»jederzeit« freiwillig **ODER** „zu best. Frist" ab Art.53(3)-Mitt.[+10Tage] [208]	verlängerbar **R.132(2)**	(–) Prioritätsanspruch für eine ePa erlischt **UND** die Zwischenliteratur wird StdT nach **Art.54(2)/(3)** **R.53(3) S.4**	**WB (+)** [209] (ABER im Einspruchsverfahren unzulässig) Art.121, R.135, A-III,6.8.3 **WE (–)**

[200] bis **2 M** nach Ablauf 12M-Priofrist WE in Priofrist beantragbar [**R.136(1) S.2**, A-III,6.6].

[201] Anmelder kann nur neue ePa einreichen und innerhalb 12M-Frist Prio der früheren Anmeldung beanspruchen.

[202] ANMELDERIDENTITÄT: mindestens ein ursprünglicher Anmelder/Rechtsnachfolger muss (Mit-)Anmelder sein.

[203] Rechtsübertragung der Anmeldung (und des Prioritätsrechts als solches) muss vor ODER (spätestens) am Tag der Einreichung der Nachanmeldung erfolgen UND nach den einschlägigen nat. Rechtsvorschriften wirksam sein [**J19/87**]. Nachweis über Rechtsübergang nachreichbar; ABER durch EPÜ formal nicht geregelt; MEHRERE ANMELDER: genügt, wenn ein Anmelder Anmelder/Rechtsnachfolger früherer Anmeldung ist [A-III,6.1].

[204] bei Einreichung mit der ePa: Prioerklärung auf Formblatt des Erteilungsantrages, dann genügen Angabe von Tag und Staat der früheren Anmeldung; nicht per Fax [**ABl.208S3,7**].

[205] Bei Angabe falschen Aktenzeichens, Berichtigung gem. **R.139** jederzeit mögl.

[206] FORM: Papierform oder auf Datenträger, erstellt von Behörde, bei der frühere Anmeldung eingereicht, mit Bescheinigung über [1] übereinstimmenden Inhalt und [2] AT der früheren Anmeldung; BEIBRINGUNG ENTFÄLLT, wenn frühere Patentanmeldung eine i) ePa, ii) beim EPA eingereichte iPa, iii) CN-, JP-, KR-Patentanmeldung oder GebrM ODER iv) US-Anmeldung oder US-provisional (Vereinbarung über Austausch von Unterlagen, **ABl.2007,473**) → selbstständige, gebührenfreie zur Aktennahme [**R.53(2)** iVm **BdP ABl.2012,492**, A-III,6.7]; ÜBERSETZUNG/ERKLÄRUNG: dennoch einzureichen [**ABl.2002,192**].

[207] ERKLÄRUNG UNWIRKSAM: wenn [1] Umfang der Anspruchssätze oder Beschreibungen unterschiedlich; [2] Streichungen/Hinzufügungen in der ePa erfolgten [A-III,6.8.6]; [3] Wortlaut in der Erklärung abweichend von „vollständiger Übersetzung" oder „wörtlicher Übersetzung" [F-VI, 3.4]; HEILUNG: Nachreichen einer vollständigen Übersetzung der früheren Anmeldung binnen Frist nach R.53(3) [A-III, 6.8.6].

[208] ZEITPUNKT: [1] vor Sachprüfung mit R.69(1)/70a(1)-Mitt. als Erwiderung auf EESR oder mit R.70(2)-Mitt. (Frist: **6 M** nach Hinweis auf ESR) ODER [2] im Prüfungs-/Einspruchsverfahren (Frist: **4 M** ab R.53(3)-Mitt.+10Tage).

[209] EINSPRUCHSVERFAHREN: WB ausgeschlossen, da Art.121 nur für ePa anwendbar; WE ist allerdings möglich [A-III,6.8.3]; MEHRERE PRIOANSPRÜCHE: werden mehrere Übersetzungen von Prioritätsunterlagen angefordert, so ist pro Prioritätsunterlage eine WB-Gebühr nach R.135(1) und Art.2(1) Nr.12 GebO fällig.

Prioritätsrecht

Ändern · Berichtigen · Zurücknehmen (Prioritätserklärung)

	Antrag	Voraussetzung	Norm	Erfordernisse	Frist	Nachfrist	Rechtsfolge
60	**vor Veröffentlichung ePa**	keine Veröffentlichung der ePa — AUSGENOMMEN: Antrag auf vorzeitige Veröff. [Art.93(1)b)] bereits gestellt [211] R.52(4)	R.52(3) A-III,6.5	schriftlicher Antrag auf: ■ Hinzufügen, R.52(2) ■ Berichtigung, R.52(3)	16 M ab frühesten Priotag ODER bei Berichtigung frühestem PT 16 M ab berichtigtem PT; ABER max. 4M nach AT R.52(3)		Wirkung *ex tunc* – ändert sich frühester beanspruchter PT, wird die 16 M-Frist nach Art.88(2) und Veröff. der ePa wird **neu berechnet** [212]
	Prioritätserklärung [210] ZUSTÄNDIGKEIT: Formalsachbearbeiter (vor Veröffentlichung ePa)	1) keine Veröffentlichung der ePa 2) techn. Vorbereitung für Veröff. noch nicht abgeschlossen	R.139 S.1 [J3/82] A-V,3		unverzüglich (vorzugsweise mind. 5 W vor Abschluss techn. Vorbereitungen zur Veröff. der ePa)	--	**ABER:** ein Rechtsverlust aufgrund, dass eine Frist bereits vor dem Verlust des PT abgelaufen ist, wird nicht behoben
	nach Veröffentlichung ePa	nach Veröffentlichung ePa nur, weil: i) offensichtlich erkennbare Unrichtigkeit [J6/91] ODER bloßes Hinzufügen zweiter/weiterer Prio [J4/82] ODER keine Interessenbeeinträchtigung Dritter [J2/92; J3/91; UND/ODER ii) EPA zumindest teilw. verantwortlich, dass kein Priohinweis veröff. wurde [J11/92; J12/80]	R.139 S.1 [J9/91]	schriftlicher Antrag [213] auf: ■ Hinzufügen [J11/92; J4/82] ■ Berichtigung [J2/92; J6/91]	unverzüglich auch nach Veröff.		

F-VI,3.5

	Antrag	
61	**Verzicht/Erlöschen des Prioritätsanspruchs**	VERZICHTSERKLÄRUNG: Zurücknahme des Prioanspruchs durch »unterzeichneten«, »eindeutigen« und vorbehaltlosen Antrag; FRIST: »jederzeit«, auch nach Veröff. der ePa [E-VII, 1.5].

ERLÖSCHEN: wegen (1) Nichtangabe des AT oder Anmeldestaats der früheren Anmeldung [R.52(1)] (2) Nicht-/Falschangabe des AZ der früheren Anmeldung [R.52(1)]; (3) Nichteinreichung beglaubigter Abschrift [R.53(1)]; (4) Nichteinreichung der Übersetzung/Erklärung zur früheren Anmeldung [R.53(3)].

WIRKUNG: entsprechender PT gilt nicht mehr; ändert sich hierdurch frühester beanspruchter PT, werden

[1] laufende Fristen, die sich von diesem PT berechneten neu berechnet [Art.88(2), E-VII,1.5; ⟋S.198] [212],

[2] rückwirkend gelten Dokumente im Priointervall als StdT gemäß Art.54(2)/(3) ggü dieser ePa.

BEACHTE: ein Rechtsverlust aufgrund dessen eine Frist bereits vor Verlust des PT abgelaufen ist, wird nicht behoben.

F-VI,3.5

---

[210] Inanspruchnahme mehrerer Prioritäten gleicher ODER verschiedener PVÜ/WTO-Staaten möglich; Fristenberechnung vom frühesten beanspruchten PT [Art.88(2)].

[211] Anmelder kann nur neue ePa einreichen und innerhalb 12M-Frist Prio der früheren Anmeldung beanspruchen [F-VI, 3.5].

[212] Fristen: (1) Einreichung Prioerklärung und Priobelegs [R.52/53]; (2) Veröff. der ePa [Art.93(1)a)]; (3) Veröff. der ePa [Art.93(1)a)]; (4) Hinterlegung biol. Materials [R.31(1)] AUSNAHME: 18M-Veröffentlichungsfrist, wenn Verzichtserklärung nach Abschluss techn. Vorbereitungen zur Veröff. eingeht (idR 5 W vorher) [A-VI,1.1.].

[213] Bedingungen [J7/90; ABI.1993,133; J6/02]: [1] entschuldbares Versehen; [2] Beantragung ohne schuldhaftes Zögern; [3] Antrag so frühzeitig, dass keine Interessenbeeinträchtigung Dritter.

EPÜ 2000

Artikel 123[141],[142]
Änderungen

(1) Die europäische Patentanmeldung oder das europäische Patent kann im Verfahren vor dem EPA nach Maßgabe der Ausführungsordnung geändert werden. In jedem Fall ist dem Anmelder zumindest einmal Gelegenheit zu geben, von sich aus die Anmeldung zu ändern.

(2) Die europäische Patentanmeldung und das europäische Patent dürfen nicht in der Weise geändert werden, dass ihr Gegenstand über den Inhalt der Anmeldung in der ursprünglich eingereichten Fassung hinausgeht.

(3) Das europäische Patent darf nicht in der Weise geändert werden, dass sein Schutzbereich erweitert wird.

[141] Geändert durch die Akte zur Revision EPÜ vom 29.11.2000.
[142] Siehe hierzu Entscheidungen der GBK G 2/88, G 3/89, G 11/91, G 1/93, G 2/95, G 2/98, G 1/99, G 2/03, G 1/05, G 2/10 (Anhang I).

EPÜAO

Regel 137[124],[125]
Änderung der europäischen Patentanmeldung

(1) Vor Erhalt des europäischen Recherchenberichts darf der Anmelder die Beschreibung, die Patentansprüche oder die Zeichnungen der europäischen Patentanmeldung nicht ändern, sofern nichts anderes bestimmt ist.

(2) Zusammen mit Stellungnahmen, Berichtigungen oder Änderungen, die in Erwiderung auf Mitteilungen des Europäischen Patentamts nach R.70a(1) oder (2) oder R.161(1) vorgenommen werden, kann der Anmelder von sich aus die Beschreibung, die Patentansprüche und die Zeichnungen ändern.

(3) Weitere Änderungen können nur mit Zustimmung der Prüfungsabteilung vorgenommen werden.

(4) Bei der Einreichung von Änderungen nach den Absätzen 1 bis 3 kennzeichnet der Anmelder diese und gibt ihre Grundlage in der ursprünglich eingereichten Fassung der Anmeldung an. Stellt die Prüfungsabteilung fest, dass eines dieser beiden Erfordernisse nicht erfüllt ist, so kann sie verlangen, dass dieser Mangel innerhalb einer Frist von einem Monat beseitigt wird.

(5) Geänderte Patentansprüche dürfen sich nicht auf nicht recherchierte Gegenstände beziehen, die mit der ursprünglich beanspruchten Erfindung oder Gruppe von Erfindungen nicht durch eine einzige allgemeine erfinderische Idee verbunden sind. Sie dürfen sich auch nicht auf gemäß R.62a oder R.63 nicht recherchierte Gegenstände beziehen.

[124] Siehe Stellungnahme/Entscheidung der GBK G 3/89, G 11/91 (Anhang I).
[125] Geändert durch BdV CA/D 3/09 vom 25.03.2009 (ABl.2009, 299), in Kraft getreten am 01.04.2010.

Regel 138[126]
Unterschiedliche Patentansprüche, Beschreibungen und Zeichnungen für verschiedene Staaten

Wird dem EPA das Bestehen eines älteren Rechts nach Art.139(2) mitgeteilt, so kann die europäische Patentanmeldung oder das europäische Patent für diesen Staat oder diese Staaten unterschiedliche Patentansprüche und gegebenenfalls unterschiedliche Beschreibungen und Zeichnungen enthalten.

[126] Siehe hierzu Entscheidung der GBK G 1/99 (Anhang I).

Regel 139[127]
Berichtigung von Mängeln in den beim EPA eingereichten Unterlagen

Sprachliche Fehler, Schreibfehler und Unrichtigkeiten in den beim EPA eingereichten Unterlagen können auf Antrag berichtigt werden. Betrifft der Antrag auf Berichtigung jedoch die Beschreibung, die Patentansprüche oder die Zeichnungen, so muss die Berichtigung derart offensichtlich sein, dass sofort erkennbar ist, dass nichts anderes beabsichtigt sein konnte als das, was als Berichtigung vorgeschlagen wird.

Regel 140[128]
Berichtigung von Fehlern in Entscheidungen

In Entscheidungen des EPA können nur sprachliche Fehler, Schreibfehler und offenbare Unrichtigkeiten berichtigt werden.

[128] Siehe hierzu Entscheidungen der GBK G 8/95, G 1/10 (Anhang I).

Regel 159[148]
Das Europäische Patentamt als Bestimmungsamt oder ausgewähltes Amt – Erfordernisse für den Eintritt in die europäische Phase

(1) Für eine internationale Anmeldung nach Art.153 hat der Anmelder innerhalb von einunddreißig Monaten nach dem Anmeldetag oder, wenn eine Priorität in Anspruch genommen worden ist, nach dem Prioritätstag die folgenden Handlungen vorzunehmen: [...]
b) die Anmeldungsunterlagen anzugeben, die dem europäischen Erteilungsverfahren in der ursprünglich eingereichten oder in geänderter Fassung zugrunde zu legen sind; [...]

[148] Siehe hierzu die Mitteilung des EPA über den Antrag auf vorzeitige Bearbeitung (ABl. 2013, 156).

Regel 161[154]
Änderung der Anmeldung

(1) Ist das EPA für eine Euro-PCT-Anmeldung als Internationale Recherchenbehörde und, wenn ein Antrag nach Art.31 PCT gestellt wurde, auch als mit der internationalen vorläufigen Prüfung beauftragte Behörde tätig gewesen, so gibt es dem Anmelder Gelegenheit, zum schriftlichen Bescheid der Internationalen Recherchenbehörde oder zum internationalen vorläufigen Prüfungsbericht Stellung zu nehmen, und fordert ihn gegebenenfalls auf, innerhalb von sechs Monaten nach der entsprechenden Mitteilung die im schriftlichen Bescheid oder im internationalen vorläufigen Prüfungsbericht festgestellten Mängel zu beseitigen und die Beschreibung, die Patentansprüche und die Zeichnungen zu ändern. Hat das EPA einen ergänzenden internationalen Recherchenbericht erstellt, ergeht die Aufforderung gemäß Satz 1 in Bezug auf die Erläuterungen nach R.45bis.7 e) PCT. Wenn der Anmelder einer Aufforderung nach Satz 1 oder Satz 2 weder nachkommt noch zu ihr Stellung nimmt, gilt die Anmeldung als zurückgenommen.

(2) Erstellt das Europäische Patentamt einen ergänzenden europäischen Recherchenbericht zu einer Euro-PCT-Anmeldung, so kann die Anmeldung innerhalb von sechs Monaten nach einer entsprechenden Mitteilung an den Anmelder einmal geändert werden. Die geänderte Anmeldung wird der ergänzenden europäischen Recherche zugrunde gelegt.

[154] Geändert durch Beschluss des Verwaltungsrats CA/D 12/10 vom 26.10.2010 (ABl. EPA 2010, 634), in Kraft getreten am 01.05.2011. Siehe auch die Mitteilung des EPA, ABl. EPA 2010, 406.

Rechtsprechung

G12/91
Das Verfahren für den Erlaß einer Entscheidung im schriftlichen Verfahren ist mit dem Tag der Abgabe der Entscheidung durch die Formalprüfungsstelle der Abteilung an die interne Poststelle des EPA zum Zwecke der Zustellung abgeschlossen.

G2/95
Die vollständigen Unterlagen einer ePa, also Beschreibung, Patentansprüche und Zeichnungen, können nicht per Berichtigung nach R.139 durch andere Unterlagen ersetzt werden [...].

G1/10
Da R.140 EPÜ nicht zur Berichtigung des Wortlauts eines Patents herangezogen werden kann, ist ein Antrag des Patentinhabers auf eine solche Berichtigung zu jedem Zeitpunkt unzulässig, also auch nach Einleitung des Einspruchsverfahrens.

T416/86
Der Ersatz eines offenbaren speziellen Merkmals durch einen umfassenden allgemeinen Ausdruck (hier: Ersatz der speziellen Strukturmerkmale einer Blende durch deren Funktion) stellt eine unter Art.123(2) fallende unzulässige Änderung dar, wenn über diesen allgemeinen Ausdruck implizit erstmals andere spezielle Merkmale als das offenbarte iVm dem Anmeldungsgegenstand gebracht werden.

T212/88
Die Berichtigung eines Fehlers in einer Entscheidung nach R.140 EPÜ ist rückwirkend.

J4/85
Berichtigungen nach R.139 sind rückwirkend [...], da bei Anwendung dieser Regel die Anmeldung so wiederhergestellt wird, wie sie am Anmeldetag gewesen wäre, wenn der Fehler nicht begangen worden wäre.

J3/91
Die zu einer Prioerklärung gehörenden Angaben (Tag und Aktenzeichen gemäß R.38(1) EPÜ) können auch noch nach Veröffentlichung der ePa ohne einen entsprechenden Hinweis berichtigt werden, sofern die Interessen Dritter nicht verletzt werden (s. J4/82, ABl.1982, 385 und J3/82, ABl.1983, 171). Die Interessen Dritter werden durch eine Berichtigung nicht verletzt, wenn die Unrichtigkeit der zur Prioerklärung gehörenden Angaben aus der veröffentlichten Patentanmeldung ohne weiteres ersichtlich ist ("offensichtliche Unstimmigkeit").

J42/92
Ein Antrag auf Berichtigung der Beschreibung oder Ansprüche nach R.139 kann nur während eines anhängigen Anmelde- oder Einspruchsverfahrens eingereicht werden.

Ändern und Berichtigen

Art.123 iVm R.137 bis 140, H-I bis VI

Änderungen und Berichtigungen

62 EPÜ unterscheidet zwischen **Änderungen** und **Berichtigungen**, wobei deren Zulässigkeit normativ wie folgt gestaffelt ist:

Art.123(3) > Art.14(2) > Art.123(2) > R.139

Änderung [R.137, H-I bis V]

Basis für Änderung bilden Ansprüche, die Beschreibung, Zeichnungen, nachgereichte Teile und Bezugsdokumente u.a. [↗S.38]. Beachtlich ist, dass Änderungen gem. Art.123(2) nie über den Inhalt der ursprünglich eingereichten Anmeldefassung hinausgehen dürfen.

Beeinflussung des Schutzbereichs ↗S.40

- Beschränkung – Aufnahme eines Merkmals/Begriffs (AB → ABC).
- Erweiterung – Streichung eines Merkmals/Begriffs (ABC → AB); selten durch Einfügen eines Merkmals.
- Verallgemeinerung – Ersetzen speziellen Begriffs/Merkmals A^1 durch übergeordnetes allgem. Merkmal A (A^1 → A) [T416/86] ODER Streichung eines Merkmals (ABC → AB).
- Zwischenverallgemeinerung – Herausgreifen des generischen Merkmals C aus Offenbarungsgehalt der ePa auf Basis spezieller Merkmalskombination ABC^1

Änderung im Verfahren

63

Stadium	Zulässigkeit
vor Erhalt EESR	ePa: keine Änderungen erlaubt [R.137(1), H-II,2.1]
	iPa: vor eESR (wenn nötig), dh nach Eintritt in EP-Phase gem. R.159(1)b) [R.161(2), H-II,2.1]
nach Erhalt EESR	ePa: freiwillige Änderung der Beschreibung, Ansprüchen und Zeichnungen in Erwiderung auf EESR [R.137(2), H-II,2.2]
	iPa: freiwillige Änderung der Beschreibung, Ansprüchen und Zeichnungen in Erwiderung auf WO-ISA/IPER/SISR, wenn diese vom EPA erstellt [R.161(1), H-II,2.2]
nach Erhalt ersten Prüfbescheids	Nur noch mit Zustimmung des Prüfers [R.137(3)]. Ausnahme: Uneinheitlichkeit, gem. R.162(1)b) – einmalige
nach R.71(3)-Mitt.	nur Änderungen, die die Vorbereitungen für die Patenterteilung nicht merklich verzögern, Ergebnisse bisherigen Verfahrens dürfen nicht wieder infrage gestellt werden [R.137(3), H-II,2.5]
spätes Verfahrensstadium	nur mit berechtigtem Grund [H-II,2.4]
Einspruch	Nur zum Ausräumen eines Einspruchsgrunds und Änderungen müssen durch Einspruchsgrund gem. Art.100 bedingt sein [H-II,3]
Beschränkungsverfahren	Änderung muss Beschränkung darstellen [H-II,4, D-X,4.3]

Berichtigung

Korrektur von (offensichtlichen) Fehlern. Bei der Berichtigung ist zu unterscheiden nach:

- beim EPA eingereichte Unterlagen (z.B. bibliografischen Daten, Beschreibung, Ansprüche, Zeichnungen) [R.139, A-V,3, H-VI,2],
- Fehler in Entscheidungen (bspw. Erteilungsbeschluss) [R.140, H-VI,3] oder
- Veröffentlichungs-, Formatierungs- bzw. redaktionelle Fehler (z.B. Druck der Patentschrift, Formatierung/redaktionellen Bearbeitung von Patentdokumenten) [R.139, H-VI,4].

	Berichtigung nach R.139 [214]	Berichtigung nach R.140
Voraussetzung	1) anhängiges Verfahren 2) Feststellung eines offensichtlichen Fehlers (sprachliche Fehler, Schreibfehler, Prioritätserklärung, Benennung von (V-)Staaten, u.a.)	Feststellung eines offensichtlichen Fehlers (nur sprachliche Fehler, Schreibfehler, offenbare Unrichtigkeiten)
Handlung	Antrag [215] mit berichtigten Unterlagen [216] Grundlage: urspr. eingereichte Anmeldungsunterlagen UND ggf. nachgereichte fehlende Teile der Beschreibung/fehlenden der Zeichnungen [R.56] [217]	begründeter Antrag ODER selbsttätig von Amts wegen
Frist	»jederzeit« ABER im Prüfungsverfahren [218] nur bis Abgabe Erteilungsbeschluss an interne Poststelle des EPA ODER bis Verkündung Erteilung in MV [G12/91] H-VI,2.1	»jederzeit« auch nach Erteilung
Rechtsfolge	(+) Berichtigung wirkt auf AT zurück UND stellt die ePa wie sie am AT gewesen wäre [J4/85] (−) Berichtigung wird nicht übernommen	Wirkung: Ausfertigungsdatum der Entscheidung bleibt erhalten [T212/88], dh keine Verschiebung der Beschwerdefrist

[214] ZUSTÄNDIGKEIT: Formalsachbearbeiter, AUSNAHME: Berichtigung in Beschreibung/Zeichnung/Ansprüchen [ABl.2014, A6]; vollst. Ersetzen von Unterlagen einer ePa ist unzulässig [G2/95].
[215] Änderung von Prioansprüchen unterliegt besonderen Vorschriften, speziell nach Veröffentlichung nur, wenn offensichtlich, dass Fehler vorliegt [J2/92, J3/91, J6/91 und J11/92, J7/94].
[216] bei elektron. Einreichung können berichtigte Unterlagen auch in anderem Format eingereicht werden, wenn Anmelder EPA mitteilt, wo entsprechende Software in zumutbarer Weise auffindbar [ABl.200753, A.5].
[217] ob sich durch R.56-Nachreichung AT geändert hat, ist dabei unerheblich [A-V,3]; keine Berücksichtigung von nachgereichten Ansprüchen auf eine R.58-Mitt.
[218] Nach Erteilung keine Änderung gem. R.139 mehr möglich [G1/10].

EPÜ 2000

Artikel 88[82],[83]
Inanspruchnahme der Priorität

(1)[84] Der Anmelder, der die Priorität einer früheren Anmeldung in Anspruch nehmen will, hat eine Prioritätserklärung und weitere erforderliche Unterlagen nach Maßgabe der Ausführungsordnung einzureichen.

(2) Für eine europäische Patentanmeldung können mehrere Prioritäten in Anspruch genommen werden, selbst wenn sie aus verschiedenen Staaten stammen. Für einen Patentanspruch können mehrere Prioritäten in Anspruch genommen werden. Werden mehrere Prioritäten in Anspruch genommen, so beginnen Fristen, die vom Prioritätstag an laufen, vom frühesten Prioritätstag an zu laufen.

(3) Werden eine oder mehrere Prioritäten für die europäische Patentanmeldung in Anspruch genommen, so umfasst das Prioritätsrecht nur die Merkmale der europäischen Patentanmeldung, die in der Anmeldung oder den Anmeldungen enthalten sind, deren Priorität in Anspruch genommen worden ist.

(4) Sind bestimmte Merkmale der Erfindung, für die die Priorität in Anspruch genommen wird, nicht in den in der früheren Anmeldung aufgestellten Patentansprüchen enthalten, so reicht es für die Gewährung der Priorität aus, dass die Gesamtheit der Anmeldungsunterlagen der früheren Anmeldung diese Merkmale deutlich offenbart.

[82] Geändert durch die Akte zur Revision des EPÜ vom 29.11.2000.
[83] Siehe hierzu Entscheidung/Stellungnahme GBK G 3/93, G 2/98 (Anhang I).
[84] Siehe BdP des EPA, Sonderausgabe Nr. 3, ABl.2007, B.2 und den BdP des EPA, ABl.2012, 492.

Artikel 89[85]
Wirkung des Prioritätsrechts

Das Prioritätsrecht hat die Wirkung, dass für die Anwendung des Art.54(2) und des Art.60(2) der Prioritätstag als Anmeldetag der europäischen Patentanmeldung gilt.

[85] Siehe hierzu Entscheidungen/Stellungnahmen GBK G 3/93, G 2/98, G 3/98, G 2/99 (Anhang I).

Artikel 90[86],[87]
Eingangs- und Formalprüfung

(1) Das Europäische Patentamt prüft nach Maßgabe der Ausführungsordnung, ob die Anmeldung den Erfordernissen für die Zuerkennung eines Anmeldetags genügt. [...]

[86] Geändert durch die Akte zur Revision des EPÜ vom 29.11.2000.
[87] Siehe hierzu Entscheidung/Stellungnahme GBK G4/98, G1/02 (Anhang I).

EPÜAO

Regel 52
Prioritätserklärung

(1) Die in Art.88(1) genannte Prioritätserklärung besteht aus einer Erklärung über den Tag der früheren Anmeldung und den Vertragsstaat der Pariser Verbandsübereinkunft oder das Mitglied der Welthandelsorganisation, in dem oder für den sie eingereicht worden ist, sowie aus der Angabe des Aktenzeichens. Im Fall des Art.87(5) ist Satz 1 entsprechend anzuwenden.

(2) Die Prioritätserklärung soll bei Einreichung der europäischen Patentanmeldung abgegeben werden. Sie kann noch innerhalb von sechzehn Monaten nach dem frühesten beanspruchten Prioritätstag abgegeben werden. [...]

Regel 53
Prioritätsunterlagen

(1) Ein Anmelder, der eine Priorität in Anspruch nimmt, hat innerhalb von sechzehn Monaten nach dem frühesten Prioritätstag eine Abschrift der früheren Anmeldung einzureichen. Diese Abschrift und der Tag der Einreichung der früheren Anmeldung sind von der Behörde, bei der die Anmeldung eingereicht worden ist, zu beglaubigen.

(2)[58] Die Abschrift der früheren Anmeldung gilt als ordnungsgemäß eingereicht, wenn eine dem Europäischen Patentamt zugängliche Abschrift dieser Anmeldung unter den vom Präsidenten des EPA festgelegten Bedingungen in die Akte der europäischen Patentanmeldung aufzunehmen ist.

(3)[59] Ist die frühere Anmeldung nicht in einer Amtssprache des EPA abgefasst und ist die Wirksamkeit des Prioritätsanspruchs für die Beurteilung der Patentierbarkeit der Erfindung relevant, so fordert das Europäische Patentamt den Anmelder oder Inhaber des europäischen Patents auf, innerhalb einer zu bestimmenden Frist eine Übersetzung der Anmeldung in einer der Amtssprachen einzureichen. Statt der Übersetzung kann eine Erklärung vorgelegt werden, dass die europäische Patentanmeldung eine vollständige Übersetzung der früheren Anmeldung ist. Absatz 2 ist entsprechend anzuwenden. Wird eine angeforderte Übersetzung einer früheren Anmeldung nicht rechtzeitig eingereicht, so erlischt der Anspruch auf die Priorität dieser Anmeldung für die ePa oder das europäische Patent. Der Anmelder oder Inhaber des europäischen Patents wird hiervon unterrichtet.

[58] Siehe hierzu den BdP des EPA, Sonderausgabe Nr. 3 ABl.2007, B.2 und den Beschluss des Präsidenten des EPA, ABl.2012, 492.
[59] Geändert durch BdV CA/D 7/12 vom 27.06.2012, (ABl.2012, 442), in Kraft getreten am 01.04.2013. Siehe auch die Mitteilung des EPA, ABl.2013, 150.

Regel 56
Fehlende Teile der Beschreibung oder fehlende Zeichnungen

(1) Ergibt die Prüfung nach Art.90(1), dass Teile der Beschreibung oder Zeichnungen, auf die in der Beschreibung oder in den Patentansprüchen Bezug genommen wird, offensichtlich fehlen, so fordert das Europäische Patentamt den Anmelder auf, die fehlenden Teile innerhalb von zwei Monaten nachzureichen. Aus der Unterlassung einer solchen Aufforderung kann der Anmelder keine Ansprüche herleiten.

(2) Werden fehlende Teile der Beschreibung oder fehlende Zeichnungen nach dem Anmeldetag, jedoch innerhalb von zwei Monaten nach dem Anmeldetag oder, wenn eine Aufforderung nach Absatz 1 ergeht, innerhalb von zwei Monaten nach dieser Aufforderung nachgereicht, so wird der Anmeldetag auf den Tag der Einreichung der fehlenden Teile der Beschreibung oder der fehlenden Zeichnungen neu festgesetzt. Das Europäische Patentamt unterrichtet den Anmelder entsprechend.

(3) Werden die fehlenden Teile der Beschreibung oder die fehlenden Zeichnungen innerhalb der Frist nach Absatz 2 eingereicht und nimmt die Anmeldung die Priorität einer früheren Anmeldung in Anspruch, so bleibt der Anmeldetag der Tag, an dem die Erfordernisse der R.40(1) erfüllt waren, wenn die fehlenden Teile der Beschreibung oder die fehlenden Zeichnungen vollständig in der früheren Anmeldung enthalten sind, der Anmelder dies innerhalb der Frist nach Absatz 2 beantragt und Folgendes einreicht:

a) eine Abschrift der früheren Anmeldung, sofern eine solche Abschrift dem Europäischen Patentamt nicht nach R.53(2) zur Verfügung steht;

b) wenn diese nicht in einer Amtssprache des EPA abgefasst ist, eine Übersetzung dem Europäischen Patentamt nicht nach R.53(3) zur Verfügung steht, und

c) eine Angabe, wo die fehlenden Teile der Beschreibung oder die fehlenden Zeichnungen in der früheren Anmeldung und gegebenenfalls der Übersetzung vollständig enthalten sind.

(4) Wenn der Anmelder

a) die fehlenden Teile der Beschreibung oder die fehlenden Zeichnungen nicht innerhalb der Frist nach Absatz 1 oder 2 einreicht oder

b) nach Absatz 6 fehlende Teile der Beschreibung oder fehlende Zeichnungen zurücknimmt, die gemäß Absatz 2 nachgereicht wurden, so gelten die in Absatz 1 genannten Bezugnahmen als gestrichen und die Einreichung der fehlenden Teile der Beschreibung oder der fehlenden Zeichnungen als nicht erfolgt. Das Europäische Patentamt unterrichtet den Anmelder entsprechend.

(5) Erfüllt der Anmelder die in Absatz 3 a) bis c) genannten Erfordernisse nicht innerhalb der Frist nach Absatz 2, so wird der Anmeldetag auf den Tag der Einreichung der fehlenden Teile der Beschreibung oder der fehlenden Zeichnungen neu festgesetzt. Das Europäische Patentamt unterrichtet den Anmelder entsprechend.

(6) Innerhalb eines Monats nach der in Absatz 2 oder 5 letzter Satz genannten Mitteilung kann der Anmelder die eingereichten fehlenden Teile der Beschreibung oder fehlenden Zeichnungen zurücknehmen, in diesem Fall gilt die Neufestsetzung des Anmeldetags als nicht erfolgt. Das Europäische Patentamt unterrichtet den Anmelder entsprechend.

Rechtsprechung

J27/10

Für die Entscheidung, ob ein Teil der Beschreibung fehlt, die Formulierung "Teile der Beschreibung ... offensichtlich fehlen" in R.56(1) S.1 genauso auszulegen wie "fehlende Teile der Beschreibung" in den weiteren Absätzen der R.56. Der Begriff "Beschreibung" in "fehlende Teile der Beschreibung" in R.56 bezieht sich auf die ursprünglich für die Zuerkennung eines Anmeldetags eingereichte Beschreibung, und nicht auf eine andere Beschreibung. Die unvollständige, ursprünglich eingereichte Beschreibung ist um die fehlenden Teile zu ergänzen, die dem bereits eingereichten Wortlaut der Beschreibung hinzuzufügen sind. Eine Auslegung der R.56 dahin gehend, dass die ursprünglich für die Zuerkennung eines Anmeldetags eingereichte Beschreibung ganz oder teilweise geändert, ersetzt oder gestrichen werden könnte, ist somit falsch. [RBK IV-A, 5.4.2]

Ändern und Berichtigen

Nachreichen fehlender Teile — Art.90(1), (4) iVm R.56, A-II,5.3, RBK IV-A, 5.4

	Handlung	Voraussetzung	Norm	Handlung	Frist	Rechtsfolge	Nachfrist	Rechtsbehelf
64	Nachreichen fehlender Teile **ohne Prio**	A-II,5.3	**R.56(2)** [219]	Nachreichen fehlender Teilen der Beschreibung [220] **ODER** Zeichnungen zum Ergänzen ACHTUNG: ganz/teilweises Ändern, Ersetzen oder Streichen von (falschen) Teilen in ePa ist unzulässig J27/10	**2 M** nach R.56(1)-Auff. +10 Tage zur Nachreichung fehlender Teile	(+) nachgereichte Teile werden ePa hinzugefügt und ersetzen ggf. Teile **ABER** Verschiebung des AT auf Tag der Nachreichung [221] **R.56(2)** (–) Bezugnahme auf fehlende Teile gem. R.56(1) gilt als gestrichen **UND** Einreichung als nicht erfolgt (R.112(1)-Mitt.) **R.56(4)**		Zurücknahme nachgereichter Teile binnen **1 M** nach Auff. +10Tage **R.56(6)** iVm **R.56(4)** ODER WB (–) Art.121(4), R.135(2)
65	Nachreichen fehlender Teile **mit Prio**	1. fehlende Teile in der Beschreibung oder den Zeichnungen 2. fehlen dieser Teile ist offensichtlich ACHTUNG: bloße Unrichtigkeit in ePa ist kein fehlender Teil iSv R.56 J27/10 A-II,5.4	**R.56(3)** [219]	i) Nachreichen von fehlenden Teilen der Beschreibung [220] **ODER** Zeichnungen zum Ergänzen Achtung: ganz/teilweises Ändern, Ersetzen oder Streichen von Teilen in ePa ist unzulässig J27/10 ii) wirksame Inanspruchnahme der Prio am AT [R.52(1)] **ODER** spätestens mit Nachreichen der Teile [R.52(2)] [222] a) beglaubigter Abschrift Priounterlagen, R.53(2) b) ggf. Übersetzung in Amtssprache, R.53(3) c) Angabe, wo fehlende Teile vollständig enthalten sind R.56(3) iVm Art.88(1), R.52, R.53 iii) Antrag, dass nachgereichten Teilen die beanspruchte Prio zugrunde zu legen ist iv) nachgereichten Teile mit demselben Text bzw. Zeichnungen mit denselben Erläuterungen sind in Priodokument „vollständig enthalten"	**2 M** nach R.56(1)-Auff. +10 Tage zur Nachreichung fehlender Teile Art.90(1) iVm **R.56(1)** ODER **2 M** nach AT von sich aus **R.56(2)S. 1, 1.Alt.**	(+) nachgereichte Teile werden ePa hinzugefügt und ersetzen ggf. Teile [223] **ABER** AT bleibt erhalten **UND** PT gilt als AT **R.56(3)** und Art.89 (–) nicht fristgerechte Nachreichung: Bezugnahme auf fehlende Teile gilt als gestrichen **UND** Einreichung als nicht erfolgt (R.112(1)-Rechtsverlust-mitt.) **R.56(4)** ODER Verschiebung des AT auf Tag der Nachreichung, wenn Prio unwirksam beansprucht [221], BF **R.56(5)**	keine	**WE (+)** Art.122, R.136 ODER **Beschwerde (+)** Art.106 ODER **Neueinreichung ePA** (mit fehlenden Teilen ohne Prioanspruch, solange Erfindungsgegenstand nicht veröff.)

[219] R.56 ist nicht anwendbar auf eine vollst. fehlende Beschreibung (hier greift R.40(1)c) iVm R.55) ODER Ansprüche (weder auf unvollständig noch auf gar nicht eingereichte).

[220] Beschreibung umfasst auch Sequenzprotokolle [A-IV, 5.1].

[221] VERHINDERUNG NEUFESTSETZUNG AT: (bspw., wenn AT soweit verschoben, dass durch Überschreitung der 12M-Priofrist die Prio ungültig wird) [1] Zurücknahme neuer ePa mit fehlenden Teilen innerhalb **1 M** +10 Tage nach R.56(2)S.2/R.56(5)-Mitt. möglich [R.56(6)] oder [2] Einreichung neuer ePa mit fehlenden Teilen ohne Prioanspruch; MANGELNDE OFFENBARUNG: zurückgenommene „neue" Teile gelten nicht mehr als Teil der ePa [A-II,5.4.2 und 5.5; C-III,1; H-IV, 2.3.2], so dass infolge eines Art.83-Einwands die ePa zurückgewiesen werden kann [F-III,10]; aber: Prüfungsabteilung kann Feststellungen der Eingangsstelle überprüfen, außer Entscheidung einer BK ist ergangen [C-III, 1.1.1].

[222] Priorität muss nicht am AT beansprucht worden sein, aber unzulässig ist Inanspruchnahme der Prio erst nach Antrag auf Einbeziehung fehlender Teile [A-II,5.4.1].

[223] VERHINDERUNG NEUFESTSETZUNG AT: (bspw., wenn AT soweit verschoben, dass durch Überschreitung der 12M-Priofrist die Prio ungültig wird) [1] Zurücknahme neuer Teile innerhalb **1 M** +10 Tage nach R.56(2)S.2/R.56(5)-Mitt. möglich [R.56(6)] oder [2] Einreichung neuer ePa mit fehlenden Teilen ohne Prioanspruch.

EPÜ 2000

Artikel 14[141],[142]
Sprachen des Europäischen Patentamts, europäischer Patentanmeldungen und anderer Schriftstücke

(1) Die Amtssprachen des Europäischen Patentamts sind Deutsch, Englisch und Französisch.

(2) Eine europäische Patentanmeldung ist in einer Amtssprache einzureichen oder, wenn sie in einer anderen Sprache eingereicht wird, nach Maßgabe der Ausführungsordnung in eine Amtssprache zu übersetzen. Diese Übersetzung kann während des gesamten Verfahrens vor dem Europäischen Patentamt mit der Anmeldung in der ursprünglich eingereichten Fassung in Übereinstimmung gebracht werden. Wird eine vorgeschriebene Übersetzung nicht rechtzeitig eingereicht, so gilt die Anmeldung als zurückgenommen. [...]

[141] Geändert durch die Akte zur Revision des EPÜ vom 29.11.2000.
[142] Siehe hierzu Entscheidungen GBK G6/91, G2/95, G4/08 (Anhang I).

Artikel 70[141],[142]
Verbindliche Fassung einer europäischen Patentanmeldung oder eines europäischen Patents

(1) Der Wortlaut einer europäischen Patentanmeldung oder eines europäischen Patents in der Verfahrenssprache stellt in Verfahren vor dem Europäischen Patentamt sowie in jedem Vertragsstaat die verbindliche Fassung dar.

(2) Ist die europäische Patentanmeldung jedoch in einer Sprache eingereicht worden, die nicht Amtssprache des Europäischen Patentamts ist, so ist dieser Text die ursprünglich eingereichte Fassung der Anmeldung im Sinne dieses Übereinkommens. [...]

[63] Geändert durch die Akte zur Revision des EPÜ vom 29.11.2000.
[64] Siehe hierzu Entscheidungen GBK G1/10 (Anhang I).

Artikel 123[141],[142]
Änderungen

(1) Die europäische Patentanmeldung oder das europäische Patent kann im Verfahren vor dem Europäischen Patentamt nach Maßgabe der Ausführungsordnung geändert werden. In jedem Fall ist dem Anmelder zumindest einmal Gelegenheit zu geben, von sich aus die Anmeldung zu ändern.

(2) Die europäische Patentanmeldung und das europäische Patent dürfen nicht in der Weise geändert werden, dass ihr Gegenstand über den Inhalt der Anmeldung in der ursprünglich eingereichten Fassung hinausgeht. [...]

[141] Geändert durch die Akte zur Revision des EPÜ vom 29.11.2000.
[142] Siehe hierzu Entscheidungen GBK G2/88, G3/89, G11/91, G1/93, G2/95, G2/98, G1/99, G1/03, G1/05, G2/10 (Anhang I).

EPÜAO

Regel 52
Prioritätserklärung

(1) Die in Art.88(1) genannte Prioritätserklärung besteht aus einer Erklärung über den Tag der früheren Anmeldung und den Vertragsstaat der Pariser Verbandsübereinkunft oder das Mitglied der Welthandelsorganisation, in dem oder für den sie eingereicht worden ist, sowie aus der Angabe des Aktenzeichens. Im Fall des Art.87(5) ist Satz 1 entsprechend anzuwenden.

(2) Die Prioritätserklärung soll bei Einreichung der europäischen Patentanmeldung abgegeben werden. Sie kann noch innerhalb von sechzehn Monaten nach dem frühesten beanspruchten Prioritätstag abgegeben werden.

(3) Der Anmelder kann die Prioritätserklärung innerhalb von sechzehn Monaten nach dem frühesten beanspruchten Prioritätstag berichtigen oder, wenn die Berichtigung zu einer Verschiebung des frühesten beanspruchten Prioritätstags führt, innerhalb von sechzehn Monaten ab dem berichtigten frühesten Prioritätstag, je nachdem, welche 16-Monatsfrist früher abläuft, mit der Maßgabe, dass die Berichtigung bis zum Ablauf von vier Monaten nach dem der europäischen Patentanmeldung zuerkannten Anmeldetag eingereicht werden kann.

(4) Nach Einreichung eines Antrags nach Art.93(1) b) ist die Abgabe oder Berichtigung einer Prioritätserklärung jedoch nicht mehr möglich.

(5) Die Angaben der Prioritätserklärung sind in der veröffentlichten europäischen Patentanmeldung und auf der europäischen Patentschrift zu vermerken.

Regel 124
Niederschrift über mündliche Verhandlungen und Beweisaufnahmen

[...] (4) Die Beteiligten erhalten eine Abschrift der Niederschrift.

Regel 139[127]
Berichtigung von Mängeln in den beim Europäischen Patentamt eingereichten Unterlagen

Sprachliche Fehler, Schreibfehler und Unrichtigkeiten in den beim Europäischen Patentamt eingereichten Unterlagen können auf Antrag berichtigt werden. Betrifft der Antrag auf Berichtigung jedoch die Beschreibung, die Patentansprüche oder die Zeichnungen, so muss die Berichtigung derart offensichtlich sein, dass sofort erkennbar ist, dass nichts anderes beabsichtigt sein konnte als das, was als Berichtigung vorgeschlagen wird.

[127] Siehe hierzu Entscheidungen GBK G3/89, G11/91, G2/95 (Anhang I).

Regel 140[128]
Berichtigung von Fehlern in Entscheidungen

In Entscheidungen des Europäischen Patentamts können nur sprachliche Fehler, Schreibfehler und offenbare Unrichtigkeiten berichtigt werden.

[128] Siehe hierzu Entscheidungen der GBK G8/95, G1/10 (Anhang I).

Rechtsprechung

G3/89
G11/91
1. Eine Berichtigung der die Offenbarung betreffenden Teile einer ePa oder eines europäischen Patents (der Beschreibung, der Patentansprüche und der Zeichnungen) nach R.88 S.2 darf nur im Rahmen dessen erfolgen, was der Fachmann der Gesamtheit dieser Unterlagen in ihrer ursprünglich eingereichten Fassung unter Heranziehung des allgemeinen Fachwissens – objektiv und bezogen auf den Anmeldetag - unmittelbar und eindeutig entnehmen kann. Eine solche Berichtigung hat rein feststellenden Charakter und verstößt daher nicht gegen das Erweiterungsverbot nach Art.123(2).

2. Der Nachweis dessen, was am Anmeldetag allgemeines Fachwissen des Fachmanns war, kann im Rahmen eines zulässigen Berichtigungsantrags mit jedem geeigneten Beweismittel erbracht werden.

G8/95
Für eine Beschwerde gegen die Entscheidung einer Prüfungsabteilung, einen Antrag nach R.89 auf Berichtigung des Erteilungsbeschlusses zurückzuweisen, ist eine Technische BK zuständig.

T260/85
1. Für die Zwecke des Art.123(2) gehören Prioritätsunterlagen nicht zum "Inhalt der Anmeldung in der ursprünglich eingereichten Fassung", selbst wenn sie am selben Tag wie die europäische Patentanmeldung eingereicht worden sind.

2. Es ist nicht zulässig, aus einem unabhängigen Anspruch ein Merkmal zu streichen, das in der ursprünglich eingereichten Anmeldung durchweg als wesentliches Erfindungsmerkmal hingestellt worden ist, da dies gegen Art.123(2) verstoßen würde.

T389/86
Eine Beschwerde, die nach Verkündung einer Entscheidung in einer mündlichen Verhandlung, aber vor Zustellung der schriftlich begründeten Entscheidung eingelegt wird, wahrt die Frist nach Art.108 S.1.

T850/95
I. Ein Erteilungsbeschluß enthält eine offenbare Unrichtigkeit im Sinne der R.89, wenn der für die Erteilung zugrundegelegte Text nicht der Text ist und offensichtlich auch nicht sein kann, der die tatsächliche Absicht der Prüfungsabteilung wiedergibt; der irrtümlich angegebene Text kann durch den Text ersetzt werden, der die Abteilung ihrem Beschluß tatsächlich zugrunde legen wollte.

II. Auf die Einreichung von Ersatzseiten für die gesamte Patentschrift ist möglichst zu verzichten, sofern nicht der Umfang der Änderungen dies unbedingt erforderlich macht.

T231/99
Die von Amts wegen erfolgte Berichtigung der Niederschrift einer mündlichen Verhandlung durch die Einspruchsabteilung kann nicht unmittelbar mit der Beschwerde angegriffen werden.

J12/80
1. Die Berichtigung von Unrichtigkeiten im Erteilungsantrag einer europäischen Patentanmeldung ist, wenn der Antrag auf Berichtigung unverzüglich gestellt wird, auch dann nicht ausgeschlossen, wenn die Anmeldung ohne die beantragte Berichtigung veröffentlicht wird, während eine Beschwerde gegen die Zurückweisung der Berichtigung anhängig ist.

2. Hat ein Dritter mit der Benutzung der Erfindung in der Zeit zwischen der Veröffentlichung der noch nicht berichtigten Anmeldung und der Veröffentlichung der Berichtigung begonnen, so muß die Entscheidung über seine Rechte den zuständigen nationalen Gerichten überlassen bleiben; das EPÜ enthält für solche Fälle keine ausdrücklichen Bestimmungen zum Schutz Dritter, wie sie ähnlich in Art.122(6) getroffen worden sind.

Ändern und Berichtigen

Berichtigungen von Fehlern (alphabetisch sortiert)

H-I bis H-VI

	Art	Voraussetzung	Norm	vorzunehmende Handlung	Frist	Zuständigkeit	Rechtsfolge	Behelf
66	**Ansprüchen nachreichen** A-III,15	keine Ansprüche am AT und keine R.58-Mitt.		nachreichen von Ansprüchen	von sich aus nach AT der ePa	Formalprüfung	(+) Ansprüche zur ePa genommen und Recherche zugrundegelegt **ABER** *ggf.* Verschiebung des AT; (−) **R.58**-Auff. zur Einreichung von Ansprüchen	WB (−) **R.135(2)** WE (+); Beschwerde (+)
		keine Ansprüche am AT und R.58-Mitt.	**R.50(1)** iVm **R.58**	nachreichen von Ansprüchen, die von der urspr. eingereichten Fassung gedeckt sind [224] **Art.123(2)**	**2 M** ab Mitt. +10 Tage **Art.90(4), R.58**	gesonderte Formalprüfung	(+) Ansprüche zur ePa genommen und Recherche zugrunde gelegt; (−) ePa wird zurückgewiesen, R.111-Mitt. der Entscheidung **Art.90(5)**	
67	**Benennung VStaaten** RBK IV-A,7.3	1) Zurücknahme einer Benennung ist noch nicht offiziell bekanntgemacht 2) Irrtum ist ein entschuldbares Versehen 3) Berichtigungsantrag erfolgt ohne schuldhaftes Zögern; so dass 4) keine Interessenbeeinträchtigung Dritter **J10/87, J17/99**	**R.139 S.1**	schriftlicher Antrag auf Widerruf der Zurücknahme der Benennung eines VStaates [225] **J12/80**	»unverzüglich« so lange ein Verfahren vor EPA anhängig **J42/92**	Formalprüfung	(+) VStaat gilt weiterhin als ausgewählt	
68	**Beschreibung, Patentansprüche, Zeichnungen** BEACHTE: vollst. Ersetzen durch neue Unterlagen ist unzulässig [G2/95] H-VI,2.2.1	1) ESR erhalten **R.137(1)** 2) ePa ist anhängig 3) Änderungen dürfen nicht über Inhalt ursprünglich eingereichter Fassung hinausgehen **Art.123(2)**	**Art.123(1)** iVm **R.137(2)** A-V,2	Änderung [226] der Beschreibung, Zeichnung(en), Ansprüche nur auf Basis ursp. eingereichter Anmeldefassung [↗Rn. A-31] **UND** nur in Verfahrenssprache [**R.3(2)**]	»jederzeit« nach Erhalt des ESR so lange ePa anhängig ist **R.137(1)** **J42/92**	Erteilungs-, Einspruchs-, Beschwerde-, Beschränkungsverfahren	(+) geänderte Unterlagen liegen dem weiteren Verfahren zugrunde	
		1) offensichtlich erkennbare Unrichtigkeit 2) Berichtigung unmittelbar und eindeutig aus ursprünglich eingereichter Fassung iSv **Art.70(1)** bzw. **(2)** möglich **G3/89**	**R.139 S.2** **G3/89, G11/91**	■ **Antrag** auf Berichtigung ■ Berichtigung erfolgt nur auf Basis urspr. eingereichter Anmeldefassung [↗S.38] **UND** mit Nachweis allgemeinen Fachwissens am AT [226] **Art.123(2), G11/91**	»jederzeit«; so lange ein Verfahren vor EPA anhängig **J42/92**	für jeweilige Verfahrensabschnitt zuständige Stelle	(+) entsprechender Fehler wird berichtigt	
		rekonstruierbare, fehlende Teile	**R.139 S.2** **J1/82**				Rekonstruktion fehlender Teile	

[224] gesonderte Formalprüfung in Recherchenphase [B-XI,2.2]; Verfahren bei unzulässiger Änderung nach Art.123(2)/Art.76(1) siehe B-VIII,6; ggf. ergeht R.63(1)-Mitt., dass eine Recherche nicht möglich ist.

[225] grds. gelten mit dem Erteilungsantrag einer ePa **alle** VStaaten als benannt [**Art.79(1)**]; ZURÜCKNAHME von VStaaten bis Erteilung des ePa jederzeit möglich [**Art.79(3)**].

[226] Prioritätsunterlagen nicht heranziehbar; im Gegensatz zu Nachreichen fehlender Teile (dh Beschreibung/Zeichnungen) iSv **R.56(3)** [**T260/85**]; vollst. Ersetzen durch neue Unterlagen ist unzulässig, da Berichtigung rein feststellenden Charakter hat [**G2/95**].

Teil D I – Übersicht zum EPÜ

	Art	Voraussetzung	Norm	vorzunehmende Handlung	Frist	Zuständigkeit	Rechtsfolge	Behelf
69	**Entscheidungen** [227] (formal)	Entscheidungswortlaut [228] weicht offensichtlich von dem Gewollten des betreffenden Organs ab (sprachliche Fehler, Schreibfehler, offenbare Unrichtigkeiten) H-VI,3	**R.140**	begründeter Antrag **ODER** selbsttätig von Amts wegen	»unverzüglich«	Stelle, die die Entscheidung erlassen hat **G8/95**	⊕ Wirkung *ex tunc* (Datum der Entscheidung bleibt erhalten) [229] **[T212/88]** ⊖ begründete Entscheidung [230] **[T850/95]**	-
	(inhaltlich)	inhaltlicher Fehler in beschwerdefähiger End-/Zwischenscheidung **Art.106(1)/(2)**	**Art.106, R.99**	Beschwerde mit: 1) Beschwerdeschrift 2) Beschwerdegebühr 3) Beschwerdebegründung	**2 M** nach Zustellung der begründeten Entscheidung+10Tage [231] **Art.108 S.1** **ODER** bei MV direkt nach Verkündung der Entscheidung **T389/86**	Beschwerdekammer		-
70	**Irrtümliche Zurücknahme** der ePa	1) keine offizielle Bekanntgabe 2) entschuldbares Versehen 3) keine wesentliche Verfahrensverzögerung 4) keine Interessenbeeinträchtigung Dritter **J10/87**	**R.139 S.1** [J10/87; J10/08] IV-B,3.8.2	schriftlicher, begründeter Antrag [232] auf Widerruf der Zurücknahme	»unverzüglich« (vorzugsweise bis 5 W vor Abschluss techn. Vorbereitungen zur Veröff. der ePa)	zuständige Instanz	ePa bleibt anhängig	-
71	**Name des Anmelders**	1) offensichtlich irrtümliche Einreichung in fremden Namen; **J7/80** 2) genügend Beweise zur Stütze Antrags, die erlauben, Anmelderidentität festzustellen **J18/93 (ABl.1997,326); J17/96; J31/96**	**R.139 S.1**	schriftlicher Berichtigungsantrag	»unverzüglich« **J2/92**	Formalsachbearbeiter	⊕ Rückwirkung auf den AT und stellt ePa so her, wie gewesen wäre, wenn der Fehler nicht unterlaufen wäre **J3/91; ABl.1994,365; J2/92**	-
72	**Prioritätserklärung vor** Veröffentlichung der ePa A-V,3 (Fall 1)	keine Veröff. der ePa	**R.52(3)**	R.52(3)-Antrag	**16 M** ab frühesten Priotag **ODER** bei Berichtigung frühesten PT **16 M** ab berichtigtem PT; **ABER** max. **4M** nach AT **R.52(3)**	Formalsachbearbeiter	Wirkung *ex tunc* – ändert sich früheste beanspruchte Priotag, wird **16 M**-Frist nach Art.88(2) neu berechnet	--

[227] keine Änderung/Aufhebung von Entscheidungen [T212/88; T367/96; T425/97]; unzulässig für Änderung von Beschreibung/Ansprüchen/Zeichnungen von ePa oder Patent [G1/10 (ABl.2013,194)].

[228] Unterlagen Erteilungsbeschlusses (Beschreibung/Ansprüchen/Zeichnungen) sind mit R.140 nicht korrigierbar, da Anmelder/PI zur Prüfung vorgeschlagener Unterlagen im Erteilungs-/Einspruchs-/Beschränkungsverfahren verpflichtet [R.71(5), 82(2), 95(2), 95(3); G1/10]. ABER: Berichtigung nach R.139 dieser Unterlagen im Einspruch [H-II,3.2; T657/11] oder Beschränkungsverfahren [D-X, 4.3] auf Basis erteilten EP-Patents zulässig. FEHLER IN ÜBERSETZUNG DER ANSPRÜCHE: nicht mit R.140 korrigierbar, da Übersetzung nur der Information dient [Art.14(6)] und nicht Teil des Erteilungsbeschlusses [H-VI,3.3].

[229] bewirkt keine Verschiebung von Fristen (bspw. Beschwerdefrist).

[230] vorhergehende Mitt. der Gründe an Antragsteller [Art.113(1)].

[231] BERICHTIGUNG ENTSCHEIDUNG [R.140]: Wirkung ex tunc, d.h. Datum der Entscheidung bleibt erhalten und bewirkt keine Verschiebung Beschwerdefrist [T212/88]; Einreichung direkt nach MV noch vor Zustellung der schriftl. Entscheidung gilt als in der Frist gestellt [T389/86].

[232] Bedingungen [J7/90; ABl.1993,133; J6/02]: [1] entschuldbares Versehen; [2] Beantragung ohne schuldhaftes Zögern; [3] Antrag so frühzeitig, dass keine Interessenbeeinträchtigung Dritter.

Ändern und Berichtigen

#		Fall 2 / Voraussetzung	Rechtsgrundlage		Zeit	Stelle	Wirkung	
73	**Prioritätserklärung** nach Veröffentlichung ePa A-V,3	1) keine Veröff. der ePa 2) techn. Vorbereitung für Veröff. noch nicht abgeschlossen	**R.139 S.1** [J3/82]	--	»unverzüglich« (vorzugsweise bis 5 W vor Abschluss techn. Vorbereitungen zur Veröff. der ePa)	Formalsachbearbeiter	Wirkung *ex tunc* – ändert sich früheste beanspruchte Priotag, wird **16 M**-Frist nach Art.88(2) neu berechnet	--
		nur, wenn: i) offensichtlich erkennbare Unrichtigkeit ODER nur bloßes Hinzufügen zweiter/weiterer Prio ODER keine Interessenbeeinträchtigung Dritter [J2/92; J3/91; J6/91] UND/ODER ii) EPA zumindest teilweise verantwortlich, dass kein Priohinweis veröff. [J11/92; J12/80]	**R.139 S.1** [J9/91]	schriftlicher Antrag [232] auf: ▪ Hinzufügen [J11/92; J4/82] ▪ Berichtigung [J2/92; J6/91]	»jederzeit« auch nach Veröff.	für jeweilige Verfahrensabschnitt zuständige Stelle	Änderung des Priotags *ex tunc*	--
74	**Kollision mit älteren nat. Rechten**	Bestehen älterer nat. Rechte in Vertragsstaat **Art.139(2)**	**R.139 S.1**	Benennung des Vertragsstaats zurücknehmen				--
			R.138	1) älteres nat. Recht mitteilen 2) unterschiedliche Ansprüche für verschiedene VStaaten		Prüfungs- bzw. Einspruchsabteilung		--
75	**Niederschrift einer MV** E-II,10.4	Abschrift einer mangelhaften [233] Niederschrift über MV erhalten	**R.124** RBK III.C.4.8.3 **R.124(4)**	Berichtigungsantrag (begründet)	»möglichst bald« nach Erhalt der Niederschrift E-II,10.4	Prüfungs- bzw. Einspruchsabteilung	(+) berichtigte Niederschrift zur MV (−) begründete Mitt. [234], warum Niederschrift unverändert **T819/96**	--
76	**Übersetzungsfehler** A-VII,7	i) ursprünglich eingereichte Fassung der ePa war in Nicht-Amtssprache [235] [Art.70(2)] ii) Übersetzung dieser Fassung iSv R.6(1) enthält Unrichtigkeit	**Art.14(2) S.2**	Übersetzung in Übereinstimmung mit der urspr. eingereichten Fassung iSv Art.70(2) [236]	»jederzeit« [237] während anhängigen Verfahren vor EPA	für jeweilige Verfahrensabschnitt zuständige Stelle	Berichtigung der ePa oder EP-Patent (AUSNAHME: Berichtigung verstößt gegen Art.123(3))	--
77	**Veröffentlichungsfehler** H-VI,4	Inhalt gedruckten EP-Patents unterscheidet sich offensichtlich von R.71(3)-Mitt.	**R.139 S.1** **T150/89**	schriftlicher Antrag [238]	»jederzeit«	zuständige Instanz	Hinweis im Patentblatt ODER Neuveröffentlichung des Patents [239] **R.143(2)** iVm **ABl.2014, A86**	--
		Fehler im PatReg [Art.127] oder EP-Patentblatt [Art.129a]	**R.112(2)**	Antrag auf Entscheidung [J1/11]				
			R.140 **J1/11**	Berichtigungsantrag [J1/11]				

[233] „wesentliche" und "rechtserhebliche" Mängel sind bspw. Fehlen wesentlicher Anträge ODER ähnlich wichtiger verfahrensrechtlicher Erklärungen ODER nicht richtig Wiedergabe dessen [**T231/99; T642/97; T819/96**].

[234] diese Mitt. ist nicht beschwerdefähig [**T1198/97; T1063/02**].

[235] Basis für Korrektur gem. Art.70(2) ist [1] eingereichte ePa in Nichtamtssprache, [2] ePa mit Bezugnahme in Nichtamtssprache, [3] TA einer ePa in Nichtamtssprache ODER [4] PCT-Anmeldung in Nichtamtssprache.

[236] Prioritätsunterlagen nicht heranziehbar; im Gegensatz zu Nachreichen fehlender Teile (Beschreibung/Zeichnungen) iSv **R.56(3)** [**T260/85**];

[237] EINSPRUCHS(BESCHWERDE)VERFAHREN: Korrektur der EP-Patents nur zulässig, wenn sie nicht gegen Art.123(3) verstößt (Erweiterung des Schutzbereichs).

[238] Bedingungen [**J7/90; ABl.1993,133; J6/02**]: [1] entschuldbares Versehen; [2] Beantragung ohne schuldhaftes Zögern; [3] Antrag so frühzeitig, dass keine Interessenbeeinträchtigung Dritter.

[239] verspätete Veröffentlichung UND/ODER Korrektur des EP-Patents haben keinen Einfluss auf 9 M-Einspruchsfrist [**T1644/10**].

EPÜ

Artikel 92[89],[90]
Erstellung des europäischen Recherchenberichts

Das EPA erstellt und veröffentlicht nach Maßgabe der Ausführungsordnung einen europäischen Recherchenbericht zu der europäischen Patentanmeldung auf der Grundlage der Patentansprüche unter angemessener Berücksichtigung der Beschreibung und der vorhandenen Zeichnungen.

[89] Geändert durch die Akte zur Revision des EPÜ vom 29.11.2000.
[90] Siehe hierzu die Mitteilung des EPA über das Programm zur beschleunigten Bearbeitung europäischer Patentanmeldungen ("PACE"), ABl.2015, A93 und die Mitteilung des EPA über Möglichkeiten der Beschleunigung des europäischen Patenterteilungsverfahrens, ABl.2015, A94.

Artikel 94[93],[94]
Prüfung der europäischen Patentanmeldung

(1) Das EPA prüft nach Maßgabe der Ausführungsordnung auf Antrag, ob die europäische Patentanmeldung und die Erfindung, die sie zum Gegenstand hat, den Erfordernissen dieses Übereinkommens genügen. Der Antrag gilt erst als gestellt, wenn die Prüfungsgebühr entrichtet worden ist.[95]

(2) Wird ein Prüfungsantrag nicht rechtzeitig gestellt, so gilt die Anmeldung als zurückgenommen.

(3) Ergibt die Prüfung, dass die Anmeldung oder die Erfindung, die sie zum Gegenstand hat, den Erfordernissen dieses Übereinkommens nicht genügt, so fordert die Prüfungsabteilung den Anmelder so oft wie erforderlich auf, eine Stellungnahme einzureichen und, vorbehaltlich des Art.123(1), die Anmeldung zu ändern.

(4) Unterlässt es der Anmelder, auf eine Mitteilung der Prüfungsabteilung rechtzeitig zu antworten, so gilt die Anmeldung als zurückgenommen.

[93] Geändert durch die Akte zur Revision des EPÜ vom 29.11.2000.
[94] Siehe hierzu die Mitteilung des EPA über das Programm zur beschleunigten Bearbeitung europäischer Patentanmeldungen ("PACE"), ABl.2015, A93 und die Mitteilung des EPA über Möglichkeiten der Beschleunigung des europäischen Patenterteilungsverfahrens, ABl.2015, A94.
[95] Siehe hierzu Mitteilung des EPA, ABl.2014, A31.

EPÜAO

Regel 61[62]
Inhalt des europäischen Recherchenberichts

(1) Im europäischen Recherchenbericht werden die dem EPA zum Zeitpunkt der Erstellung des Berichts zur Verfügung stehenden Schriftstücke genannt, die zur Beurteilung in Betracht gezogen werden können, ob die Erfindung, die Gegenstand der europäischen Patentanmeldung ist, neu ist und auf erfinderischer Tätigkeit beruht.

(2) Die Schriftstücke werden im Zusammenhang mit den Patentansprüchen aufgeführt, auf die sie sich beziehen. Gegebenenfalls werden die maßgeblichen Teile jedes Schriftstücks näher gekennzeichnet.

(3) Im europäischen Recherchenbericht ist zu unterscheiden zwischen Schriftstücken, die vor dem beanspruchten Prioritätstag, zwischen dem Prioritätstag und dem Anmeldetag und an oder nach dem Anmeldetag veröffentlicht worden sind.

(4) Schriftstücke, die sich auf eine vor dem Anmeldetag der europäischen Patentanmeldung der Öffentlichkeit zugänglich gemachte mündliche Beschreibung, Benutzung oder sonstige Offenbarung beziehen, werden in dem europäischen Recherchenbericht unter Angabe des Tags einer etwaigen Veröffentlichung des Schriftstücks und einer nicht schriftlichen Offenbarung genannt.

(5) Der europäische Recherchenbericht wird in der Verfahrenssprache abgefasst.

(6) Auf dem europäischen Recherchenbericht ist die Klassifikation des Gegenstands der europäischen Patentanmeldung nach der Internationalen Klassifikation anzugeben.

[62] Siehe hierzu die Mitteilung des EPA über den Anhang zum europäischen Recherchenbericht (ABl.1982, 448 ff.; 1984, 381; 1999, 90) und ABl.2015, A86: Pilotprogramm zu Recherchenstrategien.

Regel 62[63]
Erweiterter europäischer Recherchenbericht

(1) Zusammen mit dem europäischen Recherchenbericht ergeht eine Stellungnahme dazu, ob die Anmeldung und die Erfindung, die sie zum Gegenstand hat, die Erfordernisse dieses Übereinkommens zu erfüllen scheinen, sofern nicht eine Mitteilung nach R.71(1) oder (3) erlassen werden kann.

(2) Die Stellungnahme nach Absatz 1 wird nicht zusammen mit dem Recherchenbericht veröffentlicht.

[63] Eingefügt durch BdV vom 09.12.2004 (ABl.2005, 5), in Kraft getreten am 01.07.2005.

Regel 65
Übermittlung des europäischen Recherchenberichts

Der europäische Recherchenbericht wird unmittelbar nach seiner Erstellung dem Anmelder zusammen mit den Abschriften aller angeführten Schriftstücke übermittelt.

Regel 69[71]
Mitteilungen über die Veröffentlichung

(1) Das EPA teilt dem Anmelder den Tag mit, an dem im Europäischen Patentblatt auf die Veröffentlichung des europäischen Recherchenberichts hingewiesen wird, und weist ihn auf R.70(1), Art.94(2) und R.70a(1) hin.

(2) Ist in der Mitteilung nach Absatz 1 ein späterer Tag der Veröffentlichung angegeben als der tatsächliche Tag der Veröffentlichung, so ist für die Fristen nach R.70(1) und R.70a(1) der spätere Tag maßgebend, wenn der Fehler nicht ohne Weiteres erkennbar war.

[71] Geändert durch BdV CA/D 3/09 vom 25.03.2009 (ABl.2009, 299), in Kraft getreten am 01.04.2010.

Regel 70
Prüfungsantrag

(1)[72] Der Anmelder kann bis zum Ablauf von sechs Monaten nach dem Tag, an dem im Europäischen Patentblatt auf die Veröffentlichung des europäischen Recherchenberichts hingewiesen worden ist, die Prüfung der europäischen Patentanmeldung beantragen. Der Antrag kann nicht zurückgenommen werden.

(2) Wird der Prüfungsantrag gestellt, bevor dem Anmelder der europäische Recherchenbericht übermittelt worden ist, so fordert das EPA den Anmelder auf, innerhalb einer zu bestimmenden Frist zu erklären, ob er die Anmeldung aufrechterhält, und gibt ihm Gelegenheit, zu dem Recherchenbericht Stellung zu nehmen und gegebenenfalls die Beschreibung, die Patentansprüche und die Zeichnungen zu ändern.

(3) Unterlässt es der Anmelder, auf die Aufforderung nach Absatz 2 rechtzeitig zu antworten, so gilt die Anmeldung als zurückgenommen.

Regel 70a[73]
Erwiderung auf den erweiterten europäischen Recherchenbericht

(1) In der dem europäischen Recherchenbericht beiliegenden Stellungnahme gibt das EPA dem Anmelder Gelegenheit, zum erweiterten europäischen Recherchenbericht Stellung zu nehmen, und fordert ihn gegebenenfalls auf, innerhalb der in R.70(1) genannten Frist die Mängel zu beseitigen, die in der dem europäischen Recherchenbericht beiliegenden Stellungnahme festgestellt wurden, und die Beschreibung, die Patentansprüche und die Zeichnungen zu ändern.

(2) In dem in R.70(2) genannten Fall oder wenn ein ergänzender europäischer Recherchenbericht zu einer Euro-PCT-Anmeldung erstellt wird, gibt das EPA dem Anmelder Gelegenheit, zum erweiterten europäischen Recherchenbericht Stellung zu nehmen, und fordert ihn gegebenenfalls auf, innerhalb der Frist für die Absichtserklärung über die Aufrechterhaltung der Anmeldung die Mängel zu beseitigen, die in der dem europäischen Recherchenbericht beiliegenden Stellungnahme festgestellt wurden, und die Beschreibung, die Patentansprüche und die Zeichnungen zu ändern.

(3) Wenn der Anmelder einer Aufforderung nach Absatz 1 oder 2 weder nachkommt noch zu ihr Stellung nimmt, gilt die Anmeldung als zurückgenommen.

[73] Eingefügt durch BdV CA/D 3/09 vom 25.03.2009 (ABl.2009, 299), in Kraft getreten am 01.04.2010.

Regel 72
Erteilung des europäischen Patents an verschiedene Anmelder

Sind als Anmelder für verschiedene Vertragsstaaten verschiedene Personen in das Europäische Patentregister eingetragen, so erteilt das Europäische Patentamt das europäische Patent für jeden Vertragsstaat entsprechend.

Erteilungsverfahren

Erteilungsverfahren

Art.92 iVm **R.61** bis **65**, B-I bis XI und
Art.94 iVm **R.70a** bis **71a**, C-I bis IX

78 Beim Erteilungsverfahren handelt es sich um ein ex parte Verfahren, d.h. neben dem Anmelder der ePa ist kein weiterer Beteiligter an dem Verfahren vor dem EPA involviert. Es umfasst im EPÜ die **Recherche** [B-I bis XI] und die **Sachprüfung** [C-I bis IX].

Recherche [Art.92 iVm R.61-65, B-I bis XI]

79

Voraussetzung	anhängige ePa und alle Formalerfordernisse [↗S.83] erfüllt
Zuständigkeit	Recherchenabteilung **Art.15b**) iVm **Art.17** B-I,2
Grundlage	Ansprüche der ePa in urspr. eingereichten Fassung [240] unter angemessener Berücksichtigung der Beschreibung/Zeichnung [B-III, 3.1] **Art.92, R.137(1)**
Prüfungsumfang	<ul><li>Internationale Patentklassifizierung – IPC [**R.8**]</li><li>**Ermittlung StdT** zur beanspruchter Erfindung [**Art.17**]</li><li>Ermittlung nicht recherchierbarer Gegenstände [**R.63**]</li><li>Prüfung Einheitlichkeit der Erfindung [**Art.82, R.64**]</li><li>Erstellung ESR [**Art.92, R.61**] oder eESR [**Art.153(7)**] zusammen mit Stellungnahme EESR [**R.62**] [241]</li><li>Erstellung der endgültigen Zusammenfassung **R.47** iVm **R.66**</li><li>Erfindungsbezeichnung erstellen [A-III, 7.2]</li></ul>

80 ESR oder eESR und Stellungnahme zum ESR/eESR werden dem Anmelder übermittelt [**R.65**, B-X,12]
Im (e)ESR werden die recherchierten Dokumente, nachfolgendem Schema kategorisiert [B-X,9.2], aufgeführt, wobei die vom jeweiligen Dokument betroffenen Ansprüche angegeben werden:

81

Kategorie	Bedeutung
X	Dokument, das für sich genommen Neuheit oder erfinderischer Tätigkeit des erfindungsgemäßen Gegenstandes vorwegnimmt [B-X,9.2.1]
Y	Dokument, das vor AT der ePa veröff. wurde und mit mindestens einem anderen Dokument derselben Kategorie erfinderischer Tätigkeit entgegensteht [B-X,9.2.1]
A	allgemeiner StdT, aber irrelevant für Neuheit und erfinderische Tätigkeit [B-X,9.2.2]
E	nat. oder reg. Patentdokument mit früherem AT oder PT als dem AT der recherchierten ePa (nicht dem PT), das aber nach dem AT veröffentlicht wurde und dessen Offenbarung neuheitsschädlich ggü der ePa wäre [**Art.54(1)**, B-X,9.2.6]
D	in der Anmeldung selbst zitiertes Dokument [B-X,9.2.7]
T	Grundlegende Theorie oder Dokumente, die zeigen, dass Gedankengänge oder Sachverhalte, die der Erfindung zugrunde liegen, falsch sind [B-X,9.2.5]
L	aus anderen Gründen angeführtes Dokument [B-X,9.2.8]
O	Nicht schriftliche Offenbarung, z.B. Tagungsprotokolle [B-X,9.2.3]
P	Zwischenliteratur, Veröffentlichungstag des Dokuments liegt zwischen AT und beanspruchten (frühesten) PT der zu prüfenden ePa [B-X,9.2.4]

[240] AUSNAHME: ePa ist Euro-PCT-Anmeldung.
[241] AUSGENOMMEN: unbedingter Prüfungsantrag vor Erhalt des ESR mit explizitem Verzicht auf R.70(2)-Mitt. gestellt [↗S.40]; keine Veröff. zusammen mit ESR [**R.62(2)**].

Die Sachprüfung beginnt erst nach wirksamer Stellung des Prüfungsantrags [C-II,1].

Sachprüfung [Art.94 iVm R.70a-71a, C-I bis IX]

Voraussetzung	anhängige ePa, wirksamer Prüfungsantrag und (e)ESR erstellt
Zuständigkeit	Prüfungsabteilung, die für IPC-Klassifizierung zuständig **Art.15c**) iVm **Art.18**
Grundlage	Rechercheergebnisse und Anmeldung in urspr. eingereichten Fassung und ggf. Änderungen/Bemerkungen des Anmelders als Erwiderung auf EESR [**R.70a, R.137(2)**]
Prüfungsumfang	sachliche Erfordernisse (Formerfordernisse Eingangsstelle und Formalsachbearbeiter)<ul><li>Patentierbarkeit [**Art.52-57**]</li><li>Einheitlichkeit [**Art.82**]</li><li>Offenbarung [**Art.83**]</li><li>Klarheit [**Art.84**]</li><li>Priorecht [**Art.87**]</li><li>Änderungen [**Art.123**]</li></ul>
Ergebnis	Erteilung/Zurückweisung der ePa **Art.97(1)/(2)**

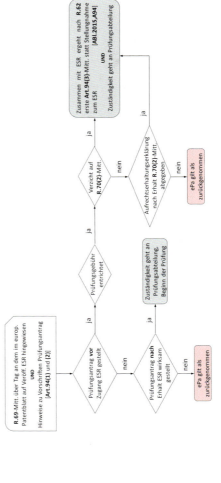

Fig. 7: Möglichkeiten zur Stellung eines Prüfungsantrages.

EPÜ

Artikel 92 [89], [90]
Erstellung des europäischen Recherchenberichts

Das EPA erstellt und veröffentlicht nach Maßgabe der Ausführungsordnung einen europäischen Recherchenbericht zu der europäischen Patentanmeldung auf der Grundlage der Patentansprüche unter angemessener Berücksichtigung der Beschreibung und der vorhandenen Zeichnungen.

[89] Geändert durch die Akte zur Revision des EPÜ vom 29.11.2000.
[90] Siehe hierzu die Mitteilung des EPA über das Programm zur beschleunigten Bearbeitung europäischer Patentanmeldungen ("PACE"), ABl.2015, A93 und die Mitteilung des EPA über Möglichkeiten der Beschleunigung des europäischen Patenterteilungsverfahrens, ABl.2015, A94.

Artikel 124 [143]
Auskünfte über den Stand der Technik

(1) Das EPA kann nach Maßgabe der Ausführungsordnung den Anmelder auffordern, Auskünfte über den Stand der Technik zu erteilen, der in nationalen oder regionalen Patentverfahren in Betracht gezogen wurde und eine Erfindung betrifft, die Gegenstand der europäischen Patentanmeldung ist.

(2) Unterlässt es der Anmelder, auf eine Aufforderung nach Absatz 1 rechtzeitig zu antworten, so gilt die europäische Patentanmeldung als zurückgenommen.

[143] Geändert durch die Akte zur Revision des EPÜ vom 29.11.2000.

EPÜAO

Regel 62 [63]
Erweiterter europäischer Recherchenbericht

(1) Zusammen mit dem europäischen Recherchenbericht ergeht eine Stellungnahme nach R.43(2) nicht entsprechen, die sie zum Gegenstand hat, ob die Anmeldung und die Erfindung, die sie zum Gegenstand hat, die Erfordernisse dieses Übereinkommens zu erfüllen scheinen, sofern nicht eine Mitteilung nach R.71(1) oder (3) erlassen werden kann.

(2) Die Stellungnahme nach Absatz 1 wird nicht zusammen mit dem Recherchenbericht veröffentlicht.

[63] Eingefügt durch BdV vom 09.12.2004 (ABl.2005, 5), in Kraft getreten am 01.07.2005.

Regel 62a [64]
Anmeldungen mit mehreren unabhängigen Patentansprüchen

(1) Ist das EPA der Auffassung, dass die Patentansprüche in der ursprünglich eingereichten Fassung R.43(2) nicht entsprechen, so fordert es den Anmelder auf, innerhalb einer Frist von zwei Monaten die R.43(2) entsprechenden Patentansprüche anzugeben, auf deren Grundlage die Recherche durchzuführen ist. Teilt der Anmelder diese Angabe nicht rechtzeitig mit, so wird die Recherche auf der Grundlage des ersten Patentanspruchs in jeder Kategorie durchgeführt.

(2) Die Prüfungsabteilung fordert den Anmelder auf, die Patentansprüche auf den recherchierten Gegenstand zu beschränken, es sei denn, sie stellt fest, dass der Einwand nach Absatz 1 nicht gerechtfertigt war.

Regel 63 [65]
Unvollständige Recherche

(1) Ist das EPA der Auffassung, dass die europäische Patentanmeldung diesem Übereinkommen so wenig entspricht, dass es unmöglich ist, auf der Grundlage des gesamten beanspruchten Gegenstands oder eines Teils desselben sinnvolle Ermittlungen über den Stand der Technik durchzuführen, so fordert es den Anmelder auf, innerhalb einer Frist von zwei Monaten eine Erklärung mit Angaben zu dem zu recherchierenden Gegenstand abzugeben.

(2) Wird die Erklärung nach Absatz 1 nicht rechtzeitig eingereicht oder reicht sie nicht aus, um den nach Absatz 1 festgestellten Mangel zu beseitigen, so stellt das Europäische Patentamt entweder in einer begründeten Erklärung fest, dass die europäische Patentanmeldung diesem Übereinkommen so wenig entspricht, dass es unmöglich ist, auf der Grundlage des gesamten beanspruchten Gegenstands oder eines Teils desselben sinnvolle Ermittlungen über den Stand der Technik durchzuführen, oder es erstellt, soweit dies durchführbar ist, einen teilweisen Recherchenbericht. Diese begründete Erklärung oder dieser teilweise Recherchenbericht gilt für das weitere Verfahren als europäischer Recherchenbericht.

(3) Wurde ein teilweiser Recherchenbericht erstellt, so fordert die Prüfungsabteilung den Anmelder auf, die Patentansprüche auf den recherchierten Gegenstand zu beschränken, es sei denn, sie stellt fest, dass der Einwand nach Absatz 1 nicht gerechtfertigt war.

[65] Geändert durch BdV CA/D 3/09 vom 25.03.2009 (ABl. EPA 2009, 299), in Kraft getreten am 01.04.2010.

Regel 64 [66]
Europäischer Recherchenbericht bei mangelnder Einheitlichkeit

(1) [67] Entspricht die europäische Patentanmeldung nach Auffassung des Europäischen Patentamts nicht den Anforderungen an die Einheitlichkeit der Erfindung, so erstellt es einen teilweisen Recherchenbericht für die Teile der Anmeldung, die sich auf die in den Patentansprüchen zuerst erwähnte Erfindung oder Gruppe von Erfindungen im Sinne des Art.82 beziehen. Es teilt dem Anmelder mit, dass für jede weitere Erfindung innerhalb einer Frist von zwei Monaten eine weitere Recherchengebühr zu entrichten ist, wenn der europäische Recherchenbericht diese Erfindung erfassen soll. Der europäische Recherchenbericht wird für die Teile der Anmeldung erstellt, die sich auf die Erfindungen beziehen, für die Recherchengebühren entrichtet worden sind.

(2) Eine nach Absatz 1 gezahlte Recherchengebühr wird zurückgezahlt, wenn der Anmelder dies im Verlauf der Prüfung der europäischen Patentanmeldung beantragt und die Prüfungsabteilung feststellt, dass die Mitteilung nach Absatz 1 nicht gerechtfertigt war.

[66] Siehe hierzu die Stellungnahme der GBK G 2/92 (Anhang I).
[67] Geändert durch BdV CA/D 3/09 vom 25.03.2009 (ABl. EPA 2009, 299), in Kraft getreten am 01.04.2010.

Regel 70b [74]
Anforderung einer Kopie der Recherchenergebnisse

(1) Stellt das EPA zum Zeitpunkt, an dem die Prüfungsabteilung zuständig wird, fest, dass die Kopie nach R.141(1) vom Anmelder nicht eingereicht worden ist und nicht nach R.141(2) als ordnungsgemäß eingereicht gilt, so fordert es den Anmelder auf, innerhalb einer Frist von zwei Monaten die Kopie einzureichen oder eine Erklärung abzugeben, dass ihm die Recherchenergebnisse nach R.141(1) nicht vorliegen.

(2) Unterlässt es der Anmelder, auf die Aufforderung nach Absatz 1 rechtzeitig zu antworten, so gilt die europäische Patentanmeldung als zurückgenommen.

[74] Eingefügt durch BdV CA/D 18/09 vom 28.10.2009 (ABl. EPA 2009, 585), in Kraft getreten am 01.01.2011. Siehe hierzu die Mitteilungen des EPA, ABl. EPA 2010, 410 und 2015, A3

Rechtsprechung

G2/92 Ein Anmelder, der es bei einer uneinheitlichen Anmeldung unterläßt, auf eine Aufforderung der Recherchenabteilung nach R.46(1) weitere Recherchengebühren zu entrichten, kann diese Anmeldung nicht für einen Gegenstand weiterverfolgen, für den keine Recherchengebühren entrichtet wurden. Der Anmelder muß vielmehr eine Teilanmeldung für diesen Gegenstand einreichen, wenn er dafür weiterhin Schutz begehrt.

Recherchenbericht

Art.92 iVm R.62a bis 66

	Einwand/Aufforderung	Norm	zu erbringende Handlung	Frist	Rechtsfolge	Nachfrist	Rechtsbehelf
82	**mehrere unabhängige Ansprüchen** [242] B-VIII,4	Art.92 iVm **R.62a**	Erwiderung ggü Recherchenabteilung oder Prüfungsabteilung mit: a) Angabe derjenigen Ansprüche, für die eine Recherche durchgeführt werden soll **ODER** b) begründete Stellungnahme zum Gegenstand **ODER** c) Hauptantrag = vollst. Recherche und Hilfsantrag = zu recherchierende unabhängige Ansprüche **ODER** d) Telefonische Rücksprache	**2 M** nach Auff. +10Tage <u>ACHTUNG:</u> verspätet eingereichte Erwiderung wird für die Sachprüfung zur Akte gelegt.	Recherche auf der Grundlage des Hauptanspruchs in jeder Kategorie **R.62a(1) S.2** **UND GGF.** Beschränkung der Ansprüche auf recherchierte Gegenstände, wenn EPA den Einwand nach **R.62a(1)** aufrechterhält. **R.62a(2)**	nicht verlängerbar, da in R.62a geregelte Frist	WB (–), weil der ESR zusammen mit der ePa veröffentlicht werden soll; **WE (+)** aus R.136(3)
83	unvollständige Recherche wegen **mangelnder Klarheit nach Art. 84** [243] B-VIII,3	Art.92 iVm **R.63(1)**	Erklärung mit: a) Angaben zum zu recherchierenden Gegenstand mit angepassten Ansprüchen b) Lediglich begründen c) Stellungnahme und hilfsweise geänderte Ansprüche	**2 M** nach Auff. +10Tage <u>ACHTUNG:</u> verspätet eingereichte Erwiderung wird für die Sachprüfung zur Akte gelegt	(!) begründete Erklärung des EPA über Unmöglichkeit einer sinnvollen Recherche zu ePa **ODER** teilweiser ESR **UND** Aufforderung zur Beschränkung der Ansprüche auf recherchierten Gegenstand, **R.63(3)** **R.63(2)**	nicht verlängerbar, da in R.63 geregelte Frist	WB (–), weil der ESR zusammen mit der ePa veröffentlicht werden soll; **WE (+)** ABl.2009,533
84	**mangelnde Einheitlichkeit** nach **Art.82 und R.44(1)/(2)**	**Art.92, R.64** oder **R.164(1)/(2)**	Zahlung weiterer Recherchengebühr **[1.300 €]** [244] Art.2 Nr.2 GebO	**2 M** nach **R.64**-Mitt. +10Tage	(!) gilt als Verzicht auf weitere Ansprüche **UND** Auff. zur Beschränkung auf eine Erfindung G2/92; F-V,11.1	nicht verlängerbar, da in R.64 geregelte Frist	WB (–); **WE (+)** aus R.136(3); **TA (+)**
85	**fremde Recherchenergebnisse** einreichen A-III,6.12	**R.141(1) iVm R.70b**	Inanspruchnahme Prio: [245] Recherchenergebnisse anderer Patentbehörden der früheren Anmeldung einreichen **ODER** Erklärung, dass Recherchenergebnisse nicht vorliegen	sobald Ergebnisse vorliegen **ODER** **2 M** nach Auff. +10Tage **R.70b(2)** oder **Art.124(1)**	(!) ePa gilt als zurückgenommen **R.70b(2)** oder **Art.124(1)**	nicht verlängerbar, da in R.70b geregelte Frist	**WB (+)**; WE (–)

[242] AUSNAHME: Eine ePa darf nur in den nach R.43(2) genannten Fällen mehr als einen unabhängigen Anspruch derselben Kategorie beinhalten: [1] in Beziehung stehende Erzeugnisse; [2] Verschiedene Verwendungsmöglichkeiten; [3] Alternativlösungen für eine best. Aufgabe.

[243] R.63 gilt auch für: [1] Ansprüche in TA; [2] ePa, bei der die Ansprüche nach dem Anmeldetag eingereicht wurden und die gegen Art.123(2) verstoßen; [3] Euro-PCT-Anmeldungen, für die geänderte Ansprüche für die ergänzende EP-Recherche [R.164(2)] eingereicht wurden, und die gegen Art.123(2) verstoßen. HINTERGRUND: für den Anmelder UND jeden Dritten muss klar ersichtlich sein, was recherchiert wurde.

[244] wird ggf. auf Antrag des Anmelders zurückgezahlt, wenn die Aufforderung zur Zahlung weiterer Recherchengebühr nicht gerechtfertigt war [R.64(2), R.164(1)/(2), C-III,3.3].

[245] Inanspruchnahme mehrerer Prioritäten: Recherchenergebnisse für jede Priounterlage einreichen; Übersetzung nicht erforderlich; Einreichung entfällt, wenn EPA Recherchenbericht der früheren Anmeldung (iSv Art.92, Art.15(1) PCT oder Art.15(5)PCT) erstellt hat oder Erstanmeldung in folgenden Staaten erfolgte: DK, ES, AT, JP, GB, USA, KR [R.141(2) iVm ABl.2016, A19].

Sachprüfung
(= Prüfung der Beschreibung, Ansprüche, Zeichnung und Zusammenfassung auf materielle Erfordernisse des EPÜ)

Prüfungsabteilung, **Art.18** iVm **R.10(2)** bis **(4)**
Art.94 iVm **R.70 bis 71a**

	Voraussetzung	Norm	zu erbringende Handlung	Frist	Nachfrist	Rechtsfolge	Rechtsbehelf
Prüfungsantrag — unbedingter Prüfungsantrag	ESR noch nicht erstellt	**Art.94(1), R.70(2)** iVm ABl.2010,352	Prüfungsantrag durch Zahlung der Prüfungsgebühr [**1.635 €**] wirksam stellen [246] **Art.94(1) S.2** iVm Art.2(1), Nr.4 GebO **UND** expliziter Verzicht auf **R.70(2)**-Auff., um zu erklären, ob ePa aufrechterhalten [247] ABl.2010,352	mit Einreichung ePa (auf Form1001) **ODER** vor Erhalt des ESR	siehe Fall 3	(+) Aufrechterhaltungserklärung gilt mit Zustellung ESR an Anmelder als abgegeben **DAHER** Prüfungsabteilung wird sofort nach Abschluss ES90R zuständig und beginnt mit Sachprüfung **R.10(4) UND** anstelle des eESR ergeht gleich Art.94(3)-Mitt. (iVm **R.71(1)**) [248] **R.62(1), ABl.2009,533**	**WB (+)** +50% Zuschlag [249] **R.135(1)**, Art.2(1) Nr.12 GebO — **WE (−) Art.122(4), R.136(3)**
bedingter Prüfungsantrag	ESR noch nicht erstellt	**Art.94(1)** iVm **R.70(2)**	Prüfungsantrag durch Zahlung der Prüfungsgebühr [**1.635 €**] wirksam stellen [246] **Art.94(1) S.2** iVm Art.2(1), Nr.4 GebO **UND** Absichtserklärung über Aufrechterhaltung der ePa als Antwort auf R.70(2)-Auff **R.70(2)**	binnen zu best. Frist nach R.70(2)-Auff+10Tage [idR **6 M**] E-VII,1.2		(+) Prüfungsabteilung wird zuständig, aber Sachprüfung nach Ablauf 6M-Frist beginnt **R.10(3)**; (−) ePa gilt als zurückgenommen, R.112(1)-Rechtsverlustmitt. und gezahlte Prüfungsgebühr wird zu 100% zurückgezahlt **R.70(3)**, Art.11a) GebO	
Regelfall / C-VI, 3, C-II,1	ESR erstellt und im Patentblatt veröff.	**Art.94(1)** iVm **R.70(1)**	Prüfungsantrag durch Zahlung der Prüfungsgebühr [**1.635 €**] wirksam stellen [246] Art.2(1), Nr.4 GebO	bis **6 M** nach Tag an dem im EP-Patentblatt auf Veröff. ESR hingewiesen wurde [250] **Art.94(1), R.70(1)** iVm **R.60(1)**	keine	(+) Prüfungsabteilung wird mit wirksamen Antrag zuständig **R.10(2)**; (−) ePa gilt als zurückgenommen und R.112(1)-Rechtsverlustmitt. **Art.94(2)**	
Erwiderung auf EESR — bedingter Prüfungsantrag vor ESR gestellt	ZUSTÄNDIGKEIT: Eingangsstelle	**Art.92** iVm **R.70a**	Stellungnahme auf EESR und ggf. Mängelbeseitigung (nicht zwingend) **R.70a(2) UND** gilt gleichzeitig als Absichtserklärung über Aufrechterhaltung der ePa [247] **R.70(2)**	binnen zu best. Frist ab Auff.+10Tage [idR **6 M**] **R.70a(2), R.70(2), ABl.2009,533**	keine	(−) ePa gilt als zurückgenommen Anmelder wird entsprechend **R.112(1)** über Rechtsverlust unterrichtet **R.70a(3)**	**WB (+)** +50% Zuschlag **R.135(1)**, Art.2(1) Nr.12 GebO — **WE (−) Art.122(4), R.136(3)**
— ODER — Prüfungsantrag nach ESR gestellt		**Art.94(1), R.70(1)**	Stellungnahme auf EESR und ggf. Mängelbeseitigung (nicht zwingend) **R.70a(1)**	bis **6 M** nach Veröffentlichung ESR im EP-Patentblatt **Art.94(1), R.70(1)**			

---

[246] Prüfungsantrag ist Bestandteil des obligatorischen Erteilungsantrags Form 1001, gilt aber erst mit Zahlung Prüfungsgebühr als wirksam gestellt; Zurücknahme des Prüfungsantrags ist nicht möglich [**R.70(1)**].

[247] bei Verzicht auf R.70(2)-Mitt. ergeht keine R.70a(2)-Mitt. zur Stellungnahme auf eESR sondern gleich Art.94(3)-Bescheid [**ABl.2009,533**].

[248] Sind zu diesem Zeitpunkt alle Erteilungsvoraussetzungen erfüllt, so ergeht R.71(3)-Mitt., aber Erteilungsbeschluss erfolgt erst, wenn kollidierende Anmeldungen gem. **Art.54(3)** recherchierbar waren.

[249] Anspruch auf Rückzahlung der WB-Gebühr, wenn keine R.69(1)-Mitt. mit Hinweis auf **R.70(1), Art.94(2)** und **R.70a(1)** ergangen ist [**R.125(4)**, E-I,2.5].

[250] bei irrtümlich falscher/keiner R.69(1)-Mitt. mit Angabe eines (späteren/keinen) Veröffentlichungstags, ist späterer Tag maßgebend für Fristberechnung: [1] Prüfungsantrag **UND** [2] Erwiderung auf eESR [**R.69(2)**].

Erteilungsverfahren

	Maßnahme / Voraussetzung	Inhalt	Frist	verlängerbar	Folge	Rechtsbehelf
erster Prüfungsphase						
Stellungnahme zu **Art.94(3)**-Mitt. [251]	erster begründeter Prüfungsbescheid (idR **3 M** nach AT) mit Auff. zur Stellungnahme, bei beschleunigter Prüfung **Art.94(3)** iVm **R.71(1)** / **R.71(2)**, **ABl.2010,352**	Beseitigung festgestellter Mängeln in Beschreibung, Ansprüche und Zeichnungen **nur einmal** **Art.123(1) S.1, R.137(2)**; Kennzeichnung von Änderungen/Berichtigungen auf betreffende Seiten und Angabe deren Grundlage [251] **R.137(4)**; weitere Änderungen nur mit Zustimmung der Prüfungsabteilung **R.137(3)**	innerhalb zu best. Frist ab Mitt. +10Tage [idR 2 M -4 M] **R.71(1)**	verlängerbar auf Antrag **R.132(2)**	(–) Unterlässt Anmelder rechtzeitige Antwort auf die Auff., gilt die ePA als zurückgenommen **Art.94(4)** R.112(1)-Rechtsverlustmitt. an Anmelder	**WB (+)** +250 € Zuschlag R.135(1), Art.2(1) Nr.12 **WE (–)**
Telefonische oder persönliche Rücksprache [252] C-VII, 2	vom Prüfer für sachdienlich erachtet C-VII,2.1	auf Antrag des Anmelders **ODER** auf Initiative des Prüfers	»jederzeit« während des Erteilungsverfahrens	--	Gültigkeit einer getroffenen Vereinbarung ist abhängig von übrigen Mitgliedern der Prüfungsabteilung [C-VII,2.4] nicht rechtsverbindlich - schriftliche Bestätigung durch Prüfer erforderlich	kein
Entscheidungen						
Erteilung C-V, 1	R.71(3)-Mitt. an den Anmelder ✑S.111 **Art.97(1)**	1) Entrichtung der Erteilungs- und Veröffentlichungsgebühr 2) Übersetzung der Ansprüche 3) etwaige Anspruchsgebühren [R.71(4)] [253] 4) ggf. fällige Jahresgebühren [254]	4 M ab Mitt. +10Tage	--	(+) Erteilung nach Beschluss gem. Art.97(1) und Bekanntmachung der Erteilung im Patentblatt (idR **4 W** nach Erteilungsbeschluss) [Art.97(3)] (–) bei nicht rechtzeitiger Beibringung gilt ePa als zurückgenommen **UND** R.112(1)-Rechtsverlustmitt. **R.71(7)**	**WB (+)** bei Fristversäumnis ODER Nichterfüllung +250€ Zuschlag C-V, 8 **WE (–)**
Zurückweisung [255] C-V,14	ePa erfüllt nicht die Erfordernisse des EPÜ und mind. ein erster Art.94(3)-Bescheid ist ergangen [256] **Art.97(2)**	Beschluss gem. Art.97(2) durch alle Mitglieder der Prüfungsabteilung; Zurückweisung muss »begründet« sein **UND** eine Rechtsbehelfsbelehrung nach **R.111(2)** enthalten; schriftliche Zustellung zwingend	»jederzeit«, nach erster **Art.93(4)**-Mitt.	--	(+) ePa wird in ihrer Gesamtheit zurückgewiesen	**TA (+)** Art.76(1), R.36, ✑S.79 **Beschwerde (+)** Art.106-108, ✑S.135 **Umwandlung (+)** Art.135(1)b), ✑S.159

[251] HANDSCHRIFTLICHE ÄNDERUNGEN in Schriftstücken unzulässig [R.49(8)] iVm R.50(1); ABl.2013,603]; AUSNAHME: graphische Symbole/Schriftzeichen und chemische/mathematische Formeln.

[252] nicht fristwahrend; Gründe: [1] Fehler in Mitt. des EPA oder Erwiderung des Anmelders; [2] Unklarheiten; [3] ePa eigentlich erteilungsreif; [4] nicht gewährbare Änderungen auf eine R.71(3)-Mitt.

[253] entfällt, wenn bereits gemäß **R.45(1)**-Mitt. oder **R.162(1)/(2)**-Mitt. entrichtet worden ist. ACHTUNG: Bei mehreren Anspruchssätzen unterliegt nur der Satz der Gebührenpflicht nach **R.45(1)**, **R.162 (1)/ (2)** oder **R.71(4)**, der die meisten Patentansprüche enthält.

[254] Jahresgebühr fällig nach Zustellung von R.71(3)-Aufforderung **UND** vor Tag des Hinweises auf Erteilung EP-Patentens, erfolgt Erteilung erst, wenn Jahresgebühr und ggf. Zuschlagsgebühr entrichtet [C-V, 2].

[255] ePa gilt nicht als zurückgewiesen, sondern gilt [nur] als zurückgenommen, wenn z.B. [1] auf Mitt. der Prüfungsabteilung nicht rechtzeitig geantwortet wurde [Art.94(4)] ODER [2] die Erfordernisse nach R.71(3) nicht erfüllt worden sind [R.71(7)].

[256] zur Wahrung des rechtlichen Gehörs [Art.113(1)] muss der Anmelder mind. einmal Gelegenheit haben sich zu äußern und Änderungen/Berichtigungen vorzunehmen [Art.123(1), R.137(2)].

EPÜ

Artikel 97[98],[99]
Erteilung oder Zurückweisung

(1) Ist die Prüfungsabteilung der Auffassung, dass die europäische Patentanmeldung und die Erfindung, die sie zum Gegenstand hat, den Erfordernissen dieses Übereinkommens genügen, so beschließt sie die Erteilung des europäischen Patents, sofern die in der Ausführungsordnung genannten Voraussetzungen erfüllt sind.

(2) Ist die Prüfungsabteilung der Auffassung, dass die europäische Patentanmeldung oder die Erfindung, die sie zum Gegenstand hat, den Erfordernissen dieses Übereinkommens nicht genügt, so weist sie die Anmeldung zurück, sofern dieses Übereinkommen keine andere Rechtsfolge vorsieht.

(3) Die Entscheidung über die Erteilung des europäischen Patents wird an dem Tag wirksam, an dem der Hinweis auf die Erteilung im Europäischen Patentblatt bekannt gemacht wird.

[98] Geändert durch die Akte zur Revision des EPÜ vom 29.11.2000.

EPÜAO

Regel 71[75],[76],[77]
Prüfungsverfahren

(1) In den Mitteilungen nach Art.94(3) fordert die Prüfungsabteilung den Anmelder gegebenenfalls auf, die festgestellten Mängel zu beseitigen und die Beschreibung, die Patentansprüche und die Zeichnungen innerhalb einer zu bestimmenden Frist zu ändern.

(2) Die Mitteilungen nach Art.94(3) sind zu begründen; dabei sollen alle Gründe zusammengefasst werden, die der Erteilung des europäischen Patents entgegenstehen.

(3)[78] Bevor die Prüfungsabteilung die Erteilung des europäischen Patents beschließt, teilt sie dem Anmelder die Fassung, in der sie das europäische Patent zu erteilen beabsichtigt, und die zugehörigen bibliografischen Daten mit. In dieser Mitteilung fordert die Prüfungsabteilung den Anmelder auf, innerhalb einer Frist von vier Monaten die Erteilungs- und Veröffentlichungsgebühr zu entrichten und eine Übersetzung der Patentansprüche in den beiden Amtssprachen des EPA einzureichen, die nicht die Verfahrenssprache ist.

(4) Enthält die europäische Patentanmeldung in der für die Erteilung vorgesehenen Fassung mehr als fünfzehn Patentansprüche, so fordert die Prüfungsabteilung den Anmelder auf, innerhalb der Frist nach Absatz 3 für den sechzehnten und jeden weiteren Patentanspruch Anspruchsgebühren zu entrichten, soweit diese nicht bereits nach R.45 oder R.162 entrichtet worden sind.

(5) Wenn der Anmelder innerhalb der Frist nach Absatz 3 die Gebühren nach Absatz 3 und gegebenenfalls Absatz 4 entrichtet und die Übersetzungen nach Absatz 3 einreicht, gilt dies als Einverständnis mit der ihm nach Absatz 3 mitgeteilten Fassung und als Beleg für die Verifizierung der bibliografischen Daten.

(6) Wenn der Anmelder innerhalb der Frist nach Absatz 3 begründete Änderungen oder Berichtigungen in der ihm mitgeteilten Fassung beantragt oder an der letzten von ihm vorgelegten Fassung festhält, so erlässt die Prüfungsabteilung im Falle ihrer Zustimmung eine neue Mitteilung nach Absatz 3; andernfalls nimmt sie das Prüfungsverfahren wieder auf.

(7) Werden die Erteilungs- und Anspruchsgebühren nicht rechtzeitig entrichtet oder die Übersetzungen nicht rechtzeitig eingereicht, so gilt die europäische Patentanmeldung als zurückgenommen.

[75] Siehe hierzu GBK G10/93, G1/02, G1/10 (Anhang I).
[76] Absätze 3-7 geändert, Absätze 8-11 gestrichen und R.71a eingefügt durch BdV CA/D 2/10 vom 26.10.2010 (ABl.2010, 637), in Kraft getreten am 01.04.2012.
[77] Siehe hierzu die Mitteilung des EPA, ABl.2012, 52.
[78] Siehe hierzu Mitteilung des EPA über Möglichkeit des Verzichts auf das Recht, eine weitere Mitteilung nach R.71(3) EPÜ zu erhalten, ABl.2015, A52

Regel 71a[79]
Abschluss des Erteilungsverfahrens

(1) Die Entscheidung über die Erteilung des europäischen Patents ergeht, wenn alle Gebühren entrichtet sind, eine Übersetzung der Patentansprüche in den beiden Amtssprachen des EPA eingereicht ist, die nicht die Verfahrenssprache ist, und Einverständnis mit der für die Erteilung vorgesehenen Fassung besteht. In der Entscheidung ist die ihr zugrunde liegende Fassung der europäischen Patentanmeldung anzugeben.

(2) Bis zur Entscheidung über die Erteilung des europäischen Patents kann die Prüfungsabteilung das Prüfungsverfahren jederzeit wieder aufnehmen.

(3) Wird die Benennungsgebühr nach der Mitteilung nach R.71(3) fällig, so wird der Hinweis auf die Erteilung des europäischen Patents erst bekannt gemacht, wenn die Benennungsgebühr entrichtet ist. Der Anmelder wird hiervon unterrichtet.

(4) Wird eine Jahresgebühr nach der Mitteilung nach R.71(3) und vor dem Tag der frühestmöglichen Bekanntmachung des Hinweises auf die Erteilung des europäischen Patents fällig, so wird der Hinweis erst bekannt gemacht, wenn die Jahresgebühr entrichtet ist. Der Anmelder wird hiervon unterrichtet.

(5) Hat der Anmelder auf eine Aufforderung nach R.71(3) hin die Erteilungs- und Veröffentlichungsgebühr oder die Anspruchsgebühren bereits entrichtet, so wird der entrichtete Betrag bei erneutem Ergehen einer solchen Aufforderung angerechnet.

(6) Wird die europäische Patentanmeldung zurückgewiesen oder vor der Zustellung der Entscheidung über die Erteilung eines europäischen Patents zurückgenommen oder gilt sie zu diesem Zeitpunkt als zurückgenommen, so wird die Erteilungs- und Veröffentlichungsgebühr zurückerstattet.

[79] Eingefügt durch BdV CA/D 2/10 vom 26.10.2010 (ABl.2010,637), in Kraft getreten am 01.04.2012. Siehe hierzu Mitteilung des EPA, ABl.2012, 52.

Rechtsprechung

G7/93

1. Einverständniserklärung des Anmelders nach R.51(4) EPÜ a.F. zu der ihm mitgeteilten Fassung des Patents wird nicht bindend, sobald Mitteilung gemäß R.51(6) EPÜ a.F. erlassen wurde. Nach einer solchen Mitteilung gemäß R.51(6) EPÜ a.F. hat die Prüfungsabteilung noch bis zum Erlaß eines Erteilungsbeschlusses ein Ermessen nach R.86(3) S.2 EPÜ a.F., eine Änderung der Anmeldung zuzulassen.

2. Bei der Ausübung dieses Ermessens nach Erlaß einer Mitteilung gemäß R.51(6) EPÜ a.F. muß die Prüfungsabteilung allen rechtserheblichen Faktoren Rechnung tragen. Sie muß insbesondere das Interesse des Anmelders an einem in allen benannten Staaten rechtsbeständigen Patent und das seitens des EPA bestehende Interesse, das Prüfungsverfahren durch Abschluß eines Erteilungsbeschlusses zum Abschluß zu bringen, berücksichtigen und gegeneinander abwägen. Da der Erlaß der Mitteilung nach R.51(6) EPÜ a.F. dem Zweck dient, das Erteilungsverfahren auf der Grundlage der zuvor gebilligten Fassung der Anmeldung abzuschließen, wird die Zulassung eines Änderungsantrags in diesem späten Stadium des Erteilungsverfahrens eher die Ausnahme als die Regel sein.

3. Vorbehalte nach Art.167(2) EPÜ sind keine Erfordernisse des EPÜ, die gemäß Art.96(2) EPÜ erfüllt werden müssen.

T1064/04
Die in G7/93 formulierten Grundsätze können generell auf neue Anträge angewendet werden, die in einem späten Verfahrensstadium eingereicht werden, nachdem der Anmelder bereits mindestens einmal Gelegenheit zur Änderung seiner Anmeldung hatte und die Prüfungsabteilung die Sachprüfung bereits abgeschlossen hat

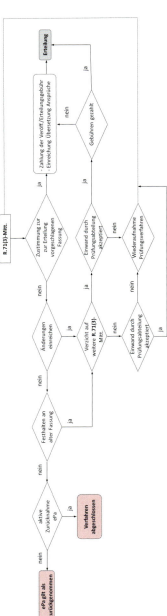

Fig. 8: Möglichkeiten auf R.71(3)-Mitteilung zu reagieren.

R.71(3)-Mitteilung

Norm	zu erbringende Handlung	Frist	Nachfrist	Rechtsfolge	Rechtsbehelf
Art.97(1) iVm R.71(3)	**Fall 1 (Einverständnis)** 1) Erteilungs- und Veröffentlichungsgebühr [**915 €**] [257] **R.71(3)**, Art.2(1) Nr.7 GebO 2) Übersetzung der Ansprüche in verbleibende zwei Amtssprachen, die nicht Verfahrenssprache entsprechend R.50(1)-Formerfordernissen 3) etwaige Anspruchsgebühren [**235 €**/Anspruch > 15; **580 €**/Anspruch > 50] [258] **R.71(4)**, Art.2(1) Nr.15 GebO [259]			(+) Erteilungsbeschluss [260] Art.97(1) Bekanntmachung im EP-Patentregister (–) ePa gilt als zurückgenommen und **R.112(1)**-Rechtsverlustmitt. **R.71(7)** C-V,8	**WB (+)** bei Fristversäumnis oder Nichterfüllung + Zuschlag [**255€**]
	Fall 2 1) nur geringfügige »begründete« Änderungen/Berichtigungen der Anmeldeunterlagen einreichen 2) und ggf. Erfordernisse wie in Fall 1 C-V,4	**4 M ab Mitt.** +10Tage **R.71(3)**	nicht verlängerbar	(+) neue R.71(3)-Mitt., wenn Prüfungsabteilung Änderungen zustimmt **R.71(6)** (–) Wiederaufnahme des Prüfungsverfahrens **R.71(6)** iVm **R.71a(2)**	**WE (–)** Art.122(4), R.136(3)
	Fall 3 (Verzicht auf R.71(3)-Mitt.) 1) nur geringfügige »begründete« R.137(3)-Änderungen [261] und/oder R.139-Berichtigungen [262] der Anmeldeunterlagen eingereicht **G7/93** iVm **T1064/04** C-V,4.3 2) ausdrücklicher Verzicht auf weitere R.71(3)-Mitt. [263] [**ABl.2015,A52**] 3) Erfordernisse wie in Fall 1			(+) direkte Veröff. einer „neuen" R.71(3)-Information im EP-Patentregister Erteilungsbeschluss nach Art.97(1), wenn Prüfungsabteilung Änderungen zustimmt (–) neue R.71(3)-Mitt., bei Mängeln iSv Fall 1 oder weitere Änderungen erforderlich ODER Wiederaufnahme des Prüfungsverfahrens **R.71(6)** iVm **R.71a(2)**	
	Fall 4 **Ablehnung** der mitgeteilten Fassung durch nicht rechtzeitige Zahlung Erteilungs- und Veröffentlichungsgebühr oder Einreichung der Übersetzung **R.71(7)**, C-V,3			ePa gilt als zurückgenommen oder direkte Zurückweisung [**Art.97(2)**] mgl. **R.71(7)**,	**Beschwerde (+)**

[257] Jahresgebühr fällig nach Zustellung von R.71(3)-Aufforderung UND vor Tag des Hinweises auf Erteilung EP-Patentens, erfolgt Erteilung erst, wenn Jahresgebühr und ggf. Zuschlagsgebühr entrichtet [C-V, 2].

[258] entfällt, wenn bereits auf R.45(1)-Mitt. oder R.162(1)/(2)-Mitt. entrichtet worden ist; KEINE RÜCKERSTATTUNG, wenn erteilbare Fassung weniger Ansprüche enthält als bei Einreichung nach R.45 oder R.162 [C-V,1.4].

[259] Entrichtung der vorgeschriebenen Gebühren und Einreichung der Übersetzung der Patentansprüche fingiert Einverständnis für Erteilung vorgesehenen EP-Fassung.

[260] VORAUSSETZUNG: bereits fällige Jahresgebühren [R.51(1); Art.141(2); ⌀S.127] und ggf. fällige Zuschlagsgebühren [R.51(2)] entrichtet.

[261] AUSGENOMMEN: R.71(3)-Mitt. ist die erste Mitt. der Prüfungsabteilung, da Anmelder zumindest einmal Recht auf „umfangreiche" Änderungen in ePa [Art.123(1)]. BEGRÜNDUNG: warum Änderungen den Erfordernissen des EPÜ entsprechen, insbesondere Art.123(2) und Art.84.

[262] BEGRÜNDUNG: warum Fehler offensichtlich ist [⌀S.37].

[263] Verzicht ist nur auf nächstfolgende R.71(3)-Mitt. wirksam [ABl.2015,A52; C-V,4.11].

EPÜ 2000

Artikel 3
Territoriale Wirkung
Die Erteilung eines europäischen Patents kann für einen oder mehrere Vertragsstaaten beantragt werden.

Artikel 14
Territoriale Wirkung
[...]
(5) Europäische Patentanmeldungen werden in der Verfahrenssprache veröffentlicht.
(6) Europäische Patentschriften werden in der Verfahrenssprache veröffentlicht und enthalten eine Übersetzung der Patentansprüche in den beiden anderen Amtssprachen des EPA.
[...]

Artikel 59
Mehrere Anmelder
Die ePa kann auch von gemeinsamen Anmeldern oder von mehreren Anmeldern, die verschiedene Vertragsstaaten benennen, eingereicht werden.

Artikel 66[57]
Wirkung der europäischen Patentanmeldung als nationale Anmeldung
Eine europäische Patentanmeldung, der ein Anmeldetag zuerkannt worden ist, hat in den benannten Vertragsstaaten die Wirkung einer vorschriftsmäßigen nationalen Anmeldung, gegebenenfalls mit der für die europäische Patentanmeldung in Anspruch genommenen Priorität.

[57] Siehe hierzu Stellungnahme der GBK G4/98 (Anhang I).

Artikel 79[72]
Benennung der Vertragsstaaten
(1) Im Antrag auf Erteilung eines europäischen Patents gelten alle Vertragsstaaten als benannt, die diesem Übereinkommen bei Einreichung der europäischen Patentanmeldung angehören.
(2)[73] Für die Benennung eines Vertragsstaats kann eine Benennungsgebühr erhoben werden.
(3) Die Benennung eines Vertragsstaats kann bis zur Erteilung des europäischen Patents jederzeit zurückgenommen werden.

[72] Geändert durch die Akte zur Revision des EPÜ vom 29.11.2000.
[73] Siehe hierzu Stellungnahme der GBK G4/98 (Anhang I).

Artikel 93[91],[92]
Veröffentlichung der europäischen Patentanmeldung
(1) Das EPA veröffentlicht die europäische Patentanmeldung so bald wie möglich
a) nach Ablauf von achtzehn Monaten nach dem Anmeldetag oder, wenn eine Priorität in Anspruch genommen worden ist, nach dem Prioritätstag oder
b) auf Antrag des Anmelders vor Ablauf dieser Frist.
(2) Die europäische Patentanmeldung wird gleichzeitig mit der europäischen Patentschrift veröffentlicht, wenn die Entscheidung über die Erteilung des Patents vor Ablauf der in Absatz 1 a) genannten Frist wirksam wird.

[91] Geändert durch die Akte zur Revision des EPÜ vom 29.11.2000.
[92] Siehe hierzu den BdP des EPA, Sonderausgabe Nr. 3, ABl. EPA 2007, D.3. Siehe hierzu Stellungnahme der GBK G 2/98 (Anhang I).

Artikel 98[100]
Veröffentlichung der europäischen Patentschrift
Das Europäische Patentamt veröffentlicht die europäische Patentschrift so bald wie möglich nach Bekanntmachung des Hinweises auf die Erteilung des europäischen Patents im Europäischen Patentblatt.

[100] Geändert durch die Akte zur Revision des EPÜ vom 29.11.2000.

EPÜAO

Regel 15[17]
Beschränkung von Zurücknahmen
Von dem Tag an, an dem ein Dritter nachweist, dass er ein nationales Verfahren nach R.14(1) eingeleitet hat, bis zu dem Tag, an dem das Erteilungsverfahren fortgesetzt wird, darf weder die europäische Patentanmeldung noch die Benennung eines Vertragsstaats zurückgenommen werden.

[17] Siehe hierzu Entscheidung der GBK G 3/92 (Anhang I).

Regel 39[45]
Benennungsgebühren
(1) Die Benennungsgebühr ist innerhalb von sechs Monaten nach dem Tag zu entrichten, an dem im Europäischen Patentblatt auf die Veröffentlichung des europäischen Recherchenberichts hingewiesen worden ist.
(2)[46] Wird die Benennungsgebühr nicht rechtzeitig entrichtet oder wird die Benennung aller Vertragsstaaten zurückgenommen, so gilt die europäische Patentanmeldung als zurückgenommen.
(3) Unbeschadet der R.37(2) S.2 wird die Benennungsgebühr nicht zurückerstattet.

[45] Geändert durch BdV CA/D 4/08 vom 21.10.2008 (ABl.2008,513), in Kraft getreten am 01.04.2009.
[46] Siehe hierzu die Stellungnahme der GBK G4/98 (Anhang I).

Regel 67[68]
Technische Vorbereitungen für die Veröffentlichung
(1) Der Präsident des Europäischen Patentamts bestimmt, wann die technischen Vorbereitungen für die Veröffentlichung der europäischen Patentanmeldung als abgeschlossen gelten.
(2) Die Anmeldung wird nicht veröffentlicht, wenn sie vor Abschluss der technischen Vorbereitungen für die Veröffentlichung rechtskräftig zurückgewiesen oder zurückgenommen worden ist oder als zurückgenommen gilt.

[68] Siehe hierzu den BdP des EPA, Sonderausgabe Nr. 3, ABl. EPA 2007, D.1.

Regel 68[69]
Form der Veröffentlichung der europäischen Patentanmeldungen und europäischen Recherchenberichte
(1) Die Veröffentlichung der europäischen Patentanmeldung enthält die Beschreibung, die Patentansprüche und gegebenenfalls die Zeichnungen jeweils in der ursprünglich eingereichten Fassung sowie die Zusammenfassung oder, wenn diese Bestandteile der Anmeldung nicht in einer Amtssprache des Europäischen Patentamts eingereicht wurden, deren Übersetzung in die Verfahrenssprache und als Anlage den europäischen Recherchenbericht, sofern er vor Abschluss der technischen Vorbereitungen für die Veröffentlichung vorliegt. Wird der Recherchenbericht oder die Zusammenfassung nicht mit der Anmeldung veröffentlicht, so werden sie gesondert veröffentlicht.

(2) Der Präsident des Europäischen Patentamts bestimmt, in welcher Form die Anmeldungen veröffentlicht werden und welche Angaben sie enthalten. Das Gleiche gilt, wenn der europäische Recherchenbericht und die Zusammenfassung gesondert veröffentlicht werden.
(3) In der veröffentlichten Anmeldung werden die benannten Vertragsstaaten angegeben.
(4)[70] Wurden die Patentansprüche nicht am Anmeldetag eingereicht, wird dies bei der Veröffentlichung angegeben. Sind vor Abschluss der technischen Vorbereitungen für die Veröffentlichung der Anmeldung die Patentansprüche nach R.137(2) geändert worden, so werden neben den Patentansprüchen in der ursprünglich eingereichten Fassung auch die neuen oder geänderten Patentansprüche veröffentlicht.

[69] Siehe hierzu die BdP des EPA, SA Nr. 3, ABl. EPA 2007, D.3., D.4.
[70] Englische Fassung geändert durch Beschluss des Verwaltungsrats CA/D 4/08 vom 21.10.2008 (ABl. EPA 2008, 514), in Kraft getreten am 01.04.2009.

Regel 159[148]
Das Europäische Patentamt als Bestimmungsamt oder ausgewähltes Amt – Erfordernisse für den Eintritt in die europäische Phase
(1) Für eine internationale Anmeldung nach Art.153 hat der Anmelder innerhalb von einunddreißig Monaten nach dem Anmeldetag oder, wenn eine Priorität in Anspruch genommen worden ist, nach dem Prioritätstag die folgenden Handlungen vorzunehmen: [...]
d)[150],[151] die Benennungsgebühr zu entrichten, wenn die Frist nach R.39(1) früher abläuft; [...]

[148] Siehe hierzu die Mitteilung des EPA über den Antrag auf vorzeitige Bearbeitung (ABl.2013,156).
[150] Siehe hierzu die Stellungnahme der GBK G4/98 (Anhang I).
[151] Geändert durch BdV CA/D 4/08 vom 21.10.2008 (ABl.2008,513), in Kraft getreten am 01.04.2009.

Rechtsprechung

G4/98
I. Unbeschadet des Art.67(4) EPÜ wird die Benennung eines VStaats des EPÜ in einer europäischen Patentanmeldung nicht rückwirkend wirkungslos und gilt nicht als nie erfolgt, wenn die entsprechende Benennungsgebühr nicht fristgerecht entrichtet worden ist.
II. Die Benennung eines VStaats gilt gemäß Art.91(4) EPÜ mit Ablauf der in Art.79(2) bzw. in R.15(2), 25(2) oder 107(1) EPÜ genannten Frist als zurückgenommen und nicht mit Ablauf der Nachfrist gemäß R.85a EPÜ.

J18/90
1. Die ausdrückliche Benennung eines neuen VStaats in einer europäischen Patentanmeldung kurze Zeit vor dem Inkrafttreten des EPÜ für diesen Staat kann zwar keine Verschiebung des Anmeldetags auf den Tag des Inkrafttretens rechtfertigen (vgl. J14/90, ABl.1992, 505). Jedoch kann eine solche ausdrückliche Benennung, nach Vergewisserung beim Anmelder, dahin ausgelegt werden, daß der Anmelder keinen früheren Anmeldetag wünscht als den Tag, an dem das EPÜ für den betreffenden Staat in Kraft tritt.

Veröffentlichung der ePa

Art.93, R.67 bis 69, A-VI.1

	Art	Voraussetzung	Norm	Handlung	Frist	Rechtsfolge	WICHTIG
93	**automatische Veröffentlichung** [264]	Ablauf von 18 M nach AT oder frühestem PT [265] Art.93(1)a)	Art.93(1)a) iVm R.67(1), R.68	Eintragung der ePa [Art.93] in EP-Patentregister nur in elektronischer Form [266] Art.93(2), Art.98	18 M nach AT [267]	1) Veröffentlichung [268] **R.68(1)** a) urspr. eingereichte Beschreibung [269] inkl. nicht zurückgenommener nachgereichter Teile nach **R.56** (A-II, 5) in Verfahrenssprache [**Art.14(5)**]; b) Ansprüche [270] [**Art.78(1) c), R.43**] c) ggf. Zeichnungen [**Art.78(1) e), R.46**] d) als Erfinder genannte Personen [**R.20**] e) benannte VStaaten [271] [**Art.79**] f) Zusammenfassung [272] [**Art.85, R.47**] g) ggf. ESR [273] [**Art.92, R.61**] **Art.127, R.68** iVm **R.143** 2) Mitt. über Veröff. an Anmelder **R.69**	Mitt. über Veröffentlichung an Anmelder mit Hinweis auf 6M-Frist für Prüfungsantrag und Benennungsgebühr **R.69(1)** Publikationskennzahlen: ☞S.114
94		»unterzeichneter« Antrag des Anmelders Art.93(1)b)	Art.93(1)b) iVm R.68	Art.93(1)b) Art.93, Art.98			
	vorzeitige Veröffentlichung	Erteilung des EP-Patents vor Ablauf von 18 M Art.93(2)	Art.93(2) iVm R.68	Eintragung der ePa [Art.93] und Patentschrift [Art.98] in EP-Patentregister [266] Art.93(2), Art.98	vor **18 M** nach AT		
95	**Aufschiebung** der Veröffentlichung [274] A-VI, 1.2	Verzicht auf PT [im EPÜ nicht geregelt] ODER Berichtigung des PT [**R.52(3)**]	A-VI, 1.1, F-VI, 3.5	Mitteilung über Verzicht an das EPA	vor Abschluss der techn. Vorbereitungen für Veröff. (**5 W** vorher) [275] **R.67(1)** iVm **ABl.2006,406, ABl.2007,53,D1** 111/80	Verschiebung der Veröffentlichung gemäß AT oder späterem Priotag	--
96	**Verhinderung** der Veröffentlichung [276] A-VI, 1.2	rechtskräftige Zurückweisung ODER Zurücknahme der ePa [276] R.67(2)	R.67(2)	»unterzeichnete«, »eindeutige« und vorbehaltlose Verzichtserklärung [277] 111/80		keine Veröffentlichung [266] UND Bearbeitung wird eingestellt **R.67(2)**	bindende Wirkung für Anmelder ABER der Rückzahlung bereits entrichteten Prüfungsgebühr A-VI, 2.5

---

[264] EPA kann Textstellen bei Veröffentlichung auslassen (Inhalt [1] mit Verstoß gegen öffentl. Ordnung, [2] gute Sitten, [3] herabsetzende Äußerungen ggü Patenten Dritter) [R.48(3)].

[265] bei Verzicht auf Prio oder erlöschen Prioanspruch nach Art.90(5): Veröffentlichung wird verschoben, wenn Mitt. eingeht bevor techn. Vorbereitungen zur Veröffentlichung abgeschlossen sind [ABl.2007, D.1]; ansonsten reguläre Veröffentlichung mit Vermerk, dass auf Prio verzichtet/erloschen

[266] von Akteneinsicht ausgeschlossen nach R.144.

[267] Veröffentlichung ePa/EP-Patent erfolgt immer mittwochs 14:00 [https://data.epo.org/publication-server/help_de.html] – fällt Veröffentlichung auf Mittwoch, dann erfolgt diese 1 W später.

[268] ausschließlich in elektronischer Form [R.68(2) iVm BdP ABl.200753, D3: ABl.2005,126]; Sequenzprotokoll als Teil der Beschreibung veröff. [ABl.2011,372].

[269] Unzulässige Angaben (Verstoß gegen gute Sitten, öffentl. Ordnung, Herabsetzungen) können unter Angabe der Stelle und Zahl der Wörter bzw. Zeichnungen ausgelassen werden [A-III, 8.1 – 8.2].

[270] urspr. eingereichte Fassung ODER nach dem AT geänderte Ansprüche gemäß R.137(2) (R.68(4)) und A-III, 15).

[271] urspr. benannte Vertragsstaaten, wenn diese nicht bis Abschluss der techn. Vorber. zur Veröff. zurückgenommen; ePa vor 01. April 2009: ohne Angabe Vertragsstaaten, wenn Frist zur Zahlung Benennungsgeb. zum Zeitpunkt der Veröff. noch nicht abgelaufen (R.39(1)), benannte Vertragsstaaten dann später im Patentregister ODER Patentblatt veröffentlicht [ABl.1997,479].

[272] urspr. eingereichte Fassung ODER wenn vorliegend von Recherchenabteilung festgelegte Fassung; liegt finale Fassung der Zusammenfassung noch nicht vor, wird ePa zunächst alleine veröff. [R.68(1) S.2, B-X,7].

[273] EESR nicht zusammen mit ESR veröff., aber für Akteneinsicht zugänglich [R.62(2)]; liegt ESR noch nicht vor, wird ePa alleine als A2-Schrift veröff. und Veröff. ESR erfolgt gesondert als A3-Schrift [R.68(1), B-X,7].

[274] ACHTUNG: Ab dem Tag, an dem ein Dritter nachweist, dass ein Verfahren zur Geltendmachung des Anspruchs auf Erteilung des Patents eingeleitet hat, bis zu dem Tag, an dem das EPA das Erteilungsverfahren fortsetzt, darf jedoch weder die ePa noch die Benennung eines Vertragsstaates zurückgenommen werden.

[275] tatsächlicher Abschluss der techn. Vorbereitungen für die Veröffentlichung wird Anmelder unter Angabe der Veröffentlichungsnummer und des vorgesehenen Veröffentlichungstages mitgeteilt.

[276] ACHTUNG: ePa-Veröff. erfolgt dennoch, wenn bei Abschluss techn. Vorbereitungen für Veröff. [1] R.112(2)-Antrag auf Entscheidung vorliegt, über den noch nicht rechtskräftig entschieden [ABl.1990,455] oder [2] WE-Antrag anhängig ist.

[277] Unmöglichkeit der Zurücknahme durch Erklärung, wenn nat. Verfahren nach R.14(1) eingeleitet ist bis zum Tag der Fortführung des Erteilungsverfahrens [R.15].

Veröffentlichung der europäischen Patentschrift — Art.98

	Art	Voraussetzung	Norm	Handlung	Frist	Rechtsfolge	WICHTIG
97	**automatische Veröffentlichung**	Entscheidung über Patenterteilung	**Art.98**	--	nach Hinweis auf Erteilung im europ. Patentblatt **Art.98**	Veröffentlichung [278] der Patentschrift in Verfahrenssprache **UND** Ansprüche in allen drei Amtssprachen: **R.14(6)** 1) Beschreibung, Ansprüche, Zeichnungen, 2) Einspruchsfrist, 3) Vertragsstaaten **R.73** **UND** Übermittlung einer Urkunde an alle Anmelder **R.74**, C–V,12	formelle Vorschriften: elektronischer Veröff. mittels Ver-öff.servers bei Schriften bis 400 Seiten; längere Schriften ggf. auf anderem ge-eigneten eletr. Medium **ABl.2007,D3**
	C–V,10						

Veröffentlichungscodes

WIPO - Handbook on industrial property information and documentation (Seite 7.3.2.47) WIPO Norm ST.16

Code	Schriftart	Norm	Veröffentlichungsdetails
A1	Europäische Patentanmeldungen mit Recherchenbericht	**Art.93**	erste Veröffentlichungsstufe
A2	Europäische Patentanmeldungen ohne Recherchenbericht	**Art.93**	erste Veröffentlichungsstufe; Recherchenbericht am Veröffentlichungstag nicht verfügbar
A3	Gesonderte Veröffentlichung des Europäischen Recherchenberichts	**Art.93**	erste Veröffentlichungsstufe
A4	Ergänzender Europäischer Recherchenbericht	**Art.157**	erste Veröffentlichungsstufe
A8	Korrigierte Titelseite einer A-Schrift		A1- oder A2-Schrift
A9	Vollständig korrigierte A-Schrift		A1, A2- oder A3-Schrift
B1	Europäische Patentschrift	**Art.98**	zweite Veröffentlichungsstufe; erteiltes Patent
B2	Neue, geänderte Europäische Patentschrift	**Art.103**	dritte Veröffentlichungsstufe; nach Einspruchsverfahren
B3	Europäische Patentschrift	**Art.105c**	nach Beschränkungsverfahren
B8	Korrigierte Titelseite einer B-Schrift		B1- oder B2-Schrift
B9	Vollständig korrigierte B-Schrift		B1- oder B2-Schrift
Ergänzungsblatt A	Ergänzungsblatt, unabhängig davon welche A-Schrift veröff. wird	B–X,7	Angabe von: i) Genehmigung oder Änderung der Zusammenfassung ii) Genehmigung oder Änderung der Bezeichnung iii) Genehmigung/Änderung/Streichung der für Zusammenfassung ausgewählte Figur iv) Übersetzung Bezeichnung in anderen Amtssprachen

[278] eventuelle Fehler haben keinen Einfluss, verbindliche Fassung ist die der Veröff. zugrunde gelegte; Fehlerkorrektur durch Amt mögl., durch Hinweis im Patentblatt und Herausgabe Korrigendums [ABl.2009, 598].

Benennung von Vertrags-/Erstreckungs-/Validierungsstaaten

Staaten ✎S.75

Art.79 iVm R.39, A-III,11 bis 12

	Antrag	Voraussetzung	Rechtsnorm	zu erbringende Handlung	Frist	Nachfrist	Rechtsfolge		Rechtsbehelf
99	**Benennung von Vertragsstaaten** [279] Art.79(1) A-III,11.1	Vertragsstaat gehört dem EPÜ bei Einreichung der ePa an [280]	**Art.79(2)** **iVm** **R.39(1)**	Benennungsantrag mit Angabe der zu benennenden VStaaten [281] (bevorzugt Erklärung auf Formblatt 1001, Feld 31) **UND** Benennungsgebühr [**585 €**] [282] zahlen Art.2(1) Nr.3 GebO	für ePa bis **6 M** nach dem Tag, an dem im EP-Patentblatt auf die Veröff. des ESR hingewiesen wird **R.39(1)**	keine	(+) ePa hat Wirkung in benannten VStaat vorschriftsmäßiger nat. Anmeldung **Art.66**	(−) ePa gilt als zurückgenommen, **R.112(1)**-Rechtsverlustmitt. **R.39(2)**, **G4/98**	**WB (+) 2 M** nach R.112(1)-Mitt. +10Tage +50% Zuschlag; **Art.121, R.135,** Art.2(1) Nr.12 GebO **WE (−)** **Art.122(4), R.136(3)**
100	**Erstreckung der ePa** auf Nichtvertragsstaaten +10Tage A-III,12	Erstreckungsabkommen am AT der ePa in Kraft [283]	**ABl.2009,603**	Erstreckungsantrag: bevorzugt Erklärung auf Formblatt 1001, Feld 33.1 **UND** Erstreckungsgebühr für Erstreckungsstaat zahlen [**102 €** je Staat] Bosnien&Herzegowina: **102 €** [ABl.2004,619] Montenegro: **102 €** [ABl.2010,10]	**R.39(1)** **BZW.** für iPa **31 M** nach AT/PT oder **6 M** nach Veröffentlichungstag des ISR - später ablaufende - **R.39, R.159(1)d**	**2 M** nach Fristablauf **+50%** der Gebühr [51 € je Staat] **ABl.2009,603**	(+) Angabe Erstreckungsstaaten im EP-Patentregister	(−) Erstreckungsantrag gilt als zurückgenommen, **R.112(1)**-Rechtsverlustmitt. **ABl.1994,75**, A-III,12.2	
101	**Validierung der ePa** in Nichtvertragsstaaten A-III,12	Validierungsabkommen am AT der ePa in Kraft [283]	**ABl.2015,A.19** Marokko: **ABl.2016,A5**	Validierungsantrag: bevorzugt Erklärung auf Formblatt 1001, Feld 33.2 **UND** Validierungsantrag **UND** Validierungsgebühr zahlen Marokko: **240 €** [ABl.2015,A18, A20] Republik Moldau: **200 €** [ABl.2015,A85]		**2 M** nach Fristablauf **+50%** der Gebühr **ABl.2015,A.19**	(+) Angabe Validierungsstaaten im EP-Patentregister	(−) Validierungsantrag gilt als zurückgenommen, **R.112(1)**-Rechtsverlustmitt. **ABl.2015,A.19**, A-III,12.2	

Zurücknahme Erstreckungs-/Validierungsantrag durch Anmelder (bei mehreren Anmeldern unabhängig voneinander) jederzeit [**Art.79(3)** iVm **R.39**], außer wenn Dritter nachweist ein Verfahren auf Geltendmachung [**Art.61**] eingeleitet zu haben [**R.15**]. Zurücknahme aller VStaaten gilt als Zurücknahme der ePa [**G4/98**]. Zurücknahme ist nicht revidierbar (bspw. durch nachträgliche Gebührenentrichtung) [A-III,11.2.4].

Automatische Zurücknahme bei rechtskräftiger Erledigung der ePa/Euro-PCT. **ABER** Wirksam entrichtete Erstreckungs-/Validierungsgebühren werden nicht zurückgezahlt [**R.39(3)**, A-III,12.3].

[279] Bei zwei oder mehr Anmeldern kann jeder Anmelder, unabhängig des anderen, verschiedene VStaaten benennen [**Art.59**, A-II, 2].

[280] AUSGENOMMEN: Anmelder wünscht am Tag der Einreichung und nach Bekanntgabe des Inkrafttretens des EPÜ in **neuem VStaates,** dass AT auf Tag des Inkrafttretens festgelegt wird [**J18/90**].

[281] für TA oder neue Anmeldung durch Berechtigten gelten automatisch nur die benannten VStaaten der früher ePa als benannt [**G4/98**].

[282] PAUSCHALGEBÜHR: Benennungsgebühr ist eine Pauschale, mit der die alle EPÜ-Vertragsstaaten benannt sind [**Art.79(1)**]. Bis zur Erteilung des ePa kann die Benennung eines Vertragsstaates jederzeit zurückgenommen werden [A-III, 11]. RÜCKERSTATTUNG: Benennungsgebühren werden bei Zurücknahme einer Benennung nicht zurückgezahlt; Die Zurücknahme der Benennung für alle Vertragsstaaten gilt als Zurücknahme der ePa.

[283] EURO-PCT-ANMELDUNGEN: [1] Erstreckungs-/Validierungsabkommen ist am AT in Kraft, [2] Erstreckungs-/Validierungsstaat ist am AT PCT-Mitglied und [3] Erstreckungs-/Validierungsstaat in iPa für nat. Patent bestimmt.

EPÜ 2000

Artikel 99[102], [103]

Einspruch

(1) Innerhalb von neun Monaten nach Bekanntmachung des Hinweises auf die Erteilung des europäischen Patents im Europäischen Patentblatt kann jedermann nach Maßgabe der Ausführungsordnung beim EPA gegen dieses Patent Einspruch einlegen. Der Einspruch gilt erst als eingelegt, wenn die Einspruchsgebühr entrichtet worden ist.

(2) Der Einspruch erfasst das europäische Patent für alle Vertragsstaaten, in denen es Wirkung hat.

(3) Am Einspruchsverfahren sind neben dem Patentinhaber die Einsprechenden beteiligt.

(4) Weist jemand nach, dass er in einem Vertragsstaat aufgrund einer rechtskräftigen Entscheidung anstelle des bisherigen Patentinhabers in das Patentregister dieses Staats eingetragen ist, so tritt er auf Antrag in Bezug auf diesen Staat an die Stelle des bisherigen Patentinhabers. Abweichend von Art. 118 gelten der bisherige Patentinhaber und derjenige, der sein Recht geltend macht, nicht als gemeinsame Inhaber, es sei denn, dass beide dies verlangen.

[102] Geändert durch die Akte zur Revision des EPÜ vom 29.11.2000.
[103] Siehe hierzu Entscheidungen/Stellungnahmen GBK G4/88, G5/88, G7/88, G8/88, G10/91, G9/93, G1/95, G7/95, G3/97, G4/97, G3/99, G1/02, G2/04, G3/04 (Anhang I).

Artikel 100[104]

Einspruchsgründe

Der Einspruch kann nur darauf gestützt werden, dass

a) der Gegenstand des europäischen Patents nach den Art.52 bis 57 nicht patentierbar ist;

b) das europäische Patent die Erfindung nicht so deutlich und vollständig offenbart, dass ein Fachmann sie ausführen kann;

c) der Gegenstand des europäischen Patents über den Inhalt der Anmeldung in der ursprünglich eingereichten Fassung oder, wenn das Patent auf einer Teilanmeldung oder einer nach Art.61 eingereichten neuen Anmeldung beruht, über den Inhalt der früheren Anmeldung in der ursprünglich eingereichten Fassung hinausgeht.

[104] Siehe hierzu Entscheidungen/Stellungnahmen GBK G 3/89, G 10/91, G 11/91, G1/95, G 2/95, G 7/95, G 1/99, G 3/04.

EPÜAO

Regel 22[22]

Eintragung von Rechtsübergängen

(1) Der Rechtsübergang einer europäischen Patentanmeldung wird auf Antrag eines Beteiligten in das Europäische Patentregister eingetragen, wenn er durch Vorlage von Dokumenten nachgewiesen wird.

(2) Der Antrag gilt erst als gestellt, wenn eine Verwaltungsgebühr entrichtet worden ist. Er kann nur zurückgewiesen werden, wenn die Erfordernisse des Absatzes 1 nicht erfüllt sind. [...]

[22] Siehe BdP des EPA, ABl. EPA 2013, 600; 2013, 601.

Regel 85

Rechtsübergang des europäischen Patents

R.22 ist auf einen Rechtsübergang des europäischen Patents während der Einspruchsfrist oder der Dauer des Einspruchsverfahrens anzuwenden.

Rechtsprechung

T553/90 Legitimation des im Patentregister eingetragenen PI kann im Einspruchs-/Beschwerdeverfahren nicht infrage gestellt werden

T289/91
1. Die Zulässigkeit des Einspruchs ist als unverzichtbare prozessuale Voraussetzung der sachlichen Prüfung des Einspruchsvorbringens in jedem Verfahrensstadium, also auch im Beschwerdeverfahren, von Amts wegen zu prüfen.
2. Eine eidesstattliche Erklärung darüber, daß der Einsprechende im eigenen Namen handelt, darf nur dann gefordert werden, wenn konkrete Anhaltspunkte für ernsthafte Zweifel an der wahren Identität des Einsprechenden mitgeteilt werden. Ernsthafte Zweifel an der wahren Identität des Einsprechenden bestehen nicht schon dann, wenn ein persönliches oder wirtschaftliches Interesse des Einsprechenden am Patentgegenstand nicht offensichtlich ist (im Anschluß an T 635/88, ABl. 1993, 608, Nr. 2.2 der Gründe).

G4/88 Ist beim EPA ein Einspruch anhängig, so kann er als zum Geschäftsbetrieb des Einsprechenden gehörend zusammen mit jenem Bereich dieses Geschäftsbetriebes an Dritten übertragen/ abgetreten werden, auf den sich der Einspruch bezieht.

G9/93 Der Einspruch des PI gegen sein eigenes europäisches Patent ist nicht zulässig (in Abkehr von der G1/84).

G3/97
G4/97
1a) Ein Einspruch ist nicht schon deswegen unzulässig, weil der als Einsprechender gem. R.55a) Genannte im Auftrag eines Dritten handelt.
1b) Ein solcher Einspruch ist aber dann unzulässig, wenn das Auftreten des Einsprechenden als missbräuchliche Gesetzesumgehung anzusehen ist.
1c) Eine solche Gesetzesumgehung liegt vor, wenn
• der Einsprechende im Auftrag des PI handelt;
• der Einsprechende im Rahmen einer typischer Weise zugelassenen Vertretern zugeordneten Gesamttätigkeit im Auftrag eines Mandanten handelt, ohne hierfür die nach Art.134 erforderliche Qualifikation zu besitzen.
1d) Eine missbräuchliche Gesetzesumgehung liegt dagegen nicht schon deswegen vor, weil
• ein zugelassener Vertreter in eigenem Namen für Mandanten handelt;
• Einsprechender mit Sitz/Wohnsitz in einem der Vsstaaten des EPÜ im Auftrag eines Dritten handelt, auf den diese Voraussetzung nicht zutrifft.

T522/94
1. Die Zulässigkeit des Einspruchs ist in jeder Phase des Einspruchs- und des anschließenden Einspruchsbeschwerdeverfahrens von Amts wegen zu prüfen. Die Frage der Zulässigkeit kann und muß gegebenenfalls von der Kammer im Beschwerdeverfahren gestellt werden, selbst wenn sie dort erstmals aufgeworfen wird (T 289/91, ABl. 1994, 649; T 28/93, Nr. 2 der Entscheidungsgründe, nicht im ABl. veröffentlicht).
2. Die Zulässigkeit des Einspruchs muß anhand des Inhalts der Einspruchsschrift in der eingereichten Fassung unter Berücksichtigung etwaiger weiterer innerhalb der Einspruchsfrist eingereichter Unterlagen beurteilt werden, soweit sie die Zulässigkeit in Frage stellende Mängel beheben. Solche Mängel können nicht nach Ablauf der Einspruchsfrist beseitigt werden (R.56 (1), am Ende).
3. Anhand der Angaben in der Einspruchsschrift muß sich feststellen lassen, ob der "Fall" oder "ein Stand der Technik" der Öffentlichkeit durch schriftliche oder mündliche Beschreibung, durch Benutzung oder in sonstiger Weise zugänglich gemacht worden ist (Art. 54 (2)) und worin er besteht.
4. Damit ein Einspruch gemäß R.55 c) begründet ist, muß aus der Einspruchsschrift hervorgehen, "was" "wann" unter welchen Umständen - insbesondere "wem" - zugänglich gemacht worden ist.
5. Hauptzweck des Zulässigkeitserfordernisses ist es, dem Patentinhaber und der Einspruchsabteilung die Möglichkeit zu geben, den behaupteten Widerrufsgrund ohne eigene Ermittlungen zu prüfen.

G2/04
Ia) Die Einsprechendenstellung ist nicht frei übertragbar.
Ib) Eine juristische Person, die bei Einlegung des Einspruchs eine TochterderEinsprechenden war und die den Geschäftsbetrieb weiterführt, auf den sich das angefochtene Patent bezieht, kann nicht die Einsprechendenstellung erwerben, wenn ihre gesamten Aktien an eine andere Firma übertragen werden.
II. Wenn bei Einlegung einer Beschwerde aus berechtigtem Grund Rechtsunsicherheit darüber besteht, wie das Recht hinsichtlich der Frage des richtigen Verfahrensbeteiligten auszulegen ist, ist es legitim, dass die Beschwerde im Namen der Person eingelegt wird, die die handelnde Person nach ihrer Auslegung als richtigen Beteiligten betrachtet, und zugleich hilfsweise im Namen einer anderen Person, die einer anderen möglichen Auslegung ebenfalls als der richtige Verfahrensbeteiligte betrachtet werden könnte.

G1/13 Wird ein Einspruch von einem Unternehmen eingelegt, das später gemäß dem maßgeblichen nationalen Recht in jeder Hinsicht aufhört zu existieren, anschließend aber nach einer Vorschrift dieses Rechts wieder auflebt und als fortgeführt gilt, als hätte es nie aufgehört zu existieren, und treten all diese Ereignisse ein, bevor die Entscheidung der Einspruchsabteilung über die Aufrechterhaltung des angefochtenen Patents in geänderter Fassung rechtskräftig wird, so muss das EPA die Rückwirkung dieser Vorschrift des nationalen Rechts anerkennen und die Fortsetzung des Einspruchsverfahrens durch das wiederaufgelebte Unternehmen zulassen.

T1178/04 Die Verpflichtung des Europäischen Patentamts, die Einsprechendenstellung in allen Stadien des Verfahrens von Amts wegen zu prüfen, bezieht sich nicht nur auf die Zulässigkeit des ursprünglichen Einspruchs, sondern auch auf die Rechtswirksamkeit einer angeblichen Übertragung der Einsprechendenstellung auf einen neuen Beteiligten. Das Verbot der "reformatio in peius" findet bei der Ausübung dieser Verpflichtung keine Anwendung.

Einspruch

Art.99 bis **105** iVm **R.75** bis **89**, D-I bis IX

102 Im Gegensatz zur Eingangsprüfung, Recherche oder Sachprüfung ist der Einspruch ein *inter partes* Verfahren zwischen **Einsprechendem** [Art.99(1)] und **PI** [Art.99(3)], dem die folgenden allgemein anerkannten Verfahrensgrundsätze zugrunde liegen:

1) Rechtliches Gehör [**Art.113(1)**],
2) Antragsbindung [**Art.113(2)**],
3) Amtsermittlungsgrundsatz [**Art.114(1)**], auch nach Erledigung des EP-Patents [**R.84(2)S.2**],
4) Recht auf MV [**Art.116(1), Art.117(1)a)**].

Damit ein Einspruch zulässig ist, müssen verschiedene Erfordernisse erfüllt sein; zu beachten ist, dass der Einspruch jederzeit während des Verfahrens zulässig sein muss, wobei seine Zulässigkeit – auch von Amts wegen – in jedem Verfahrensstadium überprüft werden kann [**G1/13**; **G3/97**; **G4/97**; **T289/91**; **T522/94**; **T1178/04**].

103 Einspruchsgründe · Art.99(3)

a) Mangelnde Patentfähigkeit [**Art.100a)**] iVm **Art.52-57**]
- keine Erfindung
- nicht patentierbar
- mangelnde Neuheit
- mangelnde erfinderische Tätigkeit
- keine gewerbliche Anwendbarkeit

b) Unzureichende Offenbarung [**Art.100b)**] iVm **Art.83**]

c) Unzulässige Änderung [**Art.100c)**] iVm **Art.123(2)/Art.76(1)**]

neue Einspruchsgründe müssen im Einspruch nicht berücksichtigt werden (in Beschwerde nur mit Zustimmung des PI) [**G10/91**]

Verfahrensbeteiligte

	Einsprechender	Patentinhaber [284]
Wer	jede nat./jur. Person	wie im Register eingetragen [**R.22**]
Änderung der Beteiligtenstellung	nicht frei übertragbar **G2/04, ABl.2005,549**	- Übertragung des Patents [**R.22, R.85, T553/90**] - Gesamtrechtsnachfolge bei Tod/Verschmelzung [**R.84(2)**] - Nachweis der Nichtberechtigung [**Art.61(1)a)**, **R.16(2)**]
Ausnahme	- Übertragung mit Geschäftsbetrieb [**G4/88**] **ABl.1989,480** - Beitritt des vermeindlichen Patentverletzers [**Art.105**]	–

104 Fig.9: Schematischer Ablauf des erstinstanzlichen Einspruchs

Einspruchsberechtigte · D-I,4

Wer	Zulässig	Norm	Bemerkung
PI [285]	✗	**G9/93**	--
Erfinder	✓	**T3/06**	auch wenn dieser Anteile an PI hält
Einspruch in fremden Namen	✓	**G3/97, G4/97** **ABl.1999, 245**	keine missbräuchliche Gesetzesumgehung

---

[284] INHABERGEMEINSCHAFT: mehrere PI [**Art.59**] ODER verschiedene PI für verschiedene Staaten gelten als gemeinsamer Inhaber [**Art.118**]; AUßER: Berechtigter tritt in einem VStaat an Stelle des PI [**Art.99(4), 61(1)a)**]; ÜBERTRAGUNG: auch für nur einen Teil (oder ausgewählte VStaaten) mögl.

[285] Verhindert bewusste Einschränkung unter Vortäuschung der Rechtsbeständigkeit ggü Gerichten in nat. Verfahren (z.B. leichter Erhalt einer einstweiligen Verfügung); ABER PI hat generelle Mögl.keit der Beschränkung/Widerruf.

EPÜ 2000

Artikel 99[102],[103]
Einspruch

(1) Innerhalb von neun Monaten nach Bekanntmachung des Hinweises auf die Erteilung des europäischen Patents im Europäischen Patentblatt kann jedermann nach Maßgabe der Ausführungsordnung beim EPA gegen dieses Patent Einspruch einlegen. Der Einspruch gilt erst als eingelegt, wenn die Einspruchsgebühr entrichtet worden ist.

(2) Der Einspruch erfasst das europäische Patent für alle Vertragsstaaten, in denen es Wirkung hat.

(3) Am Einspruchsverfahren sind neben dem Patentinhaber die Einsprechenden beteiligt.

(4) Weist jemand nach, dass er in einem Vertragsstaat aufgrund einer rechtskräftigen Entscheidung anstelle des bisherigen Patentinhabers in das Patentregister dieses Staats eingetragen ist, so tritt er auf Antrag in Bezug auf diesen Staat an die Stelle des bisherigen Patentinhabers und derjenige, der sein Recht geltend macht, nicht als gemeinsamer Inhaber, es sei denn, dass beide beide verlangen.

[102] Geändert durch die Akte zur Revision des EPÜ vom 29.11.2000.
[103] Siehe hierzu Entscheidungen/Stellungnahmen GBK G4/88, G5/88, G7/88, G8/88, G10/91, G9/93, G1/95, G7/95, G3/97, G4/97, G3/99, G1/02, G2/04, G3/04 (Anhang I).

EPÜAO

Regel 75
Verzicht oder Erlöschen des Patents

Ein Einspruch kann auch eingelegt werden, wenn in allen benannten Vertragsstaaten auf das europäische Patent verzichtet worden ist oder das Patent in allen diesen Staaten erloschen ist.

Regel 76[81]
Form und Inhalt des Einspruchs

(1) Der Einspruch ist schriftlich einzulegen und zu begründen.
(2) Die Einspruchsschrift muss enthalten:
a) Angaben zur Person des Einsprechenden nach Maßgabe der R.41(2) c);
b) die Nummer des europäischen Patents, gegen das der Einspruch eingelegt wird, sowie den Namen des Patentinhabers und die Bezeichnung der Erfindung;
c) eine Erklärung darüber, in welchem Umfang gegen das europäische Patent Einspruch eingelegt und auf welche Einspruchsgründe der Einspruch gestützt wird, sowie die Angabe der zur Begründung vorgebrachten Tatsachen und Beweismittel;
d) falls ein Vertreter des Einsprechenden bestellt ist, Angaben zur Person nach Maßgabe der R.41(2) d).
(3) Die Vorschriften des Dritten Teils der Ausführungsordnung sind auf die Einspruchsschrift entsprechend anzuwenden.

[81] Siehe hierzu G9/91, G10/91, G1/95, G7/95, G4/97, G3/99, G1/04.

Regel 77[83]
Verwerfung des Einspruchs als unzulässig

(1)[84] Stellt die Einspruchsabteilung fest, dass der Einspruch Art.99(1) oder R.76(2) c) nicht entspricht oder das europäische Patent, gegen das der Einspruch eingelegt worden ist, nicht hinreichend bezeichnet ist, so verwirft sie den Einspruch als unzulässig, sofern die Mängel nicht bis zum Ablauf der Einspruchsfrist beseitigt worden sind.

(2) Innerhalb der in Absatz 1 bezeichneten Vorschriften nicht entspricht, so teilt sie dies dem Einsprechenden mit und fordert ihn auf, innerhalb einer zu bestimmenden Frist die festgestellten Mängel zu beseitigen. Werden diese nicht rechtzeitig beseitigt, so verwirft die Einspruchsabteilung den Einspruch als unzulässig.

(3) Die Entscheidung, durch die ein Einspruch als unzulässig verworfen wird, wird dem Patentinhaber mit einer Abschrift des Einspruchs mitgeteilt.

[83] Siehe hierzu Entscheidungen der GBK G9/91, G10/91, G1/95, G7/95, G3/99, G1/02 (Anhang I).
[84] Englische Fassung geändert durch BdV CA/D 4/08 vom 21.10.2008 (ABl.2008, 513), in Kraft getreten am 01.04.2009.

Rechtsprechung

G1/86
Art.122 EPÜ ist nicht so auszulegen, dass er nur auf den Patentanmelder und den Patentinhaber anzuwenden ist. Ein Beschwerdeführer, der Einsprechender ist, kann nach Art.122 EPÜ wieder in den vorigen Stand eingesetzt werden, wenn der die Frist der Einreichung der Beschwerdebegründung versäumt hat.

G9/91
Die Befugnis einer Einspruchsabteilung oder Beschwerdekammer, gemäß den Art.101 und 102 EPÜ zu prüfen und zu entscheiden, ob ein europäisches Patent aufrechterhalten werden soll, hängt von dem Umfang ab, in dem gemäß R.55 c) EPÜ in der Einspruchsschrift gegen das Patent Einspruch eingelegt wird. Allerdings können Ansprüche, die von einem im Einspruchs- oder Beschwerdeverfahren vernichteten unabhängigen Anspruch abhängig sind, auch dann auf die Patentierbarkeit ihres Gegenstands geprüft werden, wenn dieser nicht ausdrücklich angefochten worden ist, sofern ihre Gültigkeit durch das bereits vorliegende Informationsmaterial prima facie in Frage gestellt wird.

G10/91
1. Einspruchsabteilung oder Beschwerdekammer ist nicht verpflichtet, über die in der Erklärung gem. R.55 c) angegebenen Einspruchsgründe hinaus alle in Art.100 genannten Einspruchsgründe zu überprüfen.
2. Grundsätzlich prüft die Einspruchsabteilung nur diejenigen Einspruchsgründe, die gemäß Art.99(1) in Verbindung mit R.55c) ordnungsgemäß vorgebracht und begründet worden sind. Ausnahmsweise kann die Einspruchsabteilung in Anwendung des Art.114(1) auch andere Einspruchsgründe prüfen, die prima facie der Aufrechterhaltung des europäischen Patents ganz oder teilweise entgegenzustehen scheinen.
3. Im Beschwerdeverfahren dürfen neue Einspruchsgründe nur mit dem Einverständnis des PI geprüft werden.

G3/99
I. Ein Einspruch, der von mehreren Personen gemeinsam eingelegt wird und ansonsten den Erfordernissen des Art.99 sowie R.1 und 55 genügt, ist zulässig, wenn nur eine Einspruchsgebühr entrichtet wird.
II. Besteht die Partei der Einsprechenden aus mehreren Personen, so muß eine Beschwerde von dem gemeinsamen Vertreter gem. R.100 eingelegt werden. Wird die Beschwerde von einer hierzu nicht berechtigten Person eingelegt, so betrachtet die Beschwerdekammer sie als nicht ordnungsgemäß unterzeichnet und fordert den gemeinsamen Vertreter daher auf, sie innerhalb einer bestimmten Frist zu unterzeichnen. Die nichtberechtigte Person, die die Beschwerde eingelegt hat, wird von dieser Aufforderung in Kenntnis gesetzt. Scheidet der bisherige gemeinsame Vertreter aus dem Verfahren aus, so ist gemäß R.100 ein neuer gemeinsamer Vertreter zu bestimmen.
III. Zur Wahrung der Rechte des Patentinhabers und im Interesse der Verfahrenseffizienz muß während des gesamten Verfahrens klar sein, wer der Gruppe der gemeinsamen Einsprechenden bzw. der gemeinsamen Beschwerdeführer angehört. Beabsichtigt einer der gemeinsamen Einsprechenden oder der gemeinsamen Beschwerdeführer (oder der gemeinsame Vertreter), sich aus dem Verfahren zurückzuziehen, so muß das EPA durch den gemeinsamen Vertreter bzw. durch einen nach R.100(1) bestimmten neuen gemeinsamen Vertreter entsprechend unterrichtet werden, damit der Rückzug aus dem Verfahren wirksam wird.

G3/14
Bei der Prüfung nach Art.101(3), ob das Patent in der geänderten Fassung den Erfordernissen des EPÜ genügt, können die Ansprüche des Patents nur auf die Erfordernisse des Art.84 geprüft werden, sofern – und dann auch nur soweit – diese Änderung einen Verstoß gegen Art.84 herbeiführt.

T1002/92
1. Im Verfahren vor den Einspruchsabteilungen sollten verspätet vorgebrachte Tatsachen, Beweismittel und diesbezügliche Argumente, die über die gem. R.55c) in der Einspruchsschrift zur Stützung der geltend gemachten Einspruchsgründe angegebenen "Tatsachen und Beweismittel" hinausgehen, nur in Ausnahmefällen zum Verfahren zugelassen werden, wenn prima facie triftige Gründe die Vermutung nahelegen, daß die verspätet eingereichten Unterlagen der Aufrechterhaltung des europäischen Patents entgegenstehen würden.
2. Im Verfahren vor den Beschwerdekammern sollten neue Tatsachen, Beweismittel und diesbezügliche Argumente, die über die gem. R.55c) in der Einspruchsschrift zur Stützung der geltend gemachten Einspruchsgründe angegebenen "Tatsachen und Beweismittel" hinausgehen, in pflichtgemäßer Ausübung des Ermessens der Kammer nur in ausgesprochenen Ausnahmefällen und nur dann zum Verfahren zugelassen werden, wenn die neuen Unterlagen prima facie insofern hochrelevant sind, als sie mit gutem Grund eine Änderung des Verfahrensausgangs erwarten lassen, also höchstwahrscheinlich der Aufrechterhaltung des europäischen Patents entgegenstehen. Dabei sollten auch andere für den jeweiligen Fall relevante Faktoren berücksichtigt werden, insbesondere, ob - und mit welcher Begründung - der Patentinhaber den neuen Unterlagen die Zulässigkeit abspricht und inwieweit eine Zulassung zu verfahrensrechtlichen Komplikationen führen würde.

T1644/10
1. Der Beginn des Laufs der Einspruchsfrist ist nach dem Wortlaut des Art.99(1) 1973 ausschließlich davon abhängig, dass ein europäisches Patent erteilt und der Hinweis auf die Erteilung im Europäischen Patentblatt veröffentlicht wurde, nicht aber davon, dass die Patentschrift veröffentlicht wurde.
2. Der im Europ. Patentblatt veröffentlichte Hinweis über die Herausgabe eines Korrigendums zur Patentschrift lässt weder eine erste noch eine "weitere" Einspruchsfrist beginnen, selbst wenn die korrigierte Patentschrift gegenüber der ursprünglich veröffentlichten Patentschrift einen breiteren Schutzbereich ausweist.

Einreichung eines Einspruches — Art.99 bis 100 iVm R.76(c), D-I-IX

		Norm	zu erbringende Handlung	Frist	Nachfrist	Rechtsfolge	Rechtsbehelf
105	**Berechtigter** D-I, 4	Art.99(1)	»jedermann« [286]; ABER nicht der PI G9/93			⊕ Einspruch wirksam gestellt	
106	**Anmeldeamt** D-III, 1	Art.99(1)	nur beim EPA in München, Den Haag oder Berlin [288]	9 M nach Bekanntmachung des Hinweises auf Erteilung des EP-Patents [Art.97(3)] [287] Art.99(1)		ⓘ Einspruch gilt als nicht eingelegt; Gebühr wird ggf. zurückerstattet Art.99(1)	**WB (–)**, da Einsprechender kein Anmelder iSv **Art.121**; **WE (–)**, da sich Art.122 nur auf Anmelder oder PI bezieht **G1/86**
107	**Art der Einreichung** D-III, 3	R.2(1)	unmittelbar, per Post, per Fax oder elektronisch [289]				
108	**Erforderliche Angaben am Tag der Einreichung** D-III, 6	R.76(2)	1) »schriftlicher«, »begründeter« [290], »unterzeichneter« Antrag [EPO Form 2300, ABl. 2016, A42] a) Angaben zur einsprechenden Person [291] b) Patent-Nr. und Erfindungsbezeichnung, Name des PI und Bezeichnung c) Angaben zum Vertreter [292] d) „Umfang" des Einspruchs [293] UND Einspruchsgründe [290] UND Angabe der Tatsachen & Beweismittel [294] A.99(1), Art.2 Nr.10 GebO, D-III,2	auch nach Erlöschen des oder Verzicht auf EP-Patents in allen benannten VStaaten R.75 BEACHTE: verspätete Veröff. des EP-Patents UND/ODER Korrektur dieses haben keinen Einfluss auf 9 M-Frist T1644/10	R.77(2)-Mitt. +10Tage innerhalb „zu best. Frist" keine	ⓘ Einspruch wird als unzulässig verworfen; R.77(3)-Mitt. R.77 (2) ⓘ Einspruch wird als unzulässig verworfen R.77(1) ⓘ Einspruch gilt als nicht eingelegt Art.99(1), D-IV,1.2.1	
			2) Einspruchsgebühr [755 €] [295]				
109	**Sprache** D-III, 1	Art.14(3) iVm R.3(1)	jede Amtssprache (DE, EN, FR) ODER zugelassene Nichtamtssprache Art.14(2), R.3(1)	ggf. Übersetzung in eine Amtssprache innerhalb 1 M nach ET Art.14(4), R.6(2)	--	ⓘ Einspruch gilt als nicht eingelegt Art.14(4)	--

---

[286] jede nat. ODER jur. Person iSv Art.58 (z.B. „Strohmann" [G3/97], Erfinder [T3/06], Vertreter); GEMEINSAMER EINSPRUCH: Einspruch von mehreren Personen gemeinsam einlegbar [G3/99], wobei Behandlung als Einzelperson, daher nur eine Gebühr [ABl.2002, 347] UND ein gemeinsamer Vertreter [R.151(1) S.3]; MEHRERE (SELBSTSTÄNDIGE) EINSPRECHENDE: Zulässigkeit UND Begründetheit ist für jeden Einspruch unabhängig.

[287] EINSPRUCH VOR HINWEIS AUF ERTEILUNG EP-PATENT: Mitt. Formalsachbearbeiter, dass Schriftsatz nicht als Einspruch behandelt wird. Dieser Schriftsatz wird Teil der Akte, der auch zur Akteneinsicht nach Art. 128 (4) zur Verfügung steht, und wird als Einwendung Dritter nach Art.115 dem Anmelder bzw. PI zur mitgeteilt [E-V, 3]; Eine etwa gezahlte Einspruchsgebühr wird in diesem Fall zurückerstattet.

[288] grds. auch bei nat. Behörde einreichbar; ABER keine Verpflichtung zur Weiterleitung an EPA; Fristversäumnis geht vollständig zu Lasten Einsprechenden – Einspruch gilt als nicht eingelegt.

[289] nur mit EPA-Software für Online-Einreichung [ABl.2012,448, ABl. 2015, A91] oder Case-Management-System [ABl.2014,A97, ABl. 2015, A27]; E-Mail ist nicht zulässig [ABl.2006,610].

[290] BEACHTE: Bei Änderung der Ansprüche durch den PI im Einspruchsverfahren auf Basis eines Merkmals aus der Beschreibung kann (zusätzlich) auch noch der Klarheitseinwand Art.84 greifen [G3/14].
ACHTUNG: Eine Erweiterung des Einspruchs durch Einsprechenden ODER EPA im Verfahren ist unzulässig [D-V, 2.1]. ABER nach R.81(1) S.1 iVm Art.114(1): recherchiert die Einspruchsabteilung von Amtswegen, wenn andere Gründe prima facie der Aufrechterhaltung des Patents ganz oder teilweise entgegenstehen [G10/91]; insbesondere [1] Tatsachen aus dem ESR, [2] Einwendungen Dritter [R.114(1)].

[291] Einsprechendenstellung ist nicht übertragbar oder veräußerlich; ihr Übergang ist aber im Fall der Erbfolge und bei jeder Gesamtrechtsnachfolge, z.B. bei Verschmelzung jur. Personen, zuzulassen [G4/88]; EPA ist verpflichtet, Rechtswirksamkeit angeblicher Übertragung der Einsprechendenstellung auf neuen Beteiligten in allen Verfahrensstadien von Amts wegen zu prüfen [T1178/04].

[292] FEHLENDE VERTRETUNGSBEFUGNIS: Behandlung, wie bei fehlender Unterschrift [T665/89], Nachholung oder Genehmigung durch Vertretungsbefugten innerhalb zu best. Frist nach R.50(3)-Mitt. +10Tage.

[293] Einspruchsabteilung prüft von Amts wegen (ex officio) [Art.114]; ABER Einspruchsabteilung ist in ihrer Prüfung auf den angegriffenen Umfang (angegebene Patentansprüche) beschränkt [G9/91].

[294] SPRACHE: schriftliche Beweismittel in jeder Sprache einreichbar; ABER EPA kann Übersetzung in eine Amtssprache verlangen [R.3(3)]; BEWEISMITTELVORLAGE auch nach Einspruchsfrist, da R.76(2)c) lediglich deren Angabe verlangt [R.83 S.2; T538/89, D-IV,1.2.2.1]; NEUE BEWEISMITTEL können im Verfahrens nur vorgelegt werden, wenn prima facie relevant [T1002/92].

[295] GEMEINSAMER EINSPRUCH: Einspruchsgebühr nur einmal zu entrichten [G3/99]; BAGATELLBETRAG: <2% [T343/02] ODER Fehlbetrag bis 10% nach Auff. nachzahlbar [J11/85].

EPÜAO

Regel 77[83]
Verwerfung des Einspruchs als unzulässig

(1)[84] Stellt die Einspruchsabteilung fest, dass der Einspruch Art.99(1) oder R.76(2) c) nicht entspricht oder das europäische Patent, gegen das Einspruch eingelegt worden ist, nicht hinreichend bezeichnet ist, so verwirft sie den Einspruch als unzulässig, sofern die Mängel nicht bis zum Ablauf der Einspruchsfrist beseitigt worden sind.

(2) Stellt die Einspruchsabteilung fest, dass der Einspruch anderen als den in Absatz 1 bezeichneten Vorschriften nicht entspricht, so teilt sie dies dem Einsprechenden mit und fordert ihn auf, innerhalb einer zu bestimmenden Frist die festgestellten Mängel zu beseitigen. Werden diese nicht rechtzeitig beseitigt, so verwirft die Einspruchsabteilung den Einspruch als unzulässig.

(3) Die Entscheidung, durch die ein Einspruch als unzulässig verworfen wird, wird dem Patentinhaber mit einer Abschrift des Einspruchs mitgeteilt.

[83] Siehe hierzu Entscheidungen der GBK G 9/91, G 10/91, G 1/95, G 7/95, G 3/99, G 1/02 (Anhang I).

[84] Englische Fassung geändert durch BdV CA/D 4/08 vom 21.10.2008 (ABl.2008, 513), in Kraft getreten am 01.04.2009.

Regel 83
Anforderung von Unterlagen

Unterlagen, die von einem am Einspruchsverfahren Beteiligten genannt werden, sind zusammen mit dem schriftlichen Vorbringen einzureichen. Sind solche Unterlagen nicht beigefügt und werden sie nach Aufforderung durch das EPA nicht rechtzeitig nachgereicht, so braucht das EPA das darauf gestützte Vorbringen nicht zu berücksichtigen.

Regel 86[93]
Unterlagen im Einspruchsverfahren

Die Vorschriften des Dritten Teils der Ausführungsordnung sind auf die im Einspruchsverfahren eingereichten Unterlagen entsprechend anzuwenden.

[93] Siehe hierzu Entscheidung der GBK G1/91 (Anhang I).

Rechtsprechung

G1/86 Art.122 EPÜ ist nicht so auszulegen, dass er nur auf den Patentanmelder und den Patentinhaber anzuwenden ist. Ein Beschwerdeführer, der Einsprechende ist, kann nach Art.122 EPÜ wieder in den vorigen Stand eingesetzt werden, wenn er die Frist der Einreichung der Beschwerdebegründung versäumt hat.

G1/13 1. Wird ein Einspruch von einem Unternehmen eingelegt, das später gemäß dem maßgeblichen nationalen Recht in jeder Hinsicht aufhört zu existieren, anschließend aber nach einer Vorschrift dieses Rechts wiederauflebt und als fortgeführt gilt, als hätte es nie aufgehört zu existieren, und treten all diese Ereignisse ein, bevor die Entscheidung der Einspruchsabteilung über die Aufrechterhaltung des angefochtenen Patents in geänderter Fassung rechtskräftig wird, so muss das Europäische Patentamt die Rückwirkung dieser Vorschrift des nationalen Rechts anerkennen und die Fortsetzung des Einspruchsverfahrens durch das wiederaufgelebte Unternehmen zulassen.

2. Wird bei einer Sachlage gemäß Frage 1 im Namen des nicht mehr existierenden einsprechenden Unternehmens fristgerecht eine wirksame Beschwerde gegen die Entscheidung über die Aufrechterhaltung des europäischen Patents in geänderter Fassung eingelegt und erfolgt das – in Frage 1 beschriebene – rückwirkende Wiederaufleben dieses Unternehmens nach Einlegung der Beschwerde und nach Ablauf der Beschwerdefrist gemäß Art.108 EPÜ, so muss die Beschwerdekammer die Beschwerde als zulässig behandeln.

T289/91

1. Die Zulässigkeit des Einspruchs ist als unverzichtbare prozessuale Voraussetzung der sachlichen Prüfung des Einspruchsvorbringens in jedem Verfahrensstadium, also auch im Beschwerdeverfahren, von Amts wegen zu prüfen.

2. Eine eidesstattliche Erklärung darüber, daß der Einsprechende im eigenen Namen handelt, darf nur dann gefordert werden, wenn konkrete Anhaltspunkte für ernsthafte Zweifel an der wahren Identität des Einsprechenden mitgeteilt werden. Ernsthafte Zweifel an der wahren Identität des Einsprechenden bestehen nicht schon dann, wenn ein persönliches oder wirtschaftliches Interesse des Einsprechenden am Patentgegenstand nicht offensichtlich ist (im Anschluß an T 635/88, ABl. 1993, 608, Nr. 2.2 der Gründe).

T522/94

1. Die Zulässigkeit des Einspruchs ist in jeder Phase des Einspruchs- und des anschließenden Einspruchsbeschwerdeverfahrens von Amts wegen zu prüfen. Die Frage der Zulässigkeit kann und muß gegebenenfalls von der Kammer im Beschwerdeverfahren gestellt werden, selbst wenn sie dort erstmals aufgeworfen wird (T 289/91, ABl. 1994, 649; T 28/93).

2. Die Zulässigkeit des Einspruchs muß anhand des Inhalts der Einspruchsschrift in der eingereichten Fassung unter Berücksichtigung etwaiger weiterer innerhalb der Einspruchsfrist eingereichter Unterlagen beurteilt werden, soweit die Zulässigkeit in Frage stellende Mängel behoben. Solche Mängel können nicht nach Ablauf der Einspruchsfrist beseitigt werden (R. 56 (1)).

3. Anhand der Angaben in der eingereichten Fassung muß sich feststellen lassen, ob der "Fall" oder "ein Stand der Technik" der Öffentlichkeit durch schriftliche oder mündliche Beschreibung, durch Benutzung oder in sonstiger Weise zugänglich gemacht worden ist (Art. 54 (2) EPÜ) und worin er besteht.

4. Damit ein Einspruch gemäß R.55c) begründet ist, muß aus der Einspruchsschrift hervorgehen, "was" "wann" unter welchen Umständen - insbesondere "wem" - zugänglich gemacht worden ist.

5. Hauptzweck des Zulässigkeitserfordernisses ist es, dem Patentinhaber und der Einspruchsabteilung die Möglichkeit zu geben, den behaupteten Widerrufsgrund ohne eigene Ermittlungen zu prüfen.

T1178/04

Die Verpflichtung des Europäischen Patentamts, die Einsprechendenstellung in allen Stadien des Verfahrens von Amts wegen zu prüfen, bezieht sich nicht nur auf die Zulässigkeit des ursprünglichen Einspruchs, sondern auch auf die Rechtswirksamkeit einer angeblichen Übertragung der Einsprechendenstellung auf einen neuen Beteiligten. Das Verbot der "reformatio in peius" findet bei der Ausübung dieser Verpflichtung keine Anwendung.

G3/97
G4/97

1 a: Ein Einspruch ist nicht schon deswegen unzulässig, weil der als Einsprechender gemäß R.55a) Genannte im Auftrag eines Dritten handelt.

1 b: Ein solcher Einspruch ist aber dann unzulässig, wenn das Auftreten des Einsprechenden als mißbräuchliche Gesetzesumgehung anzusehen ist.

1 c: Eine solche Gesetzesumgehung liegt insbesondere vor, wenn
- der Einsprechende im Auftrag des Patentinhabers handelt;
- der Einsprechende im Rahmen einer typischer Weise zugelassenen Vertretern zugeordneten Gesamttätigkeit im Auftrag eines Mandanten handelt, ohne hierfür die nach Art.134 erforderliche Qualifikation zu besitzen.

2: Ob eine mißbräuchliche Gesetzesumgehung vorliegt, ist unter Anwendung des Prinzips der freien Beweiswürdigung zu prüfen. Die Beweislast trägt, wer die Unzulässigkeit des Einspruchs geltend macht. Das Vorliegen einer mißbräuchlichen Gesetzesumgehung muß auf der Grundlage eines klaren und eindeutigen Beweises zur Überzeugung des entscheidenden Organs feststehen.

T222/85

1. Eine Mitteilung nach R.57(1), dass der Einspruch zulässig ist, ist keine Entscheidung der Einspruchsabteilung; die Absendung einer solchen Mitteilung steht einer späteren Verwerfung des Einspruchs als unzulässig nach R.56(1) nicht entgegen, etwa wenn die Zulässigkeit vom Patentinhaber im Einspruchsverfahren angefochten wird.

2. Das Erfordernis nach R.55(c), dass die Einspruchsschrift unter anderem "die Angabe der zur Begründung vorgebrachten Tatsachen und Beweismittel" enthalten muss, ist nur erfüllt, wenn wenn sie vom Inhalt her geeignet ist, das Vorbringen des Einsprechenden objektiv verständlich zu machen.

T925/91

1. Mit der erstinstanzlichen Verwerfung eines Einspruchs als unzulässig ist das Einspruchsverfahren rechtlich abgeschlossen, ohne daß eine Entscheidung in der Sache ergeht. Eine Entscheidung, die einen Einspruch als unzulässig verwirft, ihn aber dennoch in der Sache prüft, ist mit dem obigen Verfahrensgrundsatz nicht vereinbar. 2. In einer Entscheidung über die Verwerfung eines Einspruchs als unzulässig enthaltene Bemerkungen zu Sachfragen sind nicht rechtswirksam. Selbst wenn sie irreführend sind, stellen sie keinen wesentlichen Verfahrensmangel dar, der eine Rückzahlung der Beschwerdegebühr rechtfertigt.

Einspruch

Formalprüfung des Einspruchs
ex parte Prüfung formeller Erfordernisse; **ABER** keine Bindung für Einspruchsabteilung – Prüfung jederzeit von Amts wegen

Formalsachbearbeiter [**R.11(2)**] iVm **ABl.2014,A6**
Art.99 bis **100** iVm **R.76(c)**

	Norm	Mangel	Frist	Nachfrist	Rechtsfolge	Rechtsbehelf
110	**Art.99(1)S.3** D-IV, 1.2.1	**Mängel, aufgrund deren der Einspruch als nicht eingelegt gilt** i. keine Einspruchsgebühr [**Art.99(1)**] ii. keine Unterschrift [**R.50(3)**] iii. Fehlendes Fax-Bestätigungsschreiben [**R.2(1)**] iv. keine Vollmacht Vertreters oder Angestellten im Original vorgelegt (Fax oder pdf unzulässig) **R.152(1)**; **ABl.2007,L.1** v. *ggf.* Übersetzung der Einspruchsschrift und Beweismittel **R.3(1)** iVm **Art.14(4)**, **R.6(2)**		keine binnen „zu best. Frist" nach **R.77(2)**-Mitt. +10Tage [idR **2 M**] [297] (auch wenn 9M-Frist später abläuft) **1 M** ab Einreichung (auch wenn 9M-Frist später abläuft) **Art.6(2)**	⊖ Einspruch gilt als nicht eingelegt **UND** Art.119-Mitt. an Einsprechenden **UND** Entscheidung nach **R.112(2)** beantragbar [296] **UND** vorgelegten Dokumente gelangen zur Akte; stehen zur Akteneinsicht für jedermann zur Verfügung [**Art.128(4)**] und gelten als Einwendungen Dritter **Art.115**, D-IV,1.4.1 **Einspruchsgebühr** wird zurückgezahlt	**WB (–)**, da Einsprechender kein Anmelder iSv **Art.121**;
111	**R.77(1)** **R.77(2)** D-IV, 1.2.2	**Mängel, aufgrund deren der Einspruch als unzulässig verworfen wird** **nicht mehr behebbare Mängel [R.77(1)]** i. Einspruch nicht rechtzeitig eingereicht [**Art.99(1)**] ii. EP-Patent nicht hinreichend bezeichnet [**Art.99(1)**] iii. Art und Umfang des Einspruchs [**R.76(2)c**] iv. Fehlende Einspruchsgründe [**R.76(2)c**], **R.83** v. keine/unzureichende Angabe der Beweismittel/Tatsachen und Argumenten [298] [**R.76(2)c**], **R.83** **behebbare Mängel [R.77(2)]** i. Einsprechendenidentität fehlt (*bspw.* Name, Anschrift, Staat) [299], **R.76(2)a** ii. Nummer des EP-Patents oder Bezeichnung des Patentinhabers fehlt, **R.76(2)b** iii. Angaben zum Vertreter, **R.76(2)d** iv. Kein Vertreter bestimmt, **Art.134** v. Fehlende Formerfordernis, **R.50(2)**	**9 M** nach Bekanntmachung des Hinweises auf Erteilung des EP-Patents **Art.99(1)** *ggf.* Mitt. an Einsprechenden, wenn während 9M-Frist Mängel vorliegen D-IV, 1.3	keine, da gesetzlich geregelte Frist SUBSTANTIIERUNG MANGELHAFT: Mitt. an Einsprechenden und Auff. zur Stellungnahme D-IV, 3 binnen „zu best. Frist" nach **R.77(2)**-Mitt. +10Tage [idR **2 M**] [297] (auch wenn 9M-Frist später abläuft)	⊖ Einspruch wird als unzulässig verworfen [296] (Entscheidung nach **R.112(2)** **R.77(2)** [BF] Dieser Einsprechende ist am Verfahren nicht mehr beteiligt Beginn materiellrechtlicher Prüfung ausgeschlossen **T925/91**; D-IV,4 **Einspruchsgebühr** wird nicht zurückgezahlt vorgelegten Dokumente gelangen zur Akte; stehen zur Akteneinsicht für jedermann zur Verfügung [**Art.128(4)**] und gelten als Einwendungen Dritter **Art.115**, D-IV,3 Information an Patentinhaber [**R.77(3)**]	**WE (–)**, da sich Art.122 nur auf Anmelder oder PI bezieht **G1/86** Beschwerde **(+)**

Zulässigkeit: Einspruch muss **jederzeit** während des Verfahrens zulässig sein, wobei seine Zulässigkeit – sogar von Amts wegen – in jedem Verfahrensstadium (auch im Beschwerdeverfahren) überprüft werden kann, so [**G1/13**; **G3/97**; **G4/97**; **T289/91**; **T522/94**; **T1178/04**].

---

[296] ANTRAG AUF ENTSCHEIDUNG [**R.112(2)**] muss spätestens **2 M** nach **Art.119**-Mitt.+10Tage gestellt werden, sonst wird Verfahren abgeschlossen. ACHTUNG: Wahrung rechtlichen Gehör [**Art.113(1)**] **UND** Recht auf MV [**Art.116**].
[297] EPA ist zur **R.77(2)**-Mitt. verpflichtet, da dies gesetzlich vorgeschrieben ist [D-IV, 1.3.3]. AUSBLEIBEN: Sollte Reaktion auf **R.77(2)**-Mitt. unterbleiben, so kann die einsprechende Partei auch nach Ablauf der **9 M**-Frist die fehlenden Angaben nachreichen.
[298] ZULÄSSIG: Beweismittelvorlage auch nach Einspruchsfrist, da **R.76(2)c**) lediglich deren Angabe fordert [**R.83 S.2**; **T538/89**, D-IV,1.2.2.1]; **ABER:** hinreichende Angabe der Fundstelle ist zwingend erforderlich (Bibliographie, ganzes Kapitel – **T222/85**; **T545/91**]; BEACHTE: Substantiierung bei allgemeinem Fachwissen nicht erforderlich [**T534/98**].
[299] ACHTUNG: Einsprechender muss innerhalb der **9 M**-Frist identifizierbar sein [**T25/85**; **G3/97**].

EPÜ 2000

Artikel 105[111],[112]

Beitritt des vermeintlichen Patentverletzers

(1) Jeder Dritte kann nach Ablauf der Einspruchsfrist nach Maßgabe der Ausführungsordnung dem Einspruchsverfahren beitreten, wenn er nachweist, dass

a) gegen ihn Klage wegen Verletzung dieses Patents erhoben worden ist oder

b) er nach einer Aufforderung des Patentinhabers, eine angebliche Patentverletzung zu unterlassen, gegen diesen Klage auf Feststellung erhoben hat, dass er das Patent nicht verletze.

(2) Ein zulässiger Beitritt wird als Einspruch behandelt.

[111] Geändert durch die Akte zur Revision des Europäischen Patentübereinkommens vom 29.11.2000.
[112] Siehe hierzu Entscheidungen der GBK G4/91, G1/94, G2/04, G3/04, G1/05 (Anhang I).

EPÜAO

Regel 79[86]

Vorbereitung der Einspruchsprüfung

(1) Die Einspruchsabteilung teilt dem PI den Einspruch mit und gibt ihm Gelegenheit, innerhalb einer zu bestimmenden Frist eine Stellungnahme einzureichen und gegebenenfalls die Patentansprüche und die Zeichnungen zu ändern.

(2) Sind mehrere Einsprüche eingelegt worden, so teilt die Einspruchsabteilung sie gleichzeitig mit der Mitteilung nach Absatz 1 die Einsprüche den übrigen Einsprechenden mit.

(3) Die Einspruchsabteilung teilt vom Patentinhaber eingereichte Stellungnahmen und Änderungen den übrigen Beteiligten mit und fordert sie auf, wenn sie dies für sachdienlich erachtet, sich innerhalb einer zu bestimmenden Frist hierzu zu äußern.

(4) Im Fall eines Beitritts nach Art.105 kann die Einspruchsabteilung von der Anwendung der Absätze 1 bis 3 absehen.

[86] Siehe hierzu Stellungnahme der GBK G1/02 (Anhang I).

Regel 81[88]

Prüfung des Einspruchs

(1)[89] Die Einspruchsabteilung prüft die Einspruchsgründe, die in der Erklärung des Einsprechenden nach R.76(2) c) geltend gemacht worden sind. Sie kann von Amts wegen auch vom Einsprechenden nicht geltend gemachte Einspruchsgründe prüfen, wenn diese der Aufrechterhaltung des europäischen Patents entgegenstehen würden.

(2) Bescheide nach Art.101(1) S.2 und alle hierzu eingehenden Stellungnahmen werden den Beteiligten übersandt. Die Einspruchsabteilung fordert, wenn sie dies für sachdienlich erachtet, die Beteiligten auf, sich innerhalb einer zu bestimmenden Frist hierzu zu äußern.

(3) In den Bescheiden nach Art.101(1) S.2 wird dem Patentinhaber gegebenenfalls Gelegenheit gegeben, soweit erforderlich die Beschreibung, die Patentansprüche und die Zeichnungen zu ändern.

Die Bescheide sind soweit erforderlich zu begründen, wobei die Gründe zusammengefasst werden sollen, die der Aufrechterhaltung des europäischen Patents entgegenstehen.

[88] Siehe hierzu Entscheidungen der GBK G9/92, G1/99 (Anhang I).
[89] Siehe hierzu die Mitteilung des EPA über die Beschleunigung von Einspruchsverfahren (ABl 2008, 221)

Regel 84[92]

Fortsetzung des Einspruchsverfahrens von Amts wegen

(1) Hat der PI in allen benannten Vstaaten auf das europäische Patent verzichtet oder ist das Patent in allen diesen Staaten erloschen, so kann das Einspruchsverfahren fortgesetzt werden, wenn der Einsprechende dies innerhalb von zwei Monaten nach einer Mitteilung des EPAs über den Verzicht oder das Erlöschen beantragt.

(2) Stirbt ein Einsprechender oder verliert er seine Geschäftsfähigkeit, so kann das Einspruchsverfahren auch ohne die Beteiligung seiner Erben oder gesetzlichen Vertreter von Amts wegen fortgesetzt werden. Das Verfahren kann auch fortgesetzt werden, wenn der Einspruch zurückgenommen wird.

Regel 89[94]

Beitritt des vermeintlichen Patentverletzers

(1) Der Beitritt ist innerhalb von drei Monaten nach dem Tag zu erklären, an dem eine der in Art.105 genannten Klagen erhoben worden ist.

(2) Der Beitritt ist schriftlich zu erklären und zu begründen; R.76 und 77 sind entsprechend anzuwenden. Der Beitritt gilt erst als erklärt, wenn die Einspruchsgebühr entrichtet worden ist.

[94] Siehe hierzu Entscheidungen der GBK G4/91, G1/94, G2/04, G3/04, G1/05 (Anhang I).

Rechtsprechung

G4/91

1. Der Beitritt des vermeintlichen Patentverletzers gemäß Art. 105 zum Einspruchsverfahren setzt voraus, daß ein Einspruchsverfahren zum Zeitpunkt der Einreichung der Beitrittserklärung anhängig ist.
2. Eine Entscheidung der Einspruchsabteilung über das Einspruchsbegehren ist als endgültige Entscheidung in dem Sinn anzusehen, daß danach die Einspruchsabteilung nicht mehr befugt ist, ihre Entscheidung zu ändern.
3. Das Verfahren vor einer Einspruchsabteilung wird mit dem Erlaß einer solchen endgültigen Entscheidung abgeschlossen, und zwar unabhängig davon, wann diese Entscheidung rechtskräftig wird.
4. Wird nach Erlaß einer abschließenden Entscheidung durch eine Einspruchsabteilung von keinem der Beteiligten am Einspruchsverfahren Beschwerde eingelegt, so ist eine während der zweimonatigen Beschwerdefrist nach Art.108 eingereichte Beitrittserklärung wirkungslos.

G8/93

Mit dem Eingang der Erklärung der Rücknahme des Einspruchs des Einsprechenden, der einziger Beschwerdeführer ist, wird das Beschwerdeverfahren unmittelbar beendet, und zwar unabhängig davon, ob der PI der Beendigung des Beschwerdeverfahrens zustimmt, und zwar auch dann, wenn die Beschwerdekammer der Auffassung sein sollte, daß die Voraussetzungen für eine Aufrechterhaltung des Patents nach dem EPÜ nicht erfüllt sind.

G1/94

Beitritt des vermeintlichen Patentverletzers [Art.105] ist während eines anhängigen Beschwerdeverfahrens zulässig und kann auf jeden der in Art.100 genannten Einspruchsgründe gestützt werden.

G3/04

Nach Rücknahme der einzigen Beschwerde kann das Verfahren nicht mehr während des Beschwerdeverfahrens fortgesetzt werden.

T406/86

1. Im Einspruchs-(Beschwerde-)verfahren hat der PI keinen Rechtsanspruch auf Berücksichtigung von Änderungsvorschlägen. [...] Sie kann abgelehnt werden, wenn die Änderungen weder sachdienlich, noch erforderlich sind.
2. Insbesondere können Änderungsvorschläge unberücksichtigt bleiben, die in einem späten Verfahrensstadium vorgebracht werden, d. h, wenn die Prüfung des Einspruchs bzw. der Beschwerde schon weitgehend abgeschlossen ist.

T197/88

1. Wird ein Einspruch nach Absendung der Mitteilung nach R.58(4) zurückgenommen, so sollte die Einspruchsabteilung das Einspruchsverfahren im Interesse der Öffentlichkeit grundsätzlich von Amts wegen fortsetzen (im Anschluss an T 156/84, ABl. 1988,372).
2. Die Beschwerdegebühr muss zurückgezahlt werden, wenn einem Beteiligten keine Gelegenheit zur Stellungnahme gegeben worden ist und dies einer Verletzung des Art.113(1) gleichkommt.

T629/90

Anders als im Verfahren vor der Einspruchsabteilung, wo es nach R.60(2) eine Ermessensfrage ist, ob das Verfahren nach Zurücknahme des Einspruchs fortgesetzt werden soll oder nicht, hat im Beschwerdeverfahren die Zurücknahme des Einspruchs jedenfalls dann keine unmittelbare verfahrensrechtliche Bedeutung, wenn die Einspruchsabteilung das europäische Patent widerrufen hat. Vielmehr muß in diesem Fall die Beschwerdekammer die Entscheidung der Einspruchsabteilung von Amts wegen sachlich überprüfen und kann nur dann diese Entscheidung aufheben und das Patent aufrechterhalten, wenn es den Erfordernissen des EPÜ genügt. Bei dieser Prüfung durch die Kammer können auch die von einer Einsprechenden vor der Zurücknahme des Einspruchs vorgebracht worden sind, herangezogen werden.

T296/93

Ausgangspunkt für die Berechnung der Dreimonatsfrist für den Beitritt nach Art.105(1) ist stets der Zeitpunkt der Erhebung der ersten Klage. Wurde zuerst von einem PI gegen einen vermeintlichen Patentverletzer eine Verletzungsklage eingeleitet, so findet Art.105(1)S.1 Anwendung, auch wenn letzterer daraufhin nach Art.105(1)S.2 bezüglich desselben Patents eine Klage auf gerichtliche Feststellung erhoben hat, daß er das Patent nicht verletze.

T631/94

Mit der Abgabe an die interne Poststelle des EPA ist eine im schriftlichen Verfahren ergangene Entscheidung über die Einstellung des Einspruchsverfahrens öffentlich existent und damit erlassen. [...]

Einspruch

Anträge – Einspruch

	Voraussetzung	Norm	Handlung	Zulässigkeit	Frist	Rechtsfolge	Behelf	WICHTIG
112	**Beitritt zum Einspruch** [300] **G4/91** anhängiger Einspruch [300] UND Dritter, der gem. **Art.105(1)** nachweist, dass: a) gegen ihn Verletzungsklage rechtshängig ist (Zustellung einer EV genügt [T452/05]) ODER b) er negative Feststellungsklage erhoben hat [T392/97] ACHTUNG: spätere Zurücknahme durch einzigen Einsprechenden hat keine Wirkung **G3/04** ACHTUNG: Berechtigungsanfrage oder Abmahnung genügt nicht **T195/93** D-VII,6	**Art.105(1)** iVm **R.89** **R.79(4)**	a) »schriftlich« und »begründete« Erklärung mit Nachweis durch jeden Dritten **R.89(2) S.1** b) nur beim EPA in München, Den Haag oder Berlin [301] **Art.99(1)** c) Einspruchsgebühr [775€] **Art.99(1), Art.2 Nr.10 GebO** UND d) Mindesterfordernisse [302] **R.76(2)**, ⟋DI-108	jeder Dritte	**3 M** nach Klageerhebung [303] **R.89(1)**	(+) Beitritt zum Einspruch, in dem er sich zum Zeitpunkt des Beitritts befindet, und zwar einschließlich laufender Fristen **T392/97**, RBK IV-C,3.2.3 UND Beitretender bekommt Status eines Einsprechenden **Art.105(2)** Beitretender erhält Mitt. über bisherigen Verfahrensverlauf D-IV, 5.6 (–) Einspruch gilt als nicht eingelegt UND Gebühr wird ggf. zurückerstattet **Art.99(1)**, A-X,10.1.1; D-VIII, 2.1	WB (–), da Beitretender kein Anmelder **Art.121** WE (–), da sich Art.122 nur auf Anmelder oder PI bezieht **G1/86**	Mitt. zum Stand des Verfahrens durch EPA [304] Beitritt berechtigt zur Beschwerde **G3/04**
113	**Rücknahme des Einspruchs** *im Einspruch:* anhängiger Einspruch *in der Beschwerde:* anhängige Beschwerde nach Entscheidung im Einspruch	RBK IV-C,4.1.1 RBK IV-C,4.1.2	»unterzeichnete«, »eindeutige« und vorbehaltlose Rücknahmeerklärung ODER keine Teilnahme an MV	Einsprechender Beschwerdeführer Beschwerdegegner	»jederzeit« während Einspruchs »jederzeit« während Beschwerde	Einsprechender verliert Status als aktiver Verfahrensbeteiligter **T283/02** ABER Einspruch kann von Amts wegen fortgesetzt werden [305] **R.84(2) S.2** unmittelbare Beendigung **G8/93; ABl.1994,887** ABER Beschwerdegegner verliert Status als aktiver Verfahrensbeteiligter [306] kein Einfluss auf Beschwerde **T629/90, ABl.1992,654**	--	Erklärung hat bindende Wirkung für Einsprechenden

[300] Nach Erlass einer Entscheidung ist Beitritt nicht mehr möglich [T631/94].

[301] auch bei nat. Behörde einreichbar; ABER: keine Verpflichtung zur Weiterleitung.

[302] [1] Angaben zum Beitretenden, [2] Patent-Nr. und Erfindungsbezeichnung, [3] Name des PI und Bezeichnung, [4] „Umfang" des Einspruchs und Substantiierung mit Beweismitteln – neue Einspruchsgründe möglich [G1/94]; [5] Angaben zum Vertreter [D-VII, 6].

[303] Ausgangspunkt für Berechnung der **3M**-Frist ist Datum der ersten Klageerhebung (egal ob durch PI oder vermeintlichen Verletzer) [T296/93]; Datum Klageerhebung ist Datum der Zustellung [T694/01; T452/05].

[304] **R.79(1)/(3)**-Schriftstücke; Bescheide der Einspruchsabteilung; **R.81(2)**-Stellungnahmen der Beteiligten.

[305] FORTSETZUNG insbesondere, wenn Absendung der R.82(1)-Mitt. über Umfang geänderter Fassung bereits erfolgt [T197/88; ABl.1989,412] ODER wenn nötige Ermittlungen für Entscheidung abgeschlossen sind oder ohne Mitwirken des Einsprechenden abgeschlossen werden können ODER wenn PI bereits Änderungen eingereicht hat [ABl. 2016, A42].

[306] Beschwerdegegner ist in Sachfragen nicht mehr am Verfahren beteiligt, aber in Bezug auf Kostenverteilung bleibt er verfahrensbeteiligt [T789/89; ABl.1994,482].

Teil D I – Übersicht zum EPÜ

#	Antrag	Voraussetzung	Norm	Handlung	Zulässigkeit	Frist	Rechtsfolge	Behelf	WICHTIG
114	**beschleunigte Bearbeitung** [307] E-VII,4	Verletzungsklage aus EP-Patent bei nat. Gericht eines EP-Vertragsstaates	ABl.2008,221	Antrag Beteiligter (»schriftlicher«, »begründet«) ODER Info des nat. Gerichts/zuständige Behörde	PI ODER Einsprechender	»jederzeit« nach Einspruchsfrist	beschleunigte Bearbeitung bei vollständig und rasch eingereichtem Antrag	--	auch bei möglicherweise unzulässigem Einspruch
115	**Entscheidung** über Rechtsverlust	R.112(1)-Rechtsverlustmitt. wegen Mängel, aufgrund deren der Einspruch als nicht eingelegt gilt	R.112(2)	Antrag auf Überprüfung der Richtigkeit der R.112(1)-Rechtsverlustmitt.		2 M ab Mitt.+10Tage	Entscheidung des EPA [308] ODER Fortsetzung des Verfahrens	WE (+) in 2 M-Frist; WB (–)	
116	**mündliche Verhandlung**	zulässiges Einspruchsverfahren	Art.116(1)	Antrag eines Beteiligten	PI ODER Einsprechender	»jederzeit« nach Einspruchsfrist	Terminierung einer MV mit ggf. mündlicher Beweisaufnahme R.117-120	--	Beweismittel so früh wie möglich vorlegen
117	**Vernehmen** von Zeugen oder Sachverständigen [309]	mündliche Verhandlung	R.117 S.2	Angabe zum Beweismittel: a) Zeuge b) Sachverständiger c) Augenschein		--	Beweisbeschluss zum Beweismittel mit Datum der Beweisaufnahme (mind. 2 M)	2 M ab Mitt.+10Tage	im Ermessen der Einspruchsabteilung
118	**Änderung Patentinhaber** [310]	rechtskräftige Entscheidung nat. Gerichts eines EP-Vertragsstaat	Art.99(4), Art.61(1)a)	Antrag des Berechtigten (»schriftlich«, »begründet«)	Berechtigter	--	Berechtigter tritt an Stelle des bisherigen PI nur in Bezug auf diesen EP-Vertragsstaat	--	ggf. getrennte Fortführung des Einspruchs [311] D-VII, 3.2
119	**Übermittlung von Patentdokumenten**	zulässiger Einspruch ODER Stellungnahme darin	R.79(2)/(3) iVm ABl.2009,434	Antrag oder über Online-Dienst „Register-Plus"					

Verhältnis zum Beschränkungs-/Widerrufverfahren

- anhängiges **Beschränkungsverfahren** durch wirksam eingelegten Einspruch **beendet**; Beschränkungsgebühr zurückgezahlt [R.93(2)];
- anhängiges **Widerrufverfahren** durch wirksam eingelegten Einspruch **nicht beendet**; Einspruch nur fortgesetzt, wenn Widerruf zurückgenommen oder als nicht eingelegt gilt

[307] GENERELL: Early Certainty from Opposition mit Ziel, Einspruch 15 M nach Ablauf der Einspruchsfrist abzuschließen [ABl. 2016, A43].

[308] nur, wenn Abteilung Auffassung des Antragstellers nicht teilt; beschwerdefähig; ACHTUNG: vorgelegten Dokumente werden dennoch zur Akten genommen und stehen zur Akteneinsicht zur Verfügung [Art.128(4)]. Behandlung als Einwendungen Dritter [Art.115, D-V, 2.2]. Liegt zulässiger weiterer Einspruch vor, so wird Verfahren für diesen Dritten fortgeführt.

[309] nur zusammen mit Entscheidung anfechtbar; AUSGENOMMEN: gesonderte Beschwerde zugelassen [E-IX, 6].

[310] Rechtsabteilung zuständig.

[311] Einheit EP-Patents beeinträchtigt, wenn bisheriger PI und für einen bestimmten Vertragsstaat Berechtigter nicht als gemeinsam PI gelten [Art.118]. ACHTUNG: Da von Beiden unterschiedliche Anträge gestellt werden können, ist unterschiedlicher Ausgang beider Einspruchsverfahren möglich [D-VII, 3.2].

Einspruch

Verfahrensablauf - Einspruch

Einspruchsabteilung [Art.19(2)]
Art.101 iVm R.79 bis 81

	Handlung	Voraussetzung	Norm	Handlung	Frist	Nachfrist	Rechtsfolge	WICHTIG
120	**materiellrechtliche Prüfung** D-V	mindestens ein zulässiger Einspruch	**Art.101(1), R.81(1)**	Prüfung (ursprünglich) angeführter Einspruchsgründe/Beweismittel [312] **R.81(1)**, D-V,2.2	nach abgeschlossener Einspruchsprüfung [313] **R.79**	--	(+) Entscheidung	Prüfung zusätzlicher Gründe/Beweismittel nur, wenn *prima facie* relevant [314] ⊘S.127
121	**Stellungnahme PI** [315] D-IV, 5.2	▪ mindestens ein zulässiger Einspruch ▪ Auff. an PI erfolgt nach formeller Prüfung durch EPA	**Art.101, R.79(1)**	Stellungnahme **UND** *ggf.* Einreichung geänderter Unterlagen **R.80**	„zu best. Frist" ab **R.79(1)**-Mitt.+10Tage **[idR 4 M]**	verlängerbar **R.132(2)** E-VII,1.6	(+) Mitt. an Einsprechenden gem. **R.79(3)** und Prüfung ob Änderungen dem EPÜ entsprechen (−) Einleitung nächster Verfahrensstufe (*ggf.* Urteil)	*ggf.* keine Berücksichtigung **T406/86**
122	**Erwiderung Beteiligter** [315] D-IV, 5.4	Stellungnahme Einsprechender oder Bescheid des EPA Stellungnahem/Änderungen PI oder Bescheid des EPA	**Art.101(1), R.79(3)/R.81(2)** **Art.101(1) S.2, R.81(2)/(3)**	Stellungnahme des Beteiligten	„zu best. Frist" ab Mitt.+10Tage **[idR 4 M]**	verlängerbar **R.132(2)** E-VII,1.6	(−) Einleitung nächster Verfahrensstufe (*ggf.* Urteil)	--
123	**Ladung zur mündlichen Verhandlung** [315]	Beteiligtenantrag **ODER** Amtsermessen **Art.116(1)**	**Art.116(4)**	Ladungsbescheid Einspruchsabteilung mit Angabe erörterungsbedürftiger Punkte **R.116(1)**	mind. **2 M** [idR **6 M** nach Versenden der Ladung] **R.115(1)**	Terminänderung nur in begründeten Ausnahmefällen [316] **ABl. 2009, 68**	(+) Frist für Einreichung letzter Schriftsätze/Änderungen (idR **2 M** vor MV) **R.116(1)S.2**	im Ermessen der Einspruchsabteilung

[312] Einspruchsabteilung prüft von Amts wegen (*ex officio*) [**Art.114**]; ABER: Einspruchsabteilung ist in ihrer Prüfung auf den angegriffenen Umfang (=angegebene Patentansprüche) beschränkt.

[313] ACHTUNG: Unbeachtlichkeit von: [1] Zurücknahme des Einspruchs; [2] Tod oder Geschäftsunfähigkeit des Einsprechenden.

[314] NEUE BEWEISMITTEL können während Verfahren nur vorgelegt werden, wenn *prima facie* relevant [*vgl.* Relevanzprüfung in **T1002/92**].

[315] keine handschriftlichen Änderungen in Schriftstücken zulässig [**R.49(8), R.50(1)** iVm **R.86; ABl.2013, 603**]; AUSNAHME: graphische Symbole/Schriftzeichen und chemische/mathematische Formeln.

[316] beispielsweise schwere Erkrankung, Todesfall in der Familie, Eheschließung.

EPÜ 2000

Artikel 101[105],[106]
Prüfung des Einspruchs – Widerruf oder Aufrechterhaltung des europäischen Patents

(1) Ist der Einspruch zulässig, so prüft die Einspruchsabteilung nach Maßgabe der Ausführungsordnung, ob wenigstens ein Einspruchsgrund nach **Art.100** der Aufrechterhaltung des europäischen Patents entgegensteht. Bei dieser Prüfung fordert die Einspruchsabteilung die Beteiligten so oft wie erforderlich auf, eine Stellungnahme zu ihren Bescheiden oder zu den Schriftsätzen anderer Beteiligter einzureichen.

(2) Ist die Einspruchsabteilung der Auffassung, dass wenigstens ein Einspruchsgrund der Aufrechterhaltung des europäischen Patents entgegensteht, so widerruft sie das Patent. Andernfalls weist sie den Einspruch zurück.

(3) Ist die Einspruchsabteilung der Auffassung, dass unter Berücksichtigung der vom Patentinhaber im Einspruchsverfahren vorgenommenen Änderungen das europäische Patent und die Erfindung, die es zum Gegenstand hat,
a) den Erfordernissen dieses Übereinkommens genügen, so beschließt sie die Aufrechterhaltung des Patents in geänderter Fassung, sofern die in der Ausführungsordnung genannten Voraussetzungen erfüllt sind;
b) den Erfordernissen dieses Übereinkommens nicht genügen, so widerruft sie das Patent.

[105] Geändert durch die Akte zur Revision des EPÜ vom 29.11.2000.

Artikel 103[108]
Veröffentlichung einer neuen europäischen Patentschrift

Ist das europäische Patent nach Art.101(3) a) in geänderter Fassung aufrechterhalten worden, so veröffentlicht das EPA eine neue europäische Patentschrift so bald wie möglich nach Bekanntmachung des Hinweises auf die Entscheidung über den Einspruch im Europäischen Patentblatt.

EPÜAO

Regel 80[87]
Änderung des europäischen Patents

Unbeschadet der R.138 können die Beschreibung, die Patentansprüche und die Zeichnungen geändert werden, soweit die Änderungen durch einen Einspruchsgrund nach Art.100 veranlasst sind, auch wenn dieser vom Einsprechenden nicht geltend gemacht worden ist.

[87] Siehe hierzu Entscheidung der GBK **G 1/99** (Anhang I).

Regel 82[90]
Aufrechterhaltung des europäischen Patents in geändertem Umfang

(1) Bevor die Einspruchsabteilung die Aufrechterhaltung des europäischen Patents in geändertem Umfang beschließt, teilt sie den Beteiligten mit, in welcher Fassung sie das Patent aufrechtzuerhalten beabsichtigt, und fordert sie auf, innerhalb von zwei Monaten Stellung zu nehmen, wenn sie mit dieser Fassung nicht einverstanden sind.

(2)[91] Ist ein Beteiligter mit der von der Einspruchsabteilung mitgeteilten Fassung nicht einverstanden, so kann das Einspruchsverfahren fortgesetzt werden. Andernfalls fordert die Einspruchsabteilung den Patentinhaber nach Ablauf der Frist nach Absatz 1 auf, innerhalb einer Frist von drei Monaten die vorgeschriebene Gebühr zu entrichten und eine Übersetzung der geänderten Patentansprüche in den Amtssprachen des Europäischen Patentamts einzureichen, die nicht die Verfahrenssprache sind. Wurden in der mündlichen Verhandlung Entscheidungen nach Art.106(2) oder Art.111(2) auf Schriftstücke gestützt, die nicht der R.49(8) entsprachen, so wird der Patentinhaber aufgefordert, die geänderte Fassung innerhalb der Dreimonatsfrist in einer Form einzureichen, die der R.49(8) entspricht.

(3) Werden die nach Absatz 2 erforderlichen Handlungen nicht rechtzeitig vorgenommen, so können sie noch innerhalb von zwei Monaten nach der Mitteilung über die Fristversäumung vorgenommen werden, sofern innerhalb dieser Frist eine Zuschlagsgebühr entrichtet wird. Andernfalls wird das Patent widerrufen.

(4) In der Entscheidung, durch die das europäische Patent in geändertem Umfang aufrechterhalten wird, ist die ihr zugrunde liegende Fassung des Patents anzugeben.

[90] Siehe hierzu Entscheidungen der GBK G 1/88, G 1/90 (Anhang I).
[91] Geändert durch BdV CA/D 9/15 vom 14.10.2015 (ABl.2015, A82), in Kraft getreten am 01.05.2016.
Siehe Mitteilung des EPA, ABl.2016, A22.

Regel 86[93]
Unterlagen im Einspruchsverfahren

Die Vorschriften des Dritten Teils der Ausführungsordnung sind auf die im Einspruchsverfahren eingereichten Unterlagen entsprechend anzuwenden.

[93] Siehe hierzu Entscheidung der GBK G 1/91 (Anhang I).

Regel 87
Inhalt und Form der neuen europäischen Patentschrift

Die neue europäische Patentschrift enthält die Beschreibung, Patentansprüche und Zeichnungen in der geänderten Fassung. R.73(2) und (3) und R.74 sind anzuwenden.

Regel 142[131]
Unterbrechung des Verfahrens

(1) Das Verfahren vor dem EPA wird unterbrochen: [...]

c) wenn der Vertreter des Anmelders oder Patentinhabers stirbt, seine Geschäftsfähigkeit verliert oder aufgrund eines gegen sein Vermögen gerichteten Verfahrens aus rechtlichen Gründen verhindert ist, das Verfahren fortzusetzen.

[...] (3) Im Fall des Absatzes 1 c) wird das Verfahren wiederaufgenommen, wenn dem Europäischen Patentamt die Bestellung eines neuen Vertreters des Anmelders angezeigt wird oder das Amt den übrigen Beteiligten die Bestellung eines neuen Vertreters des Patentinhabers angezeigt hat. Hat das EPAdrei Monate nach dem Beginn der Unterbrechung des Verfahrens noch keine Anzeige über die Bestellung eines neuen Vertreters erhalten, so teilt es dem Anmelder oder Patentinhaber mit:

a) im Fall des Art.133(2), dass die ePa als zurückgenommen gilt oder das europäische Patent widerrufen wird, wenn die Anzeige nicht innerhalb von zwei Monaten nach Zustellung dieser Mitteilung erfolgt, oder

b) andernfalls, dass das Verfahren ab der Zustellung dieser Mitteilung mit dem Anmelder oder Patentinhaber wiederaufgenommen wird.

[131] Siehe hierzu BdP des EPA, ABl.2013, 600.

Rechtsprechung

G1/88
Die Beschwerde eines Einsprechenden ist nicht deswegen unzulässig, weil dieser es unterlassen hat, fristgerecht auf eine Aufforderung nach R.58(4) EPÜ zu der Fassung, in der das europäische Patent aufrechterhalten werden soll, Stellung zu nehmen.

G1/90
Der Widerruf eines Patents nach Art.102(4) und (5) EPÜ ist in Form einer beschwerdefähigen Entscheidung (Art.106) auszusprechen.

G12/91
Das Verfahren für den Erlass einer Entscheidung im schriftlichen Verfahren ist mit dem Tag der Abgabe der Entscheidung durch die Formalprüfungsstelle der Abteilung an die interne Poststelle des EPA zum Zweck der Zustellung abgeschlossen.

T73/84
Erklärt der Inhaber eines europäischen Patents im Einspruchs- oder Beschwerdeverfahren, dass er der Aufrechterhaltung des Patents in der erteilten Fassung nicht zustimme und keine geänderte Fassung vorlegen werde, so ist das Patent zu widerrufen.

T186/84
Beantragt der Patentinhaber im Einspruchsverfahren den Widerruf seines Patents, so ist dieses ohne Sachprüfung der Patenthinderungsgründe zu widerrufen.

T237/86
Wird Beschwerdekammer mitgeteilt, dass Beschwerdeführer und Beschwerdegegner den Widerruf des Patents wünschen, dann kann die Kammer von ihrer Befugnis nach Art.111(1) Gebrauch machen und das Patent widerrufen. Die Erklärung "Wir verzichten hiermit auf das obengenannte Patent" [...] kommt in diesem Fall einem Antrag auf Widerruf des Patents gleich.

T1685/07
Neben dem Zeitpunkt der Antragsstellung ist dabei gerade auch von Bedeutung, ob die jeweilige Ansprüchsfassungen „konvergierenden" oder „divergierenden", also den Gegenstand des unabhängigen Anspruchs eines Hauptantrags in eine Richtung bzw. in eine Richtung eines Erfindungsgedankens zunehmend einschränkend weiterentwickeln oder etwa durch Aufnahme jeweils verschiedener Merkmale unterschiedliche Weiterentwicklungen verfolgen.

Einspruch

Beendigung des Einspruchs

Einspruchsabteilung [Art.19(2)] — Art.101, R.82

	Handlung	Voraussetzung	Norm		Handlung	Frist	Nachfrist	Rechtsfolge	Rechtsbehelf
124 (Endentscheidung [317])	**Widerruf** des Patents	• sachliche Gründe • kein Interesse des PI [318]	Art.101(2) S.1 Art.101(3)b)		-- z.B. Antrag auf Widerruf [T237/86], Verzichtserklärung [T186/84], keine geänderte Fassung vorgelegt [T73/84]	mit Entscheidung	--	(!) Widerruf des Patents^BF wirksam mit Abgabe an interne EPA-Poststelle ODER Verkündung Erteilung in MV G12/91, D-VI,7.1	**Beschwerde (+)** durch beschwerten Beteiligten G1/90
		• fehlender Vertreter nach Unterbrechung nach R.142(1)c)	R.142(3)a)		neue Vertretung benennen	3 M ab Unterbrechung	2 M ab Mitt. +10Tage		
125	**Zurückweisung** des Einspruchs	Einspruchsgründe stehen Patent in unveränderter Form nicht entgegen	Art.101(2) S.2		--	mit Entscheidung	--	Zurückweisung Einspruchs^BF wirksam mit Abgabe an interne EPA-Poststelle ODER Verkündung Erteilung in MV G12/91, D-VI,7.1	**Beschwerde (+)** durch beschwerten Beteiligten G1/90

126 (Zwischenentscheidung)	**Aufrechterhaltung** des EP-Patents in geändertem Umfang [319]	**Schritt 1**
		1) keine Erweiterung des Schutzbereichs Art.123(3)
		2) keine unzulässige Änderung Art.123(2)
		3) Veranlassung der Änderung durch Einspruchsgrund R.80
		4) formelle Erfordernisse
		  • Kenntlichmachung der Änderungen [R.137(4)]
		  • keine handschriftlichen Änderungen [R.86, ABl.2013,603] Art.84
		5) Konvergenz [T1685/07]
		(= Gegenstand in einer Richtung zunehmend einschränkend weiterentwickelt)
			Art.101(3)a)
			iVm
			R.82
				Schritt 1	1) Einverständnis aller Beteiligten zur Zwischenentscheidung 2 M ab R.82(1)-Mitt. +10Tage R.82(1)	2 M ab Mitt. +10Tage R.82(1)	--	(+) Auff. an PI gem. Schritt 2
								(!) evtl. Fortsetzung des Einspruchs R.82(2)
									Beschwerde (+) G1/88

				Schritt 2	2) Veröffentlichungsgebühr [75€] UND R.82(2)S.2, Art.2(1) Nr.8 GebO 3) Übersetzung neuer Ansprüche in alle Amtssprachen R.82(2) S.2 iVm Art.14(1)	3 M ab Mitt. +10Tage R.82(1)	2 M ab Mitt. +10Tage +Zuschlag [120 €] R.82(3), Art.2(1) Nr.9 GebO	(+) Beschränkung des Patentes mit Wirkung ab Hinweis im Europ. Patentblatt [320] UND Veröff. der neuen Fassung Art.103, R.87	**WE (+)** ODER **Beschwerde (+)** durch beschwerten Beteiligten G1/90
				Schritt 3	4) Übersetzung vor den nat. Ämtern Art.65(1), 70(3), (4) iVm NatR IV UND 5) ggf. nat. Veröffentlichungsgebühr Art.65(2), NatR IV UND 6) nat. Jahresgebühren NatR VI	3 M nach Hinweis auf Aufrechterhaltung in geänderter Fassung Art.65(1)	siehe NatR	**unanfechtbare Endentscheidung** über Aufrechterhaltung UND Veröff. neuer EP-Schrift Art.103 Beschränkung wirkt auf AT zurück Art.68 iVm 105b(2) (!) Widerruf EP-Patent in Form einer **Entscheidung**^BF R.82(3)S.2	siehe NatR

[317] Beschwerdefähiges Urteil; KOSTEN: jeder Beteiligte trägt die ihm erwachsenen Kosten selbst [Art.104(1)]. ABER: Einspruchsabteilung kann andere Kostenverteilung anordnen, bspw. durch eine Beweisaufnahme, eine mündliche Verhandlung oder andere Umstände entstanden; Die Kostenverteilung wird in der Entscheidung über den Einspruch angeordnet und ist ein Teil der Hauptentscheidung.

[318] Erklärung des PI über Desinteresse am EP-Patent, wird unabhängig von Formulierung als Antrag auf Widerruf betrachtet [T237/86, D-VIII,1.2.5].

[319] Feststellungsurteil bedarf der Zustimmung der Beteiligten.

[320] Die Entscheidung über Einspruch erfasst das EP-Patent mit Wirkung für alle Vertragsstaaten, für die es erteilt worden ist [Art.105b(3)].

EPÜ 2000

Artikel 104[109],[110]
Kosten

(1) Im Einspruchsverfahren trägt jeder Beteiligte die ihm erwachsenen Kosten selbst, soweit nicht die Einspruchsabteilung, wenn dies der Billigkeit entspricht, nach Maßgabe der Ausführungsordnung eine andere Verteilung der Kosten anordnet.

(2) Das Verfahren zur Kostenfestsetzung regelt die Ausführungsordnung.

(3) Jede unanfechtbare Entscheidung des Europäischen Patentamts über die Festsetzung der Kosten wird in jedem Vertragsstaat in Bezug auf die Vollstreckung wie ein rechtskräftiges Urteil eines Zivilgerichts des Staats behandelt, in dem die Vollstreckung stattfindet. Eine Überprüfung dieser Entscheidung darf sich lediglich auf ihre Echtheit beziehen.

[109] Geändert durch die Akte zur Revision des Europäischen Patentübereinkommens vom 29.11.2000.
[110] Siehe hierzu Entscheidung der GBK **G 3/99** (Anhang I).

Artikel 119[135],[136]
Zustellung

Entscheidungen, Ladungen, Bescheide und Mitteilungen werden vom Europäischen Patentamt von Amts wegen nach Maßgabe der Ausführungsordnung zugestellt. Die Zustellungen können, soweit dies außergewöhnliche Umstände erfordern, durch Vermittlung der Zentralbehörden für den gewerblichen Rechtsschutz der Vertragsstaaten bewirkt werden.

[135] Geändert durch die Akte zur Revision des EPÜ vom 29.11.2000.
[136] Siehe den BdP des EPA über das Pilotprojekt zur Einführung neuer Einrichtungen zur elektronischen Nachrichtenübermittlung für Verfahren vor dem Europäischen Patentamt, ABl. EPA 2015, A28. Siehe auch die Mitteilung des Europäischen Patentamts über die Verwendung von Zustellanschriften, ABl. EPA 2014, A99.

EPÜAO

Regel 14[16]
Aussetzung des Verfahrens
[...]

(3) Bei der Aussetzung des Erteilungsverfahrens oder später kann das Europäische Patentamt einen Zeitpunkt festsetzen, zu dem es beabsichtigt, das Erteilungsverfahren ohne Rücksicht auf den Stand des nach Absatz 1 eingeleiteten nationalen Verfahrens fortzusetzen. Diesen Zeitpunkt teilt es dem Dritten, dem Anmelder und gegebenenfalls dem Beteiligten mit. Wird bis zu diesem Zeitpunkt nicht nachgewiesen, dass eine rechtskräftige Entscheidung ergangen ist, so kann das Europäische Patentamt das Verfahren fortsetzen.

(4) Alle am Tag der Aussetzung laufenden Fristen mit Ausnahme der Fristen zur Zahlung der Jahresgebühren werden durch die Aussetzung gehemmt. An dem Tag der Fortsetzung des Verfahrens beginnt der noch nicht verstrichene Teil einer Frist zu laufen. Die nach der Fortsetzung verbleibende Frist beträgt jedoch mindestens zwei Monate.

[16] Siehe BdP des EPA, ABl.2013, 600.

Regel 78[85]
Verfahren bei mangelnder Berechtigung des Patentinhabers

(1) Weist ein Dritter dem Europäischen Patentamt während eines Einspruchsverfahrens oder während der Einspruchsfrist nach, dass er gegen den Inhaber des europäischen Patents ein Verfahren eingeleitet hat mit dem Ziel, eine Entscheidung im Sinne des Art.61(1) zu erwirken, so wird das Einspruchsverfahren ausgesetzt, es sei denn, der Dritte erklärt dem Europäischen Patentamt gegenüber schriftlich seine Zustimmung zur Fortsetzung des Verfahrens. Diese Zustimmung ist unwiderruflich. Das Verfahren wird jedoch erst ausgesetzt, wenn die Einspruchsabteilung den Einspruch für zulässig hält. R.14(2-4) ist entsprechend anzuwenden.

(2) Ist ein Dritter nach Art.99(4) in Bezug auf einen oder mehrere benannte Vertragsstaaten an die Stelle des bisherigen Patentinhabers getreten, so kann das im Einspruchsverfahren aufrechterhaltene europäische Patent für diesen Staat oder diese Staaten unterschiedliche Patentansprüche, Beschreibungen und Zeichnungen enthalten.

[85] Siehe hierzu Entscheidung der GBK **G 3/92** (Anhang I).

Regel 84[92]
Fortsetzung des Einspruchsverfahrens von Amts wegen

(1) Hat der PI in allen benannten Vstaaten auf das europäische Patent verzichtet oder ist das Patent in allen diesen Staaten erloschen, so kann das Einspruchsverfahren fortgesetzt werden, wenn der Einsprechende dies innerhalb von zwei Monaten nach einer Mitteilung des EPAs über den Verzicht oder das Erlöschen beantragt.

(2) Stirbt ein Einsprechender oder verliert er seine Geschäftsfähigkeit, so kann das Einspruchsverfahren auch ohne die Beteiligung seiner Erben oder gesetzlichen Vertreter von Amts wegen fortgesetzt werden. Das Verfahren kann auch fortgesetzt werden, wenn der Einspruch zurückgenommen wird.

[92] Siehe hierzu Entscheidungen der GBK **G 4/88**, **G 7/91**, **G 8/91**, **G 8/93**, **G 3/99** (Anhang I).

Regel 88
Kosten

(1) Die Kostenverteilung wird in der Entscheidung über den Einspruch angeordnet. Berücksichtigt werden nur die Kosten, die zur zweckentsprechenden Wahrung der Rechte notwendig waren. Zu den Kosten gehört die Vergütung für die Vertreter der Beteiligten.

(2) Die Einspruchsabteilung setzt auf Antrag den Betrag der Kosten fest, die aufgrund einer rechtskräftigen Entscheidung über deren Verteilung zu erstatten sind. Dem Antrag sind eine Kostenberechnung und die Belege beizufügen. Zur Festsetzung der Kosten genügt es, dass sie glaubhaft gemacht werden.

(3) Innerhalb eines Monats nach Mitteilung der Kostenfestsetzung nach **Absatz 2** kann eine Entscheidung der Einspruchsabteilung über die Kostenfestsetzung beantragt werden. Der Antrag ist schriftlich einzureichen und zu begründen. Er gilt erst als gestellt, wenn die vorgeschriebene Gebühr entrichtet worden ist.

(4) Über einen Antrag nach **Absatz 3** entscheidet die Einspruchsabteilung ohne mündliche Verhandlung.

Rechtsprechung

T146/82

1. Weist ein Dritter, der die Aussetzung des europäischen Patenterteilungsverfahrens nach R.13(1) begehrt, dem Europäischen Patentamt nach, dass er bei einem nationalen Gericht ein rechtserhebliches Verfahren eingeleitet hat, so muss die Aussetzung angeordnet werden, sofern die europäische Patentanmeldung nicht zurückgenommen worden ist oder als zurückgenommen gilt.

2. Setzt das Europäische Patentamt gemäß R.13(3) einen Zeitpunkt fest, zu dem es das europäische Patenterteilungsverfahren fortzusetzen beabsichtigt, so kann auf späteren Antrag des Anmelders oder des Dritten, der die Aussetzung beantragt hat, der Zeitpunkt geändert oder die Aussetzung des Verfahrens aufgehoben werden.

J38/92
J39/92

1. Ein Rechtsübergang der europäischen Patentanmeldung kann in das Europäische Patentregister aufgrund einer öffentlichen Urkunde gemäß R.20(1) nur eingetragen werden, wenn sich der Rechtsübergang aus der öffentlichen Urkunde unmittelbar ergibt.

2. Öffentliche Urkunden, die selbst einen Rechtsübergang nicht bezeugen, aus denen sich aber mittelbar ergibt, daß ein Rechtsübergang aufgrund einer anderen, nicht eingereichten Urkunde eingetreten ist, reichen für eine Umschreibung nach R.20 nicht aus.

3. Die Aussetzung eines Erteilungsverfahrens bewirkt, daß das Erteilungsverfahren unverändert in dem Rechtsstadium verbleibt, in dem es sich zum Zeitpunkt der Aussetzung befand.

4. Eine Kostenverteilung findet im Umschreibungsverfahren grundsätzlich nicht statt.

J28/94

Die aufschiebende Wirkung der Beschwerde verhindert den Eintritt der Rechtskraft der Entscheidung bis zum Abschluß des Beschwerdeverfahrens. Gerechtfertigt ist dies durch das Erfordernis zu verhindern, daß der Eintritt der Rechtskraft die Beschwerde gegenstandslos macht. Wenn also eine Entscheidung, mit der es abgelehnt wird, die Bekanntmachung des Hinweises auf die Erteilung eines Patents zu verschieben, Gegenstand einer Beschwerde ist, dann muß die Bekanntmachung bis zum Abschluß des Beschwerdeverfahrens aufgehalten werden. Wenn es sich, wie in vorliegenden Fall, aus sachlichen Gründen als unmöglich erweist, die Bekanntmachung zu verschieben, dann hat das EPA alle geeigneten Maßnahmen zu ergreifen, um die Öffentlichkeit über die Ungültigkeit des Hinweises auf die Erteilung zu unterrichten.

Beendigung des Einspruchs (Fortsetzung)

	Antrag	Voraussetzung	Norm	Handlung	Zulässigkeit	Frist	Rechtsfolge	Behelf	WICHTIG
127	**Aussetzung** [321]	1) Vindikationsverfahren gegen PI durch einen Dritten mit Ziel der Übertragung des EP-Patents i.S.d. **Art.61(1)** (= Entscheidung i.S.d. Art.61(1)) 2) Einspruch wirksam eingelegt D-VII, 4	**R.78(1)**	Antrag auf beschwerdefähige Entscheidung über Verfahrensaussetzung mit Nachweis	jeder Dritter	»jederzeit« nach Einspruchsfrist	Fristhemmung [322] und Verfahren verbleibt im gegenwärtigen Rechtsstadium [323] **R.14(4)** **ODER** Fortsetzung mit Zustimmung des Dritten **R.78(1)**	--	autom. Abbuchungsauftrag verliert Wirkung **ABl.2014,24** Aussetzung wird im EP-Patentregister eingetragen;
128	**Fortsetzung** des Einspruchs	PI verzichtet auf/erlöschen des EP-Patent [324]	**R.84(1)**	»schriftlicher« und »begründeter« Antrag	Einsprechender	**2 M** ab Mitt. +10Tage	(–) Verfahrenseinstellung	--	Verzicht/Erlöschen gilt nur *ex nunc*
129	**Verfahrenseinstellung**	Verzichtserklärung PI (Art.105a) **ODER** Erlöschen des Patents — **R.84(1)**	**R.84(1)**	kein Antrag auf Fortsetzung des Einspruchs durch Einsprechenden **ODER** Verzichtserklärung PI ggü nat. Behörden aller benannter Vertragsstaaten	Beteiligte	**2 M** nach Mitt.	(+) Erlöschen des Patents **R.84(1)** Verfahrenseinstellung **ODER** (–) Verfahrensfortsetzung	--	Fortsetzung auf Antrag des Einsprechenden möglich
		[Tod/Verlust Rechtsgeschäftsfähigkeit Einsprechender **ODER** Zurücknahme Einspruch] **UND** kein Anlass zur Fortsetzung von Amts wegen D-VIII, 2.5	**R.84(2)**	nichts	Beteiligte	keine	(+) Verfahrenseinstellung **ODER** (–) Verfahrensfortsetzung	--	Fortsetzung von Amts wegen möglich
130	**Kostenfestsetzung** *(Kostenverteilung)*	rechtskräftige Entscheidung über Kostenverteilung iSv **R.88(2)**	**Art.104(2), R.88(2)**	Antrag mind. eines Beteiligten mit Kostenberechnung und Belegen	Beteiligte	--	Einspruchsabteilung setzt Kostenbetrag fest **UND** Mitt. an Beteiligte **Art.119**	Antrag auf Entscheidung **R.88(3)**	
131	Entscheidung über Kostenfestsetzung	Zustellung Mitt. zur Kostenfestsetzung	**R.88(3)**	»schriftlich« und »begründeter« Antrag **UND** Kostenfestsetzungsgebühr [75 €] **R.88(3)S.3, Art.2(1) Nr.16 GebO**	Beteiligte	**1 M** nach Kostenmitt. +10Tage	Entscheidung Einspruchsabteilung ohne mndl. Verhandlung **R.88(4)**	--	**Beschwerde (+)** E-X, 4

[321] vorläufige Verfahrenshandlung zur unmittelbaren Wahrung möglicher Rechte Dritter [J28/94; J15/06]; ZUSTÄNDIGES ORGAN: Rechtsabteilung [Art.20 iVm ABl.2013,600].

[322] Hemmung aller laufenden Fristen (AUßER Zahlung Jahresgebühr, da auch von Drittem zahlbar) [R.14(4)] (d.h. nicht verstrichener Teil der Frist läuft ab Tag der Fortsetzung Erteilungsverfahrens weiter, beträgt aber mind. 2 M, A-IV,2.2.4); FORTSETZUNG ERTEILUNGSVERFAHREN: [1] nach rechtskräftiger Entscheidung iSv R.61(1) (bei Entscheidung zugunsten Dritten, frühestens 3M nach Rechtskraft AUßER Dritter beantragt Fortsetzung) [R.14(2)] ODER [2] Anordnung durch Rechtsabteilung BF [R.14(3), J33/03]; Änderung Fortsetzungszeitpunkt durch begründeten Antrag möglich [T146/82, ABl.1985,267].

[323] weder EPA noch Parteien können wirksam Rechtsakte vornehmen [J38/92; J39/92, ABl.1996,A86]

[324] Wirkung nur *ex nunc*.

EPÜ 2000

Artikel 105a[113]
Antrag auf Beschränkung oder Widerruf

(1) Auf Antrag des Patentinhabers kann das europäische Patent widerrufen oder durch Änderung der Patentansprüche beschränkt werden. Der Antrag ist beim Europäischen Patentamt nach Maßgabe der Ausführungsordnung zu stellen. Er gilt erst als gestellt, wenn die Beschränkungs- oder Widerrufsgebühr entrichtet worden ist.

(2) Der Antrag kann nicht gestellt werden, solange ein Einspruchsverfahren in Bezug auf das europäische Patent anhängig ist.

[113] Eingefügt durch die Akte zur Revision des Europäischen Patentübereinkommens vom 29.11.2000.

Artikel 105b[114]
Beschränkung oder Widerruf des europäischen Patents

(1) Das Europäische Patentamt prüft, ob die in der Ausführungsordnung festgelegten Erfordernisse für eine Beschränkung oder den Widerruf des europäischen Patents erfüllt sind.

(2) Ist das Europäische Patentamt der Auffassung, dass der Antrag auf Beschränkung des europäischen Patents diesen Erfordernissen genügt, so beschließt es nach Maßgabe der Ausführungsordnung die Beschränkung oder den Widerruf des europäischen Patents. Andernfalls weist es den Antrag zurück.

(3) Die Entscheidung über die Beschränkung oder den Widerruf erfasst das europäische Patent mit Wirkung für alle Vertragsstaaten, für die es erteilt worden ist. Sie wird an dem Tag wirksam, an dem der Hinweis auf die Entscheidung im Europäischen Patentblatt bekannt gemacht wird.

[114] Eingefügt durch die Akte zur Revision des Europäischen Patentübereinkommens vom 29.11.2000.

Artikel 105c[115]
Veröffentlichung der geänderten europäischen Patentschrift

Ist das europäische Patent nach Art.105b(2) beschränkt worden, so veröffentlicht das Europäische Patentamt die geänderte europäische Patentschrift so bald wie möglich nach Bekanntmachung des Hinweises auf die Beschränkung im Europäischen Patentblatt.

[115] Eingefügt durch die Akte zur Revision des Europäischen Patentübereinkommens vom 29.11.2000.

EPÜAO

Regel 90
Gegenstand des Verfahrens

Gegenstand des Beschränkungs- oder Widerrufsverfahrens nach Art.105a ist das europäische Patent in der erteilten oder im Einspruchs- oder Beschränkungsverfahren vor dem Europäischen Patentamt geänderten Fassung.

Regel 91
Zuständigkeit für das Verfahren

Über Anträge auf Beschränkung oder Widerruf des europäischen Patents nach Art.105a entscheidet die Prüfungsabteilung. Art.18(2) ist entsprechend anzuwenden.

Regel 92
Antragserfordernisse

(1)[95] Der Antrag auf Beschränkung oder Widerruf eines europäischen Patents ist schriftlich in einer der Amtssprachen des Europäischen Patentamts zu stellen. Er kann auch in einer Amtssprache eines Vertragsstaats eingereicht werden, sofern innerhalb der in R.6(2) genannten Frist eine Übersetzung in einer der Amtssprachen des Europäischen Patentamts vorgelegt wird. Die Vorschriften des Dritten Teils der Ausführungsordnung sind auf die im Beschränkungs- oder Widerrufsverfahren eingereichten Unterlagen entsprechend anzuwenden.

(2) Der Antrag muss enthalten:

a) Angaben zur Person des antragstellenden Patentinhabers (Antragsteller) nach Maßgabe der R.41(2) c) sowie die Angabe der Vertragsstaaten, für die der Antragsteller Inhaber des Patents ist;

b) die Nummer des Patents, dessen Beschränkung oder Widerruf beantragt wird, und eine Liste der Vertragsstaaten, in denen es wirksam geworden ist;

c) gegebenenfalls Namen und Anschrift der Inhaber des Patents für die Vertragsstaaten, in denen der Antragsteller nicht Inhaber des Patents ist, sowie den Nachweis, dass der Antragsteller befugt ist, im Verfahren für sie zu handeln;

d) falls die Beschränkung des Patents beantragt wird, eine vollständige Fassung der geänderten Patentansprüche und gegebenenfalls der Beschreibung und Zeichnungen in der geänderten Fassung;

e) falls ein Vertreter des Antragstellers bestellt ist, Angaben zur Person nach Maßgabe der R.41(2) d).

[95] Geändert durch Beschluss des Verwaltungsrats CA/D 4/08 vom 21.10.2008 (ABl. EPA 2008, 513), in Kraft getreten am 01.04.2009.

Regel 93
Vorrang des Einspruchsverfahrens

(1) Der Antrag auf Beschränkung oder Widerruf gilt als nicht eingereicht, wenn im Zeitpunkt der Antragstellung ein Einspruchsverfahren in Bezug auf das Patent anhängig ist.

(2) Ist im Zeitpunkt der Einlegung eines Einspruchs gegen ein europäisches Patent ein Beschränkungsverfahren in Bezug auf dieses Patent anhängig, so stellt die Prüfungsabteilung das Beschränkungsverfahren ein und ordnet die Rückzahlung der Beschränkungsgebühr an. Hat der Antragsteller die in R.95(3) S.1 genannte Gebühr bereits entrichtet, so wird deren Rückzahlung ebenfalls angeordnet.

Regel 94
Verwerfung des Antrags als unzulässig

Stellt die Prüfungsabteilung fest, dass der Antrag auf Beschränkung oder Widerruf des europäischen Patents nicht den Erfordernissen der R.92 entspricht, so fordert sie den Antragsteller auf, die festgestellten Mängel innerhalb einer zu bestimmenden Frist zu beseitigen. Werden die Mängel nicht rechtzeitig beseitigt, so verwirft sie den Antrag als unzulässig.

Regel 95
Entscheidung über den Antrag

(1) Ist ein Antrag auf Widerruf zulässig, so widerruft die Prüfungsabteilung das Patent und teilt dies dem Antragsteller mit.

(2) Ist ein Antrag auf Beschränkung zulässig, so prüft die Prüfungsabteilung, ob die geänderten Patentansprüche gegenüber den Ansprüchen in der erteilten oder im Einspruchs- oder Beschränkungsverfahren geänderten Fassung eine Beschränkung darstellen und den Art.84 und Art.123(2) und (3) genügen. Entspricht der Antrag nicht diesen Erfordernissen, so gibt die Prüfungsabteilung dem Antragsteller einmal Gelegenheit, die festgestellten Mängel zu beseitigen und die Patentansprüche und gegebenenfalls die Beschreibung und Zeichnungen innerhalb einer zu bestimmenden Frist zu ändern.

(3)[96] Ist einem Antrag auf Beschränkung nach Absatz 2 stattzugeben, so teilt die Prüfungsabteilung dies dem Antragsteller mit und fordert ihn auf, innerhalb einer Frist von drei Monaten die vorgeschriebene Gebühr zu entrichten und eine Übersetzung der geänderten Patentansprüche in den Amtssprachen des Europäischen Patentamts einzureichen, die nicht die Verfahrenssprache sind; R.82(3) S.1 ist entsprechend anzuwenden. Nimmt der Antragsteller diese Handlungen rechtzeitig vor, so beschränkt die Prüfungsabteilung das Patent.

(4) Unterlässt es der Antragsteller, auf die Mitteilung nach Absatz 2 rechtzeitig zu antworten oder kann dem Antrag auf Beschränkung nicht stattgegeben werden, oder nimmt der Antragsteller die nach Absatz 3 erforderlichen Handlungen nicht rechtzeitig vor, so weist die Prüfungsabteilung den Antrag zurück.

[96] Geändert durch Beschluss des Verwaltungsrats CA/D 2/10 vom 26.10.2010 (ABl. EPA 2010, 637), in Kraft getreten am 01.04.2012.

Regel 96
Inhalt und Form der geänderten europäischen Patentschrift

Die geänderte europäische Patentschrift enthält die Beschreibung, Patentansprüche und Zeichnungen in der geänderten Fassung. R.73(2) und (3) und R.74 sind anzuwenden.

Beschränkungs-/Widerspruchsverfahren

Beschränkungs-/Widerspruchsverfahren [325]

Formalprüfer
Art.105a bis 105b iVm R.90 bis 96; D-X, 2

		Norm	Erfordernis	Frist	Nachfrist	Rechtsfolge	Rechtsbehelf
132	**Voraussetzung**	D-X, 1	„erteiltes Patent" UND kein anhängiges Einspruchsverfahren [Art.105a(2), R.93(1)]	»jederzeit« nach Erteilung/Einspruch/Erlöschen des EP-Patents	--	(+) Antrag gilt als gestellt, Verfahren wird eröffnet (−) Antrag gilt als nicht gestellt MIT Art.119-Mitt. an Antragsteller Gebührenrückzahlung R.93(2)	
133	**Antragsberechtigt** D-X, 1	Art.105a(1)	Patentinhaber ODER bestellter Vertreter [Art.133(2)]				
134	**Anmeldeamt** D-X,2.1		nur beim EPA in München, Den Haag, Berlin [326]				
135	**Art der Einreichung**	R.2(1)	unmittelbare Übergabe, Post, Fax oder Online-Einreichung möglich [ABl.2009, 182]				
136	**Erfordernisse am ET**	Art.105a(1) R.92	1) »schriftlicher« **Antrag** [327] muss enthalten [R.92(1)] i) Identität des Antragstellers nach R.41(2) c) [R.92(2)a)] ii) VStaaten in denen Antragsteller PI ist [328] [R.92(2)a)] iii) Nummer des EP-Patents [R.92(2)b)] iv) VStaaten, in denen EP-Patent wirksam geworden [329] [R.92(2)b)] v) ggf. Berechtigungsnachweis für VStaaten in denen Antragsteller nicht PI [R.92(2)c)] vi) bei Beschränkung: neue Fassung Patentansprüche und ggf. Beschreibungsanpassung [R.92(2)d] vii) Vertreterangaben nach R.41(2) d) [R.92(2)e)] [330] 2) Beschränkungs- [1.155 €] ODER **Widerrufsgebühr [520 €]** Art.105a(1), Art.2(1) Nr.10a GebO	am ET	R.94-Auff. zur Mängelbeseitigung innerhalb „zu best. Frist" (idR 2 M +10Tage)	(+) Antrag zulässig (−) Antrag als unzulässig verworfen und Art.119-Mitt. an Antragsteller	WB(−) WE(+) **Beschwerde (+)** Art.106(1) D-X, 2.2
137	**Sprache** D-X,2.1	R.92(1)	Amtssprache (DE/EN/FR) ODER zugelassene Nichtamtssprache Art.14(4)	ggf. Übersetzung 1 M nach ET Art.14(4), R.6(2)	keine	(−) Antrag gilt als nicht gestellt MIT Art.119-Mitt. an Antragsteller ggf. Gebührenrückzahlung	--

BESCHRÄNKUNGSVERFAHREN: unterschiedliche Anspruchssätze für verschiedene VStaaten möglich, wenn unterschiedliche Patentansprüche für verschiedene VStaaten wg. ältere nationale Rechte oder St.d.T. nach **Art.54(3)** ODER durch teilweisen Rechtsübergang [**Art.61**, D-X,10.1].

[325] STATTHAFTIGKEIT: Einspruchsverfahren hat Vorrang, so dass nach Einlegung eines Einspruchs ein bereits anhängiges Beschränkungsverfahren eingestellt wird [**R.138**, D-X,10.1] und/oder Auswahl einzelner VStaaten [**R.138**, D-X,10.1]; nur Widerrufsantrag geht vor.
WIRKUNG DER ENTSCHEIDUNG: gilt bei Widerruf/Beschränkung des EP-Patents als von Anfang an eingetreten (*ex tunc*) [**Art.68**] UND für alle Vertragsstaaten [**Art.105b(3)**].
[326] EINREICHUNG BEI NAT. BEHÖRDE: Weiterleitung nach **Art.77** hat **keine** rechtliche Wirkung, ABER: entscheidet sich nat. Behörde zur Weiterleitung, so gilt TA erst am Eingangstag der Unterlagen beim EPA als eingereicht.
[327] Antragsteller kann Antrag auf Beschränkung/Widerruf jederzeit zurücknehmen, sofern der Antrag noch anhängig ist. ABER Beschränkungs- bzw. Widerrufsgebühr wird **nicht** zurückerstattet [D-X,9].
[328] Für Vertragsstaaten in denen Antragsteller nicht PI: **[1]** Name und Anschrift des anderen PI und **[2]** Nachweis zur Handlungsbefugnis des Antragstellers [**R.92(2)a)**], auch für Vertragsstaaten in denen Patent erloschen, wegen Rückwirkung.
[329] Auch Angabe der Vertragsstaaten in denen Patent mittlerweile erloschen.
[330] gemeinsame Inhaber für gleichen oder unterschiedliche Vertragsstaaten gelten Vertretererfordernisse gem. **R.151** (gemeinsame Vertretung).

materialrechtliche Prüfung

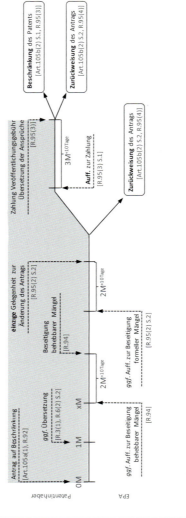

Verhältnis Beschränkungs-/Widerspruchsverfahren zum Einspruchs(beschwerde-)verfahren
D-X,7.1, RBK IV-C,5.1

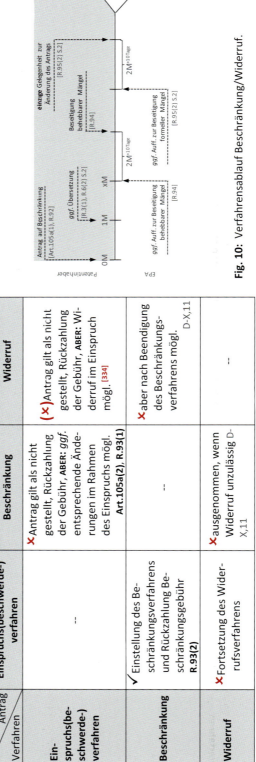

Fig. 10: Verfahrensablauf Beschränkung/Widerruf.

---

[331] Kann bei Antragstellung aber auch im Laufe des Verfahrens eingereicht werden; Zweck hat keinen Einfluss darauf ob Antrag stattzugeben ist; Hilfsantrag zulässig.

[332] Stattgabe = Genehmigung der eingereichten Fassung; Amt ist nicht zu Änderungen berechtigt.

[333] Wurden Mängel daraufhin nicht beseitigt und/oder neue Mängel geschaffen ergeht erneute **R.95(2)**-Mitt., gefolgt von Zurückweisung des Antrages; keine weiteren Änderungen erlaubt; MV muss stattgegeben werden, auch da ist bei bereits einmaliger Änderung keine erneute Änderung mögl.; <u>EINWENDUNG DRITTER</u>: Kein Grund für weitere Änderungen durch Antragssteller [D-X,4.5].

[334] Erklärt PI im Einspruchs(beschwerde)verfahren, dass er Aufrechterhaltung des Patents in der erteilten Fassung nicht zustimme und keine geänderte Fassung vorlegen werde, so ist das Patent zu widerrufen keine geänderte [**T73/84**, **T1157/85**, **ABl.1985, 241**].

Entscheidung

Prüfungsabteilung, R.91 iVm Art.18(2) D-X,3 und 4

Antrag	Voraussetzung	Norm	zu erbringende Handlung	Frist	Nachfrist	Rechtsfolge	Wirkung	Rechtsbehelf
141 Widerrufverfahren D-X,3	zulässiger Antrag	Art.105b(3), R.95(1)	--	--	--	Widerruf des Patentes mit Wirkung ab Hinweis im EP-Patentblatt **UND** Mitt. an Anmelder	*ex tunc* [335] gültig in allen Vertragsstaaten **Art.68** iVm **105b(3)**	
142 Beschränkungsverfahren D-X,5	R.95(3)-Mitt.	Art.105b(3), R.95(3)	Zahlung Veröffentlichungsgebühr **[75 €]** Art.2(1) Nr.8 GebO **UND** Übersetzung beschränkter Ansprüche in alle Amtssprachen	**3 M ab Mitt.** +10Tage	**2 M** +Zuschlag **[120 €]** **R.82(3) S.1** iVm Art.2(1) Nr.9 GebO	⊕ Beschränkung des Patentes mit Wirkung ab Hinweis im Europ. Patentblatt **Art.105b(2)** **UND** Veröff. der neuen Fassung **Art.105c** iVm **R.96** — Ⓘ Antrag zurückgewiesen **Art.105b(2) S.2**	*Ex tunc* [335] gültig für alle beantragten Vertragsstaaten **Art.68** iVm **105b(3)**	**WE (+)**, **Beschwerde (+)**

Unterschiedliche Anspruchssätze für verschiedene VStaaten

	Voraussetzung	Rechtsnorm	Handlung	bei Versäumnis	Rechtsfolge
143 Beschränkung die zu unterschiedlichen Ansprüchen für verschiedene VStaaten führt D-X,10.1	Auffinden und/oder Mitteilung über neuer älterer nat. Rechte bedingt nach **Art.54(3)**	**Art.105b(3)** iVm **R.138**	Einreichung unterschiedlicher Anspruchssätze **UND** Mitteilung an das EPA über das Bestehen älterer nationaler Rechte	Antrag ist zurückzuweisen **Art.105b(2) S.2**	unterschiedliche Ansprüchen für verschiedene Vertragsstaaten
144 Unterschiede bei den für verschiedene VStaaten erteilten Patentansprüchen D-X,10.2	Beschränkungsverfahren liegen unterschiedliche Patentansprüche für verschiedene Vertragsstaaten zugrunde, wg. Bestehen älterer nationaler Rechte **[Art.54(3)]** ODER teilweisen Rechtsübergang **[Art.61]**		Änderungen		

[335] Keine Rechte aus **Art.64** und **Art.67** gewährbar.

EPÜ 2000

Artikel 106[116][117]

Beschwerdefähige Entscheidungen

(1) Die Entscheidungen der Eingangsstelle, der Prüfungsabteilungen, der Einspruchsabteilungen und der Rechtsabteilung sind mit der Beschwerde anfechtbar. Die Beschwerde hat aufschiebende Wirkung.

(2) Eine Entscheidung, die ein Verfahren gegenüber einem Beteiligten nicht abschließt, ist nur zusammen mit der Endentscheidung anfechtbar, sofern nicht in der Entscheidung die gesonderte Beschwerde zugelassen ist.

(3) Das Recht, Beschwerde gegen Entscheidungen über die Kostenverteilung oder Kostenfestsetzung im Einspruchsverfahren einzulegen, kann in der Ausführungsordnung eingeschränkt werden.

[116] Geändert durch die Akte zur Revision des EPÜ vom 29.11.2000.

[117] Siehe hierzu Entscheidungen/Stellungnahmen der GBK G 1/90, G 1/99, G 1/02, G 3/03 (Anhang I).

Artikel 109[121]

Abhilfe

(1) Erachtet das Organ, dessen Entscheidung angefochten wird, die Beschwerde für zulässig und begründet, so hat es ihr abzuhelfen. Dies gilt nicht, wenn dem Beschwerdeführer ein anderer an dem Verfahren Beteiligter gegenübersteht.

(2) Wird der Beschwerde innerhalb von drei Monaten nach Eingang der Begründung nicht abgeholfen, so ist sie unverzüglich ohne sachliche Stellungnahme der Beschwerdekammer vorzulegen.

[121] Siehe hierzu Entscheidung der GBK G 3/03 (Anhang I).

Artikel 111[124]

Entscheidung über die Beschwerde

(1) Nach der Prüfung, ob die Beschwerde begründet ist, entscheidet die Beschwerdekammer über die Beschwerde. Die Beschwerdekammer wird entweder im Rahmen der Zuständigkeit des Organs tätig, das die angefochtene Entscheidung erlassen hat, oder verweist die Angelegenheit zur weiteren Entscheidung an dieses Organ zurück.

(2) Verweist die Beschwerdekammer die Angelegenheit zur weiteren Entscheidung an das Organ zurück, das die angefochtene Entscheidung erlassen hat, so ist dieses Organ durch die rechtliche Beurteilung der Beschwerdekammer, die der Entscheidung zugrunde gelegt ist, gebunden, soweit der Tatbestand derselbe ist. Ist die angefochtene Entscheidung von der Eingangsstelle erlassen worden, so ist die Prüfungsabteilung ebenfalls an die rechtliche Beurteilung der Beschwerdekammer gebunden.

[124] Siehe hierzu Entscheidungen der GBK G 9/92, G 10/93, G 3/03 (Anhang I).

Rechtsprechung

G5/91

1. Obwohl sich Art.24 nur auf die Mitglieder der BK und der GBK bezieht, gilt das Gebot der Unparteilichkeit grundsätzlich auch für Bedienstete der erstinstanzlichen Organe des EPA, die an Entscheidungen mitwirken, die die Rechte eines Beteiligten berühren.

2. Im EPÜ gibt es keine Rechtsgrundlage für eine gesonderte Beschwerde gegen die Entscheidung ines Direktors eines erstinstanzlichen Organs wie z. B. einer Einspruchsabteilung, mit der die Ablehnung eines Mitglieds dieses Organs wegen Besorgnis der Befangenheit zurückgewiesen wird. Die Zusammensetzung der Einspruchsabteilung kann jedoch mit dieser Begründung im Wege einer Beschwerde gegen deren Endentscheidung oder gegen eine Zwischenentscheidung, in der nach Art. 106(3) die gesonderte Beschwerde zugelassen ist, angefochten werden.

G9/91

Die Befugnis einer Einspruchsabteilung oder einer BK, gemäß den Art.101 und 102 zu prüfen und zu entscheiden, ob ein europäisches Patent aufrechterhalten werden soll, hängt von dem Umfang ab, in dem gemäß R.55c) in der Einspruchsschrift gegen das Patent Einspruch eingelegt wird. Allerdings können Ansprüche, die von einem im Einspruchs- oder Beschwerdeverfahren vernichteten unabhängigen Anspruch abhängig sind, auch dann auf die Patentierbarkeit ihres Gegenstands geprüft werden, wenn dieser nicht ausdrücklich angefochten worden ist, sofern ihre Gültigkeit durch das bereits vorliegende Informationsmaterial prima facie in Frage gestellt wird.

G10/91

1. Eine Einspruchsabteilung oder eine BK ist nicht verpflichtet, über die in der Erklärung gemäß R.55c) angegebenen Einspruchsgründe hinaus alle in Art.100 genannten Einspruchsgründe zu überprüfen.

2. Grundsätzlich prüft die Einspruchsabteilung nur diejenigen Einspruchsgründe, die gemäß Art.99(1) in Verbindung mit R.55c) ordnungsgemäß vorgebracht und begründet worden sind. Ausnahmsweise kann die Einspruchsabteilung in Anwendung des Art.114(1) auch andere Einspruchsgründe prüfen, die prima facie der Aufrechterhaltung des europäischen Patents ganz oder teilweise entgegenzustehen scheinen.

3. Im Beschwerdeverfahren dürfen neue Einspruchsgründe nur mit dem Einverständnis des PI geprüft werden.

G4/93

I. Ist PI alleiniger Beschwerdeführer gegen eine Zwischenentscheidung über die Aufrechterhaltung des Patents in geändertem Umfang, so kann weder Beschwerdekammer noch der nicht beschwerdeführende Einsprechende als Beteiligter nach Art.107 S.2 die Fassung des Patents gemäß Zwischenentscheidung in Frage stellen.

II. Ist Einsprechender alleiniger Beschwerdeführer gegen eine Zwischenentscheidung über Aufrechterhaltung des Patents in geändertem Umfang, so ist PI darauf beschränkt, das Patent in der Fassung zu verteidigen, die die Einspruchsabteilung ihrer Zwischenentscheidung zugrunde gelegt hat. Änderungen, die PI als Beteiligter nach Art.107 S.2 vorschlägt, können von der Beschwerdekammer abgelehnt werden [...].

G10/93

In einem Verfahren über die Beschwerde gegen eine Entscheidung einer Prüfungsabteilung, mit der eine ePa zurückgewiesen worden ist, hat die BK die Befugnis zu überprüfen, ob die Anmeldung und die Erfindung, die sie zum Gegenstand hat, den Erfordernissen des EPÜ genügen. Dies gilt auch für Erfordernisse, die die Prüfungsabteilung im Prüfungsverfahren nicht in Betracht gezogen oder als erfüllt angesehen hat. Besteht Anlaß zur Annahme, daß ein solches Patentierungserfordernis nicht erfüllt sein könnte, so bezieht die BK diesen Grund in das Verfahren ein.

G1/95

Ist der Einspruch gegen ein Patent aufgrund der in Art.100a) genannten Einspruchsgründe eingelegt, aber nur mit mangelnder Neuheit und erfinderischer Tätigkeit substantiiert worden, so gilt der Einwand, daß der Gegenstand nach Art.52(1) und (2) nicht patentfähig ist, als neuer Einspruchsgrund und darf nicht ohne das Einverständnis des Patentinhabers in das Beschwerdeverfahren eingeführt werden.

G7/95

Ist gegen ein Patent gemäß Art.100a) mit der Begründung Einspruch eingelegt worden, daß die Patentansprüche gegenüber den in der Einspruchsschrift angeführten Entgegenhaltungen keine erfinderische Tätigkeit aufweisen, so gilt ein auf die Art.52(1) und 54 gestützter Einwand wegen mangelnder Neuheit als neuer Einspruchsgrund und darf daher nicht ohne das Einverständnis des PI in das Beschwerdeverfahren eingeführt werden. Die Behauptung, daß die nächstliegende Entgegenhaltung für die Patentansprüche neuheitsschädlich ist, kann jedoch bei der Entscheidung über den Einspruchsgrund der mangelnden erfinderischen Tätigkeit geprüft werden.

T26/88

1. Wird die Frist zur Erfüllung der Anforderungen des Art.102(4),(5) nicht eingehalten, so wird das Patent sofort bei Ablauf der Frist von Rechts wegen automatisch widerrufen; für den Eintritt des Widerrufs bedarf es keiner Entscheidung.

2. Ein nach Ablauf dieser Frist ausgestelltes Schriftstück, in dem der Widerruf des Patents festgestellt wird, ist in diesem Zusammenhang nicht als Entscheidung im Sinne des Art.106(1) anzusehen, sondern als Mitteilung über den bereits eingetretenen Widerruf des Patents. Ein solches Schriftstück ist nicht beschwerdefähig.

T222/85

1. Eine Mitteilung nach R.57(1), dass der Einspruch zulässig ist, ist keine Entscheidung der Einspruchsabteilung; die Absendung einer solchen Mitteilung steht einer späteren Verwerfung des Einspruchs als unzulässig nach R.56(1) nicht entgegen, etwa wenn die Zulässigkeit vom Patentinhaber im Einspruchsverfahren angefochten wird.

2. Das Erfordernis nach R.55(c), dass die Einspruchsschrift unter anderem "die Angabe der zur Begründung vorgebrachten Tatsachen und Beweismittel" enthalten muss, ist nur erfüllt, wenn wenn sie vom Inhalt her geeignet ist, das Vorbringen des Einsprechenden objektiv verständlich zu machen.

T274/97

1. Wird ein Einspruchsgrund in der Einspruchsschrift substantiiert, aber anschließend im Verfahren vor der Einspruchsabteilung nicht aufrechterhalten, ist für den Fall, daß er im Beschwerdeverfahren wiedereingeführt werden soll, kein "neuer Einspruchsgrund" im Sinne der Stellungnahme G 10/91 und kann folglich in Ausübung des Ermessens der BK ohne das Einverständnis des PI in das Beschwerdeverfahren wiedereingeführt werden.

2. Ein Einspruchsgrund, der in der Einspruchsschrift substantiiert, aber anschließend vor der Einspruchsabteilung nicht aufrechterhalten wird, ist für den Fall, daß er im Beschwerdeverfahren wiedereingeführt werden soll, die Einspruchsabteilung nicht verpflichtet, diesen Einspruchsgrund weiter zu prüfen oder auf ihn in ihrer Entscheidung einzugehen, sofern er nicht so relevant ist, daß er der Aufrechterhaltung des Patents wahrscheinlich entgegensteht (im Anschluß an G 10/91).

Beschwerde

Art.106 bis Art.112a iVm **R.97** bis **103**, E-X

145 Beim Beschwerdeverfahren wird grundsätzlich zwischen einem **einseitigen** (*ex-parte*) und einem **zweiseitigen** (*inter-partes*) Beschwerdeverfahren unterschieden. Die Beschwerde dient der Feststellung, ob die Entscheidung des erstinstanzlichen Organs sachlich richtig war [T26/88]. Die Beschwerde hat aufschiebende Wirkung (**Suspensiveffekt**), d.h. der Eintritt der formellen Rechtskraft einer Entscheidung wird gehindert und die Entscheidung auf Grund derer Beschwerde eingelegt wurde, darf bis zur Beendigung der Beschwerde nicht vollzogen werden [**Art.106(1) S.2**, E-X,1, RBK IV-E,1,1]. [336]

	Einseitiges Beschwerdeverfahren (ex parte)	Zweiseitiges Beschwerdeverfahren (inter partes)	Beispiele für **nicht beschwerdefähige Entscheidungen**
146 Verfahrensgrundsätze	▪ Devolutiveffekt [RBK IV-E,1,2] ▪ Suspensiveffekt (Aufschiebende Wirkung), **Art.106(1) S.2** ▪ Recht und Pflicht zur Abhilfe durch erstinstanzliches Organ, wenn Beschwerde zulässig und begründet ist [**Art.109(1)**] ▪ Schlechterstellung des Beschwerdeführers ist möglich [**G10/93**]	▪ Devolutiveffekt [RBK IV-E,1,2] ▪ Suspensiveffekt (Aufschiebende Wirkung) [**Art.106(1) S.2**] ▪ Relevanzprüfung im Einspruchsbeschwerdeverfahren [**G9/91**; **G10/91**] ▪ Verbot der reformatio in peius verhindert eine Schlechterstellung des einzigen Beschwerdeführers [**G9/92**; **G4/93**] ▪ Mehrere Beschwerden gegen dieselbe Entscheidung können werden in einem Verfahren behandelte [**Art.10(1)VOBK**]	▪ R.112(1)-Mitt. [J13/83]; liegt ausschließlich R.112(1)-Rechtsverlust-Mitt. vor, muss zunächst Entscheidung nach R.112(2) beantragt werden [⤴Rdn. DI-222]. ▪ Prüfungsbescheide nach Art.94(3), R.71(2) [T5/81] ▪ R.71(3)-Mitt. [T1182/04] ▪ Ablehnung eines Fristverlängerungsgesuchs [J37/89] ▪ Auff. zur Mängelbeseitigung beim Einspruch, **R.79(1)** [T222/85] ▪ Zurückweisung eines Antrags auf Befangenheit, **Art.24(3)** [G5/91] ▪ Niederschrift der MV, **R.124** [T838/92] oder eine von Amts wegen berichtigte Niederschrift der MV [T231/99] ▪ Entscheidung der BK
147 Beschwerdeberechtigter	▪ beschwerter Verfahrensbeteiligte	▪ Hauptbeteiligte (PI oder Einsprechender) ▪ dem Verfahren Beigetretener ▪ Gesamt-/Sonderrechtsnachfolger	
148 neue Tatsachen/Beweismittel	neue Tatsachen mgl., auch Einwendungen Dritter [T667/92]	Grundsatz des erstinstanzlichen Vorbringens [**G10/91**]: keine neuen Beweismittel in Beschwerde (nur Überprüfung erster Instanz) AUSNAHME: wenn *prima facie* relevant und mit Zustimmung des PI [G1/95; G7/95]. Keine neuen Tatsachen sind im Einspruch fallengelassene Einspruchsgründe, die in Beschwerde weitergeführt werden [T274/95].	
149 Zurückverweisung	im Ermessen der Beschwerdekammer [**Art.111(1) S.2, Alt.2**]	Bindungswirkung: bei Zurückverweisung nur im individuellen Fall [J27/94]	

---

[336] z.B.: Hinweis auf Erteilung des EP-Patents unterbleibt, wenn keine Zustimmung zu R.71(3)-Mitt., aber EP-Patent dennoch in dieser Fassung erteilt [J28/94].

EPÜ 2000

Artikel 107[118]
Beschwerdeberechtigte und Verfahrensbeteiligte

Jeder Verfahrensbeteiligte, der durch eine Entscheidung beschwert ist, kann Beschwerde einlegen. Die übrigen Verfahrensbeteiligten sind am Beschwerdeverfahren beteiligt.

[118] Siehe hierzu Entscheidungen der GBK G 1/88, G 2/91, G 4/91, G 9/92, G 1/99, G 3/99, G 3/03, G 2/04, G 3/04 (Anhang I).

Artikel 108[119][120]
Frist und Form

Die Beschwerde ist nach Maßgabe der Ausführungsordnung innerhalb von zwei Monaten nach Zustellung der Entscheidung beim Europäischen Patentamt einzulegen. Die Beschwerde gilt erst als eingelegt, wenn die Beschwerdegebühr entrichtet worden ist. Innerhalb von vier Monaten nach Zustellung der Entscheidung ist die Beschwerde nach Maßgabe der Ausführungsordnung zu begründen.

[119] Geändert durch die Akte zur Revision des EPÜ vom 29.11.2000.
[120] Siehe hierzu Entscheidungen der GBK G 1/86, G 2/97, G 1/99, G 3/03, G 2/04, G 3/04 (Anhang I).

EPÜAO

Regel 97[97]
Beschwerde gegen Kostenverteilung und Kostenfestsetzung

(1) Die Verteilung der Kosten des Einspruchsverfahrens kann nicht einziger Gegenstand einer Beschwerde sein.

(2) Eine Entscheidung über die Festsetzung des Betrags der Kosten des Einspruchsverfahrens ist mit der Beschwerde nur anfechtbar, wenn der Betrag der Beschwerdegebühr übersteigt.

[97] Siehe hierzu Entscheidung der GBK G 3/03 (Anhang I).

Regel 99[98]
Inhalt der Beschwerdeschrift und der Beschwerdebegründung

(1) Die Beschwerdeschrift muss enthalten:
a) den Namen und die Anschrift des Beschwerdeführers nach Maßgabe der R.41(2) c);
b) die Angabe der angefochtenen Entscheidung und
c) einen Antrag, in dem der Beschwerdegegenstand festgelegt wird.

(2) In der Beschwerdebegründung hat der Beschwerdeführer darzulegen, aus welchen Gründen die angefochtene Entscheidung aufzuheben oder in welchem Umfang sie abzuändern ist und auf welche Tatsachen und Beweismittel er seine Beschwerde stützt.

(3) Die Vorschriften des Dritten Teils der Ausführungsordnung und die im Beschwerdeverfahren eingereichten Unterlagen entsprechend anzuwenden.

[98] Siehe hierzu Entscheidungen der GBK G 9/92, G 1/99 (Anhang I).

Regel 101[101]
Verwerfung der Beschwerde als unzulässig

(1) Entspricht die Beschwerde nicht den Art.106 bis 108, R.97 oder R. 99(1) b) oder c) oder (2), so verwirft die Beschwerdekammer sie als unzulässig, sofern die Mängel nicht vor Ablauf der Fristen nach Art.108 beseitigt worden sind.

(2) Stellt die Beschwerdekammer fest, dass die Beschwerde R.99(1) a) nicht entspricht, so teilt sie dies dem Beschwerdeführer mit und fordert ihn auf, innerhalb einer zu bestimmenden Frist die festgestellten Mängel zu beseitigen. Werden diese nicht rechtzeitig beseitigt, so verwirft die Beschwerdekammer die Beschwerde als unzulässig.

[101] Siehe hierzu Entscheidungen der GBK G 9/92, G 2/04 (Anhang I).

Regel 103[104][105]
Rückzahlung der Beschwerdegebühr

(1) Die Beschwerdegebühr wird in voller Höhe zurückgezahlt, wenn
a) der Beschwerde abgeholfen oder ihr durch die Beschwerdekammer stattgegeben wird und die Rückzahlung wegen eines wesentlichen Verfahrensmangels der Billigkeit entspricht oder
b) die Beschwerde vor Einreichung der Beschwerdebegründung und vor Ablauf der Frist für deren Einreichung zurückgenommen wird.

(2) Die Beschwerdegebühr wird in Höhe von 50 % zurückgezahlt, wenn die Beschwerde nach Ablauf der Frist nach Absatz 1 Buchstabe b zurückgenommen wird, vorausgesetzt, die Rücknahme erfolgt:
a) falls ein Termin für eine mündliche Verhandlung anberaumt wurde, mindestens vier Wochen vor diesem Termin;
b) falls kein Termin für eine mündliche Verhandlung anberaumt wurde und die Beschwerdekammer den Beschwerdeführer in einem Bescheid zur Einreichung einer Stellungnahme aufgefordert hat, vor Ablauf der von der Beschwerdekammer für die Stellungnahme gesetzten Frist,
c) in allen anderen Fällen vor Erlass der Entscheidung.

(3) Das Organ, dessen Entscheidung angefochten wurde, ordnet die Rückzahlung an, wenn es der Beschwerde abhilft und die Rückzahlung wegen eines wesentlichen Verfahrensmangels für billig erachtet. In allen anderen Fällen entscheidet die Beschwerdekammer über die Rückzahlung.

[104] Siehe hierzu Entscheidung der GBK G 3/03 (Anhang I).
[105] Geändert durch Beschluss des Verwaltungsrats CA/D 16/13 vom 13.12.2013 (ABl. EPA 2014, A3), in Kraft getreten am 01.04.2014.

Rechtsprechung

G1/86

Art.122 ist nicht so auszulegen, daß er nur auf den Patentanmelder und den PI anzuwenden ist. Ein Beschwerdeführer, der Einsprechender ist, kann nach Art.122 wieder in den vorigen Stand Eingesetzt werden, wenn er die Frist zur Einreichung der Beschwerdebegründung versäumt hat.

G2/97

Der Grundsatz von Treu und Glauben verpflichtet die BK nicht dazu, einen Beschwerdeführer auch dann darauf aufmerksam zu machen, daß eine Beschwerdegebühr noch aussteht, wenn er die Beschwerde so frühzeitig eingereicht hat, daß er die Gebühr noch rechtzeitig entrichten könnte, und wenn der der Beschwerdeschrift noch irgendeinem anderen auf die Beschwerde bezüglichen Dokument zu entnehmen ist, daß er die Frist für die Entrichtung der Gebühr ohne eine solche Mitteilung versehentlich versäumen würde.

T41/82

1. Die einschränkende Formulierung der R.67 ist eindeutig unvereinbar mit der Ansicht, es liege weitgehend im Ermessen der Beschwerdekammer, die Rückzahlung der Beschwerdegebühr anzuordnen.
2. Ist eine Beschwerde zurückgenommen worden, so kann die betreffende Beschwerdekammer in Ausübung ihrer ursprünglichen Zuständigkeit an sie gerichtete Anträge zu Fragen prüfen, die sich aus oder im Zusammenhang mit dem vorausgegangenen Beschwerdeverfahren ergeben.

T389/86

Eine Beschwerde, die nach Verkündung einer Entscheidung in einer mündlichen Verhandlung, aber vor Zustellung der schriftlich begründeten Entscheidung eingelegt wird, wahrt die Frist nach Art.108 S.1.

T212/88

1. Eine Entscheidung kann von der Stelle, die sie erlassen hat, nicht aufgehoben, sondern nur nach R.89 EPÜ berichtigt werden.
2. Die Berichtigung eines Fehlers in einer Entscheidung nach R.89 ist rückwirkend.
3. Alle Anträge von Beteiligten, einschließlich eines etwaigen Antrags auf Kostenverteilung, sind vor der Verkündung der Entscheidung am Ende der mündlichen Verhandlung zu stellen.

T210/89

1. Ein Einsprechender (Beschwerdeführer), der seine Wiedereinsetzung in den vorigen Stand nach Art.122(1) beantragt, kann sich nicht (in Anwendung des Art.125) auf den Grundsatz der "Gleichheit aller vor dem Gesetz" berufen, wenn aus verfahrensrechtlichen Gründen keine Beschwerde vorliegt; anders gelagert ist die Sache G1/86 (ABl.1987, 447). Ein Anspruch auf Wiedereinsetzung in den vorigen Stand nach Art.122(1) besteht nicht, wenn die Frist für die Einlegung einer Beschwerde (Art.108 S.1) versäumt wird.
2. Bei einem solchen Einsprechenden/Beschwerdeführer ist eine andere Rechtslage als bei demjenigen gegeben, dessen Beschwerde zwar vorliegt, dessen Beschwerdebegründung aber erst nach Ablauf der Frist eingereicht wird; vgl. G 1/86
3. Änderungen der Regeln des EPÜ gelten nicht rückwirkend (Grundsatz der Rechtssicherheit).
4. Ist die vom Präsidenten des EPA in seinem Beschluß (ABl. EPA 1987, 323*) gemäß R.36(5) festgesetzte Frist von zwei Wochen nicht eingehalten worden, so gilt die Beschwerde als nicht eingegangen.

T624/00

1. Einem Antrag auf Berichtigung einer beim EPA eingerichten Unterlage gemäß R.88 sollte in der Regel nicht stattgegeben werden, wenn die Berichtigung eine materielle Verletzung von Grundsätzen zur Folge hätte, die das grundlegende Rechtsgut der Rechtssicherheit im Verfahren verkörpern. Einer dieser Grundsätze besagt, daß ein zuständiges erstinstanzliches Organ des EPA nach Art.113(2) befugt ist, eine Entscheidung zu treffen, die das erstinstanzliche Verfahren auf der Grundlage der mutmaßlichen Schlußanträge der Beteiligten beendet; einem weiteren derartigen Grundsatz zufolge gilt ein Beteiligter durch eine solche Entscheidung, mit der seinem Schlußantrag stattgegeben wird, nicht als beschwert iSd Art.107. [...]

Beschwerde

Beschwerde - Antrag (formelle Erfordernisse) — Beschwerdekammer, R.21(1) · **Art.106 bis 108** iVm **R.97 oder 99**, E-X

Nr.	Kategorie	Norm	Erfordernis	Frist	+/−	Rechtsfolge	Rechtsbehelf
150	Voraussetzungen		beschwerdefähige Endentscheidung [337] der Eingangsstelle, Prüfungsabteilung, Einspruchsabteilung, Rechtsabteilung **Art.106(1)** ODER beschwerdefähige Zwischenentscheidung [338] **Art.106(2)**		(–)	Beschwerde als unzulässig verworfen (Beschwerdegebühr wird nicht zurückgezahlt, **T445/98**) **R.101(1)**	--
151	Antragsteller		jeder beschwerte Verfahrensbeteiligte [340] **Art.107**		(+)	Beschwerdeführer hat selbständige Beteiligtenstellung **und** übrige Beteiligte der Vorinstanz sind an Verfahren nur unselbständig beteiligt [341], **Art.107 S.2**	
152	Anmeldeamt		beim EPA (nur München, Den Haag, Berlin) **R.99(3)** iVm **R.35(1)**	**2 M** nach Zustellung der begründeten Entscheidung+10Tage [339] **Art.108 S.1** ODER bei MV direkt nach Verkündung der Entscheidung und vor Zustellung der schriftl. Entscheidung **T389/86**			
153	Art der Einreichung	R.2(1)	in Papierform per Post/Fax oder Online [↗S.170] **R.2(1), ABl.2007S3,7** bzw **ABl.2009,182**				
154	Erfordernisse	Art.108 iVm R.99	1) **Beschwerdeschrift** muss enthalten: a) Identität Beschwerdeführers → bei Mängeln R.101(2)-Auff. b) Angaben zur angefochtenen Entscheidung c) Antrag mit Beschwerdegegenstand **R.99(1)** **Art.108 S.2 iVm Art.2(1) Nr.11 GebO**		(–)	Entspricht Beschwerde nicht Erfordernissen von **Art.106-108, R.97 ODER R.99**, so verwirft Beschwerdekammer diese als **unzulässig** **R.101(1)** ggf. gezahlte Beschwerdegebühr zurückerstattet **T41/82**	WB (–); **WE (+)** nur für Anmelder/PI nicht Einsprechender **T210/89**
			2) **Beschwerdegebühr [1.880 €]** [342]		(–)	Beschwerde gilt als nicht eingelegt und R.112(1)-Mitt. **Art.108 S.2** ggf. verspätet gezahlte Beschwerdegebühr wird zurückerstattet **J2/78; J21/80; 24/87**	
			3) **Begründung** unter Angabe von: a) Aufhebungsgründen oder b) Abänderungsumfang c) Tatsachen und Beweismittel [343] **Art.108 S.3, R.99(2)**	**4 M** nach Zustellung der angefochtenen Entscheidung+10Tage **Art.108 S.3**	(–)	Beschwerde als unzulässig verworfen (Beschwerdegebühr wird nicht zurückgezahlt, **T13/82, T89/84**) **R.101(1)**	**WE (+)** für Anmelder/PI und Einsprechenden [G1/86]
155	Sprache	Art.14(3) iVm R.3(1)	jede Amtssprache (ausgenommen Änderungen) **R.3(1)**	ggf. Übersetzung in eine Amtssprache innerhalb **1 M** nach ET **Art.14(4), R.6(2)**	(–)	Beschwerde gilt als nicht eingelegt (Rückerstattung Beschwerdegebühr, **T323/87**)	

(!) Beschwerdeschrift und Begründung müssen vom selben Verfahrensbeteiligten stammen [**T298/97**]

[337] AUSGENOMMEN: i) Mitt. der Recherchenabteilung, ii) bloße Mitt. des EPA oder iii) Kostenfestsetzung im Einspruch [**Art.106** iVm **R.97(2)**]; Kostenverteilung kann nicht einziger Beschwerdegegenstand sein [**Art.106** iVm **R.97(1)**].

[338] VORAUSSETZUNG: [1] gesonderte Beschwerde zugelassen (z.B. Zwischenentscheidung über Anerkennung Priorechts; Zulässigkeit Einspruch/Beschwerde [**T10/82**]; Aufrechterhaltung in geändertem Umfang [**R.106(2)**, **T247/85**]) [**Art.101(3)**] UND [2] erste Zwischenentscheidung muss zusammen mit zweiter anfechtbar sein [**T857/06**].

[339] BERICHTIGUNG ENTSCHEIDUNG [**R.140**]: Wirkung ex tunc, d.h. Datum der Entscheidung bleibt erhalten und bewirkt keine Verschiebung Beschwerdefrist [**T212/88**].

[340] AUSGENOMMEN: Verfahrensbeteiligter zieht Hauptantrag oder vorausgehende Hilfsanträge zurück und ist somit mit stattgegebenen Hilfsantrag einverstanden [**T506/91**; **T824/00**]; **Zustimmung** des Anmelders auf **R.71(3)**-Mitt. ist dieser nicht beschwert; EINWENDUNGEN DRITTER: ein Dritter, der Einwendungen gem. **Art.115** erhebt, ist am vorinstanzlichen Verfahren nicht beteiligt.

[341] andere Beteiligte der Vorinstanz sind nur unselbständig beteiligt, wenn sie keine Beschwerde einreichen (d.h. (i) kein Recht auf Verfahrensfortführung, wenn einziger Beschwerdeführer Beschwerde zurücknimmt [**G2/91**] und (ii) ist darauf beschränkt, die Entscheidung in der Fassung zu verteidigen, die die Abteilung erlassen hat [**G9/92**, **G4/93**].

[342] bei Fehlen keine Hinweispflicht der Kammer [**G2/97**], RÜCKZAHLUNG: 100% bei [1] [Abhilfe ODER Stattgabe] UND wesentlicher Verfahrensmangel (d.h. Unbilligkeit, insbesondere wenn in der Entscheidung wesentliche Tatsachen oder Beweismittel unberücksichtigt blieben) [**R.103(1)a**] oder [2] Zurücknahme Beschwerde vor Einreichung Beschwerdebegründung [**R.103(1)b**] ODER 50% bei Zurücknahme Beschwerde nach 4M-Frist für Beschwerdebegründung [**R.103(2)**]; ACHTUNG: Gilt Beschwerde als nicht eingelegt, wird entrichtete Gebühr zurückgezahlt. ABER: Ist Beschwerde eingelegt, aber nicht zulässig, erfolgt keine Rückzahlung [**T15/01**].

[343] neue Tatsachen/Beweismittel nur zulässig, wenn [1] prima facie relevant und [2] im inter partes Verfahren mit Zustimmung des PI - Grundsatz des erstinstanzlichen Vorbringens [**G10/91**].

EPÜ 2000

Artikel 110 [122],[123]
Prüfung der Beschwerde

Ist die Beschwerde zulässig, so prüft die Beschwerdekammer, ob die Beschwerde begründet ist. Die Prüfung der Beschwerde ist nach Maßgabe der Ausführungsordnung durchzuführen.

[122] Geändert durch die Akte zur Revision des EPÜ vom 29.11.2000.
[123] Siehe hierzu Entscheidungen/Stellungnahmen der GBK G 9/91, G 10/91, G 10/93, G 3/99 (Anhang I).

EPÜAO

Regel 98 [99]
Verzicht oder Erlöschen des Patents

Die Prüfung der Entscheidung einer Einspruchsabteilung kann auch eingelegt werden, wenn in allen benannten Vertragsstaaten auf das europäische Patent verzichtet worden ist oder das europäische Patent in allen diesen Staaten erloschen ist.

Regel 100 [100]
Prüfung der Beschwerde

(1) [100] Die Vorschriften für das Verfahren vor dem Organ, das die mit der Beschwerde angefochtene Entscheidung erlassen hat, sind im Beschwerdeverfahren anzuwenden, sofern nichts anderes bestimmt ist.
(2) Bei der Prüfung der Beschwerde fordert die Beschwerdekammer die Beteiligten so oft wie erforderlich auf, innerhalb einer zu bestimmenden Frist eine Stellungnahme zu Mitteilungen der Beschwerdekammer oder zu den Stellungnahmen anderer Beteiligter einzureichen.
(3) Unterlässt es der Anmelder, auf eine Aufforderung nach Absatz 2 rechtzeitig zu antworten, so gilt die europäische Patentanmeldung als zurückgenommen, es sei denn, die angefochtene Entscheidung ist von der Rechtsabteilung erlassen worden.

[99] Siehe hierzu Entscheidungen der GBK G 7/91, G 8/91, G 9/91, G 10/91, G 9/92, G 8/93, G 10/93, G 6/95, G 1/99, G 3/99 (Anhang I).
[100] Siehe hierzu die Mitteilung des Vizepräsidenten GD 3 über die Beschleunigung von Beschwerdeverfahren (ABl. EPA 2008, 220).

Regel 102 [102]
Form der Entscheidung der Beschwerdekammer

Die Entscheidung ist von dem Vorsitzenden der Beschwerdekammer und dem dafür zuständigen Bediensteten der Geschäftsstelle der Beschwerdekammer durch ihre Unterschrift oder andere geeignete Mittel als authentisch zu bestätigen.[103] Die Entscheidung enthält:
a) die Feststellung, dass sie von der Beschwerdekammer erlassen worden ist;
b) den Tag, an dem die Entscheidung erlassen worden ist;
c) die Namen des Vorsitzenden und der übrigen Mitglieder der Beschwerdekammer, die bei der Entscheidung mitgewirkt haben;
d) die Bezeichnung der Beteiligten und ihrer Vertreter;
e) die Anträge der Beteiligten;
f) eine kurze Darstellung des Sachverhalts;
g) die Entscheidungsgründe;
h) die Formel der Entscheidung, gegebenenfalls einschließlich der Entscheidung über die Kosten.

[102] Siehe hierzu Entscheidung der GBK G 1/05 (Anhang I).
[103] Siehe hierzu die Mitteilung des Vizepräsidenten GD 3 (ABl. EPA 2012, 14).

Rechtsprechung

G4/91

1. Der Beitritt des vermeintlichen Patentverletzers gemäß Art.105 zum Einspruchsverfahren setzt voraus, daß ein Einspruchsverfahren zum Zeitpunkt der Einreichung der Beitrittserklärung anhängig ist.
2. Eine Entscheidung der Einspruchsabteilung über das Einspruchsbegehren ist als endgültige Entscheidung in dem Sinn anzusehen, daß danach die Einspruchsabteilung nicht mehr befugt ist, ihre Entscheidung zu ändern.
3. Das Verfahren vor einer Einspruchsabteilung wird mit dem Erlaß einer solchen endgültigen Entscheidung abgeschlossen, und zwar unabhängig davon, wann diese Entscheidung rechtskräftig wird.
4. Wird nach Erlaß einer abschließenden Entscheidung durch eine Einspruchsabteilung von keinem der Beteiligten am Einspruchsverfahren Beschwerde eingelegt, so ist eine während der zweimonatigen Beschwerdefrist nach Art.108 eingereichte Beitrittserklärung wirkungslos.

G7/91

Eine Beschwerdekammer kann, soweit es die durch die angefochtene Entscheidung der ersten Instanz entschiedenen Sachfragen angeht, das Einspruchsbeschwerdeverfahren nicht fortsetzen, nachdem der einzige Beschwerdeführer, der in erster Instanz Einsprechender war, seine Beschwerde zurückgenommen hat.

G8/91

Durch die Rücknahme der Beschwerde eines einzigen Beschwerdeführers, sei es im einseitigen oder zweiseitigen Verfahren, wird das Beschwerdeverfahren beendet, soweit es die durch die angefochtene Entscheidung der ersten Instanz entschiedenen Sachfragen angeht.

G8/93

Mit dem Eingang der Erklärung der Rücknahme des Einspruchs des Einsprechenden, der einziger Beschwerdeführer ist, wird das Beschwerdeverfahren unmittelbar beendet, und zwar unabhängig davon, ob der Patentinhaber der Beendigung des Beschwerdeverfahrens zustimmt, und zwar auch dann, wenn die Beschwerdekammer der Auffassung sein sollte, daß die Voraussetzungen für eine Aufrechterhaltung des Patents nach dem EPÜ nicht erfüllt sind.

G1/94

Ein Beitritt des vermeintlichen Patentverletzers nach Art.105 ist während eines anhängigen Beschwerdeverfahrens zulässig und kann auf jeden der in Art.100 genannten Einspruchsgründe gestützt werden.

G3/03

I. Wird einer Beschwerde gemäß Art.109(1) abgeholfen, so ist das erstinstanzliche Organ, dessen Entscheidung mit der Beschwerde angefochten wurde, nicht dafür zuständig, einen Antrag des Beschwerdeführers auf Rückzahlung der Beschwerdegebühr zurückzuweisen.
II. Die Zuständigkeit für die Entscheidung über den Antrag liegt bei der Beschwerdekammer, die nach Art.21 in der Sache für die Beschwerde zuständig gewesen wäre, wenn ihr nicht abgeholfen worden wäre.

G3/04

Nach Rücknahme der einzigen Beschwerde kann das Verfahren nicht mit einem während des Beschwerdeverfahrens Beigetretenen fortgesetzt werden.

T139/87

1. Die Beschwerde eines europäischen Patentanmelders muß als begründet iSd Art.109(1) angesehen werden, wenn gleichzeitig Änderungen zur Anmeldung eingereicht werden, die die Einwände, auf die sich die angefochtene Entscheidung stützt, eindeutig gegenstandslos machen.
2. In diesem Fall muß das Organ, das die angefochtene Entscheidung getroffen hat, (entgegen den Prüfungsrichtlinien, Teil E, XI-7) der Beschwerde abhelfen. Andere Mängel, die nicht Gegenstand der angefochtenen Entscheidung waren, stehen der Abhilfe nicht entgegen.

T629/90

Anders als im Verfahren vor der Einspruchsabteilung, wo es nach R.60(2) eine Ermessensfrage ist, ob das Verfahren nach Zurücknahme des Einspruchs fortgesetzt werden soll oder nicht, hat im Beschwerdeverfahren die Zurücknahme des Einspruchs jedenfalls dann keine unmittelbare verfahrensrechtliche Bedeutung, wenn die Einspruchsabteilung das europäische Patent widerrufen hat. Vielmehr muß in diesem Fall die Beschwerdekammer die Entscheidung der Einspruchsabteilung von Amts wegen sachlich überprüfen und kann nur dann diese Entscheidung aufheben und das Patent aufrechterhalten, wenn es den Erfordernissen des EPÜ genügt. Bei dieser Prüfung durch die Kammer können auch Beweismittel, die von einer Einsprechenden vor der Zurücknahme des Einspruchs vorgebracht worden sind, herangezogen werden.

T939/95

Gemäß Art.109(2) ist eine Beschwerde, der innerhalb eines Monats nach Eingang der Beschwerdebegründung nicht abgeholfen wird, unverzüglich ohne sachliche Stellungnahme der BK vorzulegen. Die für das Fall zuständige Instanz ist deshalb aufgrund des Art.109(2) verpflichtet, vor Ablauf der Einmonatsfrist über die Abhilfe gesondert zu entscheiden, sobald sie erkennt, daß eine Entscheidung über etwaige weitere Streitfragen, die im Zuge der Beschwerde auftreten - z. B. die Rückzahlung der Beschwerdegebühr -, innerhalb dieser Frist nicht möglich ist.

T517/97

I. Läßt sich die genaue Uhrzeit feststellen, zu der eine Erklärung über die Rücknahme der Beschwerde am Eingangstag beim EPA eingegangen ist, so wird die Rücknahme der Beschwerde genau zu diesem Zeitpunkt wirksam.
II. Werden eine Erklärung über die Rücknahme der Beschwerde durch den einzigen Beschwerdeführer und eine Beitrittserklärung an ein und demselben Tag per Telefax eingereicht, so ist der chronologischen Reihenfolge dieser beiden Ereignisse Rechnung zu tragen, da eine wirksame Beitrittserklärung voraussetzt, daß das Beschwerdeverfahren bei ihrer Einreichung anhängig ist.

T778/06

Mit dem Ablauf der Dreimonatsfrist nach Art.109(2) endet die Zuständigkeit des Organs der ersten Instanz, dessen Entscheidung mit der Beschwerde angefochten wird. Danach ist die Abhilfe nicht mehr möglich.

Materielrechtliche Prüfung der Beschwerde

	Art der Prüfung	Norm	Voraussetzung	zu erbringende Handlung	Frist	Nachfrist	Rechtsfolge	Rechtsbehelf
156	**Abhilfe** ZUSTÄNDIGKEIT: erstinstanzliches Organ, dass Entscheidung getroffen E-X, 7	**Art.109** iVm **R.100**	i) einseitiges Verfahren (*ex-parte*) **J18/08** AUSNAHME: Einspruchsbeschwerde, wenn alle Einsprüche zurückgenommen und PI Beschwerde eingelegt **E-X,7.1 Art.109(1)** ii) zulässige UND begründete Beschwerde	Abhilfe zwingend, wenn: mit Beschwerde gleichzeitig Änderungen eingereicht, die Einwände eindeutig gegenstandslos machen **T139/87; (ABl.1990,68) Art.109(2)**	**3 M** nach Eingang der Beschwerdebegründung [344] **Art.109(2)**	--	(+) Organ stellt die Entscheidung richtig; Vorlage vor Beschwerdekammer unnötig **R.109(1)** UND ggf. Rückzahlung Beschwerdegebühr [345] **Art.103(1)(a)**, ↗S.193 (−) angefochtene Entscheidung bleibt aufrechterhalten UND sofortige Vorlage an Beschwerdekammer ohne sachliche Stellungnahme **R.109(2), T939/95**	keine **T778/06** beschwerdefähig **Art.106(1)**
157	**Zulässigkeit** ZUSTÄNDIGKEIT: Beschwerdekammer	**Art.110** iVm **R.100**	zulässiger Antrag auf Beschwerde Vergleiche Einspruch, Normen der Vorinstanz analog anwendbar ↗S.121	Stellungnahme zur Mitteilung der Beschwerdekammer ODER zur Stellungnahme anderer Beteiligte - so oft wie nötig -	*zu bestimmenden Frist* nach Auff. +10Tage **R.100(2)**	verlängerbar **R.132(2)**	(+) Entscheidung über Beschwerde oder Zurückverweis an erstinstanzliches Organ, dass Entscheidung erlassen hat **R.111** (−) einseitiges Verfahren: bei unterlassener Stellungnahme durch Anmelder gilt ePA als zurückgenommen [346] **R.100(3)**	**WB (+)** WE (−)

[344] danach ist Abhilfe unmöglich [T778/06].

[345] VORAUSSETZUNGEN: [1] wesentlicher Verfahrensmangel (z.B. Wiederaufnahme der Prüfung nach Abhilfe [T142/96]) und [2] Entscheidungsorgan erachtet Rückzahlung für billig [T939/95].

[346] Ausgenommen, wenn die Entscheidung von Rechtsabteilung stammt.

Teil D I – Übersicht zum EPÜ

Beendigung der Beschwerde

	Handlung	Voraussetzung	Norm	Handlung	Frist	Rechtsfolge
158	**finale** Entscheidung	Prüfung der Beschwerde auf Grundlage der Beschwerdebegründung	**Art.111(1)**	Erlass einer Entscheidung mit:		(+) Entscheidung online öffentlich einsehbar; besondere Entscheidungen im Dezemberamtsblatt veröff.
159	**Zwischenentscheidung**			1) Datum, 2) Name der Beschwerdekammermitglieder, Verfahrensbeteiligtr/Vertreter	–	
160	**Zurückverweisung** an erstinstanzliches Organ	im Ermessen der Beschwerdekammer, mgl Gründe: ▪ Vorbringen neuer entscheidungserheblicher Tatsachen/Beweismittel, ▪ neuer Sachverhalt, ▪ umfangreiche Anspruchsänderung während Beschwerde, ▪ materiellrechtliche Verletzung im erstinstanzl. Verfahren ▪ Vorinstanz ist Hinweispflicht nicht nachgekommen	**R.111(2) Art.11 VOBK**	3) Antrag der Verfahrensbeteiligten, 4) Gründe/Sachverhalt darlegen, 5) ggf. Kostenverteilung **R.102**		(+) Aufhebung vorinstanzlicher Entscheidung und Zuständigkeit an erstinstanzliches Organ verwiesen; ggf. Rückerstattung der Beschwerdegebühr. ACHTUNG: Bindungswirkung: nur auf individuellen Fall [J27/94]
161	**Zurücknahme** der Beschwerde [348]	anhängige Beschwerde	RBK IV.C.4.1.2	»unterzeichnete«, »eindeutige« und vorbehaltlose Rücknahmeerklärung durch (einziger) Beschwerdeführer (Erklärung hat bindende Wirkung für Einsprechenden) ODER keine Teilnahme des Beschwerdeführers an MV. TEILZURÜCKNAHME ist zulässig, sofern betreffender Teil auf gesonderten Punkt gerichtet [J19/82]	»jederzeit« während Beschwerde	(+) Beschwerdeführer verliert Status als aktiver Verfahrensbeteiligter. WEITERE BESCHWERDEFÜHRER: Verfahren wird fortgesetzt [G2/91]. ALLEINIGER BESCHWERDEFÜHRER: unmittelbare Beendigung des Beschwerdeverfahrens bezüglich der Sachfragen [G7/91; G8/91; ABl.1993, 356, 357]. ggf. Beigetretener kann Beschwerde nicht weiterführen [G3/04]. ausstehende Entscheidungen zu Anträgen auf Kostenverteilung [Art.104, T117/86] und Rückzahlung der Beschwerdegebühr [T12/86]
162	**Zurücknahme** des Einspruchs	anhängige Beschwerde		»unterzeichnete«, »eindeutige« und vorbehaltlose Rücknahmeerklärung durch (einzigen) Einsprechenden	»jederzeit« während Einspruchs	EINSPRECHENDER IST (EINZIGER) BESCHWERDEFÜHRER: unmittelbare Beendigung [G8/93; ABl.1994,887]. EINSPRECHENDER IST BESCHWERDEGEGNER: kein Einfluss auf Beschwerde [T629/90, ABl.1992,654]

Entscheidungen [347]

[347] KOSTEN: jeder Beteiligte trägt die ihm erwachsenen Kosten selbst [Art.104(1)]. ABER: Einspruchsabteilung kann andere Kostenverteilung anordnen, bspw. durch eine Beweisaufnahme anordnen, bspw. durch eine mündliche Verhandlung oder andere Umstände entstanden; Die Kostenverteilung wird in der Entscheidung über den Einspruch angeordnet und ist ein Teil der Hauptentscheidung.

[348] Bedingte Zurücknahme nicht mögl. [T592/02].

Beschwerde

sonstige Anträge in Beschwerde

	Antrag	Voraussetzung	Norm	Handlung	Frist	Nachfrist	Rechtsfolge	WICHTIG
163	**Beitritt** des vermeintlichen Patentverletzers [349] D-VII,6	anhängige Beschwerde [349] **G4/91** UND Dritter, der gem. **Art.105(1) nachweist**, dass: a) Verletzungsklage anhängig (Zustellung einer EV) ODER b) negative Feststellungsklage erhoben [T392/97] ACHTUNG: Berechtigungsanfrage oder der Abmahnung sind unzureichend **T195/93**	**Art.105** iVm **R.89** **G1/94**	a) »schriftlich« und »begründete« Erklärung mit Nachweis durch jeden Dritten [350] UND b) nur beim EPA in München, Den Haag oder Berlin [351] **Art.108 S.1** ABER **keine** Beschwerdegebühr **Art.107 S.2 iVm Art.108 S.2 [T144/95]**	jederzeit während anhängiger Beschwerde [349] ABER nicht während **2M**-Beschwerdefrist	keine	(+) Beitritt zur Beschwerde, in dem sie sich zum Zeitpunkt des Beitritts befindet **T694/01** ABER **unselbstständige** Beteiligtenstellung [352] **G3/04**	Rücknahme einziger Beschwerde beendet Verfahren **G3/04**
164	Antrag auf Rückzahlung der Beschwerdegebühr [353]		**R.103**	Antrag **zusammen** mit Beschwerdeantrag **G3/03**, E-X,7.3		**2 M** nach Zustellung der Entscheidung +10Tage	(!) Antrag wird der Beschwerdekammer nicht vorgelegt	--
165	**mündlichen Verhandlung** [315]	Beteiligtenantrag ODER Amtsermessen **Art.116(1)**	**Art.116(4)**	**Ladungsbescheid** Beschwerdekammer mit Angabe erörterungsbedürftiger Punkte **R.116(1)**	mind. **2 M** **R.116(1)**	nicht verlängerbar **R.115(1)**	Frist für Einreichung letzter Schriftsätze/Änderungen (idR. 1 M vor MV) **R.116(1)S.2**	im Ermessen der Beschwerdekammer
166	Beschleunigung der Beschwerde E-VII,5	berechtigtes Interesse der Beteiligten oder der Kammer	ABl.2008,220	»schriftlicher« Antrag unter Beifügung relevanter Unterlagen, um Dringlichkeit zu »begründen« [354]	zu Verfahrensbeginn ODER während Beschwerde	--	(+) Beschwerde mit Vorrang behandelt und/oder enge Fristen bis zur Endentscheidung	im Ermessen der Beschwerdekammer

[349] wird Beitritt am selben Tag wie Beschwerderücknahme per Fax erklärt, so ist zu prüfen, welches Ereignis zuerst eingetreten ist [T517/97]. Beitritt zwischen Instanzen ist unzulässig (d.h. binnen **2M**-Beschwerdefrist).

[350] Einsprechender, der Beschwerdefrist versäumt hat, kann EBV nicht nachträglich beitreten [T1038/00].

[351] auch bei nat. Behörde einreichbar; ABER: keine Verpflichtung zur Weiterleitung.

[352] Vorbringen neuer Einspruchsgründe zulässig, aber Beschwerderücknahme durch einzigen Beschwerdeführer beendet Beschwerde [G3/04, ABl.2006,188].

[353] ACHTUNG: Der Antrag auf Rückzahlung der Beschwerdegebühr wird Beschwerdekammer **nur** vorgelegt, wenn er zusammen mit der Beschwerde eingereicht wurde [G3/03 und T21/02]. ABER: Die Beschwerdegebühr ist auch dann zurückzuzahlen, wenn der Beschwerdeführer dies nicht ausdrücklich beantragt hat [G3/03].

[354] anhängige Verletzungsklage; Lizenzverhandlungen; anderer Einspruch, dessen Ausgang von Beschwerdeentscheidung abhängig.

EPÜ 2000

Artikel 112[125]
Entscheidung oder Stellungnahme der Großen Beschwerdekammer
(1) Zur Sicherung einer einheitlichen Rechtsanwendung oder wenn sich eine Rechtsfrage von grundsätzlicher Bedeutung stellt,
a) befasst die Beschwerdekammer, bei der ein Verfahren anhängig ist, von Amts wegen oder auf Antrag eines Beteiligten die Große Beschwerdekammer, wenn sie hierzu eine Entscheidung für erforderlich hält. Weist die Beschwerdekammer den Antrag zurück, so hat sie die Zurückweisung in der Endentscheidung zu begründen;
b) kann der Präsident des EPA der GBK eine Rechtsfrage vorlegen, wenn zwei Beschwerdekammern über diese Frage voneinander abweichende Entscheidungen getroffen haben.
(2) In den Fällen des Absatzes 1 a) sind die am Beschwerdeverfahren Beteiligten am Verfahren vor der Großen Beschwerdekammer beteiligt.
(3) Die in Absatz 1 a) vorgesehene Entscheidung der Großen Beschwerdekammer ist für die Entscheidung der Beschwerdekammer über die anhängige Beschwerde bindend.

[125] Siehe hierzu Entscheidungen/Stellungnahmen der Großen Beschwerdekammer G1/86, G2/88, G4/88, G5/88, G6/88, G7/88, G8/88, G1/90, G1/92, G3/95, G6/95, G2/97, G2/98, G3/98, G4/98, G1/99, G2/99, G3/99, G1/02, G1/03, G2/03, G3/03, G1/04, G2/04, G3/04, G1/05, G2/06, G3/08 (Anhang I).

Artikel 112a[126]
Antrag auf Überprüfung durch die Große Beschwerdekammer
(1) Jeder Beteiligte an einem Beschwerdeverfahren, der durch die Entscheidung einer Beschwerdekammer beschwert ist, kann einen Antrag auf Überprüfung der Entscheidung durch die GBK stellen.
(2) Der Antrag kann nur darauf gestützt werden, dass
a) ein Mitglied der Beschwerdekammer unter Verstoß gegen Art.24(1) oder trotz einer Ausschlussentscheidung nach Art.24(4) an der Entscheidung mitgewirkt hat;
b) der BK eine Person angehörte, die nicht zum BKmitglied ernannt war;
c) ein schwerwiegender Verstoß gegen Art.113 vorliegt;
d) das Beschwerdeverfahren mit einem sonstigen, in der Ausführungsordnung genannten schwerwiegenden Verfahrensmangel behaftet war oder
e) eine nach Maßgabe der Ausführungsordnung festgestellte Straftat die Entscheidung beeinflusst haben könnte.
(3) Der Antrag auf Überprüfung hat keine aufschiebende Wirkung.
(4) Der Antrag ist nach Maßgabe der Ausführungsordnung einzureichen und zu begründen. Wird der Antrag auf Absatz 2 a) bis d) gestützt, so ist er innerhalb von zwei Monaten nach Zustellung der Beschwerdekammerentscheidung zu stellen. Wird er auf Absatz 2 e) gestützt, so ist er innerhalb von zwei Monaten nach Feststellung der Straftat, spätestens aber fünf Jahre nach Zustellung der Beschwerdekammerentscheidung zu stellen. Der Überprüfungsantrag gilt erst als gestellt, wenn die vorgeschriebene Gebühr entrichtet worden ist.
(5) Die Große Beschwerdekammer prüft den Antrag nach Maßgabe der Ausführungsordnung. Ist der Antrag begründet, so hebt die Große Beschwerdekammer die Entscheidung auf und ordnet nach Maßgabe der Ausführungsordnung die Wiederaufnahme des Verfahrens vor den Beschwerdekammern an.
(6) Wer in einem benannten Vertragsstaat in gutem Glauben die Erfindung, die Gegenstand einer veröffentlichten europäischen Patentanmeldung oder eines europäischen Patents ist, in der Zeit zwischen dem Erlass der Beschwerdekammerentscheidung und der Bekanntmachung des Hinweises auf die Entscheidung der Großen Beschwerdekammer über den Überprüfungsantrag im Europäischen Patentblatt in Benutzung genommen oder wirkliche und ernsthafte Veranstaltungen zur Benutzung getroffen hat, darf die Benutzung in seinem Betrieb oder für die Bedürfnisse seines Betriebs unentgeltlich fortsetzen.

[126] Eingefügt durch die Akte zur Revision des EPÜ vom 29.11.2000.

EPÜAO

Regel 104
Weitere schwerwiegende Verfahrensmängel
Ein schwerwiegender Verfahrensmangel nach Art.112a(2) d) kann vorliegen, wenn die Beschwerdekammer
a) entgegen Art.116 eine vom Antragsteller beantragte mündliche Verhandlung nicht anberaumt hat oder
b) über die Beschwerde entschieden hat, ohne über einen hierfür relevanten Antrag zu entscheiden.

Regel 105
Straftaten
Ein Antrag auf Überprüfung kann auf Art.112a(2) e) gestützt werden, wenn die Straftat durch ein zuständiges Gericht oder eine zuständige Behörde rechtskräftig festgestellt worden ist; einer Verurteilung bedarf es nicht.

Regel 106
Rügepflicht
Ein Antrag nach Art.112a(2) a) bis d) ist nur zulässig, wenn der Verfahrensmangel während des Beschwerdeverfahrens beanstandet wurde und die Beschwerdekammer den Einwand zurückgewiesen hat, es sei denn, der Einwand konnte im Beschwerdeverfahren nicht erhoben werden.

Regel 107
Inhalt des Antrags auf Überprüfung
(1) Der Antrag muss enthalten:
a) Name und Anschrift des Antragstellers nach Maßgabe der R.41 (2) c);
b) die Angabe der zu überprüfenden Entscheidung.
(2) Im Antrag ist darzulegen, aus welchen Gründen die Entscheidung der Beschwerdekammer aufzuheben ist und auf welche Tatsachen und Beweismittel der Antrag gestützt wird.
(3) Die Vorschriften des Dritten Teils der Ausführungsordnung sind auf den Antrag auf Überprüfung und die im Verfahren eingereichten Unterlagen entsprechend anzuwenden.

Regel 108
Prüfung des Antrags
(1) Entspricht der Antrag nicht Art.112a(1), (2) oder (4), R.106 oder R.107(1) b) oder (2), so verwirft die Große Beschwerdekammer den Antrag als unzulässig, sofern die Mängel nicht vor Ablauf der nach Art.112a(4) maßgebenden Frist beseitigt worden sind.
(2) Stellt die Große Beschwerdekammer fest, dass der Antrag R.107(1) a) nicht entspricht, so teilt sie dies dem Antragsteller mit und fordert ihn auf, innerhalb einer zu bestimmenden Frist die festgestellten Mängel zu beseitigen. Werden diese nicht rechtzeitig beseitigt, so verwirft die Große Beschwerdekammer den Antrag als unzulässig.
(3) Ist der Antrag begründet, so hebt die Große Beschwerdekammer die Entscheidung der Beschwerdekammer auf und ordnet die Wiedereröffnung des Verfahrens vor der nach R.12(4) zuständigen Beschwerdekammer an. Die Große Beschwerdekammer kann anordnen, dass Mitglieder der Beschwerdekammer, die an der aufgehobenen Entscheidung mitgewirkt haben, zu ersetzen sind.

Regel 109
Verfahren bei Anträgen auf Überprüfung
(1) In Verfahren nach Art.112a sind die Vorschriften für das Verfahren vor den Beschwerdekammern anzuwenden, sofern nichts anderes bestimmt ist. R.115(1) S.2, R.118(2) S.1 und R.132(2) sind nicht anzuwenden. Die GBK kann eine von R.4(1) S.1 abweichende Frist bestimmen.
(2) Die Große Beschwerdekammer
a) in der Besetzung mit zwei rechtskundigen und einem technisch vorgebildeten Mitglied prüft alle Anträge auf Überprüfung und verwirft offensichtlich unzulässige oder unbegründete Anträge; eine solche Entscheidung bedarf der Einstimmigkeit;
b) in der Besetzung mit vier rechtskundigen und einem technisch vorgebildeten Mitglied entscheidet, wenn der Antrag nicht nach Buchstabe a verworfen wurde.
(3) In der Besetzung nach Absatz 2 a) entscheidet die Große Beschwerdekammer ohne Mitwirkung anderer Beteiligter auf der Grundlage des Antrags.

Regel 110
Rückzahlung der Gebühr für einen Antrag auf Überprüfung
Die Große Beschwerdekammer ordnet die Rückzahlung der Gebühr für einen Antrag auf Überprüfung an, wenn das Verfahren vor den Beschwerdekammern wiedereröffnet wird.

Rechtsprechung

R5/08 R.107(2) bedingt einen Antrag unter Angabe der Gründe, warum die Entscheidung einer Beschwerdekammer aufgehoben

Beschwerde

Große Beschwerdekammer		Große Beschwerdekammer, Art.22 Art.112 bzw. Art.112a iVm R.104 bis 110	
	Antrag auf Überprüfung [Art.112a]	**Vorlagefrage**	
Zweck	Einzelfallgerechtigkeit (keine Rechtsfortbildung)	Wahrung der Rechtssicherheit und Fortbildung des Rechts	167
Berechtigter	jeder beschwerte Verfahrensbeteiligte <div align="right">Art.112(1)a</div>	Beschwerdekammer, Art.112(1)a <div align="center">ODER</div> Präsident des EPA, Art.112(1)b)	168

Voraussetzung	1) Entscheidung der Beschwerdekammer
	2) **Überprüfungsgrund** liegt vor [Art.112a(2)]
	   a) BK-Mitglied wirkte trotz Befangenheit [Art.24(1)] oder Ausschlussentscheidung [Art.24(4)] an Entscheidung mit
	   b) fehlerhafte Besetzung der BK
	   c) Missachtung des rechtlichen Gehörs [Art.113]
	   d) schwerwiegender Verfahrensmangel [R.104]
	   e) Entscheidung der BK durch Straftat beeinflusst (z.B. Prozessbetrug, Falschaussage, gefälschte Dokumente) [355]
	3) Rüge des Verfahrensverstoßes im Beschwerdeverfahren [356][R.106]
		für BK — Rechtsfrage, keine Tatsachenfragen (dh Vorfrage zu einer noch zu treffenden Entscheidung)
		  ▪ Divergenz in der Rechtsprechung
		  ▪ Parteiinteresse
		
		für Präsidenten — Divergenz in der Rechtsprechung [357]
			169

Erforderliche Angaben	1) schriftlicher Überprüfungsantrag:
	   a) Identität des Antragsstellers → bei Mängeln R.108(2)-Auff.
	   b) Angabe der angefochtenen Entscheidung
	<div align="right">R.107(1)</div>2) Substantiierung unter Angabe von
	   a) der Überprüfungsgründe nach Art.112a(2)
	   b) Tatsachen und Beweismittel
	<div align="right">R.107(2), R5/08</div>3) **Antragsgebühr** [**2.910 €**] [358]
	<div align="right">Art.112a(4), Art.2(1) Nr.11a GebO</div>
		aktuelle Rechtsprechung	170

Frist	**2 M** nach Zustellung Beschwerdekammerentscheidung <div align="center">ODER</div>**2 M** nach Feststellung der Straftat iSv Art.112a(2)e), spätestens **5 Jahre** nach Zustellung Beschwerdekammerentscheidung <div align="right">Art.112a(4)</div>	jederzeit	171
Rechtsfolge	⊕ Übergang in das Verfahren [Art.17 VOGBK] **und** aller Beteiligte des Beschwerdeverfahrens am Verfahren vor GBK beteiligt [Art.112(2)] ⊖ Verwerfung des Antrags als offensichtlich unzulässig oder unbegründet, einstimmige Entscheidung [R.109(2)a)]		172
Rechtsbehelf	WB (-), Art.121(4) **WE (+)**, da unmittelbarer Rechtsverlust	--	173
Wirkung	Verfahren, in denen sich dieselbe Rechtsfrage stellt werden ausgesetzt	Aussetzung Beschwerdeverfahren und Parallelverfahren, in denen sich dieselbe Rechtsfrage stellt <div align="right">E-VI, 3</div>	174
Verfahrensablauf	Zusammensetzung der GBK bestimmt → Berichterstatter bestimmt [Art.5 VOGBK] → Veröff. im EP-Amtsblatt [Art.10 VOGBK] → Mitteilung der Kammer [Art.13 VOGBK] → ggf. mündliche Verhandlung [Art.116(2) iVm Art.14 VOGBK] → Beratung und Abstimmung [Art.16 VOGBK]		175
Beendigung	Endentscheidung unter ⊕ Aufhebung der vorinstanzlichen Entscheidung und Wiederaufnahme des Verfahrens [359] [R.108(3)], Bindungswirkung ggü vorinstanzlicher BK [Art.112(3) iVm Art.111(2)] UND Rückerstattung Antragsgebühr R.110 ⊖ Verwerfung als unzulässig oder unbegründet	Beschwerderücknahme führt zur Einstellung des Verfahrens vor GBK, wenn Vorlagefrage von BK	176

---

[355] Voraussetzung: Straftat rechtskräftig durch nat. Gericht oder zuständige Behörde festgestellt [R.105].

[356] explizit und getrennt vom übrigen Vorbringen [R4/08], bloßer Protest unzureichend [R2/11]; nach Entscheidung unzulässig [R10/08].

[357] Anregung durch Öffentlichkeit möglich.

[358] alleinige Entrichtung begründet für sich keinen zulässigen Überprüfungsantrag [Art.112a(4), R2/10].

[359] andere Besetzung vorinstanzlicher Beschwerdekammer kann angeordnet werden [R.108(3)], z.B. Befangenheit eines Mitglieds [R21/11, R15/11].

EPÜ 2000

Artikel 116[131],[132]
Mündliche Verhandlung

(1) Eine mündliche Verhandlung findet entweder auf Antrag eines Beteiligten oder, sofern das Europäische Patentamt dies für sachdienlich erachtet, von Amts wegen statt. Das Europäische Patentamt kann jedoch einen Antrag auf erneute mündliche Verhandlung vor demselben Organ ablehnen, wenn die Parteien und der dem Verfahren zugrunde liegende Sachverhalt unverändert geblieben sind.

(2) Vor der Eingangsstelle findet eine mündliche Verhandlung auf Antrag des Anmelders nur statt, wenn die Eingangsstelle dies für sachdienlich erachtet oder beabsichtigt, die europäische Patentanmeldung zurückzuweisen.

(3) Die mündliche Verhandlung vor der Eingangsstelle, den Prüfungsabteilungen und der Rechtsabteilung ist nicht öffentlich.

(4) Die mündliche Verhandlung, einschließlich der Verkündung der Entscheidung, ist vor den Beschwerdekammern und der Großen Beschwerdekammer nach Veröffentlichung der europäischen Patentanmeldung sowie vor der Einspruchsabteilung öffentlich, sofern das angerufene Organ nicht in Fällen anderweitig entscheidet, in denen insbesondere für einen Verfahrensbeteiligten die Öffentlichkeit des Verfahrens schwerwiegende und ungerechtfertigte Nachteile zur Folge haben könnte.

[131] Siehe hierzu Entscheidungen GBK G2/94, G4/95 (Anhang I).

[132] Siehe die Informationen des EPA über die Durchführung von Rücksprachen und mündlichen Verhandlungen als Videokonferenz (ABl.2012,354). Siehe auch die Mitteilungen des Vizepräsidenten GD 3 (Sonderausgabe Nr. 3 ABl.2007,H.1, H.2 und H.3; ABl.2014,A21).

(5) Das EPA übernimmt, soweit erforderlich, auf seine Kosten die Übersetzung in die Verfahrenssprache und gegebenenfalls in seine anderen Amtssprachen, sofern ein Beteiligter nicht selbst für die Übersetzung zu sorgen hat.

(6) Erklärungen von Bediensteten des EPA, Beteiligten, Zeugen und Sachverständigen, die in einer Amtssprache des EPA abgegeben werden, werden in dieser Sprache in die Niederschrift aufgenommen. Erklärungen in einer anderen Sprache werden in der Amtssprache aufgenommen, in die sie übersetzt worden sind. Änderungen einer europäischen Patentanmeldung oder eines europäischen Patents werden in der Verfahrenssprache in die Niederschrift aufgenommen.

Regel 111[106]
Form der Entscheidungen

(1) Findet eine mündliche Verhandlung vor dem Europäischen Patentamt statt, so können die Entscheidungen verkündet werden. Später sind die Entscheidungen schriftlich abzufassen und den Beteiligten zuzustellen.

(2) Entscheidungen des Europäischen Patentamts, die mit der Beschwerde angefochten werden können, sind zu begründen und mit einem Hinweis darüber zu versehen, dass gegen die Entscheidung die Beschwerde statthaft ist, wobei die Beteiligten auf die Art.106 bis 108 aufmerksam zu machen sind, deren Wortlaut beizufügen ist. Die Beteiligten können aus der Unterlassung des Hinweises keine Ansprüche herleiten.

[106] Siehe hierzu Entscheidung der GBK G 12/91 (Anhang I).

Regel 115[109]
Ladung zur mündlichen Verhandlung

(1) Zur mündlichen Verhandlung nach Art.116 werden die Beteiligten unter Hinweis auf Absatz 2 geladen. Die Ladungsfrist beträgt mindestens zwei Monate, sofern die Beteiligten nicht mit einer kürzeren Frist einverstanden sind.

(2) Ist ein zu einer mündlichen Verhandlung ordnungsgemäß geladener Beteiligter vor dem Europäischen Patentamt nicht erschienen, so kann das Verfahren ohne ihn fortgesetzt werden.

[109] Siehe hierzu Entscheidung/Stellungnahme der GBK G 6/95, G 4/92 (Anhang I).

Regel 124
Niederschrift über mündliche Verhandlungen und Beweisaufnahmen

(1) Über eine MV oder Beweisaufnahme wird eine Niederschrift aufgenommen, die den wesentlichen Gang der MV oder Beweisaufnahme, die rechtserheblichen Erklärungen der Beteiligten, die Aussagen der Beteiligten, Zeugen oder Sachverständigen und das Ergebnis eines Augenscheins enthalten soll.

(2) Die Niederschrift über die Aussage eines Zeugen, Sachverständigen oder Beteiligten wird diesem vorgelesen, zur Durchsicht vorgelegt oder, wenn sie mit technischen Einrichtungen aufgezeichnet wurde, vorgespielt, sofern er nicht auf dieses Recht verzichtet [...].

(3)[112] Die Niederschrift wird von dem Bediensteten, der für die Aufnahme zuständig ist, und dem Bediensteten, der die MV oder Beweisaufnahme leitet, durch ihre Unterschrift oder andere geeignete Mittel als authentisch bestätigt.

(4) Die Beteiligten erhalten eine Abschrift der Niederschrift.

[112] Geändert durch BdV CA/D/6/14 vom 15.10.2014 (ABl. 2015, A17), in Kraft getreten am 01.04.2015. Siehe Mitteilung des EPA, ABl. 2015, A36.

EPÜAO

Regel 4
Sprache im mündlichen Verfahren

(1) Jeder an einem mündlichen Verfahren vor dem EPA Beteiligte kann sich anstelle der Verfahrenssprache einer anderen Amtssprache des EPA bedienen, sofern er dies dem EPA spätestens einen Monat vor dem angesetzten Termin mitgeteilt hat oder selbst für die Übersetzung in die Verfahrenssprache sorgt. Jeder Beteiligte kann sich einer Amtssprache eines VStaats bedienen, sofern er selbst für die Übersetzung in die Verfahrenssprache sorgt. Von diesen Vorschriften kann das EPA Ausnahmen zulassen.

(2) Die Bediensteten des EPA können sich im mündlichen Verfahren anstelle der Verfahrenssprache einer anderen Amtssprache des EPA bedienen.

(3) In der Beweisaufnahme können sich die zu vernehmenden Beteiligten, Zeugen oder Sachverständigen, die sich in einer Amtssprache des EPA oder eines VStaats nicht hinlänglich ausdrücken können, einer anderen Sprache bedienen. Erfolgt die Beweisaufnahme auf Antrag eines Beteiligten, so werden die Beteiligten, Zeugen oder Sachverständigen mit Erklärungen, die sie in einer anderen Sprache als in einer Amtssprache des EPA abgeben, nur gehört, sofern dieser Beteiligte selbst für die Übersetzung in die Verfahrenssprache sorgt. Das EPA kann jedoch die Übersetzung in eine seiner anderen Amtssprachen zulassen.

(4) Mit Einverständnis aller Beteiligten und des Europäischen Patentamts kann jede Sprache verwendet werden.

Rechtsprechung

G2/94

1. Eine Entscheidung zuungunsten eines Beteiligten, der trotz ordnungsgemäßer Ladung der MV ferngeblieben ist, darf nicht auf erstmals in dieser MV vorgebrachte Tatsachen gestützt werden.

2. Unter den gleichen Umständen können neue Beweismittel nur berücksichtigt werden, wenn sie vorher angekündigt waren und lediglich die Behauptungen des Beteiligten bestätigen, der sich auf sie beruft, während neue Argumente grundsätzlich in der Begründung der Entscheidung aufgegriffen werden können.

G4/95

1. In der MV nach Art.116 im Rahmen des Einspruchs(beschwerde)verfahrens kann es einer Person, die den zugelassenen Vertreter eines Beteiligten begleitet, gestattet werden, außerhalb des Rahmens von Art.117 und über den umfassenden Vortrag des Falls des Beteiligten durch den zugelassenen Vertreter hinaus für diesen Beteiligten mündliche Ausführungen zu konkreten rechtlichen oder technischen Fragen zu machen.

2.a) Ein Rechtsanspruch auf solche mündlichen Ausführungen besteht nicht; sie dürfen nur mit Zustimmung des EPA und nach seinem Ermessen gemacht werden.

b) Das EPA hat bei der Ausübung seines Ermessens, mündliche Ausführungen durch Begleitpersonen im Einspruchs(beschwerde)verfahren zuzulassen, hauptsächlich die folgenden Kriterien zu berücksichtigen:

i) Der zugelassene Vertreter muß beantragen, daß diese mündlichen Ausführungen gemacht werden dürfen. Im Antrag sind der Name und die Qualifikation der Begleitperson anzugeben und der Gegenstand der beabsichtigten mündlichen Ausführungen zu nennen.

ii) Der Antrag ist so rechtzeitig vor der MV zu stellen, daß sich alle Gegenparteien auf die beabsichtigten mündlichen Ausführungen angemessen vorbereiten können.

iii) Ein Antrag, der erst kurz vor oder während der mündlichen Verhandlung gestellt wird, ist zurückzuweisen, sofern nicht außergewöhnliche Umstände vorliegen, es sei denn, alle Gegenparteien sind damit einverstanden, daß die beantragten mündlichen Ausführungen gemacht werden.

iv) Das EPA muß davon überzeugt sein, daß die Begleitperson die mündlichen Ausführungen unter der ständigen Verantwortung und Aufsicht des zugelassenen Vertreters macht.

c) Für mündliche Ausführungen durch zugelassene Patentvertreter aus Ländern, die nicht VStaaten des EPÜ sind, gelten keine besonderen Kriterien.

T733/99

Falls Unterlagen in MV eingereicht werden, obliegt es der Einspruchsabteilung, dafür zu sorgen, dass die Erfordernisse, wie z. B. das Anfertigen der vorgeschriebene Form der Unterlagen, das Vorhandensein der Unterschrift und die Aufnahme in die Akte mit Eingangsdatum, erfüllt sind.

T3/10

Der Wert der MV liegt darin, dass ein Ergebnis Fragen geklärt werden können und sich die Kammer letztlich davon überzeugen kann, dass die Position einer Partei die richtige ist, von deren schriftlichen Vorbringen sie alleine sie nicht so überzeugt war.

Mündliche Verhandlung

Mündliche Verhandlung (MV)
(förmliche Verhandlung im *inter-partes* oder *ex-parte*-Verfahren [T3/10]) [360]

		Norm	zu erbringende Handlung	Frist	Zulässigkeit	Rechtsfolge	WICHTIGES	Jeweiliges Organ — Art.116 iVm R.4 und R.115 bis 124, E-II
177	Antrag — **Voraussetzungen** (E-II,2)	E-II,2	anhängiges Verfahren ohne ergangene Entscheidung in jedem Verfahrensabschnitt; im Prüfungsverfahren muss mind. ein sachlicher Bescheid nach **Art.94(3)** [361] ergehen C-III, 4	»jederzeit« vor Erlass einer Entscheidung		Zuständiges Organ bestimmt Ladungsfrist; mind. **2 M** vor MV (außer Beteiligte stimmen früheren Termin zu)	**nicht öffentlich** vor Eingangsstelle, Prüfungs- und Rechtsabteilung **Art.116(3)**	
178	**Antragssteller** (E-II,2)	**Art.116(1), S.1**	jeder Verfahrensbeteiligte oder von Amts wegen				**öffentlich** vor der Einspruchsabteilung, BK, GBK **Art.116(4)** [363]	
179	**Erfordernisse** (E-II,2)	**Art.116(1), 1.Alt** iVm **R.115**	»schriftlicher« Antrag [364] nur von den Verfahrensbeteiligten **Art.116(1)**			**R.115(1)** [idR **4 M**]	E-II,8.1	
180	Verhandlung — **Änderungen in MV** (E-II, 8.7)	**R.50(1)** iVm **R.86, R.49**	geänderter Unterlagen in MV grds. unterschrieben und nur maschinell einreichen [365] **R.49(8), T733/99**; **ABER:** Amt akzeptiert auch Handschriftliches E-II, 8.7	--	Eingangsstelle [362]; Prüfungsabteilung; Rechtsabteilung; Einspruchs-; Einspruchsbeschwerde-; Beschwerde-; Beschränkungsverfahren	**PI** muss es stets gestattet sein, neue Einwände durch geeignete Änderungen auszuräumen **T273/04**	Änderungen an Beschreibung oder Ansprüchen nur in Verfahrenssprache **Art.14(3), R.3(2)**	
181	**Ausführungen in MV** (S.147)	**G4/95**	Kriterien für Ausführungen einer Begleitperson [366]: 1) Beantragung durch zugelassenen Vertreter 2) rechtzeitige Antragsstellung 3) Angabe zur Qualifikation (EPA ist von der Sachdienlichkeit überzeugt) 4) Ständige Aufsicht und Verantwortung des Vertreters	»rechtzeitig« idR **1 M** vor MV		Ausführung gilt als Tatsache / Beweismittel **ODER** Argument **G4/95**	im Einspruchs- oder Einspruchsbeschwerdeverfahren besteht kein Rechtsanspruch auf mdl. Ausführungen durch Begleitperson **G4/95; ABl.1996,412** ⟳ Rn.DI-263	
182	**Sprache**	**R.4(1) S.1**	alternativen Amtssprache als Verfahrenssprache angebbar	**1 M** vor MV		Sprache zulässig		
183	**zulässige Hilfsmittel**	RBK III-C,4.7	Benutzung von Computern durch Beteiligte/Vertreter zulässig **ABl.2015,72**	»rechtzeitig«		Benutzung zulässig	Power-Point-Präsentationen, Flip-Charts zulässig, wenn vorher bereitgestellt	
184	**Aufzeichnungen** (E-II,10.1)	E-II,10.1	Aufzeichnungen durch Beteiligte/Vertreter nur mit Erlaubnis der Kammer [**Art.116(3)/(4)** iVm **ABl.2007,3, 117**]	während MV		Aufbewahrung bis Verfahrensabschluss	Aufzeichnung Videokonferenz unzulässig E-II,11.6	
185	Abschluss — **Entscheidung** (E-II,9)	**R.111**	Verkündung unter Hinweispflicht **UND** **R.111(1)**; schriftliche Verkündung **R.111(2)**	während MV / nach MV		Beschwerdefrist beginnt erst mit Zustellung schriftlicher Entscheidung	Bei Verkündung Entscheidung muss keine Angabe zu Entscheidungsgründen und keine Rechtsmittelbelehrung erfolgen E-II,9	

[360] WICHTIG: Das EPA weist den Beteiligten nicht auf sein Recht einer mdl. Verhandlung hin – NICHTERSCHEINEN: ist ein Beteiligter nicht erschienen, wird grds. das Verfahren ohne ihn fortgeführt [R.115(2)]; ABER: Entscheidung darf wg. Art.113(1) allerdings nicht auf neuen Tatsachen der MV gestützt sein [G4/92].

[361] KEIN ERSTER SACHLICHER BESCHEID (SV ART.94(3)) IST: [1] Stellungnahmen zum EESR, ESOP oder im PCT-Verfahren (WO-ISA, SISR, IPER); [2] R.62a/63-Auff.; [3] R.137(4)-Mitt.; [4] R.164(2)(a)-Auff., [5] R.53(3)-Auff. zur Übersetzung des Prioblegs; [6] Art.124/R.141-Auff. über Auskünfte zum StdT [E-II,5.1].

[362] nur, wenn die Eingangsstelle dies für sachdienlich erachtet, ODER beabsichtigt, die ePa zurückzuweisen [Art.116(2)].

[363] Inhalt gilt als StdT nach Art.54(2): AUSNAHME: wenn Öffentlichkeit für beteiligte Partei schwerwiegende/ungerechtfertigte Nachteile zur Folge haben könnte (z.B. Rechnungslegung, Betriebsgeheimnis) [E-II,8.1].

[364] bei »bedingtem Antrag« ist dieser nur hilfsweise für den Fall gestellt, dass dem Sachantrag nicht entsprochen wird; bei »unbedingtem Antrag« muss MV stattfinden, wenn Antrag nicht zurückgenommen wird.

[365] keine handschriftlichen Änderungen in Schriftstücken zulässig [R.49(8), R.50(1) iVm R.86; ABl.2013, 603]; AUSNAHME: graphische Symbole/Schriftzeichen und chemische/mathematische Formeln.

[366] BEGLEITPERSON: Erfinder, techn. Sachverständiger, qualifizierter Dritter; ACHTUNG: Beteiligte gelten nicht als Begleitperson [G4/95]; PI ist auch mit Vertreter ein Verfahrensbeteiligter und keine Begleitperson [T621/98].

Anträge - MV

	Antrag	Voraussetzung	Rechtsnorm	zu erbringende Handlung	Frist	Nachfrist	Rechtsfolge	Zulässigkeit	Behelf
186	**Verlegung** der MV [367] E-II,7	Vorliegen schwerwiegender Gründe [368] Beteiligter, deren Anwesenheit in MV unerlässlich ist (Vertreter oder Zeuge)	**ABl.2009,68** **T178/03**	1) »schriftlicher« Antrag, 2) »hinreichend substantiierte« Begründung der schwerwiegenden Gründe **ABl.2009,68; T178/03**	»jederzeit« **ABER: sobald wie möglich**	--	⊕ zuständiges Organ bestimmt neue Ladungsfrist; mind. **2 M** vor MV (außer Beteiligte stimmen früheren Termin zu) **R.115(1)** iVm E-II,7.2	vor jedem Organ [369]	--
187	**Videokonferenz** [370] E-II,11	Ex-parte Verfahren E-II,11.1.1	**Art.116** und **ABl.2012 354**	»schriftlicher« Antrag mit Angaben zur Technologie (ISDN oder IP)	»so früh wie mögl.« Bevorzugt mit Antrag auf MV	--	⊕ MV als Videokonferenz gleichwertig wie herkömmliche Form E-II,11.1.2	Eingangsstelle, Prüfungsabteilung, Rechtsabteilung	--
188	**alternative Amtssprache** als Verfahrenssprache [371] E-IV,5		**R.4(1) S.1**	Antrag durch Verfahrensbeteiligten **ODER** selbst für Übersetzung in Verfahrenssprache sorgen	mit Antrag auf MV **ODER** bis **1 M** vor MV	--	⊕ Beteiligter darf gewählte Sprache sprechen und diese hören	stets	--
189	**Schriftsatz**	Ladung zur MV	D-VI, 3.2	Schriftsatz **ODER** zulässige Änderungen einreichen	bis **1 M** vor MV keine „echte" Frist	nicht verlängerbar [da keine Frist iSv R.132]	⊖ Berücksichtigung liegt im Ermessen des EPA [372]		WB (-); WE (-)
190	**Niederschrift berichtigen** E-II,10.4	Abschrift einer mangelhaften [373] Niederschrift über MV erhalten **R.124(4)**	**R.124** III.C,4.8.3	Berichtigungsantrag (begründet)	„möglichst bald" nach Erhalt betreffender Niederschrift	keine	⊕ berichtigte Niederschrift über MV ⊖ begründete Mitt. [374] warum Niederschrift unverändert **T819/96**	Prüfungs- bzw. Einspruchsabteilung **T819/96**	keine

[367] Verlegung der MV an anderen als den in der Ladung angegebenen Dienstort des EPA kann nicht stattgegeben werden [**T1012/03**].

[368] SCHWERWIEGENDE GRÜNDE: feststehende Ladung zu anderer Verhandlung; schwere Erkrankung; Todesfall in Familie; Eheschließung; staatlich verordnete Pflichten; feststehende Reisen/Urlaube [E-II,7]; KEINE SCHWERWIEGENDEN GRÜNDE: An-/Abreisen am WE, übermäßige Arbeitsbelastung, nachfolgende Ladung zu anderer Verhandlung [E-II,7].

[369] In Einspruchs(beschwerde)verfahren, insbesondere bei mehreren Einsprechenden, gelten strengere Maßstäbe [**T1102/03**].

[370] Nachreichen von Unterlagen (Beschreibung, Ansprüche, Zeichnungen) nach WIPO-Standard ist per Fax (auch Vollmachten) oder nur im PDF-Format während der Videokonferenz per E-Mail (nicht für Vollmachten) möglich [**R.50** und **ABl.2012, 348**]; ACHTUNG: alle im Laufe einer Videokonferenz per E-Mail übermittelten Unterlagen werden in den öffentlichen Teil der Akte aufgenommen.

[371] spricht ein am Verfahren Beteiligter die festgelegte Sprache nicht und bringt Einwände muss EPA auf eigene Kosten für Übersetzung sorgen.

[372] ACHTUNG: Unbeabsichtigtes Nichtberücksichtigen von Schriftsätzen durch EPA stellt einen Verstoß gegen **Art.113(2)** dar (ist beschwerdefähig [**T543/92; T89/94**]).

[373] „wesentliche" und "rechtserhebliche" Mängel sind bspw. Fehlen wesentlicher Anträge **ODER** ähnlich wichtiger verfahrensrechtlicher Erklärungen **ODER** nicht richtig Wiedergabe dessen [**T231/99; T642/97; T819/96**].

[374] diese Mitt. ist nicht beschwerdefähig [**T1198/97; T1063/02**].

Mündliche Verhandlung

Beweisaufnahme

	Antrag	Voraussetzung	Norm	Handlung	Frist	Zulässig	Rechtsfolge	WICHTIGES
191	**Niederschrift der MV**	MV	**R.124(1)** E-II, 10	Niederschrift "wesentlicher" und "rechtserheblicher" Aspekte der MV a) relevanten Argumente der Beteiligten b) wesentliche Inhalt etwaiger neuer Beteiligtenanträge, c) Darstellung des Falles d) In Amtssprache gem. **Art.14(3)**	während MV	Bedienstete des EPA, idR Mitglieder des zuständigen Organs, z. B. der Prüfungs-/Einspruchsabteilung	alsbaldige Zustellung einer Abschrift an Beteiligte	Tonträgeraufnahmen ausschließlich durch Amtsangehörige mit Unterrichtung der Beteiligten **ABl. EPA 1986, 63**
192	Niederschrift über Aussage von Zeugen, Sachverständigen oder Beteiligten	Ladung zur Beweisaufnahme (mind. **2 M** im Voraus)	**R.124(2)** E-III, 1.7	Aufnahme aller wesentlichen Aussagen (fast wörtlich), ggf. mittels Diktiergerät	während Beweisaufnahme			Teilnahme nicht geladener Beteiligter ist mgl. E-III, 1.5

Vortragsberechtigter in der MV

	Wer	Norm	Voraussetzung	Wirkung	Sprache
193	**zugelassener Vertreter**	**Art.134(1)** & **Art.134(8)**	1) zugelassener Vertreter oder in VStaat zugelassener Rechtsanwalt **Art.134(1), (8)** 2) Vollmachtsvorlage [375] **R.152(1)**, E-III,8.3.1 **G4/95**	Verantwortlichkeit für alle Verfahrenshandlungen	grds. Verfahrenssprache **ABER**
194	**Verfahrensbeteiligter** (Anmelder/Inhaber/Geschäftsführer)	E-II,8.5 **T621/98**	1) Sitz/Wohnsitz in Vertragsstaat **R.133(1)** 2) Vollmachtsvorlage [376] **R.152(1)**, E-III,8.3.1 **T621/98**	statusbedingt jederzeit zu Ausführungen in MV berechtigt	jede Sprache, mit Einverständnis aller Beteiligten und EPA
195	**Bevollmächtigter Angestellter** (Erfinder)	**Art.133(3)**	1) Sitz/Wohnsitz in Mitgliedsstaat **Art.133(3), T298/97** 2) Vollmachtsvorlage [376] **R.152(1)**, E-III,8.3.1	analog zum zugelassenen Vertreter	⇨Rn.Dl-263
196	**Begleitperson** (Zeugen, Sachverständiger, Junganwalt)	**G2/94, G4/95**	1) auf Antrag Beteiligter oder deren Vertreter vor MV innerhalb R.116-Frist **ODER** 2) bei verspäteter Antragstellung nach R.116-Frist Vorliegen außergewöhnlicher Umstände erforderlich oder alle Beteiligten sind damit einverstanden [377] **G4/95** 3) mit Angaben zur Person, Gegenstand der Ausführungen und seiner Qualifikation	Ausführungen nur unter ständiger Verantwortung und Aufsicht des Beteiligten oder dessen Vertreters	jede Sprache, wenn Antragsteller selbst für Übersetzung sorgt **R.4(3)**

Nichterscheinen eines Beteiligten/Vertreters
grds. Fortsetzung der MV ohne diesen [**R.115(2)**] (Zweifel über Vertretungsbefugnis) [**R.152(1)**] iVm **BdP ABl.2007S3,128, L.1**]. AUSGENOMMEN: Entscheidung fußt auf erstmals in MV vorgebrachter neuer Tatsachen/Beweismittel, ABER Änderung von Ansprüchen (Hilfsantrag) in MV, als Reaktion auf bereits im Verfahren befindliche Tatsachen/Beweismittel gelten nicht als neue Tatsachen/Beweismittel

AUSNAHME: [1] Vertreterwechsel durch neuen Vertreter angezeigt [**R.152(8)**] **ODER** [2] Anforderung durch EPA wg. besonderer Umstände [**R.152(2)**]: MV wird normal fortgesetzt, aber Entscheidung ergeht nur schriftlich, sobald fehlende Vollmacht nachgereicht [E-II,8.3.1].

---

[375] Vollmachtsvorlage entfällt bei Bestimmung eines zugelassenen Vertreters.
[376] bei FEHLEN DER VOLLMACHT in MV, **2 M** für Nachreichen der Vollmacht [**R.152(2)**]
[377] Ist keine Alternativbedingung erfüllt, so wird gestellter Antrag als verspätet vorgebrachte Tatsache, Beweismittel oder Änderung zurückgewiesen [E-II,8.5].

EPÜ 2000

Artikel 117 [133],[134]
Beweismittel und Beweisaufnahme

(1) In Verfahren vor dem EPA sind insbesondere folgende Beweismittel zulässig:

a) Vernehmung der Beteiligten;
b) Einholung von Auskünften;
c) Vorlegung von Urkunden;
d) Vernehmung von Zeugen;
e) Begutachtung durch Sachverständige;
f) Einnahme des Augenscheins;
g) Abgabe einer schriftlichen Erklärung unter Eid.

(2) Das Verfahren zur Durchführung der Beweisaufnahme regelt die Ausführungsordnung.

[133] Geändert durch die Akte zur Revision des EPÜ vom 29.11.2000.
[134] Siehe hierzu Entscheidungen/Stellungnahmen der GBK G 3/89, G 11/91, G 4/95 (Anhang I).

EPÜAO

Regel 117
Entscheidung über eine Beweisaufnahme

Hält das EPA die Vernehmung von Beteiligten, Zeugen oder Sachverständigen für erforderlich, so erlässt es eine entsprechende Entscheidung, in der das Beweismittel, die rechtserheblichen Tatsachen und Tag, Uhrzeit und Ort der Beweisaufnahme angegeben werden. Hat ein Beteiligter die Vernehmung von Zeugen oder Sachverständigen beantragt, so wird in der Entscheidung eine Frist bestimmt, in der der Antragsteller deren Namen und Anschrift mitteilen muss.

Regel 118
Ladung zur Vernehmung vor dem Europäischen Patentamt

(1) Die vor dem EPA zu vernehmenden Beteiligten, Zeugen oder Sachverständigen sind zu laden.

(2) Die Frist zur Ladung von Beteiligten, Zeugen und Sachverständigen zur Beweisaufnahme beträgt mindestens zwei Monate, sofern diese nicht mit einer kürzeren Frist einverstanden sind. Die Ladung muss enthalten:

a) einen Auszug aus der in R.117 genannten Entscheidung, aus der Tag, Uhrzeit und Ort der angeordneten Beweisaufnahme sowie die Tatsachen hervorgehen, über die die Beteiligten, Zeugen oder Sachverständigen vernommen werden sollen;

b) die Namen der Beteiligten sowie die Rechte, die den Zeugen und Sachverständigen nach R.122(2) bis (4) zustehen;

c) einen Hinweis darauf, dass der Beteiligte, Zeuge oder Sachverständige seine Vernehmung durch ein zuständiges Gericht seines Wohnsitzstaats nach R.120 beantragen kann, sowie eine Aufforderung, dem EPA innerhalb einer zu bestimmenden Frist mitzuteilen, ob er bereit ist, vor dem EPA zu erscheinen.

Regel 119
Durchführung der Beweisaufnahme vor dem Europäischen Patentamt

(1) Die Prüfungsabteilung, die Einspruchsabteilung und die Beschwerdekammer können eines ihrer Mitglieder mit der Durchführung der Beweisaufnahme beauftragen.

(2) Beteiligte, Zeugen und Sachverständige werden vor ihrer Vernehmung darauf hingewiesen, dass das EPA das zuständige Gericht in ihrem Wohnsitzstaat um Wiederholung der Vernehmung unter Eid oder in gleichermaßen verbindlicher Form ersuchen kann.

(3) Die Beteiligten können an der Beweisaufnahme teilnehmen und sachdienliche Fragen an die vernommenen Personen richten.

Regel 121
Beauftragung von Sachverständigen

(1) Das EPA entscheidet, in welcher Form das Gutachten des von ihm beauftragten Sachverständigen zu erstatten ist.

(2) [Form des Auftrags]

(3) Die Beteiligten erhalten eine Abschrift des schriftlichen Gutachtens.

(4) Die Beteiligten können den Sachverständigen ablehnen. Über die Ablehnung entscheidet das Organ des EPA, das für die Beauftragung des Sachverständigen zuständig ist.

Regel 122
Kosten der Beweisaufnahme

(1) Das EPA kann die Beweisaufnahme davon abhängig machen, dass der Beteiligte, der sie beantragt hat, beim EPA einen Vorschuss hinterlegt, dessen Höhe im Wege einer Schätzung der voraussichtlichen Kosten bestimmt wird.

(2) Zeugen oder Sachverständige, die vom EPA geladen worden sind und vor diesem erscheinen, haben Anspruch auf Erstattung angemessener Reise- und Aufenthaltskosten. Es kann ihnen ein Vorschuss auf diese Kosten gewährt werden. Satz 1 gilt auch für Personen, die ohne Ladung vor dem EPA erscheinen und als Zeugen oder Sachverständige vernommen werden.

(3) Zeugen, denen nach Absatz 2 ein Erstattungsanspruch zusteht, haben Anspruch auf eine angemessene Entschädigung für Verdienstausfall; Sachverständige haben Anspruch auf Vergütung ihrer Tätigkeit. Diese Entschädigung oder Vergütung wird den Zeugen und Sachverständigen gezahlt, nachdem sie ihre Pflicht oder ihren Auftrag erfüllt haben.

(4) Der Verwaltungsrat legt die Einzelheiten der Anwendung der Absätze 2 und 3 fest. Das EPA zahlt die nach den Absätzen 2 und 3 fälligen Beträge aus.

Regel 124
Niederschrift über mündliche Verhandlungen und Beweisaufnahmen

(1) Über eine mündliche Verhandlung oder Beweisaufnahme wird eine Niederschrift aufgenommen, die den wesentlichen Gang der mündlichen Verhandlung oder Beweisaufnahme, die rechtserheblichen Erklärungen der Beteiligten, die Aussagen der Beteiligten, Zeugen oder Sachverständigen und die Ergebnisse eines Augenscheins enthalten soll.

(2) Die Niederschrift über die Aussage eines Zeugen, Sachverständigen oder Beteiligten wird diesem vorgelesen, zur Durchsicht vorgelegt oder, wenn sie mit technischen Einrichtungen aufgezeichnet wurde, vorgespielt, sofern er nicht auf dieses Recht verzichtet. In der Niederschrift wird vermerkt, dass dies geschehen und die Niederschrift von der Person genehmigt ist, die ausgesagt hat. Wird die Niederschrift nicht genehmigt, so werden die Einwendungen vermerkt. Das Vorspielen der Niederschrift und die Genehmigung erübrigen sich, wenn die Aussage wörtlich und unmittelbar unter Verwendung von technischen Einrichtungen aufgezeichnet wurde.

(3) [Authentifizierung durch Bediensteten, der MV oder Beweisaufnahme leitet]

(4) Die Beteiligten erhalten eine Abschrift der Niederschrift.

Rechtsprechung

G11/91

1. Eine Berichtigung der die Offenbarung betreffenden Teile einer ePa oder eines europäischen Patents (der Beschreibung, der Patentansprüche und der Zeichnungen) nach R.88, S.2 darf nur im Rahmen dessen erfolgen, was der Fachmann der Gesamtheit dieser Unterlagen in ihrer ursprünglich eingereichten Fassung unter Heranziehung der allgemeinen Fachwissens - objektiv und bezogen auf den Anmeldetag - unmittelbar und eindeutig entnehmen kann. Eine solche Berichtigung hat rein feststellenden Charakter und verstößt daher nicht gegen das Erweiterungsverbot nach Art.123(2).

2. Der Nachweis dessen, was am Anmeldetag allgemeines Fachwissen des Fachmanns war, kann im Rahmen eines zulässigen Berichtigungsantrags mit jedem geeigneten Beweismittel erbracht werden.

J11/88

1. Ob eine Unterbrechung der Postzustellung oder eine daran anschließende Störung eine "allgemeine Unterbrechung" im Sinne der R.85(2) ist, ist eine Tatfrage, die anhand aller verfügbaren glaubwürdigen Informationen beantwortet werden muß. In Zweifelsfällen sollte das EPA gemäß Art.114(1) den Sachverhalt von Amts wegen ermitteln.

T760/89

1. Dokumente, die im Einspruchsverfahren als Beweismittel eingereicht werden, und Schriftsätze, in denen auf sie Bezug genommen wird, verbleiben grundsätzlich bis zum Abschluß des Verfahrens und für mindestens weitere fünf Jahre in der Akte.

2. Nur in Ausnahmefällen und auf begründeten Antrag hin können als Beweismittel eingereichte Unterlagen außer acht gelassen und zurückgegeben werden. Eine solche Ausnahme liegt vor, wenn das Interesse der einreichenden Partei an der Außerachtlassung der Unterlagen und ihrer Rückgabe eindeutig Vorrang vor dem Interesse anderer Beteiligter und der Öffentlichkeit. Dies kann der Fall sein, wenn die Unterlagen unter Verletzung einer Vertraulichkeitsvereinbarung eingereicht wurden, sie ferner auch nicht zum StdT gehörten, sondern es sich bei ihnen um in Entgegnung des Einspruchs vorgebrachte Aussagen Dritter handelt, und die übrigen Beteiligten den Antrag billigten. Dasselbe gilt für Schriftsätze, in denen auf solche Unterlagen Bezug genommen wird.

T595/90

1. Schriftsätze, die nach "Beendigung der sachlichen Debatte in der MV" eingereicht werden, werden von der Kammer nicht berücksichtigt, es sei denn, sie eröffnet die Debatte wieder. Eine solche Wiedereröffnung liegt im Ermessen der Kammer.

T472/92

1. Bei allen in Art.100 aufgeführten Einspruchsgründen gilt zwar dasselbe Beweismaß (T270/90, ABl. 993, 725); dennoch hat der Einsprechende eine offenkundige Vorbenutzung lückenlos nachzuweisen, wenn praktisch alle Beweismittel dafür seiner Verfügungsmacht und seinem Wissen unterliegen.

T750/94

[...] Führt die Entscheidung über diese Frage zur Zurückweisung einer europäischen Anmeldung oder zum Widerruf eines europäischen Patents - z. B. wegen einer angeblichen Vorveröffentlichung oder Vorbenutzung -, so ist das vorliegende Beweismaterial sehr kritisch und genau zu prüfen. Eine europäische Patentanmeldung sollte nur zurückgewiesen und ein europäisches Patent nur widerrufen werden, wenn die Zurückweisungs- bzw. Widerrufsgründe voll und ganz bewiesen sind.

Beweismittel und Beweiswürdigung

Art.117, E-III,1

197 Prinzipiell müssen vorgebrachte Tatsachen nicht durch Beweismittel belegt werden. Vielmehr sind die Tatsachen zunächst als richtig zu unterstellen, es sei denn es besteht der begründete Zweifel an deren Richtigkeit, z.B. weil widersprüchliche Tatsachen vorgebracht wurden. Unabhängig davon, können zur Stützung behaupteter Tatsachen Verfahrensbeteiligte jederzeit im anhängigen Verfahren Beweismittel hervorbringen. **Reine Argumente** sind allerdings keine Beweismittel [T642/92].

Beweismittel

[E-II,1.2]

198 Als Beweismittel können beispielsweise dienen:

- vorgelegte Unterlagen [Art.117(1) c)]
- Vernehmung von Beteiligten [Art.117(1) a)]
- Vernehmung von Zeugen [Art.117(1) d)]
- Schriftliche Erklärungen, abgegeben unter Eid [Art.117(1) g)]
- eingeholte Auskünfte [Art.117(1) b)]
- Begutachtung durch Sachverständige [Art.117(1) e)]
- Einnahme des Augenscheins [Art.117(1) f)]

Beweismittel wird zur Akte genommen, nur in Ausnahmefällen (z.B. Verletzung von Vertraulichkeitsvereinbarungen) werden beweismittel zurückgegeben. [T760/89]

Beurteilung von Beweismitteln

[E-III,4.3]

199 Bei der Beurteilung der Beweismittel gilt der **Grundsatz der freien Beweiswürdigung**, d.h.

- Inhalt und Bedeutung des Beweismittels sind
- je nach Fall
- einzeln unter Berücksichtigung der speziellen Umstände (z.B. Ort, Zeit, Stellung des Zeugen etc.) zu beurteilen.

Jedes Organ des EPA kann selbständig bewerten, ob Beweismittel als wichtig oder unwichtig zu betrachten ist. Es gilt der **Grundsatz des Abwägens der Wahrscheinlichkeit**, d.h. Beweismittel wird danach beurteilt, ob es wahrscheinlich richtiger als anderes ist.

Außerdem ist zu beachten, dass für schwerwiegendere Tatfragen auch stichhaltiger Beweismaterial vorgebracht werden müssen [T750/94].

Kosten der Beweisaufnahme

In Verfahren vor dem EPA trägt jeder Beteiligte grds. nur seine Kosten, ausgenommen eine abweichende Kostenverteilung entspricht der Billigkeit [Art.104, D-IX, 1.4]

Beweisaufnahme kann abhängig von der Hinterlegung eines Vorschusses an EPA gemacht werden (Schätzung der voraussichtlichen Kosten) [R.122(1)], nicht verbrauchter Rest wird zurückgezahlt.

Ansprüche der Zeugen und Sachverständigen:
1) Reise- und Aufenthaltskosten [R.122(2)];
2) Verdienstausfall, Vergütung [R.122(3)].

Verspätet Vorgebrachte Beweismittel

[E-V,2 und E-II,8.6]

Grundsätzlich müssen verspätet vorgebrachte Beweismittel nicht berücksichtigt werden [Art.114(2)].

Kriterien zur Prüfung, ob Beweismittel noch berücksichtigt werden sind:

- Beurteilung der Bedeutung der Beweismittel für Verfahren,
- Stand des Verfahrens,
- Grund für verspätetes Vorbringen.

Sind Beweismittel z.B. *prima facie* relevant, so müssen sie zugelassen werden, unabhängig vom Verfahrensstadium und den Gründen für das verspätete Hervorbringen (Grundlage: Ermittlung von Amtswegen [Art.114(1)] hat Vorrang vor Möglichkeit Tatsachen unberücksichtigt zu lassen [Art.114(2)]).

Letzte Möglichkeit zum Vorbringen

Schriftliches Verfahren: Tag, an dem die Entscheidung zum Zwecke der Zustellung an die interne Poststelle des EPA abgegeben wird [G12/91]

Mündliches Verfahren: bis zur Verkündung der Entscheidung

Zulässige Beweismittel [378]

E-III, 1.2

	Beweismittel	Rechtsnorm	Zulässigkeit [379]	Beweiskraft [379]	Form	Beispiele	Zweckdienlichkeit	Besonderheiten
200	**Beteiligtenvernahme**	**Art.117(1)a**		einzelfallabhängig	mündlich			Ladung zur Vernehmung (mind. **2 M** vor MV) **R.118(1)/(2)**
201	**Urkunden** (Dokumente) [381]	**Art.117(1)c**			schriftlich, bildlich	▪ Zeitungs-/Zeitschriftenartikel ▪ Niederschriften MV ▪ Internet-Offenbarungen [382]	Beleg für/gegen Neuheit bzw. erfinderische Tätigkeit; offenkundige Vorbenutzung [380]	
202	Zeugenvernahme [383]	**Art.117(1)d**		einzelfallabhängig	mündlich	Angestellte [**T482/89**], Kunden [**T575/94**]		
203	**Erklärungen** unter Eid oder an eidesstatt (=Affidavit)	**Art.117(1)g**	vor allen Organen des EPA	niedrig [384]	schriftlich			
204	Einholen von Auskünften	**Art.117(1)b**			schriftlich	▪ SdT aus nat./reg. Patentverfahren **Art.124, R.141** ▪ bei Verlag über Veröffentlichungstag		
205	**Sachverständigengutachten** [385] E-III, 1.8	**Art.117(1)e**			mündlich/schriftlich	▪ vom EPA beauftragter Sachverständiger **R.121** ▪ von Beteiligten beauftragter Sachverständiger (Parteigutachten) E-II,4.7		Ladung zur Vernehmung (mind. **2 M** vor MV) **R.118(1)/(2)**
206	**Augenschein**	**Art.117(1)f**		hoch	körperlich	Modelle (Erzeugnis oder Verfahren) vorführen E-III,1.11.1	Beleg technischer Effekte; Fragen zur Ausführbarkeit	

GRUNDSATZ: in Form von Unterlagen eingereichte Beweismittel verbleiben in Akte. AUSNAHME: eingereichte Beweismittel werden außer Acht gelassen und zurückgegeben, bei begründetem **[1]** Antrag eines Beteiligten UND **[2]** Vorliegen eines Ausnahmefalls: **(i)** Unterlagen unter Verletzung einer Vertraulichkeitsvereinbarung eingereicht, **(ii)** Aussagen Dritter und **(iii)** übrige Beteiligte billigen Antrag [**T760/89**].

[378] Tatsachenfragen sind auf Grundlage aller verfügbaren glaubwürdigen Informationen zu klären [**J11/88, ABl.1989, 433**].

[379] Zulässigkeit = ob ein Beweismittel überhaupt in Betracht zu ziehen ist. Beweiskraft (Beweiswert) = ob das zu berücksichtigende Beweismittel die behaupteten Tatsachen hinreichend stützt.

[380] strengerer Beweismaßstab des „lückenlosen Nachweis", wenn Beweismittel für PI kaum oder gar nicht zugänglich [**T472/92, ABl.1998, 161, T2010/08**; RBK III-G.4.3.2]; Prospekte, öffentliche Poster.

[381] Alle Sprachen zulässig (**R.3(3) S.1**); ABER: EPA kann Übersetzung innerhalb zu best. Frist (verlängerbar – **R.132**) verlangen (**R.3(3) S.2**).

[382] kein strengerer Beweismaßstab [**T286/10**]; Inhalt/Datum von Online-Publikationen namhafter und vertrauenswürdiger Verleger iVm Belegen aus Internet Archiv mit hoher Reputation zulässig [**T286/10**].

[383] Ein Zeuge soll Tatsachen erhärten, die ihm persönlich bekannt sind. ANSPRÜCHE DER ZEUGEN UND SACHVERSTÄNDIGEN: **[1]** Reise- und Aufenthaltskosten [**R.122(2)**]; **[2]** Verdienstausfall, Vergütung [**R.122(3)**].

[384] bei Bestreiten durch Gegenseite erfolgt keine Berücksichtigung für Entscheidung; ABER: Ladung der Person, die Erklärung abgab, als Zeugen, wenn Beteiligte dies anbietet.

[385] Anhörung nur unter besonderen Umständen, wenn Kammer sich außerstande sieht, über Fragen ohne technischen Beistand zu entscheiden. Wegen Befangenheitseinwand darf Kammer nicht aktiv Sachverständige suchen [**T375/00**].

Ausgewählte Beispiele von Beweismitteln [386]

	Beweismittel	Norm	Zulässigkeit [387]	Beweiskraft [387]	Form	Beispiele	Zweckdienlichkeit	Besonderheiten
207	**allgemeines Fachwissen** G-VII, 3.1			einzelfallabhängig	schriftlich, mündlich, bildlich	■ (Übersichts-)Artikel in Fachzeitschriften T595/90, T309/88 ■ Handbücher und Verweise darin T171/84, T206/83	zu allen Patentierbarkeitsfragen, z.B zur Neuheit, Ausführbarkeit; Berichtigung offensichtlicher Fehler [388]	Beleg nur bei Bestreiten erforderlich
208	**Modelle** E-III,1.11	Art.117(1)f	Erteilungsverfahren, Einspruch, Beschwerde	hoch	körperlich	■ Erzeugnis/Vorrichtung	■ Nachweis der Patentierbarkeit (Beleg technischer Effekte; Fragen zur Ausführbarkeit) [Art.52-57] ■ Veranschaulichung offenkundiger Vorbenutzung [Art.54(2)] AUSGENOMMEN ■ nicht zur Offenbarung [Art.83] heranziehen, da nicht Teil der ePa	Aufbewahrung des Modells möglich, wenn diese Entscheidung maßgebend beeinflussen E-III,1.11.2
209	**Vergleichsversuche mit Bericht**	RBK I-D,10.9		einzelfallabhängig [389]	Daten	techn. Effekte **nur** ggü nächstliegendem StdT T197/86 (ABl.1989,371); T234/03	Nachweis der Patentierbarkeit (Beleg technischer Effekte; Fragen zur Ausführbarkeit) [Art.52-57]	auch verspätet vortragbar T2415/09; T712/97
210	**Videoaufnahmen** E-III,1.12	Art.117(1)f	mündliche Verhandlung		bildlich, akustisch			Aufbewahrung, wenn Abteilung diese in Augenschein genommen E-III,1.12.4

211

Verspätetes Vorbringen - Kriterien zur Beurteilung
1. Relevanzprüfung [G9/91, G10/91, RBK IV-C.1.2]
   Relevanz des StdT ist wichtigstes Kriterium bei Entscheidung über Zulässigkeit [T156/84, ABl. 1988, 372] – Vorrang von Art.114(1) vor Art.114(2)
   Einspruchsabteilung: prima facie triftige Gründe erforderlich, wonach verspätet eingereichte Unterlagen der Aufrechterhaltung des Patents entgegenstehen [T1002/92]; Beschwerdekammer: noch restriktiver
2. Grad der Verspätung – offensichtlich missbräuchlich des Beteiligten [T534/89]; Frage der Zugänglichkeit
3. Grad der Verspätung – Umfang der Unterlagen [T188/05]

[386] Tatsachenfragen sind auf Grundlage aller verfügbaren glaubwürdigen Informationen zu klären [J11/88, ABl.1989,433].

[387] ZULÄSSIGKEIT = ob ein Beweismittel überhaupt in Betracht zu ziehen ist. BEWEISKRAFT (BEWEISWERT) = ob das zu berücksichtigende Beweismittel die behaupteten Tatsachen hinreichend stützt.

[388] Berichtigungsantrag erforderlich [R.139 S.1; G11/91, ABl.1993, 125; ebenso G3/89, ABl.1993, 117].

[389] ERFORDERNISSE: [1] Lehre des Streitpatents klar befolgt [T453/04] UND [2] ggü nächstliegendem StdT UND [3] im Idealfall durch Einsatz unabhängiger Personen.

EPÜ 2000

Artikel 115 [129],[130]
Einwendungen Dritter

In Verfahren vor dem Europäischen Patentamt kann nach Veröffentlichung der europäischen Patentanmeldung jeder Dritte nach Maßgabe der Ausführungsordnung Einwendungen gegen die Patentierbarkeit der Erfindung erheben, die Gegenstand der Anmeldung oder des Patents ist. Der Dritte ist am Verfahren nicht beteiligt.

[129] Geändert durch die Akte zur Revision des EPÜ vom 29.11.2000.
[130] Siehe hierzu BdP und die Mitteilung des EPA, ABl.2011,418, 420.

Artikel 128 [148]
Akteneinsicht

(1) Einsicht in die Akten europäischer Patentanmeldungen, die noch nicht veröffentlicht worden sind, wird nur mit Zustimmung des Anmelders gewährt.

(2) Wer nachweist, dass der Anmelder sich ihm gegenüber auf seine europäische Patentanmeldung berufen hat, kann vor Veröffentlichung dieser Anmeldung und ohne Zustimmung des Anmelders Akteneinsicht verlangen.

(3) Nach Veröffentlichung einer europäischen Teilanmeldung oder einer nach Art.61(1) eingereichten neuen europäischen Patentanmeldung kann jedermann Einsicht in die Akten der früheren Anmeldung auch vor deren Veröffentlichung und ohne Zustimmung des Anmelders verlangen.

(4) [149] Nach Veröffentlichung der europäischen Patentanmeldung wird vorbehaltlich der in der Ausführungsordnung vorgeschriebenen Beschränkungen auf Antrag Einsicht in die Akten der Anmeldung und des darauf erteilten europäischen Patents gewährt.

(5) Das EPA kann die in der Ausführungsordnung genannten Angaben bereits vor Veröffentlichung der europäischen Patentanmeldung Dritten mitteilen oder veröffentlichen.

[148] Geändert durch die Akte zur Revision des EPÜ vom 29.11.2000.
[149] Siehe hierzu BdP vom 12.07.2007 (Sonderausgabe Nr. 3 ABl.2007, J.2 und J.3).

EPÜAO

Regel 3 [3]
Sprache im schriftlichen Verfahren

[...] (3) Schriftliche Beweismittel, insbesondere Veröffentlichungen, können in jeder Sprache eingereicht werden. Das Europäische Patentamt kann jedoch verlangen, dass innerhalb einer zu bestimmenden Frist eine Übersetzung nicht seiner Amtssprachen eingereicht wird. Wird eine verlangte Übersetzung nicht rechtzeitig eingereicht, so braucht das Europäische Patentamt das betreffende Schriftstück nicht zu berücksichtigen.

[3] Siehe hierzu Entscheidungen GBK G3/99 (Anhang I).

Regel 114 [108]
Einwendungen Dritter

(1) Einwendungen Dritter sind schriftlich in einer Amtssprache des Europäischen Patentamts einzureichen und zu begründen. R.3(3) ist anzuwenden.
(2) Die Einwendungen werden dem Anmelder oder Patentinhaber mitgeteilt, der dazu Stellung nehmen kann.

[108] Siehe hierzu BdP und die Mitteilung des EPA, ABl.2011,418, 420.

Rechtsprechung

G9/91

Die Befugnis einer Einspruchsabteilung oder einer Beschwerdekammer, gemäß den Art.101 und 102 zu prüfen und zu entscheiden, ob ein europäisches Patent aufrechterhalten werden soll, hängt von dem Umfang ab, in dem gemäß R.55c) in der Einspruchsschrift gegen das Patent Einspruch eingelegt wird. Allerdings können Ansprüche, die von einem im Einspruchs- oder Beschwerdeverfahren vernichteten unabhängigen Anspruch abhängig sind, auch dann auf die Patentierbarkeit ihres Gegenstands geprüft werden, wenn dieser nicht ausdrücklich angefochten worden ist, sofern ihre Gültigkeit durch das bereits vorliegende Informationsmaterial prima facie in Frage gestellt wird.

G12/91

Das Verfahren für den Erlaß einer Entscheidung im schriftlichen Verfahren ist mit dem Tag der Abgabe der Entscheidung durch die Formalprüfungsstelle der Abteilung an die interne Poststelle des EPA zum Zwecke der Zustellung abgeschlossen.

G7/93

1. Eine vom Anmelder nach R.51(4) abgegebene Einverständniserklärung mit der ihm mitgeteilten Fassung des Patents wird nicht bindend, sobald eine Mitteilung gemäß R.51(6) erlassen wurde. Nach einer solchen Mitteilung gemäß R.51(6) hat die Prüfungsabteilung noch bis zum Erlaß eines Erteilungsbeschlusses ein Ermessen nach R.86(3) S.2, eine Änderung der Anmeldung zuzulassen. [...]

G1/03

I. Die Änderung eines Anspruchs durch die Aufnahme eines Disclaimers kann nicht schon deshalb nach Art.123(2) abgelehnt werden, weil weder der Disclaimer noch der durch ihn aus dem beanspruchten Bereich ausgeschlossene Gegenstand aus der Anmeldung in der ursprünglich eingereichten Fassung herleitbar ist.

II. Die Zulässigkeit eines in der Anmeldung in der ursprünglich eingereichten Fassung nicht offenbarten Disclaimers ist nach folgenden Kriterien zu beurteilen:

II.1 Ein Disclaimer kann zulässig sein, wenn er dazu dient:
- die Neuheit wiederherzustellen, indem er einen Anspruch gegenüber einem Stand der Technik nach Art.54(3) und (4) abgrenzt;
- die Neuheit wiederherzustellen, indem er einen Anspruch gegenüber einer zufälligen Vorwegnahme nach Art.54(2) abgrenzt; eine Vorwegnahme ist zufällig, wenn sie so unerheblich für die beanspruchte Erfindung ist und so weitab von ihr liegt, daß der Fachmann sie bei der Erfindung nicht berücksichtigt hätte; und
- einen Gegenstand auszuklammern, der nach den Art.52 bis 57 aus nichttechnischen Gründen vom Patentschutz ausgeschlossen ist.

II.2 Ein Disclaimer sollte nicht mehr ausschließen, als nötig ist, um die Neuheit wiederherzustellen oder einen Gegenstand auszuklammern, der aus nichttechnischen Gründen vom Patentschutz ausgeschlossen ist.

II.3 Ein Disclaimer, der für die Beurteilung der erfinderischen Tätigkeit oder der ausreichenden Offenbarung relevant ist oder wird, stellt eine nach Art.123(2) unzulässige Erweiterung dar.

II.4 Ein Anspruch, der einen Disclaimer enthält, muß die Erfordernisse der Klarheit und Knappheit nach Art.84 erfüllen.

T156/84

1. Der Grundsatz der Ermittlung von Amts wegen (Art.114(1)) hat Vorrang vor der dem EPA eingeräumten Befugnis, verspätet vorgebrachte Tatsachen und Beweismittel unberücksichtigt zu lassen. Dies ergibt sich aus der Verpflichtung des EPA gegenüber der Öffentlichkeit, keine Patente zu erteilen oder aufrechtzuerhalten, von denen es überzeugt ist, dass sie rechtlich keinen Bestand haben.

2. Das EPA muss die Relevanz von Entgegenhaltungen, die nachträglich in das Verfahren eingeführt werden, und den Beteiligten zumindest in seiner Entscheidung die Ergebnisse dieser Prüfung mitteilen. Eine endgültige Entscheidung über den Einspruch kann erst getroffen werden, wenn diese Prüfung durchgeführt worden ist.

3. Im Gegensatz zu rechtzeitig vorgebrachten Entgegenhaltungen können verspätet eingereichte Unterlagen vom EPA ohne ausführliche Begründung als unerheblich bezeichnet werden.

4. Nachgereichte Unterlagen gelten nicht schon deshalb als verspätet eingereicht, weil sie nicht während der Einspruchsfrist eingereicht worden sind; hätten die nachgereichten Unterlagen bei sorgfältiger Vorbereitung des Einspruchsverfahrens eher ermittelt werden können, so muss der Einsprechende darlegen, weshalb er sie nicht eher erwähnt hat.

T390/90

Ein Beitritt nach Art.105 ist nur im Einspruchsverfahren, nicht aber im Beschwerdeverfahren zulässig; Auslegung der Entscheidungen G 7/91 und G 8/91 (ABl. 1993, 356, 346), siehe auch T 27/92 (ABl. 1994, 853).

T951/91

Der Ermessensspielraum der Organe des EPA nach Art.114(2) soll gewährleisten, daß Verfahren im Interesse der Beteiligten, der Öffentlichkeit wie auch des EPA rasch zum Abschluß gebracht werden können, und taktische Mißbräuche verhindern. Legt ein Beteiligter der für seine Sache relevanten Tatsachen, Beweismittel und Argumente ohne Angabe stichhaltiger Gründe nicht so frühzeitig und vollständig wie möglich vor und würde deren Zulassung zu einer übermäßigen Verzögerung des Verfahrens führen, so können die Beschwerdekammern diese Zulassung im Rahmen ihres Ermessensspielraums nach Art.114(2) durchaus zu Recht ablehnen (T 156/84, ABl. 1988, 372, eingeschränkt).

T189/92

Es liegt in der Verantwortung eines Dritten (**Art.115**), sicherzustellen, dass seine eingereichte Tatsachen und Beweismittel nicht nur unmissverständlich klar, sondern auch möglichst vollständig sind, damit sie von der prüfenden Instanz unmittelbar und ohne Zweifel oder Nachfragen bearbeitet werden können. Insbesondere, wenn dieser Dritte Dokumente in einer Nichtamtssprache des EPA sollte eine Übersetzung in eine Amtssprache des EPA beigelegt sein.

Einwendungen Dritter [390]

Art.115, R.114, E-V,3

Drittem stehen gegenüber Verfahrensbeteiligtem keine weitergehenden Rechte zu [T156/84]; d.h. selbe Kriterien bspw. für verspätetes Vorbringen [Art.114(2)]

		Norm	zu erbringende Handlung	Frist	Rechtsfolge	Rechtsbehelf
212	**Voraussetzung**		jedes anhängige Verfahren [391] vor dem EPA		⊕ Beschleunigung: Bemühung seitens EPA nächsten Verfahrensschritt innerhalb von **3M** ab Eingang zu vollziehen [392] E-V,3 **UND** Mitt. an Anmelder der ePa bzw. PI mit Möglichkeit zur Stellungnahme **R.114(2)**	
213	**Antragsberechtigter**	**Art.115**	jeder Dritte (d.h. nicht Verfahrensbeteiligte) **AUCH** anonym mgl. (d.h. nicht unterzeichnete Einwendung) [395] **Art.115** iVm **ABl.2011, 420**, RBK III.N.1.4		**UND** Dritter wird nicht Verfahrensbeteiligter [393] **Art.115**	
214	**Anmeldeamt**		direkt beim EPA	ab Veröff. der ePa **Art.93**	**UND** Einwendungen in öffentl. Teil der Akte der ePa/EP-Patent aufgenommen [394] **Art.128(4)**	
215	**Art der Einreichung**		»schriftlich« und »begründet« vorzugsweise über Online-Tool des EPA **ABl.2011,418 und 420**	ACHTUNG: Berücksichtigung nur bis zur Abgabe der Entscheidung an interne Poststelle [G7/93] **ODER** bei MV bis zum Ende der sachlichen Debatte [G12/91]	**ABER** ACHTUNG: Berücksichtigung nicht zwingend; EPA entscheidet über Relevanz (=Amtsmaxime) **Art.114(1)**	
216	**Erforderliche Angaben am ET** E-V,3	**R.114(1)**	**Begründung**, nur gestützt auf materiellrechtliche Erfordernisse [396]: a) Patentierbarkeit [Art.52-57] b) Klarheit [Art.84], c) ausreichende Offenbarung [Art.83] d) unzulässige Änderungen [Art.76(1), 123(2)] **Art.115** iVm **ABl.2011,420**, RBK III.N.1.5		⊖ Dokumente bleiben unbeachtet **ABER** Aufnahme in unzugänglichen Teil der Akte **Art.114(1)**	
217	**Sprache** E-V,3	**R.114(1)** **R.3(3)**	**Begründung**: jede Amtssprache (DE, EN, FR) nach **Art.14(1)** **Art.114(1)** **R.3(3) S.1** Beweismittel: jede Sprache	Übersetzung nur bei Auff. +10Tage durch EPA binnen zu best. Frist **R.3(3) S.2**	⊖ EPA braucht Schriftstück nicht zu berücksichtigen (Tatsachen/Beweismitteln müssen klar und vollständig sein, **T189/92**) **R.3(3) S.3**	

(!) ANONYME EINWENDUNGEN: im einseitigen Verfahren unstrittig zulässig, **ABER** für zweiseitiges Verfahren existieren konträre Meinung: nach **G1/03** und **G2/03** [**ABl.2004, 413 und 448**] sind anonyme Einwendungen Dritter nicht zu berücksichtigen, da Kammer unter »schriftlicher« Einreichung ein Unterschriftenerfordernis sieht, dies solle verhindern, dass Verfahrensbeteiligte später neue Beweismittel einführen und/oder Verfahrenskosten sparen [RBK III.N.1.4].

(💡) EINSPRUCH ALS EINWENDUNG DRITTER: gilt Einspruch als nicht eingelegt **ODER** als unzulässig verworfen [R.77], werden vorgelegte Dokumente zum öffentl. Teil der Akte genommen und stehen zur Akteneinsicht für jedermann zur Verfügung [Art.128(4)]; Sie werden als Einwendungen Dritter behandelt [Art.115; D-IV,1.4.1 und 3]; selbiges gilt für Beschwerde!

---

[390] KEINE ANHÄNGIGKEIT: bleiben unberücksichtigt und werden nur zur nichtöffentlichen Teil der Akte beigefügt [E-V,3]; Einwendungen Dritter aus nat. Phase werden für Euro-PCT-Anmeldung analog behandelt.

[391] AUCH: Beschränkungs-/Widerrufverfahren, Einspruchsverfahren (auch nach Ablauf Einspruchsfrist), Beschwerdeverfahren [T390/90, G9/91] und RBK III.N.1.2].

[392] AUSGENOMMEN: anonyme Einwendungen Dritter.

[393] Dritten stehen gegenüber Verfahrensbeteiligtem keine weitergehenden Rechte zu [T951/91]; d.h. selbe Kriterien bspw. für verspätetes Vorbringen [Art.114(2)].

[394] Für jedermann über Akteneinsicht zugänglich [Art.128 iVm ABl.2011,420]; AUSGENOMMEN: nach Abschluss anhängiger Verfahren eingehende Einwendungen werden nur nichtöffentlichen Teil der Akte beigefügt [E-V,3].

[395] ZULÄSSIGKEIT: **nur** im einseitigen Verfahren [T1336/09]; im zweiseitigen Verfahren jedoch nicht zu berücksichtigen, da Unterschrift wg. des Schriftformerfordernis nach R.114(1) erforderlich ist, um Dritten zu identifizieren [G1/03, G2/03 (ABl.2004,413 und 448], RBK III.N.1.4].

[396] SUBSTANTIIERUNG: Tatsachen/Beweismittel müssen klar und vollständig sein [T189/92]; Dritter unterliegt gleichen Beweismaßstäben [z.B. T908/95; T301/95].

Teil D I – Übersicht zum EPÜ

EPÜ 2000

Artikel 121 [138]
Weiterbehandlung der europäischen Patentanmeldung

(1) Hat der Anmelder eine gegenüber dem EPA einzuhaltende Frist versäumt, so kann er die Weiterbehandlung der ePa beantragen.

(2) Das EPA gibt dem Antrag statt, wenn die in der Ausführungsordnung festgelegten Erfordernisse erfüllt sind. Andernfalls weist es den Antrag zurück.

(3) Wird dem Antrag stattgegeben, so gelten die Rechtsfolgen der Fristversäumung als nicht eingetreten.

(4) Von der Weiterbehandlung ausgeschlossen sind die Fristen des Art.87(1), des Art.108 und des Art.112a(4) sowie die Fristen für den Antrag auf Weiterbehandlung und Wiedereinsetzung in den vorigen Stand. Die Ausführungsordnung kann weitere Fristen von der Weiterbehandlung ausnehmen.

[138] Geändert durch die Akte zur Revision des EPÜ vom 29.11.2000.

Artikel 122 [139],[140]
Wiedereinsetzung in den vorigen Stand

(1) Der Anmelder oder PI, der trotz Beachtung aller nach den gegebenen Umständen gebotenen Sorgfalt verhindert worden ist, gegenüber dem EPA eine Frist einzuhalten, wird auf Antrag wieder in den vorigen Stand eingesetzt, wenn die Versäumung dieser Frist zur unmittelbaren Folge hat, dass die ePa oder ein Antrag zurückgewiesen wird, die Anmeldung als zurückgenommen gilt, das europäische Patent widerrufen wird oder der Verlust eines sonstigen Rechts oder eines Rechtsmittels eintritt.

(2) Das EPA gibt dem Antrag statt, wenn die Voraussetzungen des Absatzes 1 und die der Ausführungsordnung festgelegten Erfordernisse erfüllt sind. Andernfalls weist es den Antrag zurück.

(3) Wird dem Antrag stattgegeben, so gelten die Rechtsfolgen der Fristversäumung als nicht eingetreten.

(4) Von der Wiedereinsetzung ausgeschlossen ist die Frist für den Antrag auf Wiedereinsetzung. Die Ausführungsordnung kann weitere Fristen von der Wiedereinsetzung ausnehmen.

(5) Wer in einem benannten Vertragsstaat in gutem Glauben die Erfindung, die Gegenstand einer veröffentlichten ePa oder eines europäischen Patents ist, in der Zeit zwischen dem Eintritt eines Rechtsverlusts nach Absatz 1 und der Bekanntmachung des Hinweises auf die Wiedereinsetzung im Europäischen Patentblatt in Benutzung genommen oder wirkliche und ernsthafte Veranstaltungen zur Benutzung getroffen hat, darf die Benutzung in seinem Betrieb oder für die Bedürfnisse seines Betriebs unentgeltlich fortsetzen.

(6) Dieser Artikel lässt das Recht eines VStaats unberührt, Wiedereinsetzung in Fristen zu gewähren, die in diesem Übereinkommen vorgesehen und den Behörden dieses Staats gegenüber einzuhalten sind.

[139] Geändert durch die Akte zur Revision des EPÜ vom 29.11.2000.
[140] Siehe hierzu Entscheidung der GBK G 1/86 (Anhang I).

Artikel 135 [162]
Umwandlungsantrag

(1) Die Zentralbehörde für den gewerblichen Rechtsschutz eines benannten VStaats leitet auf Antrag des Anmelders oder Inhabers eines europäischen Patents das Verfahren zur Erteilung eines nationalen Patents in den folgenden Fällen ein:

a) wenn die ePa nach Art.77(3) als zurückgenommen gilt;

b) in den sonstigen nach nationalem Recht vorgesehenen Fällen, in denen nach diesem Übereinkommen die europäische Patentanmeldung zurückgewiesen worden ist oder als zurückgenommen gilt oder als zurückgenommen worden ist oder das europäische Patent widerrufen worden ist.

(2) Im Fall des Absatzes 1 a) ist der Umwandlungsantrag bei der Zentralbehörde für den gewerblichen Rechtsschutz zu stellen, bei der die ePa eingereicht worden ist. Diese Behörde leitet den Antrag vorbehaltlich der Vorschriften über die nationale Sicherheit unmittelbar an die Zentralbehörden für den gewerblichen Rechtsschutz der im Antrag bezeichneten VStaaten weiter.

(3) In den Fällen des Absatzes 1 b) ist der Umwandlungsantrag nach Maßgabe der Ausführungsordnung beim EPA zu stellen. Der Antrag gilt erst als gestellt, wenn die Umwandlungsgebühr entrichtet worden ist. Das Europäische Patentamt übermittelt den Umwandlungsantrag den Zentralbehörden für den gewerblichen Rechtsschutz der im Antrag bezeichneten Vertragsstaaten.

(4) Die in Art.66 genannte Wirkung der europäischen Patentanmeldung erlischt, wenn der Umwandlungsantrag nicht rechtzeitig übermittelt wird.

[162] Geändert durch die Akte zur Revision des EPÜ vom 29.11.2000.

EPÜAO

Regel 112 [107]
Feststellung eines Rechtsverlusts

(1) Stellt das EPA fest, dass ein Rechtsverlust eingetreten ist, ohne dass eine Entscheidung über die Zurückweisung der ePa, die Erteilung, den Widerruf oder über die Aufrechterhaltung des europäischen Patents oder über die Beweisaufnahme ergangen ist, so teilt es dies dem betroffenen Beteiligten mit.

(2) Ist der Beteiligte der Auffassung, dass die Feststellung des EPA nicht zutrifft, so kann er innerhalb von 2 M nach der Mitteilung nach Absatz 1 eine Entscheidung beantragen. Das EPA trifft eine solche Entscheidung nur dann, wenn es die Auffassung des Beteiligten nicht teilt; andernfalls unterrichtet es ihn.

[107] Siehe hierzu Entscheidungen der GBK G 1/90, G 2/97, G 1/02 (Anhang I).

Regel 135 [123]
Weiterbehandlung

(1) Der Antrag auf WB nach Art.121(1) ist durch Entrichtung der vorgeschriebenen Gebühr innerhalb von zwei Monaten nach der Mitteilung über die Fristversäumung oder einen Rechtsverlust zu stellen. Die versäumte Handlung ist innerhalb der Antragsfrist nachzuholen.

(2) [123] Von der WB ausgeschlossen sind die in Art.121(4) genannten Fristen sowie die Fristen nach R.6(1), R.16(1)a), R.31(2), R.36(2), R.40(3), R.51(2) bis (5), R.52(2) und (3), R.55, 56, 58, 59, 62a, 63, 64, R.112(2) und R.164(1) und (2).

(3) Über den Antrag auf WB entscheidet das Organ, das über die versäumte Handlung zu entscheiden hat.

[123] Geändert durch BdV CA/D 17/13 vom 16.10.2013 (ABl.2013, 503), in Kraft getreten am 01.11.2014. Siehe hierzu auch Mitteilung des EPA, ABl. 2014, A70.

Regel 136
Wiedereinsetzung

(1) Der Antrag auf Wiedereinsetzung nach Art.122(1) ist innerhalb von zwei Monaten nach Wegfall des Hindernisses, spätestens jedoch innerhalb eines Jahres nach Ablauf der versäumten Frist schriftlich zu stellen. Wird Wiedereinsetzung in eine der Fristen nach Art.87(1) und Art.112a(4) beantragt, so ist der Antrag innerhalb von zwei Monaten nach Ablauf dieser Frist zu stellen. Der Antrag auf Wiedereinsetzung gilt erst als gestellt, wenn die vorgeschriebene Gebühr entrichtet worden ist.

(2) Der Antrag auf Wiedereinsetzung ist zu begründen, wobei die zur Begründung dienenden Tatsachen glaubhaft zu machen sind. Die versäumte Handlung ist innerhalb der nach Absatz 1 maßgeblichen Antragsfrist nachzuholen.

(3) Von der Wiedereinsetzung ausgeschlossen sind alle Fristen, für die Weiterbehandlung nach Art.21 beantragt werden kann, sowie die Frist für den Antrag auf Wiedereinsetzung in den vorigen Stand.

(4) Über den Antrag auf Wiedereinsetzung entscheidet das Organ, das über die versäumte Handlung zu entscheiden hat.

Regel 155
Einreichung und Übermittlung des Umwandlungsantrags

(1) Der Umwandlungsantrag nach Art.135(1) a) oder b) ist innerhalb von drei Monaten nach der Zurücknahme der europäischen Patentanmeldung oder der Mitteilung, dass die Anmeldung als zurückgenommen gilt, oder der Entscheidung über die Zurückweisung der Anmeldung oder den Widerruf des europäischen Patents einzureichen. Wird der Antrag nicht rechtzeitig eingereicht, so erlischt die in Art.66 vorgesehene Wirkung der ePa.

(2) Bei der Übermittlung des Umwandlungsantrags an die Zentralbehörden für den gewerblichen Rechtsschutz oder der in den bezeichneten Vertragsstaaten fügt die betreffende Zentralbehörde oder das Europäische Patentamt dem Antrag eine Kopie der Akte der europäischen Patentanmeldung oder des europäischen Patents bei.

(3) [145] Art.135(4) ist anzuwenden, wenn der Umwandlungsantrag nach Art.135(1) a) und 2 nicht vor Ablauf von zwanzig Monaten nach dem Anmeldetag oder, wenn eine Priorität in Anspruch genommen worden ist, nach dem Prioritätstag übermittelt wird.

[145] Englische Fassung geändert durch BdV CA/D 4/08 vom 21.10.2008 (ABl. EPA 2008, 513), in Kraft getreten am 01.04.2009.

Regel 156
Unterrichtung der Öffentlichkeit bei Umwandlungen

(1) Die Unterlagen, die dem Umwandlungsantrag nach Regel 155 Absatz 2 beizufügen sind, sind der Öffentlichkeit von der Zentralbehörde für den gewerblichen Rechtsschutz unter den gleichen Voraussetzungen und im gleichen Umfang wie die Unterlagen eines nationalen Verfahrens zugänglich zu machen.

(2) Auf den Patentschriften der nationalen Patente, die aus der Umwandlung einer europäischen Patentanmeldung hervorgehen, ist diese Anmeldung anzugeben.

Rechtsprechung

G1/86   Art. 122 EPÜ ist nicht so auszulegen, dass er nur auf den Patentanmelder und den Patentinhaber anzuwenden ist. Ein Beschwerdeführer, der Einsprechender ist, kann nach Art. 122 EPÜ wieder in den vorigen Stand eingesetzt werden, wenn er die Frist der Einreichung der Beschwerdebegründung versäumt hat.

Rechtsbehelfe

Rechtsbehelf
Art.121 und 122, R.135 und R.136

Das EPÜ sieht verschiedene Rechtsbehelfe während der einzelnen Verfahrensabschnitte vor. Dazu zählen die **Weiterbehandlung** [Art.121, R.135] und die **Wiedereinsetzung in den vorherigen Stand** [Art.122, R.136]. Im EPÜ ist strickt geregelt für welche Fristen die Rechtsbehelfe anzuwenden bzw. ausgeschlossen sind.

Weiterbehandlung

218 Versäumt der Anmelder eien Frist und ist daraufhin eine ePa zurückzuweisen oder zurückgewiesen worden oder gilt sie als zurückgenommen, so kann die Anmeldung Weiterbehandlung beantragen [E-VII,2.1].

Von der Weiterbehandlung ausgeschlossene Fristen

219 **nach Art.121(4)**
- Antrag auf Beschwerdeüberprüfung [Art.112a)]
- Beschwerdefrist [Art.108]
- Prioritätsfrist [Art.87(1)]
- Weiterbehandlung (WB) [Art.121]
- Wiedereinsetzung (WE) [Art.122]

nach R.135(2)
- Angabe der Patentansprüche für die Recherche erfolgen soll [R.62a]
- Angabe des zu recherchierenden Gegenstandes [R.63]
- Antrag auf Entscheidung [R.112(2)]
- Bezugnahme, ePA (Beglaubigte Abschrift, Übersetzung) [R.40(3)]
- Geltendmachung des Anspruchs auf Verfahren nach Art.61(1) [R.16(1)a)]
- Hinterlegung biologischen Materials [R.31(2)]
- Inanspruchnahme der Prio (Angabe Aktenzeichen/Abschrift) [R.59]
- Jahresgebühr [R.51(2) bis (5)],
- Mängel in Eingangsprüfung gem. R.55:
  - fehlender Hinweise, dass ePA beantragt wird [R.40(1)a)]
  - fehlende Beschreibung/Bezugnahme [R.40(1)c)]
  - Aketenzeichen und Nummer früheren Anmeldung bei Bezugnahme und Hinweis dass sie (Teile) der Beschreibung ersetzt [R.40(2)]
  - Beglaubigte Abschrift und Übersetzung bei Bezugnahme [R.40(3)S.1
- Mängel in Formalprüfung gem. R.58:
  - Übersetzung [R.57a]
  - Erteilungsantrag R.41 enspricht [R.57b]
  - Ansprüche/Bezugnahme vorhanden [R.57c]
  - Zusammenfassung [R.57d]
  - Vertretung [R.57h]
  - Form Zeichnungen/Anmeldeunterlagen [R.57i]
- Prioritätserklärung [R.51(2) bis (3)]
- Übersetzung gem. Art.14(2) [R.6(1)]
- Übersetzung TA [R.36(2)]
- Zahlung weiterer Recherchegebühr bei mangelnder Einheitlichkeit [R.64 und R.164(1)/(2)]

Wiedereinsetzung in den vorherigen Stand

Ein Anmelder oder PI, der trotz Beachtung aller nach den gegebenen Umständen gebotenen Sorgfalt verhindert worden ist eine Frist einzuhalten, die von **Art.122(4)** und **R.136(3)** nicht ausgeschlossen ist, kann die WE in den vorigen Stand beantragen [E-VII,2.2.1].

Von der Wiedereinsetzung ausgeschlossene Fristen

- Frist zur Stellung des Antrags auf Wiedereinsetzung
- alle Fristen, für die Weiterbehandlung gem. **Art.121** beantragt werden kann
- alle Fristen, deren Versäumung nicht zur unmittelbaren Folge hat, dass die ePa oder ein Antrag zurückgewiesen wird, die Anmeldung als zurückgenommen gilt, das europäische Patent widerrufen wird oder der Verlust eines sonstigen Rechts oder Rechtsmittels eintritt (z.B. Einspruchsverfahren: WE des PIs in Fristen zur Stellungnahme zu den Schriftsätzen anderer Beteiligter/Bescheiden der Einspruchsabteilung) [E-VII,2.2.4]

Fristen für die Wiedereinsetzung beantragt werden kann

- WE in Frist für den Antrag auf Weiterbehandlung
- WE in Frist zur Einreichung ePa innerhalb der Priofrist gem. Art.87(1)
- Frist zur Zahlung der Veröffentlichungsgeb. für eine neue europäische Patentschrift,
- Frist zur Einreichung der Übersetzung der geänderten Patentansprüche im Einspruchsverfahren,
- Frist zur Stellung des Antrags auf Entscheidung der Einspruchsabteilung über die Kostenfestsetzung,
- Frist für Beschwerden von Anmeldern oder PI,
- Frist zur Einreichung eines Antrags auf Überprüfung durch die GBK,
[E-VII,2.2.3]

Vorliegen außerordentlicher Umstände trotz aller gebotener Sorgfalt [RBK III.E.4]

a) Nicht vertretener Einzelanmelder
b) Fehler des zugelassenen Vertreters
c) Fehler des nicht zugelassenen Vertreters
d) Einsatz einer Hilfsperson
e) Fehler durch Postzustelldienst
f) Plötzliche Zahlungsunfähigkeit (Arbeitslosigkeit) [J22/88]

Teil D I – Übersicht zum EPÜ

Rechtsbehelfe (Weiterbehandlung · Wiedereinsetzung)

Organ des betroffenen Verfahrensabschnitts — **Art. 121 und 122, R.135 und R.136**

	Antrag	Voraussetzung	Norm	zu erbringende Handlung	Frist	Rechtsfolge	Nachfrist	Rechtsbehelf
220	**Weiterbehandlung** [397] E-VII, 2.1	1) Anmelder hat 2) eine Frist versäumt [398]	**Art.121** iVm **R.135(1)**	1) WB-Antrag [399] 2) WB-Gebühr **[255 € oder 50% der Gebühr** bei versäumter Gebührenzahlung] [400] **R.135(1) S.1**, Art.2(1) Nr.12 GebO 3) versäumte Handlung innerhalb Antragsfrist nachholen, **R.135(1) S.2**	ab Ablauf der versäumten Frist **BIS** **2 M** nach Mitt. +10 Tage über Fristversäumnis oder Rechtsverlust **R.135(1) S.1**	(+) zwischenzeitlich eingetretene Rechtsfolgen gelten als nicht eingetreten **Art.121(3)** (–) Eintritt der Rechtsfolge	keine	WB (–) **Art.121(4)** **WE (+)**, da unmittelbarer Rechtsverlust bei Versäumnis
221	**Wiedereinsetzung** [401] E-VII, 2.2	1) Anmelder oder PI [402] 2) Fristversäumnis mit unmittelbarem Rechtsverlust [403] **R.136(1) S.1** **UND** von WB ausgeschlossen **R.136(1) S.1** 1) Anmelder oder PI 2) versäumte Frist ist Priofrist [**Art.87(1)**] oder Antrag auf Überprüfung BK-Entscheidung [**Art.112a(4)**] **R.136(1) S.2**	**Art.122** iVm **R.136(1)**	1) trotz Beachtung aller nach den gegebenen Umständen gebotenen Sorgfalt 2) ausdrücklicher Antrag (schriftlich) 3) WE-Gebühr innerhalb der Antragsfrist **[640 €] UND** ggf. fällige Jahresgebühr Art.2(1) Nr.13 GebO 4) Nachholung der versäumten Handlung [404] **R.136(2) S.2** 5) Begründung [405] **R.136(2) S.1** 6) Glaubhaftmachung der zur Begründung dienenden Tatsachen **R.136(2) S.1**	**2 M** nach Wegfall des Hindernisses [406] **ABER** spätestens innerhalb **1 J** nach Fristablauf (Ausschlussfrist) **2 M** nach Fristablauf [408]	(+) zwischenzeitlich eingetretene Rechtsfolgen gelten als nicht eingetreten [407] **Art.122(3)** **ABER** Weiterbenutzungsrecht desjenigen, der in VStaat bereits Benutzungshandlung aufgenommen hat **Art.122(5)** (–) Zurückweisung des WE-Antrags BF **UND** keine Rückerstattung der Wiedereinsetzungsgebühr T1026/06	keine	WB (–) **Art.121(4)** WE (–) **Art.122(4)** **Beschwerde (+)**

[397] beschränkt auf Erteilungsverfahren und Erteilungsbeschwerdeverfahren; ZUSTÄNDIGKEIT: Organ des Verfahrensabschnitts [R.135(3)].

[398] AUSNAHME: ⬦S.96 zu Art.121(4), R.135(2).

[399] Antrag bedarf nicht der Schriftform; Antrag gilt bereits mit Zahlung der Weiterbehandlungsgebühr als gestellt [ABl.2007S5].

[400] RÜCKZAHLUNG zusammen mit WB-Antrag beantragbar, wenn ein Fristverlängerungsgesuch (i) abgelehnt UND (ii) dies zu Unrecht geschah; die Entscheidung ist beschwerdefähig [J37/89].

[401] AUSGENOMMEN: [1] Frist zur WE; [2] alle Fristen, für die WB beantragt werden kann und [3] alle Fristen zur Stellungnahme auf Mitteilung des EPA; ZUSTÄNDIGES ORGAN: Organ des Verfahrensabschnitts [R.136(4)].

[402] Ausnahme: Frist zur Einreichung Beschwerdebegründung des Einsprechenden als Beschwerdeführer [G1/86].

[403] UNMITTELBARER RECHTSVERLUST: [1] ePa oder Antrag gilt als zurückgewiesen; [2] ePa gilt als zurückgenommen; [3] EP-Patent widerrufen; [4] Verlust sonstiger Rechte oder Rechtsmittel; MITTELBARER RECHTSVERLUST: wenn noch kein Hinweis an Anmelder ergangen ist.

[404] bei WE in die Frist zur WB **muss** zusätzlich die versäumte Handlung der WB nachgeholt werden.

[405] Begründung immer innerhalb **2 M**-Frist einreichbar, auch, wenn Jahresausschlussfrist bereits abgelaufen [J6/90].

[406] d.h. mit tatsächlicher Kenntnis; z.B. Mitt. des EPA, wobei tatsächliche Zustellung verbindlich ist (d.h. 10 Tages-Regel ist nicht anwendbar).

[407] WEITERBENUTZUNGSRECHT des gutgläubigen Dritten, der nach Rechtsverlust **UND** vor Bekanntmachung der WE eine Benutzung aufgenommen hat [Art.122(5)]; nur zulässig für veröff. ePa [J5/79; ABl.1980,71].

[408] ERSTRECKTE FRIST: hat sich versäumte Frist durch R.134 auf einen nachfolgenden Tag verlängert, so beginnt **2 M**-Frist erst ab diesem Tag; WE-Antrag innerhalb einer Fristverlängerung durch R.134 ist gegenstandslos **UND** Rückzahlung der WE-Gebühr [T192/84; ABl.1985,39; III-E;5.5].

Rechtsbehelfe

Rechtsbehelfe (Antrag auf Entscheidung · Umwandlung)

222 — Antrag auf Entscheidung

Antrag	Voraussetzung	Norm	zu erbringende Handlung	Frist	Rechtsfolge	Nachfrist	Rechtsbehelf
Antrag auf Entscheidung ZUSTÄNDIGKEIT: Organ des Verfahrensabschnittes E-VII, 1.9.3	1) Anmelder hat 2) eine Frist versäumt (Rechtsverlust eingetreten) 3) R.112(1)-Mitt. über (Teil-) Rechtsverlust [409] **R.112(1) iVm J43/92**	**R.112(2)**	»schriftlicher« und »begründeter« Antrag des Anmelders	2 M nach R.112(1)-Mitt. +10Tage **R.112(2)**	(+) Antwort des ePa binnen angemessener Frist **J29/86** UND Fortsetzung des Verfahrens **R.112(2) S.2, Alt.2** (−) rechtsverbindliche Entscheidung **R.112(2) S.2, Alt.1** beschwerdefähig, **Art.106(1)**	keine	WB (−) **Art.121(4), R.135(2)** WE (+) Beschwerde (−)

223 — Umwandlung in eine nationale Anmeldung [410]

A-IV, 6

Fall 1:

Voraussetzung	Norm	zu erbringende Handlung	Frist	Rechtsfolge	Nachfrist	Rechtsbehelf
1) ePa bei nat. Behörde eingereicht **Art.75(1)b** 2) keine Weiterleitung dieser ePa an ein EPA binnen 14 M nach AT/PT [411] **Art.77(3), R.37(2)**	**Art.135 iVm R.155(1)**	1) Umwandlungsantrag durch Anmelder mit Angabe der VStaaten, in denen Umwandlung gewünscht, **Art.135(1)** 2) bei nat. Behörde, **Art.135(2)** [412] 3) nat. Gebühr und Übersetzung **NatR VII, Nr.2**	3 M nach der Zurücknahme ODER 3 M nach Mitt über die 'fiktive' Zurücknahme	(+) Übermittlung des Antrags an ausgewählte nat. Zentralbehörden **R.155(2)** ePa hat in VStaaten Wirkung nat. Anmeldung, dh AT/PT bleibt erhalten **Art.66** UND Umwandlungsantrag wird veröff. **R.156**	keine	WB (−) [414] **J3/80** WE (+)

Fall 2:

Voraussetzung	Norm	zu erbringende Handlung	Frist	Rechtsfolge
1) ePa zurückgewiesen, zurückgenommen oder gilt als zurückgenommen 2) Vorliegen eines Umwandlungsfalls [415] **Art.135(1) b) iVm NatR VII**		1) Umwandlungsantrag durch Anmelder/PI mit Angabe der VStaaten, in denen Umwandlung gewünscht, **Art.135(1)** 2) beim EPA, **Art.135(3)** 3) Umwandlungsgebühr [75 €] **Art.135(3)**, Art.2(1) Nr.14 GebO	3 M nach Entscheidung über Zurückweisung **R.155(1)**	(−) nach **Art.66** vorgesehene Wirkung der ePa erlischt [413] **Art.135(4), R.155(1) S.2**

UNKLARE RECHTSLAGE: Antrag auf Entscheidung [**R.112(2)**] und hilfsweise Antrag auf WB [**Art.121**] und hilfsweise Antrag auf WB [**Art.121**]; ↗S.156] bzw. WE [**Art.122**; ↗S.156] [Rückerstattung WB-/WE-Gebühr, wenn R.112(1)-Rechtsverlustmitt. zu Unrecht ergangen) [A-IV,1.1.1, **J14/94**].

UNKLARE RECHTSLAGE: lediglich Information über eingetretenen Rechtsverlust [**J13/83**].

ACHTUNG: Wenn eine **nat. Zentralbehörde** Anmeldung nicht rechtzeitig an das EPA weiterleitet, so dass sie als zurückgenommen gilt, kann der Anmelder **keine WE** verlangen, da EPÜ eine WE nur vorsieht, wenn der Anmelder und nicht die nat. Zentralbehörde eine Frist versäumt [**J3/80**].

UMWANDLUNGSFÄLLE: [1] ePa in zugelassener Nichtamtssprache eingereicht, aber Übersetzung in Amtssprache nicht rechtzeitig nachgereicht [**Art.14(2)**]: AL, BG, CH/LI, CY, EE, ES, FI, GR, HR, HU, IT, LT, LV, MK, MT, PT, RO, RS, SI [**NatR VII, Nr.1**]; [2] Umwandlung in nat. GebrM: EE, ES, FI, GR, IT, PL, PT, SK und in vorgenannten Fällen und/oder Art.77(3): AT, BG, CZ, DK, GR, RO, TR [**NatR VII, Nr.5**].

---

[409] lediglich Information über eingetretenen Rechtsverlust [**J13/83**].

[410] ACHTUNG: Wenn eine **nat. Zentralbehörde** Anmeldung nicht rechtzeitig an das EPA weiterleitet, so dass sie als zurückgenommen gilt, kann der Anmelder **keine WE** verlangen, da EPÜ eine WE nur vorsieht, wenn der Anmelder und nicht die nat. Zentralbehörde eine Frist versäumt [**J3/80**].

[411] weil nach nat. Recht geheimhaltungsbedürftig [**Art.77(2)** iVm **NatR VII**] oder versehentlich ausgeblieben.

[412] **nat. Zentralbehörde** leitet Antrag binnen **20 M** ab AT/PT an benannte nat. Behörden weiter, wenn nach nat. Geheimschutzbestimmungen zulässig [**R.155(3)**].

[413] d.h. die ePa hat in den benannten VStaaten nicht mehr die Wirkung einer vorschriftsmäßigen nationalen Anmeldung.

[414] da es keine ggü dem EPA einzuhaltende Frist ist.

[415] UMWANDLUNGSFÄLLE: [1] ePa in zugelassener Nichtamtssprache eingereicht, aber Übersetzung in Amtssprache nicht rechtzeitig nachgereicht [**Art.14(2)**]: AL, BG, CH/LI, CY, EE, ES, FI, GR, HR, HU, IT, LT, LV, MK, MT, PT, RO, RS, SI [**NatR VII, Nr.1**]; [2] Umwandlung in nat. GebrM: EE, ES, FI, GR, IT, PL, PT, SK und in vorgenannten Fällen und/oder Art.77(3): AT, BG, CZ, DK, GR, RO, TR [**NatR VII, Nr.5**].

EPÜ 2000

Artikel 79[72]
Benennung der Vertragsstaaten
(1) Im Antrag auf Erteilung eines europäischen Patents gelten alle Vertragsstaaten als benannt, die diesem Übereinkommen bei Einreichung der europäischen Patentanmeldung angehören.
(2)[73] Für die Benennung eines Vertragsstaats kann eine Benennungsgebühr erhoben werden.
(3) Die Benennung eines Vertragsstaats kann bis zur Erteilung des europäischen Patents jederzeit zurückgenommen werden.

[72] Geändert durch die Akte zur Revision des EPÜ vom 29.11.2000.
[73] Siehe hierzu Stellungnahme der GBK G 4/98 (Anhang I).

Artikel 105a[113]
Antrag auf Beschränkung oder Widerruf
(1) Auf Antrag des Patentinhabers kann das europäische Patent widerrufen oder durch Änderung der Patentansprüche beschränkt werden. Der Antrag ist beim Europäischen Patentamt nach Maßgabe der Ausführungsordnung zu stellen. Er gilt erst als gestellt, wenn die Beschränkungs- oder Widerrufsgebühr entrichtet worden ist.
(2) Der Antrag kann nicht gestellt werden, solange ein Einspruchsverfahren in Bezug auf das europäische Patent anhängig ist.

[113] Eingefügt durch die Akte zur Revision des EPÜ vom 29.11.2000.

Artikel 139[167]
Ältere Rechte und Rechte mit gleichem Anmelde- oder Prioritätstag
[...] (3) Jeder Vertragsstaat kann vorschreiben, ob und unter welchen Voraussetzungen eine Erfindung, die sowohl in einer europäischen Patentanmeldung oder einem europäischen Patent als auch in einer nationalen Patentanmeldung oder einem nationalen Patent mit gleichem Anmeldetag oder, wenn eine Priorität in Anspruch genommen worden ist, mit gleichem Prioritätstag offenbart ist, gleichzeitig durch europäische und nationale Anmeldungen oder Patente geschützt werden kann.

[167] Siehe hierzu Entscheidungen der GBK G 1/03, G 2/03 (Anhang I).

EPÜAO

Regel 14[16]
Aussetzung des Verfahrens
(1) Weist ein Dritter nach, dass er ein Verfahren gegen den Anmelder eingeleitet hat mit dem Ziel, eine Entscheidung im Sinne des Art.61(1) zu erwirken, so wird das Erteilungsverfahren ausgesetzt, es sei denn, der Dritte erklärt dem Europäischen Patentamt gegenüber schriftlich seine Zustimmung zur Fortsetzung des Verfahrens. Diese Zustimmung ist unwiderruflich. Das Erteilungsverfahren wird jedoch nicht vor Veröffentlichung der europäischen Patentanmeldung ausgesetzt. [...]

[16] Siehe BdP des EPA, ABl. EPA 2013, 600.

Regel 15[17]
Beschränkung von Zurücknahmen
Von dem Tag an, an dem ein Dritter nachweist, dass er ein nationales Verfahren nach R.14(1) eingeleitet hat, bis zu dem Tag, an dem das Erteilungsverfahren fortgesetzt wird, darf weder die europäische Patentanmeldung noch die Benennung eines Vertragsstaats zurückgenommen werden.

[17] Siehe hierzu Entscheidung der GBK G 3/92 (Anhang I).

Regel 39[45]
Benennungsgebühren
(3) Unbeschadet der R.37(2) S.2 wird die Benennungsgebühr nicht zurückerstattet.

[45] Geändert durch BdV CA/D 4/08 vom 21.10.2008 (ABl. 2008, 513), in Kraft getreten am 01.04.2009.

Regel 84[92]
Fortsetzung des Einspruchsverfahrens von Amts wegen
(1) Hat der Patentinhaber in allen benannten Vertragsstaaten auf das europäische Patent verzichtet oder ist das Patent in allen diesen Staaten erloschen, so kann das Einspruchsverfahren fortgesetzt werden, wenn der Einsprechende dies innerhalb von zwei Monaten nach einer Mitteilung des Europäischen Patentamts über den Verzicht oder das Erlöschen beantragt.

[92] Siehe hierzu Entscheidungen der GBK G 4/88, G 7/91, G 8/91, G 8/93, G 3/99 (Anhang I).

Rechtsprechung

T390/86 [...] **3.** Eine Entscheidung muß zumindest im Namen der für das Verfahren

J11/80
Einer Erklärung, dass eine europäische Patentanmeldung zurückgenommen wird, sollte ohne Rückfrage nur dann stattgegeben werden, wenn die Erklärung keinerlei Vorbehalte enthält und eindeutig ist.

J5/81
1. R.48 besagt nicht, daß das EPA rechtlich gehindert sei, die Veröffentlichung einer europäischen Patentanmeldung zu unterlassen, sobald die technischen Vorbereitungen für ihre Veröffentlichung als abgeschlossen gelten.

2. Zur Beantwortung einer Rechtsfrage von grundsätzlicher Bedeutung braucht die Große Beschwerdekammer nicht befasst zu werden, wenn sich die Beschwerdekammer, bei der das Verfahren anhängig ist, in der Lage sieht, die Antwort zweifelsfrei aus dem Übereinkommen abzuleiten.

J10/87
Einem nach Veröffentlichung der Patentanmeldung eingereichten Antrag auf Widerruf einer Zurücknahme der Benennung eines Vertragsstaates kann nach R.88 unter bestimmten Umständen stattgegeben werden, insbesondere wenn
a) die Zurücknahme zu dem Zeitpunkt, zu dem ihr Widerruf beantragt wird, der Öffentlichkeit vom EPA noch nicht offiziell bekanntgegeben worden ist,
b) die irrtümliche Zurücknahme einem entschuldbaren Versehen zuzuschreiben ist,
c) die beantragte Berichtigung zu keiner wesentlichen Verzögerung des Verfahrens führt und
d) das EPA zur der Überzeugung gelangt, daß die Interessen Dritter, die möglicherweise durch Akteneinsicht Kenntnis von der Zurücknahme erhalten haben, ausreichend geschützt sind.

J25/03
I. Die Eintragung der Zurücknahme einer Patentanmeldung in das europäische Patentregister gilt ebenso als öffentliche Bekanntmachung wie ihre Veröffentlichung im Europäischen Patentblatt.
II. Ein Antrag auf Widerruf der Zurücknahme einer Patentanmeldung ist nicht mehr zulässig, wenn zu dem Zeitpunkt, zu dem er gestellt wird, im europäischen Patentregister bereits auf die Zurücknahme hingewiesen wurde und ein Dritter zum Zeitpunkt der offiziellen öffentlichen Bekanntmachung auch nach einer Akteneinsicht keinen Grund zu der Annahme gehabt hätte, dass die Zurücknahme ein Irrtum war und später widerrufen werden könnte.

Rechtsverzicht (Zurücknahmen · Zurücknahmeerklärungen · Verzicht)

	Erklärung auf	Voraussetzung	Norm	Handlung	Frist	Rechtsfolge	Nachfrist	WICHTIG
224	Zurücknahme der ePa E-VII,6.1	E-VII, 6.1		a) unterzeichnete, vorbehaltlose und eindeutige Zurücknahmeerklärung [417] **J11/80**, E-VII,6.3 b) Zurücknahme aller benannten VStaaten [R.39(2)]		■ ePa gilt verbindlich als zurückgenommen [**J25/03, J4/97, J10/87**]; ■ verhindert Veröff. noch unveröff. ePa, ggf. auch nach Abschluss techn. Vorbereitungen zur Veröff. [**J5/81**] C-V,11	--	ggf. Rückerstattung der Prüfungsgebühr Art.11 GebO
225	Zurücknahme einzelner Benennungen A-III,11.3.8	eingereichte und anhängige ePa [416]	**Art.79(3)**	unterzeichnete, vorbehaltlose und eindeutige Zurücknahmeerklärung [**J11/80**] über Zurücknahme eines oder mehrerer benannter Vertragsstaaten R.39(3)	»jederzeit« bis zur Erteilung der ePa [418]	VStaat gilt als nicht ausgewählt [419] keine Rückerstattung von wirksam entrichteten Benennungsgebühren R.39(3)	--	Reaktivierung zurückgenommener Benennungen nicht möglich A-III,11.3.8
226	Zurücknahme des Erstreckungs- oder Validierungsantrags A-III,12.3		A-III,12.3	unterzeichnete, vorbehaltlose und eindeutige Zurücknahmeerklärung [**J11/80**] über Zurücknahme des Erstreckungs- oder Validierungsantrags		Erstreckungs- oder Validierungsstaaten gelten als nicht ausgewählt [419] keine Rückerstattung von wirksam entrichteten Gebühren R.39(3), A-III,12.3	--	
227	Verzicht auf das Patent E-VII,6.4	erteiltes EP-Patent	**Art.105a**	Verzichtserklärung PI (= Antrag auf Widerruf) **Art.105a**	»jederzeit« außer im Einspruch [420]	Behandlung als Widerruf ↗S.131	--	

[416] ZURÜCKGEWIESENE ePA kann noch innerhalb der Beschwerdefrist (**2 M** nach Mitt. [+10Tage]) zurückgenommen werden.

[417] „BEDINGTE" ZURÜCKNAHME: Zurücknahmeerklärung kann an Bedingung geknüpft, dass [1] Veröffentlichung verhindert oder [2] Prüfungsgebühr zurückerstattet wird; BINDUNGSWIRKUNG: Anmelder ist an wirksame Zurücknahmeerklärung gebunden [**J25/03; J4/97; J10/87**].

[418] Unmöglichkeit der Zurücknahme, wenn nat. Verfahren nach **R.14(1)** eingeleitet ist bis zum Tag der Fortführung des Erteilungsverfahrens [**R.15**].

[419] verhindert Kollision von älteren nat. Rechten mit EP-Patent (Doppelschutzverbot **NatR X Ziffer 1**: BE, BG, CY, CZ, DE, EE, ES, FR, GB, GR, IE, IT, HR, LT, LU, MC, MT, NL, PT, RO, RS, SI, SK, SM, TR und alle Erstreckungsstaaten) [**Art.139(3)**].

[420] Verzicht während eines Einspruchs muss ggü nat. Behörden aller benannter Vertragsstaaten erfolgen [**R.84(1)**].

Teil D I – Übersicht zum EPÜ

EPÜ 2000

Artikel 127[146], [147]
Europäisches Patentregister

Das EPA führt ein Europäisches Patentregister, in das die in der Ausführungsordnung genannten Angaben eingetragen werden. Vor Veröffentlichung der europäischen Patentanmeldung erfolgt keine Eintragung in das Europäische Patentregister. Jedermann kann in das Europäische Patentregister Einsicht nehmen.

Artikel 128[148]
Akteneinsicht

(1) Einsicht in die Akten europäischer Patentanmeldungen, die noch nicht veröffentlicht worden sind, wird nur mit Zustimmung des Anmelders gewährt.

(2) Wer nachweist, dass der Anmelder sich ihm gegenüber auf seine europäische Patentanmeldung berufen hat, kann vor Veröffentlichung dieser Anmeldung und ohne Zustimmung des Anmelders Akteneinsicht verlangen.

(3) Nach Veröffentlichung einer europäischen Teilanmeldung oder einer nach Art.61(1) eingereichten neuen europäischen Patentanmeldung kann jedermann Einsicht in die Akten der früheren Anmeldung auch vor deren Veröffentlichung und ohne Zustimmung des Anmelders verlangen.

(4)[149] Nach Veröffentlichung der europäischen Patentanmeldung wird vorbehaltlich der in der Ausführungsordnung vorgeschriebenen Beschränkungen auf Antrag Einsicht in die Akten der Anmeldung und des darauf erteilten europäischen Patents gewährt.

(5) Das EPA kann die in der Ausführungsordnung genannten Angaben bereits vor Veröffentlichung der europäischen Patentanmeldung Dritten mitteilen oder veröffentlichen.

[148] Geändert durch die Akte zur Revision des EPÜ vom 29.11.2000.
[149] Siehe hierzu den BdP des EPA vom 12.07.2007 (Sonderausgabe Nr. 3 ABl. EPA 2007, J.2 und J.3).

Artikel 129[150]
Regelmäßige Veröffentlichungen

Das EPA gibt regelmäßig folgende Veröffentlichungen heraus:
a) ein Europäisches Patentblatt, das die Angaben enthält, deren Veröffentlichung dieses Übereinkommen, die Ausführungsordnung oder der Präsident des EPA vorschreibt;
b) ein Amtsblatt, das allgemeine Bekanntmachungen und Mitteilungen des Präsidenten des EPA sowie sonstige dieses Übereinkommen und seine Anwendung betreffende Veröffentlichungen enthält.

EPÜAO

Regel 144[134]
Von der Einsicht ausgeschlossene Aktenteile

Von der Akteneinsicht sind nach Art.128(4) folgende Aktenteile ausgeschlossen:
a) Unterlagen über die Frage der Ausschließung oder Ablehnung von Mitgliedern der Beschwerdekammern oder der Großen Beschwerdekammer;
b) Entwürfe zu Entscheidungen und Bescheiden sowie sonstige Schriftstücke, die der Vorbereitung von Entscheidungen und Bescheiden dienen und den Beteiligten nicht mitgeteilt werden;
c) die Erfindernennung, wenn der Erfinder nach R.20(1) auf das Recht verzichtet hat, als Erfinder bekannt gemacht zu werden;
d) andere Schriftstücke, die vom Präsidenten des EPA von der Einsicht ausgeschlossen werden, weil die Einsicht in diese Schriftstücke nicht dem Zweck dient, die Öffentlichkeit über die europäische Patentanmeldung oder das europäische Patent zu unterrichten.

[134] Siehe hierzu den BdP des EPA, Sonderausgabe Nr. 3, ABl. 2007, J.3.

Regel 145[135]
Durchführung der Akteneinsicht

(1) Die Einsicht in die Akten europäischer Patentanmeldungen und Patente wird in das Original oder in eine Kopie oder, wenn die Akten mittels anderer Medien gespeichert sind, in diese Medien gewährt.

(2) Der Präsident des EPA bestimmt die Bedingungen der Einsichtnahme einschließlich der Fälle, in denen eine Verwaltungsgebühr zu entrichten ist.

[135] Siehe hierzu den BdP des EPA, Sonderausgabe Nr. 3, ABl. 2007, J.2

Regel 146[135]
Auskunft aus den Akten

Das EPA kann vorbehaltlich der in Art.128(1) bis (4) und R.144 vorgesehenen Beschränkungen auf Antrag und gegen Entrichtung einer Verwaltungsgebühr Auskünfte aus den Akten europäischer Patentanmeldungen oder europäischer Patente erteilen. Das EPA kann jedoch verlangen, dass von der Möglichkeit der Akteneinsicht Gebrauch gemacht wird, wenn dies im Hinblick auf den Umfang der zu erteilenden Auskünfte zweckmäßig erscheint.

Rechtsprechung

J14/91

1. Eine Berufung auf eine europäische Patentanmeldung iSv Art.128(2) liegt jedenfalls auch dann vor, wenn sich die Berufung nach ihrem Wortlaut auf eine Erstanmeldung bezieht, aber die europäische Nachanmeldung gleichzeitig erwähnt ist.

2. Besteht zwischen dem Anmelder und einem Dritten Streit über dessen Berechtigung zur Akteneinsicht nach Art.128 (2), so wird über diesen Streit zweckmäßigerweise in einer kurzfristig anberaumten mündlichen Verhandlung entschieden (vgl. Nr. 3 der Entscheidungsgründe).

3. In Fällen vorstehender Art kann die in R.71(2) vorgesehene Ladungsfrist verkürzt werden. Es genügt eine Frist, die den Beteiligten nach den Umständen des Falles eine ausreichende Vorbereitung erlaubt.

J5/81

1. R.48 besagt nicht, daß das EPA rechtlich gehindert sei, die Veröffentlichung einer europäischen Patentanmeldung zu unterlassen, sobald die technischen Vorbereitungen für ihre Veröffentlichung als abgeschlossen gelten.

2. Zur Beantwortung einer Rechtsfrage von grundsätzlicher Bedeutung braucht die Große Beschwerdekammer nicht befasst zu werden, wenn sich die Beschwerdekammer, bei der das Verfahren anhängig ist, in der Lage sicht, die Antwort zweifelsfrei aus dem Übereinkommen abzuleiten.

Akteneinsicht

Art.128

	Art	Voraussetzung	Norm		Handlung	Frist	WICHTIGES	Rechtsfolge
228	**Akteneinsicht,** generelle A-XI, 2	veröffentlichte ePa **ODER** EP-Patent [421]	**Art.128**	online	jedermann kostenlos über Online-Dienst Register Plus **Art.128(4)**	»jederzeit«		(+) Online-Zugriff auf den öffentlichen Teil der Akte
				andere Form	1) Jedermann durch formlosen schriftl. Antrag **ODER** Formblatt des EPA bei EPA Annahmestelle [422] 2) *ggf.* Verwaltungsgebühr [**50 €** für 100 Seiten] **Art.128(3), R.145(1)** iVm **ABl.2015,X.2**		Art/Höhe der Gebühren legt Präsident fest [423] **R.145(2)** iVm **ABl.2007,J.2**	(+) Zustellung bspw. als Papierkopie [424] oder in elektronischer Form (>100 Seiten) **R.145(1)**
229	**geschützte Akteneinsicht** A-XI, 2.5	unveröffentlichte ePa **ODER** TA	**Art.128(1)**		schriftlicher Antrag vom Anmelder **ODER** Dritten [425]	bis vor Veröffentlichung ePa	Dritter erhält erst nach Zustimmung durch Anmelder Einsicht	(+) Online-Zugriff auf den öffentlichen Teil der Akte **ABl.2012,22**
			Art.128(2)		schriftlicher Antrag von Drittem [426] **UND** Nachweis, dass Anmelder der ePa sich auf seine Anmeldung berufen hat [427]	(nicht **18 M** iSv **Art.93(1)** [J5/81]	Entscheidung erst nach Anhörung des Anmelders (i.d.R. MV) [428]	(+) Online-Zugriff auf den öffentlichen Teil der Akte (–) Antrag wird zurückgewiesen
230	Antrag auf **Ausstellung beglaubigter Kopie** A-XI, 5 bis (4)	Voraussetzung für Akteneinsicht gem. **Art.128(1)** 5 bis **(4)** sind gegeben	**Art.146**		schriftlicher Antrag nur von den Verfahrensbeteiligten **UND** Zahlung Verwaltungsgebühr [**50 €**]	»jederzeit«	Kopien der ePa, des EP-Patentes und von Aktenteilen ausstellbar	(+) Zahlung ev. anfallender Kopiekosten, auch über laufendes Konto mgl.

ohne Wissen Anmelders / *mit Wissen Anmelders*

(–) **Ausschluss von der Akteneinsicht:** [**Art.128(4)** iVm **R.144**]

i)	Ausschluss/Ablehnung von Mitgliedern der GBK oder Beschwerdekammer	**R.144(a)**
ii)	Entwürfe/Schriftstücke, die zur Vorbereitung von Entscheidungen/Bescheiden dienen	**R.144(b)**
iii)	Erfindernennung, bei Verzicht nach R.120(1)	**R.144(c), Art.129(a)**
iv)	Andere Schriftstücke (bspw. PACE-Anträge, ärztliche Atteste) [**ABl.2007,J.3**];	**R.144(d)**
v)	Akten für IPER von EURO-PCT-Anmeldungen, bei denen EPA die IPEA **UND** für die noch kein IPER erstellt [**ABl.2003,382**]	**Art.38(1) PCT, R.94 PCT**

---

[421] Einsicht unterliegen allen Aktenteilen aus Prüfungs-, Einspruchs-, Beschwerdeverfahren, einschließlich Einwendungen Dritter gem. **Art.115**, auch Prüfungs-/Recherchebeginn, Auff. nach **R.63(1)** und **R.62a(1)** und Stellungnahmen zur Recherche.

[422] Anträge per Fax oder Internet werden ohne Eingangsbestätigung bearbeitet [A-XI,2.2].

[423] Gezahlte Verwaltungsgebühren werden nicht zurückerstattet.

[424] Beglaubigung auf Antrag [**ABl.2015,X.2**].

[425] Beantragt ein Dritter Akteneinsicht, ohne gleichzeitige Zustimmung des Anmelders, so gewährt das EPA erst nach Vorlage der Zustimmung Einsicht in die Akten.

[426] Verlangt zugelassener Vertreter für Dritten Akteneinsicht muss er Name und Anschrift des Dritten angeben und Vollmacht einzureichen.

[427] Berufung auf eine ePa gilt auch dann als erfolgt, wenn sie sich auf eine Erstanmeldung in einem Vertragsstaat bezieht und die europäische Nachanmeldung gleichzeitig erwähnt wird [114/91], Nachweis hierüber ist mit Antrag vorzulegen, ansonsten Aufforderung Nachweis innerhalb bestimmten Frist zu bringen, bleibt Nachweis aus wird Antrag zurückgewiesen.

[428] Widerspricht Anmelder der Akteneinsicht innerhalb vom EPA bestimmten Frist (idR **2 M**) und begründet seine Auffassung ergeht beschwerdefähige Entscheidung.

EPÜ 2000

Artikel 71
Übertragung und Bestellung von Rechten
Die europäische Patentanmeldung kann für einen oder mehrere der benannten Vertragsstaaten übertragen werden oder Gegenstand von Rechten sein.

Artikel 72
Rechtsgeschäftliche Übertragung
Die rechtsgeschäftliche Übertragung der europäischen Patentanmeldung muss schriftlich erfolgen und bedarf der Unterschrift der Vertragsparteien.

Artikel 73
Vertragliche Lizenzen
Eine europäische Patentanmeldung kann ganz oder teilweise Gegenstand von Lizenzen für alle oder einen Teil der Hoheitsgebiete der benannten Vertragsstaaten sein.

Artikel 74
Anwendbares Recht
Soweit dieses Übereinkommen nichts anderes bestimmt, unterliegt die europäische Patentanmeldung als Gegenstand des Vermögens in jedem benannten Vertragsstaat und mit Wirkung für diesen Staat dem Recht, das in diesem Staat für nationale Patentanmeldungen gilt.

EPÜAO

Regel 22[22]
Eintragung von Rechtsübergängen
(1) Der Rechtsübergang einer europäischen Patentanmeldung wird auf Antrag eines Beteiligten in das Europäische Patentregister eingetragen, wenn er durch Vorlage von Dokumenten nachgewiesen wird.
(2) Der Antrag gilt erst als gestellt, wenn eine Verwaltungsgebühr entrichtet worden ist. Er kann nur zurückgewiesen werden, wenn die Erfordernisse des Absatzes 1 nicht erfüllt sind.
(3) Ein Rechtsübergang wird dem Europäischen Patentamt gegenüber erst und nur insoweit wirksam, als er ihm durch Vorlage von Dokumenten nach Absatz 1 nachgewiesen wird.

[22] Siehe BdP des EPA, ABl.2013, 600; 2013, 601.

Regel 23[23]
Eintragung von Lizenzen und anderen Rechten
(1) R.22(1) und (2) ist auf die Eintragung der Erteilung oder des Übergangs einer Lizenz, der Bestellung oder des Übergangs eines dinglichen Rechts an einer europäischen Patentanmeldung und von Zwangsvollstreckungsmaßnahmen in Bezug auf eine solche Anmeldung entsprechend anzuwenden.
(2) Eintragungen nach Absatz 1 werden auf Antrag gelöscht; dem Antrag sind Nachweise, dass das Recht nicht mehr besteht, oder eine schriftliche Einwilligung des Rechtsinhabers in die Löschung der Eintragung beizufügen. R.22(2) ist entsprechend anzuwenden.

[23] Siehe BdP des EPA, ABl.2013, 600.

Regel 24[24]
Besondere Angaben bei der Eintragung von Lizenzen
Eine Lizenz an einer europäischen Patentanmeldung wird eingetragen
a) als ausschließliche Lizenz, wenn der Anmelder und der Lizenznehmer dies beantragen;
b) als Unterlizenz, wenn sie von einem Lizenznehmer erteilt wird, dessen Lizenz im Europäischen Patentregister eingetragen ist.

[24] Siehe BdP des EPA, ABl.2013, 600.

Rechtsprechung

T553/90
Wird das europäische Patent während des Einspruchsverfahrens umgeschrieben, so tritt der neu in das Patentregister eingetragene Patentinhaber sowohl im Einspruchs- als auch im Beschwerdeverfahren an die Stelle des bisherigen Patentinhabers. Seine Legitimation kann in diesen Verfahren nicht in Frage gestellt werden.

T19/97
Übertragung der Beteiligtenstellung ist in jeder Lage eines anhängigen Einspruchsbeschwerdeverfahrens zulässig, wenn sie zusammen mit der Übertragung des Geschäftsbetriebs oder Unternehmensteils erfolgt, in dessen Interesse die Beschwerde eingelegt worden ist.

T157/07
Die Beschwerde einer Beschwerdeführerin, deren Name vor Einlegung der Beschwerde geändert wurde, ohne die Namensänderung anzuzeigen, erfüllt die Erfordernisse der R.64a) 1973, sofern die Beschwerdeführerin identifizierbar ist.

J17/91
Nach Patenterteilung und Erschöpfung aller Rechtsmittel (Einspruch/Beschwerde) ist keine Eintragung eines Rechtsübergangs/einer Lizenz möglich, da die diesbezügliche Zuständigkeit vom EPA auf die nationalen Ämter im Erteilungsantrag benannten Vertragsstaaten übergegangen ist.

J10/93
Auch wenn ePa als zurückgenommen gilt, kann Eintragung eines Rechtsübergangs erfolgen, wenn gleichzeitig ein WE-Antrag gestellt und alle Handlungen erbracht.

J12/00
Vorlage von Dokumenten, die den Rechtsübergang belegen, erforderlich.

ePa als Gegenstand des Vermögens - Eintragung ins PatReg

Rechtsabteilung [Art.20(1), ABl.2013,600]
Art.71 bis 74 iVm R.22-24

	Art	Norm	Voraussetzung	zu erbringende Handlung	Frist/Zulässigkeit	Rechtsfolge	Nachfrist
231	Eintragung von Rechtsübergängen [429, 430] E-XII,3	Art.72 iVm R.22(1) ODER R.85	anhängiges Verfahren ODER während 9M-Einspruchsfrist R.85 ODER andernfalls gilt nur nat. Recht Art.2(2) iVm Art.74	1) »schriftlicher« **Antrag** und durch die Vertragsparteien »unterschrieben« **Art.72** 2) **Nachweis** durch Vorlage eines Übertragungsvertrags [431] (förmlicher Urkundenbeweis oder andere amtliche Urkunden ODER einseitige Erklärung des alten Rechtsinhabers, sofern der Antrag vom neuen Rechtsinhaber gestellt wurde) **R.22(1)**, **J12/00** 3) **Verwaltungsgebühr [100 €]** für jede Änderung **R.22(2)**, Art.3 GebO iVm **ABl.2016,22**	»jederzeit« für lebende ODER reanimierbare ePa **J10/93** ODER während Einspruchsfrist [**Art.99**] bzw. Einspruch selbst **R.85 iVm R.22**	**+** Eintragung ins EP-PatReg [432] **Art.27** ABER nicht vor Veröff. der ePa, **Art.27 S.2**	innerhalb bestimmten Frist" nach Auff.
232	Eintragung von Lizenzen [433] E-XII,6	Art.72, R.23(1) iVm R.22(1)		analog **R.22(1)** und **(2)** UND Zustimmung sämtlicher Anmelder, bei mehreren Anmeldern erforderlich **R.85** UND <u>ausschließliche Lizenz</u> <u>Unterlizenz</u> **Art.74** Antrag durch Anmelder und Lizenznehmer **R.24** Lizenz von Lizenznehmer der Lizenz erteilt muss im EP-Patentregister eingetragen sein UND **Verwaltungsgebühr [100 €]** für jede Änderung Art.3 GebO iVm **ABl.2016,22**	für ausschließliche Lizenzen oder Unterlizenzen ABER nur für anhängige ePa [434]	**−** Antrag gilt als nicht gestellt <u>ACHTUNG:</u> Die Legitimation des im Patentregister eingetragenen PI kann nicht im Einspruchs(beschwerde)verfahren infrage gestellt werden (Prozessführungsmacht Kraft Rechtsschein) **T553/90, ABl.1993,666**	

! »bloße" **Namensänderung** kann gemäß **R.143(1) f)** »jederzeit« als Angaben zu einer nat./jur. Person des Anmelders in EP-Patentregister eingetragen/nachgeholt werden (bspw. im Einspruch oder der Beschwerde, wenn keine Änderung der rechtlichen Identität des Unternehmens erfolgt; Namensänderungen sind bspw. **[1]** Änderung der Rechtsform („Umfirmierung") [**T157/07**]; **[2]** Fusion mit einem anderen Unternehmen („Verschmelzung") [**T19/97**]

[429] Angleichung an **R.92**^{bis}**.1b) PCT**; Rechtsübergänge wirken für einen ODER mehrere Vertragsstaaten [**Art.71**].

[430] <u>ACHTUNG:</u> Wird ein Rechtsübergang vom ursprünglich eingetragenen Anmelder nachträglich bestritten, z.B. wg. Vorwurfs gefälschter Beweismittel oder entgegenstehender zivilrechtlicher Rechtslage, wird der ursprüngliche registerrechtliche *Status quo* wiederhergestellt, bis die entsprechende Rechtslage dem EPA eindeutig offenbart wurde, z.B. durch ein nationales Gerichtsurteil.

[431] "**Übertragungsvertrag**" muss schriftlich erfolgen und eine getrennte Übertragungs- und Annahmeerklärung enthalten [**Art.72** iVm **18/84**].

[432] Eintragung auch wenn bspw. nur ein Vertragsstaat betroffen: Rechtsübergang: **Art.71** iVm **R.22**; Lizenz: **Art.73** iVm **R.23**.

[433] <u>LÖSCHUNG</u> eingetragener Lizenzen mögl., Erfordernisse: **[1]** Antrag, **[2]** Nachweise ODER schriftliche Einwilligung des Rechtsinhabers, **[3]** Verwaltungsgebühr [**R.22(2)**], E-XII,6.2].

[434] keine Eintragung von (ausschließlichen) Lizenzen für bereits erteilte EP-Patente in EP-Register, weil dann die diesbezügliche Zuständigkeit dem EPA entzogen ist [**J17/91**; **ABl.1994,225**; **J19/91**].

EPÜ 2000

Artikel 63[53]
Laufzeit des europäischen Patents

(1) Die Laufzeit des europäischen Patents beträgt zwanzig Jahre, gerechnet vom Anmeldetag an.

(2) Absatz 1 lässt das Recht eines VStaats unberührt, unter den gleichen Bedingungen, die für nationale Patente gelten, die Laufzeit eines europäischen Patents zu verlängern oder entsprechenden Schutz zu gewähren, der sich an den Ablauf der Laufzeit des Patents unmittelbar anschließt,

a) um einem Kriegsfall oder einer vergleichbaren Krisenlage dieses Staats Rechnung zu tragen;

b) wenn der Gegenstand des europäischen Patents ein Erzeugnis oder ein Verfahren zur Herstellung oder eine Verwendung eines Erzeugnisses ist, das vor seinem Inverkehrbringen in diesem Staat einem gesetzlich vorgeschriebenen behördlichen Genehmigungsverfahren unterliegt.

(3) Absatz 2 ist auf die für eine Gruppe von Vertragsstaaten im Sinne des Artikels 142 gemeinsam erteilten europäischen Patente entsprechend anzuwenden.

(4) Ein Vertragsstaat, der eine Verlängerung der Laufzeit oder einen entsprechenden Schutz nach Absatz 2 b) vorsieht, kann aufgrund eines Abkommens mit der Organisation dem Europäischen Patentamt mit der Durchführung dieser Vorschriften verbundene Aufgaben übertragen.

[53] Geändert durch die Akte zur Revision von Artikel 63 EPÜ vom 17.12.1991, in Kraft getreten am 04.07.1997 (ABl. EPA 1992, 1 ff.).

Artikel 64[54]
Rechte aus dem europäischen Patent

(1) Das europäische Patent gewährt seinem Inhaber ab dem Tag der Bekanntmachung des Hinweises auf seine Erteilung im Europäischen Patentblatt in jedem Vertragsstaat, für den es erteilt ist, vorbehaltlich des Absatzes 2 dieselben Rechte, die ihm ein in diesem Staat erteiltes nationales Patent gewähren würde.

(2) Ist Gegenstand des europäischen Patents ein Verfahren, so erstreckt sich der Schutz auch auf die durch das Verfahren unmittelbar hergestellten Erzeugnisse.

(3) Eine Verletzung des europäischen Patents wird nach nationalem Recht behandelt.

[54] Siehe hierzu Entscheidungen der GBK G 2/88, G 1/98 (Anhang I).

Artikel 65[55],[56]
Übersetzung des europäischen Patents

(1) Jeder Vertragsstaat kann, wenn das vom Europäischen Patentamt erteilte, geänderte oder beschränkte europäische Patent nicht in einer seiner Amtssprachen abgefasst ist, vorschreiben, dass der Patentinhaber bei seiner Zentralbehörde für den gewerblichen Rechtsschutz eine Übersetzung des Patents in der erteilten, geänderten oder beschränkten Fassung nach seiner Wahl in einer seiner Amtssprachen oder, soweit dieser Staat die Verwendung einer bestimmten Amtssprache vorgeschrieben hat, in dieser Amtssprache einzureichen hat. Die Frist für die Einreichung der Übersetzung endet drei Monate, nachdem der Hinweis auf die Erteilung des europäischen Patents, seine Aufrechterhaltung in geänderter Fassung oder seine Beschränkung im Europäischen Patentblatt bekannt gemacht worden ist, sofern nicht der betreffende Staat eine längere Frist vorschreibt.

(2) Jeder Vertragsstaat, der eine Vorschrift nach Absatz 1 erlassen hat, kann vorschreiben, dass der Patentinhaber innerhalb einer von diesem Staat bestimmten Frist die Kosten für eine Veröffentlichung der Übersetzung ganz oder teilweise zu entrichten hat.

(3) Jeder Vertragsstaat kann vorschreiben, dass im Fall der Nichtbeachtung einer nach den Absätzen 1 und 2 erlassenen Vorschrift die Wirkungen des europäischen Patents in diesem Staat als von Anfang an nicht eingetreten gelten.

[55] Geändert durch die Akte zur Revision des EPÜ vom 29.11.2000.

[56] Siehe hierzu auch das Übereinkommen vom 17.10.2000 über die Anwendung des Art.65 (Londoner Übereinkommen, ABl. 2001, 549), in Kraft getreten am 01.05.2008 (ABl. 2008, 123) mit derzeit 21 VStaaten: AL,CH, DE, DK, FI, FR, GB, HR, HU, IE, IS, LI, LT, LU, LV, MC, MK, NL, NO, SI, SE.

Artikel 66[57]
Wirkung der europäischen Patentanmeldung als nationale Anmeldung

Eine europäische Patentanmeldung, der ein Anmeldetag zuerkannt worden ist, hat in den benannten Vertragsstaaten die Wirkung einer vorschriftsmäßigen nationalen Anmeldung, gegebenenfalls mit der für die europäische Patentanmeldung in Anspruch genommenen Priorität.

[57] Siehe hierzu Stellungnahme der GBK G 4/98 (Anhang I).

Artikel 67[58],[59]
Rechte aus der europäischen Patentanmeldung nach Veröffentlichung

(1) Die ePa gewährt dem Anmelder vom Tag ihrer Veröff. an in den benannten Vertragsstaaten einstweilen den Schutz nach Art.64.

(2) Jeder VStaat kann vorsehen, dass die ePa nicht den Schutz nach Art.64 gewährt. Der Schutz, der mit der Veröff. der ePa verbunden ist, darf jedoch nicht geringer sein als der Schutz, der sich aufgrund des Rechts des betreffenden Staats aus der zwingend vorgeschriebenen Veröff. der ungeprüften nationalen Patentanmeldungen ergibt. Zumindest hat jeder VStaat vorzusehen, dass der Anmelder für die Zeit von der Veröffentlichung der ePa an von demjenigen, der die Erfindung in diesem VStaat unter Voraussetzungen benutzt hat, die nach dem nat. Recht im Fall der Verletzung eines nat. Patents sein Verschulden begründen würden, eine den Umständen nach angemessene Entschädigung verlangen kann.

(3) Jeder VStaat kann für den Fall, dass keine seiner Amtssprachen Verfahrenssprache ist, vorsehen, dass der einstweilige Schutz nach den Absätzen 1 und 2 erst von dem Tag an eintritt, an dem eine Übersetzung der Patentansprüche nach Wahl des Anmelders in einer der Amtssprachen dieses Staats oder, soweit der betreffende Staat die Verwendung einer bestimmten Amtssprache vorgeschrieben hat, in dieser Amtssprache

a) der Öffentlichkeit unter den nach nationalem Recht vorgesehenen Voraussetzungen zugänglich gemacht worden ist oder

b) demjenigen übermittelt worden ist, der die Erfindung in diesem VStaat benutzt.

(4) Die in den Absätzen 1 und 2 vorgesehenen Wirkungen der ePa gelten als von Anfang an nicht eingetreten, wenn die ePa zurückgenommen worden ist, als zurückgenommen gilt oder rechtskräftig zurückgewiesen worden ist. Das Gleiche gilt für die Wirkungen der ePa in einem VStaat, dessen Benennung zurückgenommen worden ist oder als zurückgenommen gilt.

[58] Geändert durch die Akte zur Revision des EPÜ vom 29.11.2000.

[59] Siehe hierzu Stellungnahme der GBK G 4/98 (Anhang I).

Artikel 68[60]
Wirkung des Widerrufs oder der Beschränkung des europäischen Patents

Die in den Art. 64 und 67 vorgesehenen Wirkungen der europäischen Patentanmeldung und des darauf erteilten europäischen Patents gelten in dem Umfang, in dem das Patent im Einspruchs-, Beschränkungs- oder Nichtigkeitsverfahren widerrufen oder beschränkt worden ist, als von Anfang an nicht eingetreten.

[60] Geändert durch die Akte zur Revision des EPÜ vom 29.11.2000.

Artikel 69[61],[62]
Schutzbereich

(1) Der Schutzbereich des europäischen Patents und der europäischen Patentanmeldung wird durch die Patentansprüche bestimmt. Die Beschreibung und die Zeichnungen sind jedoch zur Auslegung der Patentansprüche heranzuziehen.

(2) Für den Zeitraum bis zur Erteilung des europäischen Patents wird der Schutzbereich der europäischen Patentanmeldung durch die in der veröffentlichten Anmeldung enthaltenen Patentansprüche bestimmt. Jedoch bestimmt das europäische Patent in seiner erteilten oder im Einspruchs-, Beschränkungs- oder Nichtigkeitsverfahren geänderten Fassung rückwirkend den Schutzbereich der Anmeldung, soweit deren Schutzbereich nicht erweitert wird.

[61] Geändert durch die Akte zur Revision des EPÜ vom 29.11.2000. Das Protokoll über die Auslegung des Art.69 ist gemäß Art.164(1) Bestandteil des Übereinkommens.

[62] Siehe hierzu Entscheidungen der GBK G 2/88, G 6/88 (Anhang I).

Protokoll über die Auslegung des Artikels 69 EPÜ

vom 5. Oktober 1973
in der Fassung der Akte zur Revision des EPÜ vom 29. November 2000[1]

Artikel 1
Allgemeine Grundsätze

Art.69 ist nicht in der Weise auszulegen, dass unter dem Schutzbereich des EP-Patents der Schutzbereich zu verstehen ist, der sich aus dem genauen Wortlaut der Patentansprüche ergibt, und dass die Beschreibung sowie die Zeichnungen nur zur Behebung etwaiger Unklarheiten in den Patentansprüchen anzuwenden sind. Ebenso wenig ist Art.69 dahingehend auszulegen, dass die Patentansprüche lediglich als Richtlinie dienen und der Schutzbereich sich auch auf das erstreckt, was sich dem Fachmann nach Prüfung der Beschreibung und der Zeichnungen als Schutzbegehren des PI darstellt. Die Auslegung soll vielmehr zwischen diesen extremen Auffassungen liegen und einen angemessenen Schutz für den PI mit ausreichender Rechtssicherheit für Dritte verbinden.

Artikel 2
Äquivalente

Bei der Bestimmung des Schutzbereichs des europäischen Patents ist solchen Elementen gebührend Rechnung zu tragen, die Äquivalente der in den Patentansprüchen genannten Elemente sind.

[1] Die Neufassung des Protokolls, angenommen vom Verwaltungsrat der Europ. Patentorganisation durch Beschluss vom 28. Juni 2001 (siehe ABl. 2001, SA Nr. 4, S. 55), wurde nach Art.3(2) S.2 der Revisionsakte vom 29. November 2000 Bestandteil dieser Revisionsakte.

Rechte aus Anmeldung / Patent

Art.63 bis 69

	Norm	Voraussetzung	Schutzweite	Schutzbereich	Schutzzeitraum
233 Rechte aus ePa *(einstweiliger Schutz)*	Art.67	1) Veröffentlichung der ePa, **Art.93(1)** 2) anhängige ePa, **Art.67(4)** 3) ggf. Übersetzung der Ansprüche in nat. Amtssprache des VStaats [435], **Art.67(3)** iVm NatR IIIB	einstweiliger Schutz in jedem benannten VStaaten bestimmt sich nat. Recht **Art.28 TRIPS** iVm **Art.67(1), Art.66,** NatR IIIB	auf mit der ePa veröff. Anspruchsfassung begrenzt **UND** Beschreibung und Zeichnungen stützen die Ansprüche **Art.69(1)/(2) S.1**	ab der Veröff. ePa, **Art.67(1)** **BIS** zur Erteilung, **Art.69(2) S.1** **ODER** Wegfall der Wirkung wegen Untergang der ePa [436] (Zurücknahme, Zurücknahmefiktion, Zurückweisung) **Art.67(4)**
234 Recht aus iPa *(einstweiliger Schutz)*	Art.29 PCT	1) Veröffentlichung der iPa, **Art.29(1), 21(1) PCT** iVm **Art.153(6)** 2) anhängige iPa mit Bestimmung EP, **Art.24(1) PCT** 3) ggf. Übersetzung der Ansprüche in nat. Amtssprache des VStaats [435], **Art.29(2) PCT, Art.67(3)** iVm NatR IIIB	einstweiliger Schutz in jedem benannten Bestimmungsstaat (DO) bestimmt sich nat. Recht **Art.29(1) PCT** iVm **Art.153(2), 67(1), Art.66,** NatR IIIA	auf geltende Anspruchsfassung begrenzt; Beschreibung und Zeichnungen stützen die Ansprüche **Art.69(1)/(2)** iVm **Art.153(2)**	ab der Veröff. der iPa, **Art.29(1) PCT** iVm **Art.153(2), Art.67(1)** **BIS** bis zum Ende der Wirkung der iPa **Art.22 PCT** **ODER** Wegfall der Wirkung wegen Untergangs der iP (Zurücknahme [**R.90bis.1 PCT**]; Rechtsverlust [**Art.24 PCT**]
235 Recht aus EP-Patent *(Verbietungsrecht)*	Art.64	1) Beschluss der Patenterteilung, **Art.97(1)** 2) Bekanntmachung des Hinweises auf Erteilung im PatReg, **Art.98** 3) ggf. Übersetzung der Ansprüche oder Patentschrift in nat. Amtssprache des VStaats [437], **Art.65(1)** iVm NatR IV	Verbietungsrecht in jedem benannten VStaaten nach nat. Recht **Art.64(1), (3)**	erteilte Anspruchsfassung **UND** Beschreibung und Zeichnungen stützen die Ansprüche **Art.69(1)/(2) S.2**	ab Hinweis auf Patenterteilung **BIS** max. 20 Jahre ab AT [438] **Art.63(1)** **ODER** bis zum Erlöschen, Verzicht ODER Teilverzicht
236 Wirkung der Beschränkung *(Verbietungsrecht)*	Art.64 iVm Art.68	▪ Aufrechterhaltung in geändertem Umfang nach Einspruch, **Art.101(3) a)** iVm **Art.82(4)** ▪ Beschränkung im Beschränkungsverfahren, **Art.105b(2)** iVm **R.95(3)** ▪ nat. Nichtigkeitsverfahren, **Art.138(1)**	beschränktes Verbietungsrecht in jedem benannten VStaaten **Art.64(1)** iVm **Art.68**	beschränkte Anspruchsfassung **UND** Beschreibung und Zeichnungen stützen die Ansprüche **Art.69(1)/(2) S.2**	rückwirkend ab Hinweis auf Patenterteilung **BIS** max. 20 Jahre ab AT [438] **Art.63(1)**
237 Wirkung des Widerrufs	Art.68	▪ Widerruf nach Einspruch, **Art.101(2)/(3) b)** ▪ Widerruf in Widerrufsverfahren, **Art.105b(2)** iVm **R.95(1)** ▪ Nichtigerklärung nat Nichtigkeitsverfahren, **Art.138(1)**	keine	Keiner	keiner, rückwirkend auf Zeitpunkt der Patenterteilung

[435] nat. Bekanntmachung durch: [1] öffentliche Zugänglichkeit nach nat. Recht **ODER** [2] direkte Übermittlung an denjenigen, der Erfindung in dem VStaat benutzt [**Art.67(3)**].

[436] Wirkung: einstweiliger Schutz gilt als von Anfang an nicht eingetreten [**Art.67(4)**]; Zurücknahme der Benennung von VStaaten hat denselben rückwirkenden Effekt.

[437] Voraussetzungen: [2] binnen 3 M nach Veröff. Hinweis auf Patenterteilung, Aufrechterhaltung oder Beschränkung [**Art.65(1) S.2**]; [2] ggf. Veröffentlichungsgebühr an nat. Amt [**Art.65(2)** iVm Tabelle IV des NatR].

[438] Verlängerung durch nat. Recht möglich: [1] Kriegsfall **ODER** [2] für max. weitere 5J durch Antrag auf »Ergänzendes Schutzrechtszertifikat« für Arzneimittel/Pflanzenschutzmittel mit gültiger Genehmigung (=Zulassung) [**Art.63(2)** iVm **Verordnung (EG) Nr. 469/2009 über das ergänzende Schutzzertifikat für Arzneimittel** bzw. **Verordnung (EG) Nr. 610/96 über die Schaffung eines ergänzenden Schutzzertifikats für Pflanzenschutzmittel**].

EPÜ 2000

Artikel 61 [51][52]
Anmeldung europäischer Patente durch Nichtberechtigte

(1) Wird durch rechtskräftige Entscheidung der Anspruch auf Erteilung des europäischen Patents einer Person zugesprochen, die nicht der Anmelder ist, so kann diese Person nach Maßgabe der Ausführungsordnung

a) die europäische Patentanmeldung anstelle des Anmelders als eigene Anmeldung weiterverfolgen,

b) eine neue ePa für dieselbe Erfindung einreichen oder

c) beantragen, dass die europäische Patentanmeldung zurückgewiesen wird.

(2) Auf ein nach Absatz 1 b) eingereichte neue europäische Patentanmeldung ist Art.76(1) entsprechend anzuwenden.

[51] Geändert durch die Akte zur Revision des EPÜ vom 29.11.2000.
[52] Siehe hierzu Entscheidung GBK G3/92 (Anhang I).

EPÜAO

Regel 14 [16]
Aussetzung des Verfahrens

(1) Weist ein Dritter nach, dass er ein Verfahren gegen den Anmelder eingeleitet hat mit dem Ziel, eine Entscheidung im Sinne des Art.61(1) zu erwirken, so wird das Erteilungsverfahren ausgesetzt, es sei denn, der Dritte erklärt dem Europäischen Patentamt gegenüber schriftlich seine Zustimmung zur Fortsetzung des Verfahrens. Diese Zustimmung ist unwiderruflich. Das Erteilungsverfahren wird jedoch nicht vor Veröffentlichung der europäischen Patentanmeldung ausgesetzt.

(2) Wird nachgewiesen, dass eine rechtskräftige Entscheidung im Sinne des Art.61(1) ergangen ist, so teilt das Europäische Patentamt dem Anmelder und gegebenenfalls den Beteiligten mit, dass das Erteilungsverfahren von dem in der Mitteilung genannten Tag an fortgesetzt wird, es sei denn, nach Art.61(1) b) ist eine neue europäische Patentanmeldung für alle benannten Vertragsstaaten eingereicht worden. Ist die Entscheidung zugunsten des Dritten ergangen, so darf das Verfahren frühestens drei Monate nach Eintritt der Rechtskraft dieser Entscheidung fortgesetzt werden, es sei denn, der Dritte beantragt die Fortsetzung.

(3) Bei der Aussetzung des Erteilungsverfahrens oder später kann das Europäische Patentamt einen Zeitpunkt festsetzen, zu dem es beabsichtigt, das Erteilungsverfahren ohne Rücksicht auf den Stand des nach Absatz 1 eingeleiteten nationalen Verfahrens fortzusetzen. Diesen Zeitpunkt teilt es dem Dritten, dem Anmelder und gegebenenfalls den Beteiligten mit. Wird bis zu diesem Zeitpunkt nicht nachgewiesen, dass eine rechtskräftige Entscheidung ergangen ist, so kann das Europäische Patentamt das Verfahren fortsetzen.

(4) Alle am Tag der Aussetzung laufenden Fristen mit Ausnahme der Fristen zur Zahlung der Jahresgebühren werden durch die Aussetzung gehemmt. An dem Tag der Fortsetzung des Verfahrens beginnt der noch nicht verstrichene Teil der Frist zu laufen. Die nach der Fortsetzung verbleibende Frist beträgt jedoch mindestens zwei Monate.

[16] Siehe Beschluss des Präsidenten des EPA, ABl.2013, 600.

Regel 15 [17]
Beschränkung von Zurücknahmen

Von dem Tag an, an dem ein Dritter nachweist, dass er ein nationales Verfahren nach R.14(1) eingeleitet hat, bis zu dem Tag, an dem das Erteilungsverfahren fortgesetzt wird, darf weder die europäische Patentanmeldung noch die Benennung eines Vertragsstaats zurückgenommen werden.

[17] Siehe hierzu Entscheidung GBK G3/92 (Anhang I).

Regel 16
Verfahren nach Art.61(1)

(1) Eine Person, die Anspruch auf Erteilung eines europäischen Patents hat, kann von den Rechtsbehelfen nach Art.61(1) nur Gebrauch machen, wenn

a) sie dies innerhalb von drei Monaten nach Eintritt der Rechtskraft der Entscheidung tut, mit der ihr Anspruch anerkannt wird, und

b) das europäische Patent noch nicht erteilt worden ist.

(2) Diese Rechtsbehelfe gelten nur in Bezug auf in der europäischen Patentanmeldung benannte VStaaten, in denen die Entscheidung ergangen oder anerkannt worden ist oder aufgrund des Anerkennungsprotokolls anzuerkennen ist.

APro

Artikel 2

Der Anmelder, der seinen Wohnsitz oder Sitz in einem Vertragsstaat hat, ist vorbehaltlich der Art.4 und 5 vor den Gerichten dieses Vertragsstaats zu verklagen.

Artikel 3

Wenn der Anmelder seinen Wohnsitz oder Sitz außerhalb der Vertragsstaaten hat und die Person, die den Anspruch auf Erteilung des europäischen Patents geltend macht, ihren Wohnsitz oder Sitz in einem Vertragsstaat hat, sind vorbehaltlich der Art.4 und 5 die Gerichte des letztgenannten Staats ausschließlich zuständig.

Artikel 4

Ist der Gegenstand der europäischen Patentanmeldung eine Erfindung eines Arbeitnehmers, so sind vorbehaltlich Art.5 für einen Rechtsstreit zwischen dem Arbeitnehmer und dem Arbeitgeber ausschließlich die Gerichte des Vertragsstaats zuständig, nach dessen Recht sich das Recht auf das europäische Patent gemäß Art.60(1) S.2 des Übereinkommens bestimmt.

Artikel 5

(1) Haben die an einem Rechtsstreit über den Anspruch auf Erteilung eines europäischen Patents beteiligten Parteien durch eine schriftliche oder durch eine mündliche, schriftlich bestätigte Vereinbarung bestimmt, dass ein Gericht oder die Gerichte eines bestimmten Vertragsstaats über diesen Rechtsstreit entscheiden sollen, so sind dieses Gericht oder die Gerichte dieses Staats ausschließlich zuständig.

(2) Handelt es sich bei den Parteien um einen Arbeitnehmer und seinen Arbeitgeber, so ist Absatz 1 jedoch nur anzuwenden, soweit das für den Arbeitsvertrag maßgebliche nationale Recht eine solche Vereinbarung zulässt.

Artikel 6

In den nicht in den Art.2 bis 4 und in Art.5(1) geregelten Fällen sind die Gerichte der Bundesrepublik Deutschland ausschließlich zuständig.

Artikel 9

(1) Die in einem Vertragsstaat ergangenen rechtskräftigen Entscheidungen über den Anspruch auf Erteilung eines europäischen Patents für einzelne oder alle in der europäischen Patentanmeldung benannte Vertragsstaaten werden vorbehaltlich **Art.11(2)** in den anderen Vertragsstaaten anerkannt, ohne dass es hierfür eines besonderen Verfahrens bedarf.

(2) Die Zuständigkeit des Gerichts, dessen Entscheidung anerkannt werden soll, und die Gesetzmäßigkeit dieser Entscheidung dürfen nicht nachgeprüft werden.

Artikel 10

Art.9(1) ist nicht anzuwenden, wenn:

a) der Anmelder, der sich auf die Klage nicht eingelassen hat, nachweist, dass ihm das diesen Rechtsstreit einleitende Schriftstück nicht ordnungsgemäß und nicht so rechtzeitig zugestellt worden ist, dass er sich verteidigen konnte;

b) der Anmelder nachweist, dass die Entscheidung mit einer anderen Entscheidung unvereinbar ist, die zwischen denselben Parteien in einem Vertragsstaat auf eine Klage hin ergangen ist, die früher eingereicht wurde als die Klage, die zu der anzuerkennenden Entscheidung geführt hat.

Rechtsprechung

G3/92

Wenn durch rechtskräftige Entscheidung eines nationalen Gerichts der Anspruch auf Erteilung eines EP-Patents einer anderen Person als dem Anmelder zugesprochen worden ist und diese andere Person unter Einhaltung der ausdrücklichen Erfordernisse des Art.61(1) gem. Art.61(1)b) eine neue europäische Patentanmeldung für dieselbe Erfindung einreicht, ist die Zulassung dieser neuen Anmeldung nicht daran gebunden, daß zum Zeitpunkt ihrer Einreichung die ältere, widerrechtliche Anmeldung noch vor dem EPA anhängig ist.

T146/82

1. Weist ein Dritter, der die Aussetzung des europäischen Patenterteilungsverfahrens nach R.13(1) begehrt, dem EPA nach, dass er bei einem nationalen Gericht ein rechtserhebliches Verfahren eingeleitet hat, so muss die Aussetzung angeordnet werden, sofern die europäische Patentanmeldung nicht zurückgenommen worden ist oder als zurückgenommen gilt.

2. Setzt das EPA gem. R.13(3) einen Zeitpunkt fest, zu dem es das europäische Patenterteilungsverfahren fortzusetzen beabsichtigt, so kann auf späteren Antrag des Anmelders oder des Dritten, der die Aussetzung beantragt hat, der Zeitpunkt geändert oder die Aussetzung des Verfahrens aufgehoben werden.

3. Die Aussetzung eines Erteilungsverfahrens bewirkt, daß das Erteilungsverfahren unverändert in dem Rechtsstadium verbleibt, in dem es sich zum Zeitpunkt der Aussetzung befand.

J38/92

Wenn also eine Entscheidung, mit der es abgelehnt wird, die Bekanntmachung des Hinweises auf die Erteilung eines Patents zu verschieben, Gegenstand einer Beschwerde ist, dann muß die Bekanntmachung bis zum Abschluß des Beschwerdeverfahrens aufgehalten werden.

J28/94

Wenn es sich, wie im vorliegenden Fall, aus sachlichen Gründen als unmöglich erweist, die Bekanntmachung zu verschieben, dann hat das EPA alle geeigneten Maßnahmen zu ergreifen, um die Öffentlichkeit über die Ungültigkeit des Hinweises auf die Erteilung zu unterrichten.

Anmeldung europäischer Patente durch Nichtberechtigte

Rechtsabteilung [Art.20, BdP ABl.2013,600] Art.61, A-IV,2

Antrag	Norm	Voraussetzungen	Frist	Handlungen	Rechtsfolge	Rechtsbehelf

ohne Titel — 238 — Aussetzung des Erteilungsverfahrens [439]	Art.61(1) iVm R.14(1) — A-IV,2.2	1) Kläger (dh möglicher Anspruchsberechtigter)
		  ■ grds. Arbeitnehmer **Art.60(1)**
		  ■ Dritter
		2) rechtshängige nat. Vindikationsklage gegen Anmelder auf Erteilung des EP-Patents iSd **Art.61(1)** im Vertragsstaat in dem Anmelder Sitz/Wohnsitz hat [440] **R.14(1) iVm Art.2-6APro**
		3) ePa anhängig **UND** noch nicht erteilt [T146/82] **R.14(1) iVm Art.2-6APro**
			während gesamten Erteilungsverfahrens [441], **ABER** nicht vor Veröffentlichung der ePa **R.14(1)**	**Erklärung** durch berechtigten Dritten, **Nachweis** [442] rechtshängiger nat. Klage durch wahren Rechtsinhaber **R.14(1) iVm APro**
				ggf. Zahlung von Jahresgebühren **R.14(4)**
					⊕ Aussetzung Erteilungsverfahrens (bzw. Einspruchs **R.78(1)**) [443] **UND** aktuelles Rechtsstadium bleibt bestehen, somit keine wirksamen Rechtsakte möglich [J38/92, ABl.1996,A86] [444]
					AUßER
					Dritter erteilt Zustimmung zur Fortsetzung EP-Verfahrens **R.14(4)**
						WB (–) R.135(2)
						WE (+) R.14(1)

mit Titel — 239 — Anmeldung durch Nichtberechtigten [445] — A-IV,2.4	Art.61(1) iVm R.16(1)	1) Anspruchsberechtigter **MIT** rechtskräftiger **UND/ODER** anerkannter Vindikationsentscheidung eines nat. Gerichts [446] **Art.61(1) iVm APro** 2) ePa noch nicht erteilt [447], [448] **R.16(1)**	**3 M** ab erfolgreicher Klage **ABER** nur solange ePa noch nicht erteilt [448] **R.16(1)**	Wahlmöglichkeit: [449] a) Weiterverfolgung als eigene ePa [450] b) Einreichung neuer ePa für dieselbe Erfindung **R.17** [451] c) Antrag auf Zurückweisung dieser ePa [452] **R.16(1)**	⊕ Wahlmöglichkeit des Berechtigten besteht nur in Bezug auf in ePa benannte Vertragsstaaten, in denen Entscheidung ergangen und/oder anerkannt **R.16(2) iVm Art.9/10 APro**	WB (–) R.135(2) WE (+) R.14(1)

---

[439] Vorbeugende Maßnahme zur Wahrung Rechte Dritter mit unmittelbarer Wirkung [J28/94, J15/06]; keine Anwendung auf Verfahren vor Gerichten in Nichtvertragsstaaten [J6/03], AUßER: ausländische Schiedssprüche, die automatisch von allen Vertragsstaaten anerkannt sind (z.B. über New Yorker Abkommen zur Anerkennung von Schiedssprüchen 10.06.1958); FORTSETZUNG ERTEILUNGSVERFAHREN: [1] nach rechtskräftiger Entscheidung iSv R.61(1) (bei Entscheidung zugunsten Dritten, frühestens 3M nach Rechtskraft) [R.14(2)] ODER [2] Anordnung durch Rechtsabteilung (Vermeidung von Verfahrensmissbrauch) [R.14(3)].

[440] AUSNAHMEN: [1] Anmelder hat keinen Sitz/Wohnsitz in VStaat, dann Klage in dem VStaat, wo Kläger Sitz/Wohnsitz hat [Art.3 APro]; [2] für AN-/Arbeitgeberverhältnis gilt nach Art.61(1) der VStaat, wo AN hauptsächlich beschäftigt ist [Art.4 APro]; [3] vertragliche Vereinbarungen beider Parteien [Art.5 APro], [4] in sonstigen Fällen deutsche Gerichte (z.B. Anmelder und Kläger keinen Sitz/Wohnsitz in VStaat) [Art.6 APro].

[441] Im EURO-PCT Verfahren frühestens mit Ablauf der Frist zum Eintritt in EP-Phase [A-IV,2.2].

[442] Mit Eingang beim EPA (Zuständigkeit: Rechtsabteilung, [ABl.2013,600]) tritt Aussetzung in Kraft [J9/12]; Tag d. Aussetzung und Fortsetzung werden ins Register eingetragen [R.143(1)].

[443] Hemmung aller laufenden Fristen (AUßER Zahlung Jahresgebühr) [R.14(4)] (d.h. nicht verstrichener Teil der Frist läuft erst ab Tag der Fortsetzung des Erteilungsverfahrens weiter, beträgt aber mind. 2 M, A-IV,2.2.4); ACHTUNG: autom. Abbuchungsauftrag verliert Wirkung [ABl.2014,24]; FORTSETZUNG ERTEILUNGSVERFAHRENS: [1] nach rechtskräftiger Entscheidung iSv R.61(1) (bei Entscheidung zugunsten Dritten, frühestens 3M nach Rechtskraft AUßER Dritter beantragt Fortsetzung) [R.14(2)] ODER [2] Anordnung durch Rechtsabteilung [R.14(3), J33/03]; ÄNDERUNG FORTSETZUNGSZEITPUNKT durch begründeten Antrag möglich [T146/82, ABl.1985,267].

[444] (nichtberechtigter) Anmelder darf ePa ODER einzelne Benennungen nicht zurücknehmen [R.15] UND kein TA einreichen [J20/05, J9/12].

[445] Ist EP-Patent bereits erteilt worden (und die Einspruchsfrist abgelaufen), hat wahrer Berechtigter unter EPÜ gar keine Möglichkeit mehr, ein Recht zu erlangen → nur noch auf nationalem Wege.

[446] Teilweiser Rechtsübergang gem. R.18(1) für bestimmten Gegenstand der ePa auf Dritten mögl., dennoch gelten dafür Art.61 iVm R.16 und 17.

[447] Anerkennungsprotokoll (gem. R.164(1) Bestandteil des EPÜ) ist nur bis zur Erteilung anwendbar [Art.1(1) Anerkennungsprotokoll vom 5. Oktober 1973].

[448] gilt auch für ePa, die nicht mehr anhängig sind (d.h. zurückgenommen, zurückgewiesen oder als zurückgenommen gelten) [G3/92 (ABl.1994,607], C-IX, 2.5].

[449] Ist ePa nicht mehr anhängig, weil zurückgenommen oder zurückgewiesen oder als zurückgenommen gilt, kann wahrer Berechtigter nur neue ePa iSv Art.61(1)b) einreichen [G3/92].

[450] Dritter tritt an Stelle des (nichtberechtigten Anmelders), Erteilungsverfahren wird fortgesetzt (A-IV, 2.4); UNZULÄSSIG, wenn Drittem nur für Teile einer ePa das Recht zuerkannt wurde [C-IX,2.3].

[451] ERFORDERNISSE: Einreichung wie ePa, aber nicht bei nat. Behörde, folgende Vorschriften gelten entsprechend TA [Art.76(1): [1] Zuerkennung AT/Priotag, [2] Angabe auf Erteilungsantrag, [3] Anmelde-, Recherche-, Benennungs-, Anspruchsgebühr, [4] Erfindernennung, [5] sprachliche Erfordernisse, frühere ePa gilt in entsprechenden Vertragsstaaten als zurückgenommen R.17(1): AUSNAHME: keine Jahresgebühren für Erteilungsjahr und vorhergehende Jahre [R.51(6), A-IV,2.5]; ZEITRANG: selber AT wie alte ePa.

[452] Entscheidung mit Beschwerde anfechtbar [R.106(1)].

Teil D I – Übersicht zum EPÜ

EPÜ 2000	EPÜAO	Rechtsprechung
Artikel 14[11],[12] **Sprachen des Europäischen Patentamts, europäischer Patentanmeldungen und anderer Schriftstücke** [...] (2) Eine europäische Patentanmeldung ist in einer Amtssprache einzureichen oder, wenn sie in einer anderen Sprache eingereicht wird, nach Maßgabe der Ausführungsordnung in eine Amtssprache zu übersetzen. Diese Übersetzung kann während des gesamten Verfahrens vor dem Europäischen Patentamt mit der Anmeldung in der ursprünglich eingereichten Fassung in Übereinstimmung gebracht werden. Wird eine vorgeschriebene Übersetzung nicht rechtzeitig eingereicht, so gilt die Anmeldung als zurückgenommen. [...] [11] Geändert durch die Akte zur Revision des EPÜ vom 29.11.2000. [12] Siehe hierzu Entscheidungen GBK G6/91, G2/95, G4/08 (Anhang I).		
Artikel 61[51],[52] **Anmeldung europäischer Patente durch Nichtberechtigte** (1) Wird durch rechtskräftige Entscheidung der Anspruch auf Erteilung des europäischen Patents einer Person zugesprochen, die nicht der Anmelder ist, so kann diese Person nach Maßgabe der Ausführungsordnung a) die europäische Patentanmeldung anstelle des Anmelders als eigene Anmeldung weiterverfolgen, b) eine neue ePa für dieselbe Erfindung einreichen oder c) beantragen, dass die europäische Patentanmeldung zurückgewiesen wird. (2) Auf eine nach Absatz 1 b) eingereichte neue europäische Patentanmeldung ist Art.76(1) entsprechend anzuwenden. [51] Geändert durch die Akte zur Revision des EPÜ vom 29.11.2000. [52] Siehe hierzu Entscheidung GBK G3/92 (Anhang I).	**Regel 16** **Verfahren nach Art.61(1)** (1) Eine Person, die Anspruch auf Erteilung eines europäischen Patents hat, kann von den Rechtsbehelfen nach Art.61(1) nur Gebrauch machen, wenn a) sie dies innerhalb von drei Monaten nach Eintritt der Rechtskraft der Entscheidung tut, mit der ihr Anspruch anerkannt wird, und b) das europäische Patent noch nicht erteilt worden ist. (2) Diese Rechtsbehelfe gelten nur in Bezug auf in der europäischen Patentanmeldung benannte VStaaten, in denen die Entscheidung ergangen oder anerkannt worden ist oder aufgrund des Anerkennungsprotokolls anzuerkennen ist. **Regel 17**[18] **Einreichung einer neuen europäischen Patentanmeldung durch den Berechtigten** (1) Reicht die Person, der durch rechtskräftige Entscheidung der Anspruch auf Erteilung des europäischen Patents zugesprochen worden ist, nach Art.61(1) b) eine neue europäische Patentanmeldung ein, so gilt die ursprüngliche Anmeldung für die darin benannten Vertragsstaaten, in denen die Entscheidung ergangen oder anerkannt worden ist oder aufgrund des Anerkennungsprotokolls anzuerkennen ist, mit dem Tag der Einreichung der neuen Anmeldung als zurückgenommen. (2) Für die neue Anmeldung sind innerhalb eines Monats nach ihrer Einreichung die Anmeldegebühr und die Recherchengebühr zu entrichten. Wird die Anmeldegebühr oder die Recherchengebühr nicht rechtzeitig entrichtet, so gilt die Anmeldung als zurückgenommen. (3)[19] Die Benennungsgebühr ist innerhalb von sechs Monaten nach dem Tag zu entrichten, an dem im Europäischen Patentblatt auf die Veröffentlichung des europäischen Recherchenberichts zu der neuen Anmeldung hingewiesen worden ist. R.39(2) und (3) ist anzuwenden. [18] Siehe hierzu Stellungnahme der GBK G 4/98 (Anhang I). [19] Geändert durch BdV CA/D 4/08 vom 21.10.2008 (ABl. 2008, 513), in Kraft getreten am 01.04.2009.	 **G3/92** Wenn durch rechtskräftige Entscheidung eines nationalen Gerichts der Anspruch auf Erteilung eines EP-Patents einer anderen Person als dem Anmelder zugesprochen worden ist und diese andere Person unter Einhaltung der ausdrücklichen Erfordernisse des Art.61(1) gem. Art.61(1)b) eine neue europäische Patentanmeldung für dieselbe Erfindung einreicht, ist die Zulassung dieser neuen Anmeldung nicht daran gebunden, daß zum Zeitpunkt ihrer Einreichung die ältere, widerrechtliche Anmeldung noch vor dem EPA anhängig ist. **G4/98** I. Unbeschadet des Art.67(4) wird die Benennung eines Vertragsstaats des EPÜ in einer europäischen Patentanmeldung nicht rückwirkend wirkungslos und gilt nicht als nie erfolgt, wenn die entsprechende Benennungsgebühr nicht fristgerecht entrichtet worden ist. II. Die Benennung eines Vertragsstaats gilt gemäß Art.91(4) mit Ablauf der in Art.79(2) bzw. in R.15(2), 25(2) oder 107(1) genannten Frist als zurückgenommen und nicht mit Ablauf der Nachfrist gemäß R.85a EPÜ.
Artikel 76[67],[68] **Europäische Teilanmeldung** (1) Eine europäische Teilanmeldung ist nach Maßgabe der Ausführungsordnung unmittelbar beim Europäischen Patentamt einzureichen. Sie kann nur für einen Gegenstand eingereicht werden, der nicht über den Inhalt der früheren Anmeldung in der ursprünglich eingereichten Fassung hinausgeht; soweit diesem Erfordernis entsprochen wird, gilt die Teilanmeldung als an dem Anmeldetag der früheren Anmeldung eingereicht und genießt deren Prioritätsrecht. (2) In der europäischen Teilanmeldung gelten alle Vertragsstaaten als benannt, die bei Einreichung der Teilanmeldung auch in der früheren Anmeldung benannt sind. [67] Geändert durch die Akte zur Revision des EPÜ vom 29.11.2000. [68] Siehe hierzu die Stellungnahme/Entscheidung GBK G4/98, G1/05, G1/06.	**Regel 18**[20] **Teilweiser Übergang des Rechts auf das europäische Patent** (1) Ergibt sich aus einer rechtskräftigen Entscheidung, dass einem Dritten der Anspruch auf Erteilung eines europäischen Patents nur für einen Teil des in der ursprünglichen europäischen Patentanmeldung offenbarten Gegenstands zugesprochen worden ist, so sind für diesen Teil Art.61 und die R.16 und 17 anzuwenden. (2) Soweit erforderlich hat die ursprüngliche europäische Patentanmeldung für die benannten Vertragsstaaten, in denen die Entscheidung ergangen oder anerkannt worden ist oder aufgrund des Anerkennungsprotokolls anzuerkennen ist und für die übrigen benannten Vertragsstaaten unterschiedliche Patentansprüche, Beschreibungen und Zeichnungen zu enthalten. [20] Siehe hierzu Entscheidung der GBK G 3/92 (Anhang I).	

Einreichung einer neuen Anmeldung durch Berechtigten [Art.61(1)b]

Für nicht mehr anhängige ePa einzige Möglichkeit zur Weiterverfolgung [G3/92]

nur Rechtsabteilung [ABl.2013,600] analog TA Art.76, A-IV, 2

		Norm	zu erbringende Handlung	Frist	Rechtsfolgen	Nachfrist	Rechtsbehelf
240	**Voraussetzungen**	R.16	R.16(1) i) ePa noch nicht erteilt [453], [454] ii) Inhalt darf nicht über Inhalt der urspr. eingereichten Fassung hinausgehen (= „dieselbe Erfindung") **Art.76(1) S.2 iVm Art.61(1) b)**		(+) neue ePa für den Teil, für den das Recht dem Dritten zuerkannt wurde [455]		WB (−), R.135(2)
241	**Anmelder** A-IV,2.1	Art.61(1)	nur Berechtigter mit rechtskräftiger und/oder anerkannter Entscheidung eines nat. Gerichts in Vertragsstaat in dem Anmelder Sitz/Wohnsitz hat [459] (nicht Anmelder) **Art.61(1) iVm Art.2-6 APro**	3 M ab erfolgreicher Klage	**UND** neue ePa erhält AT/PT der früheren ePa [456] **Art.61(2) iVm Art.76(1) S.2**		WE (+)
242	**Anmeldeamt** A-IV,2.5	Art.61(2)	nur beim EPA (München, Den Haag, Berlin, nicht Wien) **Art.61(2) iVm Art.76(1) S.1, R.36(2)**	**ABER** nur solange ePa noch nicht erteilt [454]	**UND** alle VStaaten der früheren ePa gelten als benannt (Nachbenennung nicht möglich [G4/98 (ABl.2001,131)]) [457] **Art.76(2)** **UND** alte ePa gilt als zurückgenommen [458] (wenn noch anhängig) **R.17(1)**: A-IV, 2.5	keine	Umwandlung (+) Art.135(1)b **ODER** **Beschwerde (+)** nach R.112(2)-Entscheidung **Art.106(1), R.112(2)**
243	**Art der Einreichung** ✍S.170, A-II,1	R.2(1)	in Papierform oder auf elektr. Datenträger: R.35(1) i) **unmittelbar** (ET: Tag des Einwurfs/Tag der Übergabe) **R.2(1) iVm ABl.1992,306** ii) **per Post** (ET: Tag des Eingangs) **R.2(1) iVm ABl.1992,306** iii) **per elektr. Nachrichtenübermittlung** [460] (Fax [461] oder Online) (ET: Tag vollständiger Übermittlung) **R.2(1) iVm ABl.2007S3,A.3** oder **ABl.2009,182; ABl.2014,A97, A98**	R.16(1)			
244	**Erteilungsantrag**	Art.61(1) b) R.57	a) Erklärung, das ePa eine neue ePa des Berechtigten ist b) Nummer der früheren ePa c) ggf. Bezugnahme auf frühere Anmeldung, **R.40(1)(c), (2), (3)** d) Vorlage der rechtskräftigen Entscheidung	am selben Tag **AUßER** von selbst: Anmelderidentität **2 M nach ET**	(I) keine Zulassung als neue ePa, d.h. keine Anerkennung AT/PT R.112(1)-Mitt. BF **UND** Rückzahlung bereits entrichteter Gebühren, A-II, 4.1.4	**2 M** nach Auff. +10Tage	WB (−), da von R.135(2) ausgenommen **WE (+)**
245	**Sprache** A-IV, 1.3.3, A-VII, 1.3	Art.76(1) R.36(2)	gleiche Verfahrenssprache wie frühere ePa **ODER** ursprüngliche Nichtamtssprache **Art.61(1) b) iVm Art.76(1) S.1, R.36(2)**	ggf. Übersetzung in Verfahrensspracheder urspr. ePa binnen **2 M nach ET** **Art.14(2) iVm R.36(2) S.2**	(I) Anmeldung gilt als zurückgenommen BF **UND** R.112(1)-Rechtsverlustmitt. **Art.90(5) iVm Art.14(2), R.112(1)**	R.58 iVm R.57	**Beschwerde (+)** nach R.112(2)-Entscheidung **Art.106(1), R.112(2)**

Formalprüfung analog aller ePa ✍S.83

[453] Anerkennungsprotokoll (gem. **R.164(1)** Bestandteil des EPÜ) ist nur bis zur Erteilung anwendbar (**Art.1(1)** Anerkennungsprotokoll vom 5. Oktober 1973).

[454] gilt auch für ePa, die nicht mehr anhängig sind (d.h. zurückgenommen, zurückgewiesen oder als zurückgenommen gelten) [**G3/92 (ABl.1994,607)**, C-IX, 2.5].

[455] TEILIDENTITÄT: Verfahren nach **Art.61(1)** iVm **R.16, 17** ist nur für Teile einer ePa anwendbar, für die Drittem das Recht zuerkannt wurde [**R.18(1)**, C-IX, 2.3]; den »Überschuss« kann früherer Anmelder weiterverfolgen.

[456] Verkürzung der Höchstlaufzeit der neuen ePa; Zwischenveröffentlichungen gehören nicht zum StdT [A-IV,2.5].

[457] ausgenommen VStaaten in denen Drittem Recht auf Patent nicht zugesprochen [A-IV,2.5].

[458] nur für die VStaaten in denen Drittem Recht auf Patent zugesprochen [A-IV,2.5]; Weiterführung der ePa im Namen des früheren Anmelders in verbleibenden VStaaten [**R.18(1)**; A-IV,2.7].

[459] AUSNAHMEN: [1] Anmelder keinen Sitz/Wohnsitz im Vertragsstaat, dann Klage im Vertragsstaat, in dem Kläger Sitz/Wohnsitz hat [**Art.3 APro**]; [2] für Arbeitnehmer/Arbeitgeberverhältnis gilt **Art.61(1)** [**Art.4 APro**]; [3] Vereinbarungen beider Parteien [**Art.5 APro**], [4] in sonstigen Fällen deutsche Gerichte [**Art.6 APro**].

[460] UNZULÄSSIG: Email, Diskette, Teletex, Telegramm, Fernschreiben o.ä. [**ABl.2012, 348**].

[461] MANGELHAFTE QUALITÄT: innerhalb **2 M**+10 Tage nach Mitt. ist Bestätigungsschreiben nachzureichen, SONST gilt Fax als nicht eingegangen [**R.2(1)** iVm **Art.7** in **ABl.2007S3,A.3**, A-VIII, 2.5].

Arten der Einreichung

R.2(1)

	Rechtsnorm	EP-/PCT-Anmeldung	nachgereichte Unterlagen [R.50]	Videokonferenz [R.50]	Sequenzprotokoll	Einspruch einlegen	Einwendungen gen Dritter	Abbuchungsauftrag	Eingangstag	WICHTIG
246 unmittelbare Übergabe A-II, 1.1	R.2(1), Alt.1	✓ Annahmestellen des EPA **ODER** bei einer nat. Zentralbehörde oder beim PIZ [462] **Art.75(1)**	✓	✗ **ABER:** ggf. Bestätigungsschreiben für per Fax/Email eingereichte Unterlagen		✓	✓	✓	Tag des Einwurfs bzw. Tag der Übergabe [**ABl.1992,306**]	automatischer 24h-Briefkasten: München, Berlin Pförtner: Den Haag
247 Post [463] A-II, 1.1	R.2(1), Alt.2	✓[465] Annahmestellen des EPA **ODER** bei nat. Zentralbehörde [462] **Art.75(1)**	✓		✗	✓	✓	✓ **ABER:** nur mit EPA-Formblatt (Form 1010, Form PCT/IPEA/401) **ODER** PCT/RO/101 Nr.6.2 VLK **ABl.2014,ZP4**	Tag des Eingangs **ABl.2007S3,A.3**	München, Den Haag, Berlin (nicht bei Dienststelle Wien) **ABl.2007 S3,5**
248 Fax [464] A-II, 1.2	R.2(1), Alt.3 iVm **ABl.2007S3, A.3**	✓ direkt beim EPA **ODER** bei einer nat. Zentralbehörde [463] **Art.75(1)**	✓ **AUßER** Vollmachten und Priobelege **ABl.2007 S3,A.3**	✓	✗	✓	✓	✓	Tag vollständiger Übermittlung **ABl.2007S3,A.3**	bei mangelhafter Qualität ist 2 M$^{+10\,\text{Tage}}$ nach Auff. Bestätigungsschreiben nachzureichen, sonst gilt Fax nicht eingegangen R.2(1), A-VIII, 2.5 **Art.7, ABl.2007 S3, A.3**
249 Online ↗S.171 A-II, 1.3	R.2(1), Alt.3 iVm **ABl.2009,182**	✓	✓ auch im Erteilungs-, Einspruchs-, Beschränkungs- **UND** Beschwerdeverfahren [466] **AUßER** Priobelege	✗	✓ zwingend WIPO-Standard ST.25 **ABl.2013,542**	✓ nur epoline **ABl.2009, 182** oder CMS **ABl.2014,A97**	✓ mit tpo.epo.org **ABl.2011,420**	✓	Tag vollständiger Übermittlung **ABl.2009,182** iVm **ABl.2014,A97, A98**	Software für Online-Einreichung (**ABl.2014,A97**) **ODER** PaTrAS (Art.5, **ABl.2009,182**) **ABl.2014,A97, A98**
250 elektronischer Datenträger A-II, 1.3		✗ **ABl.2000,458**	✗	✗	✗	--	--	✗	--	nur per CD-R, DVD-R oder DVR+R **ABl.2007S3,A.5**
251 E-Mail [467] A-II, 1.4	C-VII, 2.6 **ABl.2000,458**	✗	✗	✓[468] **AUßER** Vollmachten **ABl.2012,348**	✗	✗	✗	✗	--	Ausnahmen: ■ Terminvereinbarung ■ kurz vor mndl. Verhandlung
252 telegraphisch oder fernschriftlich [467]	**ABl.2000,458**	✗ **ABl.2000,458**	✗	✗	✗	✗	✗	✗	--	--

(Rahmengruppierung "elektronische Nachrichtenübermittlung" umfasst die Zeilen Fax, Online und elektronischer Datenträger.)

! Behörde (EPA **ODER** die zuständige nat. Behörde) **muss** dem Anmelder „unverzüglich" den ordnungsgemäßen Empfang bestätigen, wobei die Empfangsbescheinigung den Tag des Eingangs der Unterlagen enthält. Unvollständig übermittelte Dokumente gelten als **nicht eingereicht**.

---

[462] Einige EPÜ-Vertragsstaaten verlangen nach nat. Recht, dass eine ePa beim nat. Amt einzureichen ist, z.B. BG, FR, GR, IT, PL, PT, SE, ES, HU, CY [**Art.75(2), NatR II Ziffern 2 und 5**].

[463] ALLGEMEIN ANERKANNTE POSTDIENSTEANBIETER: Chronopost, DHL, Federal Express, flexpress, TNT, SkyNet, UPS und Transworld; **ABER** nur Schriftstücke als Einschreiben oder gleichwertiger Form [**ABl.2015,A29**].

[464] Keine Verpflichtung zur Überprüfung eingereichter Unterlagen auf Mängel [**ABl.2007S3,7**].

[465] Bei Einreichung einer iPa per Fax, sind die formgerechten Anmeldeunterlagen und der Antrag (Form PCT/RO/101) gleichzeitig per Post nachzuschicken [**Art.2 ABl.200753, 007**].

[466] Authentizität der in Beschwerdeverfahren eingereichten Unterlagen ist durch eine fortgeschrittene elektronische Signatur („enhanced electronic signature") zu bestätigen [**Art.8(2) ABl.2009,182**].

[467] E-Mail, Telegramm o.ä. haben im EP-Verfahren keine Rechtskraft, dh keine Verfahrenshandlungen wirksam vornehmbar und somit keine Fristen gewährbar; E-Mail-Adresse für EPA: info@epo.org [**ABl.2006,610a**].

[468] GEÄNDERTE UNTERLAGEN iSv **R.50(1)** nach WIPO-Standards nur im PDF-Format; UNTERSCHRIFT iSv **R.50(3)** kann eine Zeichenkette **ODER** Faksimile-Unterschrift sein. NACHREICHEN: grds. sind zur Bestätigung keine Unterlagen auf Papier nachzureichen, außer, der Anmelder wird während der Videokonferenz dazu aufgefordert, FRIST: **2 M**; kommt Anmelder Auff. nicht rechtzeitig nach, so gelten Unterlagen als nicht eingegangen.

Online-Einreichung

	Software für Online-Einreichung (OLF)	Neue Online-Einreichung (CMS)	Web-Einreichung	Online-Gebührenzahlung
Rechtsnorm	R.2(1) iVm ABl.2009,182 und ABl.2012,448	R.2(1) iVm ABl.2015,A27	R.2(1) iVm ABl.2014,A98	R.2(1), Alt.3 iVm ABl.2009,182
Voraussetzung	aktivierte Smartcard	i) aktivierte Smartcard; ii) Registrierung für CMS	Internetzugang	i) laufendes Konto beim EPA; ii) aktivierte Smartcard inkl. Software
Eingangstag	Tag vollständiger Übermittlung	Tag vollständiger Übermittlung	Tag vollständiger Übermittlung	Tag vollständiger Übermittlung
Zulässig	<u>Anmeldungen:</u> ePa (Form 1001); Euro-PCT (Form 1200); iPa (Form PCT/RO/101) auch bei nat. Ämtern – einschließlich nat. Verfahren und Einreichung beim IB <u>Verfahrenshandlungen:</u> Einspruch (Form 2300) EP-Validierung einschließlich Zahlung Validierungsgebühr Nachreichen von Unterlagen für **alle** EP-Verfahren (Form 1038) Nachreichen von Unterlagen im PCT-Verfahren	<u>Anmeldungen:</u> ePa (Form 1001); Euro-PCT (Form 1200); iPa (Form PCT/RO/101); **keine** Einreichung bei nat. Ämtern <u>Verfahrenshandlungen:</u> Einspruch (Form 2300) Nachreichen von Unterlagen für **alle** EP-Verfahren (Form 1038) Nachgereichte Unterlagen im PCT-Verfahren (alle Verfahrensphasen und Unterlagen)	<u>Anmeldungen:</u> ePa (Form 1001); Euro-PCT (Form 1200); iPa (Form PCT/RO/101); **keine** Einreichung bei nat. Ämtern Nachreichen von Unterlagen **nur** für Anmelde-, Recherchen- und Prüfungsverfahren (Form 1038) Nachreichen von Unterlagen im PCT-Verfahren wenn (EPA RO/ISA/IPEA)	Gebühren entrichten (Einzel- und Sammelzahlung) Kontodaten (z.B. Kontoauszüge)) abrufen aktuelle Gebührenbeträge einsehen Zahlung jederzeit (rund um die Uhr) fällige Gebühren bis zu 40 Tage im Voraus einsehbar Rückverfolgung von Transaktionen
Unzulässig	Prioritätsbeleg	Prioritätsbeleg Dokumente für/in Beschwerden GBK-Anträge	Prioritätsbelege Vollmachten Dokumente für/in Einsprüchen Widerspruch-/Beschränkungsverfahren Dokumente für/in Beschwerden GBK-Anträge	
Format der Unterlagen	nur PDF und XML Sequenzprotokolle im TXT-Format	nur PDF und XML Sequenzprotokolle im TXT-Format	nur PDF	
Unterschrift [R.50(3)]	»facsimile signature«, »text string signature« ODER »enhanced electronic signature«	»facsimile signature« ODER »text string signature«		
Rechtsfolge	sofortiger Eingang sofortige Eingangsbestätigung			sofortige Zahlung sofortige Eingangsbestätigung
Bestätigungsschreiben in Papierform	nicht erforderlich	nicht erforderlich	nicht erforderlich	sofortige Bestätigung des Eingangs des Abbuchungsauftrages

Spracherfordernisse

Nr	Bestimmung	zugelassene Sprachen	Rechtsnorm	weitere Handlung	Frist	Rechtsfolge	Nachfrist	Rechtsbehelf
254	Einreichung ePA (A-VII, 1)	in jeder Sprache	R.6(1)	ggf. Übersetzung in eine Amtssprache (DE/EN/FR) [469]	2 M nach AT	(+) gewählte Amtssprache wird Verfahrenssprache; keine Änderung im Verfahren zulässig Art.14(3), G4/08	2 M ab R.58-Mitt. +10Tage	WB(-) WE(+)
255	Einreichung ePa mit Bezugnahme (A-VII, 1)	Sprache der früheren Anmeldung ODER Amtssprache (A-VII, 1)	R.40(3)					WB (+) (ABER) im Einspruchsverfahren unzulässig [470] Art.121/R.135 WE (-)
256	Einreichung TA, Anmeldung nach Art.61 (A-IV, 1.3.3)	Sprache der Stammanmeldung ODER Verfahrenssprache der Stammanmeldung (A-IV, 1.3.3)	R.36(2)	ggf. Übersetzung in Verfahrenssprache der Stammanmeldung	2 M nach Einreichung TA	(!) ePa gilt als zurückgenommen, R.112(1)-Rechtsverlustmitt.		
257	Prioritätsunterlagen (A-III, 6.8; F-VI, 3.4; D-VII, 2)	a) jede Amtssprache (DE/EN/FR) ODER b) in jeder Sprache	R.53	keine / ggf. Übersetzung in eine Amtssprache (DE, EN, FR), unabhängig von Verfahrenssprache ODER Erklärung darüber, dass ePa vollständige Übersetzung der früheren Anmeldung R.53(3)	-- / »jederzeit« freiwillig ODER »zu best. Frist« nach Auff. +10Tage R.53(3) S.1	-- / (!) Anspruch auf Priorität dieser Anmeldung erlischt R.53(3) S.4	verlängerbar	
258	Beweismittel, Veröffentlichungen	in jeder Sprache	R.3(3)	ggf. Übersetzung in eine Amtssprache (DE, EN, FR), unabhängig von Verfahrenssprache	»zu best. Frist« nach Auff. +10Tage A-VII,3.4	(+) Berücksichtigung Schriftstück (!) nicht zwingend Berücksichtigung des Schriftstücks durch EPA	--	
259	Änderungen Ansprüche/Beschreibung/Zeichnung	nur Verfahrenssprache Art.14(3), G4/08	R.3(2)	--	--	--	--	--
260	Einwendungen Dritter nach Veröffentlichung (E-V,3)	jede Amtssprache (DE/EN/FR) R.114(1), ABl.2011,420; E-V,3	Art.115	ggf. Übersetzung in eine Amtssprache (DE, EN, FR), unabhängig von Verfahrenssprache A-VII, 3.5	»zu best. Frist« nach Auff. +10Tage	(!) Einwendungen in anderen Sprachen gelten als nicht eingegangen	--	
261	Einspruch (D-IV, 1.2.1)	in Amtssprache (DE/EN/FR) R.3(1) ODER „zugelassene Nichtamtssprache" Art.14(4)	R.3(1) / Art.14(4)	ggf. Übersetzung der in R.76(2)c) genannten Angaben in eine Amtssprache (DE, EN, FR)	9 M-Einspruchsfrist ODER 1 M nach ET Antrag - später ablaufende - R.6(2)	(!) Einspruch gilt als nicht eingelegt [G6/91 und T193/87]	--	WB (-), WE (-),

[469] Wortlaut ePa in Amtssprache ist „verbindliche Fassung" (Art.70(1)), geforderte Übersetzung Ansprüche (Art. 14(6)) dient nur zur Unterrichtung; EPA unterstellt zunächst immer, dass nach Art.14(2)/Art.40(3) eingereichte Übersetzung nicht über ursprüngl. eingereichte Fassung hinausgeht (R.7); Fehler in der Übersetzung jederzeit bis Erteilung und während Einspruchverfahren korrigierbar, wenn nicht gegen Art.123(3) verstoßen.

[470] werden mehrere Übersetzungen von Prioritätsunterlagen angefordert > für jede Weiterbehandlungsgebühr nach R.135(1) Nr.12 GebO fällig.

Spracherfordernisse

				Frist	Folge	WB
schriftliches Verfahren [471] (A-VII, 2)	Beteiligter	a) jede Amtssprache (DE/EN/FR) [472] — **Art.14(1), R.3(1)**	keine	--	--	
		ODER				
		b) zugelassene Nichtamtssprache eines Vertragsstaats in dem andere Sprache als DE/EN/FR Amtssprache ist [472] UND in dem Beteiligter: natürl./jur. Person Sitz/Wohnsitz hat — **R.3(1)** ODER Angehöriger eines solchen Vertragsstaats mit Wohnsitz im Ausland ist. — **Art.14(4)**	Übersetzung in eine Amtssprache des EPA, unabhängig von Verfahrenssprache — **R.6(2)**	**1 M** nach Einreichung Schriftstück	(i) Schriftstück gilt als nicht eingereicht [473] — **Art.14(4) S.3** UND Unterrichtung der Person, die Schriftstück eingereicht hat UND Zuraktennahme & Zugänglichmachung Öffentlichkeit gem. **Art.128(4)**	**WB (+)**, da von R.135(2) nicht ausgeschlossen
	Organe	ausschließlich Verfahrenssprache iSv Art.14(3), keine andere Amtssprache zulässig — **G4/08**	keine	--	--	--
mündliches Verfahren [474] (E-IV)	Beteiligter	a) grds. Verfahrenssprache — **Art.14(1), R.4(1)** ODER b) andere Amtssprache [475] — **R.4(1)**	Mitteilung an EPA ODER selbst für Übersetzung in Verfahrenssprache sorgen — **R.4(1)**	bis **1 M** vor MV	(+) Beteiligter darf gewählte Sprache sprechen und diese hören	--
		ODER c) Amtssprache eines Vertragsstaats anders als DE/EN/FR — **R.4(1)**	selbst für Übersetzung in Verfahrenssprache sorgen [476]	keine		
		ODER d) jede andere Sprache — **R.4(4)**	mit Einverständnis EPA und aller Beteiligten			
	Organe	jede Amtssprache (DE/EN/FR) [477] — **R.4(2)**	bei Verwendung nur einer Amtssprache begründeter Hinweis an Beteiligte erforderlich	--	(i) Übersetzung auf Kosten EPA, wenn Beteiligte diese Sprache nichtbeherrschen	--

(i) Bei ernsthaften Zweifeln darüber, dass eingereichte Übersetzung nicht mit Urtext übereinstimmt, kann EPA BEGLAUBIGUNG der Übersetzung innerhalb zu bestimmenden Frist verlangen. Bei nicht rechtzeitiger Einreichung gilt Schriftstück als nicht eingegangen, Weiterbehandlung nach **Art.121/R.135** möglich. **R.5**

Bei Beschwerde, Einspruch, Überprüfungsantrag gem. **Art.112a**: Übersetzungsfrist **1 M** nach Einreichung Schriftstück ODER bis Ende **Einspruchs-/Beschwerdefrist, Frist für Überprüfungsantrag** wenn diese später abläuft, in jedem Fall Unterrichtung Anmelder/Patentinhaber über Eingang Schriftstück. **R.5**

[471] Bei Beschwerde, Einspruch, Überprüfungsantrag...

[472] AUSNAHME: unzulässig für Änderungen der ePa oder EP-Patents – hier nur Verfahrenssprache zulässig [A-VII,3.1].

[473] Bei Schriftstücken im Zusammenhang mit Fristwahrenden Verfahrenshandlungen, beispielsweise Erfindernennung beglaubigte Abschrift früheren ePa bei Prioinanspruchnahme: Schriftstück wird in Akte aufgenommen sofern Aktennummer angegeben und Verfahrenshandlung anerkannt, weiterer Inhalt des Schriftstückes bleibt unberücksichtigt.

[474] Niederschriften während mündl. Verfahren werden in Verfahrenssprache aufgenommen, Voraus.: Zustimmung aller Beteiligten und EPA sorgt für Übersetzung in Verfahrenssprache [E-III, 6].

[475] gewünschte Sprache muss vorher angegeben werden, Beteiligter hat das Recht in dieser Sprache zu sprechen und diese zu hören; nicht aber eine Sprache zu sprechen und andere zu hören [T774/05]

[476] EPA kann Ausnahmen zulassen **R.4(5)**, bspw. Kann Übersetzung in eine Richtung vereinbart werden.

[477] liegen stichhaltige Gründe vor, kann von Amtssprache abgewichen werden, dann müssen Beteiligte davon unterrichtet werden und EPA trägt Kosten der Übersetzung.

EPÜ 2000

Artikel 133[152],[153]

Allgemeine Grundsätze der Vertretung

(1) Vorbehaltlich des Absatzes 2 ist niemand verpflichtet, sich in den durch dieses Übereinkommen geschaffenen Verfahren durch einen zugelassenen Vertreter vertreten zu lassen.

(2) Natürliche oder juristische Personen, die weder Wohnsitz noch Sitz in einem Vertragsstaat haben, müssen in jedem durch dieses Übereinkommen geschaffenen Verfahren durch einen zugelassenen Vertreter vertreten sein und Handlungen mit Ausnahme der Einreichung einer europäischen Patentanmeldung durch ihn vornehmen; in der Ausführungsordnung können weitere Ausnahmen zugelassen werden.

(3) Natürliche oder juristische Personen mit Wohnsitz oder Sitz in einem Vertragsstaat können in jedem durch dieses Übereinkommen geschaffenen Verfahren durch einen ihrer Angestellten handeln, der kein zugelassener Vertreter zu sein braucht, aber einer Vollmacht nach Maßgabe der Ausführungsordnung bedarf. In der Ausführungsordnung kann vorgeschrieben werden, ob und unter welchen Voraussetzungen Angestellte einer juristischen Person für andere juristische Personen mit Sitz in einem Vertragsstaat, die mit ihr wirtschaftlich verbunden sind, handeln können.

(4) In der Ausführungsordnung können Vorschriften über die gemeinsame Vertretung mehrerer Beteiligter, die gemeinsam handeln, vorgesehen werden.

[152] Geändert durch die Akte zur Revision des EPÜ vom 29.11.2000.
[153] Siehe hierzu Entscheidungen der GBK G2/94, G4/95, G3/99 (Anhang I).

Artikel 134[154]

Vertretung vor dem Europäischen Patentamt

(1) Die Vertretung natürlicher oder juristischer Personen in den durch dieses Übereinkommen geschaffenen Verfahren kann nur durch zugelassene Vertreter wahrgenommen werden, die in einer beim EPA zu diesem Zweck geführten Liste eingetragen sind.

(2) Jede natürliche Person, die
a) die Staatsangehörigkeit eines Vertragsstaats besitzt,
b) ihren Geschäftssitz oder Arbeitsplatz in einem Vertragsstaat hat und
c)[156] die europäische Eignungsprüfung bestanden hat,
kann in die Liste der zugelassenen Vertreter eingetragen werden.

(3) Während eines Zeitraums von einem Jahr ab dem Zeitpunkt, zu dem der Beitritt eines Staats zu diesem Übereinkommen wirksam wird, kann die Eintragung in diese Liste auch von jeder natürlichen Person beantragt werden, die
a) die Staatsangehörigkeit eines Vertragsstaats besitzt,
b) ihren Geschäftssitz oder Arbeitsplatz in dem Staat hat, der dem Übereinkommen beigetreten ist, und
c) befugt ist, natürliche oder juristische Personen auf dem Gebiet des Patentwesens vor der Zentralbehörde für den gewerblichen Rechtsschutz dieses Staats zu vertreten. Unterliegt diese Befugnis nicht dem Erfordernis einer besonderen beruflichen Befähigung, so muss die Person diese Vertretung in diesem Staat mindestens fünf Jahre lang regelmäßig ausgeübt haben.

(4) Die Eintragung erfolgt aufgrund eines Antrags, dem die Bescheinigungen beizufügen sind, aus denen sich ergibt, dass die in Absatz 2 oder 3 genannten Voraussetzungen erfüllt sind.

(5) Die Personen, die in der Liste der zugelassenen Vertreter eingetragen sind, sind berechtigt, in den durch dieses Übereinkommen geschaffenen Verfahren aufzutreten.

(6) Jede Person, die in der Liste der zugelassenen Vertreter eingetragen ist, ist berechtigt, zur Ausübung ihrer Tätigkeit als zugelassener Vertreter einen Geschäftssitz in jedem Vertragsstaat zu begründen, in dem die Verfahren durchgeführt werden, die durch dieses Übereinkommen unter Berücksichtigung des dem Übereinkommen beigefügten Zentralisierungsprotokolls geschaffen worden sind. Die Behörden dieses Staats können diese Berechtigung nur im Einzelfall in Anwendung der zum Schutz der öffentlichen Sicherheit und Ordnung erlassenen Rechtsvorschriften entziehen. Vor einer solchen Maßnahme ist der Präsident des EPA zu hören.

(7)[157] Der Präsident des EPA kann Befreiung erteilen:
a) in besonders gelagerten Fällen von der Voraussetzung nach Absatz 2 a) oder Absatz 3 a);
b) von der Voraussetzung nach Absatz 3 c) Satz 2, wenn der Antragsteller nachweist, dass er die erforderliche Befähigung auf andere Weise erworben hat.

(8) Die Vertretung in den durch dieses Übereinkommen geschaffenen Verfahren kann wie von einem zugelassenen Vertreter auch von jedem Rechtsanwalt, der in einem Vertragsstaat zugelassen ist und seinen Geschäftssitz in diesem Staat hat, in dem Umfang wahrgenommen werden, in dem er in diesem Staat die Vertretung auf dem Gebiet des Patentwesens ausüben kann. Absatz 6 ist entsprechend anzuwenden.

[154] Geändert durch die Akte zur Revision des EPÜ vom 29.11.2000.
[155] Siehe hierzu BdP, ABl.2013, 600; sowie die Mitteilung des EPA, ABl.2015, A55. Siehe hierzu Entscheidungen GBK G2/94, G4/95, G3/99, G2/04 (Anhang I).
[156] Siehe hierzu Beschluss des Verwaltungsrats CA/D 26/08 vom 10.12.2008 zur Änderung der Vorschriften über die europäische Eignungsprüfung für die beim EPA zugelassenen Vertreter, in kraft getreten am 01.01.2009 (ABl.2009, 9 und Beilage zum ABl.12/2011).
[157] Siehe hierzu den BdP betreffend die Übertragung dieser Entscheidungsbefugnis (ABl.2012, 13).

EPÜAO

Regel 151[137]

Bestellung eines gemeinsamen Vertreters

(1) Wird eine europäische Patentanmeldung von mehreren Personen eingereicht und ist im Antrag auf Erteilung eines europäischen Patents kein gemeinsamer Vertreter bezeichnet, so gilt der Anmelder, der im Antrag als Erster genannt ist, als gemeinsamer Vertreter. Ist einer der Anmelder jedoch verpflichtet, einen zugelassenen Vertreter zu bestellen, so gilt dieser Vertreter als gemeinsamer Vertreter, sofern nicht der im Antrag als Erster genannte Anmelder einen zugelassenen Vertreter bestellt hat. Entsprechendes gilt für gemeinsame Patentinhaber und mehrere Personen, die gemeinsam Einspruch einlegen oder den Beitritt erklären.

(2) Geht die europäische Patentanmeldung auf mehrere Personen über und haben diese Personen keinen gemeinsamen Vertreter bezeichnet, so ist Absatz 1 entsprechend anzuwenden. Ist eine entsprechende Anwendung nicht möglich, so fordert das EPA die genannten Personen auf, innerhalb einer zu bestimmenden Frist einen gemeinsamen Vertreter zu bestellen. Wird dieser Aufforderung nicht entsprochen, so bestimmt das EPA den gemeinsamen Vertreter.

[137] Siehe hierzu Entscheidung der GBK G3/99 (Anhang I).

Regel 152
Vollmacht

(1)[138] Der Präsident des EPA bestimmt, in welchen Fällen die Vertreter vor dem EPA eine unterzeichnete Vollmacht einzureichen haben.

(2) Versäumt es ein Vertreter, eine solche Vollmacht einzureichen, so fordert ihn das EPA auf, dies innerhalb einer zu bestimmenden Frist nachzuholen. Die Vollmacht kann sich auf eine oder mehrere europäische Patentanmeldungen oder europäische Patente erstrecken und ist in der entsprechenden Stückzahl einzureichen.

(3) Ist den Erfordernissen des Art.133(2) nicht entsprochen, so wird für die Bestellung eines Vertreters und die Einreichung der Vollmacht dieselbe Frist gesetzt.

(4)[139] Die Beteiligten können allgemeine Vollmachten einreichen, die einen Vertreter zur Vertretung in allen Patentangelegenheiten bevollmächtigen. Die allgemeine Vollmacht braucht nur in einem Stück eingereicht zu werden.

(5) Der Präsident des EPA kann Form und Inhalt
a) einer Vollmacht, die die Vertretung von Personen im Sinne des Art.133(2) betrifft, und
b) einer allgemeinen Vollmacht bestimmen.

(6) Wird eine vorgeschriebene Vollmacht nicht rechtzeitig eingereicht, so gelten unbeschadet anderer in diesem Übereinkommen vorgesehener Rechtsfolgen die Handlungen des Vertreters mit Ausnahme der Einreichung einer europäischen Patentanmeldung als nicht erfolgt.

(7) Die Absätze 2 und 4 sind auf den Widerruf von Vollmachten anzuwenden.

(8) Ein Vertreter gilt so lange als bevollmächtigt, bis das Erlöschen seiner Vollmacht dem EPA angezeigt worden ist.

(9) Sofern die Vollmacht nichts anderes bestimmt, erlischt sie gegenüber dem EPA nicht mit dem Tod des Vollmachtgebers.

(10)[140] Hat ein Beteiligter mehrere Vertreter bestellt, so sind diese ungeachtet einer abweichenden Bestimmung in der Anzeige über ihre Bestellung oder in der Vollmacht berechtigt, sowohl gemeinschaftlich als auch einzeln zu handeln.

(11)[141] Die Bevollmächtigung eines Zusammenschlusses von Vertretern gilt als Bevollmächtigung für jeden Vertreter, der den Nachweis erbringt, dass er in diesem Zusammenschluss tätig ist.

[138] Siehe hierzu den BdP, Sonderausgabe Nr. 3 ABl.2007, L.1. Siehe auch den BdP (ABl.2012, 352).
[139] Siehe hierzu BdP, ABl.2013, 600.
[140] Siehe hierzu Mitteilung des EPA, ABl.2013, 535, Abschnitt II.
[141] Siehe hierzu den Beschluss des Verwaltungsrats CA/D 9/13 vom 16.10.2013, ABl.2013, 500, und die Mitteilung des EPA, ABl.2013, 535, Abschnitt I.

Rechtsprechung

J17/98 I. Die Einreichung einer allgemeinen Vollmacht ohne zusätzliche Angaben in einem bestimmten Fall bedeutet nicht, daß ein zugelassener Vertreter bestellt worden ist.

T451/89 Art.133(2) sieht vor, dass natürliche oder juristische Personen, die weder Wohnsitz oder Geschäftssitz in einem VStaaten haben, durch einen zugelassenen Vertreter vertreten sein müssen und über ihn in allen Verfahren dieses Übereinkommens handeln müssen, außer bei Einreichung einer europäischen Patentanmeldung; die Ausführungsordnung kann weitere Ausnahmen zulassen.

Vertretung

Nr	Wer	Norm	Voraussetzung	Handlung	Frist	Rechtsfolge	Nachfrist	Behelf
264	**Beteiligter** selbst A-VIII,1.1	Art.133(1)	alle Beteiligten mit Sitz/Wohnsitz in einem VStaat	keine (Organe von jur. Person nach Handelsrecht zeichnungsberechtigt)	--			
265	zugelassener Vertreter [478; 479] A-VIII,1.1	Art.133(1) _optional_ / Art.133(2) _zwingend_ / R.151(1) S.2	alle Beteiligte mit Sitz/Wohnsitz in einem VStaat (optional) **UND** zumindest ein Beteiligter **ohne** Sitz/Wohnsitz in einem VStaat (zwingend)	**[1]** Anzeige über Bestellung zugelassenen Vertreters oder in VStaat zugelassenen Rechtsanwalts [480] Art.134(1), (8) **ODER** **[2]** Vollmachtsvorlage [481] als unterzeichnetes Original R.152(1) iVm **BdP ABl.2007S3,L.1**	sofort **ODER** innerhalb zu best. Frist ab Auff. +10Tage [482] R.152(2)	(+) Zustellung von Schriftstücken erfolgt nur an Vertreter, R.130(1) **UND** Eintragung in EP-PatReg, R.143(1) h) (I) vom Beteiligten vorgenommene Handlungen gelten als nicht erfolgt [483], R.152(6) **ABER** Auff. zur Vertreterbestimmung	verlängerbar R.132	**WB (+)** bei R.50(3)-Auff. +10Tage WE (+)
266	**Angestellte** eines Beteiligten [478] A-VIII,1.2	Art.133(3)	1) alle Beteiligte **mit** Sitz/Wohnsitz in einem VStaat **UND** 2) Angestellter dieses Beteiligten [484] **mit** Sitz/Wohnsitz in VStaat	**[1]** Anzeige [480] der Bestellung eines Angestellten, Art.133(3) **[2]** Vollmachtsvorlage [481] R.152(1) iVm **BdP ABl.2007S3,L.1**				
267	**gemeinsame Vertreter** [485] A-VIII,1.3	Art.133(4) iVm R.151	mehrere Anmelder/ PI / Personen, die gemeinsam ePa einreichen, Einspruch oder Antrag auf Beitritt einlegen R.151(1) **ODER** ePa/EP-Patent/Einspruchsbeteiligung geht auf mehrere Personen über R.151(2)	**[1]** Anzeige Vertreterbestellung [480] **[2]** Vollmachtsvorlage [481] R.152(1) iVm **BdP ABl.2007S3,L.1**	innerhalb zu best. Frist ab Auff. +10Tage [482] R.152(2)	(+) Zustellung von Schriftstücken erfolgt nur an Vertreter, R.130(1) **UND** Eintragung in EP-PatReg, R.143(1) h) (I) EPA bestimmt Vertreter [485]	verlängerbar R.132	

Einzelvollmacht – EPA Form 1003 [A-VIII,1.5]: Vollmacht auch durch Anmelder einreichbar (A-VIII-1.5); Vollmacht gültig bis ihr Erlöschen dem EPA angezeigt, erlischt auch nicht mit Tod des Vollmachtgebers, wenn nicht anderes bestimmt [R.152(8) und (9)].

allgemeine Vollmacht – EPA Form 1004 [A-VIII,1.6]: Vollmacht kann sich auf mehrere Anmeldungen/Patente/Einsprüche erstrecken bzw. Vollmacht zur Vertretung eines Beteiligten in allen Patentangelegenheiten; ABER: gilt nicht als Bestellung Vertreter, gesonderte Mitteilung ans EPA mit Bezug auf allgemeine Vollmacht, EPA geht nicht davon aus, dass bestimmter Vertreter bestellt werden soll [J17/98].

[478] Beteiligter kann dennoch unmittelbar gegenüber EPA handeln, bei widersprüchlichen Angaben durch Beteiligten und Vertreter werden beide Parteien davon in Kenntnis gesetzt [A-VIII,1.2].

[479] Zugelassene Vertreter sind beim EPA gelistet; auch jeder Rechtsanwalt, der Vertretung auf dem Gebiet des Patentwesens ausüben kann mit Geschäftssitz und Zulassung in einem Vertragsstaat kann Vertreter sein (R.134(8)); Rechtsanwälte müssen immer unterzeichnete Vollmacht einreichen [A-VIII, 1.5].

[480] ANZEIGE GGÜ EPA: [1] sofort auf Anmeldeantrag (Form 1001) ODER [2] jederzeit mit Form 1003 oder formlos.

[481] Vollmachtsvorlage entfällt bei Bestellung zugelassener Vertreter. AUSNAHME: [1] Vertreterwechsel durch neuen Vertreter angezeigt [R.152(8)] ODER [2] Anforderung durch EPA wg. besonderer Umstände (bspw. Zweifel über Vertretungsbefugnis) [R.152(1) iVm BdP ABl.200753,L.1] ODER [3] Akteneinsicht vor Veröffentlichung der ePa [Art.128(2); A-XI,2.5]; VERTRETERWECHSEL: hat bisheriger Vertreter das Erlöschen seiner Vollmacht dem EPA nicht angezeigt, so hat neuer Vertreter mit Anzeige über seine Vertreterbestellung Einzelvollmacht (im Original zusammen mit Kopie) oder einen Hinweis auf eine registrierte allgemeine Vollmacht einzureichen [T267/08].

[482] Wurde kein Vertreter für Verfahren bestellt, sendet EPA alle Mitt./Auff. an Anmelder gegebenenfalls an dessen Zustellanschrift [ABl.2014.A99].

[483] AUSGENOMMEN: [1] Einreichung der ePa [T451/89], aber Auff. durch Eingangsstelle zur Bestimmung eines Vertreters [R.57(h) iVm R.58]; [2] Einleitung der EP-Phase einer iPa, [3] Zahlung von Gebühren UND [4] Bestellung eines Vertreters [A-VIII,1.7]; FRISTGEBUNDENE SCHRIFTSTÜCKE: Behandlung, als fehle Unterschrift [T665/89], Nachholung oder Genehmigung durch Vertretungsbefugten binnen zu best. Frist nach R.50(3)-Mitt. +10Tage, wodurch Schriftstück den urspr. ET beibehält [G3/99].

[484] unzulässig: Handlungen eines Angestellten für die Tochter-/Muttergesellschaft [T298/97].

[485] Ist kein gemeinsamer Vertreter benannt, ist Erstgenannter gemeinsamer Vertreter; ACHTUNG: ist ein Beteiligter verpflichtet zugelassenen Vertreter zu bestellen, ist dieser Vertreter auch gemeinsamer Vertreter [R.151(1)].

EPÜ 2000

Artikel 62
Recht auf Erfindernennung

Der Erfinder hat gegenüber dem Anmelder oder Inhaber des europäischen Patents das Recht, vor dem Europäischen Patentamt als Erfinder genannt zu werden.

Artikel 133 [152],[153]
Allgemeine Grundsätze der Vertretung

(1) Vorbehaltlich des Absatzes 2 ist niemand verpflichtet, sich in den durch dieses Übereinkommen geschaffenen Verfahren durch einen zugelassenen Vertreter vertreten zu lassen.

(2) Natürliche oder juristische Personen, die weder Wohnsitz noch Sitz in einem Vertragsstaat haben, müssen in jedem durch dieses Übereinkommen geschaffenen Verfahren durch einen zugelassenen Vertreter vertreten sein und Handlungen mit Ausnahme der Einreichung einer europäischen Patentanmeldung durch ihn vornehmen; in der Ausführungsordnung können weitere Ausnahmen zugelassen werden.

(3) Natürliche oder juristische Personen mit Wohnsitz oder Sitz in einem Vertragsstaat können in jedem durch dieses Übereinkommen geschaffenen Verfahren durch einen ihrer Angestellten handeln, der kein zugelassener Vertreter zu sein braucht, aber einer Vollmacht nach Maßgabe der Ausführungsordnung bedarf. In der Ausführungsordnung kann vorgeschrieben werden, ob und unter welchen Voraussetzungen eine juristische Person für andere juristische Personen mit Sitz in einem Vertragsstaat, die mit ihr wirtschaftlich verbunden sind, handeln können.

(4) In der Ausführungsordnung können Vorschriften über die gemeinsame Vertretung mehrerer Beteiligter, die gemeinsam handeln, vorgesehen werden.

[152] Geändert durch die Akte zur Revision des EPÜ vom 29.11.2000.
[153] Siehe hierzu Entscheidungen der GBK G 2/94, G 4/95, G 3/99 (Anhang I).

EPÜAO

Regel 19
Einreichung der Erfindernennung

(1) Die Erfindernennung hat im Antrag auf Erteilung eines europäischen Patents zu erfolgen. Ist jedoch der Anmelder nicht oder nicht allein der Erfinder, so ist die Erfindernennung in einem gesonderten Schriftstück einzureichen. Sie muss den Namen, die Vornamen und die vollständige Anschrift des Erfinders, die in Art.81 genannte Erklärung und die Unterschrift des Anmelders oder Vertreters enthalten.

(2) Die Richtigkeit der Erfindernennung wird vom Europäischen Patentamt nicht geprüft.

(3) Ist der Anmelder nicht oder nicht allein der Erfinder, so teilt das Europäische Patentamt dem genannten Erfinder die in der Erfindernennung enthaltenen und die folgenden weiteren Angaben mit:

a) Nummer der europäischen Patentanmeldung;
b) Anmeldetag der europäischen Patentanmeldung und, wenn eine Priorität in Anspruch genommen worden ist, Tag, Staat und Aktenzeichen der früheren Anmeldung;

c) Name des Anmelders;
d) Bezeichnung der Erfindung;
e) die benannten Vertragsstaaten.

(4) Der Anmelder und der Erfinder können aus der Unterlassung der Mitteilung nach Absatz 3 und aus darin enthaltenen Fehlern keine Ansprüche herleiten.

Regel 41 [48]
Erteilungsantrag

[...] (2) Der Antrag muss enthalten:
[...]
h) die Unterschrift des Anmelders oder Vertreters; [...]

[48] Die aktualisierte Version des Formblatts wird regelmäßig auf der Internetseite des EPA und im ABl. EPA veröffentlicht.

Regel 50 [56]
Nachgereichte Unterlagen

(1) Die R.42, 43 und 46 bis 49 sind auf Schriftstücke, die die Unterlagen der europäischen Patentanmeldung ersetzen, anzuwenden. R.49(2) bis (12) ist ferner auf die in R.71 genannten Übersetzungen der Patentansprüche anzuwenden.

(2) Alle anderen Schriftstücke, die nicht zu den Unterlagen der Anmeldung zählen, sollen mit Maschine geschrieben oder gedruckt sein. Auf jedem Blatt ist links ein etwa 2,5 cm breiter Rand freizulassen.

(3) Nach Einreichung der Anmeldung eingereichte Schriftstücke sind zu unterzeichnen, soweit es sich nicht um Anlagen handelt. Ist ein Schriftstück nicht unterzeichnet worden, so fordert das Europäische Patentamt den Beteiligten auf, das Schriftstück innerhalb einer zu bestimmenden Frist zu unterzeichnen. Wird das Schriftstück rechtzeitig unterzeichnet, so behält es den ursprünglichen Tag des Eingangs, andernfalls gilt das Schriftstück als nicht eingereicht.

[56] Siehe hierzu die BdP des EPA, SA Nr. 3, ABl. EPA 2007, A.3; siehe Mitteilung des EPA, ABl. EPA 2013, 603. Siehe hierzu Entscheidung der GBK G 3/99.

Regel 76 [82]
Form und Inhalt des Einspruchs

(1) Der Einspruch ist schriftlich einzulegen und zu begründen.

(2) Die Einspruchsschrift muss enthalten:

a) Angaben zur Person des Einsprechenden nach Maßgabe der Regel 41 Absatz 2 c);
b) die Nummer des europäischen Patents, gegen das der Einspruch eingelegt wird, sowie den Namen des Patentinhabers und die Bezeichnung der Erfindung;
c) eine Erklärung darüber, in welchem Umfang gegen das europäische Patent Einspruch eingelegt und auf welche Einspruchsgründe der Einspruch gestützt wird, sowie die Angabe der zur Begründung vorgebrachten Tatsachen und Beweismittel;
d) falls ein Vertreter des Einsprechenden bestellt ist, Angaben zur Person nach Maßgabe der R.41(2) d).

(3) Die Vorschriften des Dritten Teils der Ausführungsordnung sind auf die Einspruchsschrift entsprechend anzuwenden.

[82] Siehe hierzu Entscheidungen der GBK G 9/91, G 10/91, G 1/95, G 7/95, G 4/97, G 3/99, G 1/04 (Anhang I).

Amtsblatt EPA

ABl. 2007, A.3
Beschluss der Präsidentin des Europäischen Patentamts vom 12. Juli 2007 über die Einreichung von Patentanmeldungen und anderen Unterlagen durch Telefax

Artikel 4
Unterschrift

Bei Einreichung durch Telefax ist gemäß Regel 2 (2) EPÜ die bildliche Wiedergabe der Unterschrift des handelnden Person auf dem Telefax zur Bestätigung der Authentizität des Schriftstücks ausreichend. Aus der Unterzeichnung muss der Name und die Stellung der handelnden Person eindeutig hervorgehen.

ABl. 2009, 182
Beschluss der Präsidentin des Europäischen Patentamts vom 26. Februar 2009 über die elektronische Einreichung von Unterlagen

Artikel 7
Unterschrift

(1) Soweit die eingereichten Unterlagen zu unterzeichnen sind, kann dies nach Maßgabe des Artikels 8 mittels "facsimile signature", "text string signature" oder unter Verwendung einer fortgeschrittenen elektronischen Signatur ("enhanced electronic signature") erfolgen.

(2) Eine "facsimile signature" ist die bildliche Wiedergabe der Unterschrift der handelnden Person.

(3) Eine "text string signature" ist eine Kette von Zeichen, vor und hinter der ein Schrägstrich (/) steht und die vom Unterzeichner zum Nachweis seiner Identität sowie seiner Absicht, die jeweilige Nachricht zu authentifizieren, gewählt worden ist.

(4) Die "enhanced electronic signature" muss eine vom Europäischen Patentamt herausgegebene oder anerkannte elektronische Signatur sein.

ABl. 2014, A97
Beschluss des Präsidenten des Europäischen Patentamts vom 10. September 2014 über die Einreichung von Unterlagen mittels des Case-Management-Systems des EPA

Artikel 5
Unterschrift

(1) Soweit die eingereichten Unterlagen zu unterzeichnen sind, kann dies mittels Faksimile-Signatur ("facsimile signature") oder mittels alphanumerischer Signatur ("text string signature") erfolgen.

(2) Eine Faksimile-Signatur ist die bildliche Wiedergabe der Unterschrift der handelnden Person.

(3) Eine alphanumerische Signatur ist eine Kette von Zeichen, vor und hinter der ein Schrägstrich (/) steht und die vom Unterzeichner zum Nachweis seiner Identität sowie seiner Unterzeichnungsabsicht gewählt worden ist.

Unterschriftenerfordernisse

A-VIII,3

Dokument	Norm	Wer	Formerfordernis	Frist	Nachfrist	Rechtsfolge	Rechtsbehelf
268 **Einreichung ePA** A-III, 4.2.2	**R.41(2)h**	jeder Anmelder **ODER** jeder Vertreter **ODER** gem. R.151(1) S1. als Vertreter bestimmter Anmelder [486] A-VIII, 3.4	▪ bei eletron. Einreichung: Faksimileabbildung der Unterschrift, Zeichenkette, fortgeschrittene elektronische Signatur zulässig **ABl. 2009, 182, Art.7**	am ET	»jederzeit« **ODER** **2 M** nach **R.58**-Mitt.	(−) ePa wird zurückgewiesen **Art.90(5)**	**WE (+)** WB (−)
269 **Nachgereichte (fehlenden) Unterlagen** [487] A-III, 3.1	**R.50(3)S.1**	jeder Anmelder **ODER** jeder Vertreter **ODER** gem. R.151(1) S1. als Vertreter bestimmter Anmelder	▪ Fax: bildliche Wiedergabe ausreichend ▪ Name und Stellung de Prerson müssen ersichtlich sein [**ABl. 2007, A.3**] ▪ bei eletron. Einreichung mit EPA-Software: facsimile signature, text string signature, enhanced electronic signature zulässig [**ABl. 2009, 182**] ▪ bei Online-Einreichung (CMS): facsimile signature, text string signature zulässig [**ABl. 2014, A97**] A-III, 3.3	am ET	zu bestimmende Frist nach **R.50(3)**- Mitt. +10Tage [idR **2 M**]	(+) (neues) Schriftstück behält Tag des Einganges **UND** ersetzt ggf. Altes; Anmeldetag bleibt erhalten (−) Schriftstück gilt als nicht eingereicht	**WB (+)**
270 **Einspruch** D-III, 3.4	**R.76(3)**	Einsprechender **ODER** sein Vertreter	▪ Paraphe (gekürzter Namenszug, z.B. Anfangsbuchstaben) nicht ausreichend ▪ bei eletron. Einreichung mit EPA-Software: facsimile signature, text string signature, enhanced electronic signature zulässig [**ABl. 2009, 182**] ▪ bei Online-Einreichung (CMS): facsimile signature, text string signature zulässig [**ABl. 2014, A97**] ▪ Fax: bildliche wiedergabe ausreichend	am ET	zu bestimmende Frist nach **Auff.** +10Tage (durch Formalsachbearbeiter)	(+) Einspruch behält Tag des Eingangs (−) Schriftstück gilt als nicht eingegangen	
271 **Unterlagen der ePa** z.B. Erfindernennung A-III, 3.2	gem. **Art.62** iVm **R.19**	jeder Anmelder **ODER** jeder Vertreter **ODER** gem. R.151(1) S1. als Vertreter bestimmter Anmelder A-III, 3.4	▪ bei eletron. Einreichung: Faksimileabbildung der Unterschrift, Zeichenkette, fortgeschrittene elektronische Signatur zulässig **ABl. 2009, 182, Art.7**	am ET	**16 M** ab AT/(frühestem) PT (spätesten vor Abschluss der techn. Vorbereitungen für Veröff.)	(−) Anmeldung wird zurückgewiesen **UND** Mitt. an Anmelder A-III, 5.5	
272 **Vertretervollmacht** A-VIII, 1.5	gem. **Art.133** iVm **R.152**	jeder Anmelder [486] A-VIII, 3.4	▪ bei eletron. Einreichung: Faksimileabbildung der Unterschrift, Zeichenkette, fortgeschrittene elektronische Signatur zulässig **ABl. 2009, 182, Art.7**	-	**2 M** nach **Auff.** +10Tage	(−) alle vom vertreter vorgenommenen Handlungen gelten als nicht erfolgt **UND** Mitt. an Beteiligte A-VIII, 1.7	

[486] ANMELDERGEMEINSCHAFT: erfordert Unterschrift aller, auch wenn ein Anmelder als gemeinsamer Vertreter gem. R.151(1)S.1 gilt [A-VIII, 3.4].
[487] Anlagen müssen nicht unterzeichnet werden.

EPÜ 2000

Artikel 51 [37]
Gebühren

(1) Das EPA kann Gebühren für die nach diesem Übereinkommen durchgeführten amtlichen Aufgaben und Verfahren erheben.

(2) Fristen für die Entrichtung von Gebühren, die nicht bereits im Übereinkommen bestimmt sind, werden in der Ausführungsordnung festgelegt.

(3) Sieht die Ausführungsordnung vor, dass eine Gebühr zu entrichten ist, so legt sie auch die Rechtsfolgen ihrer nicht rechtzeitigen Entrichtung fest.

(4) Die Gebührenordnung bestimmt insbesondere die Höhe der Gebühren und die Art und Weise, wie sie zu entrichten sind.

[37] Geändert durch die Akte zur Revision des EPÜ vom 29.11.2000.

GebO

Artikel 1
Allgemeines

Nach den Vorschriften dieser Gebührenordnung werden erhoben:

a) die gemäß dem Übereinkommen und seiner Ausführungsordnung an das EPA (nachstehend Amt genannt) zu entrichtenden Gebühren sowie die Gebühren und Auslagen, die der Präsident des Amts aufgrund des Art.3(1) festsetzt;

b) die Gebühren und Auslagen nach dem Vertrag über die internationale Zusammenarbeit auf dem Gebiet des Patentwesens (PCT), deren Höhe vom Amt festgesetzt werden kann.

Artikel 3
Vom Präsidenten des Amts festgesetzte Gebühren, Auslagen und Verkaufspreise

(1) Der Präsident des Amts setzt die in der Ausführungsordnung genannten Verwaltungsgebühren und, soweit erforderlich, die Gebühren und Auslagen für andere als in Art.2 genannte Amtshandlungen des Amts fest.

(2) Der Präsident des Amts setzt ferner die Verkaufspreise der in den Art.93, 98, 103 und 129 des Übereinkommens genannten Veröffentlichungen fest.

(3) Die in Art.2 vorgesehenen und die nach Absatz 1 festgesetzten Gebühren und Auslagen werden im Amtsblatt und auf der Website des Europäischen Patentamts veröffentlicht.

Artikel 4
Fälligkeit der Gebühren

(1) Gebühren, deren Fälligkeit sich nicht aus den Vorschriften des Übereinkommens, des PCT oder der dazugehörigen Ausführungsordnungen ergibt, werden mit dem Eingang des Antrags auf Vornahme der gebührenpflichtigen Amtshandlung fällig.

(2) Der Präsident des Amts kann davon absehen, Amtshandlungen im Sinne des Absatzes 1 von der vorherigen Zahlung der entsprechenden Gebühr abhängig zu machen.

Artikel 5
Entrichtung der Gebühren

(1) Die an das Amt zu zahlenden Gebühren sind durch Einzahlung oder Überweisung auf ein Bankkonto des Amts in Euro zu entrichten.

(2) Der Präsident des Amts kann zulassen, dass die Gebühren auf andere Art als in Absatz 1 vorgesehen entrichtet werden.

Artikel 6
Angaben über die Zahlung

(1) Jede Zahlung muss den Einzahler bezeichnen und die notwendigen Angaben enthalten, die es dem Amt ermöglichen, den Zweck der Zahlung ohne Weiteres zu erkennen.

(2) Ist der Zweck der Zahlung nicht ohne Weiteres erkennbar, so fordert das Amt den Einzahler auf, innerhalb einer vom Amt zu bestimmenden Frist diesen Zweck schriftlich mitzuteilen. Kommt der Einzahler der Aufforderung nicht rechtzeitig nach, so gilt die Zahlung als nicht erfolgt.

Artikel 7
Maßgebender Zahlungstag

(1) Als Tag des Eingangs einer Zahlung beim Amt gilt der Tag, an dem der eingezahlte oder überwiesene Betrag auf einem Bankkonto des Amts tatsächlich gutgeschrieben wird.

(2) Lässt der Präsident des Amts gemäß Art.5(2) zu, dass die Gebühren auf andere Art als in Art.5(1) vorgesehen entrichtet werden, so bestimmt er auch den Tag, an dem diese Zahlung als eingegangen gilt.

(3) Gilt eine Gebührenzahlung gemäß den Absätzen 1 und 2 erst nach Ablauf der Frist als eingegangen, innerhalb der sie hätte erfolgen müssen, so gilt diese Frist als eingehalten, wenn dem Amt nachgewiesen wird, dass der Einzahler

a) innerh. der Frist, in der die Zahlung hätte erfolgen müssen, in einem VStaat:
i) die Zahlung des Betrags bei einem Bankinstitut veranlasst hat oder
ii) einen Auftrag zur Überweisung des zu entrichtenden Betrags einem Bankinstitut formgerecht erteilt hat, und

b) eine Zuschlagsgebühr in Höhe von 10 % der betreffenden Gebühr oder Gebühren, höchstens jedoch 150 EUR entrichtet hat; die Zuschlagsgebühr wird nicht erhoben, wenn eine Handlung nach Buchstabe a spätestens zehn Tage vor Ablauf der Zahlungsfrist vorgenommen worden ist.

(4) Das Amt kann den Einzahler auffordern, innerhalb einer vom Amt zu bestimmenden Frist den Nachweis über den Zeitpunkt der Vornahme einer der Handlungen nach Absatz 3 Buchstabe a zu erbringen und gegebenenfalls die Zuschlagsgebühr nach Absatz 3 Buchstabe b zu entrichten. Kommt der Einzahler dieser Aufforderung nicht nach, ist der Nachweis ungenügend oder wird die angeforderte Zuschlagsgebühr nicht rechtzeitig entrichtet, so gilt die Zahlungsfrist als versäumt.

Artikel 8
Nicht ausreichender Gebührenbetrag

Eine Zahlungsfrist gilt grundsätzlich nur dann als eingehalten, wenn der volle Gebührenbetrag rechtzeitig gezahlt worden ist. Ist nicht die volle Gebühr entrichtet worden, so wird der gezahlte Betrag nach dem Fristablauf zurückerstattet. Das Amt kann jedoch, soweit die laufende Frist es erlaubt, dem Einzahler die Gelegenheit geben, den fehlenden Betrag nachzuzahlen. Es kann ferner, wenn dies der Billigkeit entspricht, geringfügige Fehlbeträge der zu entrichtenden Gebühr ohne Rechtsnachteil für den Einzahler unberücksichtigt lassen.

Artikel 9
Rückerstattung von Recherchengebühren

(1) Die für eine europäische oder eine ergänzende europäische Recherche entrichtete Recherchengebühr wird in voller Höhe zurückerstattet, wenn die ePa zu einem Zeitpunkt zurückgenommen oder zurückgewiesen wird oder als zurückgenommen gilt, in dem das Amt mit der Erstellung des Recherchenberichts noch nicht begonnen hat.

(2) Wird die ESR auf eine frühere Recherche gestützt, den das Amt für eine Patentanmeldung, deren Priorität beansprucht wird, oder für eine frühere Anmeldung im Sinn des Art.76 oder der R.17 des Übereinkommens erstellt hat, so erstattet das Amt gemäß einem Beschluss seines Präsidenten dem Anmelder einen Betrag zurück, dessen Höhe von der Art der früheren Recherche und dem Umfang abhängt, in dem sich das Amt bei der Durchführung der späteren Recherche auf den früheren Recherchenbericht stützen kann.

Artikel 11
Rückerstattung der Prüfungsgebühr

Die Prüfungsgebühr nach Art.94(1) des Übereinkommens wird

a) in voller Höhe zurückerstattet, wenn die europäische Patentanmeldung zurückgenommen oder zurückgewiesen wird oder als zurückgenommen gilt, bevor die Sachprüfung begonnen hat;

b) zu 50 % zurückerstattet, wenn die europäische Patentanmeldung zurückgenommen wird, nachdem die Sachprüfung begonnen hat und

- bevor die Frist für die Erwiderung auf die erste von der Prüfungsabteilung selbst erlassene Aufforderung nach Art.94(3) des Übereinkommens abgelaufen ist oder,
- falls die Prüfungsabteilung keine solche Aufforderung erlassen hat, vor dem Datum der Mitteilung nach R.71(3) des Übereinkommens

Artikel 12
Rückerstattung von Bagatellbeträgen

Zu viel gezahlte Gebührenbeträge werden nicht zurückerstattet, wenn es sich um Bagatellbeträge handelt und der Verfahrensbeteiligte eine Rückerstattung nicht ausdrücklich beantragt hat. Der Präsident des Amts bestimmt, bis zu welcher Höhe ein Betrag als Bagatellbetrag anzusehen ist.

Artikel 13
Beendigung von Zahlungsverpflichtungen

(1) Ansprüche der Organisation auf Zahlung von Gebühren an das EPA erlöschen nach vier Jahren nach Ablauf des Kalenderjahrs, in dem die Gebühr fällig geworden ist.

(2) Ansprüche gegen die Organisation auf Rückerstattung von Gebühren oder von Geldbeträgen, die bei der Entrichtung einer Gebühr zu viel gezahlt worden sind, durch das EPA erlöschen nach vier Jahren nach Ablauf des Kalenderjahres, in dem der Anspruch entstanden ist.

(3) Die in den Absätzen 1 und 2 vorgesehene Frist wird im Fall des Absatzes 1 durch eine Auff. zur Zahlung der Gebühr und im Fall des Absatzes 2 durch eine schriftliche Geltendmachung des Anspruchs unterbrochen. Diese Frist beginnt mit der Unterbrechung erneut zu laufen und endet spätestens sechs Jahre nach Ablauf des Jahres, in dem sie ursprünglich zu laufen begonnen hat, es sei denn, dass der Anspruch gerichtlich geltend gemacht worden ist; in diesem Fall endet die Frist frühestens ein Jahr nach der Rechtskraft der Entscheidung.

(4) Der Präsident des EPA kann davon absehen, geschuldete Geldbeträge beizutreiben, wenn der beizutreibende Betrag geringfügig oder die Beitreibung zu ungewiss ist.

Artikel 14
Gebührenermäßigung

(1) Die in R.6(3) des Übereinkommens vorgesehene Ermäßigung beträgt 30 % der Anmeldegebühr bzw. der Prüfungsgebühr.

(2) Hat das EPA einen internationalen vorläufigen Prüfungsbericht erstellt, so wird die Prüfungsgebühr um 50 % ermäßigt. Wurde der Bericht nach Art.34.3c)PCT für bestimmte Teile der iPa erstellt, so wird die Prüfungsgebühr nicht ermäßigt, wenn sich die Prüfung auf einen nicht im Bericht behandelten Gegenstand erstreckt.

Gebühren

Art.51, A-X

Gebühren

273 Für ePas, europäische Patente und die Wirksamkeit von Rechtsbehelfen sind verschiedene Gebühren zu entrichten. Alle an das EPA zu zahlende Gebühren sind in **Euro (€)** zu entrichten, ebenso müssen alle Abbuchungsaufträge in Euro angegeben sein.

Fälligkeit

274 Gebühren können nicht zu einem beliebigen Zeitpunkt verrichtet werden. Erst bei Fälligkeit ist eine Gebührenzahlung wirksam. Die Fälligkeit bezeichnet den ersten Tag, an dem eine Zahlung wirksam vorgenommen werden kann, vorher ist keine wirksame Gebührenentrichtung mgl. [490]

Gebührenhöhe

275 Die Höhe der zu entrichtenden Gebühren richtet sich nach der maßgeblichen Gebührenhöhe am **Zahltag**, nicht am Fälligkeitstag. Dennoch ist eine vorzeitige, wirksame Entrichtung von Gebühren (um Geb. zu sparen) nur in Ausnahmefällen möglich. [A-X, 5.1.2] [492]

Aller 2 Jahre mit Wirkung zum 1. April des geraden Jahres findet beim EPA eine **Gebührenanpassung** statt (aktuell: **Zusatzpublikation 2 ABl. 2016**).

Wirksame Zahlung

- Gutschrift des vollen Betrags auf dem betreffenden Bankkonto.
- Nachzahlung/Berichtigung von Fehlbeträgen ist auch nach **R.139** nicht mgl. (gilt auch für Abbuchungsaufträge [T170/83, Nr.8, Art.8 GebO] [488]
- Nicht wirksam/ohne Rechtsgrund gezahlte Gebühren werden zurückerstattet [A-X, 10.1]. [489]

10-Tage-Sicherheitsregel

Kann nachgewiesen werden, dass eine Zahlung vor Fälligkeit veranlasst [491] wurde, gilt Frist als eingehalten, auch wenn tatsächliche Gutschrift auf Bankkonto beim EPA erst nach Fristablauf eingeht [A-X, 6.2]. Bei Zahlung nach 10 Tagen vor Ablauf Zahlungsfrist wird eine Zusatzgebühr (10% der zu entrichtenden Gebühr) fällig [Art.7(3)b) und (4) GebO].

Zahlungszweck

Bei uneindeutiger Angabe wird Einzahler aufgefordert in bestimmter Frist Zweck schriftl. mitzuteilen. Kommt er Auff. nach bleibt Zahltag bestehen. [Art.6 GebO, A-X, 7]

Fig. 11: Fälligkeit von Gebühren während des Verfahrens (ohne Sonderfälle)

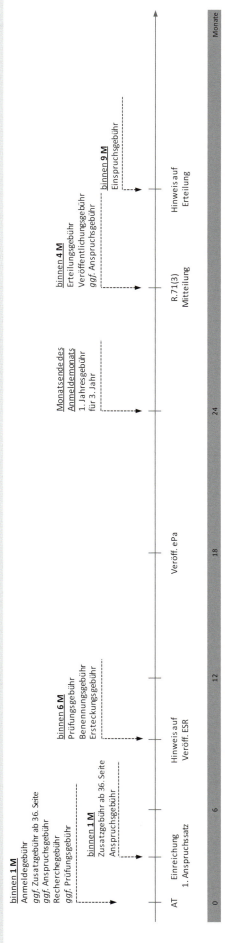

---

[488] Geringfügige Fehlbeträge können vom EPA ohne Rechtsfolge gebilligt werden [Art.8 GebO].
[489] Rückzahlung erst ab 10 Euro [ABl.2007S3, M.3] auf laufendes Konto, wenn nicht vorhanden per Scheck an betreffenden Beteiligten oder dessen Vertreter, nicht an zahlende Dritte (Ausnahme: Gebühr für Akteneinsicht).
[490] AUSNAHME: Jahresgebühr (ab **3M** vor Fälligkeit) und bei freiwilliger Zahlung nach **R.71(3)**-Mitt. obwohl Änderungen/Berichtigungen eingereicht werden, Anrechnung Zahlung auf spätere **R.71(3)**-Mitt., ggf. Rückerstattung der (zu viel) gezahlten Gebühren (Erteilungs-, Veröffentlichungs- und Anspruchsgebühr)
[491] **[1]** Zahlung bei Bankinstitut veranlasst, **[2]** Auftrag zur Überweisung beim Bankinstitut formgerecht erteilt ODER **[3]** Übergabe des Abbuchungsauftrages vom laufenden Konto Postamt übergeben [118/85].
[492] 10-Tage-Sicherheitsregel greift nicht um Zahlung vor Inkrafttreten einer Gebührenerhöhung zu rechtfertigen [118/85].

Gebühren – Gebührenordnung – ePa [493]

für ePa, TA, Anmeldung gem. **Art.61(1)b** GebO, ABl.2016, A3

	Gebühr	Norm	Bemessung	Gebühr	Frist	Nachfrist	Rechtsfolge	Rechtsbehelf

276	Anmeldegebühr [494]	Art.78(2) iVm R.38	• Einreichung ePa **online**
			• Einreichung ePa **nicht online**
			  R.38(1), Art. 2(1) Nr.1 GebO, A-III, 13.1
			
			Zusatzgebühr Teilanmeldung
			ab zweiten Generation TA, steigend bis fünfte Generation, danach gleichbleibend
			  R.38(2), Art. 2(1) Nr.1b GebO, A-IV,1.4.1.1
				Online **120 €**
				Papier **210 €**
				
				2. Generation: **210 €**
				3. Generation: **425 €**
				4. Generation: **635 €**
				5. Generation: **850 €**
					1 M nach AT
					
					R.38(1) (ePa)
					R.36(3), R.17(2) (TA)
					R.159(1) (Euro-PCT)			

			Zusatzgebühr ab 36. Seite (Seitengebühr) [495]
			
			  Seitenzahl Beschreibung
			+ Seitenzahl Zeichnungen
			+ Seitenzahl Ansprüche
			+ 1 Seite Zusammenfassung
			− 35 Seiten
			= Gesamtzahl gebührenpflichtiger Seiten
			  (nur an Anmeldesprache bemessen)
			
			OHNE: Erteilungsantrag und Sequenzprotokoll
			R.38(2), Art.2(1) Nr.1a GebO, **ABl.2009,118**, A-III, 13.2
				15 €/Seite ab 16. Seite	**1 M nach Einreichung ePa**
					ODER
					1 M nach Einreichung des ersten Anspruchssatzes
					ODER
					1 M nach Einreichung beglaubigte Abschrift nach Art.40(3)
					- später ablaufende-
					R.38(3)
						--	⊝ ePa gilt als zurückgenommen und R.112-Rechtsverlustmitt.
							Art.90(5)
								WB (+)
								Art.121(1),
								R.135(1)
								
								WE (−)
								Art.122(4),
								R.136(3)

	A-III, 13							
277	Recherchengebühr	A-III,13	ePa vor dem 01. Juli 2005 ePa ab dem 01. Juli 2005 Art.2(1) Nr.2 GebO	**885 €** **1300 €**	**1 M nach Einreichung ePa** **R.38(1), R.36(3)** **R.17(2)**, A-X,5.2.1			
278	Anspruchsgebühr	R.45(1) R.71(4)	ePA ab dem **01. April 2009** [496] • ab 16. bis 50. Anspruch Anspruchsgebühr • ab 51. Anspruch erhöhte anspruchsgebühr Art.2(1) Nr.15 GebO, **ABl.2009,118**	**235 €** **585 €**	**1 M nach Einreichung ersten Anspruchssatzes** [497] **UND** ggf. auf **R.71(3)-Mitt.** [498] A-X,5.2.5	**1 M ab Mitt.** [+10Tage] [499], nicht verlängerbar **R.45(2)**	⊝ gilt als Verzicht auf nicht bezahlten Ansprüche [500] und R.112(1)-Mitt. **R.45(3)**	
	A-III, 9							

[493] GERINGFÜGIGER FEHLBETRAG: Gebühr gilt als rechtzeitig entrichtet UND Frist als gewahrt [Art.8 S.4 GebO], aber unverzügliche Zahlung nach Fälligkeitstag/Auff.; BAGATELLBETRAG: [1] unerwartete Bankspesen (<2%) [T343/02] ODER [2] Fehlbetrag von ca. 10% [T130/82 (ABl.1984,172); 111/85 (ABl.1986,1)].

[494] 30%-ERMÄßIGUNG: Einreichung in Nichtamtssprache für KMUs, nat. Personen, non-profit Organisationen mit Wohnsitz/Sitz in EPÜ-VStaat oder Staatsangehörige dieses EPÜ-VStaats [Art.14(4), R.6(3) iVm Art.14(1) GebO, ↗S.132].

[495] GÜLTIGKEIT: Anmeldungen ab 01.April 2009 [ABl.2009,118, ABl. 2009,338].

[496] enthält Anmeldung mehrere Anspruchssätze gilt Anzahl der meisten Ansprüche.

[497] MÖGL. ZEITPUNKTE DER ANSPRUCHSEINREICHUNG: [1] am ET (zusammen mit) der ePa; [2] nach AT, vor Erhalt der R.58-Mitt.; [3] nach Erhalt der R.58-Mitt. (2M).

[498] VERÄNDERTE ANSPRUCHSZAHL BEI ERTEILUNG: [1] weniger als 1. Anspruchssatz → keine Rückerstattung; [2] mehr als 1. Anspruchssatz → Zahlung der noch nicht entrichteten Ansprüche [R.71(4)] [A-X,7.3.2].

[499] bei ANMELDUNG MIT BEZUGNAHME auf frühere Anmeldung, bei der Ansprüche der früheren Anmeldung die Ansprüche der neuen Anmeldung ersetzen, ergibt R.45(2)-Mitt. erst, wenn Anmelder (innerhalb 2M ab AT) Abschrift der früheren Anmeldung eingereicht hat, erst dann Gebührenberechnung durch EPA mögl.

[500] fallen durch Nichtzahlung von Gebühr Patentansprüche weg und hat der reduzierte Anspruchssatz weniger Ansprüche als ein anderer Anspruchssatz, so wird auch der andere Anspruchssatz auf die Anzahl der Ansprüche des reduzierten Anspruchssatzes reduziert [J8/84]; Anmelder entscheidet welchen gebührenpflichtigen Anspruchssatz gezahlt Gebühr zuzuordnen ist; Merkmale eines durch R.45(3) weggefallenen Anspruches, die nicht in Beschreibung/Zeichnung zu finden sind, können nicht wieder eingeführt werden [115/88].

Gebühren

Gebühr	Norm	Bemessung	Gebühr	Frist	Nachfrist	Rechtsfolge	Rechtsbehelf
279 **Benennungsgebühr** A-III,11	**Art.79(2)** iVm **R.39** A-III,12.2	ePa vor dem 01. April 2009 ▪ Benennungsgebühr für **jeden** VStaat ▪ siebenfache Benennungsgebühr = Gebühr für alle Staaten entrichtet ▪ bis Ablauf WB-Frist können Staaten durch Zahlung Benennungsgebühr und ggf. Weiterbehandlungsgebühr benannt werden [501]	**100 €**/Staat	**6 M** ab Hinweis auf Veröff. des ESR **R.39(1), R.17(3), R.36(4),** A-X,5.2.2	--	ⓘ ePa gilt als zurückgenommen; R.112(1)-Mitt. [502] **R.39(2)**	**WB (+)** [503]
		ePa ab dem 01. April 2009 ▪ pauschale Benennungsgebühr mit der alle EPÜ-Staaten umfasst sind [504] A-III, 11.2	**585 €**		--	ⓘ ePa gilt als zurückgenommen; R.112(1)-Mitt. [505] **R.39(2)**	
280 **Erstreckungs-/ Validierungsgebühr** [506] A-III,12.2		Entrichtung einer Gebühr je ▪ Erstreckungsstaat ▪ Validierungsstaat Marokko (MA) Republik Moldau (MD)	**102 €** **240 €** **200 €**	**6 M** nach Hinweis auf Veröff. ESR A-X,5.2.2	**2 M** nach Ablauf Grundfrist [507] ODER **2 M** nach R.112(1)-Mitt. bzgl. Benennungsgebühr **ABl.2009,603; ABl. 2016, A19** **+ 50% Zuschlagsgebühr** [507]	ⓘ Antrag auf Erstreckung gilt als zurückgenommen keine Rechtsverlustmitt.	**WE (−)** **WB (−)** [507]
281 **Prüfungsgebühr** A-III,5.2.2	**Art.94(1)** Art.2(1) Nr.6 GebO	ePa vor dem 01. Juli 2005 ePa ab dem 01. Juli 2005	**1825 €** **1635 €**	bei Einreichung der ePa ODER mit Eingang des Prüfungsantrages ABER bis spätestens **6 M** nach Veröff. des ESR **R.70(1)**, A-X,5.2.2	--	ⓘ ePa gilt als zurückgenommen; R.112(1)-Rechtsverlustmitt. **R.94(2)**	**WB(+)** **+ 50% der Prüfungsgebühr** **R.94(2)**

[501] Lichtenstein und Schweiz gemeinsame Benennungsgebühr; Benennungsgebühr < 7-fache, dann Angabe der gewählten Staaten auf Erteilungsantrag

[502] Rechtsverlust tritt mit Ablauf der Frist nach **R.39(1)** ein, nicht nach Fristablauf für WB [G4/98].

[503] ePa vor dem 01. April 2009: Zahlung Benennungsgebühr innerhalb der Frist für WB ohne Zusatzbeitrag, entscheidet Anmelder nach Aufforderung (nach Art.6(2) Satz 1 GebO) für welche Vertragsstaaten Benennungsgebühr inkl. Weiterbehandlungsgebühr gilt [J23/82].

[504] BENENNUNG VON STAATEN kann bis zur Erteilung der ePa jederzeit zurückgenommen werden (**R.79(3)**), außer Verfahren ist ausgesetzt (**R.15**); Gebühr bleibt unverändert; Ausgenommene Staaten können nicht wieder reaktiviert werden; Angabe „Benennungsgebühr" genügt als Zahlungszweck gem. Art.6(1) GebO.

[505] Rechtsverlust tritt mit Ablauf der Frist nach **R.39(1)** ein, nicht nach Fristablauf für WB [G4/98].

[506] Antrag auf Erstreckung kann jederzeit zurückgenommen werden

[507] ZUSCHLAG pro Erstreckungsstaat: 50€; Validierungsstaat MA: 120€; Validierungsstaat MD: 100€.

Teil D I – Übersicht zum EPÜ

Nr.	Gebühr / Fundstelle	Beschreibung	Betrag	Frist	Nachfrist / Zuschlag	Rechtsfolge	WB/WE
282	**Erteilungs- und Veröffentlichungsgebühr** **R.71(3)** C-V,1.2	Zahlung der Erteilung-/Veröffentlichungsgebühr an EPA nach Erhalt **R.71(3)-Mitt.** für ab 1. April 2009 eingereichte ePa. Art. 2(1) Nr.7 GebO	925 €	**4 M** ab Zustellung **R.71(3)-Mitt.**, nicht verklängerbar **R.71(3)** A-X,5.2.3	-	(+) Einverständnis mit übermittelten Fassung **R.71(5)** (–) ePa gilt als zurückgenommen; R.112(1)-Rechtsverlustmitt. **R.71(7)**	**WB(+)**
283	**Jahresgebühr** **Art.86(1)** iVm **R.51(1)** ↗S.185 A-X,5.2.4	Zahlung der Jahresgebühren an EPA, erstmalig für 3. Jahr bis zu dem Jahr in dem Hinweis auf Erteilung der ePa bekannt gemacht wird **Art.86(2)**, Art. 2(1) Nr.4 GebO	3. Jahr: 470 €; 4. Jahr: 585 €; 5. Jahr: 820 €; 6. Jahr: 1050 €; 7. Jahr: 1165 €; 8. Jahr: 1280 €; 9. Jahr: 1395 €; ab 10. Jahr: 1575 €	ab **3 M** vor **Fälligkeit** = bis letzten Tag des Monats der durch seine Benennung Monat entspricht in dem der AT liegt (für jeweils kommendes Jahr) **R.51(1)** A-X,5.2.4	**6 M** nach Fälligkeit + Zuschlagsgeb.(50% der verspätet gezahlten Jahresgeb.) [508] Art. 2(1) Nr.5 GebO **R.51(2)**	(–) ePa gilt als zurückgenommen; R.112(1)-Rechtsverlustmitt. **Art.86(1)**	WB(–) **WE(+)**
284	**Einspruchsgebühr** [509] **Art.99(1)** D-III,2	Zahlung der Einspruchsgebühren an EPA Art. 2(1) Nr.10 GebO	785 €	**9 M** ab Hinweis Erteilung ePa in europ. Patentblatt A-X,5.2.6	-	(–) Einspruch gilt als nicht eingelegt D-IV,1.2.1	WB(–) WE(–)
285	**Beschwerdegebühr** **Art.108** E-X	Zahlung der Beschwerdegebühren an EPA Art. 2(1) Nr.11 GebO	1880 €	**2 M**+10 Tage ab Zustellung der angefochtenen Entscheidung A-X,5.2.6	-	(–) Beschwerde gilt als nicht eingelegt; R.112(1)-Mitt.	**WE (+)**
286	**Weiterbehandlungsgebühr** **Art.121** iVm **R.135(1)** E-VII,2.1	• bei verspäteter Gebührenzahlung • bei verspäteter Handlung nach **R.71(3)** • ansonsten Art. 2(1) Nr.12 GebO	50% betreff. Geb. / 255 € / 255 €	erst **2 M** ab Mitt.+10 Tage des drohenden Rechtsverlustes	-	(–) Antrag zurückgewiesen	**WE (+)**
287	**Wiedereinsetzungsgebühr** **Art.122** iVm **R.136(1)** E-VII,2.2	Zahlung der Wiedereinsetzungsgebühren an EPA Art. 2(1) Nr.13 GebO	640 €	**2 M** ab Wegfall des Hindernisses ABER spätestens innerhalb **1 J** nach Fristablauf	-	(+) zwischenzeitlich eingetretene Rechtsfolgen gelten als nicht eingetreten (–) Antrag zurückgewiesen	WB(–) WE(–) Beschwerde (+)

[508] Berechnung Nachfrist: **J4/91**, Nr.2.7.
[509] MEHRERE GEMEINSAME EINSPRECHENDE: eine Einspruchsgebühr genügt [**G3/99**].

Gebühren

Nr.	Gebühr	Norm	Bemessung	Gebühr	Frist	Nachfrist	Rechtsfolge	Rechtsbehelf
288	**Beschränkungsgebühr** D-X	**A.105a(1)**	Zahlung der Beschränkungsgebühr an EPA Art.2(1) Nr.10a GebO	**1165 €**	»jederzeit« nach Erteilung/Einspruch/Erlöschen des Patentes A-X,5.2.6	-	ⓘ Antrag gilt als nicht gestellt, Art.119-Mitt. an Antragsteller	
289	**Widerrufsgebühr** D-X		Zahlung der Widerrufsgebühr an EPA Art.2(1) Nr.10a GebO	**525 €**		-		-
290	**Gebühr für Antrag auf Überprüfung**	**A.112a(4)**	Zahlung der Wiedereinsetzungsgebühren an EPA Art.2(1) Nr.11a GebO	**2910 €**	**2 M** nach Zustellung der Beschwerdekammerentscheidung **ODER** **2 M** nach Feststellung der Straftat bis max. **5 J** nach Zustellung der Beschwerdekammerentscheidung **A.112a(4)**	-	ⓘ ePa wird zurückgewiesen	
291	**Gebühr für verspätete Einreichung Sequenzprotokoll**	**R.30(3)**	Zahlung der Wiedereinsetzungsgebühren an EPA Art.2(1) Nr.14a GebO	**230 €**	**2 M** +10Tage nach Auff.	-	ⓘ ePa wird zurückgewiesen	**WB(+)** WE(-)
292	**Umwandlungsgebühr** NatR VII, 233	**Art.135(3)** **Art.140**	Zahlung der Umwandlungsgebühren an EPA Art.2(1) Nr.14 GebO	**75 €**	**3 M** ab Zurücknahme **ODER** nach Mitt. über 'fiktive' Zurücknahme **ODER** nach Entscheidung über Zurückweisung	-	ⓘ nach **Art.66** vorgesehene Wirkung ePa erlischt	WB(-)
293	**Zuschlagsgebühr**	**R.82(3)** **R.95(3)**	für die verspätete Vornahme von Handlungen zur Aufrechterhaltung des europ. Patents in geändertem Umfang Art.2(1) Nr.9 GebO	**120 €**	**2 M** +10Tage nach Mitt.	-	ⓘ Patent wird widerrufen	
294	**Kostenfestsetzungsgebühr** D-IX,2.2	**Art.88(3)**	Antrag gegen Kostenfestsetzung der Einspruchsabteilung Art.2(1) Nr.16 GebO	**75 €**	**2 M** +10Tage nach Mitt. über Kostenfestsetzung	-	ⓘ Antrag gilt als nicht gestellt	-
295	**Beweissicherungsgebühr** E-III,2	**Art.117** iVm **R.123(3)**	Antrag zur Sicherung eines Beweises und Zahlung der Gebühr Art.2(1) Nr.17 GebO	**75 €**		-	ⓘ Antrag gilt als nicht gestellt	
296	**Gebühr für technisches Gutachten** E-XI,2	**Art.25**	Nichtigkeitsklage oder Verletzungsklage vor nat. Gericht; Zahlung der Gebühren für techn. Gutachten an EPA Art.2(1) Nr.20 GebO	**3900 €**	»jederzeit« mit Antrag	-	ⓘ Gutachten wird nicht erstellt	

EPÜ 2000

Artikel 86 [79]
Jahresgebühren für die europäische Patentanmeldung

(1) Für die europäische Patentanmeldung sind nach Maßgabe der Ausführungsordnung Jahresgebühren an das Europäische Patentamt zu entrichten. Sie werden für das dritte und jedes weitere Jahr, gerechnet vom Anmeldetag an, geschuldet. Wird eine Jahresgebühr nicht rechtzeitig entrichtet, so gilt die Anmeldung als zurückgenommen.

(2) Die Verpflichtung zur Zahlung von Jahresgebühren endet mit der Zahlung der Jahresgebühr, die für das Jahr fällig ist, in dem der Hinweis auf die Erteilung des europäischen Patents im Europäischen Patentblatt bekannt gemacht wird.

[79] Geändert durch die Akte zur Revision des EPÜ vom 29.11.2000.

Artikel 141 [169]
Jahresgebühren für das europäische Patent

(1) Jahresgebühren für das europäische Patent können nur für die Jahre erhoben werden, die sich an das in Art.86(2) genannte Jahr anschließen.

(2) Werden Jahresgebühren für das europäische Patent innerhalb von zwei Monaten nach der Bekanntmachung des Hinweises auf die Erteilung des europäischen Patents im Europäischen Patentblatt fällig, so gelten diese Jahresgebühren als wirksam entrichtet, wenn sie innerhalb der genannten Frist gezahlt werden. Eine nach nationalem Recht vorgesehene Zuschlagsgebühr wird nicht erhoben.

[169] Geändert durch die Akte zur Revision des EPÜ vom 29.11.2000.

EPÜAO

Regel 51 [57]
Fälligkeit

(1) [57] Die Jahresgebühren für die europäische Patentanmeldung sind jeweils für das kommende Jahr am letzten Tag des Monats fällig, der durch seine Benennung dem Monat entspricht, in dem der Anmeldetag für diese Anmeldung fällt. Die Jahresgebühr kann frühestens drei Monate vor ihrer Fälligkeit wirksam entrichtet werden.

(2) Wird eine Jahresgebühr nicht rechtzeitig entrichtet, so kann sie noch innerhalb von sechs Monaten nach Fälligkeit entrichtet werden, sofern innerhalb dieser Frist eine Zuschlagsgebühr entrichtet wird.

(3) Jahresgebühren, die für eine frühere Patentanmeldung am Tag der Einreichung einer Teilanmeldung fällig geworden sind, sind auch für die Teilanmeldung zu entrichten und werden mit deren Einreichung fällig. Diese Gebühren und eine Jahresgebühr, die bis zum Ablauf von vier Monaten nach Einreichung der Teilanmeldung fällig wird, können innerhalb dieser Frist ohne Zuschlagsgebühr entrichtet werden. Absatz 2 ist anzuwenden.

(4) Hatte eine Fristversäumung zur Folge, dass eine europäische Patentanmeldung zurückgewiesen wurde oder als zurückgenommen galt, und wurde der Anmelder nach Art.122 wieder in den vorigen Stand eingesetzt, so

a) wird eine Jahresgebühr, die nach Absatz 1 im Zeitraum ab dem Tag, an dem der Rechtsverlust eintrat, bis einschließlich zum Tag der Zustellung der Entscheidung über die Wiedereinsetzung fällig geworden wäre, erst an letzterem Tag fällig.

Diese Gebühr und eine Jahresgebühr, die innerhalb von vier Monaten nach dem letzteren Tag fällig wird, können noch innerhalb von vier Monaten nach dem letzteren Tag ohne Zuschlagsgebühr entrichtet werden. Absatz 2 ist anzuwenden.

b) kann eine Jahresgebühr, die an dem Tag, an dem der Rechtsverlust eintrat, bereits fällig war, ohne dass jedoch die Frist nach Absatz 2 abgelaufen war, noch innerhalb von sechs Monaten nach dem Tag der Zustellung der Entscheidung über die Wiedereinsetzung entrichtet werden, sofern innerhalb dieser Frist auch die Zuschlagsgebühr nach Absatz 2 entrichtet wird.

(5) Ordnet die Große Beschwerdekammer nach Art.112a(5) S.2 die Wiederaufnahme des Verfahrens vor der Beschwerdekammer an,

a) wird eine Jahresgebühr, die nach Absatz 1 im Zeitraum ab dem Tag, an dem die mit dem Antrag auf Überprüfung angefochtene Entscheidung der Beschwerdekammer erging, bis einschließlich zum Tag der Zustellung der Entscheidung der Großen Beschwerdekammer über die Wiederaufnahme des Verfahrens fällig geworden wäre, erst an letzterem Tag fällig.

Diese Gebühr und eine Jahresgebühr, die innerhalb von vier Monaten nach dem letzteren Tag fällig wird, können noch innerhalb von vier Monaten nach dem letzteren Tag ohne Zuschlagsgebühr entrichtet werden. Absatz 2 ist anzuwenden.

b) kann eine Jahresgebühr, die an dem Tag, an dem die Entscheidung der Beschwerdekammer erging, bereits fällig war, ohne dass jedoch die Frist nach Absatz 2 abgelaufen war, noch innerhalb von sechs Monaten nach dem Tag der Zustellung der Entscheidung der Großen Beschwerdekammer über die Wiederaufnahme des Verfahrens entrichtet werden, sofern innerhalb dieser Frist auch die Zuschlagsgebühr nach Absatz 2 entrichtet wird.

(6) Für eine nach Art.61 (1) b) eingereichte neue europäische Patentanmeldung sind Jahresgebühren für das Jahr, in dem diese Anmeldung eingereicht worden ist, und für vorhergehende Jahre nicht zu entrichten.

[57] Geändert durch BdV CA/D 4/08 vom 21.10.2008 (ABl. 008, 513), in Kraft getreten am 01.04.2009.

Regel 159 [148]
Erfordernisse für den Eintritt in die europäische Phase

(1) [57] Für eine internationale Anmeldung nach Art.153 hat der Anmelder innerhalb von einunddreißig Monaten nach dem Anmeldetag oder, wenn eine Priorität in Anspruch genommen worden ist, nach dem Prioritätstag die folgenden Handlungen vorzunehmen: [...]

g) die Jahresgebühr für das dritte Jahr nach Art.86(1) zu entrichten, wenn diese Gebühr nach R.51(1) früher fällig wird;

[57] Siehe hierzu die Mitteilung des EPA über den Antrag auf vorzeitige Bearbeitung (ABl.2013, 156).

Rechtsprechung

J12/84

1. Der Anmelder hat dafür zu sorgen, dass die Jahresgebühren für europäische Patentanmeldungen rechtzeitig gezahlt werden, und zwar unabhängig davon, ob er das Schreiben erhalten hat, mit dem das EPA die Anmelder nach Ablauf der Zahlungsfrist nach R.37(1) (unverbindlich) darauf aufmerksam macht, dass die Gebühr nach Art.86(2) unter Zahlung einer Zuschlagsgebühr noch rechtswirksam gezahlt werden kann.

2. Ein Anmelder, der sich nur auf das obengenannte Schreiben des EPA verlässt, kann in die Frist nach Art.86(2) nicht wiedereingesetzt werden.

J1/89

1.1. Der Vertrauensschutz, der das Verfahren zwischen EPA und Anmelder beherrscht (J 2/87 ABl. 1988, 330 und J 3/87 ABl. 1989, 3) gilt auch gegenüber freiwilligen Serviceleistungen des EPA, wenn diese nicht so abgefaßt sind, daß Mißverständnisse bei einem vernünftigen Adressaten ausgeschlossen sind.

1.2. Ein Anmelder kann nicht darauf vertrauen, daß ihm bestimmte freiwillige Serviceleistungen des EPA (hier: Hinweise auf die Fälligkeit von Jahresgebühren) regelmäßig zugestellt werden und kann daher keine Ansprüche daraus herleiten, wenn sie nicht erfolgen (Bestätigung von J 12/84 ABl. 1985, 108); erhält der Anmelder aber eine freiwillige Serviceleistung, so kann er auf deren Richtigkeit und Vollständigkeit vertrauen.

1.3. Zahlt ein Anmelder Jahresgebühren im Einklang mit einem mißverständlichen Hinweis über die Fälligkeit der Jahresgebühren, so ist er so zu behandeln, als ob er die Jahresgebühr rechtzeitig entrichtet hätte.

2. Verschiebt sich der Beginn der regionalen (europäischen) Phase auf den Zeitpunkt des Ablaufes des 30. Monats ab dem Anmeldedatum der internationalen Anmeldung, so wird die Jahresgebühr für das dritte Patentjahr erst mit Ablauf des 30. Monats, d. h. am letzten Tag der 30-Monatsfrist fällig (Art.40 PCT; Art.150(2) S.3). (Neue Rechtslage ab 1.6.1991 (R.104(1)e)). Dieser verschobene Fälligkeitstag ist für die Berechnung der Nachfrist zur Zahlung der Jahresgebühr mit Zuschlag maßgebend.

Gebühren

Jahresgebühren — Art.86(1) iVm R.51 ☞S.205

	Jahresgebühr	Rechtsnorm	zu erbringende Handlung	Fälligkeit	Nachfrist	Rechtsfolge bei Versäumnis	Rechtsbehelf
297	**Jahresgebühren** für ePa/EP-Patent [510]	**R.51(1)** Art.2(1) Nr.4 GebO	eine Jahresgebühr **im Voraus** für das dritte bzw. jedes folgende Jahre. <u>Ausnahme</u>: entfällt für neue ePa durch Berechtigten iSv **Art.61(1) b)** für Jahr der Einreichung und vorhergehende Jahre [**R.51(6)**]	am letzten Tag des Monats, der dem Monat entspricht, in dem AT der ePa liegt, **ABER frühestens 3 M vor Fälligkeit** [511]	Fälligkeit **+6 M** +50% verspäter Jahresgebühr über **R.51(2)** [512]	Anmeldung gilt als zurückgenommen **Art.86(1) S.2**	keiner
298	**verspätete** Jahresgebühren für EP-Anmeldung/Patent	**R.51(2)** Art.2(1) Nr.4 GebO	Jahresgebühr **+50%** der verspäten Jahresgebühr	6 M nach Fälligkeit **R.51(2)** iVm **Art.5bis(1) PVÜ**	nicht verlängerbar, da in **R.51(2)** geregelt	Anmeldung gilt als zurückgenommen **Art.86(1) S.2**	**WE (+)**; WB (–) **R.135(2)**
299	nachträglich Jahresgebühren für **EP-Teilanmeldungen**	**R.51(3)** Art.2(1) Nr.4 GebO	(alle) Jahresgebühren für (fiktive) frühere Stammanmeldung **Art.76(1)**	4 M nach Einreichung der TA	Fälligkeit **+6 M** +50% verspäter Jahresgebühr **R.51(2)**	Anmeldung gilt als zurückgenommen **Art.86(1) S.2**	**WE (+)**; WB (–) **R.135(2)**
300	Jahresgebühren bei **Wiedereinsetzung** nach Art.122	**R.51(4)** Art.2(1) Nr.4 GebO	(Straf-)Gebühr **UND** fällige Jahresgebühr	4 M nach dem letzteren Tag			
301	nach **Wiederaufnahme des Verfahrens** vor Beschwerdekammer Art.112a(5) S.2	**R.51(5)** Art.2(1) Nr.4 GebO	während des Verfahrens fällig gewordene Jahresgebühre(n)	4 M nach dem letzteren Tag			
302	Entrichtung der Jahresgebühr **im Jahr der Erteilung**	**Art.141(2)** Art.2(1) Nr.4 GebO	Zahlung der Jahresgebühr, die für das EP-Patent fällig werden innerhalb von **2 M** nach Erteilung fällig werden an die nat. Ämter ohne Zuschlagsgebühr	**2 M** nach Hinweis auf Erteilung EP-Patents im EP-PatRegister			siehe nat. Normen
303	Fälligkeit der dritten Jahresgebühr bei **Euro-PCT**	**R.159(1) g)** Art.2(1) Nr.4 GebO	Zahlung der dritten Jahresgebühr	**31 M** ab AD/(frühestem) PD **ODER** bei Fälligkeit gem.**R.51(1)** **ODER** - später ablaufende - bei Antrag auf vorzeitige Bearbeitung iSv. Art.23(2); Art.40(2) PCT regulär entsprechend **R.51(1)**	Fälligkeit **+6 M** +50% verspäter Jahresgebühr **R.51(2)** iVm **J1/89**; Fälligkeit **+6 M** +50% verspäter Jahresgebühr **R.51(2)**	Anmeldung gilt als zurückgenommen **Art.86(1) S.2**	**WE (+)**; WB (–) **R.135(2)**

(302: bei Erteilung; 303: EURO-PCT)

[510] neue ePa durch Berechtigten iSv **Art.61(1) b)**: keine Jahresgebühren für Jahr der Einreichung und vorhergehende Jahre [**R.51(6)**].

[511] Achtung: Wird eine Jahresgebühr nach einer **R.71(3)**-Mitteilung **ABER** vor dem Tag des frühestmöglichen Datums auf den Hinweis der Bekanntmachung auf Erteilung fällig, so wird der Hinweis erst bekannt gemacht, wenn die dem EPA zustehende Jahresgebühr entrichtet wurde [**R.71a(4)**].

[512] Anmelder wird auf Möglichkeit nach **R.51(2)** und Art.2(1) Nr.5 GebO hingewiesen. Unterbleibt dieser Hinweis, kann Anmelder daraus keine Ansprüche herleiten [**J12/84, J1/89**, A-X,5.2.4].

VLK

1. Allgemeine Bestimmungen

Nach Art.5(2) und 7(2) der GebO stellt das EPA interessierten natürlichen oder juristischen Personen sowie Gesellschaften, die nach dem für sie maßgebenden Recht einer juristischen Person gleichgestellt sind, laufende Konten für die Entrichtung der an das Amt zu zahlenden Gebühren, Auslagen und Verkaufspreise zur Verfügung.

2. Formvorschriften für die Eröffnung eines laufenden Kontos

Zur Eröffnung eines laufenden Kontos muss ein Antrag gestellt werden, in dem alle zweckdienlichen Angaben zur Person, zum Beruf und zur Anschrift desjenigen mitzuteilen sind, für den das Konto eröffnet werden soll. [...]

3. Führung der laufenden Konten

Die laufenden Konten werden am Sitz des EPA in München ausschließlich in Euro geführt.

4. Zahlungen

4.1 Nach Eröffnung des laufenden Kontos wird dem Kontoinhaber die Nummer des Kontos mitgeteilt. Er hat dann eine erste Zahlung zu leisten, die er entsprechend seinen Bedürfnissen und mit Rücksicht darauf bestimmt, in welchen Abständen er das Konto aufzufüllen beabsichtigt, sodass eine ausreichende Deckung des Kontos sichergestellt ist.

4.2 Zahlungen zur Auffüllung des laufenden Kontos haben auf ein Bankkonto des EPA unter Angabe der Kontonummer des betreffenden laufenden Kontos beim EPA im Verwendungszweck der Überweisung zu erfolgen. Mit Wirkung des Tages der Gutschrift auf dem Bankkonto des EPA wird der gezahlte Betrag dem laufenden Konto gutgeschrieben. Zahlungen sind nur in der Währung möglich, in der das betreffende Bankkonto des EPA geführt wird. Im Falle einer Zahlung auf ein Bankkonto des EPA, das in einer anderen Währung als Euro geführt wird, wird der gezahlte Betrag zu dem am Tag der Zahlung gültigen Wechselkurs in Euro umgerechnet und der entsprechende Eurobetrag dem laufenden Konto gutgeschrieben.

4.3 Rückzahlungen von laufenden Konten können nur an den Kontoinhaber erfolgen. Dazu muss dieser dem EPA einen unterzeichneten Antrag mit allen für die Übertragung erforderlichen Angaben zur Bankverbindung vorlegen.

5. Funktionieren des laufenden Kontos

5.1 Die Kontonummer des laufenden Kontos ist bei allen Zahlungen anzugeben.

5.2 Der Kontoinhaber hat rechtzeitig dafür zu sorgen, dass auf dem Konto stets eine ausreichende Deckung vorhanden ist. Art.7(1) GebO, die 10-Tage-Sicherheitsregel nach Art.7(3)a) und b) GebO zweiter Halbsatz sowie Art.7(4) GebO sind auf Zahlungen zur Auffüllung des laufenden Kontos entsprechend anzuwenden. [...]

6. Belastung des laufenden Kontos

6.1 Das laufende Konto kann vorbehaltlich Nummer 11 nur mit Beträgen belastet werden, die sich auf an das EPA zu entrichtende Gebühren, Auslagen oder Verkaufspreise beziehen.

6.2 Die Belastung des laufenden Kontos erfolgt auf der Grundlage eines vom Kontoinhaber unterzeichneten Abbuchungsauftrags.
Dabei kann es sich handeln um:
- einen Abbuchungsauftrag für einzelne Gebühren oder
- einen automatischen Abbuchungsauftrag nach dem automatischen Abbuchungsverfahren[3], der für eine bestimmte ePa erteilt wurde und die automatische Abbuchung von im Verfahren anfallenden Gebühren vorsieht. [...]

6.3 Der Abbuchungsauftrag muss klar, eindeutig und vorbehaltlos sein. Er hat die notwendigen Angaben über den Zweck der Zahlung, einschließlich der Höhe der betreffenden Gebühren oder Auslagen, sowie die Nummer des zu belastenden Kontos zu enthalten. [...]

6.4 Reicht das Guthaben des laufenden Kontos am Tag des Eingangs eines Abbuchungsauftrags bzw. an dem gemäß Nummer 6.3 Absatz 2 angegebenen Tag nicht für alle Gebührenzahlungen aus, die für eine Anmeldung angegeben sind (Fehlbetrag), so wird der Abbuchungsauftrag nicht ausgeführt und der Kontoinhaber hiervon unterrichtet. Die Mitteilung kann per Post, Fax oder E-Mail erfolgen. Die Zahlung gilt als an dem Tag erfolgt, an dem das laufende Konto entsprechend aufgefüllt worden ist.

6.5 Geht ein mit der Post übermittelter Abbuchungsauftrag erst nach Ablauf einer Zahlungsfrist beim EPA ein, so gilt diese Frist gemäß Art.7(3) und (4) GebO als eingehalten, wenn dem Amt nachgewiesen wird, dass der Einzahler
a) einem Postamt in einem Vertragsstaat innerhalb der Frist, in der die Zahlung hätte erfolgen müssen, einen an das EPA gerichteten Brief übergeben hat, in dem der Abbuchungsauftrag enthalten ist, sofern zum Zeitpunkt des Fristablaufs eine ausreichende Deckung auf dem Konto vorhanden war, und
b) eine Zuschlagsgebühr in Höhe von 10 % der betreffenden Gebühr oder Gebühren, höchstens jedoch 150 Euro, entrichtet hat; die Zuschlagsgebühr wird nicht erhoben, wenn der Brief spätestens zehn Tage vor Ablauf der Zahlungsfrist übergeben worden ist. Zur Beweissicherung sollten derartige Briefe als Einschreiben aufgegeben werden.

6.6 Wird die ePa nach Art.75(1)b) bei der zuständigen nat. Behörde eingereicht, so kann der Anmeldung ein Abbuchungsauftrag über die Gebühren beigefügt werden, die bei Einreichung der Anmeldung entrichtet werden können.

6.7 Geht ein gemäß Nummer 6.6 erteilter Abbuchungsauftrag erst nach Ablauf der für die Entrichtung der Gebühren vorgesehenen Frist beim EPA ein, so gilt diese Frist als eingehalten, wenn der Nachweis vorliegt oder dem EPA erbracht wird, dass der Abbuchungsauftrag gleichzeitig mit der Anmeldung bei der zuständigen Behörde des VStaats eingereicht worden ist, sofern zum Zeitpunkt des Fristablaufs eine ausreichende Deckung auf dem Konto vorhanden war.

6.8 Geht ein gemäß Nummer 6.6 erteilter (nicht automatischer) Abbuchungsauftrag vor dem Tag bei der zuständigen nationalen Behörde ein, an dem eine Erhöhung der in Art. 2 GebO festgelegten Gebührenbeträge wirksam wird, und geht der Auftrag beim EPA jedoch erst an oder nach diesem Tag ein, so gilt die Zahlung am Tag des Eingangs des Auftrags bei der zuständigen nationalen Behörde als eingegangen, sofern an diesem Tag eine ausreichende Deckung auf dem Konto vorhanden war.

6.9 Für internationale Anmeldungen, die gemäß Art.151 S.2 und Art.75(2)b) über ein nationales Amt eines EPÜ-Vertragsstaats beim EPA als Anmeldeamt eingereicht werden, finden die Nummern 6.6 und 6.7 Anwendung.

7. Widerruf des Abbuchungsauftrags

Ein Abbuchungsauftrag kann durch eine auf Papier oder per Fax[6] eingereichte unterzeichnete schriftliche Mitteilung des Kontoinhabers widerrufen werden, die die Nummer des laufenden Kontos, das Aktenzeichen der Anmeldung oder des Patents sowie alle betreffenden Gebühren und Auslagen enthält. Ein Widerruf, der nach dem Tag des Eingangs des Abbuchungsauftrags beim EPA eingeht, ist nicht wirksam.

8. Automatisches Abbuchungsverfahren

Das Amt bietet Inhabern eines laufenden Kontos die Möglichkeit, durch einen automatischen Abbuchungsauftrag automatische Abbuchungen zu veranlassen.

Die Bedingungen für dieses Verfahren, insbesondere die Verfahrens- und Gebührenarten, für die das Verfahren zugelassen ist, sind in den Vorschriften für das automatische Abbuchungsverfahren (VAA)[7] festgelegt.

9. Online-Gebührenzahlung im Rahmen der Online-Dienste

Abbuchungsaufträge vom laufenden Konto können auch mittels der Online-Gebührenzahlung im Rahmen der Online-Dienste eingereicht werden. Die Bedingungen für die Teilnahme an diesem Zahlungsverfahren sind in den Vorschriften über die Online-Gebührenzahlung im Rahmen der Online-Dienste[8] festgelegt.

10. Auflösung des laufenden Kontos

10.1 Das laufende Konto wird auf schriftlichen unterzeichneten Antrag des Kontoinhabers oder gegebenenfalls seiner Rechtsnachfolger aufgelöst. Der Antrag kann auf Papier oder per Fax eingereicht werden. Rechtsnachfolger müssen dem EPA ihre Ansprüche mittels einer Urkunde nachweisen.

10.2 Das EPA behält sich jedoch vor, Konten, bei denen die Vorschriften unter Nummer 5.2 nicht eingehalten werden, von Amts wegen aufzulösen.

10.3 Bei Auflösung des Kontos wird der Guthabensaldo durch Überweisung an den Kontoinhaber oder seine Rechtsnachfolger zurückerstattet, sobald die erforderlichen Kontodaten schriftlich mitgeteilt worden sind.

11. Abbuchung von Jahresbeiträgen von Mitgliedern des Instituts der beim Europäischen Patentamt zugelassenen Vertreter

11.1 In Ausführung der Verwaltungsvereinbarung vom 5. April 1993 zwischen dem Europäischen Patentamt und dem Institut der beim Europäischen Patentamt zugelassenen Vertreter (epi)[9] können laufende Konten nach Maßgabe der folgenden Bestimmungen gegen Vorlage eines vom epi unterzeichneten Abbuchungsauftrags mit Jahresbeiträgen von epi-Mitgliedern belastet werden. Dem Abbuchungsauftrag liegen eine oder mehrere dem epi erteilte Einzugsermächtigungen des Kontoinhabers zugrunde, die dem EPA nicht vorgelegt werden.

11.2 Abbuchungsaufträge nach Nummer 11.1 werden jährlich nur mit Wirkung vom 25. Februar und 25. Juni als festen Abbuchungstagen ausgeführt; R.134(1) über die Verlängerung von Fristen findet keine Anwendung. Sie werden dem EPA in Form eines vom EPA festgelegten Datenträgers übermittelt und umfassen alle einem laufenden Konto zu belastenden Jahresbeiträge in einem Gesamtbetrag. Der Abbuchungstag gilt als Zahlungstag.

11.3 Reicht am Abbuchungstag das Guthaben eines laufenden Kontos nach vorrangiger Berücksichtigung der Gebühren oder Auslagen für Veröffentlichungen und Dienstleistungen des EPA für den Abbuchungsauftrag des epi nicht aus, so wird er nicht ausgeführt und an das epi zurückgegeben.

11.4 Die Nummern 5.3, 6.2 bis 6.9 und 7 finden auf Abbuchungsaufträge nach Nummer 11.1 keine Anwendung.

---

[3] Siehe Nummer 8 VLK und die Vorschriften über das automatische Abbuchungsverfahren in Anhang A.1 in dieser Zusatzpublikation und die Hinweise des EPA zum automatischen Abbuchungsverfahren in Anhang A.2 in dieser Zusatzpublikation.

[6] An die zentrale Faxnummer in München - siehe Fußnote 5. Zum Widerruf des automatischen Abbuchungsauftrags siehe Nummer 12 VAA (Anhang A.1 zu den VLK) in dieser Zusatzpublikation.

[7] Siehe Anhang A.1 in dieser Zusatzpublikation. Siehe auch Anhang A.2 in dieser Zusatzpublikation (Hinweise des EPA zum automatischen Abbuchungsverfahren).

[8] Siehe Anhang B in dieser Zusatzpublikation.

[9] Siehe Anhang C.1 in dieser Zusatzpublikation.

Möglichkeiten der Einzahlung [513]

	Art	Rechtsnorm	Handlung	Maßgabe	Voraussetzung	maßgebender Zahltag	Frist	Rechtsfolge	Rückzahlung
304	**Einzahlung oder Überweisung** auf Bankkonto des EPA — A-X,2	Art.5(1) GebO — **ABl.2015,A65**	Gebühren in EURO entrichten		Gebühr ist fällig	Tag der tatsächlichen Gutschrift des Betrags auf EPA-Konto [514] — Art.7(1) GebO			
305			Zahlung zur Auffüllung des laufenden Kontos — **Nr.4 VLK**	<u>Einreichung</u> Online-Einreichung, Online-Gebühren-zahlung, Fax, Diskette, Papier [516]	erste Einzahlung nach Kontoeröffnung zur Kontodeckung, Betrag im Ermessen EPA unter Angabe Kontonummer Zahlung in Euro [517]	mit Tag der Gutschrift auf Bankkonto EPA wird Betrag entsprechendem Konto gutgeschrieben			nur an Kontoinhaber auf Antrag unter Angabe der Bankverbindung
	Abbuchung von laufenden Konto beim EPA in München [515]	Art.5(2) GebO — **ABl.2014, Z4**	Abbuchungen zur Zahlung von Gebühren/Auslagen für Veröff. oder Dienstleitungen des EPA — **Nr.6 VLK** — A-X,2 / A-X, 4.2	<u>Währung</u> Konto grundsätzlich in Euro geführt [517] — **Nr.3 VLK**	vom Kontoinhaber unterzeichneter Abbuchungsauftrag [**Nr.6.2 VLK**], »klar«, »eindeutig« und »vorbehaltlos« [**Nr.6.3 VLK**] mit Angabe von: 1) Zahlungszweck, 2) Nummer des Kontos [518]	(+) ET des Abbuchungsauftrags beim EPA bzw. angegebener Buchungstag bei Kontodeckung [519] — Art.7(2) GebO, **Nr.6.3(2) VLK** — (–) unzureichende Deckung: Abbuchungsauftrag nicht ausgeführt + Unterrichtung Kontoinhaber [520] — **Nr. 6.4 VLK**	**1 M** nach **6.4 VLK**-Mitt. +10% Zuschlag — Art.7(3)/(4) GebO, **6.5 VLK**	(+) Wirksame Entrichtung der Gebühr / (–) Gebühr nicht wirksam entrichtet	
306	**automatisches Abbuchungsverfahren** vom laufenden Konto beim EPA — A-X,4.3	**Nr.8 VLK** — **ABl.2014, Z4, A.1 und A.2**	Auftrag unterzeichnet vom Kontoinhaber oder in dessen Namen durch Anmelder, Patentinhaber ODER zugelassenen Vertreter — **Nr. 1 VAA**, VAA ⊿S.187	jede Gebühr wird entsprechend Verfahrensstand automatisch abgebucht; Einschränkung auf bestimmte Gebührenarten unzulässig	laufendes Konto beim EPA	bei Fälligkeit oder wie in **Nr. 6 VAA** (VAA ⊿S.187) geregelt			
307	**Umbuchung einer Rückzahlung** — A-X,2	Art.5(2) GebO — A-X,2	schriftlicher Antrag auf Umbuchung einer Zahlung		ausstehende Rückzahlung	Tag des Eingangs Umbuchungsauftrag		(+) Umbuchung	

(–) Zahlung per **Kreditkarte** unzulässig und Zahlung per **Scheck** mit Wirkung vom 1. April 2008 abgeschafft [**ABl.2007,533 UND 626**]

[513] Zahlungen an EPA durch jedermann möglich [A-X, 1].

[514] ACHTUNG: Nicht „Wertstellung" der Bank des Einzahlers [ABl.1997,215]; ABER: Fiktion der rechtzeitigen Entrichtung der Gebühren – 10 Tage-Sicherheitsregel [A-X,6].

[515] AUFFÜLLEN: des laufenden Kontos durch Jedermann möglich [6.3 VLK]; RÜCKZAHLUNG auf Antrag nur an Kontoinhaber [4.3 VLK].

[516] PAPIERFORM erfordert zwingend Formblatt EPA Form 1010, Form PCT/RO/101 oder PCT/IPEA/401, bei nicht Verwendung des Formblattes Nachreichung erforderlich (ab 1.April 2014) [ABl.2014,3] und erhebliche Verzögerung der Bearbeitung, ABER: Tag des Eingangs bleibt Zahlungstag; andere Einreichungsarten erfordern keine Nachreichung von Papierunterlagen.

[517] Andere Währungen akzeptiert, wenn frei konvertierbar, nach aktuellem Wechselkurs wird Euro-Betrag gutgeschrieben [4.2 VLK].

[518] Unrichtige Angaben führen dennoch zur Abbuchung sofern das vom Auftraggeber Gewollte erkennbar ist [T152/82].

[519] zwingend ausreichende Kontodeckung erforderlich; ACHTUNG: Geht Abbuchungsauftrag nach Ablauf Zahlungsfrist beim EPA ein, so gilt Frist als eingehalten, wenn dem Amt nachgewiesen wird, dass Einzahler (a) Abbuchungsauftrag fristgemäß zur Post gegeben und ausreichende Kontodeckung zum Zeitpunkt des Fristablaufs, und (b) Zuschlagsgebühr ihv 10% der Gebühr[en], höchstens jedoch 150 €, entrichtet; Zuschlagsgebühr wird nicht erhoben, wenn der Brief spätestens 10 T vor Ablauf Zahlungsfrist übergeben wurde; bei ONLINE-EINREICHUNG/-GEBÜHRENZAHLUNG des EPA kann später Ausführungstermin abgegeben werden, bis 40 T nach ET, dieser ist dann maßgebender Zahltag.

[520] ERHALT DES ZAHLUNGSTAGES: [1] Mitt. an Kontoinhaber durch EPA per Post, Fax ODER E-Mail [2] Auffüllen des laufenden Kontos [6.4 VLK].

EPÜ 2000

Artikel 14[11], [12]
Sprachen des Europäischen Patentamts, europäischer Patentanmeldungen und anderer Schriftstücke

[...] **(4)** Natürliche oder juristische Personen mit Wohnsitz oder Sitz in einem Vertragsstaat, in dem eine andere Sprache als Deutsch, Englisch oder Französisch Amtssprache ist, und die Angehörigen dieses Staats mit Wohnsitz im Ausland können auch fristgebundene Schriftstücke in einer Amtssprache dieses Vertragsstaats einreichen. Sie müssen jedoch nach Maßgabe der Ausführungsordnung eine Übersetzung in einer Amtssprache des Europäischen Patentamts einreichen. Wird ein Schriftstück, das nicht zu den Unterlagen der europäischen Patentanmeldung gehört, nicht in der vorgeschriebenen Sprache eingereicht, oder wird eine vorgeschriebene Übersetzung nicht rechtzeitig eingereicht, so gilt das Schriftstück als nicht eingereicht. [...]

[11] Geändert durch Akte zur Revision des EPÜ vom 29.11.2000.
[12] Siehe hierzu Entscheidungen GBK G6/91, G2/95, G4/08 (Anhang I).

Artikel 153[178]
Das Europäische Patentamt als Bestimmungsamt oder ausgewähltes Amt

[...] **(7)**[179] Zu jeder Euro-PCT-Anmeldung nach Absatz 5 wird ein ergänzender europäischer Recherchenbericht erstellt. Der Verwaltungsrat kann beschließen, dass er auf einen ergänzenden Recherchenbericht verzichtet oder die Recherchengebühr herabgesetzt wird.

[178] Siehe hierzu Entscheidung der GBK G 4/08 (Anhang I).
[179] Siehe hierzu den BdVe CA/D 10/05 vom 27.10.2005 (ABl.2005,548) über die Herabsetzung der Gebühr für die ergänzende europäische Recherche zu internationalen Anmeldungen, für die internationale Recherchenberichte vom Patent- und Markenamt der Vereinigten Staaten, vom Japanischen Patentamt, vom Amt für geistiges Eigentum der Republik Korea, vom Chinesischen Amt für geistiges Eigentum, vom Föderalen Dienst für geistiges Eigentum, Patente und Marken (Russische Föderation) oder vom australischen Patentamt erstellt wird (anwendbar auf ab dem 01.07.2005 eingereichte internationale Anmeldungen). Siehe hierzu den Beschluss des Verwaltungsrats CA/D 11/09 vom 28.10.2009 (ABl.2009,594) über den Verzicht auf die ergänzende europäische Recherche bei Vorliegen eines vom Europäischen Patentamt erstellten internationaler Recherchenberichts oder ergänzenden internationalen Recherchenberichts.
Siehe hierzu den Beschluss des Verwaltungsrats CA/13 vom 13.12.2013 (ABl.2014, A5) zur Änderung des Art.2 der GebO und zur Anpassung des Betrags der Herabsetzung der Gebühr für die ergänzende europäische Recherche, wenn ein vom Finnischen Patent- und Registrieramt, vom Österreichischen Patentamt, vom Schwedischen Patent- und Registrieramt, vom Spanischen Patent- und Markenamt oder vom Nordischen Patentinstitut erstellter internationaler Recherchenbericht oder ergänzender internationaler Recherchenbericht vorliegt (anwendbar auf internationale Anmeldungen, die bis einschließlich 30.06.2016 eingereicht werden).

EPÜAO

Regel 6[4]
Einreichung von Übersetzungen und Gebührenermäßigung

(1) Eine Übersetzung nach Art.14(2) ist innerhalb von zwei Monaten nach Einreichung der europäischen Patentanmeldung einzureichen.

(2) Eine Übersetzung nach Art.14(4) ist innerhalb eines Monats nach Einreichung des Schriftstücks einzureichen. Dies gilt auch für Anträge nach Art.105a. Ist das Schriftstück ein Einspruch, eine Beschwerdeschrift, eine Beschwerdebegründung oder ein Antrag auf Überprüfung, so kann die Übersetzung innerhalb der Einspruchs- oder Beschwerdefrist, der Frist für die Einreichung der Beschwerdebegründung oder der Frist für die Stellung des Überprüfungsantrags eingereicht werden, wenn die entsprechende Frist später abläuft.

(3)[5] Reicht eine in Art.14(4) genannte Person eine ePa oder einen Prüfungsantrag in einer dort zugelassenen Sprache ein, so wird die Anmeldegebühr bzw. die Prüfungsgebühr nach Maßgabe der GebO ermäßigt.

(4) Die in Absatz 3 genannte Ermäßigung gilt für
a) kleine und mittlere Unternehmen,
b) natürliche Personen oder
c) Organisationen ohne Gewinnerzielungsabsicht, Hochschulen oder öffentliche Forschungseinrichtungen.

(5) Für die Zwecke des Absatzes 4 a) findet die Empfehlung 2003/361/EG der Kommission vom 6. Mai 2003 betreffend die Definition der Kleinstunternehmen sowie der kleinen und mittleren Unternehmen in der Fassung Anwendung, in der sie im Amtsblatt der Europäischen Union L 124 vom 20. Mai 2003, S. 36, veröffentlicht wurde.

(6) Ein Anmelder, der die in Absatz 3 genannte Gebührenermäßigung in Anspruch nehmen möchte, muss erklären, dass er eine Einheit oder eine natürliche Person im Sinne von Absatz 4 ist. Bestehen begründete Zweifel an der Richtigkeit dieser Erklärung, so kann das Amt Nachweise verlangen.

(7) Im Falle mehrerer Anmelder muss jeder Anmelder eine Einheit oder eine natürliche Person im Sinne von Absatz 4 sein.

[4] Absatz 3 geändert und Absätze 4-7 eingefügt durch Beschluss des Verwaltungsrats CA/D 19/13 vom 13.12.2013 (ABl.2014,A4), in Kraft getreten am 01.04.2014. Siehe hierzu auch Mitteilung des EPA, ABl.2014,A23.
[5] Siehe hierzu Entscheidung der GBK G 6/91 (Anhang I).

Regel 71a[79]
Abschluss des Erteilungsverfahrens

[...] **(5)** Hat der Anmelder auf eine Aufforderung nach R.71(3) hin die Erteilungs- und Veröffentlichungsgebühr oder die Anspruchsgebühren bereits entrichtet, so wird der entrichtete Betrag bei erneutem Ergehen einer solchen Aufforderung angerechnet. [...]

[79] Eingefügt durch BdV CA/D 2/10 vom 26.10.2010 (ABl. 2010, 637), in Kraft getreten am 01.04.2012. Siehe hierzu die Mitteilung des EPA, ABl. 2012, 52.

GebO

Artikel 14
Gebührenermäßigung

(1)[29] Die in R.6(3) des Übereinkommens vorgesehene Ermäßigung beträgt 30 % der Anmeldegebühr bzw. der Prüfungsgebühr.

(2) Hat das Europäische Patentamt einen internationalen vorläufigen Prüfungsbericht erstellt, so wird die Prüfungsgebühr um 50 % ermäßigt. Wurde der Bericht nach Art.34.3 c) PCT für bestimmte Teile der internationalen Anmeldung erstellt, so wird die Prüfungsgebühr nicht ermäßigt, wenn sich die Prüfung auf einen nicht im Bericht behandelten Gegenstand erstreckt.

Rechtsprechung

G6/91

1. Die in Art.14(2) genannten Personen erwerben den Anspruch auf Gebührenermäßigung nach R6(3), wenn sie das wesentliche Schriftstück der ersten Verfahrenshandlung im Anmelde-, Prüfungs-, Einspruchs- oder Beschwerdeverfahren in einer Amtssprache des betreffenden Staats, die nicht Deutsch, Englisch oder Französisch ist, einreichen und die erforderliche Übersetzung frühestens zum selben Zeitpunkt liefern.

2. Für den Anspruch auf Ermäßigung der Beschwerdegebühr genügt es, wenn die Beschwerdeschrift als das wesentliche Schriftstück der ersten Handlung im Beschwerdeverfahren in einer Amtssprache eines Vertragsstaats eingereicht wird, die nicht Amtssprache des EPA ist, und in eine solche übersetzt wird, auch wenn spätere Schriftstücke, etwa die Beschwerdebegründung, nur in einer Amtssprache des Europäischen Patentamts eingereicht werden.

J4/88

1. Für die Zwecke des Art.14(2) S.1 und der R.6(3) (Gebührenermäßigung) genügt es, wenn die Beschreibung und die Patentansprüche in einer Amtssprache eines Vertragsstaats eingereicht werden, die nicht Deutsch, Englisch oder Französisch ist; wenn andere Teile der europäischen Patent anmeldung nur in einer Amtssprache des EPA eingereicht werden, so ist dies hierfür unerheblich (im Anschluß an die Entscheidung der Juristischen Beschwerdekammer J 7/80, ABl. 1981, 137).

2. Macht der Anmelder von der durch Art.14(2) eröffneten Möglichkeit Gebrauch, so werden sowohl die Anmelde- als auch die Prüfungsgebühr ermäßigt (R.6(3)).

Antrag auf Gebührenermäßigung

Art.14 GebO

	ermäßigte Gebühr	Norm	Voraussetzung	vorzunehmende Handlung	Frist	Rechtsfolge	Rechtsbehelf
Sprachenprivileg 308	Anmelde- und/oder Prüfungsgebühr	R.6(3) Art.14(1)GebO ABl.2014,A23	1) ursprünglich eingereichte Anmeldefassung [521] ODER Prüfungsantrag in zugelassener Nicht-amtssprache R.6(3) — 2) alle Anmelder sind natürl./jur. Personen mit Sitz/Wohnsitz in Vertragsstaat in dem andere Sprache als DE/EN/FR Amtssprache ist R.6(4) — ODER Angehörige eines solchen Vertragsstaats mit Wohnsitz im Ausland Art.14(4) — 3) alle Anmelder sind KMU, natürl. Person ODER gemeinnützige Einrichtung, Uni/ öffentliche Forschungseinrichtung [522] R.6(4), ABl.2014,A23, A-X,9.2.1	i) R.6(6)-Erklärung/Antrag [523] auf Ermäßigung mit Angabe zu allen Anmeldern natürl./ jur. Person gem. R.6(4) [522] R.6(6) — ii) Übersetzung in Amtssprache Art.14(2) S.1	spätestens zum Zeitpunkt der Zahlung der (ermäßigten) Anmelde- ODER Prüfungsgebühr R.6(6) — frühestens zeitgleich mit R.6(6)-Erklärung G6/91 ABER 2 M nach Einreichung ePa [R.6(1)] bzw. 1 M nach ET des Prüfungsantrags [R.6(2)]	(+) 30% Ermäßigung der Anmelde- bzw. Prüfungsgebühr [524], Art.14(1) GebO — (–) Gebühren gelten als nicht entrichtet UND Anmeldung gilt als zurückgenommen ABl.2014,A23 — (–) ePa gilt als zurückgenommen Art.14(2) S.3	**WB (+) +250 €**; **R.112(2)**-Antrag (+); Art.13 **ABl.2014,A23** WE (–) — WB (–), da von R.135 ausgeschlossen **WE (+)**
Sonderermäßigung 309	Prüfungsgebühr A-X,9.3.2	Art.14(2) GebO	EPA hat für iPa vorläufigen IPER erstellt UND EPA ist als DO bestimmt (d.h. Eintritt in EP-Phase) Art.14(2) GebO	Eintritt iPa in EP-Phase	31 M nach AT bzw. PD der iPa	(+) 50% Ermäßigung der Prüfungsgebühr [524] Art.14(2)GebO	n.d.
Sonderermäßigung 310	Gebühr für eESR A-X,9.3.1	Art.153(7)	iPa, bei der US, JP, CN, AU, RU, KR die ISA war ABl.2005,548 — UND — iPa mit ISR/SISR von Österreichs, Finnland, Spanien, Schweden, Nordisches Patentinstitut ABl.2014,A5,Art.2	Eintritt iPa in EP-Phase	31 M nach AT bzw. PD der iPa	(+) Ermäßigung um 190 € [525] ABl.2005, 548 — (+) Ermäßigung um 1110 € ABl.2016, A2	n.d.

[521] ein wesentliches Schriftstück der Anmeldefassung (d.h. Beschreibung) ist ausreichend [G6/91, J4/88, A-X,9.2.2].

[522] Ändert sich Status hat dies keine Rückwirkung auf gewährte Gebührenermäßigungen [ABl.2014,A23, Art.10].

[523] durch: [1] Kreuz auf Erteilungsantrag (Form1001), [2] Kreuz auf Form1200 für Eintritt in EP-Phase, [3] separat mit Form1011 ODER [4] formfrei [ABl.2014,A23,Art.5].

[524] Zusätzliche Ermäßigung nach Sprachregelung zulässig, dann zunächst 50%, anschließend 30% ermäßigt (=65% der vollen Gebühr) [A-X,9.3.2].

[525] Immer nur einmal gewährt, war andere Behörde Internat. Recherchebehörde besteht kein Anspruch auf Ermäßigung [ABl.2012,212].

Antrag auf Gebührenanrechnung

R.71a(5), A-X, 11, C-V, 4.2

Antrag	Voraussetzung	Norm	Handlung	Frist	Rechtsfolge	Rückerstattung
311	**Erteilungs- und Veröffentlichungsgebühr** UND/ODER **Anspruchsgebühr**					
	Zahlung der Erteilungs- und Veröffentlichungs- ODER Anspruchsgebühr aufgrund einer ersten **R.71(3)-Mitt.** [526] obwohl daraufhin: a) Änderungen/Berichtigungen beantragt ODER b) Prüfungsverfahren wieder aufgenommen wurde UND Erhalt einer zweiten **R.71(3)-Mitt.**	**R.71a(5)**	Anrechnung der gezahlten Gebühr auf den Betrag der bereits gezahlten Summe der gleichen Gebühr [527] UND ggf. Zahlung des Differenzbetrag zur bereits gezahlten Summe [528]	**4 M** nach zweiter **R.71(3)-Mitt.**	⊕ Gebühr wirksam entrichtet	zu viel gezahlte Differenzbeträge ODER gezahlter Gesamtbetrag wenn ePa zwischenzeitlich zurückgenommen wird, als zurückgenommen gilt oder zurückgewiesen wird

---

Berechnung der neuen Anspruchsgebühr nach zweiter R.71(3)-Mitt.

Anzahl der Ansprüche nach zweiter R.71(3)-Mitt.

- 15

- Anzahl bereits gezahlter Ansprüche (nach AT UND/ODER erster R.71(3)-Mitt.)

= **neue Anzahl gebührenpflichtiger Ansprüche**

Gezahlte Anspruchsgebühr

- Neue Anspruchsgebühr

= **Differenzbetrag**

---

[526] Eventuell auf erste **R.71(3)-Mitt.** Gezahlte Weiterbehandlungsgebühr wird nicht auf eventuell später erhöhte Gebühren oder erneute Weiterbehandlngsgebühren angerechnet.

[527] Anrechnung von Anspruchs und Erteilungs-/Veröffentlichungsgebühren erfolgt getrennt.

[528] Bei beispielsweise zwischenzeitlicher Erhöhung der jeweiligen Gebühr oder Änderung der letztendlichen Seitenzahl bzw. Anzahl der Ansprüche.

VAA

1. Automatisches Abbuchungsverfahren

Das laufende Konto kann auch gegen Vorlage eines vom Kontoinhaber oder in seinem Namen unterzeichneten automatischen Abbuchungsauftrags belastet werden (automatisches Abbuchungsverfahren). Dieser kann, vorzugsweise mit dem Antrag auf Erteilung eines europäischen Patents (EPA Form 1001) oder bei Eintritt einer iPa in die europäische Phase (EPA Form 1200), auf Papier, per Fax oder mithilfe der Online-Einreichung beim EPA eingereicht werden. Er kann außerdem über die Online-Gebührenzahlung im Rahmen der Online-Dienste eingereicht werden. Ein Abbuchungsauftrag kann im Namen des Anmelders oder PIs oder dessen Vertreters erteilt werden und erstreckt sich auf alle von diesen zu entrichtenden und zum automatischen Abbuchungsverfahren zugelassenen Gebührenarten des im automatischen Abbuchungsauftrag bezeichneten Verfahrens. Jede dieser Gebühren wird, dem jeweiligen Verfahrensstand entsprechend, automatisch abgebucht und als rechtzeitig eingegangen anerkannt. Eine Einschränkung des automatischen Abbuchungsauftrags auf bestimmte Gebührenarten oder auf einen bestimmten Zeitraum ist nicht möglich.

2. Zugelassene Verfahrensarten

Das automatische Abbuchungsverfahren wird zugelassen für

a) ePas im Erteilungsverfahren und in daran anschließenden Beschwerde- oder Überprüfungsverfahren,

b) iPAs ab dem Eintritt in die europäische Phase,

c) EP-Patente für den PI als Verfahrensbeteiligten im Rahmen eines Einspruchs(beschwerde-)- oder Überprüfungsverfahrens,

d) EP-Patente in Beschränkungs- oder Widerrufsverfahren und daran anschließenden Beschwerde- oder Überprüfungsverfahren; zu diesem Zweck muss ein neuer automatischer Abbuchungsauftrag eingereicht werden.

3. Zugelassene Gebührenarten

Soweit nicht in Nummer 4 ausdrücklich ausgenommen, sind zum automatischen Abbuchungsverfahren alle Gebührenarten zugelassen [...].

4. Nicht zugelassene Gebührenarten

Folgende Gebührenarten sind zum automatischen Abbuchungsverfahren nicht zugelassen:

a) alle Gebühren, die von anderen Verfahrensbeteiligten als dem Anmelder oder dem PI zu entrichten sind, insbesondere die Einspruchsgebühr,

b) die Umwandlungsgebühr (Art.135(3) und 140),

c) die Kostenfestsetzungsgebühr (R.88(3)),

d) die Beweissicherungsgebühr (R.123(3)),

e) die Gebühr für ein technisches Gutachten (Art.25),

f) alle vom Präsidenten des Amts gemäß Art.3GebO festgesetzten Gebühren, Auslagen und Verkaufspreise, soweit sie nicht unter Nr. 3q) aufgeführt sind.

5. Automatischer Abbuchungsauftrag und automatische Abbuchung

5.1 Beginnend mit dem Tag des Eingangs des automatischen Abbuchungsauftrags bucht das EPA, dem jeweiligen Verfahrensstand entsprechend, alle vom automatischen Abbuchungsverfahren bezeichneten Gebühren automatisch ab. Bei der Berechnung eines rechtzeitigen Zahlungstags vom laufenden Konto des Kontoinhabers ab, soweit sie ab dem Tag des Eingangs des Auftrags zu entrichten sind und sofern auf dem Konto ausreichende Deckung vorhanden ist. [...]

5.3 Die Abbuchung erfolgt in Euro in Höhe des Betrags, der am maßgebenden Zahlungstag der jeweiligen Gebühr gültig ist. [...]

7. Fehlbetrag

7.1 Reicht das Guthaben des laufenden Kontos am maßgebenden Zahlungstag zur Zahlung aller Gebühren für eine betroffene Anmeldung nicht aus (Fehlbetrag), so wird die automatische Abbuchung nicht ausgeführt und der Kontoinhaber wird per Post, Fax oder E-Mail entsprechend unterrichtet.

7.2 Sind mehrere Anmeldungen betroffen, so werden die Gebühren in aufsteigender Reihenfolge der Anmeldenummern und nur für die Anmeldungen, deren Gebühren vom Guthaben auf dem Konto vollständig gedeckt sind, abgebucht.

8. Auffüllung des laufenden Kontos nach Mitteilung des Fehlbetrags

Wird das laufende Konto so aufgefüllt, dass alle Gebühren entrichtet werden können, bucht das EPA alle Gebühren automatisch ab. Die Zahlung gilt als an dem Tag erfolgt, an dem das laufende Konto entsprechend aufgefüllt worden ist.

9. Änderungsbuchung; Berichtigungsbuchung

9.1 Werden dem EPA nach der tatsächlichen Ausführung der Abbuchung Änderungen der gebührenrechtlich relevanten Grundlagen für die Abbuchung bekannt, die dem EPA oder gegebenenfalls der zuständigen nationalen Behörde (vgl. Nr. 6.6 VLK) vor dem maßgebenden Zahlungstag zugegangen sind, so führt das EPA gegebenenfalls eine Änderungsbuchung mit Wirkung für den ursprünglichen maßgebenden Zahlungstag durch.

9.2 Stellt das EPA Unrichtigkeiten bei der Ausführung des automatischen Abbuchungsauftrags fest, so führt es eine entsprechende Berichtigungsbuchung mit Wirkung für den ursprünglichen maßgebenden Zahlungstag durch.

10. Spätere Einreichung des automatischen Abbuchungsauftrags

10.1 Ist ein automatischer Abbuchungsauftrag erst nach Ablauf der Frist zur Zahlung einer Gebühr, für die im Falle ihrer verspäteten Entrichtung die Entrichtung mit einer zusätzlichen Gebühr oder Zuschlagsgebühr möglich ist, beim EPA eingegangen, so wird sowohl die Gebühr als auch die zusätzliche Gebühr oder Zuschlagsgebühr automatisch abgebucht; die Zahlung dieser Gebühren gilt als am letzten Tag der Nachfrist eingegangen.

10.2 Ist ein automatischer Abbuchungsauftrag erst innerhalb der Frist zur Zahlung der Gebühr für die verspätete Einreichung eines Sequenzprotokolls gemäß R.30(3) oder der Anspruchsgebühren gemäß R.45(2)S.2 oder R.162(2) beim EPA eingegangen, so werden die Gebühr für verspätete Einreichung oder die Anspruchsgebühren automatisch abgebucht und gelten als am letzten Tag der Zahlungsfrist eingegangen. [...]

10.4 Wird ein automatischer Abbuchungsauftrag erst innerhalb der Frist für den Antrag auf WE, der Beschwerdefrist oder der Frist für den Antrag auf Überprüfung erteilt, so erfolgt die automatische Abbuchung der Wiedereinsetzungs- oder der Beschwerdegebühr oder der Gebühr für den Antrag auf Überprüfung an dem Tag, an dem der Antrag oder die Beschwerde beim EPA eingegangen ist, sofern der automatische Abbuchungsauftrag vor oder zusammen mit dem Antrag oder der Beschwerde eingegangen ist. Ist der automatische Abbuchungsauftrag nach Stellung des Antrags oder Einlegung der Beschwerde, jedoch vor Ablauf der entsprechenden Frist eingegangen, so gilt die Gebühr als am Tag des Eingangs des automatischen Abbuchungsauftrags eingegangen.

10.5 Nicht in den Nummern 10.1 bis 10.4 aufgeführte Gebührenarten, insbesondere Gebühren, die zur Vornahme einer versäumten Handlung im Rahmen eines Antrags auf WE zu entrichten sind, werden vom automatischen Abbuchungsverfahren nicht erfasst und sind vom Anmelder oder PI oder dessen Vertreter in eigener Verantwortlichkeit mittels einer anderen in der GebO zugelassenen Zahlungsart zu entrichten.

11. Entrichtung einer Gebühr mittels einer anderen Zahlungsart

Wird eine Gebühr im Einzelfall vor ihrem maßgebenden Zahlungstag durch gesonderte Zahlung mittels einer anderen zugelassenen Zahlungsart entrichtet, so führt das EPA den automatischen Abbuchungsauftrag in Bezug auf diese Gebühr nicht aus, sofern die Zahlung mindestens vier Tage vor dem maßgebenden Zahlungstag eingeht.

12. Widerruf des automatischen Abbuchungsauftrags

Der automatische Abbuchungsauftrag kann wie unter Nr. 7 VLK dargelegt oder über die Online-Gebührenzahlung im Rahmen der Online-Dienste widerrufen werden (siehe VLK, Anhang B, Nr. 3.8). Er kann nur für das gesamte Verfahren widerrufen werden. Ein Widerruf der Abbuchung von Gebühren, deren maßgebender Zahlungstag vor dem Tag des Eingangs des Widerrufs liegt, ist ausgeschlossen.

13. Beendigung des automatischen Abbuchungsverfahrens

Der automatische Abbuchungsauftrag verliert seine Wirkung

a) mit dem Tag, an dem die Erteilung des europäischen Patents wirksam wird; mit der Einlegung eines Einspruchs gegen das erteilte europäische Patent erlangt der automatische Abbuchungsauftrag des Patentinhabers bis zur rechtskräftigen Erledigung des Einspruchs-, Einspruchsbeschwerde- oder Überprüfungsverfahrens erneute Wirksamkeit,

b) mit dem Tag, an dem die ePa zurückgenommen oder rechtskräftig zurückgewiesen worden ist oder rechtskräftig als zurückgenommen gilt,

c) mit dem Tag des Eingangs des Antrags auf Eintragung des Rechtsübergangs in das Europäische Patentregister nach R.22(1), sofern die automatische Abbuchung vom laufenden Konto des an dem Verfahren Ausscheidenden erfolgt war und dieser gleichzeitig seinen automatischen Abbuchungsauftrag ausdrücklich online oder in Papierform widerruft,

d) mit dem Tag des Eingangs der Mitteilung der Niederlegung der Vertretung, sofern die automatische Abbuchung vom laufenden Konto des Vertreters erfolgt war und der aus dem Verfahren Ausscheidende gleichzeitig seinen automatischen Abbuchungsauftrag ausdrücklich online oder in Papierform widerruft,

e) mit dem Tag, an dem die Aussetzung des Verfahrens nach R.14 wirksam wird,

f) mit dem Tag, an dem die Unterbrechung des Verfahrens nach R.142 wirksam wird,

g) mit dem endgültigen Abschluss des Beschränkungs- oder Widerrufsverfahrens in Bezug auf das europäische Patent, für das der automatische Abbuchungsauftrag erteilt worden war.

14. Kontoauszug

Registrierte Nutzer der Online-Dienste können über die Online-Gebührenzahlung die Kontobewegungen einsehen und ihre Kontoauszüge herunterladen. Andere registrierte Kontoinhaber erhalten mehrmals monatlich per Post eine schriftliche Aufstellung über die Buchungen, die auf dem Konto vorgenommen worden sind. Werden Fehler in der Aufstellung festgestellt, so teilt der Kontoinhaber dies dem EPA unverzüglich mit. Das EPA überprüft diese Angaben und führt gegebenenfalls eine Berichtigungsbuchung mit Wirkung für den ursprünglichen maßgebenden Zahlungstag durch.

T1198/97

...es kann nicht bestritten werden, dass ein Kausalzusammenhang zwischen dem verletzten Recht des Beschwerdeführers auf Anhörung und der Notwendigkeit, Beschwerde einzulegen besteht, so dass die Rückzahlung der Beschwerdegebühr somit der Billigkeit entspricht.

T308/05

Außerhalb des Anwendungsbereichs von R.67 kommt eine Rückzahlung der Beschwerdegebühr in Betracht, wenn die Einlegung der Beschwerde durch eine Verletzung des Grundsatzes des Vertrauensschutzes durch die Prüfungsabteilung verursacht worden ist (im Anschluss an J30/94 und J38/97).

T1284/09

Rückzahlung der Beschwerdegebühren nach doppelter Beschwerde – abgelehnt

J37/89

Wurde ein rechtzeitiges Fristgesuch nach R.84 S.2 abgelehnt und ist der Anmelder der Auffassung, daß dies zu Unrecht geschah, so muß er einen infolge der Ablehnung eintretenden Rechtsverlust zunächst durch einen Antrag auf Weiterbehandlung nach Art.121 überwinden. Dabei kann er die Rückzahlung der Weiterbehandlungsgebühr beantragen. Über diesen Nebenantrag ist im Rahmen der Endentscheidung zu befinden. Die Entscheidung über den Nebenantrag kann nach Art.106(3) zusammen mit der Endentscheidung mit der Beschwerde angefochten werden. Die Beschwerde kann sich auch auf eine Anfechtung der Entscheidung über den Nebenantrag beschränken.

J6/12

Werden Änderungen nach R.71(4) beantragt, steht für die "für die Erteilung vorgesehene Fassung" erst fest, nachdem die Prüfungsabteilung den Änderungen zugestimmt hat, bzw. der Anmelder sich mit den weiteren/neuen Vorschlägen der Prüfungsabteilung einverstanden erklärt hat. Erst dann kann festgestellt werden, wie viele Ansprüche die "für die Erteilung vorgesehene Fassung" enthält und damit auch die Zahl der fällig werdenden Anspruchsgebühren bestimmt werden.

EPÜ 2000

Artikel 14[11],[12]
Sprachen des Europäischen Patentamts, europäischer Patentanmeldungen und anderer Schriftstücke

(1) Die Amtssprachen des Europäischen Patentamts sind Deutsch, Englisch und Französisch.

(2) Eine europäische Patentanmeldung ist in einer Amtssprache einzureichen oder, wenn sie in einer anderen Sprache eingereicht wird, nach Maßgabe der Ausführungsordnung in eine Amtssprache zu übersetzen. Diese Übersetzung kann während des gesamten Verfahrens vor dem Europäischen Patentamt mit der Anmeldung in der ursprünglich eingereichten Fassung in Übereinstimmung gebracht werden. Wird eine vorgeschriebene Übersetzung nicht rechtzeitig eingereicht, so gilt die Anmeldung als zurückgenommen.

(3) Die Amtssprache des Europäischen Patentamts, in der die europäische Patentanmeldung eingereicht oder in die sie übersetzt worden ist, ist in allen Verfahren vor dem Europäischen Patentamt als Verfahrenssprache zu verwenden, soweit die Ausführungsordnung nichts anderes bestimmt. [...]

[11] Geändert durch Akte zur Revision des EPÜ vom 29.11.2000.
[12] Siehe hierzu Entscheidungen GBK G6/91, G2/95, G4/08 (Anhang I).

Artikel 125[144]
Heranziehung allgemeiner Grundsätze

Soweit dieses Übereinkommen Vorschriften über das Verfahren nicht enthält, berücksichtigt das Europäische Patentamt die in den Vertragsstaaten im Allgemeinen anerkannten Grundsätze des Verfahrensrechts.

[144] Siehe hierzu Entscheidungen der GBK G1/99, G3/04 (Anhang I).

EPÜAO

Regel 37
Übermittlung europäischer Patentanmeldungen

[...]

(2) Eine europäische Patentanmeldung, die dem Europäischen Patentamt nicht innerhalb von vierzehn Monaten nach ihrer Einreichung oder, wenn eine Priorität in Anspruch genommen worden ist, nach dem Prioritätstag zugeht, gilt als zurückgenommen werden. Für diese Anmeldung bereits entrichtete Gebühren werden zurückerstattet.

Regel 71a[79]
Abschluss des Erteilungsverfahrens

[...]

(6) Wird die europäische Patentanmeldung zurückgewiesen oder vor der Zustellung der Entscheidung über die Erteilung eines europäischen Patents zurückgenommen oder gilt sie zu diesem Zeitpunkt als zurückgenommen, so wird die Erteilungs- und Veröffentlichungsgebühr zurückerstattet.

[79] Eingefügt durch BdV CA/D 2/10 vom 26.10.2010 (ABl.2010,637), in Kraft getreten am 01.04.2012. Siehe hierzu Mitteilung des EPA, ABl.2012, 52.

Regel 103[104],[105]
Rückzahlung der Beschwerdegebühr

(1) Die Beschwerdegebühr wird in voller Höhe zurückgezahlt, wenn

a) der Beschwerde abgeholfen oder ihr durch die Beschwerdekammer stattgegeben wird und die Rückzahlung wegen eines wesentlichen Verfahrensmangels der Billigkeit entspricht oder

b) die Beschwerde vor Einreichung der Beschwerdebegründung und vor Ablauf der Frist für deren Einreichung zurückgenommen wird.

(2) Die Beschwerdegebühr wird in Höhe von 50 % zurückgezahlt, wenn die Beschwerde nach Ablauf der Frist nach Absatz 1 Buchstabe b zurückgenommen wird, vorausgesetzt, die Rücknahme erfolgt:

a) falls ein Termin für eine mündliche Verhandlung anberaumt wurde, mindestens vier Wochen vor diesem Termin,

b) falls kein Termin für eine mündliche Verhandlung anberaumt wurde und die Beschwerdekammer den Beschwerdeführer in einem Bescheid zur Einreichung einer Stellungnahme aufgefordert hat, vor Ablauf der von der Beschwerdekammer für die Stellungnahme gesetzten Frist,

c) in allen anderen Fällen vor Erlass der Entscheidung.

(3) Das Organ, dessen Entscheidung angefochten wurde, ordnet die Rückzahlung an, wenn es der Beschwerde abhilft und die Rückzahlung wegen eines wesentlichen Verfahrensmangels für billig erachtet. In allen anderen Fällen entscheidet die Beschwerdekammer über die Rückzahlung.

[104] Siehe hierzu Entscheidung der GBK G 3/03 (Anhang I).
[105] Geändert durch Beschluss des Verwaltungsrats CA/D 16/13 vom 13.12.2013 (ABl. EPA 2014, A3), in Kraft getreten am 01.04.2014.

Rechtsprechung

G3/03

Wird einer Beschwerde gemäß Art.109(1) abgeholfen, so ist das erstinstanzliche Organ, dessen Entscheidung mit der Beschwerde angefochten wurde, nicht dafür zuständig, einen Antrag des Beschwerdeführers auf Rückzahlung der Beschwerdegebühr zurückzuweisen.
I. Die Zuständigkeit für die Entscheidung über den Antrag liegt bei der BK, die nach Art.21 in der Sache für die Beschwerde zuständig gewesen wäre, wenn ihr nicht abgeholfen worden wäre.

T13/82

3. Ist eine Beschwerde allein deswegen als unzulässig zu verwerfen, weil die Beschwerdebegründung nicht rechtzeitig eingereicht wurde, so wird die Beschwerdegebühr nicht zurückgezahlt.

T192/84

Verlängert der Präsident des EPA die Fristen, die in einem Zeitraum abgelaufen wären, in dem die Postzustellung in einem Vertragsstaat allgemein unterbrochen war (R.85(2)), so ist ein anhängiger Antrag auf Wiedereinsetzung in die in diesem Zeitraum vermeintlich verlorenen Rechte, der von einem Vertreter mit Geschäftssitz in diesem Staat gestellt worden ist, als von vornherein gegenstandslos anzusehen, auch wenn die Nichteinhaltung der Frist auf andere Ursachen als die Unterbrechung der Postzustellung zurückzuführen ist. Es kann daher festgestellt werden, daß kein Rechtsverlust eingetreten ist; die Wiedereinsetzungsgebühr kann zurückgezahlt werden.

Gebühren

Rückerstattung von EPA-Gebühren [529]
(alphabetisch sortiert)

#	Gebühr	Voraussetzung	Norm	Erfordernisse	Rückerstattung	Frist	Rechtsbehelf
312	**Anmeldegebühr** A-X,10.2.6	keine Weiterleitung der Anmeldung durch nat. Behörde **Art.77**	**R.37(2) S.2**	ePa gilt als zurückgenommen **Art.77(3)**	100% aller bereits entrichteten Gebühren [530]	**14 M** nach ET bei nat. Behörde bzw. PT	
313	**Anspruchsgebühren** **R.45(1)/R.162(1)**	• Anspruchsgebühren nach Erhalt R.71(4)-Auff. bereits entrichtet • »begründete« Änderung/Berichtigung der "für Erteilung vorgesehenen Fassung", **R.71(6)**	**J6/12**	Minderung der Zahl der Ansprüche nach Erhalt R.71(3)/(4)-Mitt. **R.71(6)**	Rückerstattung „zu viel gezahlter" Anspruchsgebühren [531]	**3 M** nach Mitt.	Beschwerde (+)
314	**Bagatellbeträge** A-X,10.1.3	zu viel gezahlter Betrag (max. 10 €)	**Art.12 GebO** ABl.2007,M.3	Antrag auf Rückerstattung	Rückerstattung	--	
315	**Benennungsgebühr** (Erstreckungsgebühr) A-X,10.2.6	keine Weiterleitung der Anmeldung durch nat. Behörde **Art.77**	**R.37(2) S.2**	ePa gilt als zurückgenommen **Art.77(3)**	100% Rückerstattung	**14 M** nach ET bei nat. Behörde bzw. PT	
		ePa erlischt vor Veröff. des ESR		Zurücknahmeerklärung oder ePa gilt als zurückgenommen	100% aller bereits entrichteten Gebühren [530]		
316	**Beschwerdegebühr** [532]	fehlender Rechtsgrund	**Art.125**	Beschwerde gilt als nicht eingelegt ODER irrtümliche Zahlung ODER zu hoher Betrag entrichtet [T1284/09]	100% Rückerstattung	--	
		Abhilfe [Art.109] ODER Stattgabe UND Vorliegen eines wesentlichen Verfahrensmangels	**R.103(1) a)**	Antrag auf Rückerstattung [533] zusammen mit Beschwerdeantrag gestellt (G3/03; J32/95)	100% Rückerstattung [534]		
		Zurücknahme der Beschwerde vor Einreichung der Beschwerdebegründung	**R.103(1) b)**		100% Rückerstattung	innerhalb Frist für Begründung	
		Zurücknahme nach Ablauf der Frist für Beschwerdebegründung a) mind. **4 W** vor MV, wenn terminiert b) vor Fristablauf zur schriftlichen Stellungnahme c) sonstige Fälle vor Erlass einer Entscheidung	**R.103(2)**	Zurücknahmeerklärung	50% Rückerstattung	spätestens **4 W** vor MV ODER vor Entscheidung	

ZUSTÄNDIGKEIT: (i) bei Abhilfe, Organ dessen Entscheidung angefochten wurde sonst (ii) zuständige Beschwerdekammer [G3/03]

[529] RÜCKZAHLUNGSEMPFÄNGER: immer an Beteiligten oder seinen Vertreter; unmittelbare Rückerstattung an Einzahler (abweichend von Beteiligten) erfolgt nur, wenn kein Zahlungszweck erkennbar UND Einzahler nach Auff. diesen Zweck nicht rechtzeitig mitteilt [Art.6(2) GebO; A-X.10.4]; RÜCKZAHLUNGSART: Kreditierung des laufenden Kontos oder per Scheck [A-X.10.3]; BAGATELLBETRÄGE (max. 10€) werden nur auf Antrag Beteiligter zurückerstattet [BdP ABl.2007,53,M.3].

[530] umfasst Anmeldegebühr, Recherchengebühr, Benennungsgebühr und ggf. Anspruchs- und Prüfungsgebühr [A-X,10.2.6].

[531] „zu viel gezahlte" Anspruchsgebühren wurden somit ohne Rechtsgrund entrichtet [J6/12].

[532] KEINE RÜCKZAHLUNG, wenn [1] eingelegte Beschwerde unzulässig [T445/98, keine beschwerdefähige Entscheidung J15/01] ODER [2] Beschwerdebegründung nicht oder verspätet eingereicht [T13/82].

[533] Vorlage an BK, wenn Abhilfe ohne Rückerstattung [G3/03]; Antrag auf Rückerstattung nicht zwingend [J7/82; T271/85], ABER: bei Abhilfe ohne Rückzahlung der Beschwerdegebühr erfolgt keine Vorlage an BK [T21/02].

[534] Rückerstattung gerechtfertigt, wenn [1] Kausalzusammenhang zwischen wesentlichem Verfahrensmangel und Einlegung der Beschwerde erforderlich [T1198/97 und T1101/92] ODER [2] Verletzung des Vertrauensschutzgrundsatzes (d.h. Beschwerde ist aus objektiv Gründen überflüssigen; bspw. Fehler des Amts) [T308/05]; BESCHRÄNKTE STATTGABE: Rückerstattung statthaft [J18/84].

#	Gebühr	Voraussetzung	Norm	Erfordernisse	Rückerstattung	Frist	Rechtsbehelf
317	Einspruchsgebühr **Art.99(1)**, Art.2(1)Nr.10 GebO ZUSTÄNDIGKEIT: Formalsachbearbeiter D-IV,1.4.1	Einspruch gilt als nicht eingelegt D-IV,1.2.1	--	i) keine Unterschrift, R.50(3) ii) Fehlendes Fax-Bestätigungsschreiben, R.2(1) iii) keine Vollmacht Vertreters oder Angestellten im Original (Fax oder pdf unzulässig), R.152(1) iv) keine Übersetzung der Einspruchsschrift und Beweismittel, R.3(1) iVm Art.14(4), R.6(2)	100% Rückerstattung	**9 M** ab Bekanntmachung Hinweis auf Erteilung	
318	Erteilungs-/Veröffentlichungsgebühr R.71(3), Art.2(1) Nr.7/8GebO A-X,10.2.7	Zurückweisung ePa [**Art.97(2)**] Zurücknahme der ePa vor Zustellung der Erteilung [**Art.97(1)**] ePa gilt als zurückgenommen [**R.71(7)**]	**R.71a(6)**	keine Zurücknahmeerklärung fehlende Anspruchsgebühr und/oder Übersetzung innerhalb R.71(3)-Frist [535]	100% Rückerstattung 100% Rückerstattung bei Zurückweisung der ePa erst nach Ende der **ungenutzten** Beschwerdefrist	bis zur Zustellung der Erteilung 4 M ab Mitt. [10 Tage]	
319	Prüfungsgebühr [536] **Art.94(1)**, Art.2(1) Nr.6 GebO A-VI,2.5	1) Erledigung der ePa vor Beginn der Sachprüfung [538] 2) Sachprüfung hat begonnen (idR direkt nach, aber spätestens 6 M nach Veröff. des ESR) aber Zurücknahme der ePa binnen Frist der ersten Art.94(3)-Auff. oder vor Erhalt der R.71(3)-Mitt.	**Art.11a) GebO** **Art.11b) GebO** ABl.2013,153 J25/10; J9/10	Zurücknahmeerklärung der ePa [537] **ODER** ePa gilt als zurückgenommen (z.B. wg. Nichtzahlung Prüfungsgebühr/Benennungsgebühr)	100% Rückerstattung 50% Rückerstattung ABl.2016,A49		Beschwerde (+) **Art.106(2)**
320	Recherchengebühr R.17(2), R.36(3), R.38(1) A-X,10.2.1	1) Erledigung der ePa vor Beginn der Recherche [538] 2) Berücksichtigung früherer Rechercheergebnisse [539]	**Art.9(1) GebO** ABl.2013,153 J25/10; J9/10 **Art.9(2) GebO**	Zurücknahmeerklärung der ePa **ODER** ePa gilt als zurückgenommen [**Art.90(3)**] a) selber/gleicher Erfindungsgegenstand (z.B. TA) b) ggf. Inanspruchnahme Prio [**Art.88**] ABl.2009,99	100% Rückerstattung 100% bei vollst. Verwertung **ODER** 25% bei teilweiser Verwertung früherer Rechercheergebnisse [540] BdP ABl.2014,A29		Beschwerde (+) **Art.106(2)**
321	Recherchengebühr, weitere ZUSTÄNDIGKEIT: Prüfungsabteilung A-X,10.2.2; C-III,3.3	mangelnde Einheitlichkeit und Auff. zur Zahlung weiterer Recherchengebühr(en) **R.64(1) ODER R.164(1)/(2)**	**R.64(2)**, **R.164(5)**	i) Angabe zu recherchierender Erfindungen ii) Zahlung zusätzlicher Recherchengebühr unter Widerspruch iii) »begründeter« Antrag auf Rückzahlung **UND** Prüfungsabteilung stimmt diesem Erstattungsantrag teilweise oder vollst. zu	teilweise oder vollst. Rückzahlung zusätzlicher Recherchengebühren	2 M nach Auff.	Beschwerde (+) **Art.106(2)/(3)**

[535] AUSGENOMMEN: Anmelder unterbreitet während R.71(3)-Frist neue Änderungen [C-V,3].

[536] PACE-ANTRAG: wurde PACE-Antrag gestellt, erfolgt Rückzahlung Prüfungsgebühr ggf. nur zu 75%, wenn ePa zurückgenommen.

[537] bedingte Zurücknahme, wenn unklar ob Sachprüfung bereits begonnen hat kann Zurücknahme an Gebührenrückerstattung geknüpft werden [A-VI,2.5].

[538] Behauptung des EPA muss auf Tatsachen gestützt sein [J25/10, J9/10; ABl.2013,153] (aber z.B. durch Akteneinsicht überprüfbar).

[539] frühere Rechercheergebnisse: wenn EPA bereits Recherchenbericht erstellt hat für (i) ePa, die Prio beansprucht; (ii) TA [Art.76] oder (iii) Neuanmeldung durch Berechtigten [R.17].

[540] 25%-Rückerstattung, wenn (i) Ansprüche später Anmeldung breiter ODER (ii) Ansprüche durch ein ursprüngl. nicht offenbartes Merkmal beschränkt sind [ABl.2009,99]; 0%-Rückerstattung, wenn (i) Anspruchsgegenstand auf andere Erfindung gerichtet ODER (ii) keine Prio beansprucht

Gebühren

					Rückerstattung	Zeit	Beschwerde (+) [541] Art.106(3)
322	**Weiterbehandlungsgebühr** Art.121(2), R.135(1)	keine Fristverlängerung gewährt trotz rechtzeitig gestellten Antrags E-VII,1.6	**J37/89**	i) WB-Antrag ii) Antrag auf Rückzahlung der WB-Gebühr	100% Rückerstattung		Beschwerde (+) [541] Art.106(3)
323	**Widerrufs-/Beschränkungsgebühr**	Antrag gilt als nicht gestellt D-X,2.1	**R.93(1)**	anhängiges Einspruchsverfahren **Art.105a(2)**	100% Rückerstattung		--
			Art.125	keine Übersetzung eingereicht **Art.14(4), R.6(2)**	100% Rückerstattung	**1 M** nach ET des Antrags	
		Einstellung des Beschränkungsverfahrens RBK III.E,5.5	**R.93(2)**	Einlegung eines Einspruchs während anhängigen Beschränkungsverfahrens		während anhängigen Verfahrens	--
324	**Wiedereinsetzungsgebühr** Art.122(2), R.136(1)	WE-Gebühr ohne rechtlichen Grund entrichtet	**T192/84 ABl.1985,39**	WE-Antrag innerhalb einer Fristverlängerung [R.134] gestellt	Rückerstattung der WE-Gebühr		
			T1198/03	an eine Bedingung geknüpfter Antrag		--	
			T971/06	Fehler des Amts [542]			
			T46/07	nach Fristablauf gezahlte WE-Gebühr			
325	**Verspätet gezahlte Gebühren** A-X,10.1.2	nach Fälligkeit entrichtete Gebühr (d.h. ohne Rechtsgrund)	--	ePa gilt als zurückgenommen/zurückgewiesen	100% Rückerstattung [543]		
326	**Zusatzgebühr (Seitengebühr)** Art.2(1) Nr.1a GebO	Anmeldeunterlagen enthalten mehr als 35 Seiten	--	Verringerung der Seitenzahl	keine		

[541] Entscheidung über Ablehnung kann fallabhängig entweder mit Endentscheidung **ODER** gesondert mit Beschwerde angefochten werden [**J37/89**].

[542] z.B. bei fehlerhafter Zurückweisung der ePa im Erteilungsverfahren [**T971/06**].

[543] AUSGENOMMEN: ein wirksamer WB-Antrag liegt vor (d.h. WB-Gebühr wurde gezahlt) [A-X,10.1.2].

EPÜ 2000

Artikel 119[135], [136]
Zustellung

Entscheidungen, Ladungen, Bescheide und Mitteilungen werden vom EPA von Amts wegen nach Maßgabe der Ausführungsordnung zugestellt. [...]

[135] Geändert durch die Akte zur Revision des EPÜ vom 29.11.2000.
[136] Siehe den BdP des EPA über das Pilotprojekt zur Einführung neuer Einrichtungen zur elektronischen Nachrichtenübermittlung für Verfahren vor dem Europäischen Patentamt, ABl.2015, A28. Siehe auch die Mitteilung des Europäischen Patentamts über die Verwendung von Zustellanschriften, ABl.2014, A99.

Artikel 120[137]
Fristen

In der Ausführungsordnung werden bestimmt:
a) die Fristen, die in Verfahren vor dem EPA einzuhalten und nicht bereits im Übereinkommen festgelegt sind;
b) die Art der Berechnung der Fristen sowie die Voraussetzungen, unter denen Fristen verlängert werden können;
c) die Mindest- und die Höchstdauer der vom EPA zu bestimmenden Fristen.

[137] Geändert durch die Akte zur Revision des EPÜ vom 29.11.2000.

EPÜAO

Regel 126[114]
Zustellung durch Postdienste

(1) Entscheidungen, durch die eine Beschwerdefrist oder die Frist für einen Antrag auf Überprüfung in Lauf gesetzt wird, Ladungen und andere vom Präsidenten des EPA bestimmte Schriftstücke werden durch eingeschriebenen Brief mit Rückschein oder gleichwertigem Beleg zugestellt. Alle anderen Zustellungen durch Postdienste erfolgen mittels eingeschriebenen Briefs.[115]
(2) Bei der Zustellung gemäß **Absatz 1** gilt der Brief mit dem zehnten Tag nach der Übergabe an den Postdiensteanbieter als zugestellt, es sei denn, er ist nicht oder an einem späteren Tag zugegangen; im Zweifel hat das Europäische Patentamt den Zugang des Schriftstücks und gegebenenfalls den Tag des Zugangs nachzuweisen.
(3) Die Zustellung gemäß **Absatz 1** gilt auch dann als bewirkt, wenn die Annahme des Briefs verweigert wird. [...]

[114] Geändert durch BdV CA/D 6/14 vom 15.10.2014 (ABl.2015, A17), in Kraft getreten am 01.04.2015. Siehe Mitteilung des EPA, ABl.2015, A36.
[115] Siehe auch die Mitteilung des EPA über die Verwendung von Zustellanschriften, ABl.2014, A99.

Regel 127[116]
Zustellung durch Einrichtungen zur elektronischen Nachrichtenübermittlung

(1) Die Zustellung kann durch Einrichtungen zur elektronischen Nachrichtenübermittlung bewirkt werden, [...].
(2) Bei der Zustellung durch Einrichtungen zur elektronischen Nachrichtenübermittlung gilt das elektronische Dokument mit dem zehnten Tag nach seiner Übermittlung als zugestellt, es sei denn, es ist nicht oder an einem späteren Tag zugegangen; im Zweifel hat das EPA den Zugang des elektronischen Dokuments und gegebenenfalls den Tag des Zugangs nachzuweisen.

[116] Geändert durch BdV CA/D 6/14 vom 15.10.2014 (ABl.2015,A17), in Kraft getreten am 01.04.2015. Siehe Mitt. des EPA, ABl.2015,A36. Siehe hierzu die BdP des EPA über das Pilotprojekt zur Einführung neuer Einrichtungen zur elektronischen Nachrichtenübermittlung für Verfahren vor dem EPA, ABl.2015, A28.

Regel 128
Zustellung durch unmittelbare Übergabe

Die Zustellung kann in den Dienstgebäuden des EPA durch unmittelbare Übergabe des Schriftstücks an den Empfänger bewirkt werden, der dabei den Empfang zu bescheinigen hat. Die Zustellung gilt auch dann als bewirkt, wenn der Empfänger die Annahme des Schriftstücks oder die Bescheinigung des Empfangs verweigert.

Regel 129
Öffentliche Zustellung

(1)[117] Kann die Anschrift des Empfängers nicht festgestellt werden oder war die Zustellung nach **R.126(1)** auch nach einem zweiten Versuch unmöglich, so wird die Zustellung durch öffentliche Bekanntmachung zugestellt.
(2)[118] Der Präsident des EPA bestimmt, in welcher Weise die öffentliche Bekanntmachung erfolgt und ab wann die Frist von einem Monat zu laufen beginnt, nach deren Ablauf das Schriftstück als zugestellt gilt.

[117] Deutsche Fassung des **Absatzes 1** geändert durch Beschluss des Verwaltungsrats CA/D 6/14 vom 15.10.2014 (**ABl.2015, A17**), in Kraft getreten am 01.04.2015.
[118] Siehe hierzu den BdP des EPA, Sonderausgabe Nr. 3, ABl. EPA 2007, K.1.

Regel 130
Zustellung an Vertreter

(1) Ist ein Vertreter bestellt worden, so werden die Zustellungen an den Vertreter gerichtet.
(2) Sind mehrere Vertreter für einen Beteiligten bestellt, so genügt die Zustellung an einen von ihnen.
(3) Haben mehrere Beteiligte einen gemeinsamen Vertreter, so genügt die Zustellung an den gemeinsamen Vertreter.

Regel 131
Berechnung der Fristen

(1) Fristen werden nach vollen Tagen, Wochen, Monaten oder Jahren berechnet.
(2) Bei der Fristberechnung wird mit dem Tag begonnen, der auf den Tag folgt, an dem das Ereignis eingetreten ist, aufgrund dessen der Fristbeginn festgelegt wird; dieses Ereignis kann eine Handlung oder der Ablauf einer früheren Frist sein. [...]
(3) Ist als Frist ein Jahr oder eine Anzahl von Jahren bestimmt, so endet die Frist in dem maßgeblichen folgenden Jahr in dem Monat und an dem Tag, der durch seine Benennung dem Monat und durch seine Zahl dem Tag entspricht, an dem das Ereignis eingetreten ist; hat der betreffende nachfolgende Monat keinen Tag mit der entsprechenden Zahl, so läuft die Frist am letzten Tag dieses Monats ab.
(4) Ist als Frist ein Monat oder eine Anzahl von Monaten bestimmt, so endet die Frist in dem maßgeblichen folgenden Monat an dem Tag, der durch seine Zahl dem Tag entspricht, an dem das Ereignis eingetreten ist; hat der betreffende nachfolgende Monat keinen Tag mit der entsprechenden Zahl, so läuft die Frist am letzten Tag dieses Monats ab.
(5) Ist als Frist eine Woche oder eine Anzahl von Wochen bestimmt, so endet die Frist in der maßgeblichen Woche an dem Tag, der durch seine Benennung dem Tag entspricht, an dem das Ereignis eingetreten ist.

Regel 132
Vom Europäischen Patentamt bestimmte Fristen

(1) Nimmt das "Übereinkommen oder diese Ausführungsordnung auf eine "zu bestimmende Frist" Bezug, so wird diese Frist vom EPA bestimmt. (2)[118] Der Präsident des EPA bestimmt, in welcher Weise die öffentliche Bekanntmachung erfolgt und wann die Frist von einem Monat zu laufen beginnt, nach deren Ablauf das Schriftstück als zugestellt gilt.

[117] Deutsche Fassung des **Absatzes 1** geändert durch Beschluss des Verwaltungsrats CA/D 6/14 vom 15.10.2014 (**ABl.2015, A17**), in Kraft getreten am 01.04.2015.
[118] Siehe hierzu den BdP des EPA, Sonderausgabe Nr. 3, ABl. EPA 2007, K.1.

Regel 133[119]
Verspäteter Zugang von Schriftstücken

(1)[120] Ein beim EPA verspätet eingegangenes Schriftstück gilt als rechtzeitig eingegangen, wenn es aus Maßgabe der vom Präsidenten des EPA festgelegten Bedingungen rechtzeitig vor Ablauf der Frist bei einem anerkannten Postdiensteanbieter aufgegeben wurde, es sei denn, das Schriftstück ist später als drei Monate nach Ablauf der Frist eingegangen. [...]

[119] Siehe hierzu den BdP des EPA, ABl.2015, A29.
[120] Geändert durch BdV CA/D 6/14 vom 15.10.2014 (**ABl.2015, A17**), in Kraft getreten am 01.04.2015.

Regel 134[121]
Verlängerung von Fristen

(1)[122] Läuft eine Frist an einem Tag ab, an dem eine der Annahmestellen des Europäischen Patentamts nach **R.35(1)** zur Entgegennahme von Schriftstücken nicht geöffnet ist oder an dem die Post aus anderen als den in **Absatz 2** genannten Gründen dort nicht zugestellt wird, so erstreckt sich die Frist auf den nächstfolgenden Tag, an dem alle Annahmestellen zur Entgegennahme von Schriftstücken geöffnet sind und an dem die Post zugestellt wird. [...]
(2) Läuft eine Frist an einem Tag ab, an dem die Zustellung oder Übermittlung der Post in einem Vertragsstaat allgemein gestört war, so erstreckt sich die Frist für Beteiligte, die in diesem Staat ihren Wohnsitz oder Sitz haben oder einen Vertreter mit Geschäftssitz in diesem Staat bestellt haben, auf den ersten Tag nach Beendigung der Störung. [...]
(3) Der Tag des Beginns und des Endes einer Störung nach **Absatz 2** wird vom Europäischen Patentamt bekannt gemacht.
(4) Der Tag des Beginns und des Endes einer Störung nach **Absatz 2** wird vom Europäischen Patentamt bekannt gemacht.
(5) Unbeschadet der **Absätze 1 bis 4** kann jeder Beteiligte nachweisen, dass an einem der letzten zehn Tage vor Ablauf einer Frist die Zustellung oder Übermittlung der Post [...] durch ein außerordentliches Ereignis wie eine Naturkatastrophe, einen Krieg, einen allgemeinen Ausfall einer der vom Präsidenten des Europäischen Patentamts gemäß **R.2(1)** zugelassenen Einrichtungen zur elektronischen Nachrichtenübermittlung oder durch ähnliche Ursachen gestört war. Ist dieser Nachweis für das Europäische Patentamt überzeugend, so gilt ein verspätet eingegangenes Schriftstück als rechtzeitig eingegangen, sofern der Versand spätestens am fünften Tag nach Ende der Störung vorgenommen wurde.

[121] Absätze 1 und **5** geändert durch BdV CA/D 6/14 vom 15.10.2014 (ABl.2015, A17), in Kraft getreten am 01.04.2015. Siehe Mitteilung des EPA, ABl.2015, A36.
[122] Siehe hierzu Übersicht Tage, an denen Annahmestellen des EPA und nationale Patentbehörde der EPÜ-Vertragsstaaten im Jahr 2016 geschlossen (ABl.2016, A6).

Fristen

Art.120 iVm R.131 bis 134

gesetzliche Fristen	
Fristbeginn	[R.131(2)]
+ gesetzliche Frist	
+ automatische Verlängerung wegen Schließtage	[R.126(2)]
= Fristende	

Amtsfristen	
Fristbeginn (Datum auf Mitt.)	[R.131(2)]
+ 10 Tage ODER späterer Tag der Zustellung	[R.126(2)]
+ vom Amt bestimmte Frist	
+ automatische Verlängerung wegen Schließtage	[R.126(2)]
= Fristende	

327 Eine **Frist** ist ein **Zeitraum**, in dem eine Handlung vorgenommen werden muss, um wirksam zu sein. Es ist darauf zu achten, dass die Frist nicht mit dem **Fristende** verwechselt wird, welches den **letzten Tag zur Vornahme dieser Handlung** bezeichnet.

Das EPÜ unterscheidet zwischen zwei unterschiedlichen **Fristarten**:

328
a) **gesetzliche Fristen**, dh im EPÜ verankerte Frist (nicht verlängerbar)
b) **Amtsfristen** („Bescheidfristen") [R.132(1)], dh vom EPA festgelegte »zu best. Frist«;

2 - 6 Monate	E-VII,1.2,	[R.132(2)]
verlängerbar [544]	E-VII,1.6,	[R.132(2)]

329 **Fristberechnung**

Fristbeginn immer 0:00 am Tag nach dem fristauslösenden Ereigniss [545] [R.131(2)]

Während die meisten fristauslösenden Ereignisse an feste Tage gebunden sind, muss bei der Zustellung [Art.119] der Zustellzeitpunkt beachtet werden.

Zustellungsarten:
a) per Post [R.125(2)(a)] iVm [R.126].
b) elektronische Nachrichtenübermittlung [546] [R.125(2)(b)] iVm [R.127], Pilotprojekt elektronische Postbox [ABl.2015,A28],
c) unmittelbare Übergabe [546] [R.125(2)(c)] iVm [R.128]
d) Öffentliche Zustellung [546] [R.125(2)(d)] iVm [R.129]

Für Zustellungen per Post oder elektron. Postbox gilt die **Zustellungsfiktion [R.126(1)]**:
- Sendung gilt am **zehnten Tag** nach Übergabe an den Postdiensteanbieter als zugestellt
- erfolgt tatsächliche Zustellung **nach** den 10 Tagen, so ist dieser spätere Tag der Zustellung der Zustelltag [R.126(2)] [547].

Fristende immer 24:00 Uhr des berechneten Tages und bestimmt sich nach jeweiliger Fristart (kleinste Einheit für Fristenberechnung ist **1 Tag**). Das EPÜ unterscheidet zwischen:
a) Jahresfristen [R.131(3)],
b) Monatsfristen [R.131(4)],
c) Wochenfristen [R.131(5)].

Fristverlängerung

Verlängerung **auf Antrag**, gilt nur für Amtsfristen   R.132(2) S.2
1) schriftlich mit Begründung [548],
2) vor Fristablauf möglich.

Fristverlängerung stellt keine zusammengesetzte Frist dar; Fristverlängerung berechnet sich stets vom Fristbeginn der ursprünglichen Frist (nicht vom Fristende der abgelaufenen)

Ablehnung des Fristverlängerungsgesuchs ist nicht beschwerdefähig [J37/89]

ODER

Automatische Fristverlängerung, gilt für gesetzliche Fristen und Amtsfristen   R.134

wenn berechneter Tag ein **Schließtag des EPA** ist, wobei es genügt, dass eine Dienststelle des EPA (Berlin, Den Haag oder München) geschlossen hat. Schließtage beziehen sich dabei sowohl auf Wochenenden und Feiertage als auch Tage an denen bspw. wegen Naturkatastrophen, Kriege oder allgemeiner Poststörungen keine Zustellung möglich war.

nat. Feiertag führt nicht zur Fristverlängerung [J5/98]

Fristgerechter Zugang beim EPA

Schriftstücke, die 5 Kalendertage vor Fristende einem anerkannten Postdienstanbieter [549] gelten als fristgerecht beim EPA eingegangen, auch wenn tatsächlicheZustellung nach Fristende liegt (aber < 3M nach Abgabe) [R.133(1), E-VII,1.7].

---

[544] VERLÄNGERUNG ÜBER 6 M nur in Ausnahmefällen auf 8 M: [1] ernsthafte Erkrankung oder [2] umfangreiche Versuche [ABl.1989,180]; bei laufenden PACE-ANTRÄGEN nicht über 4 M verlängerbar, nur in besonders begründeten Fällen [ABl.2001,148].

[545] ggf. wird vom EPA über Eintritt des Ereignisses per Mitt. informiert, handelt es sich um eine gesetzliche Frist, gilt dennoch Tag des Eintritts des Ereignisses als Fristbeginn und nicht Datum der Mitteilung über dieses.

[546] Zustellungszeitpunkt: Zustellung gilt als am Tag der Übermittlung als erfolgt und löst die Frist aus; ausgenommen elektron. Postbox [ABl.2015,A28].

[547] Beweislast liegt beim EPA (Einschreiben mit Unterschrift) [R.125(4); J18/05, T529/09, T1535/10].

[548] BEGRÜNDUNG ENTFÄLLT bei sachlichen Einwänden des jeweiligen Organs (d.h. wenn als Beleg umfangreiche Versuche durchzuführen sind).

[549] Chronopost, DHL, Federal Express, flexpress, TNT, SkyNet, UPS.

Fristauslösende Ereignisse (alphabetisch sortiert)

Handlung	Norm	Frist	Nachfrist	Fristenkalkulator												↗ Rn.
				Jan x	Feb x	Mär x	Apr x	Mai x	Jun x	Jul x	Aug x	Sep x	Okt x	Nov x	Dez x	
Anmeldegebühr	**Art.78(2)** R.38(1)	**1 M** nach ET	keine	Feb x	Mär x	Apr x	Mai x	Jun x	Jul x	Aug x	Sep x	Okt x	Nov x	Dez x	Jan x	
Recherchengebühr				Feb x	Mär x	Apr x	Mai x	Jun x	Jul x	Aug x	Sep x	Okt x	Nov x	Dez x	Jan x	DI-34
Seitengebühr	**Art.78(2)** R.38(2)	**1 M** nach Einreichung Anspruchssatz **ODER** beglaubigte Abschrift	keine	Feb x	Mär x	Apr x	Mai x	Jun x	Jul x	Aug x	Sep x	Okt x	Nov x	Dez x	Jan x	
Übersetzung	**Art.14(2)** R.6(1)	**2 M** nach ET	**2 M** ab Auff.$^{+10Tage}$	Mär x	Apr x	Mai x	Jun x	Jul x	Aug x	Sep x	Okt x	Nov x	Dez x	Jan (x+1)	Feb (x+1)	DI-36
Anspruchsgebühr	R.45(2)	**1 M** ab ET erster Anspruchssatz	**1 M** ab Mitt.$^{+10Tage}$	Feb x	Mär x	Apr x	Mai x	Jun x	Jul x	Aug x	Sep x	Okt x	Nov x	Dez x	Jan x	DI-34
Ausstellungsbescheinigung	**Art.55(1)b** R.25	**4 M** nach ET	**4 M** ab Auff.$^{+10Tage}$	Mai x	Jun x	Jul x	Aug x	Sep x	Okt x	Nov x	Dez x	Jan (x+1)	Feb (x+1)	Mär (x+1)	Apr (x+1)	DI-45
Nachreichen fehlender Teile ohne Prio	R.56(2)	**2 M** nach R.56(1)-Auff.$^{+10Tage}$ **ODER** von selbst	keine	Mär x	Apr x	Mai x	Jun x	Jul x	Aug x	Sep x	Okt x	Nov x	Dez x	Jan (x+1)	Feb (x+1)	DI-64
Anmelderidentität	**Art.86** R.41(2)c	**2 M** nach ET, von selbst	**2 M** nach R.55-Mitt.$^{+10Tage}$	Mär x	Apr x	Mai x	Jun x	Jul x	Aug x	Sep x	Okt x	Nov x	Dez x	Jan (x+1)	Feb (x+1)	DI-37
Erfindernennung	**Art.90(3)** R.57f	am AT	**16 M** nach ET bzw. PT	Mai (x+1)	Jun (x+1)	Jul (x+1)	Aug (x+1)	Sep (x+1)	Okt (x+1)	Nov (x+1)	Dez (x+1)	Jan (x+2)	Feb (x+2)	Mär (x+2)	Apr (x+2)	DI-47
Hinterlegung biologischen Materials	R.31(2)	**16 M** nach AT/PT	spätestens vor Abschluss techn. Vorbereitungen zur VÖ	Mai (x+1)	Jun (x+1)	Jul (x+1)	Aug (x+1)	Sep (x+1)	Okt (x+1)	Nov (x+1)	Dez (x+1)	Jan (x+2)	Feb (x+2)	Mär (x+2)	Apr (x+2)	DI-41
Sequenzprotokoll	R.30(2)	am AT	**2 M** ab Auff.$^{+10Tage}$	Mär x	Apr x	Mai x	Jun x	Jul x	Aug x	Sep x	Okt x	Nov x	Dez x	Jan (x+1)	Feb (x+1)	DI-44
Jahresgebühr	**Art.86** R.51	ab **3 M** vor Fälligkeit	**6 M** nach Fälligkeit	Jul x	Aug x	Sep x	Okt x	Nov x	Dez x	Jan (x+1)	Feb (x+1)	Mär (x+1)	Apr (x+1)	Mai (x+1)	Jun (x+1)	DI-283/297
Veröffentlichung	**Art.93(1)a**	**18 M** nach AT/PT	keine	Jul (x+1)	Aug (x+1)	Sep (x+1)	Okt (x+1)	Nov (x+1)	Dez (x+1)	Jan (x+2)	Feb (x+2)	Mär (x+2)	Apr (x+2)	Mai (x+2)	Jun (x+2)	DI-93

Einreichung ePa, TA — Anmeldetag (AT)

330

331

Fristenkalkulator

	ausgelöste Frist, alphabetisch	Norm	Frist	Nachfrist	Jan x	Feb x	Mär x	Apr x	Mai x	Jun x	Jul x	Aug x	Sep x	Okt x	Nov x	Dez x	Rn.
332 Priorität	Prioritätsfrist	**Art.87(1)**	**12 M** ab PT	keine	Jan (x+1)	Feb (x+1)	Mär (x+1)	Apr (x+1)	Mai (x+1)	Jun (x+1)	Jul (x+1)	Aug (x+1)	Sep (x+1)	Okt (x+1)	Nov (x+1)	Dez (x+1)	DI-52
	Prioerklärung	**Art.88(1) R.52(2)**	am ET	**16 M** nach frühesten PT	Mai (x+1)	Jun (x+1)	Jul (x+1)	Aug (x+1)	Sep (x+1)	Okt (x+1)	Nov (x+1)	Dez (x+1)	Jan (x+2)	Feb (x+2)	Mär (x+2)	Apr (x+2)	DI-57
	Prioritätsbeleg	**R.53(1)**															
333 Veröffentlichung ESR	Prüfungsantrag und -gebühr	**Art.94(1), R.70(1)**		keine	Jul x	Aug x	Sep x	Okt x	Nov x	Dez x	Jan (x+1)	Feb (x+1)	Mär (x+1)	Apr (x+1)	Mai (x+1)	Jun (x+1)	DI-58
	Benennungs-/	**Art.79(2) R.39(1)**	**6 M** nach Veröff. ESR	keine	Jul x	Aug x	Sep x	Okt x	Nov x	Dez x	Jan x	Feb x	Mär x	Apr x	Mai x	Jun (x+1)	DI-99 bis 101
	Erstreckungs-/Validierungs-gebühr	**R.17(3)/ R.36(4)**		**2 M** nach Fristablauf													
	Stellungnahme auf EESR	**R.70a(1)**		keine	Jul x	Aug x	Sep x	Okt x	Nov x	Dez x	Jan (x+1)	Feb (x+1)	Mär (x+1)	Apr (x+1)	Mai (x+1)	Jun (x+1)	DI-87
334 R.71(3)-Mitteilung	Einwendungen Dritter	**Art.115**	jederzeit	keine	-	-	-	-	-	-	-	-	-	-	-	-	DI-212
	Erteilungs-/Veröffentlichungsgebühr	**R.71(3) S.2**	**4 M** ab Mitt. +10 Tage		Mai x	Jun x	Jul x	Aug x	Sep x	Okt x	Nov x	Dez x	Jan (x+1)	Feb (x+1)	Mär (x+1)	Apr (x+1)	DI-90
	Übersetzung Ansprüche	**R.71(3) S.2**		keine	Mai x	Jun x	Jul x	Aug x	Sep x	Okt x	Nov x	Dez x	Jan (x+1)	Feb (x+1)	Mär (x+1)	Apr (x+1)	DI-92
	Anbüspruchsgehr	**R.71(4)**			Mai x	Jun x	Jul x	Aug x	Sep x	Okt x	Nov x	Dez x	Jan (x+1)	Feb (x+1)	Mär (x+1)	Apr (x+1)	
335 Veröff. Erteilung	Einspruch	**Art.99**	**9 M** ab Erteilungshinweis	keine	Okt x	Nov x	Dez x	Jan (x+1)	Feb (x+1)	Mär (x+1)	Apr (x+1)	Mai (x+1)	Jun (x+1)	Jul (x+1)	Aug (x+1)	Sep (x+1)	DI-102
	Übersetzung der Patentschrift	**Art.65 NatR IV, 4**	mind **3 M** ab Erteilungshinweis	siehe nat. NatR IV, 4	Apr x	Mai x	Jun x	Jul x	Aug x	Sep x	Okt x	Nov x	Dez x	Jan (x+1)	Feb (x+1)	Mär (x+1)	

EPÜ 2000

Artikel 20 [19]
Rechtsabteilung

(1) Die Rechtsabteilung ist zuständig für Entscheidungen über Eintragungen und Löschungen im Europäischen Patentregister sowie für Entscheidungen über Eintragungen und Löschungen in der Liste der zugelassenen Vertreter.

(2) Entscheidungen der Rechtsabteilung werden von einem rechtskundigen Mitglied getroffen.

[19] Siehe BdP des EPA, ABl.2013, 600; 2013, 601.

Artikel 61 [51],[52]
Anmeldung europäischer Patente durch Nichtberechtigte

(1) Wird durch rechtskräftige Entscheidung der Anspruch auf Erteilung des europäischen Patents einer Person zugesprochen, die nicht der Anmelder ist, so kann diese Person nach Maßgabe der Ausführungsordnung

a) die europäische Patentanmeldung anstelle des Anmelders als eigene Anmeldung weiterverfolgen,

b) eine neue europäische Patentanmeldung für dieselbe Erfindung einreichen oder

c) beantragen, dass die europäische Patentanmeldung zurückgewiesen wird.

(2) Auf eine nach Absatz 1 b) eingereichte neue europäische Patentanmeldung ist Art.76(1) entsprechend anzuwenden.

[51] Geändert durch die Akte zur Revision des EPÜ vom 29.11.2000.
[52] Siehe hierzu Entscheidung GBK G3/92 (Anhang I).

EPÜAO

Regel 14 [16]
Aussetzung des Verfahrens

(1) Weist ein Dritter nach, dass er ein Verfahren gegen den Anmelder eingeleitet hat mit dem Ziel, eine Entscheidung im Sinne des Art.61(1) zu erwirken, so wird das Erteilungsverfahren ausgesetzt, es sei denn, der Dritte erklärt dem Europäischen Patentamt gegenüber schriftlich seine Zustimmung zur Fortsetzung des Verfahrens. Diese Zustimmung ist unwiderruflich. Das Erteilungsverfahren wird jedoch nicht vor Veröffentlichung der europäischen Patentanmeldung ausgesetzt.

(2) Wird nachgewiesen, dass eine rechtskräftige Entscheidung im Sinne des Art.61(1) ergangen ist, so teilt das Europäische Patentamt dem Anmelder und gegebenenfalls den Beteiligten mit, dass das Erteilungsverfahren von dem in der Mitteilung genannten Tag an fortgesetzt wird, es sei denn, nach Art.61(1) b) ist eine neue europäische Patentanmeldung für alle benannten Vertragsstaaten eingereicht worden. Ist die Entscheidung zugunsten des Dritten ergangen, so darf das Verfahren frühestens drei Monate nach Eintritt der Rechtskraft dieser Entscheidung fortgesetzt werden, es sei denn, der Dritte beantragt die Fortsetzung.

(3) Bei der Aussetzung des Erteilungsverfahrens oder später kann das EPA einen Zeitpunkt festsetzen, zu dem es beabsichtigt, das Erteilungsverfahren ohne Rücksicht auf den Stand des nach Absatz 1 eingeleiteten nationalen Verfahrens fortzusetzen. Diesen Zeitpunkt teilt es dem Dritten, dem Anmelder und gegebenenfalls den Beteiligten mit. Wird bis zu diesem Zeitpunkt nicht nachgewiesen, dass eine rechtskräftige Entscheidung ergangen ist, so kann das EPA das Verfahren fortsetzen.

---

(4) Alle am Tag der Aussetzung laufenden Fristen mit Ausnahme der Fristen zur Zahlung der Jahresgebühren werden durch die Aussetzung gehemmt. An dem Tag der Fortsetzung des Verfahrens beginnt der noch nicht verstrichene Teil einer Frist zu laufen. Die nach der Fortsetzung verbleibende Frist beträgt jedoch mindestens zwei Monate.

[16] Siehe BdP des EPA, ABl.2013, 600.

Regel 142 [131]
Unterbrechung des Verfahrens

(1) Das Verfahren vor dem Europäischen Patentamt wird unterbrochen:

a) im Fall des Todes oder der fehlenden Geschäftsfähigkeit des Anmelders oder Patentinhabers oder der Person, die nach dem Heimatrecht des Anmelders oder Patentinhabers zu dessen Vertretung berechtigt ist. Solange die genannten Ereignisse die Vertretungsbefugnis eines nach Art.134 bestellten Vertreters nicht berühren, tritt eine Unterbrechung des Verfahrens jedoch nur auf Antrag dieses Vertreters ein;

b) wenn der Anmelder oder Patentinhaber aufgrund eines gegen sein Vermögen gerichteten Verfahrens aus rechtlichen Gründen verhindert ist, das Verfahren fortzusetzen;

c) wenn der Vertreter des Anmelders oder Patentinhabers stirbt, seine Geschäftsfähigkeit verliert oder aufgrund eines gegen sein Vermögen gerichteten Verfahrens aus rechtlichen Gründen verhindert ist, das Verfahren fortzusetzen.

(2) Wird dem Europäischen Patentamt bekannt, wer in den Fällen des Absatzes 1 a) oder b) berechtigt ist, das Verfahren fortzusetzen, so teilt es dieser Person und gegebenenfalls den übrigen Beteiligten mit, dass das Verfahren nach Ablauf einer zu bestimmenden Frist wiederaufgenommen wird.

(3) Im Fall des Absatzes 1 c) wird das Verfahren wiederaufgenommen, wenn dem Europäischen Patentamt die Bestellung eines neuen Vertreters des Anmelders angezeigt wird oder das Amt den übrigen Beteiligten die Bestellung eines neuen Vertreters des Patentinhabers angezeigt hat. Hat das Europäische Patentamt drei Monate nach dem Beginn der Unterbrechung des Verfahrens noch keine Anzeige über die Bestellung eines neuen Vertreters erhalten, so teilt es dem Anmelder oder Patentinhaber mit:

a) im Fall des Art.133(2), dass die europäische Patentanmeldung als zurückgenommen gilt oder das europäische Patent widerrufen wird, wenn die Anzeige nicht innerhalb von zwei Monaten nach Zustellung dieser Mitteilung erfolgt, oder

b) andernfalls, dass das Verfahren ab der Zustellung dieser Mitteilung mit dem Anmelder oder Patentinhaber wiederaufgenommen wird.

(4) Die am Tag der Unterbrechung laufenden Fristen, mit Ausnahme der Frist zur Stellung des Prüfungsantrags und der Frist für die Entrichtung der Jahresgebühren, beginnen an dem Tag von Neuem zu laufen, an dem das Verfahren wiederaufgenommen wird. Liegt dieser Tag später als zwei Monate vor Ablauf der Frist zur Stellung des Prüfungsantrags, so kann ein Prüfungsantrag noch innerhalb von zwei Monaten nach diesem Tag gestellt werden.

[131] Siehe BdP des EPA, ABl.2013, 600.

Rechtsprechung

J7/83
Unterbrechung Erteilungsverfahrens aufgrund gerichtlichen Vergleichsverfahrens hemmt Ablauf der in Art.94(2) a.F. EPÜ festgesetzten Frist für Entrichtung der Prüfungsgebühr bis zu dem Zeitpunkt der Wiederaufnahme des Erteilungsverfahrens.

J902/87
R.90(4) a.F. EPÜ ist dahingehend auszulegen, dass Zahlungstag für während der Geschäftsunfähigkeit Anmelders oder seines Vertreters fällig gewordenen Jahresgebühren auf den Zeitpunkt der Wiederaufnahme des Verfahrens verschoben wird.

J903/87
kurz gefasste ärztliche Bescheinigung, aus der zwar hervorgeht, dass sich der Anmelder in einem Zustand physischer und psychischer Erschöpfung und Depression befunden habe, genüge nicht, um die Geschäftsunfähigkeit des Beschwerdeführers im Sinne der R.90(1) a.F. EPÜ 1973 festzustellen

J38/92
Die Aussetzung eines Erteilungsverfahrens bewirkt, dass das Erteilungsverfahren unverändert in dem Rechtsstadium verbleibt, in dem es sich zum Zeitpunkt der Aussetzung befand.

J49/92
Fehlende Geschäftsfähigkeit einer Person, die nicht als zulässiger Vertreter vor dem Amt handelt, ist anhand der nationalen Rechtsordnung festzustellen, der diese Person unterstehe;
kein Anhaltspunkt für fehlende Geschäftsfähigkeit ist z. B. ein ärztliches Attest

J5/99
Bei Prüfung sind alle einschlägigen, zuverlässigen Informationen heranzuziehen und sorgfältig abzuwägen. Unverzichtbar ist ferner ein zuverlässiges medizinisches Gutachten, das möglichst alle entscheidungserheblichen Tatsachen in Betracht zieht.

J33/03
Die Kammer ist weder zuständig noch in der Lage zu entscheiden, welchem Beteiligten die europäische Patentanmeldung möglicherweise zusteht, geschweige denn, welcher Ausgang des Vindikationsverfahrens der wahrscheinlichere sei.

Unterbrechung · Aussetzung — R.142, R.14(1)

	Voraussetzung	Norm	Erfordernis	Zuständigkeit	Frist	Rechtsfolge	Wiederaufnahme
336 Unterbrechung — aufgrund Anmelder/PI	a) Tod/fehlende Geschäftsfähigkeit des Anmelders/PI oder der nach nat. Recht zur Vertretung berechtigten Person — ODER — b) Insolvenz des Anmelders/PI	R.142	Antrag des nach **Art.134** bestellten Vertreters mit Nachweis [550] **R.142(1)a) S.2**	Rechtsabteilung **Art.20(1)**, **ABl.2013,600**	»jederzeit« solange Frist noch nicht abgelaufen	⊕ Verfahrensunterbrechung mit ED des Antrags [551] **UND** Unterbrechung aller Fristen [552]	mit Anzeige des Berechtigten **ODER** durch EPA zu bestimmende Frist erfolgt Verfahrenswiederaufnahme **R.142(2) UND** am Tag der Unterbrechung laufende Fristen beginnen von neuem [552] **R.142(4)**
336 — aufgrund Vertreter	ODER — c) Tod, Geschäftsunfähigkeit oder wg. Insolvenz des Vertreters		Antrag mit Nachweis [553]			⊕ Unterbrechung aller Fristen [552]	a) nach Anzeige neuen Vertreters — ODER — b) auf Mitt. des EPA **3 M** nach Beginn Unterbrechung, wenn kein Vertreterzwang iSv Art.133(2) erforderlich [554] **R.142(3)b)**
337 Aussetzung — E-VI, 1	anhängiges nat. Vindikationsverfahrens gegen den Anmelder durch einen Dritten auf Erteilung/Übertragung des EP-Patents (= Entscheidung iSd **Art.61(1)**)	R.14(1)	Antrag eines Dritten mit Nachweis	Rechtsabteilung **Art.20(1)**, **ABl.2013,600**	während Erteilungsverfahrens [555] **ABER** nicht vor Veröffentlichung der ePa **R.14(1)**	Aussetzung Erteilungsverfahrens [556] **UND** aktuelles Rechtsstadium bleibt bestehen, **SOMIT** keine wirksamen Rechtsakte möglich [557] **J38/92, ABl.1996,A86 AUßER** Dritter erteilt Zustimmung zur Fortsetzung EP-Verfahrens **R.14(1)**	1) nach rechtskräftiger Entscheidung iSv **R.61(1)** (bei Entscheidung zugunsten Dritten, frühestens **3M** nach Rechtskraft **außer** Dritter beantragt Fortsetzung) **R.14(2)** ODER 2) Anordnung durch Rechtsabteilung unter Interessenabwägung **R.14(3), J33/03 R.14(1)**
Antrag — E-VI, 2/3	anhängige Vorlage bei GBK **Art.112**	E-VI,3	Aussetzung durch Einspruchs- oder Prüfungsabteilung **ODER** Antrag Verfahrensbeteiligter	Einspruchs- oder Prüfungsabteilung E-VI,3	»jederzeit«	Aussetzung des Erteilungsverfahrens [552] **ODER** Entscheidung auf Grundlage bestehender Praxis [558]	nach Entscheidung der GBK zur Vorlagefrage

[550] KEIN NACHWEIS: fehlendes ärztliches Attest mit Angabe zu Schwere und die Dauer [J903/87, ABl.1988,177; J49/92].

[551] Tag der Unterbrechung und Wiederaufnehme werden in Europäisches Patentregister eingetragen; Schriftstücke die während Unterbrechung vom EPA zugestellt werden sind gegenstandslos.

[552] gilt auch für WE-Fristen (insbesondere Ausschlussfrist von 1 J) [R.136(1); Jxx/87]; AUSNAHME: [1] Frist zur Stellung Prüfungsantrag (d.h. laufende Frist ist ausgesetzt [17/83] und nicht verstrichener Teil der Frist läuft ab Fortsetzungstag weiter, beträgt aber mind. 2 M [R.142(4)S.2]) UND [2] Frist für Entrichtung Jahresgebühren (d.h. Fälligkeitstag verschiebt sich auf Fortsetzungstag [R.142(4), J902/87]) [E-VI,1,5].

[553] NACHWEIS: zuverlässiges medizinisches Gutachten [J5/99].

[554] VERTRETERZWANG: besteht Vertreterzwang iSv **Art.133(2)** ergeht Auff. zur Vertreterbestellung (**2 M** ab Auff.+10Tage); unterbleibt Vertreterbestellung, gilt ePa als zurückgenommen/EP-Patent als widerrufen [R.142(3)a)].

[555] Im EURO-PCT Verfahren frühestens mit Ablauf der Frist zum Eintritt in EP-Phase [A-IV,2.2].

[556] Hemmung aller laufenden Fristen, d.h. nicht verstrichener Fristteil läuft ab Tag Fortsetzung Erteilungsverfahrens weiter, beträgt aber mind. **2 M**, [A-IV,2.2.4]; AUßER: Zahlung Jahresgebühr, da auch von Drittem zahlbar [R.14(4)].

[557] ACHTUNG: (nichtberechtigter) Anmelder darf ePa ODER einzelne Benennungen nicht zurücknehmen [R.15] UND keine TA einreichen [J20/05; J9/12].

[558] Hängt eine Entscheidung völlig von Entscheidung einer vorgelegten Rechtsfrage ab, muss ausgesetzt werden. Unterlassung stellt wesentlichen Verfahrensfehler iSv R.103(1)(a) dar [T166/84, ABl.1984,489].

Beschleunigung des Verfahrens

	Antrag	Voraussetzung	Norm	vorzunehmende Handlung	Frist	Rechtsfolge	Wichtig
338	"Early Certainty from Search" (**ECfs**) E-VII,3.1	anhängige ePa, die keine Prio beansprucht (="EP-Erstanmeldung")	C-I,2	Erklärung des Anmelders, dass spätere Prioerklärung nicht beabsichtigt	automatisch ab Einreichung (AT)		
339	**PACE-Antrag** [559] (= Antrag auf beschleunigte Recherche) E-VII,3.1	anhängige ePa **UND** Vorliegen vollständiger Anmeldeunterlagen (d.h. Übersetzung, Zeichnungen, Sequenzprotokoll)	ABl.2010,352	»schriftlicher« Antrag	»jederzeit« [560]	max. **6 M** bis Erstellung ESR	AUSNAHME: bei Mitt. nach R.62a, R.63 oder R.64 kann der ESR erst nach Erwiderung des Anmelders oder Fristablauf erfolgen PACE-Antrag kommt in nicht-öffentlichen Teil der Akte
340	**PACE-Antrag** [559] (= Antrag auf beschleunigte Prüfung) E-VII,3.2	anhängige ePa	ABl.2010,352	»schriftlicher« Antrag (vorzugsweise Form 1008)	»jederzeit« [561]	max. **3 M** bis zum nächsten Bescheid: a) nach Erwiderung nach R.70a bzw. R.161(1) ODER b) nach PACE-Antrags	▪ keine Fristverlängerungen gewährbar ▪ Rückzahlung Prüfungsgebühr ggf. nur zu 75%, wenn ePa zurückgenommen (Art.11 GebO) ▪ Antrag in nicht-öffentlichen Teil der Akte **Art.128(4), R.144 d)** iVm **BdP ABl.200753, J.3**
341	**Verzicht auf R.70(2)-Mitt.** D-VI,3	anhängige ePa	ABl.2015,A49 ABl.2010,352	»vorbehaltloser« Antrag auf Prüfung **UND** Verzicht auf R.70(2)-Mitt.	vor Erhalt Recherchenbericht	mit Recherchenbericht ergeht mit Stellungnahme gem. **R.62** direkt erster Prüfbescheid gem. **Art.94(3)** iVm **R.71(1)** bzw. gem. **R.71(3)** [562] **UND** Aufrechterhaltungserklärung gilt mit Zugang ESR als erfolgt	-
342	**Verzicht auf weitere R.71(3)-Mitt.** ⟋S.111	mind. eine frühere R.71(3)-Mitt.	ABl.2015,A49 ABl.2015,A52	1) formlose Mitt. über Verzicht 2) Anspruchsübersetzung (DE/EN/FR) 3) Erteilungs-/Veröff.-/Anspruchsgeb. 4) kenntliche Änderungen	4 M ab Erhalt der früheren R.71(3)-Mitt.	⊕ keine weitere R.71(3)-Mitt. erfolgt, direkte Entscheidung zur Erteilung, wenn keine Einwände gegen beantragten Änderung/ Berichtigungen **UND** ⊖ bei Einwänden gegen Änderung/ Berichtigungen ggf. neue R.70(3)-Mitt.	

(Recherche: Zeilen 338–339; Erteilungsverfahren: Zeilen 340–342)

[559] auch für EURO-PCT-ANMELDUNG mögl.; Antrag umfasst automatisch Formalprüfung, ergänzende Recherche und Erteilungsverfahren.

[560] KEINE BEARBEITUNG UNTER "PACE": bei ePa, die unter Bezugnahme auf frühere Anmeldung gemäß **R.40(1) c)** und **(2)** eingereicht, ODER bei ePa, für die fehlende Teile der Beschreibung/Zeichnungen gemäß **R.56** nachgereicht.

[561] vorzugsweise mit Einreichung der ePa und Stellung eines unbedingten Prüfungsantrags (d.h. auf **R.70(2)-Mitt.** verzichtet) ODER nach Erhalt des EESR zusammen mit einer Erwiderung.

[562] **R.71(3)**-Mitt. ergeht frühestens, wenn Recherche von **R.54(3)**-Dokumenten mögl. war.

Beschleunigung des Verfahrens

	Antrag	Voraussetzung	Norm	vorzunehmende Handlung	Frist	Rechtsfolge	Wichtig
343 — Einspruch	Antrag auf beschleunigte Bearbeitung von Einsprüchen E-VII,4	anhängige Verletzungsklage bei nat. Gericht eines Vertragsstaates	**ABl.2008,221**	»schriftlicher« und »begründeter« Antrag	»jederzeit«	⊕ Beschleunigung des Verfahrens	EPA beschleunigt Verfahren auch, wenn es von nat. Gericht/zuständiger Behörde eines Vertragsstaats über anhängige Verletzungsklage informiert
344 — Beschwerde	Antrag auf Beschleunigung der Beschwerde E-VII,5	berechtigtes Interesse der Beteiligten oder der Kammer	**ABl.2008,220**	»schriftlicher« Antrag unter Beifügung relevanter Unterlagen, um Dringlichkeit zu »begründen«[563]	zu Beginn **ODER** während Beschwerde	⊕ Beschleunigung des Verfahrens	auch durch Gerichte und zuständigen Behörden eines Vertragsstaats
345	**Einwendungen Dritter** (=*Amicus Curiae*) [564] E-V,3	ePa veröffentlicht [**Art.93**] **UND** keine anonyme Einwendung	**Art.115** iVm **R.114**	schriftlich in einer Amtssprache des EPA und »begründet« **R.114(1)** vorzugsweise online **ABl.2011,418 und 420**	»jederzeit« [565]	▪ Automatische Weiterleitung an Anmelder/PI **MIT** Äußerung und Hinweisen des zust. Organs ▪ **keine** Verfahrensbeteiligung, keine Info über Verfahrensfortgang oder Anhörung ▪ **Beschleunigung** Verfahren (**3 M** bis nächsten Schritt)	1) Einreichung auch anonym möglich [566] **ABl.2011, 420** 2) keine Unterschrift erforderlich **ABl.2011, 418**

---

[563] anhängige Verletzungsklage; Lizenzverhandlungen; anderer Einspruch, dessen Ausgang von Beschwerdeentscheidung abhängig.

[564] ZULÄSSIGKEIT: in alle Verfahren des EPA (Prüfungs-, Einspruchs-, Einspruchsbeschwerde-, Beschwerde-, Beschränkungsverfahren).

[565] vorzugsweise nicht erst kurz vor einer Entscheidung, da dann ggf. keine Berücksichtigung mehr.

[566] Da bei anonymen Einwendungen keine R.50(3)-Auff. zugestellt werden kann, bleibt das Dokument notwendigerweise nicht unterzeichnet **UND** gilt daher als nicht eingereicht. Im Einspruch sind anonyme Einwendungen Dritter daher von Amtswegen nicht zu berücksichtigen, sie können aber von einer Partei übernommen werden [**G1/03** und **G2/03** [**ABl.2004, 413** und **448**]].

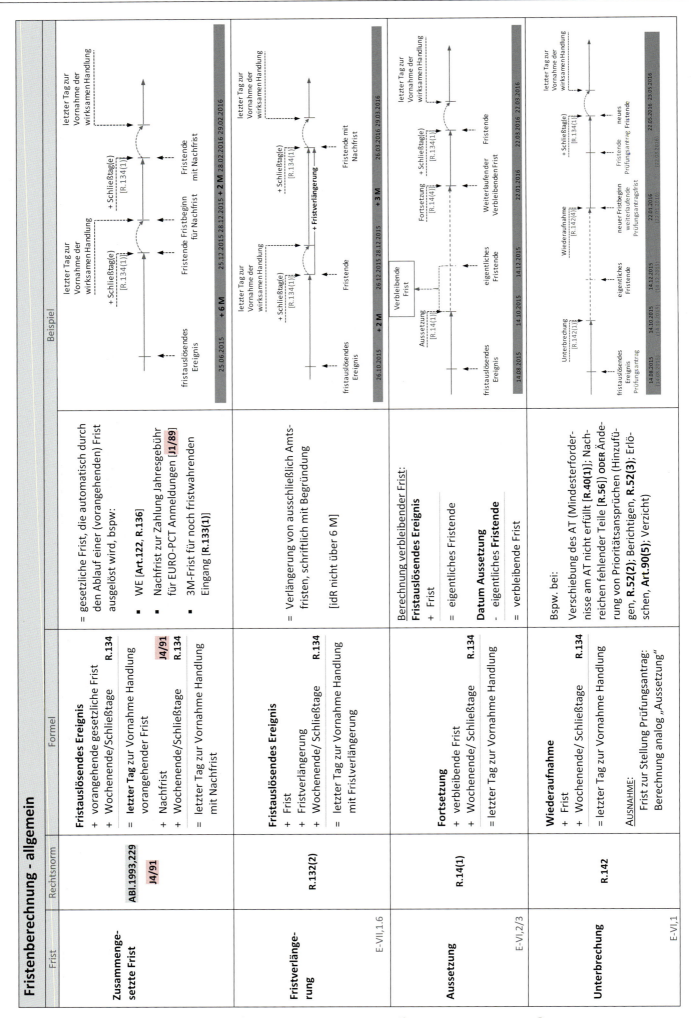

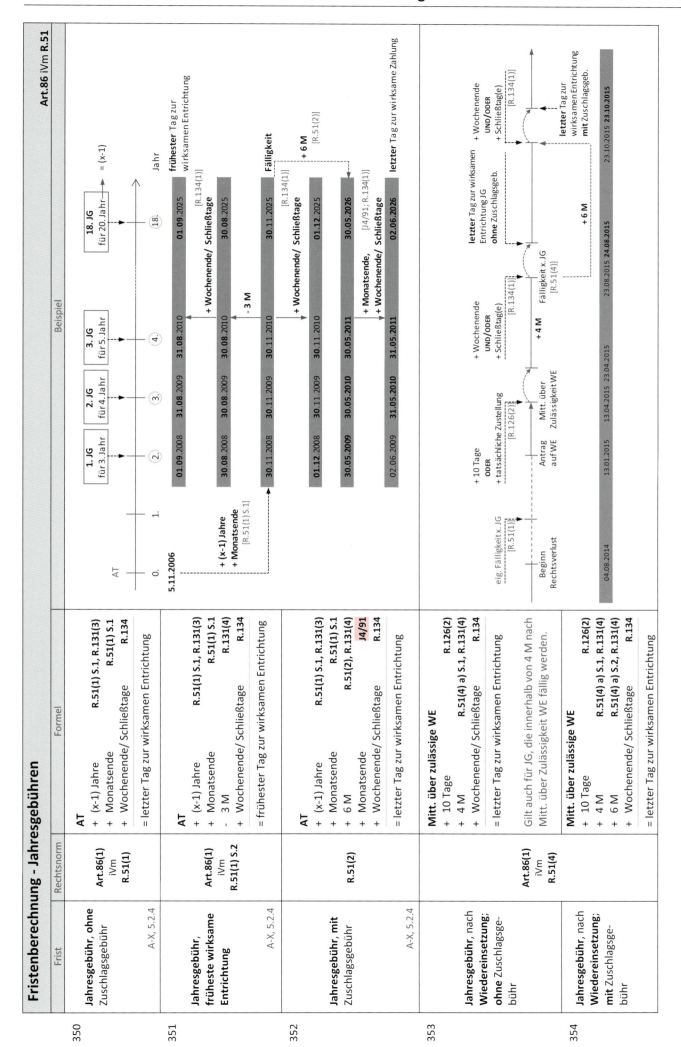

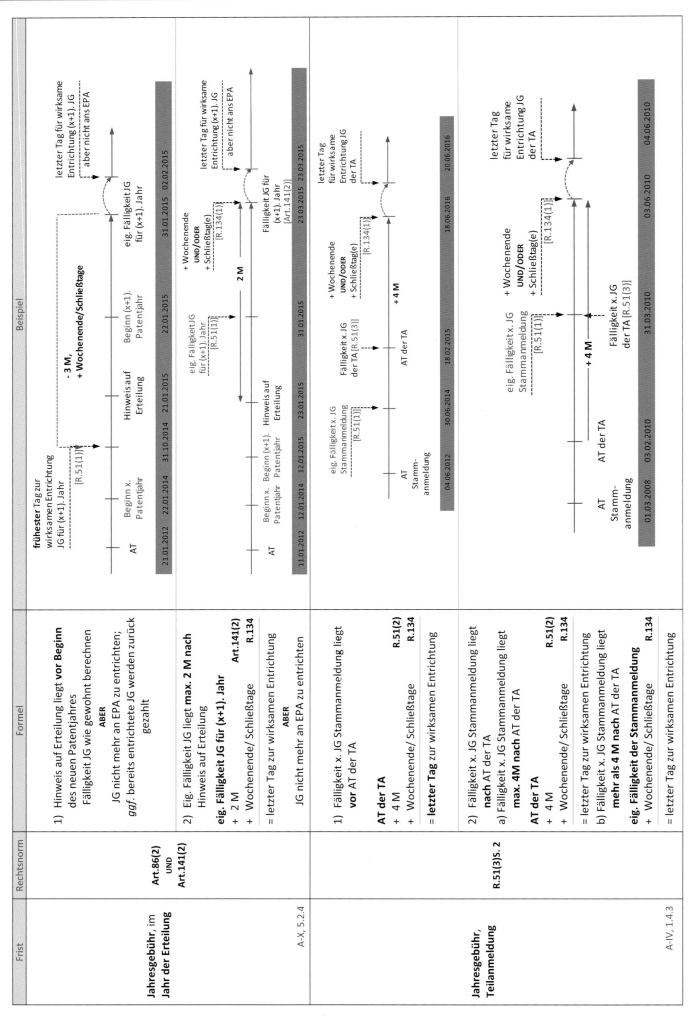

Fristenberechnung

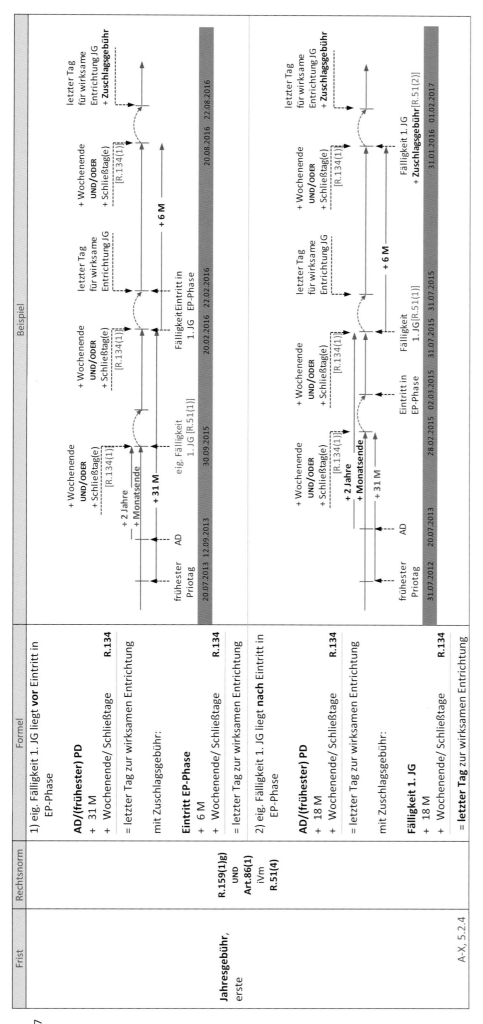

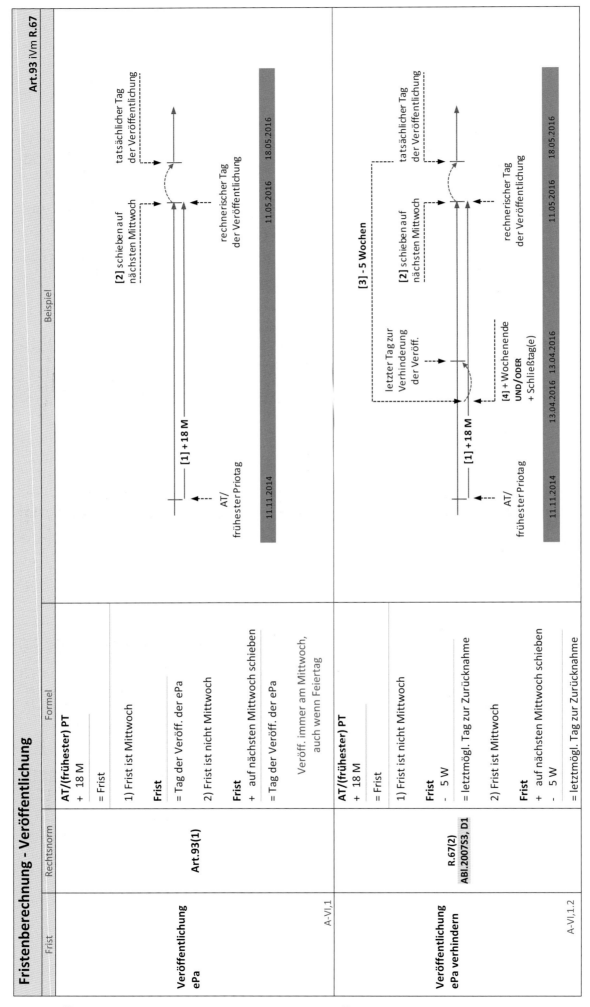

Kalender

2016

Januar

KW	Mo	Di	Mi	Do	Fr	Sa	So
53					1	2	3
1	4	5	6	7	8	9	10
2	11	12	13	14	15	16	17
3	18	19	20	21	22	23	24
4	25	26	27	28	29	30	31

Februar

KW	Mo	Di	Mi	Do	Fr	Sa	So
5	1	2	3	4	5	6	7
6	8	9	10	11	12	13	14
7	15	16	17	18	19	20	21
8	22	23	24	25	26	27	28
9	29						

März

KW	Mo	Di	Mi	Do	Fr	Sa	So
9		1	2	3	4	5	6
10	7	8	9	10	11	12	13
11	14	15	16	17	18	19	20
12	21	22	23	24	25	26	27
13	28	29	30	31			

April

KW	Mo	Di	Mi	Do	Fr	Sa	So
13					1	2	3
14	4	5	6	7	8	9	10
15	11	12	13	14	15	16	17
16	18	19	20	21	22	23	24
17	25	26	27	28	29	30	

Mai

KW	Mo	Di	Mi	Do	Fr	Sa	So
17							1
18	2	3	4	5	6	7	8
19	9	10	11	12	13	14	15
20	16	17	18	19	20	21	22
21	23	24	25	26	27	28	29
22	30	31					

Juni

KW	Mo	Di	Mi	Do	Fr	Sa	So
22		1	2	3	4	5	
23	6	7	8	9	10	11	12
24	13	14	15	16	17	18	19
25	20	21	22	23	24	25	26
26	27	28	29	30			

Juli

KW	Mo	Di	Mi	Do	Fr	Sa	So
26					1	2	3
27	4	5	6	7	8	9	10
28	11	12	13	14	15	16	17
29	18	19	20	21	22	23	24
30	25	26	27	28	29	30	31

August

KW	Mo	Di	Mi	Do	Fr	Sa	So
31	1	2	3	4	5	6	7
32	8	9	10	11	12	13	14
33	15	16	17	18	19	20	21
34	22	23	24	25	26	27	28
35	29	30	31				

September

KW	Mo	Di	Mi	Do	Fr	Sa	So
35				1	2	3	4
36	5	6	7	8	9	10	11
37	12	13	14	15	16	17	18
38	19	20	21	22	23	24	25
39	26	27	28	29	30		

Oktober

KW	Mo	Di	Mi	Do	Fr	Sa	So
39						1	2
40	3	4	5	6	7	8	9
41	10	11	12	13	14	15	16
42	17	18	19	20	21	22	23
43	24	25	26	27	28	29	30
44	31						

November

KW	Mo	Di	Mi	Do	Fr	Sa	So
44	1	2	3	4	5	6	
45	7	8	9	10	11	12	13
46	14	15	16	17	18	19	20
47	21	22	23	24	25	26	27
48	28	29	30				

Dezember

KW	Mo	Di	Mi	Do	Fr	Sa	So
48				1	2	3	4
49	5	6	7	8	9	10	11
50	12	13	14	15	16	17	18
51	19	20	21	22	23	24	25
52	26	27	28	29	30	31	

2017 (vorläufig)

Januar

KW	Mo	Di	Mi	Do	Fr	Sa	So
52							1
1	2	3	4	5	6	7	8
2	9	10	11	12	13	14	15
3	16	17	18	19	20	21	22
4	23	24	25	26	27	28	29
5	30	31					

Februar

KW	Mo	Di	Mi	Do	Fr	Sa	So
5			1	2	3	4	5
6	6	7	8	9	10	11	12
7	13	14	15	16	17	18	19
8	20	21	22	23	24	25	26
9	27	28					

März

KW	Mo	Di	Mi	Do	Fr	Sa	So
9			1	2	3	4	5
10	6	7	8	9	10	11	12
11	13	14	15	16	17	18	19
12	20	21	22	23	24	25	26
13	27	28	29	30	31		

April

KW	Mo	Di	Mi	Do	Fr	Sa	So
13						1	2
14	3	4	5	6	7	8	9
15	10	11	12	13	14	15	16
16	17	18	19	20	21	22	23
17	24	25	26	27	28	29	30

Mai

KW	Mo	Di	Mi	Do	Fr	Sa	So
18	1	2	3	4	5	6	7
19	8	9	10	11	12	13	14
20	15	16	17	18	19	20	21
21	22	23	24	25	26	27	28
22	29	30	31				

Juni

KW	Mo	Di	Mi	Do	Fr	Sa	So
22			1	2	3	4	
23	5	6	7	8	9	10	11
24	12	13	14	15	16	17	18
25	19	20	21	22	23	24	25
26	26	27	28	29	30		

Juli

KW	Mo	Di	Mi	Do	Fr	Sa	So
26						1	2
27	3	4	5	6	7	8	9
28	10	11	12	13	14	15	16
29	17	18	19	20	21	22	23
30	24	25	26	27	28	29	30
31	31						

August

KW	Mo	Di	Mi	Do	Fr	Sa	So
31		1	2	3	4	5	6
32	7	8	9	10	11	12	13
33	14	15	16	17	18	19	20
34	21	22	23	24	25	26	27
35	28	29	30	31			

September

KW	Mo	Di	Mi	Do	Fr	Sa	So
35					1	2	3
36	4	5	6	7	8	9	10
37	11	12	13	14	15	16	17
38	18	19	20	21	22	23	24
39	25	26	27	28	29	30	

Oktober

KW	Mo	Di	Mi	Do	Fr	Sa	So
39							1
40	2	3	4	5	6	7	8
41	9	10	11	12	13	14	15
42	16	17	18	19	20	21	22
43	23	24	25	26	27	28	29
44	30	31					

November

KW	Mo	Di	Mi	Do	Fr	Sa	So
44			1	2	3	4	5
45	6	7	8	9	10	11	12
46	13	14	15	16	17	18	19
47	20	21	22	23	24	25	26
48	27	28	29	30			

Dezember

KW	Mo	Di	Mi	Do	Fr	Sa	So
48				1	2	3	
49	4	5	6	7	8	9	10
50	11	12	13	14	15	16	17
51	18	19	20	21	22	23	24
52	25	26	27	28	29	30	31

Feiertage

Teil D I – Übersicht zum EPÜ

EPÜ 2000

Artikel 15[13]
Organe im Verfahren
Im Europäischen Patentamt werden für die Durchführung der in diesem Übereinkommen vorgesehenen Verfahren gebildet:
a) eine Eingangsstelle;
b) Recherchenabteilungen;
c) Prüfungsabteilungen;
d) Einspruchsabteilungen;
e) eine Rechtsabteilung;
f) Beschwerdekammern;
g) eine Große Beschwerdekammer.

[13] Siehe hierzu Stellungnahme der GBK G1/02 (Anhang I).

Artikel 16[14]
Eingangsstelle
Die Eingangsstelle ist für die Eingangs- und Formalprüfung ePas zuständig.

[14] Eingefügt durch die Akte zur Revision des EPÜ vom 29.11.2000.

Artikel 17[15]
Recherchenabteilungen
Die Recherchenabteilungen sind für die Erstellung europäischer Recherchenberichte zuständig.

Artikel 18[16]
Prüfungsabteilungen
(1) Die Prüfungsabteilungen sind für die Prüfung ePas zuständig.
(2)[17] Eine Prüfungsabteilung setzt sich aus drei technisch vorgebildeten Prüfern zusammen. Bis zum Erlass der Entscheidung über die europäische Patentanmeldung wird jedoch in der Regel ein Mitglied der Prüfungsabteilung mit der Bearbeitung der Anmeldung beauftragt. Die mündliche Verhandlung findet vor der Prüfungsabteilung selbst statt. Hält es die Prüfungsabteilung nach Art der Entscheidung für erforderlich, so wird sie durch einen rechtskundigen Prüfer ergänzt. Bei Stimmengleichheit gibt die Stimme des Vorsitzenden der Prüfungsabteilung den Ausschlag.

[16] Geändert durch die Akte zur Revision des EPA vom 29.11.2000.
[17] Siehe hierzu Stellungnahme der GBK G 1/02 (Anhang I).

EPÜAO

Regel 9
Verwaltungsmäßige Gliederung des Europäischen Patentamts
(1) Das EPA wird verwaltungsmäßig in Generaldirektionen untergliedert, denen die in Art.15 genannten Organe, die für Rechtsfragen und die für die innere Verwaltung des Amts geschaffenen Dienststellen zugeordnet werden.
(2) Jede Generaldirektion wird von einem Vizepräsidenten geleitet. Der Verwaltungsrat entscheidet nach Anhörung des Präsidenten des Europäischen Patentamts über die Zuweisung eines Vizepräsidenten an eine Generaldirektion.

Regel 10
Zuständigkeit der Eingangsstelle und der Prüfungsabteilung
(1) Die Eingangsstelle ist so lange für die Eingangs- und Formalprüfung einer europäischen Patentanmeldung zuständig, bis die Prüfungsabteilung für die Prüfung der europäischen Patentanmeldung nach Art.94(1) zuständig wird.
(2) Vorbehaltlich der Absätze 3 und 4 ist die Prüfungsabteilung ab dem Zeitpunkt für die Prüfung einer europäischen Patentanmeldung nach Art.94(1) zuständig, an dem ein Prüfungsantrag gestellt wird.
(3) Wird ein Prüfungsantrag gestellt, bevor dem Anmelder der ESR übermittelt wurde, so ist die Prüfungsabteilung vorbehaltlich des Absatzes 4 ab dem Zeitpunkt zuständig, an dem die Erklärung nach R.70(2) beim EPA eingeht.
(4) Wird ein Prüfungsantrag gestellt, bevor dem Anmelder der europäische Recherchenbericht übermittelt wurde, und hat der Anmelder auf das Recht nach R.70(2) verzichtet, so ist die Prüfungsabteilung ab dem Zeitpunkt zuständig, an dem der Recherchenbericht dem Anmelder übermittelt wird.

Regel 11[6]
Geschäftsverteilung für die erste Instanz
(1) Die technisch vorgebildeten Prüfer, die in Recherchen-, Prüfungs- oder Einspruchsabteilungen tätig sind, werden Direktionen zugewiesen. Auf diese Direktionen verteilt der Präsident des Europäischen Patentamts die Geschäfte in Anwendung der Internationalen Klassifikation.
(2)[7] Der Präsident des Europäischen Patentamts kann der Eingangsstelle, den Recherchen-, Prüfungs- und Einspruchsabteilungen sowie der Rechtsabteilung über die Zuständigkeit hinaus, die ihnen durch das Übereinkommen zugewiesen ist, weitere Aufgaben übertragen.
(3)[8] Der Präsident des Europäischen Patentamts kann mit der Wahrnehmung von den Recherchen-, Prüfungs- oder Einspruchsabteilungen obliegenden Geschäften, die technisch oder rechtlich keine Schwierigkeiten bereiten, auch Bedienstete betrauen, die keine technisch vorgebildeten oder rechtskundigen Prüfer sind.

[6] Siehe hierzu Stellungnahme der Großen Beschwerdekammer G 1/02 (Anhang I).
[7] Siehe BdP des EPA, ABl. 2013, 600.
[8] Siehe BdP des EPA, ABl. 2014, A6, ABl. 2015, A104 sowie Mitteilung des EPA, ABl. 2014, A32.

Rechtsprechung

T714/92
Änderung in der Zusammensetzung der Prüfungsabteilung ohne Dokumentation in öffentlich zugänglichem Aktenteil ist ein wesentlicher Verfahrensmangel; getroffene Entscheidungen *ex tunc* unwirksam.

Formal-sachbearbeiter

Prüfer

technisches Mitglied

rechtskundiges Mitglied

Verfahrensabschnitte und Organe des EPA

Art.15 bis 23, R.9 bis 11

Verfahrensabschnitt	Zuständigkeit	Zusammensetzung	Aufgabe	Prüfungsgrundlage	Dauer	formelle Erfordernisse	Rechtsfolge
360 Eingangs- und Formalprüfung (A-II bzw A-III)	Eingangsstelle **Art.15a)** iVm **Art.16**	ein Formalsachbearbeiter; kein technisch vorgebildeter oder rechtskundiger Prüfer **R.11(3), ABl.2014,A6**	**Eingangsprüfung Art.90(1)** iVm **Art.80, R.40** **Formalprüfung** • Amtssprache **Art.14** • formelle Erfordernisse ePa **Art.78** • Erfindernennung **Art.81** • Vertretung **Art.133**	eingereichte Unterlagen für Zuerkennung des AT **Art.80** iVm R. **40(1)**	bis Prüfungsabteilung für Prüfung nach Art.94(1) zuständig **R.10(1)** A-VI, 2.4	a) Hinweis auf Beantragung ePa (Erteilungsantrag; Form 1001) b) Angaben zur Anmelderidentität c) Beschreibung oder Bezugnahme auf frühere Anmeldung; **ABER** nicht Ansprüche	⊕ AT zuerkannt ⊖ kein AT
361 Recherche (B-I,2)	Recherchenabteilung **Art.15b)** iVm **Art.17**	mind. ein technisch vorgebildetes Mitglied [567]; »Prüfer« ist das mit der Recherche beauftragte Mitglied [568]	• Internationale Patentklassifizierung – IPC **R.8** • Ermittlung SdT für beanspruchte Erfindung **Art.17** • Ermittlung nicht recherchierbarer Gegenstände **R.63** • Prüfung der Einheitlichkeit **Art.82, R.64** • Erstellung ESR Art.92, R.61 zusammen mit EESR **R.62** • Erstellung der endgültigen Zusammenfassung **R.47** iVm **R.66** • Erfindungsbezeichnung A-III,7.2	Ansprüche einer Anmeldung in ursprünglich eingereichter Fassung [569] unter angemessener Berücksichtigung Beschreibung/Zeichnung **Art.92, R.137(1)**	parallel zur Formalprüfung bis Erstellung und Veröff. ESR	Recherche erfolgt in München, Berlin, Den Haag und ggf. Patentämtern **Zentr. Prot. IV(2) und V**	
362 Sachprüfung (C-VII,1)	Prüfungsabteilung **Art.15c)** iVm **Art.18**	drei technisch vorgebildete Mitglieder; »Prüfer« ist das mit Sachprüfung beauftragte Mitglied [570], ggf. durch 1 rechtskundiges Mitglied erweiterbar [571] **Art.18(2)**	**Sachprüfung ePa Art.94(1)** • Patentierbarkeit **Art.52-57** • Einheitlichkeit **Art.82** • Offenbarung **Art.83** • Klarheit **Art.84** • Priorecht **Art.87** • Änderungen **Art.123** **Beschränkung/Widerruf Art.105a**	Rechercheergebnisse	grds. nach Stellung des Prüfungsantrags [572] **R.10(2)**	ePa muss die Erfordernisse des EPÜ erfüllen	Erteilung/Zurückweisung der ePa **Art.97(1)/(2)**

[567] mehrere Prüfer zuständig: **[1]** Erfindung verlangt Recherche in weit entfernten Sachgebieten; **[2]** mangelnde Einheitlichkeit mit mehreren Gegenständen auf verschiedenen technischen Gebieten.

[568] ist in aller Regel auch das erste Mitglied der Prüfungsabteilung zur Beschleunigung des Erteilungsverfahrens – vgl. „BEST"-Verfahren (Zusammenführung von Recherche und Sachprüfung) – mit EPÜ 2000 wurde geographische Zuordnung von Eingangs- und Recherchenabteilung nach Den Haag aus **Art.16** bzw. **Art.17** gestrichen.

[569] AUSNAHME: Euro-PCT, zu der Änderungen bei Eintritt in die EP-Phase eingereicht werden können [**R.161**].

[570] Prüfer in der Regel der Recherchenprüfer; bei Stimmengleichheit Stimme des Vorsitzenden ausschlaggebend.

[571] erforderlich bei: **(i)** Beweisaufnahme [**Art.117**, E-III]: Zeugeneinvernahme, **(ii)** Beweismittelfragen zu offenkundiger Vorbenutzung oder Internetzitation [C-VIII,7].

[572] AUSNAHME: Prüfungsantrag gestellt vor vor Übermittlung ESR an dem Anmelder [**R.10(3)/(4)**].

Teil D I – Übersicht zum EPÜ

EPÜ 2000

Artikel 19[18]
Einspruchsabteilungen

(1) Die Einspruchsabteilungen sind für die Prüfung von Einsprüchen gegen ePas zuständig.

(2) Eine Einspruchsabteilung setzt sich aus drei technisch vorgebildeten Prüfern zusammen, von denen mindestens zwei nicht in dem Verfahren zur Erteilung des europäischen Patents mitgewirkt haben dürfen, gegen das sich der Einspruch richtet. Ein Prüfer, der in dem Verfahren zur Erteilung des europäischen Patents mitgewirkt hat, kann nicht den Vorsitz führen. Bis zum Erlass der Entscheidung über den Einspruch kann die Einspruchsabteilung eines ihrer Mitglieder mit der Bearbeitung des Einspruchs beauftragen. Die mündliche Verhandlung findet vor der Einspruchsabteilung selbst statt. Hält es die Einspruchsabteilung nach Art der Entscheidung für erforderlich, so wird sie durch einen rechtskundigen Prüfer ergänzt, der in dem Verfahren zur Erteilung des Patents nicht mitgewirkt haben darf. Bei Stimmengleichheit gibt die Stimme des Vorsitzenden der Einspruchsabteilung den Ausschlag.

[18] Siehe hierzu Entscheidung/Stellungnahme GBK G 5/91, G 1/02 (Anhang I).

Artikel 20[19]
Rechtsabteilung

(1) Die Rechtsabteilung ist zuständig für Entscheidungen über Eintragungen und Löschungen im Europäischen Patentregister sowie für Entscheidungen über Eintragungen und Löschungen in der Liste der zugelassenen Vertreter.

(2) Entscheidungen der Rechtsabteilung werden von einem rechtskundigen Mitglied getroffen.

[19] Siehe hierzu die Beschlüsse des Präsidenten des EPA, ABl. EPA 2013, 600; 2013 601.

Artikel 21[20],[21]
Beschwerdekammern

(1) Die Beschwerdekammern sind für die Prüfung von Beschwerden gegen Entscheidungen der Eingangsstelle, der Prüfungsabteilungen, der Einspruchsabteilungen und der Rechtsabteilung zuständig.

(2) Bei Beschwerden gegen die Entscheidungen der Eingangsstelle oder der Rechtsabteilung setzt sich eine Beschwerdekammer aus drei rechtskundigen Mitgliedern zusammen.

(3) Bei Beschwerden gegen die Entscheidung einer Prüfungsabteilung setzt sich eine Beschwerdekammer zusammen aus:

a) zwei technisch vorgebildeten Mitgliedern und einem rechtskundigen Mitglied, wenn die Entscheidung die Zurückweisung einer europäischen Patentanmeldung oder die Erteilung, die Beschränkung oder den Widerruf eines europäischen Patents betrifft und von einer aus vier Mitgliedern bestehenden Prüfungsabteilung gefasst worden ist;

b) drei technisch vorgebildeten und zwei rechtskundigen Mitgliedern, wenn die Entscheidung von einer aus fünf Mitgliedern bestehenden Prüfungsabteilung gefasst worden ist oder die Beschwerdekammer der Meinung ist, dass es die Art der Beschwerde erfordert;

c) drei rechtskundigen Mitgliedern in allen anderen Fällen.

(4) Bei Beschwerden gegen die Entscheidung einer Einspruchsabteilung setzt sich eine Beschwerdekammer zusammen aus:

a) zwei technisch vorgebildeten Mitgliedern und einem rechtskundigen Mitglied, wenn die Entscheidung von einer aus drei Mitgliedern bestehenden Einspruchsabteilung gefasst worden ist;

b) drei technisch vorgebildeten und zwei rechtskundigen Mitgliedern, wenn die Entscheidung von einer aus vier Mitgliedern bestehenden Einspruchsabteilung gefasst worden ist oder die Beschwerdekammer der Meinung ist, dass es die Art der Beschwerde erfordert.

[20] Geändert durch die Akte zur Revision des EPÜ vom 29.11.2000.
[21] Siehe hierzu Entscheidungen/Stellungnahmen der GBK G 2/90, G 8/95, G 1/02, G 3/03 (Anhang I).

Artikel 22[22]
Große Beschwerdekammer

(1) Die Große Beschwerdekammer ist zuständig für:

a) Entscheidungen über Rechtsfragen, die ihr von den Beschwerdekammern nach Art.112 vorgelegt werden;

b) die Abgabe von Stellungnahmen zu Rechtsfragen, die ihr vom Präsidenten des EPA nach Art.112 vorgelegt werden;

c) Entscheidungen über Anträge auf Überprüfung von Beschwerdekammerentscheidungen nach Art.112a.

(2) In Verfahren nach Absatz 1 a) und b) setzt sich die Große Beschwerdekammer aus fünf rechtskundigen und zwei technisch vorgebildeten Mitgliedern zusammen. In Verfahren nach Absatz 1 c) setzt sich die Große Beschwerdekammer nach Maßgabe der Ausführungsordnung aus drei oder fünf Mitgliedern zusammen. In allen Verfahren führt ein rechtskundiges Mitglied den Vorsitz.

[22] Geändert durch die Akte zur Revision des EPÜ vom 29.11.2000.

Artikel 23[23]
Unabhängigkeit der Mitglieder der Kammern

(1) Die Mitglieder der Großen Beschwerdekammer und der Beschwerdekammern werden für einen Zeitraum von fünf Jahren ernannt und können während dieses Zeitraums ihres Amtes nicht enthoben werden, es sei denn, dass schwerwiegende Gründe vorliegen und der Verwaltungsrat auf Vorschlag der Großen Beschwerdekammer einen entsprechenden Beschluss fasst. Unbeschadet des Satzes 1 endet die Amtszeit der Mitglieder der Kammern mit der Entlassung aus dem Dienst auf ihren Antrag oder mit Versetzung in den Ruhestand nach Maßgabe des Statuts der Beamten des Europäischen Patentamts.

(2) Die Mitglieder der Kammern dürfen nicht der Eingangsstelle, den Prüfungsabteilungen, den Einspruchsabteilungen oder der Rechtsabteilung angehören.

(3)[24] Die Mitglieder der Kammern sind bei ihren Entscheidungen an Weisungen nicht gebunden und nur diesem Übereinkommen unterworfen.

(4) Die Verfahrensordnungen der Beschwerdekammern und der Großen Beschwerdekammer werden nach Maßgabe der Ausführungsordnung erlassen. Sie bedürfen der Genehmigung des Verwaltungsrats.

[23] Geändert durch die Akte zur Revision des EPÜ vom 29.11.2000.
[24] Siehe hierzu Entscheidung der GBK G 2/06 (Anhang I).

EPÜ 2000

Regel 13
Geschäftsverteilungsplan für die Große Beschwerdekammer und Erlass ihrer Verfahrensordnung

(1) Vor Beginn eines jeden Geschäftsjahres bestimmen die nach Art.11(3) ernannten Mitglieder der Großen Beschwerdekammer und ihre Vertreter in Verfahren nach Art.22(1) 1 a) und b) sowie die ständigen Mitglieder und ihre Vertreter in Verfahren nach Art.22(1) c).

(2) Die nach Art.11(3) ernannten Mitglieder der Großen Beschwerdekammer erlassen die Verfahrensordnung der Großen Beschwerdekammer.

(3) Zur Beschlussfähigkeit in den in den Absätzen 1 und 2 genannten Angelegenheiten ist die Anwesenheit von mindestens fünf Mitgliedern erforderlich, unter denen sich der Vorsitzende der Großen Beschwerdekammer oder sein Vertreter befinden muss; bei Stimmengleichheit gibt die Stimme des Vorsitzenden oder seines Vertreters den Ausschlag. Stimmenthaltung gilt nicht als Stimmabgabe.

Rechtsprechung

T390/86

[...] 3. Eine Entscheidung muß zumindest im Namen der für das Verfahren bestimmten Mitglieder schriftlich abgefaßt sein und ist die Auffassung wiedergeben; sie muß ferner mit Unterschriften versehen sein, die dies belegen.

4a) Die schriftliche Begründung einer in einer mündlichen Verhandlung verkündeten Entscheidung kann nur von den Mitgliedern des Spruchkörpers unterzeichnet sein, die an der mündlichen Verhandlung teilgenommen haben. Das gilt auch dann, wenn zwischen der mündlichen und der schriftlichen Entscheidung ein Verfahren nach R.58(4) stattgefunden hat.

4b) Ist von der Einspruchsabteilung in der mündlichen Verhandlung eine endgültige Sachentscheidung getroffen worden und ist die spätere schriftliche Entscheidung, in der diese mündliche Entscheidung begründet wird, von Personen unterzeichnet, mit denen die Einspruchsabteilung in der mündlichen Verhandlung nicht besetzt war, so ist die Entscheidung ungültig.

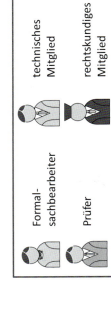

Formalsachbearbeiter — technisches Mitglied

Prüfer — rechtskundiges Mitglied

Verfahrensabschnitte und Organe des EPA

Verfahrensabschnitt	Zuständigkeit	Zusammensetzung	Aufgabe	Prüfungsgrundlage	Dauer	formelle Erfordernisse	Rechtsfolge
363	Eingangsstelle D-IV,1.1	ein Formalsachbearbeiter	Mängelprüfung des Einspruchs und ggf. Auff. zur Mängelbeseitigung R.11(3) iVm BdP ABl.2014,A6	Einspruch		■ Einspruch innerhalb 9M-Frist wirksam eingelegt Art.99(1)	⊕ Vorlage an Einspruchsabteilung
Einspruch	Einspruchsabteilung [573] Art.19(1), D-IV,4	3 technische Mitglieder [574] ggf. durch 1 rechtskundiges Mitglied erweiterbar Art.19(2)	■ Prüfung auf ausreichende Substantiierung Art.99(1), R.76(2)c) ■ Prüfung von Einsprüchen ■ Entscheidung über Kostenfestsetzung ■ Nebenverfahren (z.B. WE-Anträge)	Anträge des PI [575] Art.113(3): E-IX, 3	nach Abschluss Formalprüfung	■ Schriftlichkeit (keine Mehrstücke) R.50(3) S.1 ■ Unterzeichnung R.76(2) ■ formelle Angaben	Entscheidung Art.101
364	Eingangs-/Rechtsbeschwerde Art.21(3)c	3 rechtskundige Mitglieder Art.21(3)	Überprüfung von Entscheidungen Eingangsstelle, Rechtsabteilung Art.21(1) iVm Art.21(3)c			Freie Entscheidungsgewalt: keine Bindung an Weisungen und nur dem EPÜ unterworfen, Art.23(3)	
	Beschwerden gegen Beschränkung/Widerruf Art.21(3)a	a) 2 technische Mitglieder & 1 rechtskundiges Mitglied R.109(2)a)	Überprüfung von Entscheidungen, die die Beschränkung/Widerruf von EP-Patenten betreffen	Entscheidung der Vorinstanz und Anträge der Beteiligten			Entscheidung gemäß Art.101 ODER Zurückverweisen an Vorinstanz Art.111(1)
	Beschwerden gegen Prüfungsabteilung Art.21(3)a)/b)	b)	Überprüfung von Entscheidungen, die die Zurückweisung/Erteilung von EP-Patenten betreffen				
Beschwerde	Einspruchsbeschwerde Art.21(4)	3 technische und 2 juristische Mitglieder	Überprüfung von Entscheidungen der Einspruchsabteilung				
	Formalprüfung	1 technisches und 2 juristische Mitglieder R.109(2)a)	Prüfung der zulässigkeit des Antrages	a) Vorlagefragen der Beschwerdekammer b) Vorlagefragen des Präsidenten c) Anträge nach Art.112a Art.22(1)			
	Antragsprüfung	1 technisches und 4 juristische Mitglieder R.109(2)b)	materiellrechtliche Prüfung der Vorlagefrage bzw des Antrags				
365 **Sonstiges** [576];[577]	Rechtsabteilung	1 rechtskundiges Mitglied Art.20(2)	1) Änderungen im Vertreterregister [576] 2) Eintragung/Löschung im PatReg [577] BdP ABl.2015,XIII.1				

(Große Beschwerdekammer – betrifft Formalprüfung und Antragsprüfung)

[573] Kein ständiges Organ des EPA; ACHTUNG: Endgültige Entscheidung muss von den Mitgliedern unterschrieben sein, die diese getroffen haben [T390/86].

[574] nur ein Mitglied darf aus früherer Prüfungsabteilung stammen; ABER nicht Vorsitzender [Art.19(2)].

[575] bindend in durch PI vorgegebener Reihenfolge [T169/96, T911/06].

[576] Liste zugelassener Vertreter [Art.134(1) bis (7)] iVm R.154]; Zusammenschlüsse [Art.152(11)]; Rechtsanwälte [Art.134(8)]; allgem. Vollmachten [Art.133(3) S.1 iVm R.152(4)/(5)].

[577] Vindikationsverfahren [Art.61(1)a]; Art.99(4)]; Unterbrechung/Wiederaufnahme von Verfahren [R.142]; Lizenzen [Art.71, 73, 74]; Rechtsübergänge/Namensänderung [R.22; R.85]; Berichtigung Erfindernennung [R.21].

EPÜ 2000

Artikel 24 [26]
Ausschließung und Ablehnung

(1) Die Mitglieder der Beschwerdekammern und der Großen Beschwerdekammer dürfen nicht an der Erledigung einer Sache mitwirken, an der sie ein persönliches Interesse haben, in der sie vorher als Vertreter eines Beteiligten tätig gewesen sind oder an deren abschließender Entscheidung in der Vorinstanz sie mitgewirkt haben.

(2) Glaubt ein Mitglied einer Beschwerdekammer oder der Großen Beschwerdekammer aus einem der in Absatz 1 genannten Gründe oder aus einem sonstigen Grund an einem Verfahren nicht mitwirken zu können, so teilt es dies der Kammer mit.

(3) Die Mitglieder der Beschwerdekammern oder der Großen Beschwerdekammer können von jedem Beteiligten aus einem der in Absatz 1 genannten Gründe oder wegen Besorgnis der Befangenheit abgelehnt werden. Die Ablehnung ist nicht zulässig, wenn der Beteiligte Verfahrenshandlungen vorgenommen hat, obwohl er bereits den Ablehnungsgrund kannte. Die Ablehnung kann nicht mit der Staatsangehörigkeit der Mitglieder begründet werden.

(4) Die Beschwerdekammern und die Große Beschwerdekammer entscheiden in den Fällen der Absätze 2 und 3 ohne Mitwirkung des betroffenen Mitglieds. Bei dieser Entscheidung wird das abgelehnte Mitglied durch seinen Vertreter ersetzt.

[26] Siehe hierzu Entscheidungen der GBK G5/91, G1/05, G2/08 vom 15.06.2009, G3/08 vom 16.10.2009 (Anhang I).

VOBK

Artikel 3
Ausschließung und Ablehnung

(1) Das Verfahren nach Art.24(4) EPÜ ist auch anzuwenden, wenn die Kammer von einem möglichen Ausschließungsgrund auf andere Weise als von dem Mitglied oder einem Beteiligten Kenntnis erhält.

(2) Das betroffene Mitglied wird aufgefordert, sich zu dem Ausschließungsgrund zu äußern.

(3) Vor der Entscheidung über die Ausschließung des Mitglieds wird das Verfahren in der Sache nicht weitergeführt.

Artikel 4
Kontrolle des Verfahrens

(1) Der Vorsitzende bestimmt für jede Beschwerde ein Mitglied der Kammer oder sich selbst für die Prüfung, ob die Beschwerde zulässig ist.

(2) Der Vorsitzende oder ein von ihm bestimmtes Mitglied stellt sicher, dass die Beteiligten diese Verfahrensordnung und die Anweisungen der Kammer befolgen und schlägt hierfür geeignete Maßnahmen vor.

Rechtsprechung

G5/91

(1) Art.24 auch auf erstinstanzliches Verfahren (Prüfungs-, Einspruchsabteilung) anwendbar

(2) gesonderte Beschwerde nach **Art.106(1)** über Entscheidung zu Art.24 ist zulässig [ABl.1992,617].

G1/05

BK zur Entscheidung nach einheitlich angewandten Kriterien verpflichtet; willkürliche Entscheidung unzulässig; folgerichtig darf niemand, der aus guten Gründen der Befangenheit verdächtigt wird, über Angelegenheit entscheiden.

G2/08

Unterscheidung zwischen »Ausschlussgründen«, denen von Amts wegen nachzugehen ist und die von jedermann (Beteiligter oder Dritter) geltend gemacht werden können [Art.24(1)] UND »Ablehnungsgründen«, die nur von Verfahrensbeteiligten geltend gemacht werden können; Beweislast liegt beim Beteiligten [Art.24(3)].

T143/91

Befangenheit eines Mitglieds der Einspruchsabteilung verneint, da nur behauptet, aber nicht substantiiert vorgetragen.

T843/91

1. Aus dem Wortlaut des Artikels 24 EPÜ und verfahrensrechtlichen Überlegungen ergibt sich, daß Mitglieder einer Beschwerdekammer nur im Rahmen einer vor dieser Kammer anhängigen Beschwerde abgelehnt werden können.

2. Artikel 24 (3) EPÜ bestimmt, daß "die Mitglieder" der Beschwerdekammern von jedem Beteiligten abgelehnt werden können. Daraus folgt, daß die Mitglieder der Kammer einzeln oder gemeinsam abgelehnt werden können.

3. Die Beschwerdekammern sind die letzte Instanz; ihre Entscheidungen werden sofort rechtskräftig und bewirken den Abschluß des Beschwerdeverfahrens.

4. Befangenheit liegt dann vor, wenn eine Partei im Verfahren bewußt begünstigt wird, indem ihr Rechte eingeräumt werden, die ihr nicht zustehen, oder wenn die Rechte einer anderen Partei absichtlich mißachtet werden.

5. Nach Erlaß der Entscheidung sind die Kammern nicht befugt, abgesehen von der schriftlichen Abfassung der Entscheidung (und von Regel 88 EPÜ) noch weitere Schritte zu veranlassen. Für alle weiteren Schritte, die sich aus der Entscheidung ergeben, ist die interne Verwaltung des EPA zuständig.

T951/91

Der Ermessensspielraum der Organe des EPA nach Art.114(2) soll gewährleisten, daß Verfahren im Interesse der Beteiligten, der breiten Öffentlichkeit wie auch des EPA rasch zum Abschluß gebracht werden können, und taktische Mißbräuche verhindern. Legt ein Beteiligter die für seine Sache relevanten Tatsachen, Beweismittel und Argumente ohne Angabe stichhaltiger Gründe nicht so frühzeitig und vollständig wie möglich vor und würde deren Zulassung zu einer übermäßigen Verzögerung des Verfahrens führen, so können die Beschwerdekammern diese Zulassung im Rahmen ihres Ermessensspielraums nach Art.114(2) durchaus zu Recht ablehnen (T 156/84, ABl.1988, 372, eingeschränkt).

T1028/96

Kammer in der ursprünglichen Besetzung, d. h. mit dem (den) abgelehnten Mitglied(ern), ist für Prüfung der Zulässigkeit einer Ablehnung nach Art.24(1) oder 24(3) im Hinblick auf die Einleitung des Verfahrens nach Art.24(4) zuständig.

T190/03

»mögliche« Befangenheit wird durch zwei Prüfungen bestimmt: »subjektive« Prüfung und »objektive« Prüfung [ABl.2006,502].

T433/93

1. Will eine Einspruchsabteilung von Amts wegen oder auf Antrag eines Einsprechenden zusätzlich zu dem oder den in der Einspruchsschrift substantiierten Gründen einen neuen Einspruchsgrund in das Verfahren einführen, so muß der Patentinhaber (in der Regel schriftlich) nicht nur von dem neuen Einspruchsgrund (d. h. von der neuen Rechtsgrundlage für den Einspruch) unterrichtet werden, sondern auch von den wesentlichen rechtlichen und faktischen Gründen zur Untermauerung (d. h. Substantiierung), die das Patent in seinem Rechtsbestand gefährden und zum Widerruf führen könnten. Danach muß der Patentinhaber ausreichend Gelegenheit erhalten, sich zu dem neuen Grund und seiner Substantiierung zu äußern.

2. Ist eine Entscheidung eines erstinstanzlichen Organs mit einem wesentlichen Verfahrensmangel behaftet, so ist sie auf Antrag eines Beteiligten aufzuheben. Hat ein Beteiligter triftige Gründe für die Befürchtung, daß die Einspruchsabteilung in derselben Besetzung von ihrer früheren Entscheidung beeinflußt und somit befangen wäre, so muß die Sache auf Antrag dieses Beteiligten vor einer anders besetzten Einspruchsabteilung erneut verhandelt werden.

J15/04

Selbstablehnung setzt lediglich Verfahren nach Art.24(4) EPÜ 1973 in Gang, ohne die zu treffende Entscheidung vorwegzunehmen. Selbstablehnungserklärung bewirkt somit nicht automatisch endgültige Ausschließung des Mitglieds aus Verfahren.

Befangenheit [578] — Art.24

Ablehnung seitens		Zulässigkeit	Norm	Voraussetzung	vorzunehmende Handlung	Frist	Rechtsfolge	Rechtsbehelfe
366 Verfahrensbeteiligten	1. Instanz	Prüfungsabteilung; Einspruchsabteilung; **Art.24(3) iVm G5/91**	Art.24(3)	Ausschlussgrund: [579] • persönliches Interesse des Mitglieds • Mitwirkung in Vorinstanz **Art.24(3) Alt.1** iVm **Art.24(1)** **ODER** Ablehnungsgrund: [580] • »objektive« und »triftige« Besorgnis der Befangenheit **Art.24(3) Alt.2, G5/91**	»begründeter« Antrag eines Beteiligten durch Tatsachen/Beweismittel gestützt **UND** keine weiteren Verfahrenshandlungen **Art.24(3)S.1 und Art.24(3)S.2**	»sofort« • nach Bekanntgabe der Mitglieder • mit Einlegen der Beschwerde **ABER** anhängiges Verfahren **T843/91**	**Verfahrensgang** 1) Zulässigkeitsprüfung [581] 2) Befangenheitsprüfung [582] **T190/03, ABl.2006,502** 3) Verfahrensaussetzung **ABl.2007,536, A.3(3)** 4) **Entscheidung** ohne Mitwirkung betroffenen Mitglieds **ABER** mit Vertreter **Art.24(4)** **UND** Verfahrensfortsetzung **ABl.2007,536, A.3(3)** ⊕ abgelehntes Mitglied durch Vertreter ersetz	(gesonderte) Beschwerde (+) **Art.106(1)/(2)** ⊕ vorinstanzliche Entscheidung i.d.R. nichtig Antrag auf Überprüfung durch GBK in Beschwerde **Art.112a(2)(a), R.106; R4/08** ⊕ Aufhebung vorinstanzlicher Entscheidung **UND** Ersetzen des Mitglieds **Art.112a(5)S.2 iVm R.108(3)S.2**
	2. Instanz	Beschwerdekammer; GBK; **Art.24(3)**						
367 Selbstablehnung [583]		Prüfungsabteilung; Einspruchsabteilung; Beschwerdekammer; GBK; **Art.24(2)**	Art.24(2)	Ausschlussgrund: [579] • persönliches Interesse des Mitglieds • Mitwirkung in Vorinstanz **Art.24(1)**	Mitglied unterrichtet Abteilung **Art.24(2), 2.HS**	»**sofort**« nach Bewusstwerden eines Ausschlussgrundes	erstinstanzlich: (gesonderte) Beschwerde **Art.106(1)/(2)** **ODER** bei Beschwerde: Überprüfung durch GBK **Art.112a(2)(a)**	
368 andere Mitglieder		Beschwerdekammer **Art.3(1) VOBK** GBK **Art.4(1) VGBK**			Untersuchung von Amts wegen innerhalb Kammer **Art.24(1)**			

Gründe

		zulässig	unzulässig
Ausschluss	persönliches Interesse des Mitglieds **Art.24(1) Alt.1**	• früheres tätig sein bei einem Beteiligten [**T143/91**]; • Bewerbung bzw. Stellenannahme bei beteiligter Firma [**T900/02**]; • Familienangehöriger als Partner/Anwalt in beteiligter Kanzlei [**G1/05**]	• ggü Beteiligten abweichende Ansichten des Prüfers [**T261/88**];
	Mitwirkung in Vorinstanz **Art.24(1) Alt.2**	• Einspruchsbeschwerdeverfahren und Erteilungsbeschwerdeverfahren behandeln im Wesentlichen dieselben Fragen [**T1028/96**]	• bloße Befassung in Vorinstanz [**R12/09**]; • Befassung mit TA zur Stammanmeldung [**J15/04**]
Ablehnung	objektiv berechtigte Besorgnis **Art.24(3) Alt.2**	• Anschein Befangenheit genügt [**G1/05** iVm EGMR – Piersack./.Belgien (1982)]; • »triftige« oder »verständliche« Gründe« [**T190/03; T261/88,T433/93, T1028/96**]; • Partei wird bewusst begünstigt, indem Rechte, die ihr nicht zustehen, eingeräumt oder wenn Rechte anderer Partei absichtlich missachtet werden [**T843/91; T261/88**]	• Vertrauen der Kammer/Abteilung in schlüssige und offensichtlich nicht falsche Argumentation eines Beteiligten [**T951/91**]; • subjektive Eindrücke oder allgemeine Verdächtigungen, weil Mitglied seine Gründe äußert [**T190/03**]

[578] <u>ACHTUNG</u>: von Akteneinsicht ausgeschlossen [**R.144a**]; allgemeiner Rechtsgrundsatz: Unparteilichkeit und Recht der Beteiligten auf faires Verfahren gem. Art.6(1) EMRK.

[579] von Amts wegen zu prüfen und/oder von jedermann (Beteiligter **ODER** Dritter) geltend zu machen [**G2/08**].

[580] nur durch Beteiligten vortragbar; Antrag **Dritter** zur Befangenheit wegen »Ablehnungsgrund« hat nicht dieselbe Wirkung wie eines Beteiligten [**G2/08**], <u>ABER</u>: kann zur Überprüfung durch andere Mitglieder führen.

[581] <u>SACHLICH</u>: durch Kammer in der ursprünglichen Besetzung [**T1028/96**]; <u>FORMAL</u>: »möglicher« Ausschlussgrund muss [1] substantiiert sein, [2] ständige Rechtsprechung berücksichtigen **UND** [3] nicht böswillig (bspw. rufschädigend oder verfahrensverschleppend).

[582] zweistufige Prüfung: [1] »subjektive« Prüfung = Frage nach tatsächlicher Befangenheit eines Mitglieds (persönliches Interesse/Abneigung gegen Beteiligten) **UND** [2] »objektive« Prüfung = Frage ob fallbezogener Anlass (bestimmten Handlung des Mitglieds) zu objektiv berechtigter Besorgnis der Befangenheit führt [**T190/03, ABl.2006,502**].

[583] bewirkt nicht automatisch endgültige Ausschließung aus Verfahren, <u>ABER</u>: Gründe sollten i.d.R. akzeptiert werden [**J15/04**].

Teil D I – Übersicht zum EPÜ

Nationale Erfordernisse bei Einreichung und Eintritt in nat. Phase vor den Vertragsstaaten

VStaat	Einreichung bei nat. Anmeldeamt NatR Tabelle II	zugelassener Inlandsvertreter erforderlich NatR Tabelle III.B	verbindliche Fassung der ePa Art.70 iVm NatR Tabelle V Ziff.2	Fortsetzung aufgenommener Benutzungshandlung nach Art.70(4)b)	Doppelpatentschutz Art.139(3) & 140 iVm NatR Tabelle X
AL	nur nat. Sicherheit, wenn Sitz/Wohnsitz in AL	**Ja**, wenn kein Sitz/Wohnsitz in AL	**Übersetzung**, falls Schutzbereich enger als EP-Verfahrenssprache außer: Nichtigkeitsverfahren	Ja	**Nein**
AT	./.	**Ja**, außer Sitz/Wohnsitz in EWR	**Übersetzung**, falls Schutzbereich enger als EP-Verfahrenssprache	Ja	nicht ausgeschlossen
BE	nur nat. Sicherheit, wenn Sitz/Wohnsitz in BE	**Ja**, wenn kein Sitz/Wohnsitz in BE **oder** durch Angestellten, wenn Sitz/Wohnsitz in EU	Verfahrenssprache	./.	**Nein**
BG	nur nat. Sicherheit, wenn Sitz/Wohnsitz in BG	**Ja**, wenn kein Sitz/Wohnsitz in BG	**Übersetzung**, falls Schutzbereich enger als EP-Verfahrenssprache	Ja	**Nein**
CH	./.	./.	./.	./.	**Nein**
CY	nur Erstanmeldung, wenn Sitz/Wohnsitz in CY	**Ja**, wenn kein Sitz/Wohnsitz in CY	**Übersetzung**, falls Schutzbereich enger als EP-Verfahrenssprache	Ja	**Nein**
CZ	Staatsgeheimnis	**Ja**, wenn kein Sitz/Wohnsitz in EU aber: Wohnsitzangabe erforderlich		Ja	**Nein**
DE	Staatsgeheimnis	**Nein**	Verfahrenssprache	**Nein**	**Nein**
DK	nur nat. Sicherheit, wenn Sitz/Wohnsitz in DK	**Nein**	wenn EP-Verfahrenssprache ≠ Übersetzung nur übereinstimmende Gegenstände	Ja	nicht ausgeschlossen
EE	--	**Nein**, aber empfohlen		Ja	**Nein**
ES	nur Erstanmeldung, wenn Sitz/Wohnsitz in ES	**Nein**, wenn Sitz/Wohnsitz in EU	**Übersetzung**, falls Schutzbereich enger als EP-Verfahrenssprache	Ja	**Nein**
FI	nur nat. Sicherheit, wenn Sitz/Wohnsitz in FI	**Nein**		Ja	nicht ausgeschlossen
FR	nur Erstanmeldung, wenn Sitz/Wohnsitz in FR	**Nein**, aber inländische Zustellanschrift	nur EP-Verfahrenssprache	Ja	**Nein**
GB	nur nat. Sicherheit, wenn Wohnsitz in GB	**Nein**	**Übersetzung** falls Schutzbereich enger als EP-Verfahrenssprache	Ja	**Nein**
GR	nur Erstanmeldung, wenn Staatsangehörigkeit in GR	**Ja**, wenn kein Sitz/Wohnsitz in GR	**Übersetzung**, falls Schutzbereich enger als EP-Verfahrenssprache	Ja	**Nein**
HR	nur nat. Sicherheit	**Nein**		Ja	**Nein**
HU	nur Erstanmeldung, wenn Staatsangehöriger/ Sitz/Wohnsitz in HU	**Ja**, wenn kein Sitz/Wohnsitz in EWR	**Übersetzung**, falls Schutzbereich enger als EP-Verfahrenssprache außer: Nichtigkeitsverfahren	Ja	nicht ausgeschlossen
IE	--	**Nein**, aber empfohlen		Ja	**Nein**
IS	--	**Ja**, wenn kein Sitz/Wohnsitz in IS aber: EWR-Vertreter genügt	**Übersetzung**, falls Schutzbereich enger als EP-Verfahrenssprache	Ja	nicht ausgeschlossen
IT	nur Erstanmeldung, wenn Sitz/Wohnsitz in IT	**Nein**, aber inländische Zustellanschrift		Ja	**Nein**
LI	./.	./.	./.	./.	**Nein**
LT	Staats-/Berufsgeheimnis	**Ja**, wenn kein Sitz/Wohnsitz in LT		Ja	**Nein**
LU	nur nat. Sicherheit	**Nein**		Ja	**Nein**
LV	./.	**Ja**, wenn kein Sitz/Wohnsitz in LV		Ja	**Nein**
MC	./.	**Nein**		Ja	**Nein**
MK	nur nat. Sicherheit	**Ja**, ausländische Anmelder		Ja	**Nein**
MT	nur Erstanmeldung, wenn für nat. Sicherheit	**Nein**	**Übersetzung**, falls Schutzbereich enger als EP-Verfahrenssprache	Ja	**Nein**
NL	Staatsgeheimnis	**Nein**		Ja	**Nein**
NO	nur nat. Sicherheit	**Nein**		Ja	nicht ausgeschlossen
PL	nur Erstanmeldung, wenn Staatsangehöriger/ Sitz/Wohnsitz in PL	**Ja**, wenn kein Sitz/Wohnsitz in PL		Ja	nicht ausgeschlossen
PT	nur Erstanmeldung, wenn Sitz/Wohnsitz in PT	**Nein**, aber Beglaubigung der Übersetzung		Ja	**Nein**
RO	nur nat. Sicherheit	**Ja**, wenn kein Sitz/Wohnsitz in RO	**Übersetzung**, falls Schutzbereich enger als EP-Verfahrenssprache außer: Nichtigkeitsverfahren	Ja	**Nein**
RS	./.	./.		Ja	**Nein**
SE	nur nat. Sicherheit, wenn Sitz/Wohnsitz in SE	**Nein**	**Übersetzung** und EP-Verfahrenssprache, wenn übereinstimmend	Ja	nicht ausgeschlossen
SI	./.	**Nein**		Ja	**Nein**
SK	nur nat. Sicherheit, wenn Staatsangehöriger/ Sitz/Wohnsitz in SK	**Ja**, wenn kein Sitz/Wohnsitz in SK	**Übersetzung**, falls Schutzbereich enger als EP-Verfahrenssprache	Ja	**Nein**
SM	--	**Ja**, wenn kein Sitz/Wohnsitz in SM mit Wohnsitzangabe		Ja	**Nein**
TR	nur nat. Sicherheit	**Ja**, wenn kein Sitz/Wohnsitz in TR		Ja	**Nein**

Nationale Erfordernisse

VStaat	Londoner Abkommen Art.65	Übersetzung NatR IV Ziff. 2	Frist NatR IV Nr.4	Gebühr NatR IV Nr.5	Rechtsbehelf/Fristver-längerung NatR IV Nr.9	Berichtigung a) zulässig? b) gebührenpflichtig? NatR IV Nr.8
AL	Ja	Anspr. in AL; PatentS in EN	3 M nach Veröff. Hinweis auf Erteilung EP-Patent	10.000 ALL	Ja (1 M nach Nachfrist)	a) Ja; b) 2.000 ALL
AT	Nein	PatentS in DE		186 €	Ja (2 M nach Wegfall Hindernis)	a) Ja; b) Ja, wie in NatR IV Nr.5
BE	Nein	PatentS in DE/NL/FR		nein		a) Ja; b) nein
BG	Nein	PatentS in BG		50 BGN + 80 BGN + 10 BGN >10 Seiten	Ja (3 M nach Wegfall Hindernis)	a) Ja; b) Ja, wie in NatR IV Nr.5
CH	Ja	Nein	./.	./.	Ja (2 M nach Wegfall Hindernis)	./.
CY	Nein	PatentS in GR	3 M nach Veröff. Hinweis auf Erteilung EP-Patent	100 €	Ja (12 M nach Nachfrist)	a) Ja; b) Ja, 100 €
CZ	Nein	PatentS in CZ		2.000 CZK	nein	a) Ja; b) Ja, 100 CZK
DE	Ja	Nein	./.	./.	Ja (2 M nach Wegfall Hindernis)	./.
DK	Ja	Anspr. in DK; PatentS in DK/EN	3 M nach Veröff. Hinweis auf Erteilung EP-Patent	2.000 DKK		a) Ja; b) 2.000 DKK
EE	Nein	PatentS in EE		45 €		a) Ja; b) 45 €
ES	Nein	PatentS in ES		324 €; 1 M nach Übersetzung	Ja (6 M nach Veröff. Patenterlöschen)	a) Ja; b) Ja, wie in NatR IV Nr.5
FI	Ja	Anspr. in FI; PatentS in FI/EN		450 € [Papier] 350 € [elektr.]	Ja (2 M nach Wegfall Hindernis)	a) Ja; b) 450 €/350 € elektr.
FR	Ja	Nein	./.	./.		./.
GB	Ja	Nein	./.	./.	Ja (13 M nach Nachfrist)	a) Ja; b) Nein
GR	Nein	PatentS in GR	3 M nach Veröff. Hinweis auf Erteilung EP-Patent	350 €	nein	a) Ja; b) Nein
HR	Ja	Anspr. in HR; PatentS in EN		Ja	Ja (3 M nach Wegfall Hindernis)	a) Ja; b) Ja
HU	Ja	Anspr. in HU; PatentS in HU/EN		23.500 HUF und 3.500 HUF ≥6 Seiten	nein (aber Antrag auf Wiederherstellung)	a) Ja; b) Ja, wie in NatR IV Nr.5
IE	Ja	Nein	./.	./.	Ja (2 J nach Patenterlöschen)	./.
IS	Ja	Anspr. in IS; PatentS in IS/EN	4 M nach Veröff. [584]	27.000 ISK		a) Ja; b) 27.000 ISK
IT	Nein	PatentS in IT	3 M nach Veröff. [584]	Nein	Ja (2 M nach Wegfall Hindernis)	a) Ja; b) Nein
LI	Ja	Nein	./.	./.		./.
LT	Ja	Anspr. in LT	3 M nach Veröff. [584]	46 € und 14 € pro Anspt. ≥16 Anspr.		a) Ja; b) Ja, wie in NatR IV Nr.5
LU	Ja	Nein	./.	./.	Ja (20 M nach Patenterlöschen)	./.
LV	Ja	Anspr. in LV	3 M nach Veröff. [584]	49,80 € [Papier] 35,57 € [elektr.]	Ja (2 M nach Wegfall Hindernis)	a) Ja; b) Ja, wie in NatR IV Nr.5
MC	Ja	Nein	./.	./.	nein	./.
MK	Ja	Anspr. in MK	3 M nach Veröff. Hinweis auf Erteilung EP-Patent	3.000 MKD	Ja (3 M nach Wegfall Hindernis)	a) Ja; b) 3.000 MKD
MT	Nein	PatentS in EN		./.	Ja (2 M nach Wegfall Hindernis; max. 1J)	a) Ja; b) Ja
NL	Ja	Anspr. in NL; PatentS in NL/EN		25 €		a) Ja; b) Ja, wie in NatR IV Nr.5a)
NO	Ja	Anspr. in NO; PatentS in NO/EN		5.500 NOK	Ja (2 M nach Wegfall Hindernis; max. 6M)	a) Ja; b) Ja, 1.200 NOK + 250 NOK/Seite ab 14 S.
PL	Nein	PatentS in PL		90 PLN + 10 PLN pro Seite > 10 S.	nein	a) Ja; b) Ja, wie in NatR IV Nr.5
PT	Nein	PatentS in PT		52,04 € [online] 104,08 € [Papier]	Ja (1 J nach Patenterlöschen)	a) Ja; b) 26,03 € [online], 52,04 € [Papier]
RO	Nein	PatentS in RO		100 € und 5 € pro Seite >20 S.	Ja (6 M nach Veröff. Patenterlöschen)	a) Ja; b) 20 €
RS	Nein	PatentS in RS		ja	Ja (3 M nach Wegfall Hindernis)	a) Ja; b) Ja
SE	Ja	Anspr. in SE; PatentS in SE/EN		1.400 SEK + 175 SEK pro Seite > 8 S.	Ja (2 M nach Wegfall Hindernis)	a) Ja [585]; b) Ja, wie NatR IV Nr.5a)
SI	Ja	Anspr. in SI		100 €	Ja (3 M nach Wegfall Hindernis)	a) Ja; b) 60 €
SK	Nein	PatentS in SK		116 €	Ja (3 M Nachfrist)	a) Ja; b) 116 €
SM	nein	Beschr. und Anspr. in IT	6 M nach Veröff.	100 € + 10 € pro Seite > 20 S.		a) Ja; b) Nein
TR	nein	PatentS in TR	3 M nach Veröff. [584]	1320 TRY	Ja (3 M Nachfrist)	a) Ja; b) 300 TRY [online], 450 TRY [Papier]

---

[584] nach Veröffentlichung des Hinweises auf Erteilung EP-Patent.

[585] nur für Patente, deren Hinweises auf Erteilung im EP-Patent vor 1.7.2014 erfolgte.

Teil D II
Übersicht zum PCT
Ablauf · Gebühren · Fristen

Teil D II – Übersicht zum PCT

Einreichung einer iPa — Anmeldeamt (RO) Art.9 bis 11 PCT

	Norm	zu erbringende Handlung	Frist	Nachfrist	Rechtsfolge	Rechtsbehelf
1 **Anmelder** (5.020-5.022)	**Art.9 PCT, R.18 PCT**	jede nat. oder jur. Person mit Sitz/Wohnsitz in ODER Staatsangehörigkeit eines PCT-Vertragsstaates [586] ODER dessen Anwalt/Vertreter [587] [R.2.1 PCT, ⚹S.242] **Art.9(1), R.18.1 PCT iVm Art.2 PVÜ**		2 M nach Auff. zur Mängelbeseitigung	⊕ Zuerkennung des **internationalen Anmeldedatums** (AD), **Art.11(1) PCT** UND Begründung einer **PVÜ-Priorität** **Art.11(4) PCT**	
				ODER 2 M nach AD	⊖ **kein** internationales AD zuerkannt und Mitt. an Anmelder und IB **R.20.4 PCT**	Antrag auf Nachprüfung durch DO [⚹S.239] **Art.25 PCT**
2 **Art der Einreichung** (5.015, 11.067ff.)	**Art.11(1) ii), R.3.1, R.11.9 PCT**	1) schriftlich auf Papier: unmittelbar [ABl.2007S3.A.1]; per Fax [R.92.4 PCT; ABl.2007S3,A3]; [588] 2) elektronische Form [589] [R.89bis.1 PCT; „ePCT", „PCT-SAFE" ABl.2009,182]				
3 **Erforderliche Angaben am AT** (6.005)	**Art.3(2) iVm Art.11(1) iii), R.20 PCT**	Mindesterfordernisse für Zuerkennung AD nach **Art.11(1) iii) PCT**: a) **PCT-Antrag** (= Gesuch auf Behandlung als iPa) nur mit Verwendung von Form PCT/RO/101 **Art.4(1), R.4.1a) PCT** b) Bestimmung mindestens eines VStaats [590] **Art.4(1)ii), R.4.9 PCT** c) Angaben zum Anmelder (Unterschrift nicht erforderlich) **Art.4(1)iii), R.4.5a) PCT** d) Beschreibung und ggf. Zeichnungen (keine Erfindungsbezeichnung) **Art.5, 7 PCT** e) mind. einen Anspruch **Art.6, 6 PCT**	am ET	ABER Tag des Eingangs der Richtigstellung gilt als AD **Art.11(2)a) iVm R.20.3 PCT** 6.025	Rückerstattung bereits entrichteter Gebühren **R.15.4, R.16.2 PCT** ABER Richtigstellungen nach R.20.3-Auff. durch Nachreichen möglich, wobei Tag des Eingangs als AD zuerkannt wird **Art.11(2)b) PCT iVm R.20.3 PCT**	
4 **Anmeldeamt** (5.008-5.009)	**Art. 2 xv), Art.10 PCT iVm R.19.1 PCT**	Einreichung wahlweise beim: i) nat. Amt des PCT-Vertragsstaates in dem Anmelder Sitz/Wohnsitz ODER ii) nat. Amt mit Staatsangehörigkeit des Anmelders ODER **R.19.1a) PCT** iii) IB **R.19.1a) PCT** iv) bei zwischenstaatlihcher Organisation für Anmelder mit Sitz/Wohnsitz ODER Staatsangehörigkeit in einem VStaat [EPA (München, Den Haag, Berlin) [592]] **R.19.1b) PCT iVm Art.151, R.157(1). ABl.2014,A33**		--	⊖ Einreichung bei unzuständigem Amt ODER in nicht zugelassener Sprache führt nicht zum Verlust des AD [R.19.4a) PCT], wird durch Übermittlung der iPa an IB geheilt [R.19.4b) PCT] UND ggf. Gebührenrückzahlung [591] **R.19.4a)i) PCT, 6.035**	
5 **Sprache** (6.006, 5.013)	**Art.11(1) ii), R.12.1 PCT**	zumindest Beschreibung und Ansprüche in zugelassener Sprache des RO [EPA-Amtssprache: DE/EN/FR, Art.14(1)] **Art.3(4) i), Art.11(1)iii) iVm R.12.1a) PCT, Annex C**			nachfolgende Änderungen/Berichtigungen der iPa müssen in urspr. Anmeldesprache erfolgen **R.12.2 PCT**	siehe „Anmeldeamt" **R.19.4a)(ii) PCT**

ⓘ **Teilanmeldungen:** Einreichung von **TA** ist im **PCT nicht** vorgesehen. TA mit einer PCT-Stammanmeldung kann beim EPA nur eingereicht werden, wenn Stammanmeldung wirksam in die EP-Phase eingetreten.

[586] MEHRERE ANMELDER: zumindest ein Anmelder muss nach **Art.9(1) PCT** zur Einreichung berechtigt sein [R.18.3PCT]; für verschiedene PCT-VStaaten verschiedene Anmelder bestimmbar [R.4.5d) PCT]. MÄNGEL SITZ/STAATSANGEHÖRIGKEIT: vor USPTO als RO keine Berichtigung mögl. [6.036]; RECHTSÜBERGANG: Anmeldererfordernis nach Art.9 PCT gilt nur am ET der iPa; iPa kann jederzeit auf andere Person übertragen werden, die weder Sitz/Wohnsitz in noch Staatsangehörigkeit eines PCT-VStaats hat [PCT-Newsletter 01/2009].

[587] VERTRETER kann mit Anmeldeantrag bestellt werden, muss aber vor dem RO vertretungsbefugt sein und ist damit automatisch vor IB, zuständigem ISA, SISA und IPEA vertretungsbefugt [Art.49 PCT, R.90.1a) PCT, ⚹S.246]; VERTRETUNGSZWANG: sieht nat. Recht des RO für best. Fälle Vertretungszwang vor, muss Vertreter bestellt werden (EPA: zumindest ein Anmelder zur Vertretung verpflichtet [Art.133(2)]) [Art.27(7) PCT].

[588] keine Vollmachten und Priobelege [ABl.2007S3,A.1]; BESTÄTIGUNGSSCHREIBEN: Übersendung der Telefax-Kopie („Bestätigungsschreiben") an EPA innerhalb von **14 T** zwingend erforderlich [R.92.4 d) PCT]. ABER: Nachfrist von **2M⁻¹⁰Tage** nach Auff.; RECHTSFOLGE: bei Nichterfüllung gilt iPa als zurückgenommen [R.92.4 e) PCT iVm R.2(1), A-VIII), 2.5; ABl.200753, A.3].

[589] ggf. Gebührenermäßigung möglich; EPA akzeptiert seit 01.April 2007 keine Einreichung im EASY-PCT-Format, iPa wird in dem Fall als Papieranmeldung behandelt [ABl.2007,58].

[590] Formblatt PCT/RO/101 bewirkt automatische Bestimmung aller Vertragsstaaten für jede Schutzart (Patent, GebrM, Gebrauchszert.), wobei DE, JP, KR von Bestimmung ausgenommen werden können [R.4.9 b) PCT]; ACHTUNG: Ausschluss einzelner Vertragsstaaten ist **unwiderruflich** und bedarf für Staaten mit Doppelpatentierungsverbot (DE, JP, KR) einer gesonderten Rücknahmeerklärung [R.90bis.2 PCT].

[591] Bereits gezahlte Gebühren werde nicht ans IB übermittelt, sondern müssen erneut an IB gezahlt werden: **1M** ab Eingang beim IB [R.19.4c) PCT; 6.034].

[592] BEACHTE: Einige EPÜ-VStaaten verlangen nach nat. Recht, dass eine iPa (auch PCT und EP) bei nat. Amt einzureichen ist - BG, FR, GR, IT, PL, PT, SE, ES, HU, CY [Art.75(2), NatR II Ziffern 2 und 5]; Weiterleitung an EPA bis spätestens 2 Wo. vor Ablauf 13 M nach Einreichung oder frühestem Priotag [R.157(3)].

Einreichung einer iPa

	weitere Erfordernisse					Anmeldeamt (RO)	
	Handlung	Rechtsnorm	Erfordernis	Frist	Rechtsfolge	Nachfrist	Rechtsbehelf
6	**Gebühren** (wirksame Entrichtung von jedermann, d.h. Anmelder, Vertreter, Dritte) Annex C, D 5.099–5.108 7.005–7.013	**Art.3(4) iv), R.14.1 PCT R.27.1** **Art.3(4) iv), R.15.2 PCT R.27.1** **Art.3(4) iv), R.16 PCT R.27.1**	**Übermittlungsgebühr** an das RO (von RO bestimmt) für Annahme der iPa und deren Übermittlung an IB bzw. ISA **R.14.1b) PCT**, Annex C [EPA: 130 €, R.157(4), Art.2(1) Nr.18 GebO] **Int. Anmeldegebühr** [594],[595] und **Seitengebühr** [596] ab 31. Blatt (= Seite, da einseitig) an das RO für IB erhoben [EPA: 1273 €+14 € ab 31. Seite/Seite] 5.191, 5.185 **Recherchengebühr** [597] an das RO für ISA erhoben (von RO bestimmt) [EPA: 1875 €, Art.2(1) Nr.2 GebO] **R.16.1b) PCT**, Annex D	**1 M** ab (tatsächlichen) **Eingang** der iPa **beim RO** **nicht vom AD berechnen** **R.14.1c)/15.3/16.1f) PCT** 5.191, 5.185 AUSNAHME: Fall von **R.19.4 PCT**, Berechnung vom Eingang beim IB	⊕ AD bleibt erhalten ⊖ iPa gilt als zurückgenommen und Art.14(3)-Mitt. **Art.14(3)a), R.16bis.1 c), R.29.1 PCT**	**1 M** nach Auff. **R.16bis.1a) PCT** UND **+ 50%** Zuschlag der entsprechenden Gebühr an RO [593] **R.16bis.2PCT**	**WB (+);** WE (–) Nachprüfung durch DO [↗S.239] **Art.25 PCT**
7	**Übersetzung** für Recherche 6.014–6017	**R.12.3 PCT**	Übersetzung in Sprache der Recherche [EPA als ISA erkennt als Sprache der Recherche DE/EN/FR und NL (**nur** wenn RO nat. Amt in NL/BE) an]	**1 M** ab dem (*tatsächlichen*) Eingang der iPa beim IB **R.12.3c) i) PCT**	⊕ AD bleibt erhalten ⊖ iPa gilt als zurückgenommen und Mitt. **R.12.3d) PCT**	i) **1 M** nach Auff. ODER ii) **2 M** nach Einreichung iPa **+25% AnmGeb.** an RO **R.12.3c)/e) PCT**	Übermittlung der iPa an IB und IB wird RO **R.19.4 a) ii) PCT**
8	**Übersetzung** für Veröff. 6.020–6023	**R.12.4 PCT**	Übersetzung in Veröffentlichungssprache (nicht anwendbar für Anmeldeantrag oder Sequenzprotokoll) (Veröffentlichungssprache EPA ist DE/EN/FR [ABl.2010,304])	**14 M** ab PD **R.12.4a) PCT**, Annex C	⊖ iPa gilt als zurückgenommen **R.12.4d) PCT**	**16 M** ab PD nach Auff. **+25% AnmGeb.** an RO **R.12.4c)/e) PCT**	
9	**Erfindernennung**	**Art.4(1) v) iVm R.4.1a) iv) PCT**	Name und Anschrift des Erfinders (sind USA als DO vorgesehen, muss Erfinder = Anmelder sein) ACHTUNG: bei Nicht-/Falschnennung kann in manchen PCT-VStaaten Rechtsverlust beim Eintritt in die nat. Phase drohen (z.B. USA) **Art.22(1) iVm Art.24(1) iii) PCT**	**vor** Ablauf **30 M**-Frist ab AT **Art.4(1) v) PCT**	⊖ Angaben müssen bei Eintritt in die EP-Phase mit **R.159(1)**-Frist erfolgen	**2 M** nach Auff. +10 Tage Eintritt in EP-Phase **R.163(1)**	**WB (+)**
10	**Sequenzprotokoll** für Nucleotid- und Aminosäuresequenzen 5.099–5.108 7.005–7.013	**R.5.2a) PCT**	Sequenzprotokoll im WIPO-Standard ST.25 UND 5.099 iVm ST.25, Annex C **nur** in elektronischer Form (CD-ROM, CD-R, DVD+R, DVD-R) **R.13ter.1a) PCT**, Annex C [EPA: ABl.200753,A.5] bleibt bei Berechnung Seitenzahl unberücksichtigt	am Tag der Einreichung	⊖ kein Bestandteil der iPa und keine Berücksichtigung für ISR **R.13ter.1d) PCT**, 7.010	festges. Frist nach Auff. **R.13ter.1a)/b) PCT**, 7.010 +Zuschlag [EPA: 250 €] **R.13ter.1c)**	*ggf.* Nachreichen für IPER (Chap.II) **Art.34 PCT**

[593] Zuschlag entfällt, wenn Zahlung der Gebühr vor Absenden oder Zustellung der Zahlungsauff. [R.16bis.1 d)/e) PCT].

[594] Zu zahlen ist nur der zum Zeitpunkt des Eingangs geltende Betrag – nachträgliche Änderungen nach R.26.1 PCT, die Änderung der Seitenzahl zur Folge haben können, haben keine Auswirkung [R.15.3 S.2 PCT].

[595] RÜCKERSTATTUNG in Fällen nach R.15.4 PCT; 90% ERMÄßIGUNG, wenn jeder Anmelder (a) nat. Person mit Staatsangehörigkeit UND Wohnsitz in VStaat mit BIP < 25.000 USD (für EP = AL, BG, CY, ČZ, EE, GR, HU, HR, LT, LV, MK, MT, PL, PT, RO, RS, SI, SK, TR und BA, ME und MA, MD) ODER (b) nat./jur. Person mit Staatsangehörigkeit UND Sitz/Wohnsitz in Entwicklungsland [R.96.1 Nr.5 PCT; 5.188].

[596] BERECHNUNG ab Tag des Eingangs (ET), auch wenn zu dem Tag keine Ansprüche eingereicht werden; führen nachträgliche Änderungen nach R.20 bzw. R.26.1 PCT zur Erhöhung der Seitenzahl, muss keine erhöhte Zuschlagsgebühr pro weiterhin anfallendem Blatt gezahlt werden.

[597] RÜCKERSTATTUNG in Fällen nach R.16.2 PCT (keine vorschriftsmäßige Hinterlegung oder iPa gilt als zurückgenommen) ODER R.16.3 iVm R.41 PCT (teilweise Rückerstattung bei Berücksichtigung einer früheren Recherche); 75% ERMÄßIGUNG, wenn (i) Recherche vor EPA, AT oder ES und (ii) jeder Anmelder nat. Person mit Staatsangehörigkeit UND Wohnsitz nicht in VStaat des EPÜ und mit niedrigem/mittlerem Einkommen [ABl.2008,521, 5.190].

Mängelbeseitigung
Antrag und Mängelbeseitigung sind gebührenfrei [6.053]

Anmeldeamt (RO) — Art.14(1) iVm R.26 PCT 6.024 ff.

#	Mangel	Norm	Handlung	Frist	Nachfrist	Rechtsfolge	Rechtsbehelf
11	fehlende **Unterschrift** [599]	**Art.14(1)(a)i) PCT**	Unterschrift nachholen [600] oder Vollmachtsvorlage des Anwalts **R.4.1(d) PCT, R.4.15 PCT**				
12	unzureichende **Anmelderangaben** [599]	**Art.14(1)(a)ii) PCT**	Angaben **alle** Anmelder nachholen: Name, Adresse, Staatsangehörigkeit **R.4.4 und 4.5 PCT**	**2 M** nach Auff.	»jederzeit« verlängerbar [601]	(+) AD bleibt erhalten; (−) iPa gilt als zurückgenommen und Mitt. an Anmelder **Art.14(1)(b) PCT**	WB (+) [R.82bis PCT]; WE (+) [R.82quart PCT]; neue iPa oder ePa einreichen
13	fehlende **Bezeichnung der Erfindung**	**Art.14(1)(a)iii) PCT**	Bezeichnung angeben **R.4.3 PCT**	**Art.14(1)(b) PCT R.26.2 PCT**	**R.26.2 PCT** 6.037		
14	fehlende **Zusammenfassung**	**Art.14(1)(a)iv) PCT**	Zusammenfassung nachreichen **R.8 PCT**				
15	**Formerfordernisse** ▪ Figuren ▪ Sequenzprotokoll	**Art.14(1)(a)v) PCT**	Mangel beseitigen **R.11 PCT**				
16	**unberechtigter Anmelder** vorm ausgewählten RO	**Art.11(1)(i) PCT R.19.4(a)i) PCT**	Nachweis, dass Anmelder am Tag der Einreichung berechtigt war vor jeweiligem RO anzumelden	**2 M** ab Auff. zur Mängelbeseitigung [602] **Art.11.2(a) PCT R.20.3(a)i) PCT**	––	(+) Mängelbeseitigung als Änderung iSv **Art.14.1(a)ii PCT, R.4.5 PCT** gesehen - AD bleibt erhalten - 6.037; (−) RO übermittelt Anmeldung selbständig IB und iPa bekommt als AD Tag des Eingangs beim nationalen Amt [603] **R.19.4(b) PCT** UND ggf. Gebührenzahlung [130 € wenn EPA=RO]: **1 M** ab Eingang der Anmeldung beim RO **R.14.1(c) PCT, R.14.1 PCT**	

unter Erhalt des AD [6.032] [598]

ohne Erhalt des AD [6.025]

6.035, 6.036

---

[598] »schriftliche« Stellungnahme, Mängelbeseitigung nach **R.26.1 PCT UND** ggf. »**Ersatzblatt**« an das zuständige Amt **R.26.4 PCT**; ERSATZBLATT: ist ein während PCT-Phase eingereichtes Blatt, welches von dem ursprünglich (oder früher) eingereichten Blatt abweicht indem es folgendes enthält: [1] Berichtigung(en) formeller Mängel [**R.26**], [2] Berichtigung(en) offensichtlicher Fehler [**R.91 PCT**]; [3] Änderung(en) der Ansprüche [**Art.19 PCT**]; [4] Änderung(en) der Beschreibung, Ansprüche und Zeichnungen [**Art.34 PCT**]; [5] Änderung(en) bestimmter Angaben im Antrag hinsichtlich Anmelder, Erfinder oder Anwälte [**R.92bis PCT**].

[599] MEHRERE ANMELDER: es genügt Antragsunterzeichnung **UND** Anmelderangaben eines Anmelders [**R.26.2bis PCT**] ODER Unterschrift des »Anwalts«, sofern gesonderte Vollmachtsvorlage mit Unterschrift aller Anmelder an RO erfolgt; ausgenommen RO verzichtet auf gesonderte Vollmachtsvorlage [5.089] ⤢S.269.

[600] Unterschrift eines Anmelders genügt [**R.26.2bisPCT**].

[601] gebührenfrei [6.037].

[602] USPTO wird bei Mangel hinsichtlich „unberechtigter Anmelder vorm ausgewählten RO" keine Auff. senden, sondern direkt an IB weiterleiten [6.036].

[603] Berechnung der Fristen zur Zahlung der int. Anmelde-/Übermittlungs-/Recherchegebühr ab Eingang beim IB [**R.19.4(c) PCT**].

Mängelbeseitigung

Nr.	Mangel		Maßnahme	Frist	Folge
17	fehlender Hinweis darauf, dass iPa als iPa behandelt werden soll **Art.11(1)(iii)a) PCT**	*ohne Erhalt des AD [6.025]*	Hinweis nachreichen	**2 M** ab Auff. zur Mängelbeseitigung [604] **Art.11.2(a) PCT R.20.3(a)ii) PCT**	(+) iPa bekommt Tag an dem alle Mängel beseitigt als AD **Art.11.2(b) PCT** (–) Anmeldung wird nicht als iPa behandelt
18	kein **Vertragsstaat** bestimmt **Art.11(1)(iii)b) PCT**		Vertragsstaat bestimmen	--	
19	fehlende **Anmelderidentität** **Art.11(1)(iii)c) PCT**		Anmelder nennen		
20	fehlende (Teile der) **Beschreibung** und/oder **Anspruch** 6.025 (ii) 6.034 Annex C fehlende **Zeichnung** 6.025 (ii) **Art.11(1)(iii)d) und e) PCT**		Beschreibung und/oder mind. einen Anspruch einreichen **ODER** Bestätigung nach **R.20.6(a)PCT**, dass Teile gem. **R.4.18PCT** einbezogen werden sollen **R.20.3(a)ii) PCT**, 6.027 **UND** 1) einzubindende(n) Seite(n) 2) ggf. Kopie der urspr. Anmeldung 3) ggf. Übersetzung 4) Quelle, wo fehlender Teil in ursp. Anmeldung enthalten ist **R.20.6(a) PCT**, 6.028	**2 M** ab Eingang beim RO **R.27.(a)ii)** 6.029 **2 M** ab Auff. zur Mängelbeseitigung **R.27.(a)ii)** 6.029	(+) iPa bekommt Tag an dem Beschreibung/Anspruch eingeht als AD **Art.20.3(b)ii) PCT Art.20.5(c) PCT** (–) Anmeldung wird nicht als iPa behandelt, Mitt. an Anmelder **Art.20.4 PCT**
21	**Anmeldesprache** nicht von RO zugelassen 6.013 ff. 6.034 Annex C **Art.11(1)(ii) PCT R.19.4(a)ii) PCT**	*unter Erhalt des AD*	RO übermittelt iPa selbständig an IB **R.19.4(b) PCT R.14.1 PCT** ggf. **Übermittlungsgebühr** [EPA: 130 €, R.157(4), Art.2(1) Nr.18 GebO]	**1 M** ab Eingang der Anmeldung beim RO **R.14.1(c) PCT**	(+) iPa gilt als durch RO für IB entgegengenommen [**R.19.1a)iii PCT**] **UND** iPa bekommt als AD Tag des Eingangs beim nationalen Amt [605] **R.19.4(b) PCT**
22	**biologisches Material** 11.078 Annex L **R.13bis PCT**		Angabe von 1) Name/Anschrift Hinterlegungsstelle 2) Datum der Hinterlegung 3) Eingangsnummer **R.13bis.3a) PCT**	**16 M** ab (frühestem) PD **R.13bis.4a) PCT** 11.080 spätestens vor Abschluss. techn. Vorbereitungen zur Veröff.	(+) Bezugnahme auf biolog. Material 11.081 (–) Konsequenzen gem. nationalem Recht [605] 11.081 WE (+) **Art.48(2) PCT, Art.122, T227/97**
23	**Fehlende Zuständigkeit des Anmeldeamts (RO)** Anmelder hat keinen Sitz/Wohnsitz oder der Staatsangehörigkeit in diesem PCT-VStaat [**R.19.1 ODER 19.2 PCT**] 6.035 **R.19.4a) i) PCT**		ggf. **Übermittlungsgebühr** an das RO (von RO bestimmt) für Annahme der iPa und deren Übermittlung an IB [EPA: 130 €, R.157(4), Art.2(1) Nr.18 GebO] **R.14 PCT, Annex C**	**1 M** ab Eingang der Anmeldung beim falschen RO **R.14.1(c) PCT**	(+) iPa gilt als durch RO für IB entgegengenommen [**R.19.1a)iii PCT**] **UND** Übermittlung durch nichtzuständiges RO an IB; AD ist Eingangstag beim falschen RO [605]

[604] USPTO wird bei Mangel hinsichtlich „unberechtigter Anmelder vorm ausgewählter RO" keine Auff. senden, sondern direkt an IB weiterleiten [6.036].

[605] Berechnung der Fristen zur Zahlung der int. Anmelde-/Übermittlungs-/Recherchegebühr ab Eingang beim IB [R.19.4(c) PCT]; wurden Gebühren bereits an RO gezahlt, werden diese zurückerstattet und sind erneut zu begleichen, dann an IB [6.035].

Teil D II – Übersicht zum PCT

24					
Berichtigung **offensichtlicher Fehler** [606]	**R.91 PCT**	»schriftliche« Antrag [**R.91.1a)**] UND Vorlage eines »Ersatzblattes« [607] (entfällt bei Berichtigung des Antrags) zusammen mit Brief in dem Unterschiede zw. Ersatzblatt und zu ersetzendem Blatt anzugeben sind **R.26.4** ACHTUNG: unzulässig für fehlende Teile oder Seiten, Fehler in Zusammenfassung, Fehler im Priodatum **R.91.1 g) PCT**	**26 M** ab frühestem Priotag **R.91.2 PCT**	Zustimmung ODER Verweigerung [606] **R.91.3 PCT**	Nachprüfung durch und Gelegenheit zur Berichtigung durch das DO in nat. Phase

---

i Eine Mängelbeseitigung oder Berichtigung muss stets gegenüber der zuständigen Behörde erfolgen und bedarf deren Zustimmung:

- **RO:** Fehler im Anmeldeantrag nach **R.20** bzw. **26 PCT**
- **ISA/SISA:** mangelnde Einheitlichkeit [**Art.17(3) PCT**]; Fehler in Beschreibung, Ansprüche, Zeichnungen [**Art.19 PCT**],
- **IPEA:** Fehler in Beschreibung, Ansprüche, Zeichnungen und Änderungen nach **Art.19** und **34 PCT**
- **IB:** Fehler in nicht oben genannten bei ihm eingereichten Schriftstücken

---

Führt eine Änderung nach **R.26.1** PCT zu einer Erhöhung der Seitenzahl (z.B. durch Vergrößerung der Zeichnungen), muss keine zusätzliche Zuschlagsgebühr pro anfallendem Blatt gezahlt werden.

---

[606] BEACHTE: Berichtigung bedarf unverzüglicher Zustimmung oder Verweigerung der zuständigen Behörde durch **R.91.3a)** PCT-Mitt. [1] Fehler im Anmeldeantrag → RO; [2] Fehler in Beschreibung, Ansprüche, Zeichnungen → **ISA**; [3] Fehler in Beschreibung, Ansprüche, Zeichnungen und Änderungen nach **Art.19** und **34 PCT** → **IPEA**; ACHTUNG: Ist Antrag fristgemäß aber nach Abschluss der technischen Vorbereitungen (idR. 15 Tage vorher) für Veröffentlichung eingegangen, so wird der Berichtigungsantrag UND jede in dieser Regel genannte Begründung oder Stellungnahme unverzüglich nach Erhalt eines solchen Veröffentlichungsantrags veröffentlicht UND die Titelseite wird neu veröffentlicht [**R.48.2k) PCT**].

[607] ERSATZBLATT ist ein während der PCT-Phase eingereichtes Blatt, welches von dem ursprünglich (oder früher) eingereichten Blatt abweicht indem es folgendes enthält: [1] Berichtigung(en) eines formeller Mängel [**R.26**], [2] Berichtigung(en) offensichtlicher Fehler [**R.91 PCT**]; [3] Änderung(en) der Ansprüche [**Art.19 PCT**]; [4] Änderung(en) der Beschreibung, Ansprüche und Zeichnungen [**Art.34 PCT**]; [5] Änderung(en) [**R.92bis PCT**].

Priorität

	Handlung	Rechtsnorm	Voraussetzung / zu erbringende Handlung	Frist	Gebühr	Rechtsfolge	Nachfrist	Rechtsbehelf
25	**Prioritätsrecht** 5.007, 5.057-5.071, 6.038-6.044	**Art.4 PVÜ**	1) Prioanmeldung ist Patent, GebrM oder Gebrauchszertifikat mit Wirkung für PVÜ **ODER** WTO **Art.4A(1) PVÜ** 2) zuerkannter Anmeldetag **Art.4A(2), (3) PVÜ** 3) gleiche(r) Anmelde(r) **ODER** dessen Rechtsnachfolger [608] **Art.8(1), (2) a) PCT, Art.4A(1) PVÜ** 4) Nachanmeldung innerhalb von **12 M** nach AD der Prioanmeldung [609] **R.2.4, Art.8(2)a) PCT iVm Art.4C(1) PVÜ** 5) „dieselbe Erfindung" **Art.8(1)(2) a) PCT, Art.4C(4) PVÜ** 6) Prioanmeldung ist „erste Anmeldung der Erfindung" [610] **Art.4C(2) PVÜ**	**12 M** ab frühestem Prioritätstag **Art.4C (1) PVÜ iVm R.2.4 PCT**	n.d.	Prioritätsanspruch	keine	**WE (+), 2 M** während PCT-Phase vor RO gem. **R.26bis.3 PCT** während nat. Phase vor DO **R.49ter.2 PCT**
26	**wirksamer Prioritätsanspruch** 5.070	**Art.8(1)PCT iVm R.4.10 PCT** **Art.8(1) PCT iVm R.17.1 PCT**	Prioritätserklärung für PVÜ- **ODER** TRIPS-Anmeldungen mit i) früherem Anmeldetag; ii) Aktenzeichen; iii) Anmeldeamt Priobeleg (beglaubigte Abschrift der früheren Anmeldung) von dem Amt wo frühere Anmeldung eingereicht a) direkt beim RO **ODER** IB (nicht per Fax oder Online) **ODER** b) Weiterleitung an IB beantragen, wenn RO Erstanmeldeamt [611]	am ET mit Anmeldeantrag **16 M** nach frühesten beanspruchten PD **R.17.1 PCT**	**50 €** Ausstell. einer begl. Kopie vom EPA **R.17.1 PCT iVm R.21.2PCT**	(+) Zur Berechnung von Fristen gilt im PCT-Verfahren die (früheste) beanspruchte Priorität als **PD** **Art.2(xi) PCT**	**bei Mängeln** **R.26bis.2(a) PCT**-Auff. zur Berichtigung → **R.26bis.1(e) PCT**-Antrag auf Veröffentlichung innerhalb **30 M** ab PD **+Gebühr** an IB	**WB (+)**; WE (–), da noch kein Rechtsverlust
27	**Änderung** der Prioritätserklärung 6.038-44	**R.26bis.1a) PCT**	Änderung an das RO **ODER** IB kann erfolgen durch: ▪ Hinzufügen fehlender Priorität ▪ Berichtigung (wg. falschem PD, fehlender Angaben (Datum, AZ, Land), PD liegt über 12 M vor intern. AD) [612]	**4 M** nach AD **ODER** **16 M** ab PD **ODER** **16 M** ab berichtigtem/hinzugefügtem PD	--	(–) Prioritätsanspruch gilt für das PCT-Verfahren als nicht erhoben („nichtig") **R.26bis.2(b) PCT**	(!) DO kann Prioanspruch unberücksichtigt lassen, **ABER** DO muss Nachfrist gewähren **[R.17.1(c) PCT]**	Berichtigung offensichtlicher Fehler **R.91.1(g)(iv) PCT**
28	**Wiederherstellung** des Prioritätsrechts [610] 5.063-69	**R.26bis.3 PCT** bzw. **R.49ter.2 PCT**	1) **Antrag** beim RO unter Berücksichtigung des entsprechenden Wiederherstellungskriteriums [613] **R.26bis.3a) PCT** 2) **Begründung** unter Tatsachenvorlage **R.26bis.3b) ii) PCT** 3) Inanspruchnahme der Priorität **R.26bis.3c) iVm R.26bis.1a) PCT** 4) Zahlung Wiedereinsetzungsgebühr **R.26bis.3d) PCT**	**2 M** nach Ablauf der Priofrist **R.26bis.3e) PCT**	vgl. Annex C für jeweiliges Amt **R.26bis.3d) PCT**	Wiederherstellung oder Ablehnung [614] Mitt. an Anmelder und IB **R.26bis.3h) PCT**	binnen angem. Frist ggf. nach Auff. zum Nachreichen von Tatsachen **R.26bis.3 f) und g) PCT**	--

(Prioritätsanspruch)

[608] RECHTSÜBERTRAGUNG der Anmeldung (ODER Prioritätsrechts als solches) muss vor ODER (spätestens) am Tag der Einreichung der Nachanmeldung erfolgen UND nach einschlägigen nat. Rechtsvorschriften wirksam sein.

[609] Fällt Fristende auf Feiertag/Schließtag des RO, so erstreckt sich Priofrist auf nächsten Werktag [Art.4C(3) PCT]; FRISTBERECHNUNG nach Art.47(1) iVm R.80.5 PCT ist nicht einschlägig, da Priofrist nicht in PCT geregelt.

[610] Das spätere Schicksal der prioritätsbegründenden Anmeldung ist ohne Bedeutung; die Anmeldung kann zum Beispiel in der Folge zurückgenommen oder zurückgewiesen werden [Art.4C(4) PCT].

[611] Folgen der Nichterfüllung Weiterleitung für EP-Phase: [1] kein Rechtsverlust, daher [2]] Beginn der Sachprüfung, ABER: keine Erteilung des EP-Patents bis zur Vorlage des Priobelegs; ggf. Auff. durch EPA [E-VIII,2.3.5].

[612] Berichtigungen die beim RO ODER beim IB eingehen, bevor die Priorität für nichtig erklärt wird, gelten als rechtzeitig eingegangen, solange sie nicht später als 1 M nach Ablauf der Frist eingegangen sind [R.26bis.2(b)].

[613] während internationaler Phase vor dem RO [R.26bis.3 PCT] ODER während nationaler Phase vor dem DO [R.49ter.2 b) PCT]; WIEDERHERSTELLUNGSKRITERIEN: „trotz Beachtung der gebotenen Sorgfalt" [R.26bis.3 a) i) PCT, bspw. EPA E-VIII,2.3.5] ODER „unbeabsichtigtes Versäumnis" [R.26bis.3 a) ii) PCT, bspw. USA]. ACHTUNG: negativer Entscheid des RO ist nicht bindend für DO.

[614] BINDUNGSWIRKUNG: Wiederherstellung „trotz Beachtung gebotener Sorgfalt" entfaltet Wirkung vor allen DOs/EOs [R.49ter.1a) PCT]; Wiederherstellung wegen „unbeabsichtigtem Versäumnis" nur vor DOs/EOs, die dieses Kriterium akzeptieren [R.49ter.1b) PCT]; Antragsüberprüfung nur bei berechtigten Zweifeln zulässig [R.49ter.1d) PCT]; keine Bindungswirkung des DO/EO, wenn RO Wiederherstellungsantrag abgelehnt [R.49ter.1e) PCT].

Nachreichen wesentlicher Bestandteile/fehlender Teile oder Einbeziehung durch Verweis
Beseitigung von Mängeln iSv Art.11(1) iii) d) und e), R.20.3 PCT   R.20 PCT

Voraussetzungen

29   für das wirksame Einbeziehen von fehlender Bestandteile/Teile durch Verweis
     iSv **R.4.18** iVm **R.20.3a) ii)** ODER **R.20.5a) ii)**

1) Priorität muss am AD beansprucht worden sein   **[R.4.18 PCT]**
2) Prioritätsanmeldung enthält fehlende Bestandteil oder Teil enthält   **[R. 20.6(b) PCT]**
3) Erklärung über die (bedingte) Einbeziehung durch Verweis im Anmeldeantrag enthält **[R.4.18 PCT]**
4) fristgerechte »schriftliche« Bestätigung der Einbeziehung durch Verweis   **[R.20.6 und 20.7 PCT]**

Ausführungsordnung zum Vertrag über die Internationale Zusammenarbeit (PCT)

Regel 4
Der Antrag (Inhalt)

[...] **4.18** Erklärung über die Einbeziehung durch Verweis Beansprucht die internationale Anmeldung zu dem Zeitpunkt, an dem ein oder mehrere in Art.11(1) iii) PCT genannte Bestandteile erstmals beim Anmeldeamt eingegangen sind, die Priorität einer früheren Anmeldung, so kann der Antrag eine Erklärung des Inhalts enthalten, daß, wenn ein in Art.11(1) iii) Buchstabe d oder e genannter Bestandteil der iPA oder ein Teil der Beschreibung, der Ansprüche, oder der Zeichnungen, auf den in R.20.5 PCT a Bezug genommen wird, nicht in sonstiger Weise in der iPA, aber vollständig in der früheren Anmeldung enthalten ist, dieser Bestandteil oder Teil, vorbehaltlich einer Bestätigung gemäß R.20.6PCT, durch Verweis in die iPA, für die Zwecke der R.20.6 PCT, einbezogen ist. Eine solche Erklärung kann, falls sie zu diesem Zeitpunkt nicht im Antrag enthalten war, dem Antrag hinzugefügt werden, wenn und nur wenn sie in sonstiger Weise in der iPA enthalten war oder zusammen mit der iPA zu diesem Zeitpunkt eingereicht wurde. [...]

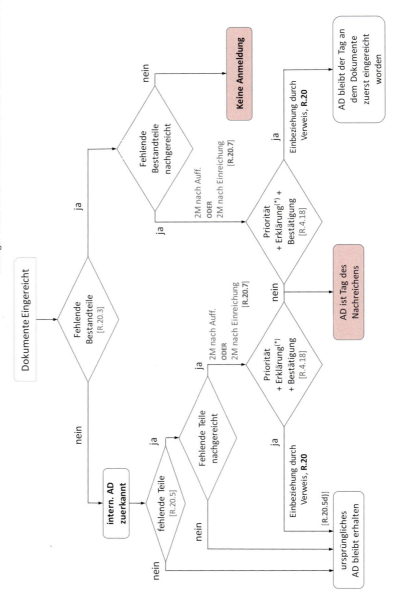

Fig.11: **Möglichekiten zum** Nachreichen fehlender Teile im PCT.   **Teil** = Teil der Beschreibung, Teil der Ansprüche oder Zeichnungen im Ganzen oder Teile davon
Bestandteil = Beschreibung oder Ansprüche im Ganzen
(*) Priorität muss am AD beansprucht worden sein

Nachreichen fehlender Teile/ Einbeziehung durch Verweis

	Handlung	Voraussetzung	Rechtsnorm	Erfordernis	Frist	Rechtsfolge	Rechtsbehelf
							Anmeldeamt (RO)
30	**wesentlicher Bestandteile**	Mängel nach **Art.11(1) iii) d) PCT**: Fehlen der ganzen Beschreibung ODER fehlen aller Ansprüche	**R.20.3a) i) PCT**			(+) Verschiebung des AD auf ET des fehlenden Bestandteils **R.20.3b) i) PCT** (–) iPa wird kein AD zuerkannt **R.20.4 i) PCT**	**Neueinreichung**
31	**fehlender Teile**	Fehlen von Teilen der Beschreibung, Teilen der Ansprüche und/oder einzelner oder aller Zeichnungen	**R.20.5a) ii) PCT**	Berichtigung nach **Art.11(2) PCT**		(+) Verschiebung des AD auf ET des fehlenden Teils **R.20.5c) PCT** (–) AT bleibt erhalten	Rücknahme nachgereichter Teile binnen **1 M** nach Mitt., so bleibt AD erhalten **R.20.5 e) PCT**
32	**wesentlicher Bestandteile**	zur Mängelbeseitigung nach **Art.11(1) iii) PCT** kann sich der Anmelder auf eine frühere priobegründende Anmeldung beziehen, wenn • Priorität am ET der iPa beansprucht worden ist, **R.4.18 PCT** [615] • Prioritätsanmeldung fehlende Bestandteil ODER Teil enthält, **R.20.6(b) PCT** • **Erklärung** über die (bedingte) Einbeziehung durch Verweis im Anmeldeantrag enthalten, **R.4.18 PCT** • fristgerechte schriftliche Bestätigung der Einbeziehung durch Verweis, **R.20.6** und **20.7 PCT**	**R.4.18** iVm **R.20.3a) ii) PCT**	»schriftliche« Bestätigung unter Einreichung von i) fehlenden Blättern ii) Kopie der Voranmeldung, falls Priobeleg noch nicht eingereicht iii) *ggf.* Übersetzung Priobeleg in Sprache der PCT-Anmeldung iv) Angaben dazu, wo fehlende Teile im Priobeleg (und *ggf.* in Übersetzung) enthalten sind **20.6a) PCT**	**2 M** nach Auff. **R.20.3 a), 20.7 PCT** ODER **2 M** nach Einreichung **R.20.7 PCT**	(+) AD bleibt erhalten [616] **R.20.3 b) ii)** (–) Fall 1: Mängel beim Nachreichen, AD verschiebt sich auf ET des fehlenden Bestandteils **R.20.3b) i) PCT** <u>Fall 2</u>: keine Reaktion des Anmelders: iPa wird kein AD zuerkannt **R.20.4 i) PCT**	<u>Fall 2:</u> **Neueinreichung**
33	**fehlender Teile**		**R.4.18** iVm **R.20.5a) ii) PCT**			(+) AD bleibt erhalten [616] **R.20.5d) PCT** (–) AD verschiebt sich auf ET des fehlenden Teils **R.20.5 c) PCT**	Rücknahme nachgereichter Teile binnen **1 M** nach Mitt., so bleibt AD erhalten **R.20.5 e) PCT**
34	**Sprache**	Sprache der iPa und Sprache der Übersetzung	**R.12.1^{bis} PCT**				

Seitenlabels: *Nachreichen* (Zeilen 30–31); *Einbeziehung durch Verweis* (Zeilen 32–33).

[615] Priorität muss am ET im oder mit Anmeldeantrag beansprucht worden sein; <u>AUSNAHME</u>: Beschreibung der iPa enthält ausdrücklichen Querverweis zum Priodokument (z.B. Formulierung „*durch Verweis einbezogen*") [**R.4.18 S.2 PCT**].

[616] DO kann, in beschränktem Maß, die vom RO zugelassene »Einbeziehung durch Verweis« überprüfen [**R.82ter.1 b) PCT**]. <u>ACHTUNG</u>: einige RO und DO haben Erklärungen über die Unvereinbarkeit der neuen Regel mit ihrem nat. Recht (Vorbehalte) abgegeben [**R.20.8(a)/(b) PCT**; BE, CU, CZ, DE, ID, IT, KR, MX].

Internationale Recherche und ISR

Internationale Recherchenbehörde (ISA) [617] — Art.17 PCT

	Handlung	Norm	Aufgabe (sachliche Zuständigkeit)	örtliche Zuständigkeit	Frist	Nachfrist	Rechtsfolge
35			▪ Prüfung der Einheitlichkeit [**R.40, R.13.1 PCT**], ▪ Prüfung Erfindungsbezeichnung [**R.37 PCT**] **UND** Zusammenfassung [**R.38 PCT**] MÄNGEL: bei fehlender/mangelhafter Bezeichnung und/oder Zusammenfassung [**R.8 PCT**] erstellt ISA diese **R.37.2 ODER R.38.2 PCT**				ISR **UND** **WO-ISA**: vorläufiger und unverbindlicher Bescheid über Neuheit, erfinderische Tätigkeit, gewerbliche Anwendbarkeit **R.43bis PCT** SPRACHE: Veröffentlichungssprache oder Übersetzung für Recherche **R.43.4 PCT**
	Übermittlung **ISR** und **WO-ISA** an Anmelder	**Art.18(1) PCT; R.43 PCT**	▪ **Recherche** beanspruchten Erfindung auf Grundlage der Ansprüche mit Beschreibung/Zeichnung [**Art.15(3), R.33.3 PCT**] zur **Ermittlung** StdT [**Art.15(2) PCT**] **R.15(1) PCT** ▪ Zustimmung zu Berichtigung offensichtlicher Fehler, ▪ Erstellung ISR [**R.42, 43 PCT**] **UND/ODER** erklärt, dass kein ISR erstellt wird [**Art.17(2) PCT**] [620], ▪ Erstellung WO-ISA [**R.43bis**] (=unverbindlicher Bescheid) Neuheit, erfinderische Tätigkeit, gewerbliche Anwendbarkeit	1) nur eine ISA zuständig [618] **R.35.1 PCT** 2) mehrere ISA zuständig [619] **R.35.2 PCT** 3) IB als RO [618] **R.35.3 PCT** nat./reg. Amt, das bei Hinterlegung iSv R.19.1/.2 zuständig gewesen wäre **R.35 iVm Art.16;** Annex C	**3 M** ab Eingang früheren Recherchenexemplare bei ISA **ODER** **9 M** ab PD - später ablaufende -	--	**UND** Übermittlung an Anmelder und IB **Art.18(2) PCT, R.44.1 PCT** ISR wird durch IB veröff. und je eineKopie an DO übermittelt **Art.20.1 und 21(3) PCT**
36	**Erklärung**, dass keine (vollständige) Recherche durchführbar	**Art.17(2) a) PCT**	▪ iPa betrifft Gegenstand, für den keine Recherche durchzuführen ist **ODER** **Art.17a),i),ii)** ▪ sinnvolle Recherche nicht mgl.				Art.17(2)a) PCT-Erklärung **UND** Recherche unterbleibt [621]
37	**Sprache der iPa**	**Art.16(1) PCT** iVm **R.12.3 PCT**	Sprache der ISA [622] Annex A				

[617] derzeit wählbare Recherchenbehörden (ISA): AT, AU, BR, CA, CL, CN, EG, EP, ES, FI, IL, IN, JP, KR, RU, SE, US, XN, ACHTUNG: EPA hat keine anderen ISA bestimmt.

[618] EPA als ISA zuständig für Anmelder mit Staatsangehörigkeit **ODER** Sitz/Wohnsitz in EP-VStaat.

[619] Wahlmöglichkeit für Anmelder durch schriftliche Erklärung iSv **R.4.14bis PCT**.

[620] ZUSTÄNDIGKEIT: Für Entscheidungen über solche iPa ist Prüfungsabteilung zuständig.

[621] ggf. findet teilweise Recherche statt, wenn Mängel nicht gesamten Anspruch betrifft [**Art.17b**].

[622] für EPA als ISA in DE, EN, FR [**Art.152 EPÜ**] oder, wenn iPa in BE/NL eingreicht in Holländisch [Annex A].

Internationale Recherche - Anträge

	Handlung	Voraussetzung	Rechtsnorm	Erfordernis	Frist	Rechtsfolge	Nachfrist	Rechtsbehelf
38	**Nachreichen des Sequenzprotokolls**	iPa offenbart Nucleotid- und Aminosäuresequenzen **ABER** Sequenzprotokoll nicht vollständig oder nur teilw. eingereicht	**R.13ter(1)/(2) PCT**	Sequenzprotokoll im WIPO-Standard ST.25 **UND** in elektronischer Form (CD-ROM, CD-R, DVD, DVD-R) **+230 € [R.13ter) PCT]**	R.13ter(1)/(2) PCT-Auff.	⊖ eingeschränkte Recherche **R.13ter) PCT**		
39	**Informelle Stellungnahme vor** Erstellung ISR und WO-ISA	1) EPA ist RO und ISA 2) iPa beansprucht Prio frühere beim EPA recherchierter Anmeldung	**ABl.2014,A89**	informelle Stellungnahme per „PCT-Direkt" unter Hinweis im Anmeldeantrag (PCT/RO/101) an RO	am AT zusammen mit Anmeldeantrag	EPA als ISA berücksichtigt Stellungnahme bei Erstellung ISR und WO-ISA	keine	
40	**Informelle Stellungnahme auf WO-ISA** [623]	ISR und WO-ISA wurden erstellt 7.030	Art.19(1) S.2 PCT	Informelle Stellungnahme in Sprache der internationalen Veröffentlichung oder Englisch (max. 500 Wörter) an IB **R.46.3/4 PCT**	innerhalb internationaler Phase - **30 M** nach AD (vorzugsweise **28 M**)			
41	**Antrag auf Berücksichtigung anderer Rercherenergebnisse** 5.037	Voraussetzungen der **R.12bis.1** müssen erfüllt sein (Kopie älteren Ergebnisse übermitteln)	R.4.12 iVm R.41 PCT	Antrag gem. **R.4.12 PCT**, bevorzugt auf Anmeldeantrag (Box.VII): 1) Angabe von Amt, dass Recherche durchgeführt hat, 2) betreffende Anmeldung 3) ggf. Erklärung, dass iPa gleichen Gegenstand umfasst wie frühere Anemdung	am AT zusammen mit Anmeldeantrag	⊕ Recherchenergebnisse werden berücksichtigt, ggf. Ermäßigung der Recherchengebühr 6.198		

Internationale Recherche - zusätzl. Recherchengebühr [624]

	Frist	Voraussetzung	Rechtsnorm	zu erbringende Handlung	Frist	Rechtsfolge	Nachfrist	Rechtsbehelf
						Art.17 iVm R.40 PCT		
42	Aufforderung zur Zahlung **zusätzl. Recherchengebühr**	mangelnde Einheitlichkeit **R.13.1 PCT**	**Art.17(3)a) PCT** iVm **R.40.1 PCT**	1) Zahlung zusätzlicher Recherchengebühr an ISA [EPA: 1875 €] **Art.17(3)a), R.40.2a), b) PCT** iVm **Art.152, R.158(1)** 2) *ggf.* unter Widerspruch mit Widerspruchsgebühr [865 €] [625] 3) Begründung, weshalb Erfindung einheitlich **R.40.2c)/e) PCT**	**1 M** nach Auff.	⊕ vollständige Recherche ⊖ Für bestimmte Teile wird u.U. keine Recherche durchgeführt ⊕ teilweise oder vollst. Rückzahlung zusätzlicher Recherchengebühren [626] **R.40.2c) PCT** UND Rückzahlung der Widerspruchsgebühr **R.40.2e) S.3 PCT**	keine	**WE (+)** Art.48(2) PCT, Art.122, **W4/87**

---

[623] wird von IB veröffentlicht aber nicht an IPEA übermittelt [Art.30 PCT].

[624] ERMÄßIGUNG: Die in der europäischen Phase fällige Prüfungsgebühr ermäßigt sich um 50%, wenn das EPA als IPEA tätig wird [Art.14(2) GebO].

[625] WE (-) [W3/93, ABl.1994,931]; ABER WE (+), wenn Begründung für Widerspruch nach R.40.2 c) PCT verspätet eingereicht worden ist [Art.122 iVm Art.48(2) PCT anwendbar] [W4/87; ABl.1988,425].

[626] RÜCKZAHLUNG nach R.40.2c) PCT möglich, wenn [1] Anmelder Recherchengebühr unter Widerspruch zahlt UND [2] Aufforderung zur Zahlung der weiteren Recherchengebühr unter Widerspruch nicht gerechtfertigt war [ABl.2010,322].

Veröffentlichung — Art.21 und R.48, R.90bis PCT

#	Aktion	Voraussetzung	Rechtsnorm	Handlung	Frist	Rechtsfolge
43	**Veröffentlichung**	Anmeldung liegt in einer Veröffentlichungssprache vor [Arabisch, CN, DE, EN, FR, JP, KR, PR, RU, ES] [627]	**Art.21(2)(a) PCT** iVm **R.48 PCT**	keine	**18 M** nach AD bzw. frühestem PD durch das IB — **Art.21(2)(a) PCT**	Veröffentlichung durch IB unter Berücksichtigung aller Unterlagen [629]: i) Bezeichnung und Zusammenfassung (auch in EN) ii) Beschreibung (auch in EN) iii) Ansprüche iv) Zeichnungen v) ISR **ODER** Erklärung nach Art.17(2) a) PCT (auch in EN) — **Art.21(1) PCT**
44	**Vorzeitige** Veröff.	Art.21(4), R.48.3(a) PCT **UND** Erfindungsbezeichnung, Zusammenfassung und ISR **ODER** Erklärung nach Art.17(2) a) PCT immer zusätzlich in Englisch [628] — Art.21(3), R.48.3(c) PCT	**Art.21(2)(b) PCT** iVm **R.48.4(a) PCT**	1) »unterzeichneter« Antrag des Anmelders **beim IB** 2) Veröffentlichungsgebühr [CHF 200] an IB [630] — Annex B2/IB	vor Ablauf von **18 M** nach AD bzw. frühestem PD — **Art.21(2)(b) PCT**	**UND** iPa zählt ab internat. Veröff. zum SdT — **R.34.1(b)(ii) PCT**
			R.26bis.1 PCT	Antrag auf Hinzufügen oder Berichtigen eines Prioanspruchs	**16 M** ab neuem bzw. berichtigtem PD — **R.26bis.1a) PCT**	
45	**Aufschiebung** der Veröff.	Zurücknahme des frühesten Prioanspruchs (Prioritätsverzicht)	**R.90bis.3d)/e) PCT**	»schriftliche« **UND** »unterzeichnete« Verzichtserklärung [631] an IB, RO oder IPEA mit Form PCT/IB/372 (maßgebend ist tatsächlicher Eingang beim IB; Weiterleitung an IB, wenn bei RO/IPEA eingereicht) — **R.90bis.3c) PCT**	Eingang beim IB binnen **18 M** nach AD bzw. frühestem PD vor Abschluss techn. Vorbereitungen für Veröff. — **R.90bis.3c) PCT**	Verschiebung der Veröff. gemäß AT oder späterem PD — Neuberechnung aller noch nicht abgelaufenen Fristen auf Grundlage verbleibender PD oder AD [632] — **R.90bis.3d) PCT**; Priobeleg zur prioritätsbegründenden Voranmeldung wird nicht veröff. (auch nicht auf Antrag eines Dritten) — PCT-Newsletter 07/2007
46	**Verhinderung** der Veröff.	Zurücknahme der iPA **ODER** einziges DO ist USA (da nur diese Erklärungen nach Art.64(3)(a) PCT abgegeben)	**R.90bis.1c) PCT**	Zurücknahmeerklärung [567] an IB, RO oder IPEA mit Form PCT/IB/372 — **R.90bis.1 a) und b) PCT**	idR **15 Tage** vorher	keine Veröff. **UND** weitere Bearbeitung der iPa eingestellt — **Art.21(5)** iVm **R.90bis.1c) PCT**
47	**Änderung des Prioanspruchs**	Ablauf der Frist zur **Änderung** des Prioritätsanspruchs nach **R.26bis.1 PCT**	**R.26bis.2(e) PCT**	1) Antrag des Anmelders auf Hinzufügen/Änderung der Priorität beim IB 2) Sondergebühr [CHF 50] und Seitengebühr [CHF 12/Seite] an IB — Annex B2/IB	innerhalb **30 M** ab PD **ABER** nach der Frist gemäß **R.26bis.1 PCT**	Priobeleg zur prioritätsbegründenden Voranmeldung wird dennoch veröff. — PCT-Newsletter 07/2007
48	*(nach Veröffentlichung)* **Verweigerte** Berichtigung offensichtlicher Fehler	1) Berichtigung offensichtlicher Fehler binnen 26 M ab PD, **R.91.2 PCT** 2) Verweigerung durch zuständige Behörde	**R.91.3d) PCT**	1) Antrag des Anmelders beim IB 2) Sondergebühr [CHF 50] und Seitengebühr [CHF 12/Seite] an IB — Annex B2/IB	**2 M** nach Verweigerung durch zuständige Behörde — **R.91.3d)**	Veröffentlichung des R.91-Antrags und Verweigerungsgründe durch IB — **R.91.3d) PCT**

[627] ÜBERSETZUNG: erfolgte bereits eine Übersetzung der ePa in eine Veröffentlichungssprache zum Zwecke der Recherche [R.12.3 PCT] oder Veröff. [R.12.4 PCT], wird iPa in dieser veröff. [R.48.3(b) PCT].

[628] liegt keine Übersetzung in EN vom Anmelder vor, erfolgt diese durch IB [R.48.3(c) S.2 PCT].

[629] ausgenommen von Veröff. nach R.44ter.1 PCT: WO-ISA [R.43bis.1 PCT], Stellungnahmen des Anmelders zum WO-ISA, IPRP [R.44bis.1 PCT], Übersetzungen dieser Unterlagen.

[630] KEINE GEBÜHR, wenn ISR oder Erklärung nach Art.17(2)a) vorliegt [R.48.4a) PCT].

[631] unterschrieben von allen Anmeldern ODER deren gemeinsamer Anwalt (d.h. von jedem einzelnen Anmelder durch Unterschrift bevollmächtigt) ODER vom bestellten gemeinsamen Vertreter; Unterschrift des fiktiven Vertreters genügt nicht [R.90bis.5 PCT].

[632] NEU BERECHNETE FRISTEN: [1] 18M-Frist für internat. Veröffentlichung; [2] 19M-Frist für Antrag auf SIS; [3] Frist für IPER; [4] Eintritt in nat. Phase.

Nach-/Zusatzveröffentlichungen

gebührenfrei

49
- geänderte Ansprüche nach Art.19 und ggf. Erklärung dazu [R.48.2f) PCT]
- Erklärungen zu Erfindern/Rechtsnachfolgern [R.4.17 iVm R.48.2a)(x) PCT]
- Angaben über hinterlegtes biologisches Material [R.13bis iVm R.48.2a)(viii) PCT]
- Angaben über Anträge auf Wiederherstellung des Prioritätsrechts [R.26bis.3 iVm R.48.2a)(xi) PCT]
- nach Veröff. eingegangene/bewilligte Berichtigung offensichtlicher Fehler [R.91.1 iVm R.48.2(i) PCT, PCT-Newsletter 11/2007]
- Angaben über als nicht erhoben geltende Prioritätsansprüche [R.26bis.2d) iVm R.48.2b)(vi) PCT]

gebührenpflichtig
- verweigerter Antrag auf Berichtigung offensichtlicher Fehler [R.91.3d) PCT]
- nach Fristablauf [R.26bis.1(a)] gestellter Antrag auf Berichtigung/Hinzufügung eines Prioanspruchs [R.26bis.2(e) PCT]]

Publikationskennzahlen

iPa mit ISR	A1
iPa ohne ISR ODER mit Erklärung nach Art.17(2) a) PCT	A2
ISR mit überarbeitetem Deckblatt der iPa	A3
Überarbeitete Ansprüche und/oder Erklärung nach Art.19 PCT mit überarbeitetem Deckblatt der iPa	A4
neue iPa mit korrigierten bibliographischen Daten	A8
neue iPa oder ISR mit Korrekturen, Änderungen oder Ergänzungen	A9

Änderung in der Person des Anmelders/Erfinders — R.92bis PCT

	Handlung	Norm	Voraussetzung	Handlung	Frist	Rechtsfolge	WICHTIG
50	Änderung ODER Eintragung von **Angaben in einem Antrag** (11.018)	**R.92bis PCT**	1) fehlerhafte Angaben zum Anmelder **ODER** Erfinder [z.B. Namens- und Adressänderung, Änderung der Staatsangehörigkeit, Hinzufügung/Streichung eines Erfinders, Änderung des Anmelders (Umschreibung, Hinzufügung, Streichung), Änderung des Patentanwalts] **ODER** 2) Rechtsübergänge [633]	schriftlicher Antrag **beim RO** ODER IB UND *ggf.* Nachweis ACHTUNG: Antrag muss ggf. vom RO zum IB weiterleiten, da IB Änderung einträgt	vor Ablauf der **30 M**-Frist [634] **R.92bis.1 b) PCT**	(−) Eintragung/Änderung nur noch bei nat./reg. Amt möglich und nur mit Zustimmung des Erfinders	während PCT-Phase ist idR. kein Nachweis der (zu registrierenden) Änderung erforderlich ABER DO/ausgewähltes Amt kann bei Eintritt in nat. Phase Nachweise verlangen (z.B. Abtretungsurkunde)
51	**Berichtigung Erfindernennung**	**R.92bis.1(a) (ii) PCT**	unrichtige Erfindernennung	1) Berichtigungsantrag des Anmelders/Pl oder eines Dritten [635] auf Änderung/Eintragung/Löschung Erfindernennung mit: ▪ Namen und Anschrift des Erfinders ▪ Erklärung über Rechtserlangung **Art.81** ▪ Unterschrift des Anmelders/Pl oder Vertreters **R.19(1)** 2) Zustimmungserklärung des zu Unrecht genannten Erfinders [636]	»jederzeit« auch nach Verfahrensabschluss	(+) Änderung/Eintragung/ Löschung Erfindernennung UND Veröffentlichung dieser Erfindernennung auf ePa oder EP-Patent **R.21(2) iVm R.143(1)(g), Art.129a)**	

[633] **[1]** Wenn ein Antrag auf Eintragung einer Änderung von einer noch nicht im Anmeldeantrag genannten Person ("neuer Anmelder") ohne schriftliche Zustimmung des "alten" Anmelders gestellt wird, muss Abtretungsurkunde oder ähnlicher Nachweis beigefügt werden. **[2]** Wird Antrag vom Anwalt des neuen Anmelders gestellt, muss eine von diesem neuen Anmelder unterzeichnete Vollmacht beigefügt werden.

[634] EMPFEHLUNG: unmittelbare Einreichung beim IB und nicht beim RO.

[635] Dritter (bspw. rechtmäßiger Erfinder) braucht zusätzlich noch Zustimmung des Anmelders/Pl [R.19(1)].

[636] entfällt, wenn ein weiterer Miterfinder nur hinzugefügt wird [J8/82].

Ergänzende internationale Recherche und SISR

R.45bis PCT, 8.001-8.053

	Kategorie	Norm	zu erbringende Handlung	Frist	Nachfrist	Rechtsfolge	Rechtsbehelf
52	Voraussetzung	R.45bis.9b) PCT	IPEA war nicht ISA iSv Art.16(1) PCT				**ACHTUNG**
53	Antragsteller	R.45bis.1a) PCT	Anmelder oder sein Vertreter [642]				▪ Nur **eine** Erfindung wird recherchiert – es gibt keine Möglichkeit, zusätzliche Gebühren für weitere Erfindungen zu entrichten
54	Anmeldeamt 8.008	R.45bis.1b) PCT	beim IB				▪ Generell wird zuerst genannte Erfindung recherchiert
55	SIS-Antrag [643]	R.45bis.1 PCT · LF-PCT, 273 ff.	Prüfungsantrag (Form PCT/IB/375) muss enthalten: 1) Anmelderidentität und Vertretung [642] — R.45bis.1b) i) PCT 2) gewünschte Recherchenbehörde [644] — R.45bis.1b) ii) PCT 3) ggf. Übersetzung in Amtssprache des SISA — R.45bis.1b) iii) PCT 4) ggf. zu recherchierende Ansprüche angeben [645] (bei mangelnder Einheitlichkeit im ISR) — R.45bis.1d PCT 5) Sequenzprotokoll in TXT-Format — R.45bis.1c) ii) PCT	»jederzeit« vor Ablauf von **19 M** nach AD bzw. frühestem PD R.45bis.1 a) PCT	**1 M** nach Auff. R.45bis.4 a) PCT	⊕ Erstellung SISR und WO-SISA 28 M nach PD **UND** Übermittlung an IB und Anmelder R.45bis.7 PCT R.45bis.8 PCT	▪ SISA muss Auffassung der ISA bez. Einheitlichkeit nicht folgen
56	Sprache 8.009-8.010	R.92.2(d) PCT · R.45bis.1b)iii) · R.45bis.1c)i)	Antrag: EN oder FR (da beim IB zu stellen) Anmeldung: zugelassene Sprache der SISA *Annex SISA*			⊖ Antrag gilt als nicht gestellt R.45bis.1c) PCT R.45bis.4d) PCT	<u>Grundlage für SISR</u> ist die urspr. eingereichte Anmeldung; Änderungen nach Art.19 und/oder 34 PCT werden nicht berücksichtigt
57	Gebühren 8.029-8.032	R.45bis.2a) PCT · R.45bis.3a) PCT	Bearbeitungsgebühr [646] (in CHF direkt an das IB) **[CHF 200]** — R.45bis.2 PCT, Annex SISA Recherchengebühr (in CHF direkt an das IB) **[EP: CHF 2.046]** — R.45bis.3 PCT, Annex SISA	**1 M** nach Einreichung des SIS-Antrags **ODER** innerhalb von **19 M** nach dem Prioritätstag	**1 M** nach Auff. +50% Bearbeitungsgeb. an IB R.45bis.4 b)/c) PCT	⊖ Antrag gilt als nicht gestellt R.45bis.4 b)/c) PCT	**R.45bis.5b) PCT**
58	mangelnder Einheitlichkeit im ISR	R.45bis.1d) PCT	bei mangelnder Einheitlichkeit, Angabe des zu recherchierenden Gegenstands [645]	nur mit SIS-Antrag	--	⊖ Angaben werden nicht berücksichtigt	

---

[642] VOLLMACHTSVORLAGE: EPA als RO (und als ISA, SISA oder IPEA) verzichtet auf Vorlage einer Vollmacht für die wirksame Bestellung eines gemeinsamen Anwalts oder Vertreters [R.90.4 d) PCT UND ABl.2010, 335]. AUSNAHME: keine Anwendung auf einen Angestellten [Art.133(3)] oder Rechtsanwalt [Art.134(8)], wenn die Person nicht auch ein zugelassener Vertreter ist.

[643] ACHTUNG: SIS wird für iPa in der ursprünglichen Fassung durchgeführt – Änderungen nach Art.19 ODER R.34 PCT ODER informelle Stellungnahme werden nicht berücksichtigt [R.45bis.5 b) PCT]; SIS beginnt mit der SIS unmittelbar nach Antragstellung ODER spätestens 22 M ab Prioritätstag [R.45bis.5 a) PCT]; FERTIGER SIS vor Ablauf von 28 M nach Antragstellung [R.45bis.7a) PCT].

[644] DERZEIT WÄHLBARE RECHERCHENBEHÖRDEN (SISA): AT, EP, FI, RU, SE, SG, UA und XN [Annex SISA]; BEACHTE: Wenn EPA als SISA tätig, entfällt der ergänzende EP-Recherchenbericht iSv Art.153(7) EPÜ UND der Anmelder wird vor Eintritt in die EP-Phase durch eine R.161-Mitteilung aufgefordert Mängel zu beseitigen.

[645] SISA recherchiert nur für eine Erfindung – keine zusätzlichen Recherchengebühren zahlbar; RECHERCHEGEGENSTAND: [1] von ISA recherchierte Erfindung ODER [2] im ISR nicht recherchierte Erfindung, SISA nicht zur Recherche angegebenen Gegenstands verpflichtet, aber EPA folgt dem Antrag [R.45bis.1d) PCT, ABl.2010,316]; GRUNDLAGE DER RECHERCHE ist nur urspr. eingereichte Anmeldung: Änderungen nach Art.19 PCT UND/ODER Art.34 PCT werden nicht berücksichtigt [R.45bis.5b) PCT].

[646] 90% ERMÄßIGUNG, wenn jeder Anmelder (a) nat. Person mit Staatsangehörigkeit UND Wohnsitz in VStaat mit BIP < 25.000 USD (für EP = AL, BG, CY, ČZ, EE, GR, HU, HR, LT, LV, MK, MT, PL, PT, RO, RS, SI, SK, TR und BA, ME und MA, MD) ODER (b) nat./jur. Person mit Staatsangehörigkeit UND Sitz/Wohnsitz in Entwicklungsland [R.96.1 Nr.5 PCT].

Ergänzende internationale Recherche - Anträge

59						
Überprüfungsverfahren wg. mangelnder Einheitlichkeit [642]	R.45bis.6c) PCT ABl.2010,320	Antrag auf Überprüfung mit begründetem Widerspruch **UND** Überprüfungsgebühr [**856 €**] [643]	**1 M** nach Zustellung des SISR	--	(+) Rückzahlung der Überprüfungsgebühren	Überprüfungsgebühr wird nur zurückerstattet, wenn ISA feststellt, dass der Widerspruch in vollem Umfang begründet

Vorteile einer SIS

- anderer, als im ISR berücksichtigter Gegenstand kann recherchiert werden
- anderes Amt kann zur Erstellung des SISA bestimmt werden und somit kann
- ggf. kann in einer anderen Sprache recherchiert werden (ggf. Amt/Sprache vorausschauend hinsichtlich späterer Natrionalisierung/Regionalisierung wählen)
- nachveröffentlichter SdT kann recherchiert werden
- mehrere SIS können beantragt werden

---

[642] WEITERE RECHERCHENGEBÜHR: keine Zahlung weiterer Recherchengebühren möglich, um die Durchführung weiterer Recherchen zu erreichen.

[643] REVIDIERTER SISR, wenn die Überprüfungsstelle den Einwand wegen mangelnder Einheitlichkeit als (teilweise) gerechtfertigt erachtet [**R.45bis.6 d) PCT**].

Teil D II – Übersicht zum PCT

Internationale vorläufige Prüfung und IPER

letzte Möglichkeit, noch während der internationalen Phase einen positiveren Bericht zur Einschätzung der Patentfähigkeit zu erreichen

Art.31 bis 36 iVm R.53 und R.66 PCT

		Norm	zu erbringende Handlung	Frist	Nachfrist	Rechtsfolge	Rechtsbehelf
60	**Voraussetzung**	R.69.1(a)iii PCT	ISR und WO-ISA ODER Art.17(2) PCT-Erklärung liegt vor				
61	**Antragsteller** 10.004, 10.017	Art.31(2), R.54 PCT	nur durch Anmelder, wobei mind.ein Anmelder [Wohnsitz/Sitz in PCT-VStaat ODER Staatsangehöriger eines PCT-VStaats, für den Kapitel II verbindlich] UND iPa ist bei RO dieses VStaats eingereicht [645] Art.31(2) iVm R.54.2	3 M nach Übermittlung ISR und WO-ISA ODER Art.17(2) PCT-Erklärung		(+) IPEA beginnt nicht vor Ablauf R.54bis-Frist mit Prüfung [644] ; fertiger IPER binnen **28 M** nach Antragstellung R.69.2 PCT	**WB (+);** **WE (+)**, wenn es sich um eine dem EPA zugeleitete Anmeldung handelt [J06/79]
62	**Anmeldeamt** 10.006-10.009	R.59 PCT	direkt bei einem IPEA, das vom RO für Erstellung IPER benannt wurde [646] Art.31(6), R.59.1a) PCT, Annex E				

63	**IPER-Antrag**
	WICHTIG: IPER wird nur für im ISR recherchierte Ansprüche erstellt
	10.012-10.013
		Art.31(3) PCT iVm R.53 PCT
		LF-PCT, 356 ff.
			Formblatt (Form PCT/IPEA/401) muss enthalten:
			1) ein Gesuch R.53.1 PCT / R.53.3 PCT
			2) Anmelder- und ggf. Vertreteridentität [645] R.53.4/.5 PCT
			3) ggf. Erklärung zu Änderungen bei: R.53.9 PCT
			  ▪ Änderung der Ansprüche nach Art.19 PCT und/oder
			  ▪ Änderungen der Ansprüche, Beschreibung und Zeichnungen nach Art.34(2) PCT [647]
			4) Unterschrift mind. eines Anmelders/Anwalts R.53.8 PCT Art.31(3) iVm R.53.2 PCT
				22 M ab dem frühesten PD
				ODER
				- später ablaufende -
				Art.35(1), R.54bis.1 a) PCT
					1 M nach Auff.
					R.60.1 PCT
						(−) Antrag nach Fristablauf gilt als nicht gestellt R.54bis.1 b) PCT	

64	**Sprache** 10.011	R.55 PCT	Antrag: zugelassene Sprache der IPEA [648] R.55.1 S.2 PCT, Annex E Anmeldung: zugelassene Sprache der IPEA [EPA als IPEA akzeptiert DE/EN/FR] R.55.2 PCT, Annex E	mit IPER-Antrag R.55.2 a) PCT	Übersetzung iPa in eine Amtssprache des IPEA binnen angemessener Frist ab Auff. [649], verlängerbar R.55.2c) PCT	(−) IPER-Antrag gilt als nicht gestellt R.55.2 d) S.2 PCT	
65	**Gebühren** 10.035-10.043	Art.31(5) iVm R.57.1 PCT Art.31(5) iVm R.58 PCT	**Bearbeitungsgebühr** an IPEA zugunsten IB [CHF 200] [650] R.57.2 a) PCT, Annex E **IPER-Gebühr** [651] an das IPEA zugunsten IPEA [EP: 1.930 €] R.58.1 PCT, Annex E iVm R.158(2)	**1 M** nach Eingang des IPER-Antrags bei IPEA ODER binnen **22 M** nach PD R.58.1b), R.57.3 PCT - später ablaufende -	**1 M** nach Auff. [+50% der betreffenden Gebühr, max. doppelte Bearbeitungsgebühr] R.58bis PCT	(+) Beginn der Prüfung R.69.1(a)ii) PCT (−) Antrag gilt als nicht gestellt R.58bis.1 b) PCT	**WB (+);** WE (−)

[644] früherer Beginn auf Antrag durch Anmelder mögl. [10.051, LF-PCT, 321].

[645] MEHRERE ANMELDER: Daten mind. eines Anmelders genügen [R.60.1a-bis) PCT]; UNTERSCHRIFT: (i) mind. eines Anmelders genügt [R.53.8 iVm R.60.1a-ter) PCT], (ii) des Anwalts oder (iii) gemeinsamen Vertreters [10.031].

[646] WEITERLEITUNG: IPER-Antrag bei IB, RO oder nicht zuständigem IPEA eingereicht, so erfolgt Weiterleitung über IB an zuständige IPEA [R.59.3c) i) PCT, 10.007] oder bei mehreren zuständigen IPEA ergeht Auff. an Anmelder, IPEA auszuwählen [R.59.3c) ii) PCT, 10.007]; EPA kann nur IPEA sein, wenn ISR vom EPA oder anderer "europäischer ISA" (AT, ES, SE) erstellt [Vereinbarung EPO-WIPO: Art.152 S.2, ABl.2010,304].

[647] Änderungen und/oder Gegendarstellungen nach Art.34 PCT sollten mit dem Antrag ODER innerhalb der Nachfrist (1 M) eingereicht werden, damit sie vom EPA als IPEA berücksichtigt werden; ÄNDERUNGEN dürfen nicht über Offenbarungsgehalt der PCT-Anmeldung in ursprüngl. Fassung hinausgehen UND müssen im Begleitschreiben deutlich gemacht werden [R.69.8 a) PCT].

[648] grundsätzlich ist Antrag in urspr. Sprache der iPa oder deren Veröffentlichungssprache zu stellen, außer diese sind in nicht zugelassene Amtssprachen des IPEA abgefasst [R.55.2 PCT].

[649] ÜBERSETZUNG ENTFÄLLT BEIM EPA, wenn iPa ursprünglich auf Niederländisch und beim niederländischen oder belgischen PA eingereicht wurde (Vereinbarung EPO-WIPO, ABl.2010, 304).

[650] 90% ERMÄßIGUNG, wenn jeder Anmelder (a) nat. Person mit Staatsangehörigkeit UND Wohnsitz in VStaat mit BIP < 25.000 USD (für EP = AL, BG, CY, CZ, EE, GR, HU, HR, LT, LV, MK, MT, PL, PT, RO, RS, SI, SK, TR und BA, ME und MA, MD) ODER (b) nat./jur. Person mit Staatsangehörigkeit UND Sitz/Wohnsitz in Entwicklungsland [R.96.1 Nr.5 PCT, 5.188].

[651] 75% ERMÄßIGUNG, wenn (i) Recherche von AT oder EPA und (ii) jeder Anmelder eine nat. Person, die weder Staatsangehörigkeit noch Wohnsitz in VStaat des EPÜ UND mit niedrigem/mittlerem Einkommen [5.190].

Internationale Vorläufige Prüfung - Mängel und Anträge

	Handlung	Voraussetzung	Rechtsnorm	Handlung	Frist	Rechtsfolge
66	**Mängel des IPER-Antrags** nach **R.60.1PCT** *(Mängelbeseitigung)* 10.072-10.073	kein Anmelder zur Antragsstellung berechtigt	**R.54.2 PCT**			⊖ Verschiebung des ED des IPER-Antrags
		PCT-Anmeldung nicht hinreichend gekennzeichnet	**R.60.1b) PCT** **R.53.6 PCT**			
		Prüfungsantrag nicht bei zuständigem IPEA gestellt [652]	**R.59.3 PCT**	Mängelbeseitigung nach **R.60.1 PCT**	angemessene Frist nach Auff. (mind. **1 M**), verlängerbar **R.60.1a) PCT**	⊕ ohne nachteilige Konsequenzen behebbar
		Form des IPER-Antrags	**R.53.1 PCT**			⊖ Antrag gilt als nicht gestellt **R.60.1c) PCT**
		Angaben zum Anmelder und Vertreter	**R.53.4/5 PCT**			
		falsche Sprache des IPER-Antrags	**R.55.1 PCT**			
		Fehlende Unterschrift (eines Anmelder genügt)	**53.8/60.1a-ter) PCT**			
67	Erwiderung auf den **ersten Schriftlichen Bescheid** 10.064-10.066	erster schriftlicher Bescheid der IPEA **R.66.2 PCT**	**R.66.3 PCT**	Änderungen der Ansprüche, Beschreibung und Zeichnungen nach **R.34(2)** UND/ODER Gegenvorstellungen direkt an IPEA	**2 M** nach Mitteilung **R.66.2 d) PCT**	verlängerbar um **1 M**, wenn vor Ablauf von **25 M** ab PT **R.66.2 e) PCT, ABl.2011,532**
68	Erwiderung auf den **zweiten Schriftlichen Bescheid**	zweiter schriftlicher Bescheid der IPEA (keine Beantragung erforderlich) **R.66.4 a) iVm R.66.2 PCT**	**R.66.4 b) PCT ABl.2011,532**	unter Beachtung der Formerfordernisse **R.66.8** / **R.66.3 a) iVm R.66.5 PCT**	**2 M** nach Mitteilung, **ABER** bei Zustimmung des Anmelders **1 M**	⊖ keine Berücksichtigung **R.66.4bis PCT**
69	Antrag auf telefonische Rücksprache/Anhörung	1) erster/zweiter schriftlicher Bescheid der IPEA	**Art.34(2)a) PCT iVm R.66.6 PCT**	schriftlicher Antrag	vor dem zweiten schriftlichen Bescheid	⊕ Niederschrift wird Anmelder zugestellt **UND** es ergeht kein zweiter schriftlicher Bescheid
		2) Änderungen der Ansprüche, Beschreibung und Zeichnungen nach **R.34(2)** UND/ODER Gegenvorstellungen eingereicht				
70	**mangelnde Einheitlichkeit** der Erfindung vor dem IPEA	Aufforderung durch IPEA **Art.34(3)a)**	**Art.34(3a) PCT iVm** **R.68.2 PCT** **R.68.3 PCT**	1) Einschränkung (Bestimmung einer „Haupterfindung") ODER 2) Angabe weiterer Erfindungen **UND** Zahlung zusätzlicher Prüfungsgebühr [1930 €] Annex E **R.68 3a) PCT** iVm ggf. unter »begründetem« Widerspruch mit Widerspruchsgebühr [865 €] [R. 68.3c), e) PCT]	**1 M** nach Aufforderung **R.68.2 iii) PCT**	⊕ IPER nur für Hauptfindung und ausgeschlossene Teile gelten als zurückgenommen [653] **Art.34(3)b) PCT**
						⊖ für best. Teile erfolgt keine Prüfung **Art.34(3)c) PCT**
						⊕ IPEA prüft zusätzliche Erfindungen **UND** teilweise oder vollst. Rückzahlung zusätzlicher Gebühren **R.68.3**
						⊖ für best. Teile erfolgt ggf. keine Prüfung

[652] Übermittlung des IPER-Antrags an zuständige IPEA ODER IB [R.59.3PCT], wobei das ED auf dem Antrag vermerkt wird.

[653] durch Zahlung zusätzlicher Gebühren heilbar [Art.34(3)b) PCT].

Internationaler vorläufiger Bericht zur Patentfähigkeit (IPRP) [659]

#	Handlung	Voraussetzung	Rechtsnorm	Handlung	Frist	Rechtsfolge	WICHTIG
71	Bescheid der ISA — **IPRP nach Kapitel I** auf Basis des WO-ISA **R.43bis.1a) PCT**	1) ISR ODER eine Erklärung nach **Art.17(2) PCT** liegt vor UND 2) kein Antrag auf SIS oder IPE gestellt	**R.43bis PCT**	WO-ISA wird Anmelder UND IB übermittelt mit ISR **R.44bis.1PCT**	**3 M** nach Erhalt der Recherchenkopie ODER **9 M** nach PD – später ablaufende – **R.44.1PCT**	(+) WO-ISA wird zu IPRP **R.42.1 PCT**	»fakultative« Möglichkeit informeller Stellungnahme an IB UND IB übermittelt die Stellungnahme 1) zusammen mit WO-ISA in Originalsprache veröffentlicht 2) zusammen mit dem IPRP an DO übermittelt
72	Bescheid der SISA — **IPRP nach Kapitel I** auf Basis des WO-SISA **R.45bis.7e) PCT**	1) SIS wurde erstellt UND 2) Anmelder hat keinen Antrag auf internationale vorläufige Prüfung (IPE) gestellt **R.44bis.1PCT**	**R.44^{bis}PCT**	IPRP und entsprechende Übersetzungen werden: 1) DO übermittelt [**R.44bis.2/3 PCT**] 2) öffentlich zugänglich gemacht, ABER nicht veröff., wie PCT-Anmeldung und ISR	nicht vor Ablauf von **30 M** (idR. **28 M**) **R.44bis.2a)PCT** ABER Stellt Anmelder beim DO einen Antrag auf „vorzeitige Prüfung" [**Art.23(2) PCT**], wird IPRP auf Antrag des Anmelders oder DO unverzüglich übermittelt [**R.44bis.2b) PCT**]	(+) SIS wird zu IPRP	immer unverbindliches Gutachten der Prüfungsbehörde
73	Bescheid der IPEA — **IPRP nach Kapitel II** auf Basis des WO-IPEA	IPER wurde erstellt	**R.70 PCT**	IPER wird Anmelder und IB übermittelt **R.71.1 PCT**	**28 M** ab PD ODER **6 M** ab Zeitpunkt gem. **R.69.1** PCT (alle Erfordernisse zur Erstellung IPER erfüllt) ODER **6 M** ab Eingang der Übersetzung gem. **R.55 PCT** – später ablaufende – **R.69.2 PCT**	(+) IPE wird zu IPRP	

[659] IPRP hat keine rechtlich bindende Wirkung, lediglich Information für nat./reg. Ämter.

Änderung und Berichtigung im PCT-Verfahren

		Kapitel I [Art.19 PCT iVm R.46 PCT]	Kapitel II [Art.34(2)b) PCT iVm R.53.9 und 66.3 PCT]	Änderungen bei Eintritt in nat. Phase [Art.28/Art.41 iVm R.52 PCT]	Berichtigung offensichtlicher Fehler [R.91 PCT]
74	Auswirkung vor	allen DO	allen ausgewählten nat. Ämtern (EO)	allen nat. Ämtern (EO/DO)	allen Behörden/Ämtern
75	mögliche Anpassung	nur Ansprüche (einmal) **Art.19(1) PCT**	Ansprüche, Beschreibung, Zeichnungen **Art.34(2) b) PCT**	Ansprüche, Beschreibung, Zeichnungen **Art.28(1) PCT** [DO], **Art.41.1 [EO]**	Schriftstücke, Ansprüche, Beschreibung, Zeichnungen (nicht Zusammenfassung) **R.26.4 PCT**
76	Erfordernisse	Ersatzblätter mit vollst. Satz aller Ansprüche und ggf. Übersetzung in Veröff.-Sprache **R.46.5 PCT**, 9.004; ggf. Erklärung zu Änderungen mit Grundlage in urspr. eingereichter iPa **Art.19(1), R.46.4 PCT**	Ersatzblatt für jede Änderung **UND** Stellungnahme zu Änderungen mit Grundlage in urspr. eingereichter iPa **R.66.8 PCT**	vgl. nat. Erfordernisse (EPA: **6M** ab R.161/162-Mitt.) Annex SUMMARY	1) Fehler ist offensichtlich 2) Ersatzblätter mit Stellungnahme zu Änderungen
77	Frist	nach Erhalt ISR: - binnen **2 M ODER** - **16 M** ab PD (später ablaufende) **R.46.1 S.1 PCT** bis vor Abschluss techn. Vorber. zur Veröff. 9.004	vorzugsweise mit IPER [**R.53.9c) PCT**] **ODER** vor IPER-Antrag [**R.54bis.1a) PCT**] weitere Änderungen binnen angemessener Frist [idR **1 bis 3 M**] auf schriftl. Bescheide **R.66.2 d), R.66.4 b) PCT**	idR **1 M** nach Eintritt in nat. Phase [d.h. ab Datum der Erfüllung aller Voraussetzungen für Eintritt in nat. Phase] **Art.28.1 iVm R.52.1 PCT[DO] Art.41.1 iVm R.78.1 PCT[EO]**	auf Antrag innerhalb **26 M R.91.1a) iVm R.91.2 PCT ODER** ab Auff. durch RO, ISA, IPEA, IP [**R.91.1h) PCT**]
78	örtliche Zuständigkeit	direkt beim IB (vorzugsweise per ePCT) (nicht beim RO ODER ISA) **R.46.2 PCT aber** direkt an IPEA bei bereits gestelltem IPEA-Antrag **R.62.2 PCT**	bei IPEA **Art.34(2)a) PCT**	beim nat. Amt **Art.28(1) PCT [DO] Art.41.1 PCT [EO]**	i) Fehler im Anmeldeantrag → beim RO ii) Beschreibung/Anspr./Zeichnungen → ISA iii) bei IPER-Antrag → beim IPEA iv) sonstige Schriftstücke → beim ISA/IB **R.91.1b) PCT**
79	Sprache	Sprache der internationalen Veröffentlichung oder Englisch **R.46.3, R.12.3 PCT**	Sprache der iPa oder bei Übersetzung in dieser Sprache **R.55.3 iVm R.12.2a) PCT**	gemäß nat. Recht	Sprache der iPa **UND** der Sprache der Übersetzung **R.55.3 iVm R.12.2a) PCT**
80	Prüfungsumfang	Formalprüfung durch IB	Formal-/Sachprüfung durch IPEA **Art.34(2)b) S.2 PCT**	Formal-/Sachprüfung durch nat. Amt	Formalprüfung durch zuständige Behörde **R.91.3a) PCT**
81	Veröffentlichung	als Teil der iPa zusammen mit urspr. Ansprüchen nach **18 M** durch IB veröffentlicht **Art.48.2a)vi) PCT**	sind zwischen IPEA und Anmelder vertraulich und werden erst nach **30 M** veröffentlicht	gelangen zur Einsichtnahme in die Akte	alle Berichtigungen durch IB nach **18 M** [**R.48.2a)vii) PCT**] **ODER** wenn Abschluss technischer Vorbereitungen erfolgt, nachträglich [**R.48.2i) PCT**] veröffentlicht **ODER** bei Verweigerung auf Antrag [655] des Anmelders **UND** Gebühr, **R.91.3d) PCT**
82	Grundlage für	Erstellung IPER (es sei denn, sie werden zurückgezogen) **R.70.2 a) PCT**	Erstellung IPER (es sei denn, sie werden ersetzt) **R.70.2 a) PCT**	DO/EO (Berechnung Anspruchsgebühren für nat. Phase, nach Anzahl gültiger Ansprüche zum Zeitpunkt des Eintritts in nat. Phase)	--
83	unzulässig Anpassung	fehlende Teile, Beschreibung, Zeichnungen, Zusammenfassung	fehlende Teile, Zusammenfassung	fehlende Teile, Zusammenfassung	fehlende Teile, Zusammenfassung, Fehler in Art.19-Änderungen, Fehler im PD

fakultative Anträge und Vorläufige Entscheidungen;   WO-ISA (IPRP Kap. I);   IPER (=IPRP Kap. II);   Entscheidung des RO über Wiedereinsetzung in die Prioritätsfrist (**R.26bis.3 PCT** ABER negative Entscheidungen)

[655] FRIST: **2 M** nach Verweigerung durch zuständige Behörde [**R.91.3d) PCT**].

Allgemeine Vorschriften des PCT

	Handlung	Voraussetzung	Rechtsnorm	Handlung	Frist	Rechtsfolge	WICHTIGES
84	**Einwendungen Dritter** (seit 1. Juli 2012)	• Veröff. der iPa • keine anonymen Eingaben [656]	LF-PCT, 367	Dokumente über e-PCT oder PATENTSCOPE (auf Neuheit und erfinderische Tätigkeit beschränkt) [657]	nach Veröff. innerhalb **28 M** nach dem PD	(+) Benachrichtigung des Anmelders [658] (−) Einwendungen gelten als nicht eingereicht	
85	Fakultative **Erklärungen** während PCT-Verfahren		**R.4.17 PCT** iVm **R.51bis.1 PCT**	i) Identität des Erfinders **R.51bis.1(a)i)PCT** ii) Recht des Anmelders, ein Patent zu beantragen oder erteilt zu bekommen **R.51bis.1(a)ii) PCT** iii) Recht des Anmelders, die PrPrioritätiner Voranmeldung in Anspruch zu nehmen **R.51bis.1(a)iii) PCT** iv) Erfindererklärung (nur US) **R.51bis.1(a)iv) PCT** v) Unschädliche Offenbarungen oder Ausnahmen von der Neuheitsschädlichkeit **R.51bis.1(a)v) PCT**	als Teil des Anmeldeantrags **ODER 16 M** ab PD (fakultativ) spätestens vor Abschluss der techn. Vorbereitungen zur Veröffentlichung	(+) DO dürfen keine Unterlagen oder Nachweise hinsichtlich dieses Sachverhalts verlangen, **AUßER** das DO hat Grund, an der Richtigkeit der Erklärung zu zweifeln **UND/ODER** eine Erklärung hinsichtlich unschädlicher Offenbarungen oder Ausnahmen von der Neuheitsschädlichkeit ist erforderlich	Erklärungen und Berichtigungen werden: ■ mit vollem Wortlaut veröff. **[R.48.2(a)x) PCT]** ■ auf Titelseite der veröff. PCT-Anmeldung erwähnt **[R.48.2(b)iv) PCT]** Möglichkeit, best. Erfordernisse der nat. Phase bereits während der PCT-Phase zu erfüllen **[R.51bis.2 PCT]**
86	**Berichtigung** von fakultativen Erklärungen		**R.26ter.1 PCT**	Hinzufügen oder Berichtigen von Erklärungen	**16 M** ab PD (ggf. **R.26ter.2 PCT** -Auff. durch RO oder IB)	(+) Beschleunigte Prüfung in nat. Phase	

[656] aber Angabe des Dritten möglich, dass keine Weitergabe der Identität an Anmelder oder Öffentlichkeit.

[657] Weiterleitung an zuständige Internationale Behörde und nat. Ämter, ABER keine Veröffentlichung auf PATENTSCOPE.

[658] Erwiderung durch Anmelder bis **30 M** ab PD, entweder [1] an der Dritte durch e-PCT, oder [2] an das EPA als IPEA.

Rechtsbehelfe

	Antrag	Voraussetzung	Norm	zu erbringende Handlung	Frist	Nachfrist	Rechtsfolge	Rechtsbehelf
87	**Wiedereinsetzung**	1) Anmelder hat 2) 30M-Frist zum Eintritt in nat./reg. Phase versäumt 3) Handlungen nach **Art.22 PCT** bzw. **Art.39(1)** nicht vorgenommen	**R.49.6 PCT**	1) Antrag beim Bestimmungsamt stellen 2) Handlungen nach **Art.22PCT** vornehmen (Übermittlung der iPa und ggf. Übersetzung an Bestimmungsamt) 3) ggf. Gebühr gem. nat. Vorschriften	**2 M** ab Wegfall Hindernis **ODER** **12 M** nach Frist gem. **Art.22 PCT** -zuerst ablaufende-	ggf. späterer Zeitpunkt nach nat. Recht	(+) Wiedereinsetzung in versäumte Frsit	
88	**Abhilfe bei Störung im Postdienst** 11.063-11.064	1) verspäteter/kein Eingang eines Schriftstücks beim zuständigen Amt 2) **Frist des PCT** [659] überschritten 3) Grund: Störung im Postdienst wg. höherer Gewalt [660]	**Art.48(1) PCT** iVm **R.82 PCT**	**Nachweis**, dass verlorengegangenes Schriftstück i) 5 T vor Fristablauf zur Post gegeben (Transport per Luftpost oder normaler Post), **R.82.1a) PCT** ii) als Einschreiben aufgegeben, **R.82.1d) PCT** iii) identisch mit neuem Schriftstück, **R.82.1b) PCT**	**1 M** nach Feststellung der Verzögerung/Verlust durch Beteiligten, aber spätestens **6 M** nach Ablauf der versäumten Frist **R.82.1 c) PCT** **ABER** binnen **30 M** nach PD **Art.22/Art.39 PCT**		(+) Verzögerung wird entschuldigt zwischenzeitlich eingetretene Rechtsfolgen gelten als nicht eingetreten	--
89	**Entschuldigung von Fristüberschreitungen** vor nationalen Ämtern 6.056	1) Frist des PCT [659] überschritten 2) drohender Rechtsverlust [**Art.24(1)**] 3) Gründe der Zurückweisung fehlende Anmeldeerfordernisse [**Art.14 PCT**] und nicht rechtzeitige Mängelbeseitigung [**R.26 PCT**] Aktenexemplar der iPa wurde vom RO nicht an IB übersandt [**Art.12(1) PCT**] 4) Grund für den Rechtsbehelf im nat. Recht vorgesehen ist	**Art.48(2) PCT** iVm **R.82ᵇⁱˢ PCT**	1) **beim IB vorzunehmende Handlungen:** Antrag auf Übersendung von Kopien jedes Schriftstücks der Akte der iPa an DO/EO **Art.25(1)** 2) **beim DO/EO vorzunehmende Handlung [Art.25(2)a) PCT]:** **Antrag auf Nachprüfung** durch Bestimmungsämter bei jedem DO/EO separat **Art.25** iVm **R.51 PCT**; ✎Rd.DII-91 Antrag auf nat. Rechtsbehelf [EPÜ: WB, **Art.121**; WE, **Art.122**, ✎S.156]	**2 M** ab Mitt. des Rechtsverlusts **Art.25(1)(c) PCT, R.51.1** und **R.51.3 PCT**		(+) iPa hat Wirkung einer nat. Anmeldung **Art.24(2)** iVm **Art.11(3) PCT** Anmeldung wird nach nat. Recht weiter behandelt (−) Wirkung der iPa als nat. Anmeldung endet	

[659] KEINE ANWENDUNG AUF: [1] **12M**-Prioritätsfrist, weil diese nicht im PCT festgelegt ist, sondern in **Art.4 PVÜ** (hier Antrag auf Wiederherstellung des Priorechts zulässig **R.26ᵇⁱˢ.3/R.49ᵗᵉʳ PCT**) und [2] **30M**-Frist zum Eintritt in nat./reg [**Art.22** und **39 PCT**].

[660] GRUND: z.B. Streik des Postdienstes [11.063].

Teil D II – Übersicht zum PCT

	Antrag	Voraussetzung	Norm	zu erbringende Handlung	Frist	Nachfrist	Rechtsfolge	Rechtsbehelf
90	**Wiedereinsetzung** (Fristüberschreitung wg. höherer Gewalt) [667] 11.065-11.065A	1) Anmelder hat 2) Frist des PCT [666] überschritten 3) höhere Gewalt [R.82^{quater}.1(a) PCT]	R.82^{quater} PCT	1) **Nachholen** versäumter Handlung innerhalb Antragsfrist 2) WE-**Antrag** an RO/SISA/IPEA/IB 3) **Nachweis** und Glaubhaftmachung mit zur Begründung dienenden Beweismitteln	schnellstmöglich **6 M** nach Ablauf der versäumten Frist R.82^{quater}.1 b) PCT ABER binnen 30 M nach PD Art.22/Art.39 PCT	keine	(+) wird von allen DO oder EO akzeptiert, solange Eintritt in nat./reg. Phase noch nicht erfolgt R.82^{quater}.1 c) PCT (−) keine Berücksichtigung, wenn Entschuldigung nach **30M**-Frist bereits vor DO/EO erfolgt	
91	**Berichtigung von Fehlern des RO/IB**	**Fall 1** 1) Fehler des RO oder IB 2) Falsches AD oder PD wegen angeblicher Mängel [668] [**Art.14 PCT**] oder Mängeln im Prioanspruch **R.26bis.2/3 PCT**	R.82ter.1a) PCT	Antrag auf Berichtigung an RO mit Nachweis, dass Amtsfehler vorliegt			(+) DO/EO berichtigt Fehler	Verzicht auf nachgereichte Bestandteile/Teile
		Fall 2 1) Fehler des RO oder IB 2) Verschiebung des AD wegen Einbeziehung „fehlender Teile/Bestandteile" durch Verweis **R.4.18, R.20.6 PCT**, ⇗S.229	R.82ter.1b) PCT 6.031				(−) (späterer) Tag an dem fehlender Bestandteil/Teil nachgereicht bleibt AT R.82ter.1d) PCT	
92	Antrag auf **Nachprüfung** durch EPA als DO und Aufrechterhaltung als ePa [669] E-VIII, 2.9	internat. AD nicht zuerkannt [Art.25(1)a)] **ODER** iPa gilt als zurückgenommen **Art.24(1), R.29 PCT** Bestimmung eines Staats gilt als zurückgenommen **Art.25(1)a)**	Art.25 PCT iVm R.51 PCT	»schriftlicher« Antrag beim IB **Art.25(1)(a) PCT** **UND** nationale Gebühren Art.25(2)a) PCT [EPA: Anmeldegebühr [**120 €/210€**]] **R.159(1) c)**, Art.2(1) Nr.1 GebO **UND** *ggf.* Übersetzung der iPa Art.25(2)a) PCT (EPA: DE/EN/FR) **R.159(1) a)** **UND** restliche nat. Handlungen **R.159(1)**	**2 M** ab Mitt. des Rechtsverlusts Art.25(1)(c) PCT, R.51.1 und R.51.3 PCT	mind. **2 M** nach Auff. durch DO R.51bis.3 PCT	Einleitung reg./nat. Phase [670]; Überprüfung durch das DO/EO (bspw. EPA) **UND** (+) Wirkung als vorschriftsgemäße reg./nat. Hinterlegung nach Art.11(3) PCT bleibt erhalten **Art.24(2) PCT, 39(3) PCT** **UND** Recherche und Prüfung wie bei anderen ePa	**WB (+)** nach nat. Recht **Art.48(2) PCT, R.82bis PCT**

---

[666] KEINE ANWENDUNG AUF: [1] **12M**-Prioritätsfrist, weil diese nicht im PCT festgelegt ist, sondern in **Art.4 PVÜ** (hier Antrag auf Wiederherstellung des Priorechts zulässig **R.26bis.3/R.49ter PCT**) und [2] **30M**-Frist zum Eintritt in nat./reg [**Art.22 und 39 PCT**].

[667] HÖHERE GEWALT: Krieg, Revolution, Störung öffentlicher Ordnung, Streik, Naturkatastrophe oder ähnliches (bspw. Organisatorische Probleme, plötzliche schwere Krankheit, Bankenschließung) [**R.82^{quater}.1(a)**].

[668] MÄNGEL nach Art.14 PCT: i) keine Unterschrift, ii) Anmelderidentität, v) mangelnde Formerfordernisse.

[669] ZUSTÄNDIGKEIT: Für Entscheidungen über solche Anmeldungen ist die Prüfungsabteilung zuständig [**R.159(2)**].

[670] BEGINN REG./NAT. PHASE: [1] sofort oder [2] auf Antrag beginnt reg./nat. Phase erst nach **30 M** [**R.159(2)**].

Rechtsverzicht

Rechtsverzicht (Zurücknahmen · Zurücknahmeerklärungen · Verzicht)

	Erklärung auf	Voraussetzung	Norm	Handlung	Frist	Rechtsfolge	Nachfrist
93	Zurücknahme der iPa 11.048	eingereichte und anhängige iPa	R.90bis.1 PCT	unterzeichnete Zurücknahmeerklärung [667] an IB, RO oder IPEA mit Form PCT/IB/372 (maßgebend ist tatsächlicher Eingang beim IB; Weiterleitung an IB, wenn bei RO/IPEA eingereicht) **R.90bis.1 a) und b) PCT**	»jederzeit« binnen **30 M** nach frühestem PD **R.90bis.1 a) PCT**	(+) Einstellung der internationalen Bearbeitung **R.90bis.6 b) PCT** UND Verhinderung der Veröffentlichung, wenn innerhalb **18 M** nach AD vor Abschluss techn. Vorbereitungen für Veröff. **R.90bis.1 c) PCT**	
94	Zurücknahme einzelner Bestimmungsstaaten (DO) 11.050-11.055		R.90bis.2 PCT	unterzeichnete Zurücknahmeerklärung [667] an IB, RO oder IPEA (maßgebend ist tatsächlicher Eingang beim IB; Weiterleitung an IB, wenn bei RO/IPEA eingereicht) **R.90bis.2 d) PCT**	»jederzeit« binnen frühestem **30 M** nach PD **R.90bis.2 a) PCT**	(+) Bestimmung des DO gestrichen [666] UND Veröffentlichung der Bestimmung unterbleibt, wenn innerhalb **18 M** nach AD vor Abschluss techn. Vorbereitungen für Veröff. **R.90bis.2 e) PCT**	
95	Zurücknahme des Prioanspruchs 11.056-11.057	Priorität beansprucht	R.90bis.3 PCT	Zurücknahme eines Prioanspruchs [**Art.8(1) PCT**] durch unterzeichnete Zurücknahmeerklärung [667] an IB, RO oder IPEA (maßgebend ist tatsächlicher Eingang beim IB; Weiterleitung an IB, wenn bei RO/IPEA eingereicht)	»jederzeit« binnen frühestem **30 M** nach PD **R.90bis.3 a) PCT**	(+) Priorität gilt als zurückgenommen; ggf. Neuberechnung aller noch nicht abgelaufenen Fristen auf Grundlage verbleibenden der PD oder AD [668] **R.90bis.3d) PCT** ggf. Aufschiebung der Veröff., wenn innerhalb **18 M** nach AD vor Abschluss techn. Vorbereitungen für Veröff. **R.90bis.3e) PCT**	keine
96	Zurücknahme des SISR-Antrags 11.058-11.059	SISR-Antrag wirksam gestellt	R.90bis.3bis PCT	unterzeichnete, vorbehaltlose und eindeutige Zurücknahmeerklärung [667] an IB oder SISA **R.90bis.3bis PCT**	»jederzeit« vor Übermittlung des SISR an Anmelder **R.90bis.3bis a) PCT**	(+) kein SISR-Erstellung und ggf. Rückzahlung der Gebühren [669] (−) Übermittlung des SISR an EO	
97	Zurücknahme des IPER-Antrags 11.060-11.061	IPER-Antrag wirksam gestellt	R.90bis.4 PCT	unterzeichnete, vorbehaltlose und eindeutige Zurücknahmeerklärung [667] an IB [670] **R.90bis.4 a) und b) PCT**	»jederzeit« binnen **30 M** nach frühestem PD **R.90bis.4 a)**	(+) IPEA-Verfahren wird eingestellt **R.90bis.6 PCT** (−) Bearbeitung der iPa durch IPEA wird eingestellt **R.90bis.6 c)**	

[666] Zurücknahme aller Bestimmungsstaaten gilt als Zurücknahme der iPa [**R.90bis.2 c) PCT**].

[667] UNTERSCHRIFT: wirksame Zurücknahme bedarf wahlweise Unterschrift [1] aller Anmelder **ODER** [2] des (bestellten gemeinsamen) Vertreters unter gesonderter Vollmachtsvorlage [**R.90.4 e) PCT**]; Unterschrift des „fiktiven Vertreters" genügt nicht [**R.90bis.5**].

[668] NEU BERECHNETE FRISTEN: [1] 18M-Frist für internat. Veröff. (außer techn. Vorbereitungen bereits abgeschlossen - i.d.R. 15 T vorher [**R.90bis.3(e) iVm Art.21(2)(a)**]); [2] 19M-Frist für Antrag auf SIS; [3] 22M-Frist für IPER; [4] 30M-Frist für Eintritt in nat. Phase.

[669] nur wenn noch keine Übermittlung des SISR-Antrags an SISA.

[670] ERKLÄRUNG AN IPEA: erfolgt Erklärung an IPEA, so wird der ET vermerkt und Erklärung an IB weitergeleitet, aber Eingang beim IPEA gilt ET beim IB [**R.90bis.4 c) PCT**].

Vertretung im PCT-Verfahren

	bestellter »gemeinsamer Vertreter«	Anwalt des »gemeinsamen Vertreters«	bestellter »gemeinsamer Anwalt«	»fiktiver gemeinsamer Vertreter«
98 schematische Darstellung	Anmelder B, Anmelder C → Anmelder A	Anmelder B, Anmelder C → Anmelder A → Anwalt X	Anmelder A, Anmelder B, Anmelder C → Anwalt X	Anmelder A, Anmelder B, Anmelder C; ▨ = Vertretungs- und Handlungsberechtigter
99 Rechtsnorm	R.2.2bis; R.90.2 a) PCT	Art.49 iVm R.2.2, R.90.1 a) PCT	Art.49, R.2.2, R.90.1 a) PCT	R.90.2 b) PCT
100 Voraussetzung	Anmelder A ist Staatsangehöriger eines PCT-VStaates ODER hat dort seinen Sitz/Wohnsitz Art.9(1), R.18.1 PCT iVm Art.2 PVÜ	Anwalt ist nach nat. Recht befugt, vor RO, ISA, SISA und/oder IPEA aufzutreten Art.49 PCT	Anwalt ist nach nat. Recht befugt, vor RO, ISA, SISA und/oder IPEA aufzutreten Art.49 PCT	1) weder gemeinsamer Anwalt noch gemeinsamer Vertreter sind bestellt 2) Anmelder A ist Staatsangehöriger eines PCT-VStaates ODER hat dort seinen Sitz/Wohnsitz
101 Bestellung	1) Anmelder B und C bestellen A als »gemeinsamen Vertreter« durch Unterschrift aller [671] R.90.4a)/R.90.5b) PCT 2) Vollmachtsvorlage bei RO, ISA, SISA, IPEA oder IB [672] R.90.4b)/R.90.5b) PCT	1) Anmelder B und C bestellen A als »gemeinsamen Vertreter« durch Unterschrift aller R.90.2 a) PCT 2) »Anwalt« ist von Anmelder A durch Unterschrift bestellt [671] R.90.4a) bzw. 90.5 PCT 3) Vollmachtsvorlage bei RO, ISA, SISA, IPEA oder IB [672] R.90.4b)/R.90.5b) PCT	1) »Anwalt« ist von allen Anmeldern durch Unterschrift bestellt [671] R.90.4 bzw. 90.5 PCT 2) Vollmachtsvorlage bei RO, ISA, SISA, IPEA oder IB [672] R.90.4b)/R.90.5b) PCT	im PCT-Anmeldeantrag zuerst genannter Anmelder [nach R.19.1 zur Einreichung einer iPa berechtigt] gilt als gemeinsamer Vertreter aller Anmelder
102 Wirkung	Anmelder A ist berechtigt, in seinem Namen mit Wirkung für alle Anmelder alle Handlungen vorzunehmen R.90.3(a) PCT	Anwalt X ist berechtigt, in seinem Namen des gemeinsamen Vertreters mit Wirkung für alle Anmelder alle Handlungen vorzunehmen R.90.3(c) PCT	Anwalt X ist berechtigt, im Namen des gemeinsamen Vertreters mit Wirkung für alle Anmelder alle Handlungen vorzunehmen R.90.3(a) PCT	Anmelder A bzw. nur von A bestellter Anwalt X [673] ist berechtigt mit Wirkung für jeden die Handlungen vorzunehmen R.90.3(c) PCT
103 unerlaubte Handlungen	Zurücknahme von iPa, Bestimmungen, Prioerklärung, SIS-Antrag oder IPER-Antrag [↗S.241] nur unter gesonderter Vollmachtsvorlage mit Unterschrift aller Anmelder [R.90.4e)/90.5d) PCT] R.90.3(c) iVm R.90bis.5 PCT			
104 Widerruf	ausdrücklicher Widerruf der Bestellung eines Anwalts oder gemeinsamen Vertreters durch Unterschrift aller Anmelder oder deren Rechtsnachfolger [674] [R.90.6a) PCT]			
105 Verzicht	Anwalt oder gemeinsamer Vertreter kann durch eine von ihm unterzeichnete Mitteilung auf seine Bestellung verzichten [R.90.6d) PCT]			
106 Vertreterwechsel 11.018-11.022	ANTRAG: schriftlich an IB oder RO durch Anmelder oder deren Rechtsnachfolger oder neuen Vertreter [R.92bis.1a)ii) PCT] unter gesonderter Vollmachtsvorlage [EPA: ABl.2010, 335]; FRIST: vor Ablauf von 30 M nach PD [R.92bis.1b) PCT]; WIRKUNG: Bestellung eines neuen Anwalts [R.90.6b) PCT] oder neuen gemeinsamen Vertreters [R.90.6c) PCT] hat die Wirkung eines Widerrufs der früheren Bestellung.			

[671] BESTELLUNG: [1] direkt im Anmeldeantrag oder IPER-Antrag, [2] durch gesonderte Vollmacht für **eine** iPa [R.90.4 PCT] ODER [3] allgemeine Vollmacht für alle iPa des Anmelders beim RO oder IPEA [R.90.5 PCT].

[672] ENTFÄLLT, wenn [1] Bestellung direkt im Anmeldeantrag oder IPER-Antrag durch Unterschrift aller Anmelder erfolgt [R.90.4 a) PCT] ODER [2] RO, ISA, SISA oder IPEA auf Vollmachtsvorlage verzichten [R.90.4d)/R.90.5c) PCT], Annex C, D, SISA, E], z.B. EPA ABl.2010, 335.

[673] »Anwalt« iSd PCT ist jede Person, die nach nat. Recht iSv. Art.49 PCT (iVm Art.134 EPÜ) befugt ist, vor dem EPA als RO, ISA, SISA und/oder IPEA aufzutreten → R.90.1 b) und c) PCT.

[674] Nachweis der Rechtsnachfolge UND/ODER Vollmachtsvorlage mit Unterschrift aller Anmelder erforderlich, wenn diese noch nicht vorliegen [11.021].

Vertretungszwang

	Vor welchem Amt	Norm	Voraussetzung	Handlung	Vollmachtsvorlage
107	Anmeldeamt - **RO** 5.041-5.051 11.001	**Art.27(7) PCT** **R.51bis.1b)** **R.90.1a) PCT**	nat. Recht des RO bestimmt, ob Anmelder einen Vertreter bestimmen muss jeder vorm jeweiligen RO Vertretungsbefugte kann Vertreter vor diesem RO sein und ist somit handlungsbefugt vor IB, zuständigem ISA, SISA, IPEA	Box No. IV in PCT/RO/101 von Anmelder unterzeichnet [675] **ODER** separate, vom Anmelder unterzeichnete Vollmacht mit Name, Adresse (gem. 5.025, 5.028), optional Tel.nummer/ Email/ Faxnummer des Vertreters *Annex C*	Bei genereller Vollmacht für jeweiliges RO, muss diese dennoch immer beim RO mit vorgelegt werden
108	mit der internationalen Recherche beauftragte Behörde - **ISA** 11.001-11.002		Vertretungsbefugnis vorm zuständigen RO **ODER** Vertretungsbefugnis vorm ISA	Bestellung als Vertreter vorm RO **ODER** Bestellung zur Vertretung vorm ISA	
109	mit der ergänzenden internationalen Recherche beauftragte Behörde - **SISA** 8.018-8.022	**Art.49** **R.90.1 PCT**	Vertretungsbefugnis vorm zuständigen RO **ODER** Vertretungsbefugnis vorm SISA	Bestellung als Vertreter vorm RO **ODER** Bestellung zur Vertretung vorm SISA in Box No. III des Antrages	
110	mit der internationalen Prüfung beauftragten Behörde – **IPEA** 10.020		Vertretungsbefugnis vorm zuständigen RO **ODER** Vertretungsbefugnis vorm IPEA **[R.90.1c]**	Bestellung als Vertreter vorm RO **ODER** Bestellung zur Vertretung vorm IPEA in Box No. III des Antrages	
111	Internationalem Büro – **IB** 5.041-5.042 11.002	**Art.49 PCT**	Vertretungsbefugnis vorm zuständigen RO	Bestellung als Vertreter vorm RO	

	Erfordernisse	Einreichung der Anmeldung - RO	IPEA	Zurücknahme
112	**Unterschrift**	grunds. Unterschrift aller Anmelder Unterschrift eines Anmelders genügt **R.4.15 a) PCT** **ABER** Nachreichung aller Unterschriften in der nat. Phase vor den DO **R.26.2bis a) PCT**	grds. Unterschrift aller Anmelder **R.53.2 b), R.53.8 PCT** **ABER** Unterschrift mindestens eines Anmelders wird akzeptiert **R.60.1a-ter PCT**	während internationalen Phase: Unterschrift aller Anmelder zwingend
113	**Vollmacht** [676]	grds. gesonderte Vollmacht zum RO **ODER** IB **ABER** RO/IB können verzichten (EPA: keine Vollmacht erforderlich **R.90.4d)/90.5e) PCT** iVm **ABl.2010,335**)	**R.90.4b) PCT** **R.90.4 d) PCT**, LF-PCT,109	bei Zurücknahme durch Vertreter Vollmacht immer notwendig **R.90.4 e) PCT**

[675] ANMELDERGEMEINSCHAFT: Unterschrift aller Anmelder notwendig.
[676] fehlt die Unterschrift auf der Vollmacht, gilt diese bis zur Mangelbehebung als nicht erteilt [**R.90.4 c) PCT**].

Gebührenzahlung und Rückerstattung

(Anmeldung und Recherche)

Nr	Art	Rechtsnorm	Handlung	Gebühr	Frist	Rechtsfolge	Nachfrist	Rechtsbehelf	Rückzahlung — R.96 PCT
114	**Übermittlungsgebühr** [5.184 (i)]	Art.3(4) iv), R.14 PCT	Zahlung an RO (Höhe von RO bestimmt)	130 € (wenn EPA=RO) — Annex C	1 M ab dem (tatsächlichen) Eingang der iPa beim RO — Annex C	(+) AD bleibt erhalten; (–) iPa gilt als zurückgenommen — Art.14(3) PCT [5.195]	1 M ab Mitt. von RO + **Zuschlagsgeb.** (50% des Fehlbetrages [677]) — R.16^{bis}1 PCT [5.193]		X [5.197]
	Internationale Anmeldegebühr [678] [5.184 (ii)]	Art.3(4) iv), R.15.2 PCT	Zahlung an das RO für IB erhoben [679] **UND** Seitengebühr ab 31. Blatt (= Seite, da einseitig)	**1219 €** +14 € ab 31. Seite/Seite [678] (wenn EPA=RO) — Annex C	R.14.1c)/15.3/16.1f) PCT [5.191, 5.185]; Ausnahme: Fall von R.19.4, Berechnung vom Eingang beim IB			WB (+); WE (–)	✓ [680] [5.197]
115	**Recherchengebühr** [681] [5.184 (iii)]	Art.3(4) iv), R.16 PCT	Zahlung an das RO für ISA erhoben	1.875 € (wenn EPA=RO) — Annex D					✓ [682] [5.198]
116	**zusätzliche Recherchengebühr** [7.016]	Art.17.3(a), R.40 PCT	Zahlung zusätzlicher Recherchegebühr nach Mitt. über mangelnde Einheitlichkeit der Erfindung an ISA — R.40.2(b) PCT	von ISA festgelegt — R.40.2(a) PCT	1 M nach Mitt. durch ISA — R.40.1(ii) PCT	(+) Recherche zusätzlicher Inhalte; (–) zusätzlichen Inhalte werden nicht recherchiert [7.021]			✓ [683]
117	**Widerspruchsgebühr**, bei Auff. zur Zahlung **zusätzlicher Recherchegebühren** [7.019]	R.40.2(e) PCT	Widerspruch gegen Mitt. über mangelnde Einheitlichkeit der Erfindung einlegen **UND** Gebührenzahlung an ISA	875 € (wenn EPA = ISA) [7.016] — Annex D — Art.2(1) 21GebO	1 M nach Mitt. durch ISA — R.40.1(iii) PCT	(+) Widerspruch wirksam eingelegt; (–) Widerspruch gilt als nicht erhoben	--		✓
118	**Gebühr für verspätete Einreichung der Übersetzung zur Recherche**	R.12.3(e) PCT	Übersetzung nicht innerhalb 1 M nach AD eingereicht — R.12.3(a) PCT	25 % der int. Anmeldegebühr (ohne Seitengebührzuschlag) zu Gunsten RO [6.017]	1 M nach Mitt. von RO **ODER** 2 M nach Eingang iPa beim RO -später ablaufende- [6.015]	(+) Übersetzung gilt als eingegangen; (–) iPa gilt als zurückgenommen; Mitt. an Anmelder	Zahlung, die vor der Rechtsverlustmitt. aber innerhalb von **15 M** ab Priotag eingeht, wird als wirksam erstattet betrachtet [6.016]	--	X

[677] Zusatzgebühr beträgt mindestens Höhe der Übermittlungsgebühr, übersteigt aber nicht Höhe der internationalen Anmeldegebühr.

[678] Zu zahlen ist nur der der zum Zeitpunkt des Eingangs geltende Betrag – nachträgliche Änderungen nach R.26.1 PCT, die Änderung der Seitenzahl zur Folge haben können, haben keine Auswirkung [R.15.3 S.2 PCT].

[679] ERMÄßIGUNG: (i) um 100 CHF bzw. 200 CHF, wenn Antrag in elektr. Form ODER (ii) um 300 CHF, wenn Antrag, Beschreibung, Ansprüche und Zusammenfassung in elektr. Form und zeichenkodiert [R.96 PCT]; 90% ERMÄßIGUNG, wenn jeder Anmelder (a) nat. Person mit Staatsangehörigkeit UND Wohnsitz in VStaat mit BIP < 25.000 USD (für EP = AL, BG, CY, CZ, EE, GR, HU, HR, LT, LV, MK, MT, PL, PT, RO, RS, SI, SK, TR und BA, ME und MA, MD) ODER (b) nat./jur. Person mit Staatsangehörigkeit UND Sitz/Wohnsitz in Entwicklungsland [R.96.1 Nr.5 PCT; 5.188].

[680] VOLLSTÄNDIG: wenn [1] kein AD zuerkannt [Art.11(1) PCT], [2] iPa zurückgenommen wird/als zurückgenommen gilt vor Übermittlung an das IB [R.15.4 PCT].

[681] RÜCKERSTATTUNG Fälle nach R.16.2 PCT (keine vorschriftsmäßige Hinterlegung oder als zurückgenommen gilt) ODER R.16.3 iVm R.41 PCT (teilweise Rückerstattung bei Berücksichtigung früherer Recherche); 75% ERMÄßIGUNG, wenn (i) Recherche vor AT, EPA und ES und (ii) jeder Anmelder nat. Person mit Staatsangehörigkeit UND Wohnsitz in Staat der nicht VStaat des EPÜ und mit niedrigem/mittlerem Einkommen [5.190].

[682] VOLLSTÄNDIG [R.16.2 PCT]: wenn [1] kein AD zuerkannt [Art.11(1) PCT], [2] iPa aufgrund nat. Sicherheit nicht als solche behandelt wird, [3] iPa zurückgenommen wird/als zurückgenommen gilt vor Beginn der int. Recherche durch ISA; TEILWEISE [R.16.3 PCT]: Anmelder stellt Antrag auf Berücksichtigung früherer Recherche [R.4.12 PCT] und ISA kann diese Recherchenergebnisse berücksichtigen [R.41.1 PCT].

[683] RÜCKERSTATTUNG ganz oder teilweise bei erfolgreichem Widerspruch gegen Einwendung gegen Anwendung der Uneinheitlichkeit der Erfindung [R.40.2(c) PCT, ABl.2010, 322].

Gebührenzahlung und Rückerstattung

Veröffentlichung

Nr.	Gebühr	Rechtsgrundlage	Voraussetzung / Höhe	Frist	Wirkung	ABER		
119	**Gebühr** für verspätete Einreichung der **Übersetzung** zur **Veröffentlichung**	**R.12.4(c)PCT**	Übersetzung nicht innerhalb **14 M** nach Priotag eingereicht **R.12.4(a) PCT** / **25 % der int. Anmeldegebühr** (ohne Seitengebührzuschlag) zu Gunsten RO **R.12.4(a) PCT** 6.023	Mitt. zur Einreichung bis **16 M** nach Priotag	(+) Übersetzung gilt als eingegangen (−) IPa gilt als zurückgenommen; Mitt. an Anmelder **R.12.4(d) PCT** 6.022	-- ABER Zahlung, die vor der Rechtsverlustmitt. aber innerhalb von **17 M** ab Priotag eingeht, wird als wirksam erstattet betrachtet	--	✗
120	**Gebühr** für **vorzeitige Veröffentlichung** 9.014	**Art.21.2(b), R.48.4 PCT**	Antrag auf vorzeitige Veröffentlichung aber Fehlen von: a) Internat. Recherchenbericht **UND/ODER** b) Erklärung nach **Art.17.2PCT** / **200 CHF** an IB Section 113(a)	Antrag vor Ablauf **18 M** nach Priotag stellbar	(+) Veröff. sobald Gebühr gezahlt wurde **R.48.4(b) PCT** (−) keine vorzeitige Veröff.	--	--	✗
121	**Veröffentlichungsgebühr** für Antrag auf **Berichtigung/Hinzufügen Prioritätsanspruches nach Fristablauf** 6.044	**R.26bis.2(e) PCT**	Berichtigung/Hinzufügen Prioritätsbeleg nach Ablauf der Frist (**16 M** ab frühesten (berichtigten) Priotag) **R.26bis.1PCT** / **50 CHF** an IB (**+ 15 CHF/Blatt** ab 2. Blatt) Section 113(c) [684]	Antrag nach Ablauf der **R.26bis.1PCT-Frist bis Ablauf** von **30 M** nach Priotag stellbar	(+) Veröff. der neuen Angabe	--	--	✗
122	**Veröffentlichungsgebühr** bei **verweigerter Berichtigung offensichtlicher Fehler** 11.043	**R.91.3(d) PCT**	Antrag auf Veröffentlichung der Ablehnung eines Antrages zur Korrektur offensichtlicher Fehler / **50 CHF** an IB (**+ 15 CHF/Blatt** ab 2. Blatt) Section 113(b)	**2 M** nach Ablehnung eines Antrages zur Korrektur offensichtlicher Fehler	(+) Veröff. der neuen Angabe	--	--	✗
123	Gebühr für **verspätete Einreichung** eines **Sequenzprotokolls** [685] 7.010	**R.13ter.1 PCT**	Einreichung eines Sequenzprotokolls gem. der formellen Vorschriften 5.099 / **230€** (wenn EPA=ISA) von ISA festgelegt aber **nicht mehr als 25% der internat. Anmeldegebühr**	zu bestimmende Frist gem. Mitt. von ISA	(+) Recherche uneingeschränkt mgl. (−) Recherche wird eingeschränkt 7.013	--	--	✗

[684] Administrative Instructions under the Patent Cooperation Treaty.

[685] Gebühr ist auch für SIS (**R.45bis.5c**) und IPE (**R.13ter.2**) anzuwenden.

Teil D II – Übersicht zum PCT

	Art	Rechtsnorm	Handlung	Gebühr	Frist	Rechtsfolge	Nachfrist	Behelf	Rückzahlung
124	Bearbeitungsgebühr für **ergänzende internationale Recherche** (8.030, 8.032)	**R.45bis.2 PCT**	Gebührenzahlung an IB zu Gunsten des IB	**200 CHF** vom IB erhoben	**1 M** nach Eingang Antrag auf SIS beim IB **R.45bis.2c) PCT** **R.45bis.3c) PCT**	(+) Recherche wird durchgeführt (−) Antrag auf SIS gilt als nicht gestellt; Mitt. an Anmelder **R.45bis.4d) PCT**	**1 M** nach Mitt. vom IB +50% der Bearbeitungsgebühr (zugunsten IB; **100 CHF** wenn EPA = SISA) **R.45bis.4b/c PCT** Annex SISA	--	bei Zurücknahme Antrag oder Antrag gilt als Zurückgenommen bevor Unterlagen gem. **R.45bis.4i-iv** an SISA oder als nicht gestellt gilt (**R.45bis.1e)** bzw. **R.45bis.4d) PCT**) **R.45bis.2d) PCT** **R.45bis.3d) PCT** **R.45bis.3e) PCT**
125 (SIS)	Gebühr für **ergänzende internationale Recherche** (8.032)	**R.45bis.3**	Gebührenzahlung an IB zu Gunsten des SISA	**2046 CHF** vom IB erhoben					
126	**Überprüfungsgebühr** (8.045)	**R.45bis.6c PCT**	Mitteilung gem. **R.45bis.6a(ii)** UND Antrag auf Überprüfung der Auffassung gem. der Mitteilung (Einheitlichkeit)	**875 €** (wenn EPA=SISA) an SISA Annex SISA	**1 M** nach **R.45bis.6a(ii)** PCT-Mitt.	(+) Auffassung der Mitt. wird geprüft (−) keine Überprüfung **R.45bis.6d) PCT**			
127	Bearbeitungsgebühr für **vorläufige Prüfung** (10.035 ff.)	**R.57 PCT**	Gebührenzahlung an IPEA zu Gunsten des IB	**183 €** (wenn EPA=IPEA) Annex E	**1 M** nach Antragsstellung ODER **22 M** nach (frühestem) PT [686] - später ablaufende- **R.57.3a)PCT** **R.58.1b)PCT**	(+) vorläufige int. Prüfung (−) Antrag gilt als nicht gestellt [687] **R.58.1b) PCT**	**1 M** nach Mitt. durch IPEA; *ggf.* +50% der **Bearbeitungsgebühr** (zugunsten IPEA) **R.58.^{bis}1a)PCT** **R.58.^{bis}2)PCT**		wenn Antrag vor Zugang bei IPEA zurückgenommen wird oder als nicht gestellt gilt **R.57.4 PCT**
128 (PE)	Gebühr für **vorläufige Prüfung** (10.035 ff)	**R.58 PCT**	Gebührenzahlung an IPEA zu Gunsten des IPEA	**1930 €** (wenn EPA=IPEA) Annex E				--	
129	**Zusatzgebühr bei mangelnder Einheitlichkeit**	**Art.34(3)a)** **R.68.3 PCT**	Gebührenzahlung an IPEA zu Gunsten des IPEA (ggf. Zahlung unter Widerspruch + Widerspruchsgebühr)	**875€** (wenn EPA=IPEA) Annex E **R.68.3e)**	**1 M** nach Mitt. **R.68.2iii)**	(+) vorläufige int. Prüfung (−) zusätzlicher Gegenstand wird nicht geprüft			
130	Wiederherstellung des Prioritätsrechts durch das **RO**	**R.26bis.3 d) PCT**	Antrag auf Wiederherstellung des Priorechts an RO und Wiedereinsetzungsgebühr an RO	**640 €** (wenn EPA=RO) Annex C ↗Rn.DII-28	**2 M** nach Ablauf Priofrist				
131	Wiederherstellung des Prioritätsrechts durch das **DO**	**R.49ter2 b) iii) PCT**	Antrag auf Wiederherstellung des Priorechts an DO und Wiedereinsetzungsgebühr an DO ↗Rn.DII-28		**1 M** nach Ablauf der **30/31 M** internat. Phase				

[686] Bei Antragseinreichung gem. **R.59.3PCT** (bei einer anderen Behörde), Fristenberechnung ab dem dortigen Eingangstag (**R.57.3b)PCT**) ODER bei gewünschtem gleichzeitigen Beginn von vorläufiger Prüfung und int. Recherche, dann Zahlung innerhalb **1 M** nach Auff. durch Behörde (**R.57.3c)PCT**).

[687] Geht Betrag noch ein bevor Antrag als nicht gestellt erklärt wird, gilt Gebühr als wirksam entrichtet (**R.58bis.1d)PCT**).

Rückerstattung von PCT-Gebühren [688]

	Gebühr	Voraussetzung	Norm	Erfordernisse	Rückerstattung	Frist
132	internationale Anmeldegebühr **R.15.1 PCT**	i) iPa kein AD zuerkannt [**Art.11(1) PCT**] ii) Rechtsverlust bevor iPa an IB übermittelt [**Art.12(1), (3) PCT**] iii) Geheimpatent wg. nat. Sicherheit [**Art.27(8)**]	**R.15.4 PCT**		100% Rückerstattung	
133		i) iPa kein AD zuerkannt [**Art.11(1)**] ii) Rechtsverlust bevor iPa in Zuständigkeit der ISA übergeht [**Art.12(1) PCT**] iii) Geheimpatent wg. nat. Sicherheit [**Art.27(8)**]	**R.16.2 PCT**		100% Rückerstattung	
	internationale Recherchengebühr (**ISR**) **Art.15(1), R.16.1 PCT**	iv) Rechercheergebnisse anderer	**R.16.3, R.41.1 PCT**	Antrag auf Berücksichtigung früherer Recherchenergebnisse	100% bei vollständiger Verwertung früherer Recherchenergebnisse 25% bei teilweiser Verwertung früherer Recherchenergebnisse **BdP ABl.2014,A30** teilweise **Art.16(3)(b) PCT iVm Anhang C**	
134	internationale Recherchengebühr (**ISR**), weitere **R.17(3) a) PCT**	mangelnde Einheitlichkeit und Auff. zur Zahlung weiterer Recherchengebühr(en)	**R.40.2 PCT**	Widerspruch und Widerspruchsgebühr **R.40.2 PCT**	teilweise oder vollst. Rückzahlung zusätzlicher Recherchengebühren **UND** Rückzahlung der Widerspruchsgebühr	
135	Bearbeitungsgebühr für ergänzende internationale Recherche – **SIS** 8.032	wenn iPa vor Übermittlung der Unterlagen gem. **R.45bis.4 e) i)-iv)** **PCT** an SISA zurückgenommen wird, als zurückgenommen gilt **ODER**	**R.45bis.2 d) PCT**	keine	100% Rückerstattung von IB	
	Gebühr für ergänzende internationale Recherche - **SIS** 8.032	wenn Antrag zurückgenommen wird oder als nicht gestellt gilt	**R.45bis.3 d) PCT**			
		Antrag gilt gem. **R.45bis.5 PCT** als nicht gestellt bevor SIS begonnen hat	**R.45bis.3 e) PCT**	Bedingungen nach den anwendbaren Vereinbarungen nach **Art.16(3)b)**	von SISA, Höhe gem. den Bedingungen nach den anwendbaren Vereinbarungen nach **Art.16(3)b)**	
136	Gebühr für internationale vorläufige Prüfung (**IPEA**)	mangelnde Einheitlichkeit	**R.68.3 PCT**	i) Angabe weiterer Erfindungen ii) Zahlung zusätzlicher Prüfungsgebühr iii) unter Widerspruch mit Widerspruchsgebühr, **R.68.3c)**	teilweise oder vollst. Rückzahlung zusätzlicher Gebühren	**1 M** nach Auff. **R.68.2 iii) PCT**
137	Bearbeitungsgebühr für internationale vorläufige Prüfung - **IPE** **R.57.1 PCT**	i) IPER-Antrag vor Weiterleitung an IB zurückgenommen ii) IPER-Antrag gilt als nicht gestellt wg.: • fehlender Berechtigung [**R.54.2 iVm R.54.4 PCT**] • Fristversäumnis [**R.54bis.1**]	**R.57.4 PCT**	Zurücknahmeerklärung an IB/RO/IPEA [**R.90bis.1(b) PCT**] keine	Anhang E **R.58.3PCT** 100%	30 M ab PD

[688] Rückzahlungsempfänger: betreffender Beteiligter oder sein Vertreter; unmittelbare Rückerstattung an Einzahler erfolgt nur, wenn kein Zahlungszweck erkennbar **UND** Einzahler nach Auff. diesen Zweck nicht rechtzeitig mitteilt [Art.6(2) GebO; A-X.10.4]; Rückzahlungsart: Kreditierung des laufenden Kontos oder per Scheck [A-X.10.3]; Bagatellbeträge (max. 10€) werden nur auf Antrag Beteiligter zurückerstattet [**BdP ABl.2007S3,M.3**].

Fristen

Art. 48 und 49 PCT iVm R.79 bis 83 PCT

138 Jeder internationalen Anmeldung (iPa) wird ein Prioritätstag (PD) mit der Einreichung zuerkannt, wenn die dafür notwendigen Voraussetzungen [↗S.220] erfüllt sind.

Der PD gemäß **Art.2(xi)PCT** ist im PCT-Verfahren endweder:

- das Anmeldedatum der frühesten Anmeldung, deren Priorität gemäß **Art.8 PCT** in Anspruch genommen wurde oder
- der Tag, der der iPa als internationales Anmeldedatum (AD) zuerkannt wurde, wenn keine Priorität beansprucht wird.

Auch im PCT-Verfahren gibt es gesetzliche Fristen und Amtsfrist.

a) **gesetzliche Fristen**
im PCT verankerte Frist; nicht verlängerbar

b) **Amtsfristen**, auch Bescheidfristen [R.80 PCT]
vom jeweiligen Amt festgelegte Frist

Besonderheiten im PCT-Verfahren

- die für die Fristenberechnung maßgebliche Zeitrechnung sind die christliche Zeitrechnung und der gregorianische Kalender [R.79 PCT]
- maßgebend für **Fristbeginn** ist das Datum am Ort des fristauslösenden Ereignisses, für **Fristende** das Datum des Ortes, an dem Handlung vollzogen werden muss [R.80.4 PCT]

Absendefiktion

Anders als beim Europäischen Verfahren, gibt es im PCT-Verfahren keine 10-Tages Regel, auch nicht wenn das EPA das zuständige Amt in einem Verfahrensschritt ist.

Die vom Amt gesetzten Fristen werden ab Absendetag [R.80.6 PCT] berechnet.

Es gilt die **7-Tage-Regel**:

Bei einem Schriftstück, dass später als 7 Tage nach dem Absendedatum bei dem Anmelder eintrifft, wird die Frist um die über 7 Tage hinausgehenden Tage verlängert.

Fristgerechter Zugang

5-Tage-Regel [R.82.1 iVm Art.48 PCT]

Wurde ein Schriftstück an das Amt nachweislich mindestens 5 Tage vor Ablauf der Frist abgesendet, gilt das Schriftstück trotz verspätetem Eingehen als rechtzeitig eingegangen.

Ausnahme: Regelung gilt nicht für Priofrist, da diese Frist des PVÜ.

Fristverlängerung

Automatische Verlängerung des Fristenendes auf den nächstfolgenden Werktag erfolgt, wenn

- Amt/Organisation für Publikumsverkehr am Tag des Fristendes geschlossen hat,
- am Tag des Fristendes Postsendungen am Ort des Amtes/der Organisation nicht zugestellt werden,
- das Fristende auf einen offiziellen Feiertag fällt [R.80.5 PCT].

Fristversäumnis

Ursprüngliche Frist versäumt
Dokumente bzw. Zahlungen, die eingehen [1] nach Ablauf der ursprünglichen Frist, aber [2] vor Absenden der Aufforderung zum Nachholen der Frist, gelten als innerhalb der ursprünglichen Frist eingereicht

In einer Aufforderung gesetzte Frist versäumt
Die in einer Aufforderung gesetzte Frist gilt auch noch als eingehalten, wenn die versäumte Handlung und ggf. die Zahlung der Zuschlagsgebühr erfolgt [1] innerhalb der in der Auff. gesetzten Frist und [2] nach Ablauf der gesetzten Frist, aber bevor die zuständige Behörde die nächste Amtshandlung ausführt (bspw. Zurücknahmeerklärung).

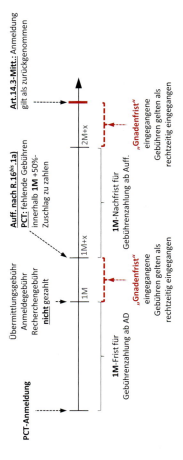

Fig. 12: Gnadenfrist im PCT.

Rechenhilfe für Fristen länger als ein Jahr
(Monate = Jahre + Restmonate)

12 = 1 + 0	22 = 1 + 10
16 = 1 + 4	24 = 2 + 0
18 = 1 + 6	26 = 2 + 2
19 = 1 + 7	30 = 2 + 6
20 = 1 + 8	31 = 2 + 7

Fristen

Fristenberechnung - Veröffentlichung

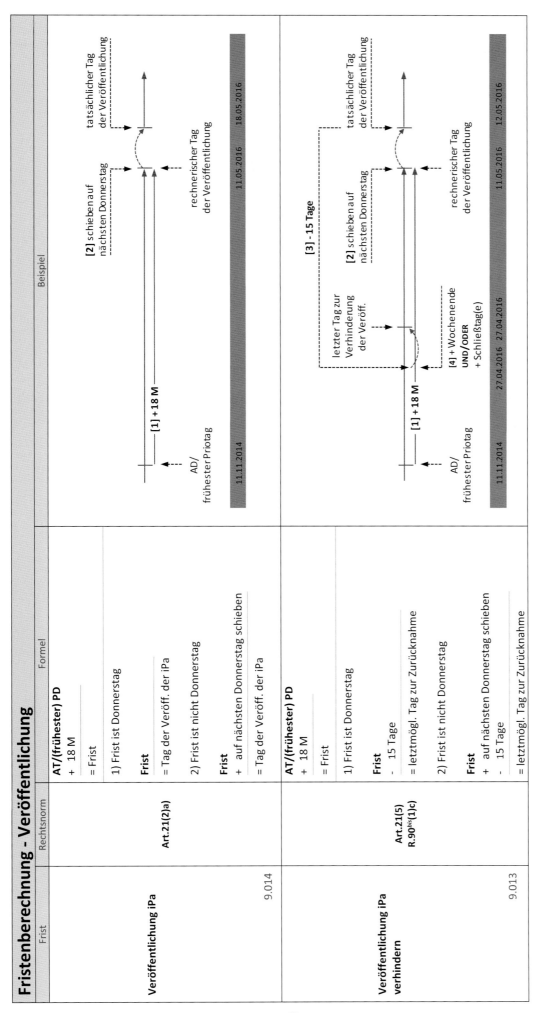

Teil D III
Übersicht zum Euro-PCT
Ablauf · Gebühren · Fristen

Teil D III – Übersicht zum EURO-PCT

bericht oder ergänzender internationaler Recherchenbericht vorliegt (anwendbar auf internationale Anmeldungen, die bis einschließlich 30.06.2016 eingereicht werden).

EPÜ 2000

Artikel 153[178]
Das Europäische Patentamt als Bestimmungsamt oder ausgewähltes Amt

(1) Das EPA ist

a) Bestimmungsamt für jeden in der internationalen Anmeldung bestimmten Vertragsstaat dieses Übereinkommens, für den der PCT in Kraft ist und für den der Anmelder ein europäisches Patent begehrt, und

b) ausgewähltes Amt, wenn der Anmelder einen nach Buchstabe a bestimmten Staat ausgewählt hat.

(2) Eine internationale Anmeldung, für die das EPA Bestimmungsamt oder ausgewähltes Amt ist und der ein internationaler Anmeldetag zuerkannt worden ist, hat die Wirkung einer vorschriftsmäßigen europäischen Anmeldung (Euro-PCT-Anmeldung).

(3) Die internationale Veröffentlichung einer Euro-PCT-Anmeldung in einer Amtssprache des EPA tritt an die Stelle der Veröffentlichung der europäischen Patentanmeldung und wird im Europäischen Patentblatt bekannt gemacht.

(4) Ist die Euro-PCT-Anmeldung in einer anderen Sprache veröffentlicht, so ist beim EPA eine Übersetzung in einer seiner Amtssprachen einzureichen, die von ihm veröffentlicht wird. Vorbehaltlich des Art.67(3) tritt der einstweilige Schutz nach Art.67(1) und (2) erst vom Tag dieser Veröffentlichung an ein.

(5) Die Euro-PCT-Anmeldung wird als europäische Patentanmeldung behandelt und gilt als Stand der Technik nach Art.54(3), wenn die in Absatz 3 oder 4 und in der Ausführungsordnung festgelegten Erfordernisse erfüllt sind.

(6) Der zu einer Euro-PCT-Anmeldung erstellte internationale Recherchenbericht oder die ihn ersetzende Erklärung und deren internationale Veröffentlichung treten an die Stelle des europäischen Recherchenberichts und des Hinweises auf dessen Veröffentlichung im Europäischen Patentblatt.

(7)[179] Zu jeder Euro-PCT-Anmeldung nach Absatz 5 wird ein ergänzender europäischer Recherchenbericht erstellt. Der Verwaltungsrat kann beschließen, dass auf den ergänzenden Recherchenbericht verzichtet oder der Recherchengebühr herabgesetzt wird.

[178] Siehe hierzu Entscheidung GBK G4/08 (Anhang I).

[179] Siehe hierzu den BdV CA/D 10/05 vom 27.10.2005 (ABl.2005, 548) über die Herabsetzung der Gebühr für die ergänzende europäische Recherche zu internationalen Anmeldungen, den Beschluss des Verwaltungsrats CA/D 11/09 vom 28.10.2009 (ABl.2009, 594) über den Verzicht auf die ergänzende europäische Recherche bei Vorliegen eines vom EPA erstellten internationalen Recherchenberichts. Siehe hierzu den BdV CA/D 14/13 vom 13.12.2013 (ABl.2014, A5) zur Änderung des Artikels 2 der Gebührenordnung und zur Anpassung des Betrags der Herabsetzung der Gebühr für die ergänzende europäische Recherche, wenn ein vom Finnischen Patent- und Registrieramt, vom Österreichischen Patentamt, vom Schwedischen Patent- und Registrieramt, vom Spanischen Patent- und Markenamt oder vom Nordischen Patentinstitut erstellter internationaler Recherchen-

EPÜAO

Regel 159[148]
Das Europäische Patentamt als Bestimmungsamt oder ausgewähltes Amt – Erfordernisse für den Eintritt in die europäische Phase

(1) Für eine internationale Anmeldung nach Art.153 hat der Anmelder innerhalb von einunddreißig Monaten nach dem Anmeldetag oder, wenn eine Priorität in Anspruch genommen worden ist, nach dem Prioritätstag die folgenden Handlungen vorzunehmen:

a)[149] die gegebenenfalls nach Art.153(4) erforderliche Übersetzung der internationalen Anmeldung einzureichen;

b) die Anmeldungsunterlagen anzugeben, die dem europäischen Erteilungsverfahren in der ursprünglich eingereichten oder in geänderter Fassung zugrunde zu legen sind;

c) die Anmeldegebühr nach Art.78(2) zu entrichten;

d)[150],[151] die Benennungsgebühr zu entrichten, wenn die Frist nach R.39(1) früher abläuft;

e) die Recherchengebühr zu entrichten, wenn ein ergänzender europäischer Recherchenbericht erstellt werden muss;

f) den Prüfungsantrag nach Art.94 zu stellen, wenn die Frist nach R.70(1) früher abläuft;

g) die Jahresgebühr für das dritte Jahr nach Art.86(1) zu entrichten, wenn diese Gebühr nach R.51(1) früher fällig wird;

h) gegebenenfalls die Ausstellungsbescheinigung nach Art.55(2) und R.25 einzureichen.

(2) Für Entscheidungen des Europäischen Patentamts nach Art.25(2) a) PCT sind die Prüfungsabteilungen zuständig.

[148] Siehe hierzu die Mitteilung des EPA über den Antrag auf vorzeitige Bearbeitung (ABl.2013, 156).

[149] Siehe hierzu die Entscheidung der GBK G4/08 (Anhang I).

[150] Siehe hierzu die Stellungnahme der GBK G4/98 (Anhang I).

[151] Geändert durch BdV CA/D 4/08 vom 21.10.2008 (ABl.2008, 513), in Kraft getreten am 01.04.2009.

Regel 160[152]
Folgen der Nichterfüllung bestimmter Erfordernisse

(1) Wird die Übersetzung der internationalen Anmeldung nicht rechtzeitig eingereicht oder der Prüfungsantrag nicht rechtzeitig gestellt oder wird ohne die Anmeldegebühr, die Recherchengebühr oder die Benennungsgebühr nicht rechtzeitig entrichtet, so gilt die europäische Patentanmeldung als zurückgenommen.

(2)[153] Stellt das EPA fest, dass die Anmeldung nach Absatz 1 als zurückgenommen gilt, so teilt es dies dem Anmelder mit. R.112(2) ist entsprechend anzuwenden.

[152] Geändert durch BdV CA/D 4/08 vom 21.10.2008 (ABl.2008, 513), in Kraft getreten am 01.04.2009.

[153] Siehe hierzu die Stellungnahme der GBK G4/98 (Anhang I).

Regel 163
Prüfung bestimmter Formerfordernisse durch das Europäische Patentamt

(1) Sind die Angaben über den Erfinder nach R.19(1) nicht innerhalb der Frist nach R.159(1) mitgeteilt worden, so fordert das Europäische Patentamt den Anmelder auf, die Angaben innerhalb von zwei Monaten zu machen.

(2)[156] Wird die Priorität einer früheren Anmeldung in Anspruch genommen und ist das Aktenzeichen der früheren Anmeldung oder deren Abschrift nach R.52(1) und R.53 nicht innerhalb der Frist nach R.159(1) eingereicht worden, so fordert das EPA den Anmelder auf, das Aktenzeichen oder die Abschrift innerhalb von zwei Monaten einzureichen. R.53(2) ist anzuwenden.

(3)[157] Liegt dem EPA bei Ablauf der in R.159(1) genannten Frist ein den Standard der Verwaltungsvorschriften zum PCT entsprechendes Sequenzprotokoll nicht vor, so wird der Anmelder aufgefordert, innerhalb von zwei Monaten ein Sequenzprotokoll einzureichen, das den vom EPA erlassenen Vorschriften entspricht. R.30(2) und (3) ist entsprechend anzuwenden.

(4) Liegt bei Ablauf der in R.159(1) genannten Frist die Anschrift, die Staatsangehörigkeit oder der Wohnsitz bzw. Sitz eines Anmelders nicht vor, so fordert das EPA den Anmelder auf, diese Angaben innerhalb von zwei Monaten nachzureichen.

(5) Sind bei Ablauf der in R.159(1) genannten Frist die Erfordernisse des Art.133(2) nicht erfüllt, so wird der Anmelder aufgefordert, innerhalb von zwei Monaten einen zugelassenen Vertreter zu bestellen.

(6) Werden die in den Absätzen 1, 4 und 5 genannten Mängel nicht rechtzeitig beseitigt, so wird die europäische Patentanmeldung zurückgewiesen. Wird der in Absatz 2 genannte Mangel nicht rechtzeitig beseitigt, so geht das Prioritätsrecht für die Anmeldung verloren.

[156] Geändert durch BdV CA/D 4/08 vom 21.10.2008 (ABl. EPA 2008, 513), in Kraft getreten am 01.04.2009. Siehe auch den Beschluss des Präsidenten des EPA über die Einreichung von Prioritätsunterlagen (ABl. EPA 2012, 492).

[157] Siehe hierzu den BdP des EPA, ABl.2011, 372, sowie die Mitteilung des EPA, ABl.2013, 542.

Regel 165
Die Euro-PCT-Anmeldung als kollidierende Anmeldung nach Art.54(3)

Eine Euro-PCT-Anmeldung gilt als Stand der Technik nach Art.54(3), wenn die in Art.153(3) oder (4) festgelegten Voraussetzungen erfüllt sind und die Anmeldegebühr nach R.159(1) c) entrichtet worden ist.

Rechtsprechung

J1/89 2. Verschiebt sich der Beginn der regionalen (europäischen) Phase auf den Zeitpunkt des Ablaufes des 30. Monats ab dem Anmeldedatum der internationalen Anmeldung, so wird die Jahresgebühr für das dritte Patentjahr erst mit Ablauf des 30. Monats, d. h. am letzten Tag der 30-Monatsfrist fällig (Art.40 PCT; Art.150 (2) S.3 EPÜ). (Neue Rechtslage ab 1.6.1991 (R.104(1) (e) EPÜ). Dieser verschobene Fälligkeitstag ist für die Berechnung der Nachfrist zur Zahlung der Jahresgebühr mit Zuschlag maßgebend.

G4/08 **Frage 1:** Wenn eine internationale Patentanmeldung nach dem PCT in einer Amtssprache des EPA eingereicht und veröffentlicht wurde, ist es nichtmöglich, beim Eintritt in die EP-Phase eine Übersetzung der Anmeldung in einer der beiden anderen Amtssprachen einzureichen.

Eintritt in die EP-Phase - Mindesterfordernisse
(EPA als Bestimmungsamt oder ausgewähltes Amt)

Art.153 iVm R.159, E-VIII.2.1

Aktion	Norm	zu erbringende Handlung	Frist	Nachfrist	Rechtsfolge	Rechtsbehelf
automatischer Eintritt, wenn EP benannt ODER Antrag auf vorzeitige Bearbeitung [689] gestellt	Art.153 iVm R.159 UND Art.27 iVm R.51bis PCT	vorzunehmende Handlungen gem. R.159(1): a) ggf. **Übersetzung** in eine Amtssprache [690] Art.153(4) iVm **Art.27, R.51bis.1c)PCT** ggf. Übersetzung geänderter Ansprüche und Erklärungen nach **R.49.5c), c-bis)PCT** Art.19 PCT ggf. Übersetzung veröffentlichter Berichtigungsanträge nach **R.49.5a-bis)PCT** Art.91.3d) PCT b) Anmeldeunterlagen angeben, die als urspr. Fassung iSv **Art.70** gelten c) Anmeldegebühr [**210 €/120 €**], ggf. Seitengebühr [**15 €/Seite ab 36. Seite**] **Art.78(2)**, Art.2(1) Nr.1/1a GebO e) ggf. **Recherchengebühr für eESR** [**1300 €**][691] **Art.153(7)**, Art.2(1) Nr.2 GebO h) ggf. Ausstellungsbescheinigung **Art.55**	a) **31 M** nach AD bzw. frühestem PD der iPa **Art.22(1), (3)** oder **39(1)b) PCT** iVm **R.159(1)** ODER mit Antragstellung auf vorzeitige Bearbeitung	**WB (+)** in allen Fällen, **2 M** ab R.160(2)-Mitt.+10Tage +50% Zuschlag **Art.121, R.135**	ePa gilt als zurückgenommen **R.160(1)** und Rechtsverlustmitteilung **R.112(1), 160(2)**	**WE (+)** in Frist zur WB **Art.122** ODER **WE (+)**, wenn sich Rechtsverlustmitteilung auf Handlung iSv **Art.22 PCT** bezieht, d.h. „nur" auf nicht rechtzeitig entrichtete Anmeldegeb. ODER Übersetzung bezieht **R.160(1)**
		d) ggf. Benennungs- [**585 €**] und Erstreckungsgeb. [692 - 693] **Art.79(2), R.39(1)**, Art.2(1) Nr.3 GebO f) ggf. Prüfungsantrag UND **Prüfungsgebühr** [**1635 €/1825 €**] [692, 694] **Art.94(1)**, Art.2(1) Nr.6 GebO	d) **31 M** nach AD bzw. PD der iPa ODER **6 M** nach Veröff. ISR bzw. Erklärung gem. **Art.17(2)PCT**			d) **Art.22, R.49.6 PCT**
		g) ggf. Jahresgebühr für das 3. Jahr [**470 €**] [692] **Art.86(1)**, Art.2(1) Nr.4 GebO	g) **31 M** nach AD bzw. PD der iPa ODER regulär entsprechend **R.52(1)**	g) **6 M** (+50% Zuschlag) **R.51(2)** iVm **J1/89**	g) Anmeldung gilt als zurückgenommen **Art.86(1) S.2**	g) **WE (+)**; vgl. WB (−) R.135(2)

Antrag auf vorzeitige Bearbeitung (»schriftlicher«vor Ablauf der 31 M) jederzeit [**Art.23(2) PCT ODER Art.40(2) PCT**]; Vornahme aller Handlungen nach R.159(1).

ACHTUNG: EPO Form 1200 ist hierfür nicht verwendbar.

Hat IB dem EPA als DO noch keine Kopien der Anmeldung, ISR UND WO-ISA übermittelt, muss Anmelder beim IB Antrag stellen [**Art.20, R.44bis.2b), 47.4 PCT**]

[689] VORTEIL: ab wirksamer Antragstellung wird iPa als EURO-PCT-Anmeldung behandelt, die in EP-Phase eingetreten ist: bspw. Einreichung TA mögl.; spätere Rücknahme gem. (**R.90bisPCT** wirkungslos für EP.

[690] BEACHTE: Wurde iPa von WIPO in Amtssprache des EPA veröff., so ist diese Sprache in EP-Phase Verfahrenssprache; EPA lässt keine Änderung der Verfahrenssprache bei/nach Eintritt in EP-Phase zu (G4/08].

[691] keine Gebühr ODER Recherche, wenn EPA Recherche durchgeführt hat [Art.9(2) GebO iVm **ABl.2014,A29**]; ERMÄßIGUNG, wenn EPA als ISA oder SISA tätig war; 50% Ermäßigung, wenn EPA als IPEA; (teilweise) RÜCKERSTATTUNG, wenn PCT-Anmeldung Priorität einer früheren Anmeldung beansprucht, für die EPA Recherche durchgeführt hat [Art.9(2) GebO iVm **ABl.2014, A31**]; ERMÄßIGUNG um **1110 €**, wenn ISA ein europäisches Amt (Österreich, Finnlands, Spanisch, Schwedischen oder NPI) [**ABl.2016, A2**]; **190 €** Ermäßigung, wenn ISA AU, CN, JP, KR, RU, US [**ABl.2014, A31**]. ABER: Die Ermäßigung wird bei Erfüllung der Voraussetzungen immer nur einmal gewährt.

[692] Erfordernisse, die in Abhängig vom Zeitpunkt der Beantragung der vorzeitigen Bearbeitung zu erfüllen sind, d.h. ob die Fristen für die entsprechende Rechtshandlung an diesem Tag bereits abgelaufen sind; So müssen [1] der Prüfungsantrag, die Prüfungs- und [2] die Benennungsgebühr erst innerhalb von **6 M** nach dem Tag der Veröffentlichung des ISR entrichtet werden.

[693] Erstreckungsgebühr kann noch innerhalb einer Nachfrist von **2 M** gezahlt werden.

[694] 50%-ERMÄßIGUNG: wenn EPA als IPEA; AUßER Anmelder erlangt in EP-Phase Schutz für Erfindung, die nicht Gegenstand dieses Berichts war [**Art.14(1)** iVm Art.2(1) Nr.6 GebO]. 30%-ERMÄßIGUNG: bei Einreichung in einer Nichtamtssprache für KMUs, nat. Personen und non-profit Organisationen mit Wohnsitz/Sitz in EPÜ-VStaat ODER Staatsangehörige dieses EPÜ-VStaats [**Art.14(4), R.6(3)** iVm Art.14(1) GebO (**ABl.2014,A23**, A-X, 9.3.2)].

weitere Erfordernisse — E-VIII, 2.3ff.

	Erfordernis	Norm	erforderliche Handlung	Frist	Nachfrist	Rechtsfolge	Rechtsbehelf
2	**Anspruchsgebühr** E-VIII, 2.1.3	**R.162**	Euro-PCT-Anmeldung mit mehr als 15 Ansprüchen [235 €/Anspruch > 15 bzw. **585 €**/Anspruch > 50] **R.162(1)**, Art.2(1) Nr.15 GebO		**6 M** nach R.161/162-Mitt.+10 Tage [695] **R.162(2)**	gilt als Verzicht auf „über-schüssige" Ansprüche **R.162(4)**	**WB (+)** **+50%Zuschlag** Art.2(1) Nr.12GebO
3	**Erfinderbenennung** Art.4(1) v) PCT	**R.163(1)** iVm **Art.22(1) PCT** und **R.51bis PCT**	Angabe von 1) Vornamen, 2) Zuname, 3) vollständige Anschrift, 4) Rechterlangung [**Art.81**], 5) Unterschrift des Anmelders/Vertreters [696] **R.19(1)**, A-III,5		**2 M** nach **R.163(1)**-Mitt.+10Tage	Zurückweisung der ePa^{BF} **R.163(6) S.1**	
4	**Priounterlagen**	**R.163(2)**	i) Einreichung **beglaubigter Abschrift** oder AZ der früheren Anmeldung [697] **R.17.1/2 PCT, R.53** ii) ggf. **Übersetzung** der früheren Anmeldung(en) in EPA-Amtssprache **R.51bis.1e) PCT iVm R.53(3)**	**31 M** nach AD bzw. frühestem PD der iPa **Art.22(1), (3)** oder **39(1)b) PCT** iVm **R.159(1)**	**2 M** nach **R.163(2)**-Mitt. +10Tage **R.17.1c)PCT** iVm **R.163(2)**	Verlust des Prioritätsrechts **R.163(6) S.2**	**WB (+)** +Zuschlag [250 €] **Art.121, R.135,** Art.2(1) Nr.12GebO
5	**Sequenzprotokoll** (WIPO ST.25)	**R.5.2, R.13ter.3PCT** iVm **R.163(3)** und **30(3)**	Angabe von **Nukleotid- und Aminosäuresequenzen** nach WIPO-Standard ST.25 [698] als letzter Teil der ePa **ABl.2013,542** nur elektronische Form im TXT-Format [699] Zahlung **Zuschlagsgebühr [230 €]** bei Nachreichung eines PCT-konformen Sequenzprotokolls einstsprechend WIPO-ST.25 **R.163(3)** iVm **R.30(3)**, Art.2(1) Nr.14a GebO		**2 M** nach **R.163(3)**-Mitt. +10Tage	Zurückweisung der ePa^{BF} **R.30(3) S.2**	
6	**Anmelderidentität**	**R.163(4)**	Anschrift, Sitz/Wohnsitz, Staatsangehörigkeit		**2 M** nach **R.163(4)**-Mitt.+10Tage	Zurückweisung der ePa^{BF} **R.163(6) S.1**	

💡 Zahlungen an EPA können von jedermann geleistet werden [A-X, 1].

[695] Bei Einreichung neuer Ansprüche innerhalb **6 M**, erfolgt Neukalkulation der Anspruchsgebühr [**R.162(2) S.2**]. BEACHTE: Frist nach R.162(2) und R.161 sind identisch und werden mit gemeinsamer Mitt. ausgelöst.

[696] alle Erfinder ≠ Anmelder erhalten Mitteilung über Erfinderbenennung [**R.19 (3)**], enthaltend [**R.19 (4)**]: [1] Nummer der ePa, [2] AT der ePa oder bei Inanspruchnahme Prio; Tag, Staat, Aktenzeichen der früheren Anmeldung, [3] Name Anmelder, [4] Erfindungsbezeichnung, [5] benannte Vertragsstaaten, [6] ggf. Name Miterfinder.

[697] BEGLAUBIGTE ABSCHRIFT ENTFÄLLT, wenn frühere Patentanmeldung eine i) ePa, ii) beim EPA eingereichte iPa, iii) CN-, JP-, KR-Patentanmeldung **ODER iv)** US-Anmeldung (Vereinbarung über Austausch von Unterlagen, **ABl.2007,473**) → selbstständige, gebührenfreie zur Aktennahme [**R.53(2)**] iVm **BdP ABl.2012,492**]; Papierform oder anderem Datenträger, erstellt von Behörde, bei der frühere Anmeldung eingereicht, mit Bescheinigung über [1] übereinstimmenden Inhalt und [2] AT der früheren Anmeldung.

[698] gilt nicht für Sequenzen, die bereits aus StdT bekannt [**J8/11**].

[699] Papierform oder PDF-Format unerwünscht; bei zusätzlicher freiwilliger Einreichung in Papierform bzw. PDF-Format Erklärung erforderlich, dass dieser Inhalt identisch zur elektron. Form ist [**ABl.2011,372; ABl.2013,542**].

weitere Erfordernisse (Fortsetzung)

E-VIII, 2.3ff.

	Erfordernis	Norm	erforderliche Handlung	Frist	Nachfrist	Rechtsfolge	Rechtsbehelf
7	Vertretung [700] — Art.134	R.163(5) iVm R.51bis.1b) PCT und Art.27.7	**optional:** Anmelder mit Sitz/Wohnsitz in Vertragsstaat kann 1) zugel. Vertreter [Art.134(1)] oder 2) Rechtsanwalt [Art.134(8)] oder 3) bevollmächtigten Angestellten [Art.133(3)], bestimmen unter Vollmachtsvorlage [R.152] [701] — Art.133(1) — **zwingend:** Anmelder ohne Wohnsitz/Sitz in Vertragsstaat muss 1) zugel. Vertreter [Art.134(1)] ODER 2) Rechtsanwalt [Art.134(8)] bestimmen unter Vollmachtsvorlage [R.152] [701] — Art.133(2)	31 M nach AD bzw. frühestem PD der iPa Art.22(1), (3) oder 39(1)b) PCT iVm R.159(1)	2 M nach R.163(5)-Mitt. +10Tage	(+) Eintragung des Vertreters in EP-PatReg — (−) Zurückweisung der ePa^{BF} R.163(6) S.1	**WB (+)** +Zuschlag [250 €] Art.121, R.135, Art.2(1) Nr.12GebO
8	Auskünfte zum SdT [702]	Art.124, R.70b, R.141(1)	1) Prioritätsrecht beansprucht 2) Kopie der Recherchenergebnisse einreichen		2 M nach Auff. +10Tage		
9	Wiedereinsetzungsantrag in Priofrist	R.136(1) iVm R.49ter.2d) PCT	schriftlich, begründeter Antrag UND Zahlung Gebühr [635 €] R.49ter.2d)i) PCT iVm R.136(1), Art.2 Nr.13 GebO		1 M ab Eintritt in EP-Phase R.49ter.2d) PCT	(+) Euro-PCT erhält PT als wirksames Datum — (−) Euro-PCT erhält AT als wirksames Datum	WB (−), WE (−), **Beschwerde (+)**
10	dritte Jahresgebühr bei Euro-PCT	R. 159 g)	Zahlung der dritten Jahresgebühr [470 €] Art.2(1) Nr.4 GebO	31 M nach AD/(frühestem) PD der iPa ODER bei Fälligkeit gem. R.51	6M ab Eintritt in EP-Phase ODER 6 M mit Zuschlag über R.51(2) iVm J1/89	(+) Gebühr wirksam entrichtet — (−) Anmeldung gilt als zurückgenommen	**WE (+)**; WB (−) vgl. R. 135(2)
11	PACE-Antrag (Antrag auf beschleunigte Bearbeitung von Euro-PCT)	ABl.2010, 352	»schriftlicher« Antrag ohne Begründung	»jederzeit« während der Prüfung ABER: vorzugsweise bei Eintritt in EP-Phase ODER mit Erwiderung auf R.161(1)-Mitt.	--	(+) nächster Verfahrensschritt durch die Prüfungsabteilung erfolgt binnen drei Monaten nach Eingang des Antrags	--

[700] ERNEUTE BESTIMMUNG des Vertreters bei Eintritt in EP-Phase erforderlich; VERTRETERZWANG für Anmelder ohne Sitz/Wohnsitz in EPÜ-Vertragsstaat [Art.133(2)]. Wurde kein Vertreter für Verfahren bestellt, sendet EPA alle Mitt./Auff. an Anmelder gegebenenfalls an dessen Zustellanschrift [ABl.2014,A99]; wurde Vertreter für internat. Phase bestimmt ist dieser nicht automatisch in nat. Phase vertretungsbefugt, nat. Bestimmungen gelten [für EPA: R.133/134].

[701] Vollmachtsvorlage entfällt bei Bestimmung eines zugelassenen Vertreters. AUSNAHME: [1] Vertreterwechsel durch neuen Vertreter angezeigt ODER [2] Anforderung durch EPA wg. besonderer Umstände (Zweifel über Vertretungsbefugnis) [R.152(1) iVm BdP ABl.2007 53,128,L.1] ODER [3] Akteneinsicht vor Veröffentlichung der ePa [Art.128(2); A-XI,2.5].

[702] Befreiung von der Verpflichtung, wenn die Recherchenbehörde: [1] EPA [ABl.2010, 600, A-III, 6.12] ODER [2] AU, JP, KR, UK, US [ABl.2013, 217].

EPÜ 2000

Artikel 153 [178]
Das Europäische Patentamt als Bestimmungsamt oder ausgewähltes Amt

(1) Das EPA ist

a) Bestimmungsamt für jeden in der internationalen Anmeldung bestimmten Vertragsstaat dieses Übereinkommens, für den der PCT in Kraft ist und für den der Anmelder ein europäisches Patent begehrt, und

b) ausgewähltes Amt, wenn der Anmelder einen nach Buchstabe a bestimmten Staat ausgewählt hat.

(2) Eine internationale Anmeldung, für die das EPA Bestimmungsamt oder ausgewähltes Amt ist und der ein internationaler Anmeldetag zuerkannt worden ist, hat die Wirkung einer vorschriftsmäßigen europäischen Anmeldung (Euro-PCT-Anmeldung).

(3) Die internationale Veröffentlichung einer Euro-PCT-Anmeldung in einer Amtssprache des EPA tritt an die Stelle der Veröffentlichung der europäischen Patentanmeldung und wird im Europäischen Patentblatt bekannt gemacht.

(4) Ist die Euro-PCT-Anmeldung in einer anderen Sprache veröffentlicht, so ist beim EPA eine Übersetzung in einer seiner Amtssprachen einzureichen, die von ihm veröffentlicht wird. Vorbehaltlich des Art.67(3) tritt der einstweilige Schutz nach Art.67(1) und (2) erst vom Tag dieser Veröffentlichung an ein.

(5) Die Euro-PCT-Anmeldung wird als europäische Patentanmeldung behandelt und gilt als Stand der Technik nach Art.54(3), wenn die in Absatz 3 oder 4 und in der Ausführungsordnung festgelegten Erfordernisse erfüllt sind.

(6) Der zu einer Euro-PCT-Anmeldung erstellte internationale Recherchenbericht oder die ihn ersetzende Erklärung und deren internationale Veröffentlichung treten an die Stelle des europäischen Recherchenberichts und des Hinweises auf dessen Veröffentlichung Im Europäischen Patentblatt.

(7) [179] Zu jeder Euro-PCT-Anmeldung nach Absatz 5 wird ein ergänzender europäischer Recherchenbericht erstellt. Der Verwaltungsrat kann beschließen, dass auf einen ergänzenden Recherchenbericht verzichtet oder die Recherchengebühr herabgesetzt wird.

[178] Siehe hierzu Entscheidung GBK G4/08 (Anhang I).
[179] Siehe hierzu den BdV CA/D 10/05 vom 27.10.2005 (ABl.2005, 548) über die Herabsetzung der Gebühr für die ergänzende europäische Recherche zu internationalen Anmeldungen, für die der internationale Recherchenbericht vom Patent- und Markenamt der Vereinigten Staaten, vom japanischen Patentamt, vom Amt für geistiges Eigentum der Republik Korea, vom Chinesischen Amt für geistiges Eigentum, vom Föderalen Dienst für geistiges Eigentum, Patente und Marken (Russische Föderation) oder vom australischen Patentamt erstellt wird (anwendbar auf ab dem 01.07.2005 eingereichte internationale Anmeldungen). Siehe hierzu den Beschluss des Verwaltungsrats CA/D 11/09 vom 28.10.2009 (ABl.2009, 594) über den Verzicht auf die ergänzende europäische Recherche bei Vorliegen eines vom EPA erstellten ergänzenden internationalen Recherchenberichts. Siehe hierzu den BdV CA/D 14/13 vom 13.12.2013 (ABl.2014, A5) zur Änderung des Artikels 2 der Gebührenordnung und zur Anpassung des Betrags der Herabsetzung der Gebühr für die ergänzende europäische Recherche, wenn ein vom Finnischen Patent- und Registrieramt, vom Österreichischen Patentamt, vom Schwedischen Patent- und Registrieramt, vom Spanischen Patent- und Markenamt oder vom Nordischen Patentinstitut erstellter internationaler Recherchenbericht oder ergänzender internationaler Recherchenbericht vorliegt (anwendbar auf internationale Anmeldungen, die bis einschließlich 30.06.2016 eingereicht werden).

EPÜAO

Regel 161 [154]
Änderung der Anmeldung

(1) Ist das EPA für eine Euro-PCT-Anmeldung als Internationale Recherchenbehörde und, wenn ein Antrag nach Art.31 PCT gestellt wurde, auch als mit der internationalen vorläufigen Prüfung beauftragte Behörde tätig gewesen, so gibt es dem Anmelder Gelegenheit, zum schriftlichen Bescheid der Internationalen Recherchenbehörde oder zum internationalen vorläufigen Prüfungsbericht Stellung zu nehmen, und fordert ihn gegebenenfalls auf, innerhalb von sechs Monaten nach der entsprechenden Mitteilung die im schriftlichen Bescheid oder im internationalen vorläufigen Prüfungsbericht festgestellten Mängel zu beseitigen und die Beschreibung, die Patentansprüche und die Zeichnungen zu ändern. Hat das EPA einen ergänzenden internationalen Recherchenbericht erstellt, ergeht die Aufforderung gemäß Satz 1 in Bezug auf die Erläuterungen nach Maßgabe der R.45bis.7 e) PCT. Wenn der Anmelder einer Aufforderung nach Satz 1 oder Satz 2 weder nachkommt noch zu ihr Stellung nimmt, gilt die Anmeldung als zurückgenommen.

(2) Erstellt das Europäische Patentamt einen ergänzenden europäischen Recherchenbericht zu einer Euro-PCT-Anmeldung, so kann die Anmeldung innerhalb von sechs Monaten nach einer entsprechenden Mitteilung an den Anmelder einmal geändert werden. Die geänderte Anmeldung wird der ergänzenden europäischen Recherche zugrunde gelegt.

[154] Geändert durch BdV CA/D 12/10 vom 26.10.2010 (ABl.2010, 634), in Kraft getreten am 01.05.2011. Siehe auch die Mitteilung des EPA, ABl.2010, 406.

Regel 162 [155]
Gebührenpflichtige Patentansprüche

(1) Enthalten die Anmeldungsunterlagen, die dem europäischen Erteilungsverfahren zugrunde zu legen sind, mehr als fünfzehn Ansprüche, so sind für den sechzehnten und jeden weiteren Anspruch innerhalb der Frist nach R.159(1) Anspruchsgebühren nach Maßgabe der Gebührenordnung zu entrichten.

(2) Werden die Anspruchsgebühren nicht rechtzeitig entrichtet, so können sie noch innerhalb von sechs Monaten nach einer Mitteilung über die Fristversäumung entrichtet werden. Werden innerhalb dieser Frist geänderte Ansprüche eingereicht, so werden die Anspruchsgebühren auf der Grundlage der geänderten Ansprüche berechnet.

(3) Anspruchsgebühren, die innerhalb der Frist nach Absatz 1 entrichtet werden und die nach Absatz 2 Satz 2 fälligen Gebühren übersteigen, werden zurückerstattet.

(4) Wird eine Anspruchsgebühr nicht rechtzeitig entrichtet, so gilt dies als Verzicht auf den entsprechenden Patentanspruch.

[155] Geändert durch BdV CA/D 12/10 vom 26.10.2010 (ABl.2010, 634), in Kraft getreten am 01.05.2011.

Regel 164 [158]
Einheitlichkeit der Erfindung und weitere Recherchen

(1) Ist das EPA der Auffassung, dass die Anmeldungsunterlagen, die der ergänzenden europäischen Recherche zugrunde zu legen sind, den Anforderungen an die Einheitlichkeit der Erfindung nicht entsprechen, so

a) erstellt es einen teilweisen ergänzenden Recherchenbericht für die Teile der Anmeldung, die sich auf die zuerst in den Patentansprüchen erwähnte Erfindung oder Gruppe von Erfindungen im Sinne des Art.82 beziehen,

b) teilt es dem Anmelder mit, dass für jede weitere Erfindung innerhalb einer Frist von zwei Monaten eine weitere Recherchengebühr zu entrichten ist, wenn der ergänzende europäische Recherchenbericht diese Erfindung erfassen soll, und

c) erstellt es den ergänzenden europäischen Recherchenbericht für die Teile der Anmeldung, die sich auf die Erfindungen beziehen, für die Recherchengebühren entrichtet worden sind.

(2) Wird auf den ergänzenden europäischen Recherchenbericht verzichtet und ist die Prüfungsabteilung der Auffassung, dass in den Anmeldungsunterlagen, die der Prüfung zugrunde zu legen sind, eine Erfindung oder eine Gruppe von Erfindungen im Sinne des Art.82 beansprucht wird, zu der das EPA in seiner Eigenschaft als Internationale Recherchenbehörde oder als für die ergänzende internationale Recherche bestimmte Behörde keine Recherche durchgeführt hat, so

a) teilt die Prüfungsabteilung dem Anmelder mit, dass für solche Erfindungen, für die innerhalb einer Frist von zwei Monaten eine Recherchengebühr entrichtet wird, eine Recherche durchgeführt wird,

b) übermittelt sie die Ergebnisse einer nach Buchstabe a durchgeführten Recherche zusammen mit
- einer Mitteilung nach Art.94(3) und R.71(1) und (2), in der dem Anmelder die Möglichkeit gegeben wird, zu diesen Ergebnissen Stellung zu nehmen und die Beschreibung, die Patentansprüche und die Zeichnungen zu ändern, oder
- einer Mitteilung nach R.71(3)
und

c) fordert sie gegebenenfalls den Anmelder in der Mitteilung nach Buchstabe b auf, die Anmeldung auf eine Erfindung oder Gruppe von Erfindungen im Sinne des Art.82 zu beschränken, für die ein Recherchenbericht vom EPA in seiner Eigenschaft als Internationale Recherchenbehörde bestimmte Behörde erstellt wurde oder für die eine Recherche nach dem Verfahren gemäß Buchstabe a durchgeführt wurde.

(3) Im Verfahren nach Absatz 2 a) sind die R.62a und 63 entsprechend anzuwenden.

(4) Die R.62 und 70(2) finden keine Anwendung auf die Ergebnisse von Recherchen, die nach Absatz 2 durchgeführt wurden.

(5) Eine nach Absatz 1 oder 2 gezahlte Recherchengebühr wird zurückgezahlt, wenn der Anmelder dies beantragt und die Prüfungsabteilung feststellt, dass die Mitteilung nach Absatz 1 b) oder Absatz 2 a) nicht gerechtfertigt war.

[158] Geändert durch BdV CA/D 17/13 vom 16.10.2013 (ABl. EPA 2013, 503), in Kraft getreten am 01.11.2014.
Siehe hierzu auch Mitteilung des EPA, ABl. EPA 2014, A70.

Eintritt in die EP-Phase – Anträge

EURO-PCT

#	Antrag	Voraussetzung	Norm	vorzunehmende Handlung	Frist	Rechtsfolge	Wichtig
12	**Vorzeitiger Eintritt in EP-Phase** LF-PCT, E-I	anhängige PCT-Anmeldung mit EPA als Bestimmungsamt	**Art.23(2) PCT** **Art.40(2) PCT**	1) ausdrücklicher Antrag auf vorgezogene Bearbeitung 2) Erfordernisse gem. **R.159(1)** erfüllen [703]	vor Ablauf 31M-Frist	(+) wirksam sobald alle Erfordernisse erfüllt, Anmeldung als EURO-PCT-Anmeldung behandelt UND Erlass **R.161/162**-Mitt. [704] (i) Bearbeitung beginnt mit Ablauf 31M-Frist	spätere Rücknahme gem. R.90^{bis}PCT ohne Auswirkung auf Verfahren in EP-Phase; Prüfantrag muss gesondert gestellt werden
13	**Verzicht auf R.161/162-Mitt.** E-VIII,3		**ABl.2015,A49**	1) ausdrückliche Verzichtserklärung (Formblatt 1200, Feld 6.4) 2) Erfordernisse **R.161/162** erfüllt a) ggf. Anspruchsgebühren zahlen b) Erwiderung nach R.161(1) einreichen	für Eintritt in EP-Phase	(+) direkter Beginn mit der Recherche ODER Prüfung (i) **R.161/162**-Mitt. ergeht, Beginn Recherche erst nach Ablauf 6M-Frist [705]	ABHILFE: ergeht **R.161/162**-Mitt., kann »formloser« Antrag gestellt werden, dass vor Ablauf **6M**-Frist mit Recherche/Prüfung begonnen wird
14	PPH (Patent Prosecution Highway)	WO-ISA ODER IPER erstellt von KIPO, SIPO, JPO, USPTO, CIPO, ILPO, IMPI ODER IPOS [706] tätig als ISA oder IPEA MIT mind. ein patentierbarer/zulässiger Anspruch UND ePa für die PPH beantragt muss denselben frühesten Prioritäts-/AT haben, wie korrespondierende Anmeldung, für die ISA/IPER erstellt wurde [707]	IP5: **ABl.2014, A8** CIPO: **ABl.2015, A5** ILPO: **ABl.2015, A6** IMPI: **ABl.2015, A7** IPOS: **ABl.2015, A8**	1) Antrag (EPA/EPO/OEB 1009) 2) Anspruchskorrespondenzerklärung 3) Kopie/Übersetzung jeglicher Amtsbescheide vor OEE 4) patentierbaren/gewährbaren Ansprüche der OEE-Anmeldung 5) alle Veröff. aus OEE-Bescheiden	»jederzeit«	(+) Stattgabe und beschleunigte Bearbeitung, Behandlung der Anmeldung wie unter PACE (i) einmalige Möglichkeit formale Mängel zu beseitigen; dann Anmeldung aus PPH genommen	PPH kann unter allen „IP5" Ämtern gestellt werden, dabei ist Amt welches als ISA oder IPEA tätig war das OEE (office of earlier examination), Amt vor dem PPH beantragt wird das OLE (office of later examination)

[703] Anspruchsgebühren erst mit **R.162(2)**-Frist fällig; ACHTUNG: Gebührenzahlung nicht über automatischen Abbuchungsauftrag, der wird erst nach Ablauf **31 M** erfüllt.

[704] ab sofort Einreichung TA mögl.

[705] Gilt auch, wenn PACE-Antrag gestellt.

[706] „IP5" umfasst EPA, KIPO, SIPO, JPO oder USPTO, Pilotprogramm vom 06. Januar 2014 bis 05. Januar 2017; bilaterale PPH-Pilotprogramme mit CIPO (Kanada), ILPO (Israel), IMPI (Mexiko) und IPOS (Singapur) eingeleitet: 06. Januar 2015 bis 05. Januar 2018.

[707] KORRESPONDIERENDE ANMELDUNG kann auch PCT-Anmeldung sein, für die eines der genannten Ämter ISA oder IPEA war.

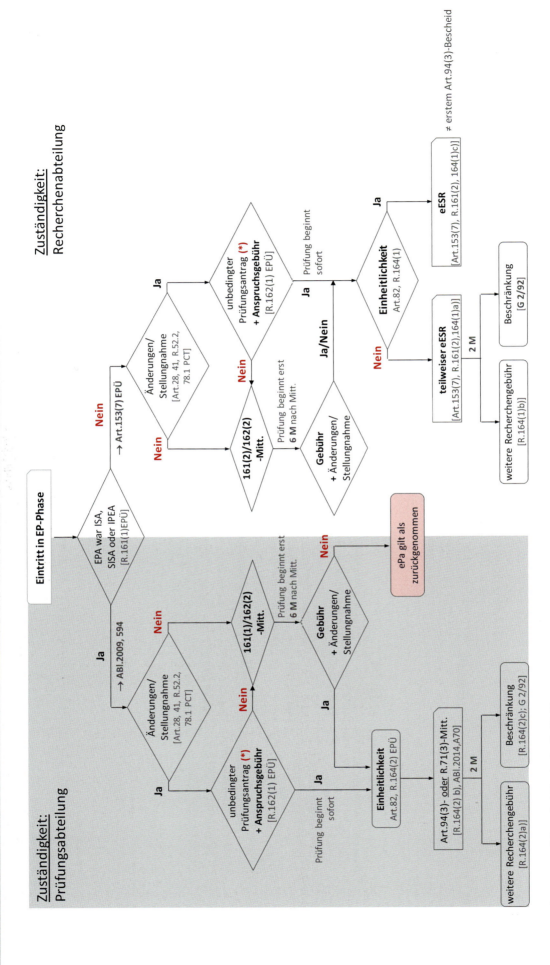

Fig. 13: Verfahren bei Eintritt in die EP-Phase.
(*) ausdrücklicher Verzicht auf R.161(1)/(2)-Mitt.

Ergänzende Europäische Recherche [708]   Art.153(7) iVm R.164

	Aufforderung	Norm	vorzunehmende Handlung	Frist	Nachfrist	Rechtsfolge	Rechtsbehelf
16	**Änderungen/Stellung-nahme** auf WO-ISA, IPER oder SISR [709-710]	**Art.28, 41, R.52.2, 78.1 PCT**	a) Stellungnahme auf WO-ISA, IPER oder SISR,	mit Eintritt in EP-Phase	6 M nach R.161/162-Mitt. +10Tage	(—) keine	--
		R.161(1)	b) Beseitigung festgestellter Mängel und c) ggf. Anpassung von Ansprüchen, Beschreibung und Zeichnung [711] R.161(1) iVm R.137(2)	6 M nach R.161/162-Mitt. +10Tage	nicht verlängerbar	(—) Anmeldung gilt als zurückgenommen R.161(1) S.3	WB (+),
		R.161(2) E-VIII 3.1 ff.			--	(—) keine	--
17	**Anspruchsgebühren** E-VIII, 2.1.3	R162(1)	Anspruchsgebühren bei mehr als 15 Patentansprüchen [235 €/Anspruch > 15 bzw. 585 €/Anspruch > 50] R.162(1), Art.2(1) Nr.15 GebO	31 M nach AT ODER PD Art.22(1), (3) und 39(1) PCT	6 M nach R.161/162-Mitt. +10Tage [712] R.162(2)	(—) Verzicht auf entsprechenden Patentanspruch R.162(4)	--
18	**Aufforderung zur Zahlung weiterer Recherchenge-bühr**	Art.82 iVm R.164(1) b) ODER R.164(2)a)	Zahlung einer oder mehrerer weiterer Recherchengebühr [1300 €] [713] ggf. unter Widerspruch R.159(1)e), Art.2(1) Nr.2 GebO ODER eine oder mehrere TA einreichen R.36(1), A-IV, 1.1.1	2 M nach R.164(2)-Auff. +10Tage		(+) Recherche aller benannter Erfindungen mit entrichteter Recherchengeb. UND Veröff. im PatReg (—) ggf. gelten die Teile, für die keine zusätzliche Recherchengebühr entrichtet worden, als zurückgenommen	WE (+); WB (—) vgl. R. 135(2)
19	**Aufforderung zur Beschrän-kung auf eine einzige Erfin-dung** Einwand nach R.137(5) (s. F-V, 13 und H-II, 6)	Art.94(3), R.164(1) c)	Auswahl einer Erfindung UND Streichung nichtrecherchierter Gegenstände UND ggf. eine oder mehrere TA einreichen R.164(2)c); G2/92, C-III, 3.1.1	2 M nach Mitt. +10Tage	nicht verlängerbar		WE(—) WB(+)
20	**Erwiderung** auf eESR	R.70a(2) ABl.2009,533	Stellungnahme auf eESR UND ggf. Beseitigung von Mängeln in Beschreibung, Zeichnungen, Ansprüchen	innerh. zu best. Frist ab Auff. +10Tage [idR 6 M] R.70(2),	keine	(—) ePa gilt als zurückgenommen und R.112(1)-Rechtsverlustmitt. R.70a(3)	WB(+) +250€ Zuschlag R.70a(3)

[708] VERZICHT AUF R.161(2)/162-MITT.: Soll direkt (vor Ablauf der 6 M-Frist) mit der ergänzenden EP-Recherche begonnen werden, muss ausdrücklich auf die R.161(2)/162-Mitt. verzichtet werden UND zusätzlich etwaige fällige Anspruchsgebühren bereits entrichtet werden [ABl.2010, 352 und ABl.2011, 354] UND bei Eintritt in die EP-Phase bereits auf den WO-ISA bzw. den IPER oder SISR geantwortet (falls erforderlich) worden sein.

[709] ACHTUNG: War EPA nicht ISA, muss zur Anmeldung nach R.161(2) ein ergänzender europäischer Recherchenbericht erstellt werden, wonach der Anmelder 6 M für eine Erwiderung hat.

[710] Beschleunigte Bearbeitung der Euro-PCT (ergänzenden EP-Recherche oder Prüfung) vor dem EPA (vor 6 M); ACHTUNG: ausdrücklicher Verzicht auf eine Mitteilung nach R.161(1) ODER (2) UND R.162, etwaige Anspruchsgebühren entrichten und ggf. Erwiderung nach R.161(1), da bei Euro-PCT mit der Bearbeitung der Anmeldung sonst erst nach Ablauf der 6 M begonnen wird, selbst wenn ein PACE-Antrag gestellt wurde [ABl.2010, 352 und ABl.2011, 354, E-VII, 3.2].

[711] ACHTUNG: Ändert der Anmelder entsprechend einer R.161-Mitt. die Anmeldung, so „verbraucht" er damit sein Recht der einmaligen Änderung nach R.137(2).

[712] Bei Einreichung neuer Ansprüche binnen +6 M, erfolgt Neukalkulation der Anspruchsgebühr [R.162(2) S.2]. BEACHTE: Frist nach R.162(2) und R.161 sind identisch und werden mit gemeinsamer Mitt. ausgelöst.

[713] RÜCKZAHLUNG bei Antrag (=Widerspruch), wenn die Aufforderung zur Zahlung weiterer Recherchengebühr nach R.164(1) oder (2) nicht gerechtfertigt [R.164(5)].

Gebühren – EURO-PCT

Art	Rechtsnorm	Handlung	Gebühr	Frist	Nachfrist	Rechtsfolge	Rechtsbehelf
21	R.159(1)c)	**Zusatzgebühr ab 36. Seite (Seitengebühr)** [714] **Seitenzahl iPa** - Seitenzahl urspr. Ansprüche - Seitenzahl geänderte Ansprüche [R.19PCT] + Seitenzahl neue Ansprüche – 35 Seiten = Gesamtzahl gebührenpflichtiger Seiten OHNE: Erteilungsantrag und Sequenzprotokoll **Art.78(2)**, A-III,13.2	**120 €** (online) **210 €** (andere) Art.2(1) Nr.1 GebO	**31 M** ab AD oder (frühestem) Priotag	-	(i) Anmedlung gilt als zurückgenommen und R.112(1)-Rechtsverlustmitt. an Anmelder **R.160(1)/R.112(1)**	WB (+) **Art.121/R.135** WE(+) **R.49.6PCT/Art.122** Antrag auf Entscheidung **R.112(2)**
22		pauschale Benennungsgebühr mit der alle EPÜ-Staaten umfasst sind [715]	**585 €** Art.2(1) Nr.3 GebO	**31 M** ab AD oder (frühestem) Priotag	-		WB (+) **Art.121/R.135** Antrag auf Entscheidung **R.112(2)**

23	R.159(1)c)	Entrichtung einer Gebühr je
		■ Erstreckungsstaat
		
		■ Validierungsstaat
		  Marokko (MA)
		  Republik Moldau (MD)
			102 €
			
			240 €
			200 €
				31 M ab AD oder (frühestem) Priotag
				ODER
				6 M nach Hinweis auf ISR **R.39(1)**
				- später ablaufende -
					2 M
					Abl. 2009, 603
						(i) Antrag auf Erstreckung/Validierung gilt als zurückgenommen
						UND
						Mitt. über (Teil-)Rechtsverlust an Anmelder **R.160(1)/R.112(1)**
							-

24	R.162(1)	Anspruchsgebühren bei mehr als 15 Patentenansprüchen; Grundlage ist eingereichte Anspruchssatz nach **R.161/162**-Mitt.	ab 16. Anspruch: **235 €**/Anspruch ab 51. Anspruch: **585 €**/Anspruch	**31 M** ab AD oder (frühestem) PT	**6 M** nach R.161/162-Mitt. +10Tage [716] **R.162(2)**	(i) Verzicht auf Ansprüche **R.162(4)**	

[714] GÜLTIGKEIT: Anmeldungen ab 01.April 2009 [ABl.2009,118 + ABl.2009,338].

[715] BENENNUNG VON STAATEN kann bis zur Erteilung der ePa jederzeit zurückgenommen werden [R.79(3)], außer Verfahren ist ausgesetzt [R.15]; Gebühr bleibt unverändert; Ausgenommene Staaten können nicht wieder reaktiviert werden; Angabe „Benennungsgebühr" genügt als Zahlungszweck gem. Art.6(1) GebO.

[716] Bei Einreichung neuer Ansprüche innerhalb 6 M, erfolgt Neukalkulation der Anspruchsgebühr [R.162(2) S.2]. BEACHTE: Frist nach R.162(2) und R.161 sind identisch und werden mit gemeinsamer Mitt. ausgelöst.

Gebühren

25	Recherchegebühr [717] für EESR	R.159(1)e)	1300 € [718] Art.2(1) Nr.2 GebO	31 M ab AD oder (frühestem) PT	–	WB (+) Anmeldung gilt als zurückgenommen und R.112(1)-Rechtsverlustmitt. an Anmelder R.160(1)/R.112(1)	Art.121/R.135 Antrag auf Entscheidung R.112(2)
26	Prüfungsgebühr [719] ePa ab dem 01. Juli 2005	R.159(1)f)	1635 € Art.2(1) Nr.6 GebO	31 M ab AD oder (frühestem) Priotag ODER 6 M nach Hinweis auf ISR R.70(1) - später ablaufende -			
27	erste Jahresgebühr für das 3. Jahr	R.159(1)g)	470 € Art.2(1) Nr.4 GebO	31 M ab AD oder (frühestem) Priotag ODER bei Fälligkeit gem. R.51(1) - später ablaufende -	6 M ab Eintritt in EP-Phase ODER 6 M ab Fälligkeit gem. R.51	WE (+) Antrag auf Entscheidung R.112(2)	Art.122/R.136 R.112(2)

[717] Rückzahlung: **100%** bei Rechtsverlust vor Recherchenbeginn [Art.9(1) GebO]; teilweise wenn EPA den ISR ODER SISR erstellt hat, je nachdem in welchem Umfang dieser verwendet werden kann [Art.9(2) GebO, **ABl.2014, A29**].

[718] Ermäßigung: **1110 €**, wenn ISR/SISR vom Patentamt in AT, FI, ES, SE oder XN (Nordisches Patentinstitut erstellt [**ABl.2016, A2**]; **190 €**, wenn ISA/SISA vom USPTO, JPO, KIPO, SIPO, FIPS, APO erstellt [**ABl.2014, A31, 3d**], 50%-ERMÄßIGUNG: wenn EPA als IPEA; **AUßER** Anmelder erlangt in EP-Phase Schutz für Erfindung, die nicht Gegenstand dieses Berichts war [**Art.14(1)** iVm Art.2(1) Nr.6 GebO]. 30%-ERMÄßIGUNG: bei Einreichung in einer Nichtamtssprache für KMUs, nat. Personen und non-profit Organisationen mit Wohnsitz/Sitz in EPÜ-VStaat ODER Staatsangehörige dieses EPÜ-VStaats [**Art.14(4)**, **R.6(3)** iVm Art.14(1) GebO (**ABl.2014,A23**, A-X, 9.3.2)].

[719] Rückzahlung: **100%** bei Rechtsverlust bevor ePa in Zuständigkeit Prüfungsabteilung übergeht; **75%** bei Rechtsverlust, wenn Prüfungsabteilung zuständig aber Prüfung noch nicht begonnen [Art.11 GebO].

Konfliktmatrix

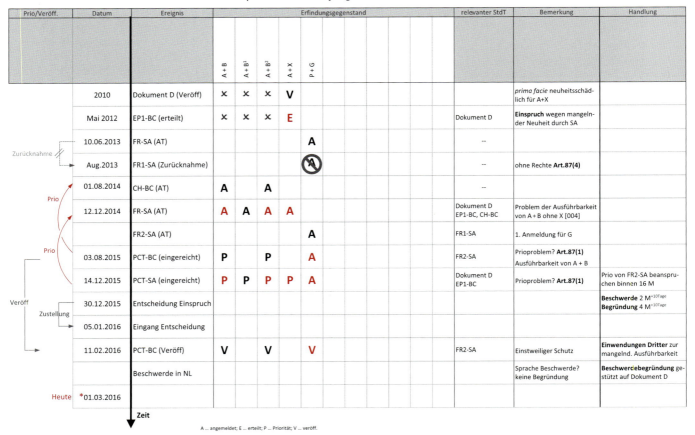

Hinweise zur Bearbeitung des Mandantenbriefs im DII-Teil der EQE mit Hilfe der Konfliktmatrix

Empfehlung: Es empfiehlt sich, die „Konfliktmatrix" im DIN A3-Format zu vergrößern und zur Prüfung mitzunehmen.

Schritt 1: schreiben Sie sich zunächst alle relevanten Daten aus dem Mandantenbrief auf einem Extrablatt heraus (ohne ihn zuvor zu lesen!) und übertragen Sie diese in chronologischer Reihenfolge anschließend in die Matrix (vgl. Spalte 2 „Datum").

Schritt 2: Lesen Sie den Mandantenbrief und übertragen Sie dabei die Hinweise aus dem Mandantenbrief wie folgt in die Matrix:

1) Ordnen Sie jedem der relevanten Daten in der Matrix das entsprechende Ereignis zu (vgl. Spalte 3 „Ereignis");
2) Stellen Sie zwischen den relevanten Daten Querbezüge dar, z.B. Prioansprüche, Veröffentlichungen u.a. (vgl. Spalte 1 „Prio/Veröff.")
3) Übertragen sie aus dem Mandantenbrief stichwortartig alle Hinweise zu Erfindungsgegenständen, z.B. welche Merkmale und Merkmalskombinationen sind in den Dokumenten explizit genannt (✓) und welche explizit nicht (✗) (vgl. Spalte 4 „Erfindungsgegenstand"); Hierbei empfiehlt es sich, mit zwei Farben zu arbeiten, da Sie Merkmale, die ausdrücklich in einem Dokument genannt sind, die z.B. Fragen hinsichtlich der Patentierbarkeit aufwerfen, hervorheben können.

   Hierbei steht:

A ... angemeldet	E ... erteilt	P ... Priorität	V ... Veröffentlicht

4) Falls sich während des Lesens zu diskutierende Fragen oder Lösungsansätze aufwerfen, so tragen Sie diese entsprechend in die Matrix ein (vgl. Spalte 5 „Bemerkungen"); diese helfen Ihnen Probleme aufzufinden, die Sie in Ihrer Stellungnahme auf den Mandantenbrief ansprechen sollten.

Schritt 3: Leiten Sie aus der Matrix die entsprechenden Hinweise und Handlungen ab, die Sie Ihrem Mandanten für das weitere Vorgehen empfehlen (vgl. Spalte 6 „Handlungen").

Weitere Hinweise, die man zusätzlich in der Matrix darstellen kann (z.B. durch Einkreisen):

- Merkmalskombinationen, auf die Ansprüche gerichtet sind,
- Wesentliche Merkmale einzelner Erfindungsgegenstände,
- Notwendige Rechtsbehelfe, falls eine Frist bereits abgelaufen ist,
- Erforderliche Übersetzungen

Konfliktmatrix

Datum	Ereignis	Erfindungsgegenstand	relevanter StdT	Bemerkung	Handlung

Prio/Veröff.

Zeit

A ... angemeldet; **E** ... erteilt; **P** ... Priorität; **V** ... veröff.

Glossar

Fachbegriff	Erklärung
Abhilfe	Erledigung der Beschwerde iSd Beschwerdebegehrens
Abschluss der techn. Vorbereitung für die Veröffentlichung	siehe **Veröffentlichung**
Alternativlösungen (Anspruchsformulierung)	unterschiedliche oder sogar sich gegenseitig ausschließende Möglichkeiten zur Lösung einer best. Aufgabe [**R.43(2) c**), **T56/01**] <u>Voraussetzung:</u> es ist nicht möglich oder nicht praktisch diese Alternativen in einem einzigen Anspruch wiederzugeben [**T56/01**]
Anhängigkeit (einer Anmeldung)	Anmeldungen sind bis zur Erteilung anhängig, d.h. bis 1 Tag vor, aber nicht mehr am Tag, an dem auf ihre Erteilung im EP-Patentblatt hingewiesen wird [**ABl.2002, 112**] Bei Zurückweisung der ePa: • bis zum Ablauf der (unbenutzten) Beschwerdefrist (**2 M** ab Zustellung d. Entscheidung, **Art.108**) [**G1/09**] • nach eingelegter Beschwerde noch bis Ablauf der 2M-Frist für Beschwerdebegründung, auch wenn keine Begründung folgt [**J23/13**]; Wiederaufleben nach Rücknahmefiktion: • bei erfolgreicher WB oder WE (aber nicht im Zeitraum zwischen Fristablauf/Rechtsverlust und Stellung eines WB/WE-Antrag [**J4/11, Nr. 21**]) • nach erfolgreicher Beschwerde [**J4/11**] Teilanmeldung: siehe A-IV,1, **G1/09** Rechtverlust: gilt ePa als zurückgenommen, ist ePa im Zeitraum zwischen Fristablauf/Rechtsverlust und Stellung eines WB/WE-Antrag nicht anhängig [**J4/11, Nr. 21**]
Anhängigkeit (eines Verfahren)	Verfahren ist nur bis zur Abgabe der Entscheidung an die interne Poststelle des EPA oder bei MV, bis zur Urteilsverkündung in der MV anhängig. ePa, deren Verfahren nach **R.14(1)** ausgesetzt ist, gilt als nicht anhängig, da **R.14(1)** *lex specialis* in Bezug auf **R.36(1)** [**J20/05** und **G1/09, Nr. 3.2.5.**]
Anmeldetag (AT)	AT einer ePa ist der Tag, an dem die in der EPÜAO festgelegten Erfordernisse erfüllt sind [**Art.80**]: a) Hinweis auf Beantragung einer ePa b) Angaben zur Anmelderidentität c) Beschreibung oder Bezugnahme auf frühere Anmeldung **R.40(1)** und **Art.5 PLT** AT und ET (Tag der Einreichung) sind nicht gleichbedeutend, sind am ET nicht alle oben genannten Erfordernisse erfüllt, wird ggf. ein späterer AT (als der ET) zuerkannt (bevorzugt der Tag an dem alle Erfordernisse erfüllt sind).
Anmeldung	bei nationalem/regionalem Patentamt eingereichter Antrag auf Patentschutz für eine Erfindung
Anspruch	Teil einer Patentanmeldung oder einer Patentschrift, der anhand technischer Merkmale den Gegenstand angibt, für den Schutz begehrt wird [**Art.69(1) S.1**] Auslegung erfolgt unter Zuhilfenahme des Fachmanns unter Heranziehen der Beschreibung und Zeichnungen [**Art.69(1) S.2**, **Art.164(1)** iVm Protokoll über die Auslegung des **Art.69**]. unlogische oder technisch unsinnige Auslegungen sind zu vermeiden [**T190/99**]
Äquivalente	Merkmale, die der Fachmann automatisch mitliest; bleibt bei der Beurteilung der Neuheit unberücksichtigt; nur maßgebend für Bewertung erfind. Tätigkeit [**T517/90**]
Ausführungsform	spezifische Offenbarung (weitere Einzelheiten) der Erfindung, die durch alle wesentlichen Merkmale im unabhängigen Anspruch definiert ist.
benannte VStaaten	VStaaten des EPÜ, in denen für eine Erfindung Schutz begehrt wird.

Glossar

Beschreibung	Teil einer Patentanmeldung oder einer Patentschrift und umfasst [**R.42(1)**]: a) das techn. Gebiet der Erfindung; b) StdT, von dem Anmelder Kenntnis hat, c) „subjektive" techn. Aufgabe der Erfindung d) ggf Kurzbeschreibung der Zeichnungen; e) wenigstens ein ausführbarer Weg der Erfindung (Ausführungsbeispiel).
Beschwer	Entscheidung entspricht gänzlich oder nur teilweise dem Hauptantrag des Verfahrensbeteiligten [**T234/86**]
Bezugsdokument	Dokument, dessen Lehre durch ausdrücklichen Verweis auf genauere Informationen zu bestimmten Merkmalen, ganz oder teilweise Bestandteil des verweisenden „Hauptdokumentes" und somit StdT ist.
Biologisches Material	jedes Material, enthaltend genetische Informationen, dass sich selbst reproduzieren oder in einem biologischen System reproduziert werden kann [**R.26(3)**, G-II, 5.1]
Biotechnologie	Nutzung biologischer Systeme oder lebender Organismen bzw. ihrer Bestandteile oder Erzeugnisse für spezifische gewerbliche Verfahren oder Fertigungsprozesse [**R.26-29**; **ABl.1999,101**]
Biotechnologische Erfindung	Erfindungen auf Basis eines Erzeugnisses, das aus biologischem Material besteht oder enthält, ODER eines Verfahrens, mit dem biologisches Material hergestellt, bearbeitet oder verwendet wird [**R.26(2)**, G-II, 5.1]
Computerimplementierte Erfindungen (CIE)	Erfindungen, zu deren Ausführung eine programmierbare Vorrichtung eingesetzt wird, wobei mind. ein Merkmal ganz/teilweise durch diese realisiert wird. [**ABl.2007,594**] VORAUSSETZUNG: [1] physikalische Hardwareveränderung, [2] tatsächliche Ausführung von Schritten UND [3] Beitrag zur Lösung konkreter technische Aufgabe
Doppelpatentierung	Für ein und denselben Anmelder sind für eine Erfindung (mit dem gleichen AT) nicht zwei EP-Patente erteilbar, da dies nicht dem Interesse des Anmelders entspricht [**G1/05**, **G1/06**]. Änderungen in TA werden regelmäßig beanstandet und zurückgewiesen, wenn daraus derselbe Gegenstand resultiert wie in anhängiger Stammanmeldung oder erteiltem Stammpatent [**Art.97(2)** iVm **Art.125**, **G1/05**, **G1/06**]. <u>Ausnahme:</u> [1] nur teilweises Überschneiden von Anspruchsgegenständen einer TAs und der anhängigen Stammanmeldung und [2] Nachanmeldung die die Priorität einer bereits erteilten ePa für dieselben Benennungsstaaten beansprucht [**T1423/07**] **Doppelschutzverbot:** jeder VStaat kann vorschreiben ob und unter welchen Voraussetzungen verschiedene Schutzrechte für dieselbe Erfindung gleichzeitig ihre Wirkung entfalten können [**Art.139(3)** & **140** iVm NatR X]
Europäisches Klassifikationssystem (ECLA)	Patentklassifikationssystem, das auf der Internationalen Patentklassifikation (IPC) beruht, angepasst vom EPA
Einreichung	Tag an der eine ePa beim EPA hinterlegt wird, *ggf.* gleichbedeutend mit dem Anmeldetag, wenn alle Erfordernisse zur Festlegung eines AT an diesem Tag erfüllt sind (siehe **Anmeldetag**)
Entscheidung	Begründete und abschließende Wahl zwischen mehreren rechtlich zulässigen Alternativen [**T934/91**, **ABl.1994,184**] und durch die Beschwerde anfechtbar [RBK IV-E,2.2.2]
erfinderische Tätigkeit	Voraussetzung für die Patentfähigkeit [**Art.52(1)** iVm **Art.56**]. Nach EPÜ gilt eine Erfindung als auf einer erfinderischen Tätigkeit beruhend, wenn sie sich für den Fachmann nicht in naheliegender Weise aus StdT ergibt.
Erfindung	Erzeugnisse, Vorrichtungen oder Verfahren bzw. deren Verwendung. Voraussetzung für Patentfähigkeit: Neuheit [**Art.54**]; erfind. Tätigkeit [**Art.56**]; gewerblich anwendbar [**Art.57**]
ergänzende europäische Recherche (eESR)	Recherche durch EPA zu Euro-PCT-Anmeldung in region. Phase, für die EPA nicht ISA/SISA ODER SE, AU, ES nicht ISA war [**Art.153(7)**].
Erledigung	Tritt ein, wenn bestimmte rechtliche Erfordernisse (z.B. Entrichtung Gebühr) nicht erbracht und ePa als zurückgenommen oder zurückgewiesen oder als zurückgenommen gilt.
erloschenes Patent	Patent, das in einem Staat oder Rechtssystem keine rechtliche Wirkung mehr hat, weil bestimmten rechtlichen Erfordernissen (z.B. Entrichtung Jahresgebühre) nicht erfüllt wurden.
Erstreckungsstaat	Staaten, für die Erstreckungsabkommen mit EPO in Kraft getreten ist: Bosnien Herzigovina (BA, seit 01.Dezember 2004) und Montenegro (ME, 01. März 2010)
europäische Recherche	Recherche des EPA zu europäischer Patentanmeldung [**Art.92**, **R.61-66**]
Euro-PCT-Anmeldung	ePa, die in europäisches Verfahren über eine iPa eingetreten ist. Eine solche Anmeldung steht einer vorschriftsmäßigen europäischen Patentanmeldung gleich [**Art.153(2)**].

Glossar

Fachmann („skilled person")	Der Begriff des Fachmanns umfasst einen erfahrenen Mann der Praxis, der über durchschnittliche Kenntnisse und Fähigkeiten verfügt und der darüber unterrichtet ist, was zu einem bestimmten Zeitpunkt zum allgemein üblichen Wissensstand auf dem betreffenden technischen Gebiet gehört (Durchschnittsfachmann). Es ist auch zu unterstellen, dass er zu allem, was zum Stand der Technik gehört, insbesondere den im Recherchenbericht angegebenen Dokumenten, Zugang hatte und über die normalen Mittel und Fähigkeiten für routinemäßige Arbeiten und Versuche verfügte [G-VII, 3]. Der Fachmann hat stets den selben Wissensstand. • erfinderische Tätigkeit [**Art.56**] • Ausführbarkeit [**Art.83, T60/89**] • Änderungen der Anmeldung [**Art.123(2)** iVm **G3/10**] • Berichtigung offensichtlicher Fehler [**R.139** iVm **G3/89**]
Fachwissen, allgemeines	kann aus verschiedenen Quellen entstehen; hängt nicht zwangsläufig davon ab, dass ein bestimmtes Dokument zu einem bestimmten Zeitpunkt veröffentlicht wurde [G-VII, 3.1] Beleg nur bei Bestreiten erforderlich [G-IV, 2]
Fälligkeit	erster Tag, an dem eine Zahlung wirksam vorgenommen werden kann [A-X,5.1.1] Höhe der Gebühr richtet nach Höhe am Zahltag [A-X, 5.1.2]
Fiktion	tatsächliche und rechtliche Umstände werden als gegeben behandelt, obwohl sie in Wirklichkeit nicht vorliegen z.B. Zustellungsfiktion [**R.126(2)**]; Fiktion der rechtzeitigen Entrichtung von Gebühren [Art.7(3)/(4) GebO], Rücknahmefiktion der ePa
frühere Anmeldung	Stammanmeldung, auf die sich beispielsweise TA (inhaltlich) bezieht
Gebrauchsmuster (GebrM)	(ungeprüftes) Schutzrecht, das in verschiedenen Ländern für technische Neuerungen gewährt wird [**Art.140**]
Gegenstand	Gesamtheit der Merkmale eines Patentanspruchs, auch Anspruchsgegenstand.
Generaldirektion (GD)	EPA ist in fünf Generaldirektionen aufgeteilt: GD 1 Operative Tätigkeit, GD 2 Operative Unterstützung, GD 3 Beschwerde, GD 4 Verwaltung und GD 5 Recht/Internationale Angelegenheiten.
Gewährbarkeit	gewährbar ist ein Anspruchssatz, wenn er vollständig den Erfordernissen von **Art.123(2)**, **Art.84**, **R.137(5)** und gegebenenfalls **R.139** genügt [H-II, 2.7.2] Anwendbar im: Prüfungsverfahren [**T153/85**], Einspruchsverfahren [**T98/96**] Verspätet eingereichte Änderungen müssen **eindeutig** gewährbar sein, d.h. wenn sie **[1]** den oben genannten Erfordernissen entsprechen, **[2]** eine konvergente Weiterentwicklung des Anspruchsgegenstandes darstellen und **[3]** der Anspruchsgegenstand eindeutig neu ist [**T1273/04**]
Gewerbe	„Gewerbe" iSv Art.57 ist weit auszulegen und erstreckt sich auf jegliche fortgesetzte, selbständige und auf finanziellen (kommerziellen) Gewinn ausgerichtete Tätigkeiten von Unternehmen im Bereich der Herstellung, Extraktion oder Verarbeitung [**T144/83**].
guter Glaube (Vertrauensschutz)	rechtliche Grundlage für Anwendung im EPÜ durch Wiener Übereinkommen über das Recht der Verträge [**Art.125** iVm **G5/88**]
Internationale Patentklassifikation (IPC)	international anerkanntes Patentklassifikationssystem, nach dem Patentanmeldungen klassifiziert werden
internationaler Recherchenbericht (ISR)	Bericht der ISA, der maßgeblichen StdT für den beanspruchten Gegenstand einer Patentanmeldung enthält [**R.43 PCT**].
Jahresgebühren A-X, 5.2.4	Gebühren für die Aufrechterhaltung einer Anmeldung/eines Patents. Nach Erteilung der ePa sind diese an die nat. Patentämter der VStaaten zu entrichten, in denen ePa validiert wurde.
Klarheit F-IV, 4.1, **Art.84**	inhaltliche Bedeutung eines Anspruchs sollte für Fachmann schon aus Wortlaut des Anspruchs allein klar hervorgehen allerdings kann dieBeschreibung zur Stütze der Ansprüche herangezogen werden; Unklarheit in den Ansprüchen kann **[1]** zu einem Einwand wegen mangelnder Offenbarung [**Art.83**] und **[2]** zur Aufforderung zur Angabe des zu recherchierenden Gegenstandes führen
Klein- und mittelständige Unternehmen (KMU) A-X, 9.2.1	1) jede jur. Person, die wirtschaftliche Aktivitäten verfolgt, 2) weniger als 250 Mitarbeiter, 3) Jahresumsatz $\leq$ 50 Mio.€; Jahresbilanzsumme $\leq$ 43 Mio.€, 4) nicht mehr als 25% des Kapitals wird direkt oder indirekt von einer anderen Firma gehalten. [Definition nach Empfehlung der Europ. Kommission 2003/361/EG]

Glossar

Kreuzlizenzsierung (Cross-Licensing)	▪ zwischen zwei Parteien getroffene wechselseitige Nutzungsvereinbarung (entgeltlich oder unentgeltlich) über einzelne voneinander unabhängige oder abhängige Patente, wobei der Lizenzgeber zugleich Lizenznehmer ist ▪ Vermeidung von Patentstreitigkeiten und/oder für Unternehmenskooperationen, um eine gemeinsame Wissensbasis aufzubauen
Laufzeit	Maximale Dauer der Gültigkeit eines Patents. Laufzeit von EP-Patenten ist 20 Jahre [**Art.63**]
Lizenz	Vertragliche Vereinbarung, mit der eine Partei die schriftliche Genehmigung zur Nutzung eines geistigen Eigentumsrechts erhält, das einer anderen Person/einem anderen Unternehmen gehört, die/das die Nutzungsbedingungen festlegt. Eine Patentlizenz stellt keine Übertragung des Patents dar. Auf Antrag sind Erteilung, Übergang oder Erlöschen einer Lizenz in EP-PatReg eintragbar [**R.23**]
maßgeblicher Zeitpunkt	Bei der Neuheitsprüfung ist Offenbarungsgehalt eines früheren Dokuments so auszulegen, wie es der Fachmann zum Zeitpunkt seiner Entstehung verstanden hat. [G-VI,3] Veröffentlichungsdatum [bei **Art.54(2)**-Dokument] bzw. Prioritätstag [bei **Art.54(3)**-Dokument]
Mangel	Nicht oder nur teilweise Erfüllen eines formellen oder materiellen Erfordernisses.
Mikrobiol. Verfahren	jedes Verfahren, bei dem mikrobiologisches Material verwendet, ein Eingriff in mikrobiologisches Material durchgeführt oder mikrobiologisches Material hervorgebracht wird [**R.26(6)**, G-II, 5.2]
naheliegende Erfindung	Eine Erfindung ist naheliegend, wenn sie sich für einen Durchschnittsfachmann in dem betreffenden techn. Gebiet ohne Weiteres aus den öffentlich zugänglichen Informationen (StdT) ableiten kann. Mangelnde Patentfähigkeit nach **Art.56**
Nanotechnologie	Wissenschaft von der Konzeption, Fertigung und Nutzung von Strukturen und Vorrichtungen, die eine oder mehrere Komponenten im Größenbereich von 100 Nanometern und kleiner umfassen.
nationale Anmeldung	Bei einem nationalen Patentamt nach dem jeweiligen nationalen Verfahren eingereichte Patentanmeldung.
Neuheit	Voraussetzung für die Patentfähigkeit einer Erfindung. Diese gilt als neu, wenn sie nicht zum StdT gehört, d.h. wenn sie nicht vor dem AT der Patentanmeldung der Öffentlichkeit durch schriftliche oder mündliche Beschreibung, durch Benutzung oder in sonstiger Weise zugänglich gemacht wurde [**Art.54(1)/(2)**]
Nichtamtssprache	jede beliebige Sprache, ausgenommen DE/EN/FR
Nichtamtssprache, zugelassene	Amtssprache eines Vertragsstaates in dem eine andere Sprache als DE/EN/FR Amtssprache ist
Nichtberechtigter	wer nicht der Erfinder oder dessen Rechtsnachfolger ist [**Art.60(1)**]
Öffentliche Forschungseinrichtung A-X, 9.2.1	jede jur. Person deren primärer Zweck auf die Durchführung von Grundlagenforschung und die diese Ergebnisse über Lehre, Veröffentlichung oder Transfer zugänglich macht und sämtliche Einnahmen reinvestiert
Organisation ohne Gewinnerzielungsabsicht A-X, 9.2.1	Organisation, denen die Erwirtschaftung von Einnahmen, Gewinnen oder anderen finanziellen Vorteilen zu eigenen Zwecken untersagt ist
Patent-Pool	Vereinbarung über die wechselseitige Nutzung mehrerer Patente (auf demselben techn Gebiet), die zu einem Bündel zusammengefasst sind, wobei die Patente häufig von verschiedenen PI stammen. Potential: innovationsfördernd, wenn [1] Pool-Mitglieder verstärkt forschen, um ihre Position in dem Pool zu stärken oder [2] Nichtmitglieder des Pools gezwungen sind eine aggresivere Anmeldestrategie einzugehen. Gefahren: [1] Ausnutzung der Vormachtstellung durch Pool-Mitglieder; [2] ggf. qualitativ minderwertiger Anmeldungen, wenn Innovations- und Anmeldestrategie zu aggressiv verfolgt wird
Pflanzensorte	jede pflanzliche Gesamtheit innerhalb eines einzigen botanischen Taxons der untersten bekannten Rangstufe [**R.26(4)**]
Prioritätsrecht	Recht, für dieselbe Erfindung spätere Anmeldungen bei anderem oder demselben Patentamt einzureichen. Gültig für einen Zeitraum von 12 Monaten ab dem Tag der Einreichung der Erstanmeldung dieser Erfindung. Der Tag der Erstanmeldung wird Prioritätstag genannt.
Prioritätstag (PT)	AT früherer Patentanmeldung für dieselbe Erfindung
Sachverständiger	Sachverständiger dienen zum Nachweis der allgemeinen Kenntnisse und Überlegungen eines Fachmanns auf fraglichen technischen Gebieten.

Sachverständiger, mikrobiologischer	Empfangsberechtigter für mikrobiologisches Material [**R.32(2)**] anerkannte Sachverständige unter Angabe wesentlicher Einzelheiten zur Person und Tätigkeitsbereich regelmäßig im Amtsblatt veröffentlicht [**ABl.1992, 470**]
Singling out	Wahlloses Herausgreifen von ursprünglich nicht offenbarter Merkmalskombinationen aus mindestens zwei Listen einer gewissen Länge stellt eine unzulässige Änderung dar [**Art.123(2)**, **T727/00**, **T686/99**].
Stand der Technik (StdT)	öffentlich zugänglichen Informationen zu allen techn. Gebieten, Den StdT bilden dokumentarische Quellen, wie Patente und Veröffentlichungen, sowie nicht-dokumentarische Quellen, wie bereits bekannte oder öffentlich vorbenutzte Gegenstände, Maßstab für Neuheit und erf. Tätigkeit
System	Aus mehreren Komponenten zusammengesetztes Ganzes, wobei die einzelnen Komponenten derart in einem funktionellen Zusammenhang zueinander stehen, dass sie als eine aufgaben-, sinn- oder zweckgebundene Einheit angesehen werden können.
Tatsache	grds. nur bloße Behauptung von Ereignissen oder Zuständen, die durch Beweismittelvorlage zu belegen ist. Vorlage von Beweismitteln entfällt, wenn über Tatsachen kein Zweifel besteht, sie in sich nicht widersprüchlich sind oder kein Widerspruch erhoben wird.
Technische (Anmeldungs-) Unterlagen	Beschreibung, Patentansprüche, Zeichnungen, Zusammenfassung bei elektronischer Einreichung können Unterlagen gleichzeitig auch in anderem Format eingereicht werden, wenn Anmelder EPA mitteilt, wo entsprechende Software in zumutbarer Weise auffindbar [**ABl.2007S3, A.5**]
Teilanmeldung	ePa, die sich auf eine frühere Anmeldung (Stammanmeldung) bezieht; Teilanmeldung erhält gleichen AT bzw. gleiches Priorecht wie Stammanmeldung
Therapie	Therapie ist die Behandlung einer Krankheit im Allgemeinen oder Heilbehandlung im engeren Sinne und dient der Linderung der Schmerz- und Leidenssymptome oder der prophylaktischen Behandlung [**T144/83**]
Universität A-X, 9.2.1	jede klassische Hochschule als Institution für höhere Bildung und Forschung
Urkunde(n)	alle schriftlichen Unterlagen, die gedanklichen Inhalt durch Schriftzeichen/Zeichnungen verkörpern, also auch öffentliche Druckschriften [**T314/90**] UND dienen als Beweis für [1] den Umfang der Zugänglichkeit einer Information und [2] deren Zeitpunkt [**T795/93**].
ursprünglich eingereichte Fassung Art.70(2)	Offenbarungsgehalt der ePa am AT Ist ePa in einer Nichtamtssprache eingereicht worden so ist dieser Text die ursprünglich eingereichte Fassung der ePa. relevant für: Neuheit iSv Art.54(3); Offenbarung iSv Art.84; Änderungen iSv Art.123(2)
verbindliche Fassung Art.70(1)	Wortlaut einer ePa bzw. EP-Patents in Verfahrenssprache und ggf. Übersetzung der ursprünglich eingereichten ePa
Verfahrenssprache	Amtssprache des EPA (deutsch, englisch, französisch), in der ePa eingereicht wurde oder in die ePa später übersetzt wurde [A-VII,2, **Art.14(3)**], Änderungen der ePa müssen in Amtssprache erfolgen [**R.3(2)**], auch später eingereichte Ansprüche schriftl. Verkehr der Organe des EPA ausschließlich in Verfahrenssprache [**G4/08**]
Veröffentlichung, Abschluss der techn. Vorbereitung für die	**EPA:** 5 W vor Ende der 18 M-Frist [**ABl.2007S3, D1**], idR wöchentlich am Mittwoch **PCT:** 15 T vor Publikation [**9.013**] idR wöchentlich am Donnerstag [PCT-Newsletter 11/2003] tatsächliche Abschluss techn. Vorbereitungen für Veröffentlichung wird Anmelder unter Angabe von Veröffentlichungsnummer und vorgesehenem Veröffentlichungstag mitgeteilt
Vertragsstaat	Staaten, die das Europäische Patentübereinkommen ratifiziert haben und somit Mitgliedstaaten der Europäischen Patentorganisation sind
Verweis zwischen Dokumenten	Offenbarung einer Vorveröffentlichung („Hauptdokument") umfasst durch ausdrücklichen Verweis ganz oder teilweise eine andere Veröffentlichung („Bezugsdokument").
Vollmacht, allgemeine	ein von allen Anmeldern unterzeichnetes Schriftstück, das getrennt von einem Antrag eingereicht wird und mit dem ein Anwalt/Vertreter zur Vornahme aller Handlungen für alle Anmeldung befugt wird **Vollmachtsvorlage:** <u>EPÜ:</u> entfällt für zugelassene Vertreter; nur in Ausnahmefällen [BdP **ABl.2007S3,L.1**] oder bei Akteneinsicht vor Veröffentlichung der ePa [**Art.128(2)**; A-XI,2.5]; <u>PCT:</u> beim RO [**R.90.5 b) PCT**], ausgenommen: Anwalt ist ausschließlich vor ISA, SISA oder IPEA bestellt

Vollmacht, gesonderte	ein von allen Anmeldern unterzeichnetes Schriftstück, das getrennt von einem Antrag eingereicht und mit dem ein Anwalt/Vertreter zur Vornahme von Handlungen für eine bestimmte Anmeldung befugt wird. **Vollmachtsvorlage:** <u>PCT:</u> beim RO oder IB [**R.90.4 b) PCT**], ausgenommen: Anwalt ist ausschließlich vor ISA, SISA oder IPEA bestellt.
Welthandelsorganisation (World Trade Organisation; WTO)	Internationale Organisation mit Sitz im Genf zur Regelung von Handles- und Wirtschaftsbeziehungen aktuell 161 Mitgliedsstaaten, dazu zählen auch zwischenstaatliche Organisationen und Regionen mit besonderem Status wie das separate Zollgebiet Taiwan, Penghu, Kinmen und Matsu [A-III, 6.2]
wesentliche Merkmale	Merkmale, die zur Erzielung einer technischen Wirkung unerlässlich sind, so dass die objektiv technische Aufgabe gelöst wird [F-IV,4.5.2, G-VII, 5.2]. Zwingender Bestandteil des unabhängigen Patentanspruchs [**T32/82**]
Zeichnungen A-IX	Bildliche Darstellung der Erfindung in einer Patentanmeldung oder Patentschrift. Formerfordernisse richten sich nach **R.46**
Züchtungsverfahren	Ist ein im Wesentlichen biologisches Verfahren zur Züchtung von Pflanzen/Tieren, dass vollständig auf natürlichen Phänomenen, wie Kreuzung oder Selektion beruht, ist von Patierbarkeit ausgeschlossen [**R.26(5)**].
Zugänglichkeit, biologisches Material	1) Material muss lebensfähig sein UND 2) bei anerkannten, nach dem Budapester Vertrag [**Art. 4(1)d)**] bzw. nach zweiseitigen Verträgen mit dem EPA qualifizieten Hinterlegungsstelle hinterlegt sein [A-IV, 4.1.1]
zugelassener Vertreter	Person, die befugt ist, Anmelder und andere Parteien vor dem EPA zu vertreten. Die Person muss die Staatsangehörigkeit eines EPA-VStaats besitzen, ihren Geschäftssitz oder Arbeitsplatz in einem EPA-VStaat haben und entweder die europäische Eigungsprüfung bestanden haben oder, im Falle eines neuen VStaats, die Befugnis haben, Personen vor deren nat. Patentamt zu vertreten. [**Art.134(1)-(6)**]
Zulässigkeit von Beweismitteln	Zulässigkeit ist die Frage danach, ob ein Beweismittel überhaupt in Betracht zu ziehen ist.
Zulässigkeit von Änderungen (allowability) H-IV, 1	(Sachlich) zulässig ist eine Änderung der Anmeldung oder Patentschrift, wenn sie allen Erfordernissen des EPÜ genügt [B-XI, 3.6], d.h. wenn der über die geänderten Ansprüche neu definierte Gegenstand [**T1273/04**]: 1) nach **Art.123(2)**, **Art.84**, **R.137(5)** und ggf. **R.139** eindeutig gewährbar ist (in das Verfahren eingeführt werden sollte), 2) eine konvergente Weiterentwicklung des Gegenstands ist, der die Grundlage des bisherigen Prüfungsverfahrens gebildet hat, 3) nach **Art.83** ausführbar offenbart ist, 4) nach **Art.54** eindeutig neu ist und 5) nach **Art. 56** eine erfinderische Tätigkeit aufweist.
Zurückweisung C-V,14	Beschluss, ein Patent nicht zu erteilen, weil die Anmeldung nicht die Erfordernisse des EPÜ erfüllt [**Art.97(2)**]
Zurückgenommen, gilt als	durch Fristversäumnis, ab Ablauf der Frist gilt Anmeldung als zurückgenommen, beispielsweise: Anmeldegebühr [**Art.78(2)**], Jahresgebühr [**Art.86(1)**], Erteilungs- und Veröffentlichungsgebühr oder Anspruchsgebühr nicht rechtzeitig gezahlt oder Übersetzung nicht rechtzeitig eingereicht [**Art.71(7)**] <u>FOLGE:</u> Rechtsverlustsmitteilung nach **R.112(1)**, <u>RECHTSBEHELF:</u> WB/WE <u>ACHTUNG:</u> Zeit zwischen Fristablauf und Stellung Antrag z.B. zur WB/WE ist ePa nicht anhängig [**J4/11, Nr. 21**]
Zusammenfassung F-II, 2.3	Kurzer Abriss einer Patentanmeldung oder einer Patentschrift. Formerfordernisse richten sich nach **R.47** i) Bezeichnung der Erfindung, ii) techn. Gebiet der Erfindung, iii) Kurzfassung der Offenbarung, iv) darf keine Behauptungen über angebliche Vorzüge oder den angeblichen Wert der Erfindung oder über deren theoretische Anwendungsmöglichkeit enthalten, v) max. 150 Wörter ggf eine Abbildung, die veröff. werden soll; Entgültige Fassung der Zusammenfassung obliegt dem EPA [**R.66**]
Zustellungsfiktion	gem.**R.126(2)** gilt eine Zustellung vom EPA mit dem 10. Tag nach der Übergabe an den Postdiensteanbieter als an den Empfänger zugestellt (**10-Tage-Regel**) ausgenommen WE-Frist, bei der Zeitpunkt des tatsächlichen Zugangs maßgebend [**Art.122** iVm **R.136(1)**, **J7/82**] [RBK III-E, 3.1.1]

in Anlehnung an das Glossar des EPA: www.epo.org/service-support/glossary_de.html

Konkordanzliste EPÜ – PCT

Stichwort (alphabetisch)	EPÜ		PCT		sonstiges
	Artikel	**Regel**	**Artikel**	**Regel**	**sonstiges**
Anmeldegebühr	Art.78(2)	R.38(1)	Art.3(4) iv)	R.15; R.27.1	A-III,13; A-X,5.2.1
Akteneinsicht	Art.128(2)			R.94	A-XI, RBK III.M,1
Akteneinsicht, vor Veröffentlichung	Art.128(1)		Art.30		A-XI,2.5
Änderung, Einschränkung	Art.123(2)		Art.19(2), 34(2)b)		H-IV
Änderung, Prüfungsverfahren		R.137(3)	Art.34(2) b)	R.66.3 a), R.66.4, R.66.4^{bis}	H-IV,4.2
Änderung, vor Recherche		R.137(1)	Art.19(1)		A-V,2.1; H-II,2.1
Änderung, nach Recherche		R.137(2)	Art.19(1)		B-XI,8
Angaben, unzulässige		R.48		R.9.1 i), ii), iii), iv)	A-III,8
Anmeldeamt	Art.75(1)	R.35(1)	Art.2xv); 10	R.19.1	A-II,1
Anmelder	Art.58		Art.9(1)	R.18.1	A-II,2
Anmelder, mehrere	Art.59		Art.9(1)	R.18.3	A-II,2
Anmelderidentität	Art.86	R.41(2)c)	Art.9 & 11(1)iii)c)	R.4.1a)iii)	A-III,4.2.1
Anmeldeunterlagen, einheitliche Terminologie		R.49(11)		R.10.2	F-II,4.11
Anmeldeunterlagen, SI-Einheiten		R.49(10)		R.10.1 a), b), d), e)	F-II,4.13, F-II, Anlage 2 1.1
Anmeldeunterlagen, Zeichnungen		R.49 (9)		R.11.10	A-IX
Anmeldung übersetzen	Art.14(2)	R.6(1)		R.12.3; R.12.4	A-III,14
Anmeldung, weiterleiten	Art.77(1)	R.37(1)	Art.12	R.19.4	A-II,1.7
Berichtigung offensichtlicher Fehler		R.139		R.91	H-IV,2
Beschreibung, Inhalt		R.42(1) a) - f)		R.5.1 a) i) - vi)	F-II,4
Beschreibung, Reihenfolge		R.42(2)		R.5.1 b)	
Biologisches Material		R.30 bis R.34		R.13bis	A-IV,4, F-III,6
Einbeziehung fehlender Teile durch Verweis		R.56(3)		R.4.18 iVm R.20.3a) ii) oder R.20.5a) ii)	A-II,5.4
Einheitlichkeit	Art.82	R.44		R.13.1-3	B-III,3.12, B-XI,5, F-V, RBK II.B
Einreichung, Art		R.2(1)	Art.11(1) ii)	R.3.1 R.11.9 PCT	A-II,1
Erfinderische Tätigkeit	Art.52(1) iVm 56		Art.33(1) iVm Art.33(3)		G-VII
Erfindernennung	Art.81	R.19(1), R.41(2) j)	Art.4(1) v)	R.4.1a) iv)	A-III
Erfindernennung, berichtigen	Art.62	R.21		R.92bis.1(1)(ii)	A-III,5.6
Erteilungsantrag, Inhalt	Art.90(3)	R.57 b)	Art.14(1)v)	R.3 und R.4	A-III,4
Gebrauchsmuster		R.140		R.6.5	
Gewerbliche Anwendbarkeit	Art.52(1) iVm 57		Art.33(1) iVm Art.33(4)		G-III
Klarheit, Patentansprüche	Art.84		Art.6		F-IV
Mehrfachprioritäten	Art.88(2)/(3)		Art.8	R.4.10	F-VI,1.5

Konkordanzliste EPÜ-PCT

Mindesterfordernisse für AT	Art.80 und 90	R.40(1)	Art.3(2) iVm Art.11(1) iii)	R.20 PCT	A-II,4.1
Nachprüfung durch nat. Ämter	Art.135	R.155(1)	Art.25	R.51	A-IV,6
Nachreichen fehlender Teile (mit Priorität)		R.56(3)		R.4.18 iVm R.20.3a) ii) oder R.20.5a) ii)	A-II,5.4
Nachreichen fehlender Teile (ohne Priorität)		R.56(2)		R.20.3a) i) oder R.20.5a) ii)	A-II,5.3
Neuheit	Art.52(1) iVm 54(1)		Art.33(1) iVm Art.33(2)		G-VI
Offenbarung	Art.83	R.42(1) e)	Art.5		F-III
Patentanspruch, Klarheit	Art.84		Art.6		F-IV
Patentanspruch, abhängiger		R.43(4)		R.6.4 a) (Teil), b), c)	F-IV,3.4
Patentanspruch, Anzahl		R.43(5)		R.6.1 a), b); R.13.4	F-IV,5
Patentanspruch, Bezug auf beschreibung		R.43(6)		R.6.2 a)	B-III,3.2.1; F-IV,4.17
Patentanspruch, Bezugszeichen		R.43(7)		R.6.2 b)	F-IV,4.19
Patentanspruch, Schutzbegehren		R.43(1)		R.6.3 a)	F-IV,2.1
Patentanspruch, zweiteiliger		R.43(1) a), b)		R.6.3 b) i), ii)	F-IV,2.3.2
Patentierbarkeit, Ausnahme: menschlicher Körper	Art.53 c)			R.39.1 iv), R.67.1 iv)	G-II,4.2
Patentierbarkeit, Ausnahme: Öffentliche Ordnung	Art.53 a)			R.9.1 i), ii)	G-II,4.1
Patentierbarkeit, Ausnahme: Tierrassen/Pflanzensorten	Art.53 b)			R.39.1 ii), R.67.1 ii)	G-II,5.4
Patentierbarkeit, Ausschluss: Computerprogramme	Art.52(2) c)			R.39.1 vi) R.67.1 vi)	G-II,3.6
Patentierbarkeit, Ausschluss: Entdeckungen	Art.52(2) a)			R.39.1 i), R.67.1 i)	G-II,3.1
Patentierbarkeit, Ausschluss: Geschäftsmethoden	Art.52(2) c)			R.39.1 iii) R.67.1 iii)	G-II,3.5
Patentierbarkeit, Ausschluss: Informationswiedergabe	Art.52(2) d)			R.39.1 v) R.67.1 v)	G-II,3.7
Patentierbare Erfindungen	Art.52(2)/(3)			R.39.1, R.67.1	G-II
Priorität, Inanspruchnahme	Art.88		Art.8	R.4.10	A-VI,1.3
Prioritätsanspruch ändern		R.52(2), R.52(3)		R.26bis.1 bzw R.48.2a) vii)	A-II,6.5.2
Prioritätsanspruch mehrere	Art.88(2)/(3)		Art.8	R.4.10	A-III,6.3; F-VI,1.5
Prioritätsanspruch zurücknehmen				R.90bis.3	F-VI,3.5
Prioritätsbeleg	Art.88(1)	R.53(1)	Art.8(1)	R.17.1	A-III,6.7
Prioritätserklärung	Art.88(1)	R.52(1)	Art.8(1)	R.4.10	A-III,6.5
Prioritätserklärung, berichtigen/hinzufügen	Art.88(1)	R.52(2), R.52(3)		R.26bis.1a) bzw R.48.2a) vii)	A-III,6.5
Prioritätsfrist	Art.87(1)		Art.8	R.2.4	A-III,6.6
Prioritätsfrist, Wiedereinsetzung	Art.122(1)	R.136(1)		R.26bis.3 bzw. R.49ter.2	F-VI,3.6
Prioritätsrecht	Art.87		Art.8		A-III,6
Prioritätsrecht, Wirkung	Art.89			R.65.2	

Konkordanzliste EPÜ-PCT

Prüfungsantrag/-gebühr	Art.94(1)	R.70(1)	Art.35(1)	R.54*bis*.1 a)	C-II,1
Recherche, schriftlicher Bescheid		R.62		R.43*bis*	B-VIII,3
Recherchenbericht	Art.92	R.61	Art.18(1)	R.43	B-II,4
Recherchenergebnisse, einreichen	Art.124(1)	R.141		R.4.12; 41	A-III,6.12
Recherchengebühr	Art.78(2)	R.17(2), R.38(1) R.36(3) [TA] R.159(1)e) [Euro-PCT]	Art.3(4) iv),	R.16; R.27.1	A-III,13; A-X,5.2.1
Recherchengebühr, zusätzliche		R.64(1)/(2)	Art.17(3)a)	R.40.1	B-VII,1.2
Rechte aus dem Patent, ab Veröffentlichung	Art.67(1), (2)		Art.29(1)		NatR III.A
Rechte aus dem Patent, ab vorliegender Übersetzung	Art.67(3)		Art.29(2)		NatR III.B
Schutzbereich	Art.69		Art.29(1)/(2)		H-IV,3.3
Seitengebühr	Art.78(2)	R.38(2)	Art.3(4) iv)	R.15	A-III,13.2
Sequenzprotokoll		R.30 - 34		R.5.2a), 13*bis*	A-IV,5; E-VIII,2.4.2
Sequenzprotokoll, nachreichen		R.30(3)		R.13*ter*(1)/(2)	A-IV,5.1
Sprache, Anmeldung	Art.14(2)		Art.3(4) i), Art.11(1)ii)	R.12.1a)	A-VII,1
Stand der Technik	Art.54(2)			R.64.1 und 2, R.33.1 a), b), c)	G-IV
Stand der Technik, mündlich	Art.54(2)			R.64.2, R.33.1 b)	G-IV,7.3
Stand der Technik, nachveröffentlicht	Art.54(3)			R.64.3, R.70.10	G-IV,5.1
Übersetzung, Anmeldung	Art.14(2)	R.6(1)		R.12.3; R.12.4	A-III,14
Übermittlung von nat. Zentralbehörde	Art.77	R.37	Art.12(1)		A-II,3.2
Umwandlungsantrag	Art.135; 137	R.155	Art.12	R.51	A-IV,6
Unschädliche Offenbarung	Art.55		Art.27(5)/(6)	R.4.17v), R.51*bis*.1a)v)	G-V
Veröffentlichung der Anmeldung	Art.93(1) a)	R.67(1), R.68	Art.21(2)(a)	R.48	A-VI,1
Veröff. der Anmeldung, verhindern		R.67(2)	Art.21(5)	R.90*bis*.1c)	A-VI,1.2
Veröff. der Anmeldung, vorzeitig	Art.93(1) b)	R.68	Art.21(2)(b)	R.48.4(a)	A-VI,1.1
Vertreter, gemeinsamer	Art.133(4)	R.151(1)		R.90.2	A-VIII,1.3
Vertreter, Vollmacht	Art.134	R.152		R.90.4 bis 90.6	A-VIII,1.5
Vertretung	Art.133	R.152		R.90	A-VIII,1
Vertretung durch zugelassene Vertreter	Art.133, 134	R.154	Art.49	R.90.1	A-VIII,1.1
Weiterleitung von nat. Zentralbehörde	Art.77	R.37	Art.12(1)		A-II,3.2
Wiederherstellung des Prioitätsrechts	Art.122(1)	R.136(1)		R.26*bis*.3 bzw. R.49*ter*.2	F-VI,3.6
Zeichnungen		R.46(2) j)		R.11.11	A-IX
Zeichnungen, Bezugszeichen		R.46(2) i)		R.11.13 l), m)	F-IV,4.19

Artikel- und Regelverzeichnis

Artikel	Artikelbezeichnung	Seite
Art.3	Territoriale Wirkung	112
Art.14	Sprachen des EPA, europäischer Patentanmeldungen und anderer Schriftstücke	76, 100, 168, 188, 192
Art.15	Organe im Verfahren	210
Art.16	Eingangsstelle	210
Art.17	Recherchenabteilung	210
Art.18	Prüfungsabteilung	210
Art.19	Einspruchsabteilung	212
Art.20	Rechtsabteilung	200, 212
Art.21	Beschwerdekammer	212
Art.22	Große Beschwerdekammer	212
Art.23	Unabhängigkeit der Mitglieder der Kammer	212
Art.24	Ausschließung und Ablehnung	214
Art.51	Gebühren	178
Art.52	Patentierbare Erfindungen	2
Art.53	Ausnahmen von der Patentierbarkeit	2
Art.54	Neuheit	4
Art.55	Unschädliche Offenbarungen	4, 86
Art.56	Erfinderische Tätigkeit	4
Art.57	Gewerbliche Anwendbarkeit	8
Art.58	Recht zur Anmeldung europäischer Patente	76
Art.59	Mehrere Anmelder	112
Art.61	Anmeldung europäischer Patente durch Nichtberechtigte	166, 168, 200
Art.62	Recht auf Erfindernennung	90, 176
Art.63	Laufzeit des europäischen Patents	164
Art.64	Rechte aus dem europäischen Patent	164
Art.65	Übersetzung des europäischen Patents	164
Art.66	Wirkung der europäischen Patentanmeldung als nationale Anmeldung	112, 164
Art.67	Rechte aus der europäischen Patentanmeldung nach Veröffentlichung	164
Art.68	Wirkung des Widerrufs oder der Beschränkung des europäischen Patents	164
Art.69	Schutzbereich	164
Art.70	Verbindliche Fassung einer europäischen Patentanmeldung oder eines europäischen Patents	76, 100
Art.71	Übertragung und Bestellung von Rechten	162
Art.72	Rechtsgeschäftliche Übertragung	162
Art.73	Vertragliche Lizenzen	162
Art.74	Anwendbares Recht	162
Art.75	Einreichung der europäischen Patentanmeldung	76, 80
Art.76	Europäische Teilanmeldung	76, 168
Art.77	Weiterleitung europäischer Patentanmeldungen	80
Art.78	Erfordernisse der europäischen Patentanmeldung	22, 82
Art.79	Benennung der Vertragsstaaten	112, 158
Art.80	Anmeldetag	76, 80
Art.81	Erfindernennung	90
Art.82	Einheitlichkeit der Erfindung	8
Art.83	Offenbarung der Erfindung	8
Art.84	Patentansprüche	8, 22
Art.85	Zusammenfassung	22
Art.86	Jahresgebühren für die europäische Patentanmeldung	184
Art.87	Prioritätsrecht	92
Art.88	Inanspruchnahme der Priorität	92, 98
Art.89	Wirkung des Prioritätsrechts	92, 98
Art.90	Eingangs- und Formalprüfung	80, 82, 90, 98

Artikel- und Regelverzeichnis

Art.91	(gestrichen)	
Art.92	Erstellung des europäischen Recherchenberichts	104, 106
Art.93	Veröffentlichung der europäischen Patentanmeldung	112
Art.94	Veröffentlichung der europäischen Patentanmeldung	104
Art.95	(gestrichen)	
Art.96	(gestrichen)	
Art.97	Erteilung oder Zurückweisung	110
Art.98	Veröffentlichung der europäischen Patentschrift	112
Art.99	Einspruch	116, 118
Art.100	Einspruchsgründe	50, 116
Art.101	Prüfung des Einspruchs – Widerruf oder Aufrechterhaltung des europäischen Patents	126
Art.102	(gestrichen)	
Art.103	Veröffentlichung einer neuen europäischen Patentschrift	126
Art.104	Kosten	128
Art.105	Beitritt des vermeintlichen Patentverletzers	122
Art.105a	Antrag auf Beschränkung oder Widerruf	130, 158
Art.105b	Beschränkung oder Widerruf des europäischen Patents	130
Art.105c	Veröffentlichung der geänderten europäischen Patentschrift	130
Art.106	Beschwerdefähige Entscheidungen	134
Art.107	Beschwerdeberechtigte und Verfahrensbeteiligte	136
Art.108	Frist und Form	136
Art.109	Abhilfe	134
Art.110	Prüfung der Beschwerde	138
Art.111	Entscheidung über die Beschwerde	134
Art.112	Entscheidung oder Stellungnahme der Großen Beschwerdekammer	142
Art.112a	Antrag auf Überprüfung durch die Große Beschwerdekammer	142
Art.115	Einwendungen Dritter	152
Art.116	Mündliche Verhandlung	144
Art.117	Beweismittel und Beweisaufnahme	50, 148
Art.118	Einheit der europäischen Patentanmeldung oder des europäischen Patents	
Art.119	Zustellung	128, 196
Art.120	Fristen	196
Art.121	Weiterbehandlung der europäischen Patentanmeldung	154
Art.122	Wiedereinsetzung in den vorigen Stand	154
Art.123	Änderungen	60, 96, 100
Art.124	Auskünfte über den Stand der Technik	106
Art.125	Heranziehung allgemeiner Grundsätze	192
Art.127	Europäisches Patentregister	160
Art.128	Akteneinsicht	152, 160
Art.129	Regelmäßige Veröffentlichungen	90, 160
Art.133	Allgemeine Grundsätze der Vertretung	174, 176
Art.134	Institut der beim Europäischen Patentamt zugelassenen Vertreter	174
Art.135	Umwandlungsantrag	80, 154
Art.139	Ältere Rechte und Rechte mit gleichem Anmelde- oder Prioritätstag	158
Art.141	Jahresgebühren für das europäische Patent	184
Art.153	Das Europäische Patentamt als Bestimmungsamt oder ausgewähltes Amt	188, 252, 256

Regel	Regelbezeichnung	Seite
R.2	Einreichung von Unterlagen; Formvorschriften	76
R.3	Sprache im schriftlichen Verfahren	76, 152
R.4	Sprache im mündlichen Verfahren	144
R.6	Einreichung von Übersetzungen und Gebührenermäßigung	188
R.9	Verwaltungsmäßige Gliederung des Europäischen Patentamts	210
R.10	Zuständigkeit der Eingangsstelle und der Prüfungsabteilung	210
R.11	Geschäftsverteilung für die erste Instanz	210
R.13	Geschäftsverteilungsplan für die Große Beschwerdekammer und Erlass ihrer Verfahrensordnung	212
R.14	Aussetzung des Verfahrens	128, 158, 166, 200
R.15	Beschränkung von Zurücknahmen	112, 158, 166
R.16	Verfahren nach Artikel 61 Absatz 1	166, 168
R.17	Einreichung einer neuen europäischen Patentanmeldung durch den Berechtigten	168
R.18	Teilweiser Übergang des Rechts auf das europäische Patent	168
R.19	Einreichung der Erfindernennung	90, 176
R.20	Bekanntmachung der Erfindernennung	90
R.21	Berichtigung der Erfindernennung	90
R.22	Eintragung von Rechtsübergängen	116, 162
R.23	Eintragung von Lizenzen und anderen Rechten	162
R.24	Besondere Angaben bei der Eintragung von Lizenzen	162
R.25	Ausstellungsbescheinigung	4, 86
R.26	Allgemeines und Begriffsbestimmungen	2
R.27	Patentierbare biotechnologische Erfindungen	2
R.28	Ausnahmen von der Patentierbarkeit	2
R.29	Der menschliche Körper und seine Bestandteile	2
R.30	Erfordernisse europäischer Patentanmeldungen betreffend Nucleotid- und Aminosäuresequenzen	22, 82
R.31	Hinterlegung von biologischem Material	86
R.32	Sachverständigenlösung	86
R.33	Zugang zu biologischem Material	86
R.34	Erneute Hinterlegung von biologischem Material	86
R.35	Allgemeine Vorschriften	76, 80
R.36	Europäische Teilanmeldungen	76
R.37	Übermittlung europäischer Patentanmeldungen	80, 192
R.38	Anmeldegebühr und Recherchengebühr	82
R.39	Benennungsgebühren	112, 158
R.40	Anmeldetag	76, 80
R.41	Erteilungsantrag	22, 82, 92, 176
R.42	Inhalt der Beschreibung	22
R.43	Form und Inhalt der Patentansprüche	8, 22
R.44	Einheitlichkeit der Erfindung	8
R.45	Gebührenpflichtige Patentansprüche	82
R.46	Form der Zeichnungen	22
R.47	Form und Inhalt der Zusammenfassung	22
R.50	Nachgereichte Unterlagen	176
R.51	Fälligkeit	184
R.52	Prioritätserklärung	92, 98, 100
R.53	Prioritätsunterlagen	92, 98
R.54	Ausstellung von Prioritätsunterlagen	92
R.55	Eingangsprüfung	80
R.56	Fehlende Teile der Beschreibung oder fehlende Zeichnungen	80, 98
R.57	Formalprüfung	82
R.58	Beseitigung von Mängeln in den Anmeldungsunterlagen	82
R.59	Mängel bei der Inanspruchnahme der Priorität	92
R.60	Nachholung der Erfindernennung	90

R.61	Inhalt des europäischen Recherchenberichts	104
R.62	Erweiterter europäischer Recherchenbericht	104, 106
R.62a	Anmeldungen mit mehreren unabhängigen Patentansprüchen	106
R.63	Unvollständige Recherche	106
R.64	Europäischer Recherchenbericht bei mangelnder Einheitlichkeit	106
R.65	Übermittlung des europäischen Recherchenberichts	104
R.67	Technische Vorbereitungen für die Veröffentlichung	112
R.68	Form der Veröffentlichung der europäischen Patentanmeldungen und europäischen Recherchenberichte	112
R.69	Mitteilungen über die Veröffentlichung	104
R.70	Prüfungsantrag	104
R.70a	Erwiderung auf den erweiterten europäischen Recherchenbericht	104
R.70b	Anforderung einer Kopie der Rechercheenergebnisse	106
R.71	Prüfungsverfahren	110
R.71a	Abschluss des Erteilungsverfahrens	110, 188
R.72	Erteilung des europäischen Patents an verschiedene Anmelder	104
R.76	Form und Inhalt des Einspruchs	50, 118, 176
R.77	Verwerfung des Einspruchs als unzulässig	118, 120
R.78	Verfahren bei mangelnder Berechtigung des Patentinhabers	118, 128
R.79	Vorbereitung der Einspruchsprüfung	122
R.80	Änderung des europäischen Patents	60, 126
R.81	Prüfung des Einspruchs	122
R.82	Aufrechterhaltung des europäischen Patents in geändertem Umfang	126
R.83	Anforderung von Unterlagen	120
R.84	Fortsetzung des Einspruchsverfahrens von Amts wegen	122, 128, 158
R.85	Rechtsübergang des europäischen Patents	116
R.86	Unterlagen im Einspruchsverfahren	120, 126
R.87	Inhalt und Form der neuen europäischen Patentschrift	126
R.88	Kosten	128
R.89	Beitritt des vermeintlichen Patentverletzers	122
R.90	Gegenstand des Verfahrens	130
R.91	Zuständigkeit für das Verfahren	130
R.92	Antragserfordernisse	130
R.93	Vorrang des Einspruchsverfahrens	130
R.94	Verwerfung des Antrags als unzulässig	130
R.95	Entscheidung über den Antrag	130
R.96	Inhalt und Form der geänderten europäischen Patentschrift	130
R.97	Beschwerde gegen Kostenverteilung und Kostenfestsetzung	136
R.98	Verzicht oder Erlöschen des Patents	138
R.99	Inhalt der Beschwerdeschrift und der Beschwerdebegründung	136
R.100	Prüfung der Beschwerde	138
R.101	Verwerfung der Beschwerde als unzulässig	136
R.102	Form der Entscheidung der Beschwerdekammer	138
R.103	Rückzahlung der Beschwerdegebühr	136, 192
R.104	Weitere schwerwiegende Verfahrensmängel	142
R.105	Straftaten	142
R.106	Rügepflicht	142
R.107	Inhalt des Antrags auf Überprüfung	142142
R.108	Prüfung des Antrags	142
R.109	Verfahren bei Anträgen auf Überprüfung	142
R.110	Rückzahlung der Gebühr für einen Antrag auf Überprüfung	142
R.111	Form der Entscheidungen	144
R.112	Feststellung eines Rechtsverlusts	154
R.114	Einwendungen Dritter	152
R.115	Ladung zur mündlichen Verhandlung	144
R.117	Entscheidung über eine Beweisaufnahme	148

R.118	Ladung zur Vernehmung vor dem Europäischen Patentamt	148
R.119	Durchführung der Beweisaufnahme vor dem Europäischen Patentamt	148
R.121	Beauftragung von Sachverständigen	148
R.122	Kosten der Beweisaufnahme	148
R.124	Niederschrift über mündliche Verhandlungen und Beweisaufnahmen	100, 144, 148
R.126	Zustellung durch Postdienste	196
R.127	Zustellung durch Einrichtungen zur elektronischen Nachrichtenübermittlung	196
R.128	Zustellung durch unmittelbare Übergabe	196
R.129	Öffentliche Zustellung	196
R.130	Zustellung an Vertreter	196
R.131	Berechnung der Fristen	196
R.132	Vom Europäischen Patentamt bestimmte Fristen	196
R.133	Verspäteter Zugang von Schriftstücken	196
R.134	Verlängerung von Fristen	196
R.135	Weiterbehandlung	154
R.136	Wiedereinsetzung	154
R.137	Änderung der europäischen Patentanmeldung	96
R.138	Unterschiedliche Patentansprüche, Beschreibungen und Zeichnungen für verschiedene Staaten	96
R.139	Berichtigung von Mängeln in den beim Europäischen Patentamt eingereichten Unterlagen	96, 100
R.140	Berichtigung von Fehlern in Entscheidungen	96, 100
R.142	Unterbrechung des Verfahrens	126, 200
R.143	Eintragungen in das Europäische Patentregister	90
R.144	Von der Einsicht ausgeschlossene Aktenteile	90, 160
R.145	Durchführung der Akteneinsicht	160
R.146	Auskunft aus den Akten	160
R.151	Bestellung eines gemeinsamen Vertreters	174
R.152	Vollmacht	174
R.155	Einreichung und Übermittlung des Umwandlungsantrags	154
R.156	Unterrichtung der Öffentlichkeit bei Umwandlungen	154
R.159	Das EPA als Bestimmungsamt oder ausgewähltes Amt Erfordernisse für den Eintritt in die europäische Phase	96, 112, 184, 252
R.160	Folgen der Nichterfüllung bestimmter Erfordernisse	252
R.161	Änderung der Anmeldung	96, 256
R.162	Gebührenpflichtige Patentansprüche	256
R.163	Prüfung bestimmter Formerfordernisse durch das Europäische Patentamt	252
R.164	Einheitlichkeit der Erfindung und weitere Recherchen	256
R.165	Die Euro-PCT-Anmeldung als kollidierende Anmeldung nach Artikel 54 Absatz 3	252

Stichwortverzeichnis

A: Anspruchssatz   **B**: Bescheidserwiderung   **C**: Einspruch
DI: EPÜ   **DII**: PCT   **DIII**: Euro-PCT

1

10-Tage-Regel DI-88, DI-329

A

Abschrift, beglaubigte
Bezugnahme, einreichen ePa mit ~ DI-19
Prioritätsbeleg DII-26, DI-58

Akteneinsicht
Generelle ~ DI-228
Geschützte ~ DI-229

Alternativlösung
Erfinderische Tätigkeit A-31, B-8
mehrere unabhängige Ansprüche A-66
Zeitrang C-9

Analogieverfahren
Erfinderische Tätigkeit B-11

Analyse/Auslegung der Ansprüche
Allgemeines C-24
Fakultatives Merkmal C-27
Relative Begriffe C-25
Unechter abhängiger Anspruch C-26

Änderung DI-62
~ der Beschreibung B-32
~ nach Verfahrensabschnitt DI-63
~durch Patentinhaber C-55
Anspruch, Patentanspruch B-46
Basis für ~ B-31
Eintritt in EP-Phase DII-74
Erfordernisse, formelle B-28
Gewährbarkeit B-29
Kapitel I, PCT DII-74
Kapitel II, PCT DII-74
Recht auf ~ B-27
Zeichnungen B-41
Zulässigkeit B-30

Änderungen, unzulässige
Prüfungsumfang im Verfahren A-132
Verstoß gegen Art.123(2) C-29
Verstoß gegen Art.76(2) C-30
Wirksamkeit der Priorität C-31

Angestellter, bevollmächtigter DI-195, DI-266

Anmeldeberechtigter
Einreichung einer iPa DII-1

Anmeldung
Formulierungsvorschlag A-134

Anmeldung, ePa DI-1
~ durch Berechtigten DI-240
Einreichung DI-8
Einreichung mit Bezugnahme DI-13
Einreichung Teilanmeldung DI-19
Verfahrensablauf, allgemein DI-8
Weiterleitung von nat. Zentralbehörde DI-27

Anmeldung, iPa DI-1
Anmeldeamt DII-2

Anmeldeberechtigter DII-1
Art der Einreichung DII-3
Einreichung DII-1
Einreichung DII-1
Erfindernennung DII-9
Gebühren DII-6
Mindesterfordernisse für AT DII-4
Sequenzprotokoll DII-10
Sprache DII-5
Übersetzung für Recherche DII-7
Übersetzung für Veröffentlichung DII-8
Verfahrensablauf, allgemein DI-8

Anspruch, Patentanspruch **B-10**
Änderung B-46
Anspruchsformulierungen, DOs & DON´Ts A-89
Anspruchskategorien A-60
Patentschrift, Aufbau A-130

Anspruchsformulierungen, DOs & DON´Ts **A-89**
Alternativen A-89
Aufgabenhafte Anspruchsformulierung A-118
Bezugnahme A-91
Bezugzeichen A-92
Disclaimer A-93
Markush-Gruppe A-101
Means-plus-Function A-103
Merkmale, funktionelle A-97
Merkmale, wesentliche A-116
Parameter A-108
Räumliche Anordnung A-110
Zweckangaben A-119

Anspruchskategorien
Erzeugisse A-60
Kombinationen unabhängiger Ansprüche A-63
Schutzbereich A-62
Verfahren A-61
Wechsel B-51
Wechsel nach Erteilung C-58

Anspruchskategorien, spezielle **A-67**
Behandlungsverfahren A-79
Computerimplementierte Erfindungen A-68
Diagnostizierverfahren A-80
Dosieranleitung A-84
Durchgriffsanspruch A-69
Erste medizinische Indikation A-81
Geschäftliche Tätigkeit A-71
Kit-of-Parts A-72
medizinische und biotechnologische ~ A-79
Process-limited-by-Product A-75
Product-by-Process A-76
Screeningverfahren A-87
Swiss-Type-Claim A-88
System A-77
Therapeutische Anwendung A-83
Zweite medizinische Indikation A-82
Zweite nicht medizinische Verwendung A-78

Anspruchssätze, unterschiedliche für verschiedene VStaaten
Beschränkungen DI-143
Unterschiede DI-144

Stichwortverzeichnis

Arzneimittel
Erste Medizinische Indikation A-81
mehrere unabhängige Ansprüche.......................................A-64ff
therapeutische Anwendung..A-83
Zweite Medizinische Indikation A-82

Aufgabe, technische
Abhängiger Anspruch... B-10
Änderung in Beschreibung B-40
Problem Solution Approach B-8

Aufgabe-Lösungs-Ansatz............siehe Problem-Solution-Approach

Ausführbarkeit .... siehe Offenbarung

Ausnahme von der Patentierbarkeit C-34, A-5

Ausschluss von der Patentierbarkeit C-33, A-4

Ausschluss von Weiterbehandlung DI-219

Ausschluss von Wiedereinsetzung DI-219

Aussetzung DI-337

Ausstellung
Ausstellungsbescheinigung DI-45
Ausstellungspriorität....................................DI-45, A-10
Ausstellungsprivileg DI-45, A-10

Auswahlerfindung
~ aus Parameterbereich...........................B-5, B-53, A-40
Definition B-14
Parameterbereich, Neuformulierung.......................... B-54
Zwei-Listen-Prinzip...B-55, B-5

Automatisches Abbuchungsverfahren DI-306

B

Bearbeitungsgebühr
IPE DII-127, DII-65
IPE, Rückerstattung... DII-137
SIS DII-124, DII-57
SIS, Rückerstattung DII-135

Begleitperson DI-196

Behandlungsverfahren A-79

Beitritt
~ zum Einspruch.. DI-112
~ zur Beschwerde.. DI-163
Vertragsstaaten des EPÜ.................................... DI-9

Benennung von Staaten
Erstreckungsstaaten.. DI-100
Validierungsstaaten.. DI-101
Vertragsstaaten DI-99

Berechtigte, einreichen gem. Art.61(1)b)
Anmeldeamt DI-242
Anmeldeberechtigter.. DI-241
Art der Einreichung.. DI-243
Erteilungsantrag.. DI-244
Sprache DI-245
Voraussetzung DI-240

Bereich
geschlossener ~... A-98

Bereich, Parameter
Auswahlerfindung.......................................A-40, B-53, B-5
DOs & DON´Ts... A-108

Berichtigung DI-62
~ offensichtlicher Fehler in der Beschreibung...................... B-34
~ von Entscheidungen.. DI-62
Ältere nationale Rechte DI-74
Anmeldername.. DI-71
Anspruch, Patentanspruch.................................. DI-68
Ansprüche nachreichen..................................... DI-66
Beschreibung DI-68, DI-68
Entscheidungen DI-69
Niederschrift einer MV DI-75

Offensichtlicher Fehler.................... DII-74, DII-24, DI-62
Offensichtlicher Fehler nach Veröffentlichung DII-48
Prioritätserklärung, nach Veröffentlichung ePa................. DI-73
Prioritätserklärung, vor Veröffentlichung ePa................. DI-72
Übersetzungsfehler.. DI-76
Veröffentlichungsfehler....................................... DI-77
Vertragsstaaten benennen DI-67
Zeichnungen DI-68
Zurücknahme ePa, irrtümlich.............................DI-70

Berücksichtigung früherer Recherchenergebnisse DII-42, DI-46

Bescheidserwiderung
Formulierungsvorschlag....................................... B-58

Beschleunigung des Verfahrens
Aussetzung DI-348
Beschwerde, Antrag auf beschleunigte Bearbeitung DI-344
Early Certainty from Search (ECfs) DI-338
Einspruch, Antrag auf beschleunigte Bearbeitung DI-343
Einwendungen Dritter.. DI-345
Fristverlängerung... DI-347
PACE-Antrag, Prüfungsverfahren DI-340
PACE-Antrag, Recherche.................................... DI-339
Unterbrechung DI-349
Verzicht auf R.70(2)-Mitt. DI-341
Verzicht auf weitere R.71(3)-Mitt. DI-342

Beschränkungsverfahren
Anmeldeamt DI-134
Antragsberechtigter.. DI-133
Art der Einreichung.. DI-135
Beschränkung, Wirkung der ~ DI-236
Entscheidung DI-142
Erfordernisse am Tag der Einreichung DI-136
materiellrechtliche Prüfung DI-139
Sprache DI-137
Verhältnis zum Einspruchsverfahren DI-140
Voraussetzung DI-132

Beschreibung, Änderung B-32
Beispiel hinzufügen.. B-33
Berichtigung offensichtlicher Fehler B-34
Bezeichnung.. B-35
Nachtrag von Stand der Technik B-38
technische Aufgabe... B-40

Beschwerde DI-145
Beschwerdeberechtigter...................................... DI-147
Reformatio in peius DI-146
Tatsachen/Beweismittel DI-148
Verfahrensgrundsätze DI-146
Zurückverweisung DI-149

Beschwerde, Anträge
Anmeldeamt DI-152
Antragsteller DI-151
Art der Einreichung.. DI-153
Beitritt eines vermeindlichen Patentverletzers DI-163
Beschleunigung der Beschwerde DI-166
Erfordernisse.. DI-154
Mündliche Verhandlung DI-165
Rückzahlung der Beschwerdegebühr...................... DI-164
Sprache DI-155
Voraussetzung DI-150

Beschwerde, Beendigung
Entscheidung, finale ~ DI-158
Zurücknahme der Beschwerde DI-161
Zurücknahme des Einspruchs DI-162
Zurückverweisung DI-160
Zwischenentscheidung....................................... DI-159

Beschwerde, materiellrechtliche Prüfung
Abhilfe.. DI-156
Zulässigkeit DI-157

Beweisaufnehme
Kosten.. DI-199

Stichwortverzeichnis

Beweislast
Klarheit B-23
Mündliche Offenbarung A-21
Neuheit B-4, A-6
Offenbarung, Ausführbarkeit A-45
offensichtlicher Mißbrauch A-10

Beweismittel DI-197
Beurteilung von ~ DI-199
Einspruch C-4
Verspätetes Vorbringen DI-211, DI-198

Beweismittel, ausgewählte Beispiele
Fachwissen, allgemeines DI-207
Modelle DI-208
Vergleichsversuche mit Bericht DI-209
Videoaufnahme DI-210

Beweismittel, zulässige
Augenschein DI-206
Auskünfte einholen DI-204
Beteiligtenvernahme DI-200
Erklärungen DI-203
Sachverständigengutachten DI-205
Urkunden DI-201
Zeugenvernahme DI-202

Bezugnahme, einreichen ePa mit ~
Anmeldeamt DI-17
Anmeldeberechtigter DI-16
Art der Einreichung DI-18
Mindesterfordernisse für AT DI-19
Sprache DI-20
Voraussetzung DI-15

Bezugsdokument B-31, DI-329
~ als Stand der Technik A-25
Basis für Änderungen B-31

Biologisches Material
Angaben im PCT-Verfahren DII-22
Herausgabe an Sachverständige DI-42
Hinterlegung DI-41
Hinterlegung, erneute DI-43

C

Computerimplementierte Erfindungen A-68

D

Darlegungslast .... siehe Beweislast

Diagnostizierverfahren A-80

Disclaimer
~ nicht offenbarte C-17, B-6, B-57
~ offenbarte C-17, B-6
Anspruchsformulierungen, DOs & DON´Ts A-93

Dosieranleitung A-84

Dritte, Einwendungen .... siehe Einwendungen Dritter

Durchgriffsanspruch A-69

E

Effekt
Auswahlerfindung B-14

Effekt, technischer
Synergieeffekt B-17
Vergleichsversuche DI-209, B-19

Eingangsprüfung
Mängelbehebung DI-28
Nachreichen fehlender Teile DI-29

Einheitlichkeit
Alternativen A-59
Ansprüche A-54
Endprodukte A-58
Nichteinheitlichkeit A-55
Prüfungsumfang im Verfahren A-132
Recherche, während A-56
Sachprüfung, während A-57
Verwendung A-61
Voraussetzungen A-53
Widerspruch vor dem EPA DIII-18, DI-321
Widerspruch vor dem IPEA DII-70
Widerspruch vor der ISA DII-42
Zischenprodukte A-58

Einreichung einer ePa
Anmeldeamt DI-11
Anmeldeberechtigter DI-10
Art der Einreichung DI-12
Mindesterfordernisse für AT DI-13
Sprache DI-14

Einreichung, Arten der
Datenträger, elektronische DI-250
E-Mail DI-251
Fax DI-248
Fernschriftlich DI-252
Online DI-249
Post DI-247
Telegraphisch DI-252
unmittelbare Übergabe DI-246

Einspruch DI-102
Berechtigter DI-105
Beweismittel C-4
Einspruchsgründe DI-103, C-3
Erwiderung Beteiligter DI-122
Formulierungsvorschlag C-64
Ladung zur MV DI-123
Materiellrechtliche Prüfung DI-120
Stellungnahme PI DI-121
Übersicht DI-104
Verfahrensbeteiligte DI-103

Einspruch, Anträge
Beitritt zum Einspruch DI-112
Beschleunigte Bearbeitung DI-114
Mündliche Verhandlung DI-116
Patentdokumente, Übermittlung von ~ DI-119
Patentinhaber, Änderung des ~ DI-118
Rechtsverlust, Entscheidung über ~ DI-115
Rücknahme des Einspruchs DI-113
Vernehmen von Zeugen/Sachverständigen DI-117

Einspruch, Beendigung
Aufrechterhaltung des EP-Patentes DI-126
Entscheidung über Kostenfestsetzung DI-131
Fortsetzung des Einspruchs DI-128
Kostenfestsetzung DI-130
Verfahrensaussetzung DI-127
Verfahrenseinstellung DI-129
Widerruf des Patents DI-124
Zurückweisung des Einspruchs DI-125

Einspruch, einreichen C-13
Anmeldeamt DI-106
Anmeldeberechtigter DI-105
Anmelderidendität C-15
Art der Einreichung DI-107
Erforderliche Angaben am Tag der Einreichung DI-108
Erforderliche Angaben am Tag der Einreichung C-1
Identität der Erfindung C-16
Offenbarungstest C-16
Prioritätsfrist C-14
Sprache DI-109
Subtantiierung, ausreichende C-5

Umfang des Einspruchs	C-2
Voranmeldung, Ort der ~	C-13
Wesentlichkeitstest	C-16
Whole-Content-Approach	C-16

Einspruch, Formalprüfung

Einspruch als unzulässig verworfen	DI-111
Einspruch gilt als nicht eingelegt	DI-110

Einstweiliger Schutz

EP-Anmeldung	DI-233
PCT-Anmeldung	DI-234

Eintritt in die EP-Phase

Anmeldeberechtigter	DIII-6
Anspruchsgebühr	DIII-2
Auskunft zum Stand der Technik	DIII-8
Erfindernennung	DIII-3
Handlungen gem. R.159(1)	DIII-1
Jahresgebühr, dritte	DIII-10
PACE-Antrag	DIII-11
PPH	DIII-14
Prioritätsunterlagen	DIII-4
Sequenzprotokoll	DIII-5
Übersicht	DIII-15
Vertretung	DIII-7
Verzicht auf R.161/162-Mitt.	DIII-13
Vorzeitiger Eintritt, Antrag auf	DIII-12
Wiedereinsetzung in Prioritätsfrist	DIII-9

Einwendungen Dritter **DII-84, DI-212**

Anmeldeamt	DI-214
Antragberechtigter	DI-213
Art der Einreichung	DI-215
Beschleunigung des Verfahrens	DI-345
Erforderliche Angaben	DI-216
Sprache	DI-217
Voraussetzungen	DI-212

E-Mail

~ als Internet-Offenbarung	A-19
~ für Eingaben	DI-251

Entscheidung

~ über Kostenfestsetzung	DI-131
Antrag auf Entscheidung	DI-222
Berichtigung	DI-61
Beschränkungsverfahren	DI-142
Beschwerde	DI-158
beschwerdefähige Entscheidung	DI-150
Einspruch	DI-124
Erteilungsverfahren	DI-90
Mündliche Verhandlung	DI-185
nicht beschwerdefähige Entscheidung	DI-146
Widerrufsverfahren	DI-141

EPÜ

Erstreckungsstaaten des ~	DI-9
Validierungsstaaten des ~	DI-9
Vertragsstaaten des ~	DI-9

Erfinderische Tätigkeit

Äquivalente	A-39
Aufgabe-Lösungs-Ansatz	B-8
Auswahlerfindung	A-40
Beweisanzeichen	A-36
Chemische Erfindungen	B-15
Could-would-approach	B-8
Fachmann	B-16, A-34
mosaikartige Dokumentenkombination	C-53
Naheliegen	A-31
negative Anhaltspunkte	A-37
Prüfungsumfang im Verfahren	A-132
Recherchenbericht, Einwand zur ~	B-8
Team von Fachleuten	B-16
Teilaufgaben	B-18
Vergleichsversuche	A-38

Voraussetzungen	A-30

Erfindernennung

~ durch Anmeldeberechtigten	DI-47
~ durch Dritte	DI-49
Berichtigung	DII-51, DI-50
Einreichung iPa	DII-9, DII-9
Eintragung	DII-50
Eintritt in die EP-Phase	DIII-3
Formalprüfung	DI-35
Nachholen	DI-51
Verzicht	DI-48

Ergänzende Europäische Recherche

Anspruchsgebühren	DIII-17
Beschränkung auf eine Erfindung	DIII-19
Erwiderung eESR	DIII-20
Recherchengebühren, weitere	DIII-18
Stellungnahme auf IPRP	DIII-16
Übersicht	DIII-15

Ergänzende Internationale Recherche (SIS)

Anmeldeamt	DII-54
Anmeldeberechtigter	DII-53
Antrag	DII-55
Gebühren	DII-57
Mangelnde Einheitlichkeit	DII-58
Sprache	DII-56
Überprüfungsverfahren - mangelnde Einheitlichkeit	DII-59
Voraussetzung	DII-52

Erkläungen

Berichtigung fakultativer ~	DII-86
Fakultative	DII-85

Ermäßigung .... **siehe Gebührenermäßigung**

Erste medizinische Indikation **A-81**

Erstreckungsstaaten des EPÜ **DI-9**

Erteilungsverfahren **DI-78**

Merkmalsverschiebung nach Erteilung	C-63
Wechsel der Anspruchskategorie nach Erteilung	C-58

Europäische Recherche

Recherchenergebnisse prioritätsbegründender Anmeldung	DI-46

Ex post Analyse **A-31**

F

Fachmann

Definition	B-16, A-34

Fachwissen, allgemeines ~

~ als Stand der Technik	A-12
als Beweismittel	DI-207
im Einspruch	C-38

Farbige Zeichnungen **B-31**

Formalprüfung

Anmeldegebühr	DI-34
Anmeldeunterlagen	DI-38
Anspruch, Patentanspruch	DI-32
Erfindernennung	DI-35
Erteilungsantrag	DI-31
Priorität, Inanspruchnahme	DI-36
Recherchengebühr	DI-34
Sequenzprotokoll	DI-40
Sprache	DI-30
Vertretung	DI-37
Zeichnungen	DI-39
Zusammenfassung	DI-33

Formulierungsvorschlag

Anmeldung	A-134
Ansprüche DOs & DON´Ts	A-89
Anspruchskategorien, allgemein	A-60
Anspruchskategorien, speziell	A-67

Stichwortverzeichnis

Bescheidserwiderung... B-58
Einspruch C-64

Fortsetzung
~ des Einspruchs DI-128
~ des Erteilungsverfahrens................................. DI-238

Fristen
10-Tage-Regel DI-329
Amtsfrist DI-328
Definition DI-327
Fristenauslösende Ereignisse DI-329
Fristverlängerung.............................DII-136, DI-327
Gesetzliche Frist DI-328
Internationales Verfahren (PCT) DII-138

Fristenberechnung
Anmeldetag.. DI-331
Einreichung einer Anmeldung............................. DI-330
Erteilung... DI-335
Jahresgebühr im Erteilungsjahr.......................... DI-355
Jahresgebühr nach WE, mit Zuschlagsgebühr DI-354
Jahresgebühr nach WE, ohne Zuschlagsgebühr DI-353
Jahresgebühr ohne Zuschlagsgebühr DI-350
Jahresgebühr, erste DI-357
Jahresgebühr, früheste wirksame Entrichtung DI-351
Jahresgebühr, mit Zuschlagsgebühr.................... DI-352
Jahresgebühr, Teilanmeldung DI-356
Priorität.. DI-332
R.71(3)-Mitt. DI-334
Veröffentlichung der Anmeldung DII-139
Veröffentlichung ESR DI-333
Veröffentlichung, ePa DI-358
Veröffentlichung, ePa verhindern DI-359
Veröffentlichungder Anmeldung verhindern DII-140
Zusammengesetze Fristen DI-346

G

Gebühren **DI-273**
Anmeldegebühr DIII-21, DI-276
Anspruchsgebühr DIII-24, DI-278
Bearbeitungsgebühr, IPE DII-127
Bearbeitungsgebühr, SIS DII-124
Benennungsgebühr..........................DIII-22, DI-279
Beschränkungsgebühr....................................... DI-288
Beschwerdegebühr DI-285
Beweissicherungsgebühr DI-295
eESR, Gebühr für ~ DI-310
Einspruchsgebühr DI-284
Ergänzende Internationale Recherchengebühr, SIS DII-125
Erstreckungsgebühr DIII-23, DI-280
Erteilungsgebühr.. DI-282
Fälligkeit.. DI-274
Gebühr bei mangelnder Einheitlichkeit DII-129
Gebühr für IPE DII-128
Gebührenhöhe DI-275
Internationale Anmeldegebühr..........DII-114, DII-115
Internationale Recherchengebühr DII-116
Jahresgebühr.. DI-283
Jahresgebühr, dritte DIII-27
Kostenfestsetzungsgebühr................................ DI-294
Laufendes Konto, automatische Abbuchung vom ~........... DI-306
Prüfungsgebühr DIII-26, DI-281
Prüfungsgebühr bei Eintritt in EP-Phase DI-309
Recherchengebühr.. DI-277
Recherchengebühr EESR DIII-25
Sequenzprotokoll, nachgereichtes.................... DII-123
Squenzprotokoll, Gebühr für verspätete Einreichung........ DI-291
Technisches Gutachten, Gebühr für ~................ DI-296
Übermittlungsgebühr.. DII-114
Überprüfung, Gebühr für Antrag auf ~ DI-290
Überprüfungsgebühr SIS DII-126

Umbuchung einer Rückzahlung DI-307
Umwandlungsgebühr.. DI-292
Validierungsgebühr... DIII-23
Veröff.gebühr, Änderung der Prioritätserklärung............. DII-121
Veröffentlichungsgebühr, Offensichtlicher Fehler DII-122
Verspätete Einreichung Übersetzung zur Recherche........ DII-118
Verspätete Einreichung Übersetzung zur Veröff............. DII-119
Vorzeitige Veröffentlichung DII-120
Weiterbehandlungsgebühr DI-286
Widerrufsgebühr... DI-289
Widerspruchsgebühr DII-117
Wiedereinsetzungsgebühr DI-287
Wiederherstellung Priorecht - RO......................DII-131, DII-130
Zuschlagsgebühr für verpätete Handlungen DI-293

Gebührenanrechnung, Antrag auf ~
Erteilungsgebühr.. DI-311
Veröffentlichungsgebühr DI-311

Gebührenermäßigung
Bearbeitungsgebühr DII-57
Internationale Anmeldegebühr DII-114
Internationale Recherchengebühr DII-115
IPER-Gebühr... DII-65
PCT DII-6

Gebührenermäßigung, Antrag auf ~
Anmeldegebühr, Sprachenprivileg...................... DI-308

Gebührenermäßigung, Euro-PCT
Prüfungsgebühr DIII-26, DIII-1
Recherchengebühr............................DIII-25, DIII-1

Gebührenrückerstattung
Anmeldegebühr DI-312
Anspruchsgebühren.. DI-313
Bagatellbeträge DI-314
Bearbeitungsgebühr IPEA DII-137
Benennungsgebühr... DI-315
Beschränkungsgebühr DI-323
Beschwerdegebühr DI-316
Einspruchsgebühr DI-317
Ergänzende Internationale Recherchengebühr, SIS DII-135
Erteilungsgebühr.. DI-318
Gebühr für IPE... DII-136
Internationale Anmeldegebühr DII-132
Internationale Recherchengebühr (ISR)............... DII-133
Internationale Recherchengebühr, zusätzliche DII-134
Prüfungsgebühr DI-319
Recherchengebühr.. DI-320
Recherchengebühr, weitere DI-321
Veröffentlichungsgebühr DI-318
Verspätet gezahlte Gebühr DI-325
Weiterbehandlungsgebühr DI-322
Widerrufsgebühr... DI-323
Wiedereinsetzungsgebühr DI-324
Zusatzgebühr, Seitengebühr DI-326

Gegenstand des Vermögens, ePa als ~
Lizenzen, Eintragung von ~ DI-232
Rechtsübergang, Eintragung von ~ DI-231

Geheimhaltungsvereinbarung
Mündliche Offenbarung mit ~........................... A-21
Normungsgremium... A-26
Offenkundige Vorbenutzung mit ~ A-22
Offensichtlicher Missbrauch A-10
Unschädliche Offenbarung A-10

Geschäftliche Tätigkeit **A-71**

Gewerbliche Anwendbarkeit
Prüfungsumfang im Verfahren........................... A-132
Voraussetzungen A-42

Große Beschwerdekammer, Antrag auf Überprüfung
Beendigung DI-176
Berechtigter DI-168
Erforderliche Angaben DI-170

Frist DI-171	
Rechtsbehelf DI-173	
Rechtsfolge DI-172	
Verfahrensablauf DI-175	
Voraussetzung DI-169	
Wirkung DI-174	
Zweck DI-167	

Große Beschwerdekammer, Vorlagefrage

Berechtigter DI-168	
Erforderliche Angaben DI-170	
Frist DI-171	
Rechtsfolge DI-172	
Voraussetzung DI-169	
Zweck DI-167	

H

Hemmung laufender Fristen **DI-238, DI-27**

Herstellungsverfahren **A-61**

Hinterlegung biologischen Materials **DII-22, DI-41, A-46**

I

Inanspruchnahme

Ausstellungsprivileg A-10, DI-45	
Priorität DI-54, DI-36	

Internationale Recherche (IS)

Berücksichtigung anderer Recherchenergebnisse DII-41	
Erklärung über unvollständige Recherche DII-36	
ISR und WO-ISA................................ DII-35	
Recherchengebühr, zusätzliche DII-42	
Sequenzprotokoll nachreichen DII-38	
Sprache DII-37	
Stellungnahme auf ISR DII-40	

Internationale Vorläufige Prüfung (IPE)

Anmeldeamt DII-62	
Anmeldeberechtigter DII-61	
Antrag DII-63	
Antrag auf Anhörung DII-69	
Erwiederung des ersten Bescheids DII-67	
Erwiederung des zweiten Bescheids DII-68	
Gebühren DII-65	
Mängel im Antrag DII-66	
Mangelnde Einheitlichkeit DII-70	
Sprache DII-64	
Voraussetzung DII-60	

Internationaler vorläufiger Bericht zur Patentfähigkeit (IPRP)

~ auf Basis des WO-IPEA DII-73	
~ auf Basis des WO-ISA DII-71	
~ auf Basis des WO-SISA DII-72	

Internet-Offenbarung

~ als Stand der Technik A-19	

J

Jahresgebühren

ePa DI-297	
ePa, verspätet DI-298	
Erteilungsjahr DI-302	
Euro-PCT DI-303	
Laufendes Konto, Abbuchung vom ~ DI-305	
Teilanmeldung DI-299	
Wiederaufnahme des Verfahrens, bei ~ .. DI-301	
Wiedereinsetzung, bei ~ DI-300	

K

Kalender **DI-359**

Kategoriewechsel der Ansprüche **B-51**

Kit-of-Parts **A-72**

Klarheit

Alternativen A-84	
Ansprüche, Form und Inhalt A-50	
Anspruchskategorien A-51	
Beweislast B-23	
Prioritätsrecht, Wirksamkeit C-32	
Voraussetzungen A-49	

Klarheitseinwand

~ im Einspruch C-32	
~ im Erteilungsverfahren B-22	
~ in Recherche DI-83	

Klarstellung

~ der techn. Wirkung B-37	
~ im Beschränkungsverfahren DI-139	

Kombinationserfindung **B-17, A-31**

Kopie, Antrag auf Ausstellung einer ~ **DI-230**

Kosten

Beweisaufnahme DI-199	
Einspruch DI-130	
Kostenfestsetzungsgebühr DI-294	

L

Ladungsfrist

Mündliche Verhandlung DI-177	
Verlegung der mündlichen Verhandlung .. DI-186	

Laufzeit eines EP-Patent **DI-5**

Lizenz

ausschließliche ~ DI-232	
Eintragung ins Patentregister DI-232	

Lösung der Aufgabe **A-124**

M

Mängel

Anmeldeunterlagen DI-30*ff*	
Anmeldung DI-28, DII-11*ff*	
Einspruch DI-110	
IPER-Antrag DII-66	

Medikament

Erste Medizinische Indikation A-81	
mehrere unabhängige Ansprüche A-64*ff*	
therapeutische Anwendung A-83	
Zweite Medizinische Indikation A-82	

Medizinische Verfahren

Ausnahmen von Patentierbarkeit C-34, A-5	
Behandlungsverfahren A-79	
Diagnostizierverfahren A-79	
Formulierungsvorschläge A-79	

Mehrfachpriorität **C-22**

Missbrauch, offensichtlicher **A-10**

Möglichkeiten der Einzahlung

Einzahlung auf Bankkonto des EPA DI-304	

Mündliche Offenbarung

~ als Stand der Technik A-21	

Mündliche Verhandlung

Änderungen DI-180	
Antragsteller DI-178	
Aufzeichnungen DI-184	
Ausführungen DI-181	
Entscheidungen DI-185	
Erfordernisse DI-179	
Hilfsmittel, zulässige DI-183	
Sprache DI-182	

Stichwortverzeichnis

Voraussetzungen DI-177

Mündliche Verhandlung, Anträge
Amtssprachen, alternative DI-188
Niederschrift berichtigen DI-190
Schriftsatz DI-189
Verlegung der MV DI-186
Videokonferenz DI-187

Mündliche Verhandlung, Beweisaufnahme
Niederschrift DI-191
Niederschrift über Aussage Zeugen/Sachverständiger DI-192

Mündliche Verhandlung, Vortragsberechtigte
Angestellter, bevollmächtigter DI-195
Begleitperson DI-196
Verfahrensbeteiligter DI-194
Vertreter, zugelassener DI-193

Mustervormulierung .... siehe Formulierungsvorschlag

N

Nachreichen fehlender Teile
~ mit Priorität DI-65
~ ohne Priorität DI-64
Einbeziehung durch Verweis DII-33, DII-32
Nachreichen DII-30
Sprache DII-34
Voraussetzungen DII-29

Nationale Erfordernisse
Doppelpatentschutz DI-371
Inlandsvertreter DI-371
Übersetzungserfordernis DI-372
verbindliche Fassung DI-371

Neuheit
Allgemeines Fachwissen C-38
Auswahlerfindung C-36
Beweislast B-4, A-6
Bezugsdokument C-39
Disclaimer B-6
Funktionelles Merkmal C-40
Mangelnde ~ C-35
Offenbarungstest C-16
Parameter C-43
Product-by-Process C-44
Recherchenbericht, Einwand zur ~ ... B-4
Stand der Technik A-7
Stand der Technik nach Art.54(2) A-8
Stand der Technik nach Art.54(3) A-9
Teilanmeldung, giftige C-46
unschädliche Offenbarung A-10
Voraussetzung B-4
Whole content-Grundsatz B-4

Neuheitstest B-30

Nichtberechtigte
Einspruch DI-127

Nichtberechtigte, Anmeldung durch ~
Anmeldung, mit Titel DI-239
Aussetzung des Erteilungsverfahrens, ohne Titel DI-238

Nukleotid-/Aminosäuresequenzen DI-44

O

Offenbarung
gelegentliches Misslingen C-31
Herumexperimentieren C-31
implizite ~ A-20
Test C-16

Offenbarung, Ausführbarkeit
Beweislast A-45
Bezugsdokument A-47

Biologisches Material A-46
Durchgriffsanspruch A-48
Maßstab zur Beurteilung A-44
Prüfungsumfang im Verfahren A-132
Stand der Technik A-7
Voraussetzungen A-43

Offenbarungstest C-16

Offensichtlicher Fehler
Berichtigung .... DII-74, DI-XE
Berichtigung nach Veröffentlichung ... DII-48

Online-Einreichung DI-253

Organe des EPA
Beschwerde DI-364
Eingangsprüfung DI-360
Einspruch DI-363
Formalprüfung DI-360
Gründe DI-369
Mitglieder, andere DI-368
Recherche DI-361
Rechtsabteilung DI-365
Sachprüfung DI-362
Selbstablehnung DI-367
Verfahrensbveteiligte DI-366

P

Patent
~ als Stand der Technik A-23

Patentanspruch .... siehe Anspruch

Patentierbarkeit A-1
Absolute Schutzhindernisse A-2
Ausnahmen A-5
Ausschluss A-4
Erfinderische Tätigkeit A-30
Neuheit A-6
Relative Schutzhindernisse A-2
weitere Erfordernisse A-3

Patentschrift, Aufbau A-120

PCT
Änderungen und Berichtigung DII-74
Einbeziehung durch Verweis DII-32
Einwendungen Dritter DII-84
Erklärungen DII-85
Fristen DII-138
Gebühren und Rückerstattung DII-114
Internationale Anmeldung DII-1
Internationale Recherche DII-35
IPER DII-60
IPRP DII-71
Mängelbeseitigung DII-11
Nachreichen fehlender Teile DII-30
Priorität DII-25
Rechtsbehelfe DII-87
SIS DII-52
Veröffentlichung DII-43
Vertretung DII-98
Wiederherstellung des Prioritätsrechts DII-28

Priorität
Ausstellungspriorität A-10
Erlöschen des Prioritätsanspruchs ... DI-61
Inanspruchnahme der ~ DII-26, DI-52
Mehrfach ~ DI-53
Teil ~ DI-53
Teil-/Mehrfachprioritäten C-22
Verzicht auf ~ DI-61

Priorität, Inanspruchnahme
Art der Einreichung DI-56
Berechtigter DI-55

Formalprüfung DI-36
Prioritätserklärung DI-57
Voraussetzung DI-54

Prioritätsbeleg
Abschrift, beglaubigte DII-26, DI-58
Sprache DI-59
Übersetzung.. DI-59

Prioritätsdokument
~ als Stand der Technik A-24

Prioritätserklärung
Ändern/Berichtigen DII-27, DI-60
Ändern/Berichtigen nach Veröffentlichung DII-47
Angaben in der ~ DII-26, DI-57
Eintritt in die EP-Phase............................ DIII-4

Prioritätsrecht **DII-25, DI-52**
Übertragung des ~ DI-52
Wiederherstellung DII-28

Prioritätsrecht, Wirksamkeit
Disclaimer C-17
Genus zu Spezies-Änderung......................... C-18
Klarheit... C-32
Merkmalskombinationen............................ C-20
Spezies zu Genus-Änderung........................ C-19
Teil-/Mehrfachprioritäten........................... C-22
Teilanmeldung C-21
Voraussetzungen C-12
Wirksamkeit der Priorität........................... C-31
Zeitrang der Ansprüche............................... C-7

Problem Solution Approach **B-8**
Teilaufgabe B-18

Process-limited-by-Product............................**A-75**

Product-by-Process....................................**A-76**

Prüfungsumfang im Verfahren....................**A-132**

Q

Querverweis................................. siehe Bezugsdokument, **DI-329**

R

Recherche
Umfang DI-79
Voraussetzung DI-79

Recherchenbericht **B-1**
Ansprüche, mehrere unabhängige DI-82
Aufschiebung der Veröffentlichung DII-45
Berichtigung früherer Ergebnisse DII-42, DI-46
Einheitlichekeit, mangelnde DI-84
Kategorien von Dokumenten im ~ DI-81, B-2
Klarheit, mangelnde DI-83
Recherchenergebnisse nachrreichen DI-85
Verhinderung der Veröffentlichung DII-46
Vorzeitige Veröffentlichung DII-44

Recherchenbericht, Einwand **B-3**
~ zur Erfinderische Tätigkeit...................B-8, B-7
~ zur Neuheit B-4

Recht auf das Patent....................................**DI-7**

Rechte aus der Anmeldung
Beschränkung, Wirkung der ~ DI-236
Rechte aus ePa.................................DI-233, DI-233
Rechte aus EP-Patent DI-235
Rechte aus iPa.................................DI-234, DI-234
Widerruf, Wirkung des ~ DI-237

Rechtsbehelf
Antrag auf Entscheidung........................... DI-222
Fehler durch RO/IB DII-91
Fristenüberschreitung nat. Amt.................... DII-89

Nachprüfung durch DO DII-92
Störung im Postdienst............................... DII-88
Umwandlung.. DI-223
Weiterbehandlung.............................DI-220, DI-218
Wiedereinsetzung DII-87, DI-221, DI-219
Wiedereinsetzung, höhere Gewalt DII-90

Rechtsübergang, Eintragung ins Patentregister **DI-231**

Rechtsverzicht
Verzicht auf das Patent DI-227
Zurücknahme der Anmeldung DII-93, DI-224
Zurücknahme derPrioritäterklärung DII-95
Zurücknahme des Ersteckungs-/Validierungsantrages DI-226
Zurücknahme einzelner Benennungen DII-94, DI-225
Zurücknahme IPER-Antrag.......................... DII-97
Zurücknahme SIS-Antrag........................... DII-96

Reformatio in peius in Beschwerde **DI-146**

Rioritätsrecht
Wirkung des ~ C-12

Rückerstattung von Gebühren........siehe Gebührenrückerstattung

Rücknahme .... siehe Zurücknahme

Rückzahlung................siehe Gebührenrückerstattung

S

Sachprüfung
Art.94(3)-Mitt, Stellungnahme...................... DI-88
Erteilung.. DI-90
Erwiderung EESR DI-87
Prüfungsantrag stellen............................... DI-86
R.71(3)-Mitt... DI-92
Rücksprache mit dem Prüfer DI-89
Zurückweisung DI-91

Schriftlicher Bescheid
~ der IPEA DII-67
~ der IPEA als IPRP DII-73
~ der ISA als IPRP DII-73
~ der SISA als IPRP.................................. DII-73

Schutzbereich
Änderung der Ansprüche.....................DI-62, B-46*ff*
Anspruchskategorien A-62
EP-Patent DI-235
Patentanmeldung DI-233

Screeningverfahren....................................**A-87**

Seitengebühr **DIII-21, DI-276, DI-34**

Seitengebühr **DI-326**

Sequenzprotokoll **DI-44**
Einreichung einer iPa DII-10, DII-10
Eintritt in die EP-Phase.............................. DIII-5
Patentschrift, Aufbau................................ A-129

SIS siehe Ergänzende Internationale Recherche

SISA – Recherchenbehörde..........................**DII-55**

Sprache
Beschränkungsverfahren DI-137
Beschwerde, Anträge DI-155
Bezugnahme, einreichen ePa mit ~............... DI-20
Einspruch, einreichen DI-109
Einwendungen Dritter................................ DI-217
EPÜ DI-14
Formalprüfung DI-30
Mündliche Verhandlung DI-182
Nichtberechtigte, Anmeldung durch ~........... DI-245
Priorität, Inanspruchnahme DI-59
Teilanmeldung, einreichen DI-26
Widerrufsverfahren DI-137

Spracherfordernisse
Anmeldung nach Art.61 .... DI-256

Beschreibung, Änderungen DI-259
Beweismittel DI-258
Bezugnahme, Einreichung ePa mit ~ DI-255
Einreichung ePa DI-254
Einspruch DI-261
Einwendungen Dritter.. DI-260
Prioritätsunterlagen DI-257
Teilanmeldung DI-256
Verfahren, mündliches.. DI-263
Verfahren, schriftliches... DI-262
Zeichnungen, Änderungen DI-259, DI-259

Stand der Technik
~ nach Art.54(2) A-8
~ nach Art.54(3) A-9
Bestimmung des ~... B-8
Definition A-7
Patentschrift, Aufbau... A-121
Quellen, alphabetisch sortiert... A-11

Störung Postdienst
Fristverlängerung DI-329
PCT... DII-88

Swiss-Type-Claim...**A-88**

System, Anspruchskategorie **A-77**

T

Teilanmeldung
Inanspruchnahme der Priorität.. C-21
Zeitrang der Ansprüche... C-10

Teilanmeldung, einreichen
Anmeldeamt DI-23
Anmeldeberechtigter... DI-22
Art der Einreichung DI-24
Mindesterfordernisse für AT... DI-25
Sprache DI-26
Voraussetzung DI-21

Teilaufgabe..**B-18**

Teilpriorität **C-22**

Telefonische Rücksprache
Erteilungsverfahren DI-89
IPEA... DII-69
Recherchenabteilung DI-82

Therapeutische Anwendung **A-83**

U

Übersetzung
iPa für Recherche DII-7, DII-7
iPa für Veröffentlichung...DII-8, DII-8

Umfang
~ des Einspruchs C-2

Umwandlung
Antrag DI-223
Gebühr DI-292

Unabhängige Ansprüche
Kombination, zulässige A-63
Recherchenbericht.. DI-82

Unentrinnbare Falle...**C-56**

Unschädliche Offenbarung..**A-10**
Ausstellungsprivileg DI-45

Unterbrechung **DI-336**

Unterschriftenerfordernisse **DII-112**
Einreichung ePa DI-268
Einspruch DI-270
Nachreichen (fehlender) Unterlagen DI-269
Unterlagen der ePa DI-271

Vertretervollmacht DI-272

V

Validierungsstaaten des EPÜ **DI-9**

Verbietungsrecht aus EP-Patent **DI-235, DI-235**

Verfahrensablauf, allgemein
ePa DI-8
iPa DI-8

Vergleichsversuch **A-38**

Verhandlung .... siehe Mündliche Verhandlung

Verlängerung der Frist........................... **DII-136, DI-329**

Veröffentlichung
~ des EP-Patentes DI-97
Aufschiebung der Veröffentlichung DI-95
Automatische Veröffentlichung DII-43, DI-93
Verhinderung der Veröffentlichung DI-96
Vorzeitige Veröffentlichung DI-94

Veröffentlichungscodes........................... **DII-49, DI-98**

Verspäteter Zugang............................... **DII-138, DI-329**

Verspätetes Vorbringen **C-57**
Beweismittel DI-211, DI-198
Einspruch C-57

Vertragsstaaten des EPÜ **DI-9**

Vertretung vorm EPA
Angestellter, bevollmächtigter DI-266
Beteiligter DI-264
Vertreter, gemeinsamer DI-267
Vertreter, zugelassener.. DI-265

Vertretung
~ vor IB.. DII-111
~ vor IPEA... DII-110
~ vor ISA.. DII-108
~ vor RO... DII-107
~ vor SISA... DII-109
Anwalt des gemeinsamen Vertreters................................ DII-98
Bestellter gemeinsamer Anwalt....................................... DII-98
Bestellter gemeinsamer Vertreter DII-98
Fiktiver gemeinsamer Vertreter....................................... DII-98
Formalprüfung DI-37

Vertretung im PCT..**DII-113**

Verzicht auf
~ Ansprüche bei mangelnder Einheitlichkeit DI-84, B-25, A-57
~ das Patent.. DI-227
~ des Prioritätsrechts DI-61
~ die Anmeldung..DII-93, DI-224
~ Erfindernennung DI-48
~ R.161/162-Mitteilung... DIII-13
~ R.70(2)-Aufforderung... DI-86
~ R.71(3)-Mitteilung...DI-342, DI-92

Vollmacht **DII-113**

Vorbenutzung, offenkundige
~ als Stand der Technik A-22

Vorläufiger Schutz
EP-Anmeldung DI-233
PCT-Anmeldung DI-234

W

Weiterbehandlung **DI-220, DI-218**
Ausschluss der ~.. DI-219

Weiterleitung der ePa von Zentralbehörde........................ **DI-27**

Wesentlichkeitstest.................................... **C-16, B-30**

Whole-Content-Approach **C-16, B-4**

Widerrufsverfahren **DI-140**

Anmeldeamt DI-134
Antragsberechtigter DI-133
Art der Einreichung DI-135
Entscheidung DI-141
Erfordernisse am Tag der Einreichung DI-136
materiellrechtliche Prüfung DI-138
Sprache DI-137
Voraussetzung DI-132
Widerruf, Wirkung des ~ DI-237

Widerspruch, mangelnde Einheitlichkeit
~ vor dem EPA DIII-18, DI-321
~ vor dem IPEA DII-70
~ vor der ISA DII-42

Wiedereinsetzung **DI-221**
Ausschluss der ~ DI-219

Wirkung
~ der Beschränkung DI-236
~ der Vertretung im PCT DI-237
~ des Prioritätsrechts DI-52, C-12
~ des Verzichts DI-61
~ des Widerrufs DI-237
~ in der mündlichen Verhandlung DI-133*ff*
~ mehrerer Prioritäten DI-53

Wirkung, technische
Klarstellung der ~ B-37
technische Aufgabe B-12
Teilaufgabe B-18
Vergleichsversuche B-19

Z

Zeichnungen
~ als Stand der Technik A-28
Änderung B-41
Patentschrift, Aufbau A-128

Zeitrang der Ansprüche
Alternativlösung C-9
Teilanmeldung C-11, C-10
Unzulässige Erweiterung C-8

Zugang **DII-138, DI-329**

Zugelassener Vertreter **DI-265**

Zurücknahme
~ der Anmeldung DII-93, DI-224
~ der Beschwerde DI-161
~ der Prioritätserklärung DI-61, DII-95
~ des Einspruchs DI-162, DI-113
~ einzelner Benennungen DII-94, DI-225
~ Erstreckungs- oder Validierungsantrag DI-226
~ IPER-Antrag DII-97
~ SIS-Antrag DII-96
irrtümliche ~ der Anmeldung DI-70

Zurückzahlung .... **siehe Gebührenrückerstattung**

Zusammenfassung
~ als Stand der Technik A-29
Patentschrift, Aufbau A-131

Zusammengesetzte Frist **DI-346, DI-329**

Zusatzgebühr
Mangelnde Einheitlichkeit DII-129
Seitengebühr DIII-21, DI-276, DI-34
Seitengebühr DI-326
Teilanmeldung DI-276

Zusatzveröffentlichung **DII-49**

Zustellung **DI-329**

Zustellungsarten **DI-329**

Zustellungsfiktion **DI-329**

Zwei-Listen-Prinzip
Auswahlerfindung B-5, B-55

Zweite medizinische Indikation **A-79**

Zweite nicht medizinische Verwendung **A-75**

Zwischenentscheidung
Berichtigung DI-61
Beschwerde DI-159
Einspruch DI-126

Zwischenverallgemeinerung **B-49**